일자리의 미래

JOB

왜 중산층의 직업이
사라지는가

엘렌 러펠 셸

김후 옮김

일자리의 미래

예문아카이브

고차원적인 의미에서,
일은 인간의 주인이 아니라 하인을 뜻한다.

_에드몬드 보르도 시켈리
(Edmond Bordeux Székely)

우리의 삶에서 많은 부분을 차지하고 있는 일의 근본적인 역할을 다루는 완벽한 책이다. 무엇이 문제이고, 왜 붕괴됐으며, 어떻게 고칠 것인가.

_애덤 그랜트(Adam Grant), 베스트셀러 《기브 앤 테이크》《오리지널스》의 저자

컴퓨터 혁신과 소득 불균형의 확대라는 이중 타격으로 인해 중산층 일자리는 막판에 몰리게 되었다. 이는 우리 사회의 미래를 위협하는 커다란 사회문제다. 엘렌 러펠 셸의 멋진 연구는 사려 깊고 심오하며 대단히 인간적이다. 우리가 어떻게 해야 사회적 변혁에 가까워질 수 있는지 현실을 보여주며, 위기의 순간에서 어떻게 벗어날 수 있는지 방법을 제시하고 있다.

_찰스 만(Charles Mann), 세계적인 베스트셀러 《1491》, 《1493》, 《마법사와 예언자(The Wizard and The Prophet)》의 저자

매우 훌륭한 책이다. 우리에게 일자리와 일자리의 향방에 관한 놀라운 의견을 던져준다. 우리 모두가 어디에서, 어떻게, 왜, 무엇에 주목해야 하는지 굉장히 설득력 높은 사례를 통해 설명하고 있다.

_에이미 브르제스니에브스키(Amy Wrzesniewski), 예일대학교 경영대학원 조직관리학 교수

일의 본질이 달라지고 있는 지금 시대의 가장 큰 도전 과제에 대해 치밀하게 연구하고 아름답게 쓴 책이다. 저자는 개인적인 사례와 학문적인 접근 사이를 오가며 이야기를 매끄럽게 전개한다. 이 책은 우리가 디지털 기술이 가져올 충격에 얼마나 준비가 부족한지, 일자리에 대한 새로운 비즈니스 모델이 얼마나 공허한 것인지 잘 보여준다. 하지만 단순한 비관적인 해석과는 거리가 멀다. 우리가 집단적인 상상력과 구조적인 개혁 능력만 갖춰진다면 그러한 도전에 적절히 대응할 것이라는 희망도 보여주고 있다.

_대니 로드릭(Dani Rodrik), 하버드대학교 케네디 스쿨 국제정치학 교수이자 국제경제협회 차기 회장

엘렌 러펠 셸은 빼어나게 훌륭한 내러티브와 비전을 활용해 우리의 삶에서 일이 차지하는 중요성을 탐구했다. 그녀는 기술 혁신과 글로벌 경쟁 및 제도 변화와 같은 다양한 요인이 적절한 일을 찾고 있는 수많은 노동자들의 능력을 점점 감소시키고 있는 이유를 설득력 있게 보여준다. 나는 경제학자의 한 사람으로서 이 책이 내게 일자리 문제에 대한 보다 넓은 시야를 눈뜨게 해줬다는 사실을 깨달았다. 누구도 이와 같은 접근방식으로 일자리에 대해 생각해보지는 못했을 것이다.

_로버트 로렌스(Robert Lawrence), 하버드대학교 케네디 스쿨 국제통상투자학 교수

풍부한 상상력과 심도 높은 연구가 집약된 책이다. 저자는 사람들에게 일자리 찾기에 급급하기보다는 스스로에게 좋은 일을 만들어내는 용기가 넘치는 새로운 세상을 선사하고자 노력한다. 강렬하고도 세밀한 묘사가 돋보이는 그녀의 탐구는 현재와 미래에 대한 현실적이고 깊은 통찰과 지침을 제공한다.

_로잘린드 윌리엄스(Rosalind Williams), MIT의 과학기술사 교수이자 《인간 제국의 승리(The Triumph of Human Empire)》 저자

셸은 사회적 신뢰, 공유, 보편적 기본소득에 대한 실험, 소외계층에 대한 우려 등 확실하고 조직적인 변화의 불씨들을 모았다. 그녀의 글에서 진심 어린 연민과 열정이 느껴진다.

_〈하퍼스매거진(Harper's Magazine)〉

브루클린의 해군병기창 재생 사례 그리고 클리블랜드의 협동조합 세탁소나 핀란드의 작은 소시지 공장 같은 곳의 일자리를 이야기한다. 이를 통해 저자는 단순히 지폐에 인쇄된 금액의 가치보다 빛나는 사회적 제도에 대한 새로운 통찰을 보여준다. 이 책은 엄밀하고도 철저한 조사를 토대로 2가지 사회적인 통념에 직접적으로 도전하고 있다. 첫째, '열정을 따르라'는 충고는 끔찍하다. 필요한 비용을 열정으로 대신 납부하는 것은 있을 수 없기 때문이다. 둘째, '더 나은 교육과 더 많은 훈련'이 만병통치약은 아니다. 모든 데이터를 살펴보면 단순히 학교에서 오랫동안 교육 받는다고 해서 더 좋은 일자리를 얻는다는 보장이 없다. 이 책은 경제의 변화를 개의치 않고 '우리의 미래 일자리는 개선될 것'이라는 막연한 낙관주의를 경계하고 있다.

_〈월스트리트저널(Wall Street Journal)〉

이 책은 대담하고 설득력 높은 연구결과다. 경제의 추상적인 개념을 잘 풀어내고 있으며, 문장은 활력 있고 매력이 넘친다.

_〈워싱턴포스트(Washington Post)〉

누구나 읽고 싶어 할 만큼 환상적인 책이다. 시의적절하고 철저한 연구는 좌우 균형이 아름답게 잡혀 있다. 직업에 대한 경험과 주변 일자리에 관해 좀 더 많은 대중들이 논의할 수 있는 장을 열어주고 있다.

_〈인사이드하이어애드(Inside Higher Ed)〉

셸은 사람들이 좋은 일자리의 요소라고 여겨왔던 것들을 바꿔야 한다고 주장한다. 심지어 일의 개념도 뒤집어야 한다고 말한다. 저자의 사려 깊고 광범위한 연구에 놀랄 것이다.

_〈퍼블리셔스위클리(Publisher's Weekly)〉

저자는 사람들의 생계를 위한 돈벌이에 대한 탁월한 견해를 가지고 있다. 이 책은 일의 본질, 일의 미래, 일의 목적, 일의 의미, 일을 위한 준비, 빈곤층에 대한 정부지원, 노동조합, 소득불평등 등 많은 것을 다루고 있다. 셸은 매력적인 작가이자 지식인이며 예리한 관찰자다. '노동자 조직의 미래'에 관한 창의적인 아이디어를 공개적으로 유용하게 풀어놓았다.

_〈아메리칸인터레스트(American Interest)〉

폴 크루그먼(Paul Krugman)의 통찰과 비견되는 뛰어남을 발견할 것이다.

_〈커커스리뷰(Kirkus Review)〉

사람들은 자신이 좋아하는 일을 한다면 평생 하루도 그냥 보내지 못한다고 말한다. 그러나 이런 태도는 위험하다. 많은 CEO와 전문가들이 지적하는 부분이다. 모건스탠리 CEO 제임스 고먼(James Gorman)은 "자신의 직업으로 자신을 정의하지 마라"고 조언한다. 이 책에서 셀 교수는 일에 대한 '열정'과 '의미'를 무조건 좋게 포장하는 사례를 보여주며 이를 교묘히 이용하고 있는 사업주들의 수법을 파헤친다.

_〈비즈니스인사이더(Business Insider)〉

대다수의 미래 일자리는 대학 교육을 필요로 하지 않을 것이다. 이미 학사학위 소지자의 3분의 1이 불완전 고용 상태다. 이 책에서 셀은 일의 가치에 관한 기존의 신화와 현실을 구분한다. 여러 직종의 사람들을 인터뷰하고, 이를 통해 21세기 근로자가 변화하는 '일의 본질'에 어떻게 대처해야 하는지 탐구한다.

_〈US뉴스앤드월드리포트(U.S. News and World Report)〉

머리말

소득 격차가 우리 사회를 위협한다

사람의 일이란 단순히 사람의 물질적인 욕구만 해소해주고 있는 것이 아니다. 일은 훨씬 더 본
질적인 의미를 가지고 있는데, 사람의 정신 상태가 어느 정도 온전한지를 측정하는 기준이 된
다는 사실이다. [1]

_엘리어트 자크(Elliott Jaques)

┃ 일자리 지수 ┃

우리의 삶은 온통 '일'이 차지하고 있다. 우리는 일을 통해 우리가 가진 재
능을 발휘하고, 정체성을 찾고, 이 세상과 어울려 살아간다. 그렇다고 해서
우리에게 소중한 모든 것들이 언제나 일자리와 관련돼 있다고 말할 수는 없
다. 하지만 우리의 미래에 대한 꿈과 희망 그리고 우리 아이들의 미래는 대개
우리의 일자리와 깊숙이 얽혀 있다. 또한 우리는 어려서부터 일의 숭고함에
대해 듣고 자랐다. 학교나 집에서 어른들은 아이들에게 "참 잘했어요"라고
칭찬하고, 직장에서는 마찬가지 의미로 "일처리 잘했어(a job well done)"라고
격려한다.

오늘날 정치에서 '일자리'보다 자주 언급되는 단어는 찾아볼 수 없을 정도
다. 선거 유세만 봐도 '자유(liberty)'와 '정의(justice)'를 합한 것보다 더욱 빈번
하게 사용되는 단어가 '일자리'와 그 동의어들이다. 정치판의 낯간지러운 표
현들을 살펴보면, 심지어 '자유(freedom)'마저 '일자리'에 밀려난 지 한참 됐
다. [2]

이런 이유로 도널드 트럼프의 선거 캠페인이 '진정한 일자리'를 미국의 영

토로 되찾아오겠다는 공약으로 채워졌다. 트럼프는 '불공정한' 무역협정들과 '나쁜 행정' 이민정책들을 철저히 뭉개버림으로써 새로운 일자리 2,500만 개를 만들겠다고 공언했다.

"나는 신이 만든 가장 위대한 일자리 창출자가 될 것입니다."

이 늙은 대통령 후보는 계속 호언장담했다.

"쭉 지켜보시면 놀라운 일이 일어날 겁니다. 두고 보세요. 꼭 그렇게 될 겁니다."[3]

그래서 우리는 계속 지켜보고 있다. 어떻게 그러지 않을 수 있겠는가? 일자리는 우리 모두에게 굉장히 중요한 문제다. 사람들은 깨어 있는 시간 중 다른 어떤 활동보다 더 많은 부분을 직장에서 일하며 보낸다.[4] 통계적인 평균을 보면 미국인의 경우 가족들과 함께 있는 시간의 약 6배를 일터에서 보내고 있다.

일자리는 우리의 생명선일 뿐 아니라 개인적·사회적 측면에서 삶의 활력 그 자체다. '일자리 수' 증가와 감소에 따라 온 나라의 분위기가 바뀌고 금융시장이 요동친다. 이것이 다시 유권자들을 움직여 선거 결과를 결정한다. 나아가 일자리는 대중에 공포를 불러일으키거나 희망을 가져다준다. 그러나 '일자리 수'라는 지수는 우리에게 많은 것들을 알려주기는 하지만 오늘날 다수의 사람들이 느끼고 있는 것들을 제대로 설명해주지는 못한다. 다시 말해 우리와 달리 '일'은 우리를 위해 일하지 않는다.

이것이 우리가 느끼는 일의 현실이다. 미국은 '위대한 경력의 설화(grand career narrative)' 위에 세워졌다. 사람들은 열심히 노력하기만 하면 직업의 사다리를 통해 중산층 이상의 삶을 누릴 수 있었다. 비록 모두가 이런 궤도를 따라가지는 않았지만 대부분 그것이 합리적이라고 봤다. 이런 지속적인 성장 덕분에 아이들이 훗날 부모보다 윤택한 삶을 영위할 것이라고 기대했다. 그리고 지난 세기 내내 이런 기대는 거의 맞아 떨어졌다.

그러나 그때뿐인 이야기가 됐다. 21세기에 들어서자 상황이 바뀌면서 일자리 증가가 빈곤율 감소로 이어지지 않았고 중산층 비율이 높아지지도 않았다.[5] 그 대신 산업사회 이후의 '디지털 경제'는 소수의 호사스런 고소득 일자리와 대부분의 사람들이 선호하지 않는 저임금 일자리를 창출했다. 이는 오늘날 자유시장 민주주의의 대전제를 위협하는 불평등의 심화로 이어졌다. "열심히 일한다면 당신이 원하거나 당신을 필요로 하는 곳에 갈 수 있다"는 대전제는 깨졌다.

▌점점 위협받는 중산층 일자리 ▌

일자리 불확실성이 더욱 커지고 있다. 한 직장에서 경력을 쌓는 것이 견고한 사다리를 오르는 게 아니라 미끄러운 얼음으로 덮인 바위산을 오르는 일이 됐기에 자칫 발을 헛디디면 곧바로 추락할 수 있다.

심지어 유치원생들까지도 이미 이런 상황을 잘 알고 있는 것처럼 보인다. 텍사스대학교 교육학자 크리스 브라운(Chris Brown)이 다섯 살 아이들에 대한 이야기를 들려줬다.

"아이들이 지금을 걱정하는 게 아니라 초등학교, 중학교, 고등학교, 대학교 다음에 다가올 자기들의 미래에 무엇을 할 것인지를 걱정합니다. '일자리' 말이에요."

물론 어린이들이 직업에 관심을 갖는 게 건전하지 않다는 의미는 아니다. 우리도 어렸을 적에 많은 아이들이 선생님이나 발레리나가 되기를 꿈꿨고, 내 경우에는 장래 희망이 심해잠수부였다. 그렇지만 우리 중 얼마나 많은 사람이 좋은 일자리에 대해 걱정하던 다섯 살 시절의 자신을 기억할까? 심해잠수부가 꿈인 중산층 가정의 아이와 자기 미래를 두려워하며 자라는 중산층 아이는 전혀 다른 사람인 것이다.

당연한 말이지만 이런 일이 예고됐던 것은 아니다. 디지털 시대는 우리에

게 정보와 네트워크 그리고 시장의 무제한적 접근을 통한 풍요로움을 약속
했다. 우리는 그렇게 해서 운명을 스스로 결정할 수 있으리라고 믿었다. 물론
소수의 사람들에게는 이 약속이 지켜졌다. 하지만 예상과 다르게 디지털 테
크놀로지는 운동장을 평평하게 고르지 않았다. 오히려 깊은 홈을 내서 봉우
리는 더욱 가파르고 구덩이는 더욱 깊게 만들었다.

그동안 우리는 교육과 훈련으로 숙련된 기술을 갖추는 것이 좋은 일자리를
얻는 최선의 방법이라고 배워왔다. 그러나 이런 지침은 완벽하지 않았다. 진
보에는 언제나 대가가 따른다는 사실을 충분히 인지하지 못했기 때문이다.

인공지능(AI)과 관련한 사실 중 하나는, 인간에게는 쉬운 일이지만 기계가
하기에는 어려운 작업이 있는 반면, 인간에게는 어렵지만 기계는 손쉽게 할
수 있는 일이 많다는 점이다. 예를 들어 손톱이나 발톱에 매니큐어를 칠하는
일이나 식당 테이블에 물 잔을 놓는 일은 사람이라면 어렵지 않게 할 수 있지
만 기계로서는 난도가 높은 작업에 속한다. 이와는 반대로 부기, 회계, 법률
분석처럼 높은 수준의 논리 추론이 요구되는 일은 인간에게는 어렵지만 기
계 입장에서는 쉬운 작업이다.

이런 이유로 기술이 발전할수록 저임금 일자리보다는 나름의 기술역량을
요구하는 중간 수준 임금의 일자리들이 크게 감소하거나 사라질 위기에 처
한 것이다. 이는 '중간층(middle)'이 위기에 처했음을 뜻하며, 이를 바라는 사
람은 당연히 없을 것이다.

디트로이트에서 부동산 관리회사를 운영하던 26세의 기업가 막스 누센바
움(Max Nussenbaum)은 이와 관련해 내게 이렇게 말했다.

인터넷은 중간을 비우고 양극단을 키우고 있습니다. 문제가 되는 것은 그 중간
이죠. 지금 기업 차원에서 벌어지고 있는 일들을 이해하려면 우리가 책을 어떻
게 구매하고 있는지를 보면 됩니다. 인터넷을 뒤져서 심술궂은 노인이 운영하

는 작은 서점을 찾아가 희귀한 소장본을 구할 수도 있겠죠. 아직 그런 틈새시장은 살아있습니다. 그런데 보세요, 반대편에는 아마존이라는 어마어마한 시장이 있습니다. 한때 잘나가던 보더스 북스(Borders Books)나 그 비슷한 곳에서 일하던 사람들은 지금 어디에 있을까요? 네, 현실을 직시해야겠죠. 그런 일자리들은 전부 사라졌습니다. 도서 시장에서 일어나고 있는 현실이 다른 산업에서도 마찬가지로 발생하고 있습니다.[6] 추정컨대 실제로는 모든 산업이 마찬가지일 거예요.

우리 시대에 퍼진 "평균은 끝났다(Average is over)"라는 외침은 더 이상 중산층이 존재하지 않는다는 위협이다.[7] 이는 이제 정상에 서지 못하면 바닥으로 추락한다는 것을 시사한다. 모든 사람들이 잘사는 상황은 이론적으로도 불가능하다. 대부분의 사회적 통계 그래프를 보면 인간은 정규 분포 곡선을 그리고 있다. 예컨대 영어 철자 'U'를 뒤집어놓은 모양으로 양쪽 끝에는 소수의 사람들만 분포하고 대부분은 평균지점을 중심으로 조밀하게 모여 있다는 뜻이다. 그렇기 때문에 만약 이 밀도 높은 중간층이 끝장난다면 우리 대부분이 끝장난다. 우리의 욕구, 능력, 기질에 적합한 일자리 문제로 국한해서 살펴보면 대다수의 사람들이 그런 직업을 갖지 못한다는 얘기다. 이런 문제가 그동안 수많은 전문가들이 토론을 벌이고 많은 사람들이 의심하지 않게 된 오늘날의 현안이다.

소득 문제를 놓고 보면 마치 다른 행성에 살고 있는 것처럼 '승자'들은 너무 높은 곳에 있으며 나머지 사람들은 너무 아래쪽에 있다. 미국의 경우 고작 1,600명의 사람들이 국민의 90퍼센트가 갖고 있는 재산을 모두 합친 액수의 부를 소유하고 있다. 이 같은 극심한 빈부 격차는 한편으로 일자리가 우리를 평균 이상, 즉 상향평준화로 이끌 수 있으리라는 기대감에 영향을 주기도 했다. 하지만 그런 일은 일어나지 않는다. 더욱이 불행히도 우리는 자신의 일로부터 삶의 의미를 발견하거나 더불어 행복해질 수 있는 능력이 있음에도 불구하고 이를 약화시키는 승자독식의 정책들을 당연시하거나 둔감하도록 길들여졌다.

▍전세계적인 일자리 위기 ▍

이 책에서 나는 정부정책에 관해서도 다룰 것이지만, 일자리라는 주제를 선정한 동기는 정치적인 것만큼이나 개인적인 것이다. 고통스러울 때도 있고 논쟁의 여지도 많지만, 부모이자 교사로서 도저히 이 문제를 회피하고만 있을 수는 없었다. 오랜 시간 동안 나는 얼마나 많은 아이들이 혼란과 불안으로 무력해지는지 지켜봤으며, 청년층 사이에 팽배해지고 있는 적개심과 분노에 충분히 공감하고 있다.

그동안 우리와 아이들은 '일자리 준비'에 몰두하느라, 우리의 신념과 교육 시스템이 붕괴되는 것을 묵과해왔다. 그래봐야 먼 미래에 받게 되는 쥐꼬리만한 소득 때문에 말이다.

우리가 별다른 의도나 노력 없이 했더라도 일단 이력서에 넣을 만한 '성과(accomplishment)'를 만들 수 있다면, 그것이 무엇이든 무조건적인 찬사를 받는다. 반대로 아무리 노력해도 그 성과를 분명히 보여주지 못한다면 그 일은 평가절하되거나 심지어는 비웃음거리가 된다. 이런 상황은 우리 주변에서 수없이 목격할 수 있다.

나는 일자리 문제로 분노가 증폭되는 현장을 봐왔다. 또한 청년들이 인생에서 잘못된 결정을 내릴까 봐 두려워한 나머지 철저히 위험회피적인 선택을 하게 되는 과정을 직접 지켜봤다(내 수업을 듣는 한 학생이 처음 신청한 '이기적인' 문학 전공을 포기하고[8] 자신의 적성에도 맞지 않고 하고 싶은 생각도 전혀 없었던 '현실적인' 경영학을 전공으로 선택했다고 고백했던 일이 기억난다).

이런 개인적인 관찰을 넘어서, 국가 경제와 노동인구가 중국, 인도, 멕시코와 같은 나라들에 사는 정체불명의 '외국인'들에게 밀려 기반을 잃고 있다는 믿음이 확산되는 사회 전체의 패닉 상황도 목격하고 있다. 하지만 사실은 그 사람들 역시 변덕스럽고 불확실한 세계 경제를 이해하기 위해서 부단히 애쓰고 있는 것이 현실이다.

전세계의 일자리가 변화하고 있다는 사실은 의심의 여지가 없다. 블루칼라, 화이트칼라 할 것 없이 거의 모든 분야의 일이 해외로 위탁되거나 불안정한 '임시고용(gig)' 형태의 일자리가 우후죽순 생겨나면서 우리들의 불안은 더욱 가중되고 있다. 노동자와 고용주 사이에 충직한 근로와 안정적인 생계보장을 교환하는 암묵적이고 전통적인 계약은 더 이상 찾아볼 수 없다. 이에 더해, 테크놀로지는 그 세력을 확장하고 있다. 이러한 요인과 다른 요인들은 일자리 문제를 공개적으로 다루거나 용기 있게 대처할 수 없는 문제로 바꿔버렸다. 우리가 직접 일자리 문제에 맞설 수 없게 된 것이다.

이제 이 책을 읽는 사람은 우리 사회의 긴급한 위기상황에 진지하게 뛰어들게 될 것이다. 나는 쉬운 해결책을 제시하지도 않을 것이며, 그런 해결책이 있다는 확신도 주지 않을 것이다. 이 일자리 문제 중에서 시급히 해결하지 않아도 괜찮은 것은 거의 없다. 이 책이 내 의도와는 상관없이 읽는 사람들에게는 혼란을 가중시킬 수도 있다. 그러나 그 과정에서 삭막한 현실 앞에 맨몸으로 일어서서 스스로 지혜를 얻을 수 있는 도전의 기회가 될 것이다. 결국 크게 보자면, 우리가 일한다는 것은 세상과 체결된 가장 깊은 고용계약을 나타내는 것이다. 그것이 개인적이든 국가적이든 말이다.

▌ 승자독식 사회 ▌

한 가지 주의사항이 있다. 이 이야기를 먼저 했어야 했는데, 나는 여러분이 일자리와 일자리의 미래에 관한 담론이 개인을 넘어 국가 차원의 논의로 확대돼야 하는 문제라는 데 동의할 것이라고 생각한다. 앞서 언급했듯이 일자리 문제는 이제 개인이 해결할 수 없게 됐다. 그렇지만 한편으로 현재 우리 사회가 과연 이 문제에 대해 공개적인 담론을 감당할 수 있는 수준인가 하는 회의적인 생각도 가질 수 있다. 이는 정당한 관점이다. 온갖 불법이 난무하고 당파적 비난이 합리적 논쟁보다 우선시되는 사회라면, 허울뿐인 공약("우리는 탄광산업을 되살릴 것입니다!")이 진정한 약속처럼 들리고 단순한 약속("2,500만 개의 신규 일자리를 만들겠습니다!")이 반드시 실현될 것처럼 위장되는 사회라면, 이런 논의는 결실은 고사하고 담론의 도마 위에 오르지도 못할 것이기 때문이다.

이런 측면에서 나는 우선 매우 현실적이긴 하지만 그렇다고 극복하지 못할 것도 없는 2가지 걸림돌에 관해 언급하고자 한다.

첫 번째 걸림돌은 "성장의 핵심 동력이 효율성 향상에 있다"는 기본적인 가정이다. 이런 가정은 과거라면 몰라도 이제는 더 이상 통용되지 않는다. 산업화 시대에 고용주들은 효율성을 높이기 위해 작업 과정을 엄격하게 세분해서 이를 표준화시켰다. 조직이론에 입각해 업무를 제한된 영역으로 세분화해서 사람들을 이 틀에 맞춰 넣었기 때문에, 하루 내내 석탄을 삽으로 퍼 넣어 용광로에 불을 지피는 일만 하거나 셔츠의 칼라가 될 옷감을 재단하는 단순 작업만 해야 했다. 이것이 바로 수많은 혁신 뒤에 숨어 있던 단순 노동의 논리다. 이런 전략은 엄청난 경제적·사회적 이익을 창출했다. 여기에 자동화까지 끼어든 덕분에 전보다 더 적은 비용으로 더 많은 물량을 생산할 수 있게 됐고, 이를 통해 제품 가격을 낮추면서도 높은 생산성과 성장률을 유지할 수 있었다. 또한 산업화 시대 내내 대다수의 노동자들, 특히 노동조합에 가입한 노동자들은 자신들의 생산성 향상에 관한 보상으로 꾸준한 임금 상승과 탄탄한 복지 등 안정적인 직장생활을 보장받았다. 이런 식의 효율성 증대는 부의 증대로 고스란히 이어져 빈곤층이 감소하고 자본주의와 민주주의가 강화됐다. 나아가 이 같은 생산성 향상이 중산층 부상에 크게 기여했던 것도 엄연한 사실이다.

그렇지만 디지털 시대에 들어서자 이 논리에 중대한 결함이 드러났다. 맹목적인 효율성 추구는 사람들로 하여금 일과 삶 양쪽에서 '질(quality)'의 중요성을 간과하도록 만들었다. 농부는 자신이 재배한 작물의 영양학적 가치나 맛보다는 오로지 가격에 의해 평가받고, 의사는 자신이 살려내거나 치료한 환자의 생명보다 진찰한 환자의 숫자로 평가됐으며, 교사는 자신이 가르치거나 영감을 준 학생들이 아니라 그 학생들의 시험 성적으로 평가받았다.

앞서 언급했던 경영학으로 전과한 문학도의 경우에서처럼 이런 논리는 우리가 어떤 종류의 일자리에 대해서는 과대평가하게 만들고 다른 종류의 일자리는 과소평가하게 만들기도 한다. 대다수의 사람들이 자신에게 별로 의미가 없더라도 사회적으로 좋은 평가를 받는 일자리를 좇는다. 효율성에 대한 집착은 사람들이 원하기는 해도 썩 필요하지는 않은 재화와 서비스를 더 많이 창출하도록 이끌었다. 반면 우리가 정작 원하고 간절히 필요로 하는 재화와 서비스는 충분하지 못한 상황이다.

또 하나의 문제는 노동자들이 노력에 비례해서 정당한 이익을 돌려받지 못하고 있다는 데 있다. 일례로 1973년 이래 우리의 생산성은 임금 상승 대비 6배나 증가했다.[9] 그렇지만 자신의 일에 대한 가치를 제대로 평가받지 못하게 되면서 더 이상 '번영의 고속도로'로 여겨진 경제 성장은 물론 심지어 일자리 자체에도 의존할 수 없게 됐다. 실제로 미국 내에서 최저 생계 일자리가 급격히 감소했으며, 중산층 수준의 소득을 올리는 사람들 역시 줄어들었다. 1971년에는 미국 국민 가운데 61퍼센트가 중산층 범위에 들었지만, 최근 조사 결과에 따르면 50퍼센트로 떨어졌다.[10]

내가 이 책에서 목표로 삼은 일 중 하나는 우리 사회의 지표를 개선하는 것이다. 노동 생산성과 효율성에 대한 끊임없는 요구와 우리 스스로 생산성 높은 직원이 되어 정당한 보상을 받고 싶어 하는 욕구 사이의 균형을 잡으려는 것이다.

일자리에 관한 사회적 담론을 어렵게 만드는 두 번째 걸림돌은 "좋은 일자리를 얻고 유지하는 것이 본질적으로는 소수의 승자들에게만 이익이 된다"는 가정이다. 얼핏 보면 이 가정은 꽤 합리적으로 보인다.

이미 수많은 사람들에게 일자리 확보는 영화 〈헝거 게임(Hunger Game)〉처럼 치열한 생존 경쟁이 되고 있다. 기존에 존재하던 일자리가 자동화 시스템 때문에 아예 사라졌거나 중국 또는 인도와 같은 저임금 국가로 이동했기 때문이다. 도널드 트럼프는 이런 흐름을 인지하고 이용해서 이런 일자리들을 '귀향(back home)'시키겠다고 공언했다. 하지만 이 주장에는 한 가지 문제점이 있는데, 그는 세계 경제의 흐름 속에서 대부분의 일자리에는 특정한 '고향(home)'이 없다는 사실을 간과했다. 기업들은 어떤 곳이건 터전을 잡을 수 있으며, 비록 공장이 저임금 국가에 세워졌다고 해도 그들이 올리는 생산성이 제품 가격 하락에 영향을 미침으로써 미국 내 소비자들에게도 그 혜택이 돌아가는 것이다. 그렇기 때문에 나는 인건비가 가장 낮은 곳을 찾아 일자리가 이동해야 한다는 주장에도 동의하지 않지만, 원가 계산이 맞지 않아 더 이상 일자리를 붙잡아놓을 수 없는 국가인데도 억지로 그 일자리가 그곳에 유지돼야 한다는 주장에도 동의하지 않는다. 이 책의 전제조건 중 하나는 다수의 국내 일자리가 세계화와 자동화라는 원투 펀치에 압도되고 있더라도 좋은 일자리는 본질적으로 무한하게 존재할 수 있으며, 그 분야 또한 광대하기 때문에 일을 찾는 사람들이라면 누구에게나 그 필요와 욕구에 충분히 맞출 수 있다는 것이다. 다만 일자리의 국적은 거론하지 않는다는 조건이 다시 전제돼야 하겠지만 말이다.

이 모든 것들은 단 하나의 필연적인 질문으로 귀결된다. 우리가 '일'에 관해 이야기할 때 그 정확한 의미는 무엇일까? '일'이라는 단어는 무수히 많은 사람들이 생각하는 각기 다른 무수히 많은 것들을 의미하므로, 논의를 전개하기에 앞서 우선 명확한 정의를 확정해야만 한다. 통상적으로 일은 측정 가능한 요소인 '소득'으로 판단할 수 있다. 따라서 우리는 일을 '수익을 발생시키는 모든 노력'으로 정의할 수 있다.

그러나 어쩌면 우리는 일을 이렇게만 정의할 수 없다. 일에 대한 이 같은 일차원적 시각은 명백히 불완전하다. 오직 특정 종류의 일만을 정당화하고 다른 많은 노력을 무시하기 때문이다. 예를 들면 자녀를 돌보는 부모의 노력에 대한 가치는 국내총생산(GDP)에 포함되지 않는다. 또한 자선모금 운동원, 교회 성가대원, 축구 동호회 코치, 위키피디아(Wikipedia) 기고자, 헌혈자, 자원봉사자들도 마찬가지다. 수익이 창출되지는 않지만 이런 노동은 대부분 많은 종류의 유급 노동과 동등하거나 더 큰 가치를 지니고 있다. 자율소방대원이나 무료 법률상담원들은 국가와 사회에 실질적인 이익을 제공한다고 말할 수 있지만, 담배 제조사나 판매자의 경우 그들이 얼마나 많은 소득을 올리든지 간에 사회에 공헌하고 있다고 말하기는 어렵다.[11]

그렇기 때문에 '좋은 일'이란 시장 가치를 뛰어넘을 수 있고 종종 더 고귀한 것이 될 수 있다는 데 동의할 수 있을 것이다. 그럼에도 불구하고 앞으로의 논의에서는 주로 급여를 받는 종류의 일을 다룰 것이다. 모든 것을 포괄하는 정의는 우리를 모호함과 애매함의 수렁으로 이끌 것이기 때문이다. 이를테면 '자신이나 타인이 가치를 부여하는 모든 활동'과 같은 일의 정의 말이다. 하지만 나는 여전히 기회가 있을 때마다 '일(work)'과 '일자리(job)'는 구분해서 사용할 생각이다. 일이란 인간이 '선천적으로' 타고난 성향이다. 아기들도 자신의 발가락을 찾거나 미소를 짓고 자신의 욕구를 알리기 위한 '일'을 한다. 그러나 이제 살펴보겠지만 그 어떤 사람도 '일자리'를 가지려는 선천적 본능을 타고나지는 않는다.

'일자리'에 해당하는 영어 단어 'job'은 그 기원이 16세기까지 거슬러 올라가는데, 당시에 이 단어는 '도둑질하거나 속이는 것'으로 정의돼 다른 사람들로부터 돈을 빼앗는 야비한 형태의 사업을 의미했다. 대부분의 농부와 장인들이 자신의 땅이나 작업장을 소유하는 꿈을 꾼 것은 당연하겠지만, 그 누구도 상대방이 그 꿈을 이루도록 하기 위해 임금을 받으면서 일했을 리는 없다.

산업화 시대가 돼서야 비로소 '일자리(job)'이라는 단어의 의미가 확장되면서 '일(work)'까지 포함하게 됐고, '일'이라는 단어는 '일자리'의 부분집합으로 전락했다. 물론 이 반대의 서술도 가능하다. 일자리는 일이라는 광대한 우주의 작은 부분집합에 불과한 것으로 볼 수도 있다. 다만 이 경우에는 그 우주의 가장 바람직하거나 안정적인 구석에 위치하지는 않을 것이다. 아무리 '좋은 일자리'라고 하더라도 우리를 미쳐버리게 만드는 경우가 있지만, '좋은 일'은 절대로 그렇지 않을 것이라는 점에 모두 동의하리라고 생각한다.

한편으로 일자리에는 분명한 한계가 있으며 디지털 시대에 그 한계가 더욱 커지고 있다. 이 책을 쓰고 있는 시점에서 미국의 공식 실업률은 17년 만에 최저 수준으로 떨어졌다. 하지만 이 사실이 우리 대다수에게 안도감을 주지는 못한다. 핵심은 일자리의 '질'이지 '양'이 아니기 때문이다. 늘어난 일자리의 대부분은 질적인 면에서 양호한 편이 못 됐다. 최근의 정부 통계에 따르면 모든 미국 노동자들 중 절반 정도가 연간 3만 달러에 미치지 못하는 소득을 올리고 있으며, 이 중에서도 겨우 25퍼센트 정도의 사람들만 5만 달러 이상의 소득을 얻고 있다.[12] 그런데 여기에서 중요한 점은 가계의 모든 비용이 계속해서 상승하고 있다는 사실이다. 이를테면 북미 기준 건강보험의 연간 보험료는 평균 1만 2,000달러인데, 그중 세금공제는 8,000달러 정도에 불과하다.[13] 또한 전국 65퍼센트 지역에서 주택 가격 상승률은 임금 상승률을 훨씬 앞선다.

대학 등록금의 경우 예전에는 평균적인 노동자의 연간 소득에서 적당한 액수를 사용하면 됐었다. 그런데 이제는 주립·공립 대학의 경우에도 연소득의 약 30퍼센트를 써야 한다. 더구나 학생들의 주거비, 책값, 공과금 같은 비용은 제외하고 말이다. 일반적인 보육비는 어떤가? 아이를 키우고 있는 부모들에게 물어보면 상황을 곧바로 알 수 있을 것이다.

이제 점점 더 많은 사람들에게 '하나의 일자리'로는 충분하지 않은 상황이 되고 있다. 그렇다면 이 말이 우리가 알고 있는 일자리 개념이 사라지고 있다는 의미일까? 그렇다고 말하는 사람들도 있다. 앞서 인용한 디트로이트의 젊은 사업가는 이와 관련해 다음과 같이 전망했다.

"미래에는 고용관계를 벗어난 곳에 일이 더 많을 것입니다."

▌근로자의 삶을 통해 찾아보는 가능성 ▐

고용관계를 벗어나서 하는 일, 이것이 바로 일의 새로운 개념이며 이 문제에 관해서는 이 책 후반부에서 보다 심도 있게 다룰 것이다. 그렇지만 여기에서 우선 몇 개의 이정표를 제시하고 넘어가기로 하자.

'일'이라는 것은 원래 무질서한 주제라 추상적으로 정형화하기가 무척 까다롭다. 그렇기 때문에 나는 이 책 전체를 통해서 실제로 일을 하고 있는 여러 삶 속의 이야기를 기초로 풀어나가고자 한다. 자신의 일자리 규모가 축소되자 스스로를 '개혁한' 매사추세츠 주에 사는 마케팅 담당 임원, 한때는 일자리를 '해외로 내보내는' 업무를 담당했던 전직 마케팅 매니저, 이른바 '첨단 제조업'의 새로운 일자리를 찾기 위해 재교육을 받은 자동차 공장 노동자, 각성을 하게 된 20대 맨해튼 출신 회계사, 편의점 체인에서 열정적으로 일하고 있는 노스캐롤라이나의 세 아이 아버지, 과거 코카인 판매책이었다가 세탁소 소유권 지분을 분할 받아 구원을 얻은 클리블랜드 주 군사기지 출신의 퇴역 군인, 메인 주 남부에서 오두막집을 짓고 살고 있지만 할리우드 블록버스터 영화에서 막 튀어나온 여배우 같은 외모의 예술학교 중퇴자, 석탄 채광이 끝난 이후에 대해 고심하고 있는 켄터키 주 시골마을 청년 등이 이야기의 주인공들이다. 여러분은 이들의 사연을 듣게 될 것이며 소방관, 동물원 관리인, 병원 청소부, 오토바이 디자이너, 부동산 중개인으로 전업한 중국 출신 학자 등의 이야기도 듣게 될 것이다. 나아가 이들 모두를 쉽게 이해하기 위해 경제학자, 철학자, 심리학자, 컴퓨터공학자, 사회학자, 역사학자와 같은 지식 노동자들로부터도 이야기를 듣게 될 것이다. 이들이 갖고 있는 통찰력은 분명히 여러분을 놀라게 할 것이며, 심지어 여러분 자신의 것을 포함한 일자리들을 전혀 새로운 관점으로 바라볼 수 있도록 해줄 것이다.

이 책은 네 부분으로 나눠져 있으며, 각 부분마다 일자리의 문제점에서 시작해 흥미롭고 심지어 자극적이기까지 한 해결책에 이르기까지 거의 고속도로를 달리듯(물론 몇 개의 우회로와 함께) 진행된다. 이 책은 1920년대 대공황 시절 곤궁에 빠졌던 오스트리아의 작은 마을 마리엔탈(Marienthal)의 이야기와 함께 시작된다. 있을 법하지 않은 이곳에서 이야기를 시작하는 이유는 거의 한 세기 전 작은 마을에서 일어났던 사건을 통해 전세계가 지금은 당연한 것으로 여기는 사실을 본의 아니게 알게 됐기 때문인데, 이는 사람들이 번영하기 위해서는 부와 복잡성 그리고 기쁨과 고통과 같은 요소들이 동시에 핵심적인 역할을 한다는 사실이다.

마리엔탈 마을의 이야기와 함께 곧장 첫 번째 부분인 '일자리 대란'이라는 시급한 문제로 넘어가는데, 이 부분은 디지털 시대의 일자리 붕괴 현상에 대한 연대기로 채워진다. 땅 위의 전화선, 그 이전의 봉화대가 휴대폰으로 바뀌는 것에 이의를 제기하려는 의도는 아니다. 혁신은 언제나 그런 것처럼 우리 미래에도 핵심적인 요소일 것이다. 그렇지만 여기에서 내가 경고하고자 하는 바는 사람들을 여러 번 놀라게 했던 최근 몇 십 년 동안의 혁신이 일자리 상황을 망쳐놓았다는 사실이다.

2017년 말 UN은 로봇공학과 인공지능(AI) 연구를 위한 새로운 기구의 설립을 발표하면서 이에 관한 문제를 다음과 같이 정리했다.

"최근 로봇공학 분야에서 일어나고 있는 급격한 기술진보와 20세기 후반에 크게 상승된 컴퓨터의 연산능력이 결부되면서 인공지능에 기반을 둔 로봇이나 컴퓨터 시스템에 할당할 수 있는 업무의 범위가 기하급수적으로 늘어났다. 그 뿐만 아니라 이런 기술이 자율적으로 작동하는 경우 또한 크게 증가하고 있다. 이 같은 추이는 전지구적인 발전이나 사회적 변화에 유익할 수 있는 반면, 이에 대한 법률적·윤리적·사회적인 우려와 저항 역시 증대되고 있다."14

실제로 우버(Uber) 택시, 프리랜서 앱 디자이너, 모든 업무를 가장 낮은 비용으로 아웃소싱하고 있는 온라인 중개자들이 활약하는 이 시대에는 '고용'이라는 단어의 의미를 콕 집어내기가 상당히 난감해졌다. 그렇다고 예전의 취업 기회를 박탈하고 있는 테크놀로지가 혜택 받는 소수의 새로운 기회를 창조하는 데 적용될 수 있기 때문에 안심하고 있어도 괜찮을까? 그렇다면 어떻게 안심할 수 있을까? 사실 이런 딜레마에 당면해 한때 일터에서 인간의 지적 자산을 대처해나가는 기술의 망령을 비웃던 경제학자들과 컴퓨터공학자들이 정작 이제는 그 망령이 제대로 작동하고 있다고 경고한다. 우리는 우리가 일하는 방식을 규정하고 있는, 눈에 잘 보이지 않는 어떤 힘에 대해 냉엄하게 관찰하고 이런 힘이 민주주의와 경제 그리고 우리의 삶에 행사하는 강력한 영향력에 관해서도 살펴보게 될 것이다.

이 책의 두 번째 부분은 '일의 심리학'에 중점을 둔다. 우리는 우리의 일자리로부터 어떻게 의미를 찾아내고, 일의 어떤 측면으로부터 우리의 정체성을 찾아가는가? 일의 의미는 우리의 고용주들이 부여해주는 것이고 우리의 정체성 또한 우리를 고용하고 있는 조직과 관련돼 있다고 대부분 생각한다. 물론 그것도 괜찮은 생각이다. 그런데 우리의 목표가 고용주들이 추구하는 목표와 동일하지 않을 때는 어떻게 할 것인가? 나아가 고용주가 우리에게 별 가치를 두지 않을 때, 또는 우리가 어떤 특정 조직에 고용돼 있지 않다면? 이런 조건에서 우리는 무엇으로 정체성을 찾고 우리가 하고 있는 일에 대해 의미를 부여할 수 있을까? 이런 사안들에 대한 답을 구하기 위해 뛰어난 사상가들의 도움을 받게 될 텐데, 그들 중 한 사람이 예일대학교 경영대학원의 심리학 교수 에이미 브르제스니에브스키(Amy Wrzesniewski)다. 그녀는 '우리가 우리 스스로를 어떤 식으로 이해하는가' 하는 주제로 오랫동안 연구 활동을 해오고 있다.

브르제스니에브스키는 우리가 생계를 위해 하고 있는 일이 늘 그 일에 대해 느끼는 감정과 일치하는 것은 아니며, 설사 일치하더라도 최소한 우리가 기대하고 있는 방식은 아니라는 사실을 보여준다. 예를 들어 의사가 아픈 사람을 치료하는 자신의 일자리를 단순히 직업(job)으로 보는 것도 이상하지 않으며, 월마트 입구에서 고객들을 맞이하는 접대원이 자신의 일을 '천직(calling)'으로 여기는 것도 전혀 이상하지 않다. 더욱이 대부분의 고용주들은 직원이 자신의 일을 천직으로 받아들여 모든 열정을 쏟아 붓기를 바란다.

그런데 브르제스니에브스키는 그러지 말아야 한다고 주장한다. 이른바 '천직'의 부름을 받은 사람들은 적은 보수를 받으며 알게 모르게 손해를 보면서도 그런 처우를 받는 게 당연하다고 여기기 쉬운 반면, 일자리를 단순히 '직업'이라고 여기는 사람들은 비슷한 함정에 빠지는 경우가 훨씬 적다는 것이다. 실제로도 '의미 있는 일'을 약속하며 사람들을 꾀어낸 고용주들이 결과적으로는 트로이에 목마를 선물했던 그리스인들과 비슷한 경우를 자주 봤다. 그들이 내미는 (자질구레한 것들로 잔뜩 채워져 있는) 선물은 우리에게 진정한 가치를 부여하려는 것이 아니라 우리를 자신이 만든 기업문화로 흡수시키기 위한 것이다. 앞으로 살펴보겠지만 여러분이 하는 일에서 의미를 찾는 일은 궁극적으로 거의 모든 것을 '본인 스스로 해야(do-it-yourself, DIY)' 한다는 전제를 미리 세워놓고 있다.

범세계적인 경쟁은 숙련되고 지식이 풍부한 노동력에 대한 수요를 끊임없이 창출하고 있는 것으로 보인다. 이제 사람들은 모두 일어나 이에 도전하라는 기대를 받고 있다. 하지만 어떻게 해야 할까? 우리 자신과 우리 아이들을 현재의 일자리에 맞춰 훈련시키는 것이 더 안전하고 현명한 선택일까, 아니면 미래의 일자리에 맞춰 준비를 시켜야만 하는 것일까? 전통적인 의미의 정규교육이 21세기의 노동력을 준비하기 위한 최선의 방법일까, 아니면 보다 새롭고 더 나은 방법이 있는 것일까? 이미 과다 비용이 지출되는 대학 교육이 일자리 전략에서도 과대평가되고 있는 것은 아닐까? 일자리 훈련 프로그램이나 인턴제도는 어떤가? 이른바 '스킬 갭(skills gap, 기업이 요구하는 기술 역량과 개인이 실제 갖고 있는 기술역량의 격차_옮긴이)'이 실제로 있기는 한 것일까? 만약 실제로 존재한다면 그 격차는 어떻게 줄일 것인가?

이 책의 세 번째 부분에서는 이런 사안들과 관련된 '교육', 즉 학교와 직업 훈련시설 등을 파헤쳐볼 것이다. 이 부분은 가장 근본적인 문제에 관한 것이므로 아마도 가장 논쟁거리가 많은 부분이 될 것이다. 우리 대부분은 교육의 목적이나 장래성에 대한 강한 믿음을 갖고 있으며 당연히 이런 믿음은 소중한 것이다. 그렇지만 내 의도는 그 믿음과 교육현장에서 실제로 일어나고 있는 현실을 분리시키는 데 있다. 내가 중점을 두고 서술하는 곳에는 미국의 사양 산업이 몰려 있는 러스트 벨트(Rust Belt) 지역의 전문대학이 한 군데 있는데, 이곳에서는 다음 세대의 드론 조종사들을 교육하고 있다. 또한 애팔래치아 산맥 한가운데에 위치한 예술대학에서 차세대 사상가들과 혁신가들을 양성하고 있는 사례도 거론한다. 여기에서 한 가지 확실하게 알 수 있게 된 사실이 있다. 사람들에게 공통적으로 있는 희망 사항은 자신들이 생산적이고 목표가 확실하며 공정한 보수를 받는 삶을 시작할 수 있도록 교육을 받는 것이다. 이는 누가 등에 올라 타주기만을 기다리는 말이 되지 않겠다는 의지다. 여러분도 그 이유를 알게 될 것이다. 나아가 그러기 위해서 무엇이 필요한지 힌트도 찾을 수 있을 것이다.

네 번째이자 마지막 부분에서는 '일자리의 미래'가 살아난다. 소시지 생산자로 전업한 핀란드 헬싱키의 철학자, 브루클린의 오토바이 디자이너, 스물네 살의 켄터키 주 빗자루 제작자, 필라델피아의 농구화 달인, 오클라호마 주의 편의점 전국 체인 경영자를 찾아갈 것이다. 이들은 여러 면에서 판이하게 다른 사람들이면서도 모두 한 가지 목표를 공유하고 있는데, 다름 아닌 일을 '제대로' 해내는 것이다. 이들의 여정을 따라가보고 이들의 생각을 엿보면서, 가장 앞서 나가는 사상가들로부터 일자리와 그 미래에 관한 견해도 들어볼 것이다. 만약 여러분이 나와 같은 부류의 사람이라면 이들이 보여주는 통찰력을 통해 가능성과 당위성을 모두 고려한 일자리의 미래를 그릴 수 있을 것이다.

▌일자리 창출이라는 숙제 ▌

앞서 이야기한 것처럼 이후부터 내가 하려는 일은 여러분으로 하여금 지혜를 받아들이는 도전을 하고 새로운 생각을 불러일으키도록 하는 데 있지 내 견해를 여러분 머릿속에 주입하는 데 있지 않다. 그렇다고는 하나 그 과정에서 내가 이따금 떠올렸던 몇 가지 생각을 정리하기도 하므로 미리 양해를 구한다. 내가 가진 확고한 생각 중 하나는 일은 근본적인 인간의 욕구이기 때문에 예측 불가능한 시장의 변덕에 맡겨놓을 수 없다는 것이다. 기업 혁신의 행복한 부작용으로 간단히 처리해버릴 수도 없다.[15] 일자리와 관련된 문제에는 애당초 '낙수효과'라는 해법이 존재하지 않는다. 좋은 일자리를 유지하는 것이 혁신의 명백한 목표 중 하나가 돼야 한다. 혁신은 공개적으로 투명하게 위기감을 갖고 수행하는 도전이어야 하며, 그 목표를 반드시 달성해야만 하는 것이다. 이미 녹슬어버린 산업화 시대의 전략에 기초한 기존 지혜들에 더 이상 의존할 수 없는 상황이다. 우리에게 필요한 것은 새로운 현실에 걸맞은 새로운 접근방식이다.

앞으로 이어질 내용에서 나는 지속 가능하고 가치 있는 일자리를 창출하는 혁신을 사회 정책의 가장 명확한 목표로 삼아야 한다고 주장할 것이다. 기업, 정부, 교육계, 일반 시민 등 그 어떤 당사자라도 독불장군으로 나서서는 안 되며, 모든 당사자가 합의 아래 함께 공동의 노력을 기울여야 한다. 이는 한 국가가 생존하기 위한 것일 뿐 아니라 우리가 자유세계의 시민으로 살아남기 위해 필수적인 사항이다.

우리가 지금 하는 일들은 이 지구에서 바로 다음에 일어날 상황의 상당 부분을 결정한다. 좋은 일자리는 타인과의 분쟁을 방지하는 안정성을 가져다주며, 우리 마음을 밝게 만들어 파괴본능을 억누르고 창조본능을 일깨운다. 이것이 큰 그림이지만 단 하나의 그림은 아니다. 개인적 관점에서 보면 우리 인생에서 우리 스스로 정의 내리는 목적의식을 일보다 더 많이 고취시키는 경우는 찾아보기 어렵다.

마지막으로 정리하면 《일자리의 미래》는 경제적·역사적·심리적인 측면에서 일이 갖는 '구심성(centrality)'에 관한 책이다. 이와 함께 '좋은 일'이 가져다주는 인간적 '존엄성'과 인류에 관한 '더 깊은 이해'라는, 오로지 '좋은 일'만이 할 수 있는 역할에 대한 책이기도 하다.

차례

▶ 제1부 ◀
일자리 대란

제1장 어쩔 수 없는 고통인가

제2장 일자리 되살리기

제3장 로봇도 세금을 내야 하나?

제4장 디지털 시대, 앱으로 먹고살기

프롤로그
시간을 잃어버린 사람들

부지런한 종족들은 나태함을 견디는 것을 극도로 어려워하는데, 영국인들의 본능이라는 측면에서 보자면, 그들이 일요일을 무료하게 보내는 것은 천재적인 발상이었다. 그래서 영국 사람들은 평일에 대한 무의식적인 욕망을 가지게 됐다.[1] _프리드리히 니체(Friedrich Nietzsche)

■ 마리엔탈에서 공장과 함께 사라진 것들 ■

약 200년 전, 오스트리아의 작은 마을 마리엔탈(Marienthal)은 비엔나 시에서 남서쪽으로 24킬로미터 떨어진 진흙투성이의 피샤(Fischa) 강 제방에 오두막집들이 옹기종기 모여들면서 만들어졌다. 척박한 토양 때문에 농사는 어려웠지만, 활기차게 흐르며 얼어붙은 적 없는 강물에서 수자원이 꾸준히 용솟음치는 곳이었다. 그런데 산업혁명이 이 작은 마을의 잠든 경제를 깨웠다. 힘든 농사일에 매달리던 농부들은 자신들이 돌보던 양배추와 감자밭을 버리고 공장에서의 새로운 인생에 뛰어들었다.

제국과 왕실로부터 허가받은 마리엔탈 면사 방적공장(Marienthal Cotton-Spinning Mill)과 양모 직조회사(Woolens-Manufacturing Company)는 밤낮 없이 돌아갔다. 남자, 여자, 아이들이 긴 벤치에 어깨를 맞대고 앉아서 청색과 핑크색으로 염색한 면직물을 헝가리와 발칸 국가들로 수출했다. 보수는 낮고 작업강도는 높았지만, 일이 꾸준하고 확실했기 때문에 예전 농사지을 때 하던 궂은 날씨나 해충 걱정도 더 이상 할 필요가 없어졌다. 선량한 마리엔탈 사람들은 어느 모로 보나 행복한 것이 틀림없었으며, 산업화가 그들에게 가져다준 기회를 감사하게 여기고 있었다.

비엔나 출신의 금융업자이자 자선가 헤르만 토데스크(Hermann Todesco)는 마리엔탈의 설립자나 마찬가지였고, 유럽에서는 가장 일찍 건설된 축에 속하는 그곳 공장의 소유주였다. 오늘날의 슬로바키아공화국 수도 브라티슬라바(Bratislava)의 상인 집안에서 1791년에 태어난 토데스크는 자수성가한 인물로서 당시 유대인 집단 거주지 게토(ghetto)에서 벗어나 그 시대의 가장 부유한 사람이 됐다.[2] 자상해서 사람들에게 인기가 많았던 그와 그의 아들들은 어떤 기준으로 봐도 모범적인 고용주였다. 그들은 직원 주택과 유치원 그리고 초등학교를 세웠다. 그들의 선심은 종업원들의 충성심과 생산성이라는 형태로 몇 배의 보상을 받았는데, 이 새로운 고용관계를 통해 사업이 날로 번창했으며 오스트리아─헝가리 제국 내에서 가장 큰 방적공장으로 성장했다.

마리엔탈 마을의 운명은 이들의 사업과 지나칠 정도로 긴밀하게 얽혀 있었고, 사업이 번성하면서 마을도 함께 흥청거렸다. 마을은 축제와 극장과 무도회로 유명했는데, 특히 겨울 사육제 기간에 펼쳐지는 축제로 이름을 날렸다. 아름다운 호수와 호반의 수영용 오두막, 음악공연용 야외 시설, 테니스장을 갖춘 매너 가든 파크(Manor Garden Park)에는 주말마다 가족과 친구 단위의 사람들로 북적이곤 했다. 마을에서는 노동자 도서관, 축구 경기, 라디오 동호회, 공연 동호회, 토끼사육협회, 여성 핸드볼 팀, 남성 자전거 동호회, 무용 동호회 등을 후원했는데, 흰색 상의와 검정색 하의로 통일한 자전거 동호회 사람들의 사진은 지금도 감탄을 자아내게 한다.[3]

마리엔탈 마을은 모든 면에서 보통사람들이 삶을 영위하고 가정을 꾸려나가기에 안전하고 활기 넘치는 곳이었다. 그렇지만 낙원은 영원하지 않았다. 대공황은 미국과 마찬가지로 오스트리아 경제를 질식시켰다.[4] 통화 가치는 급격히 떨어지고 은행들은 파산했으며 소비 수요는 위축됐다. 핑크색과 파란색 줄무늬가 들어간 옷감은커녕 그 무엇이건 찾는 사람들이 없었다. 1929년 여름부터 공장은 지속적으로 위축됐고 결국 단단한 근육질의 사람들이 나타나 커다란 쇠망치를 휘둘러 방적공장과 염색작업장과 표백공장을 모두 철거했다. 마지막으로 남아 있던 동력 방적기들마저 해체돼 매각됐다. 1,200명이 넘는 사람들이 일자리를 잃었다. 그 해 겨울이 닥치자 마리엔탈의 선량한 주민들에게는 망가진 보일러와 부서진 변속기용 바퀴, 허물어져가는 공장 벽 잔해들만 남았다. 그곳 대부분의 사람들은 자신들이 절대로 바라지 않았던 실업수당으로 연명하는 처지가 됐다. 그들은 절망에 빠졌다.

■ 자본주의 몰락의 생생한 현장 ■

갓 결혼한 부부 폴 라자스펠트(Paul Lazarsfeld)와 마리 자호다(Marie Jahoda)는 남쪽의 작은 마을에 만연한 심각한 문제에 관해서는 제대로 알지 못한 채 마냥 행복해했다. 두 사람 모두 사회심리학자였는데, 그들은 고향인 비엔나에 가까운 곳에서 일어나는 사건들에만 관심을 쏟고 있었다. 헌신적인 사회주의자들이었던 이 젊은 신혼부부는 공장 노동자들의 근무시간이 감소했다는 소식을 듣고 기뻐했다. 그들은 이 노동자들이 고생 끝에 얻은 이 강제적인 휴가를 잘 사용할 수 있도록 도울 목적으로 연구 프로젝트를 제안했다. 하지만 그들이 제안서를 사회민주당에 제출하자 당수인 오토 바우어(Otto Bauer)는 아연실색했다.[5]

'이 사람들은 지금 오스트리아 경제가 시궁창에 빠진 것을 도통 깨닫지 못

하고 있단 말인가?'

이 제안서의 결정적인 질문은 '노동자들이 남아도는 시간을 어떻게 보내고 있는가?' 하는 것이었다. 바우어는 실업이 만연한 마리엔탈은 대공황의 직격탄을 맞은 한가운데라며 노발대발했다. 그러다가 약간 누그러져 라자스펠트와 자호다 부부에게 법학자 한스 지젤(Hans Zeisel)과 비엔나 심리학회 소속의 연구원 8명을 붙여서 마리엔탈로 파견했다. 만약 마리엔탈이 사회민주당 노동운동의 요새가 될 수 있다면 이 '자본주의의 몰락' 현장에서 즉각적인 정치 활동과 잘하면 소요사태까지 발생할 수 있으리라고 예상했다. 파견 연구원들의 임무는 일어날 가능성이 농후한 이 실업자들의 혁명에 관해 세밀히 관찰해 보고하고 그 과정을 기록하는 것이었다. 마침내 그들은 마을의 478개 가정과 그들의 일상적인 활동에 관한 심도 있는 기록을 만들었다. 그들은 정치적·사회적 단체의 회원명단을 확인했고, 식품점과 정육점의 영수증을 모아 합산했으며, 신문 구독 현황과 도서관 도서 대출 현황도 추적했다. 스톱워치를 손에 든 채 나무 뒤에 웅크리고 앉아 보행자들이 길을 걷는 속도를 측정하기도 했고, 마을의 클럽이나 사회 모임에 참석하기도 했다. 가정을 방문해 긴 시간 동안 인터뷰를 진행하기도 했다. 학생들에게는 '내가 지금 가장 원하는 것'이나 '내가 되고 싶은 것'과 같은 주제로 글을 쓰도록 시켰다. 그런 뒤 여러 달의 작업 끝에 자료를 모두 수집해 분석에 들어갔다. 그리고 그들은 오싹한 결과에 맞닥뜨렸다.

생계수단을 박탈당한 마을 사람들은 항의를 위해 단결하지도 않았고, 정치적인 행동을 선동하지도 않았다.[6] 오히려 그들은 스스로 침잠했다. 한때 붐비던 도서관은 텅 비었으며, 공원은 버려진 채 잡초만 무성해졌다. 공개적인 토론은 중단됐고 갖가지 클럽들도 해산했다. 아이들은 의지를 잃었다. 열두 살 아이 한 명은 연구원들이 요구한 작문에서 이렇게 이야기했다.

"나는 조종사가 되고 싶고, 잠수함 함장도 되고 싶고, 인디언 추장도 되고 싶고, 기술자도 되고 싶다. 하지만 나는 좋은 일자리를 찾기가 어려울까 봐 너무 겁이 난다."

이 아이가 자신이 '되고 싶은' 것과 '일자리'를 연결시키고 그 일자리가 모자라다는 인식을 하는 것이 흥미롭다. 어쨌든 마리엔탈에서는 무직 자체가 직업이 됐으며, 그곳 사람들이 하는 일은 사회 시스템에 대한 저항이 아니라 서로가 서로를 공격하는 한심하고 보잘 것 없는 것들이었다. 그들은 서로를 감시하고 밀고했는데, 특히 돈 문제에 민감해 정부를 '속여서' 복지수당을 타내고 있다고 생각되는 경우에는 이웃이나 친구여도 당국에 바로 고발했다. 더 못된 일도 일어났는데, 집에서 기르는 동물이 뒷마당이나 현관에서 종종 사라지는 사건이었다. 고양이도 몇 마리 있었지만 대부분은 개였다. 그 시대에 관한 논문 〈사람이 개를 먹던 시기(When Men Eat Dogs)〉를 보면 이 동물들이 어떻게 됐는지 알 수 있다.[7] 마리엔탈 주민 한 사람은 이렇게 설명했다.

"개나 고양이가 사라진다고 해도 주인들이 신고를 하지 않아요. 누군가 잡아먹은 것이 분명하지만 그 사람이 누구인지 굳이 밝혀내려고는 하지 않는 거죠."[8]

마리엔탈 마을에서 벌어진 가장 이상한 일이 저녁식사로 올라온 개고기는 아니었다.[9] 다름 아닌 그곳 사람들이 시간 개념을 상실했다는 사실이었다. 그들은 더 이상 시계를 보지 않았고 식사 시간마저 툭하면 늦어졌다. 걸음걸이는 점점 느려졌으며, 어떤 경우에는 기어가는 것보다 느리게 걸었다. "어디에 갔었느냐", "낮 시간 동안에 무엇을 했느냐"라는 질문을 받으면 대부분의 사람들이 "기억나지 않는다"고 대답했다. 어떤 사람은 자신의 아침시간에 대해 이렇게 적어놓았다.

"어느덧 벌써 정오가 됐네."

연구원들은 충격을 받았다. 가난은 물론 끔찍한 것이지만, 가난이라는 요인 하나만으로 이 비극을 설명하기에는 충분하지 않았다. 마을 사람들은 가난했지만 굶주릴 정도는 아니었다. 그들 대부분이 실업수당을 받고 있었으며 일부는 연금까지 받았다. 그들은 각자 자기 집을 갖고 있었고 가족과 함께 살고 있었다. 그럴 만도 한데, 모두가 단결해서 분연히 일어나는 행동은 누구도 하지 않았다. 예컨대 그 누구도 정부에 무엇인가를 요구하지 않았다. 마리엔탈은 자신의 개인적 이익에만 눈에 불을 켜고 앞 다퉈 허둥거리는 사람들로 분열돼갔다.[10] 연구원들은 이렇게 결론 내렸다. 실업수당으로 사는 삶이란 화려한 경력을 가진 사회주의 학자들이 그리는 삶도 아니고, 입으로는 "이제 푹 쉬면서 여유 있게 삶이나 즐기시게"라고 말하면서 속으로는 그들을 멸시하는 사람들이 생각하는 삶도 아니었다. 일자리를 잃는다는 것은 그 상황 자체가 무척이나 사악해서, 삶의 의지를 빼앗고 인간의 영혼을 죽이는 위험천만한 것이다. 1971년 출판된 이 연구보고서의 미국판 서문을 보면 당시 연구원들이 이렇게 요약한 대목이 나온다.

"그들의 여가는 비극적인 선물이었음이 분명했다."[11]

마리엔탈 조사보고서는 실업에 대한 재정적·심리적·정신적 비용을 세부적으로 다룬 첫 번째 체계적 연구였다.[12] 연구원들은 이 보고서를 통해 조직적인 활동, 경험의 공유, 사회적 지위, 집단적 목적의식과 같이 일자리가 지탱해주고 있는 '잠재적 기능'에 대해 서술했으며, 이 기능을 상실하게 되면 사회는 물론 그 구성원들까지 모두 허물어진다는 사실을 밝혀냈다. 마리엔탈의 게으름과 쇠락 상태는 나치가 오스트리아를 침공했던 시기까지 상당히 오랫동안 이어졌다.[13] 1938년 히틀러가 좋은 일자리를 약속하면서 오스트리아를 합병한 후 마리엔탈 마을의 공장을 재가동하며 이들을 '아리안화'시킬 때가 돼서야 비로소 마리엔탈 주민들은 다 함께 안도의 한숨을 내쉴 수 있었다.[14] 세월이 지난 뒤 자호다는 이런 글을 썼다.

"어떤 일자리건 사전에 충분한 준비를 해두는 것이 실직과 함께 오는 체념에 대비하는 유일한 방책이다."

■ 굴하지 않는 사람들 ■

제2차 대전 이전에 마리엔탈 마을에서 일어났던 일이 현대 사회와 무슨 연관이 있을까 생각할지도 모르겠다. 여러분이 옳을 수도 있겠지만, 이 경고성 이야기 속에는 우리 시대와 완벽하게 맞아떨어지는 뒤틀린 플롯이 숨겨져 있다. 내가 마리엔탈의 이야기를 풀어가면서 언급하지 않은 뒤틀림이다. 당시 마리엔탈에서 사람들이 더 이상 시계를 보지 않고, 서로를 고발하고, 이웃집 반려동물까지 잡아먹기도 했지만, 모든 주민들이 그런 식으로 행동했던 것은 아니었다. 특히 여성의 경우에는 이야기가 달랐다. 대다수의 마리엔탈 여성들에게는 직업을 잃는다는 게 행동 감각이나 의지를 잃는 상황으로 이어지지 않으며, 수동적인 체념에 이르지도 않았다. 공장이 문을 닫은 뒤 여성들은 남성들에 비해 하루 평균 거의 90분 정도 잠을 덜 자면서, 그들이 예전에 그랬듯 아침 일찍 일어났다. 살림살이에는 허리띠를 졸라맸지만, 아이들 명절 선물을 위해 별도로 돈을 모아놓기까지 했다. 여성들은 소박하게나마 장사를 했고 채소밭을 가꿨으며 토끼를 키웠다. 공장이 문을 열었을 때 했던 일들을 계속하면서 거기에 일을 약간 더 추가한 것뿐이었다. 어떤 젊은 부인은 이렇게 적었다.

"나는 이제 예전보다 할 일이 많이 줄었지만, 실제로는 종일 바쁘기만 하다."[15]

이 말이 모순처럼 보이지만 연구원들은 그 의미를 정확하게 이해했다. 그들은 이런 결론을 내렸다.

"실직이라는 단어는 엄격한 의미에서 남성들에게만 적용된다. 여성들에게는 단지 더 이상 보수를 받지 못하는 것을 의미할 뿐이며 실제로 그들이 실직한 것도 아니다."[16]

보수는 받지 못하지만 실직은 아니다. 이는 어머니들과 부인들 그리고 딸들에게 해당되는 말이다. 그런데 마리엔탈 보고서에서 표현한 것에 비해 실제로는 성별이 구분된 역할이 그리 크지 않았다. 보고서에 깊숙이 묻혀 있던 사실들을 보면 공장이 폐쇄됐을 때 일부 남성들도 하던 일들을 계속했다. 그들도 채소밭을 가꾸고 토끼를 키웠다. 아이들과 함께 시간을 보내기도 했다. 그들은 더 이상 고용된 상태가 아니었지만 자신들을 세상에 붙잡아둘 수 있는 의미 있는 일을 공장에만 국한시키지는 않았던 것이다. 그들의 차이는 일의 정체성을 한 사람의 고용주에게서 찾지 않았다는 점이다. 이는 '나는 누구인가?' 하는 문제와도 연결됐다. 공장 폐쇄가 그들 삶의 의미를 빼앗지는 못했다. 앞서 언급했던 젊은 디트로이트의 사업가가 적절하게 표현한 것처럼 이들 남성과 여성은 '고용관계를 벗어나' 보다 풍족한 생활을 위해서만이 아니라 보다 의미 있는 삶을 위해 일상을 억지로라도 꾸려나가면서 자신의 '일'을 계속할 수 있었던 것이다. 연구원들은 이 남성과 여성들에게 '굴하지 않는 (unbroken) 사람들'이라는 이름을 붙였다. 이어지는 장에서 살펴보겠지만, 급격한 변화라는 고통 속에서 살아남은 그들의 생존 기록은 우리가 살아가는 이 시대에도 많은 시사점을 전해주고 있다.

우리는 미국의 일자리 최후의 하나까지를 위해서 싸울 것입니다.[1]

_도널드 트럼프Donald Trump

제1부

일자리 대란

제1장

어쩔 수 없는 고통인가

일자리라는 썩 내키지 않는 것이 인생에서 고통을 받지 않거나, 아니면 고통을 보다 적게 받을 수 있는 유일한 수단이라는 단순한 진리를 깨닫는 데 얼마나 오랜 피곤하고 괴로운 세월을 보내야 한다는 말인가.

_샤를 보들레르(Charles Baudelaire)

■ 시스템이 아닌 자신을 탓하는 구직자들 ■

만약 '아메리칸 드림'을 인간의 형태로 포장할 수 있다면, 에이브 고어릭 (Abe Gorelick)이야말로 완벽하게 맞아떨어지는 사람일 것이다. 신선하고 젊음이 넘치며 정열적이고 명랑한 그의 머리는 이제 막 회색빛이 감돌기 시작했으며 그의 미소에는 겸손함과 매력이 멋지게 섞여 있었다. 그는 좋은 학교들 덕분에 집값이 100만 달러를 넘어가는 동네에 멋진 집을 갖고 있다. 그는 세 아이들을 축구 연습장까지 암녹색 재규어 자동차로 데려다주곤 하는데, 고등학교에서 스페인어를 가르치다가 정년퇴직한 그의 아버지는 상상하기도 어려운 삶을 살고 있다. 그는 2개의 자선단체 위원회 명단에 이름을 올렸고, 그가 다니는 유대교 회당에서는 신도회 회장도 맡고 있다. 그는 소프트볼 팀과 농구 팀에서 선수로 뛰고 있는데, 자신이 성공시켰던 3점 슛에 대해 자랑하고 싶은 감정을 억누르지 못한다.

고어릭의 이력을 대충 훑어보면 그가 재산을 어떻게 모았는지 잘 알 수 있다. 그는 아이비리그에 속한 대학교를 졸업하고 시카고대학교에서 MBA 과정을 마친 뒤 '수석부사장', '총지배인', '수석고문'과 같은 직책을 역임했다. 고어릭은 노련한 경영전략가로서 주요 금융기관, 항공회사, 제약회사, 다국적 무역회사에서 핵심 인재로 근무했으며, 몇 개의 크고 작은 스타트업 기업에도 관여했다. 디지털 시대에 필요한 지식에도 빠삭하고 항상 한 발 앞서 생각하는 그는 모든 면에서 인생의 승자였고 이 지식경제에서 상위 4퍼센트나 5퍼센트 안에 들어가는 사람이었다.

그러나 모두 지난 이야기다. 그가 쉰일곱 번째 생일을 맞이하기 직전까지의 이야기다. 이제 쉰여덟 번째 생일을 앞두고 있는 그는 여전히 3점 슛을 자랑스러워하고는 있지만, 그 외의 인생은 이력서에서 크게 빗나가버렸다. 나와 처음으로 대면했을 때 그는 택시 운전과 유기농 식품 체인점 홀푸드(Whole Foods)의 현금출납원으로 일하면서, 로드앤테일러 백화점에서는 매장 판매원으로 넥타이를 팔고 있었다. 하지만 이런 파트 타임 일자리를 통해 그가 집으로 가져가는 수입은 모두 합쳐도 그가 이전에 올리던 소득에는 훨씬 미치지 못한다. 그는 바로 직전까지 유수 기업의 글로벌 전략과 혁신을 담당하는 부사장직을 맡고 있었다. 그런데 좀처럼 이해할 수 없는 이유로 회사에서 '감축' 대상자가 됐지만 그 사실에 집착하거나 억울해하지는 않았다.

그는 스스로 '밝은 측면'이라고 부르는 요소를 상당히 중요하게 생각하는 듯 보였다. 그는 홀푸드에서는 고객들과 농담을 주고받는 것이 즐겁다. 택시 운전을 하면서 나이든 할머니가 차에 타고 내릴 때 도와드렸더니 그에게 한 턱 낸 경우도 있었다. 그는 이런 식으로 사람들의 삶에 좋은 영향을 미치는 것이 굉장한 일이라고 생각하고 거기에 감사하고 있다. 그렇지만 그는 여전히 자신이 원래 있던 자리로 돌아갈 수 있기를 바라고 있다. 그는 그렇게 되기 어려운 걸림돌에 관해서도 잘 알고 있었는데, 우선 자신의 나이가 걸렸다. 그는 순진한 사람은 아니지만 이전까지는 나이가 결정적인 문제라고 생각하지 않았다. 문제는 언제나 자기 자신에게 있는 것이라고 믿었다. 그래서 문제 해결을 위한 계획도 세웠다. 직업상담소에 등록하고 같은 경험을 한 사람들끼리 어울리는 모임에 나가기도 했다. 부인과 함께 지난 시간들을 곱씹고 곱씹으면서 자신의 자리로 돌아가기 위한, 새로운 풍파와 도전적인 상황을 맞고 있는 자신의 결혼생활을 지키기 위해 시도할 수 있는 것들을 모두 했다. 그는 결혼생활이 자신의 자의식 가장자리에서 위태롭게 흔들리고 있으며, 자신의 자의식은 직업적인 성공 여부에 달려 있다고 말했다. 보스턴 외곽의 한 카페에서 카모마일차를 마시며 그는 내게 이렇게 말했다.

"오랫동안 그냥 '나'이고 싶었습니다. 그런데 도움이 안 되더군요. 몸담았던 대부분의 회사에서는 내가 자신들의 문화 속으로 녹아들기를 원했습니다. 노력을 하긴 했지만 잘되진 않았어요. 말씀드렸듯이 나는 언제나 나이고 싶었으니까요. 그건 그들이 기대하던 바가 아니었습니다."

사실 고어릭이 직업적으로 성공에 이르렀던 자리는 대부분의 평균을 훨씬 능가한다. 나는 그가 갖고 있는 지식과 그동안 누렸던 사회적 위치를 토대로 이 사실을 깨닫고 보다 훌륭한 계획을 세우리라고 믿고 있다. 그 또한 이 사실을 제대로 인지하고 있었으며, 지금 택시를 운전하거나 식료품을 봉투에 담아주는 일에도 전혀 부끄럼이 없다고 말했다.

그럼에도 불구하고 고어릭의 일자리 이야기는 뭔가 친숙한 공감을 불러일으킨다. 그가 느끼는 감정을 이해하는 것은 우리 스스로 그런 감정을 느껴봤거나 아니면 주변의 누군가가 그랬기 때문일 것이다. 우리의 직업적인 지위는 한두 마디로 우리가 누구인지를 즉각적으로 알려줄 수 있는 수단이며, 다른 사람들의 마음속에 여러분이 차지하는 위치를 결정하기도 한다. 사실 우리 자신의 마음속에서도 마찬가지다. 나는 직위 따위로 사람을 판단하지는 않는다고 생각한다면 눈을 감고 쉰여덟 살 먹은 슈퍼마켓 캐셔, 택시 운전사, 백화점 판매원의 모습을 머릿속에서 그려보기 바란다. 그런 다음에 다시 쉰여덟 살의 마케팅 수석부사장을 상상해보자. 이들이 진짜 같은 사람으로 보이는가?

내가 이 책에서 일찌감치 고어릭의 사례를 든 이유는 여러분의 동정심을 불러일으키려는 것이 아니라 경종을 울리기 위해서다. 모든 객관적인 기준에서 그는 모든 것을 올바르게 했다. 그의 대학과 대학원 공부, 눈부신 이력, 활기 넘치는 외모까지 그는 나쁜 직업을 전전할 숙명과는 관련이 없어 보이는 부류의 사람이다. 그는 열정적이고 잘 얽혀진 네트워크를 갖고 있으며, 유연한 사고방식을 가진 사람이고, 열정적인 자원봉사자이기도 하다. 그가 가진 기술역량에서는 명백한 결점을 찾을 수 없고 아무것도 하지 않으면서 허송세월하는 사람도 아니다. 비록 그가 전형적인 사례라고 할 수는 없지만, 자신이 처한 상황에 대한 반응은 지극히 전형적이어서, 우리와 마찬가지로 그역시 모든 잘못된 점에 대해서 자기 자신을 탓하지 이 사회의 시스템 자체를 탓하지는 않는다. 우리 모두가 직업적인 경력에 대해 개인적으로 철저히 통제할 수 있다는 망상에 사로잡히게 되면 비참한 결과에 이를 수 있다. 만약 공공정책까지 이런 헛된 믿음에 기초한 것이라면 그 정책은 역효과뿐 아니라 경우에 따라서 매우 위험한 갈등의 요인이 되기도 한다. 고어릭의 경우를 통해 명확하게 알 수 있듯이 이 갈등이라는 것은 아주 아픈 곳을 정확히 찌르고 들어올 수도 있다.

■ 스펙 게임과 인간관계의 케미스트리 ■

사회학자 오퍼 샤론(Ofer Sharone)은 에이브 고어릭을 잘 알고 있으며, 그와 비슷한 사람들을 몇 명 더 알고 있다. 샤론은 이 사람들에 대해 연구를 진행했고, 불과 얼마 전까지 그도 여러 측면에서 그런 부류의 사람들 중 한 명이었다. 샤론은 대학으로 돌아오기 전에 국제법 관련 일을 했는데, 전세계를 돌아다니면서 여러 개의 언어를 사용해 교섭을 진행하곤 했다. 그는 자신이 힘을 갖고 있는 중요한 사람이라고 여겼다. 또한 고어릭과 마찬가지로 전통적인 기준에 따르자면 잘못된 것이 하나도 없는 사람이었다. 그러던 어느 날 이스라엘에서 일본까지 가는 야간비행 도중에 문득 그는 스스로에게 이렇게 말했다.

'내 수입과 사회적 지위가 매력적이기는 하지. 하지만 내가 갖고 있다는 힘, 아무리 생각해도 이건 진짜가 아니야. 매일 떨어지는 업무 중 태반이 어리석고 하찮은 것들이지만, 이런 문제들은 마치 성가신 치통처럼 지속적으로 주의를 집중시키는 것들이란 말이지.'

그는 이에 관해 내게 이렇게 말했다.

"그때 나는 내가 스스로 통제할 수 있는 게 거의 없는 직업에 내가 계속 종사하리라는 기대를 받고 있다는 사실이 무척이나 두려웠습니다."

그렇지만 이보다 더욱 그의 정신을 번쩍 들게 한 것은 그가 자신의 일자리를 위해 삶을 너무 많이 희생하고 있다는 사실이었다. 그런데 여기에 샤론과 그가 연구하고 있던 사람들 사이에 차이가 있었다. 샤론은 직업 정체성을 지키고자 스스로를 억지로 거기에 맞춰 넣지 않고 오히려 탈출 계획을 세웠던 것이다.

샤론은 법률계를 떠나 대학원에 진학해 사회학을 공부하기 시작했다. 특히 자신과 그가 알고 있는 많은 사람들이 스스로 통제할 수 없는 일자리에 대해 함정에 빠진 것처럼 느끼는 이유에 대해 파고들었다. 이 문제를 진정으로 이해하기 위해서는 뭔가 비교할 대상이 필요했는데, 이를테면 다른 나라의 노동자들 역시 같은 방식으로 생각할까 하는 것이었다. 그는 이스라엘에서 태어났기 때문에 살펴봐야 할 장소들을 구체적으로 그려냈다. 그러고는 자주 비행한 경력 덕분에 쌓여 있던 마일리지를 모아서 조사여행에 나섰다.

이스라엘과 미국은 많은 공통점을 갖고 있다. 두 나라 모두 노동조합 가입률이 저조하고 상대적으로 유연한 노동시장이 작동하는 시장경제체제를 유지하고 있다.[2] 또한 점차 번영하고 있는 첨단기술 부문 중심의 경제 구조도 흡사하며 사업적인 교류도 활발하다. 샤론은 이렇게 이야기했다.

"1990년대 이후 이스라엘은 미국의 경제 모델이 진보와 효율성을 동시에 갖췄다고 생각해왔습니다."

하지만 이런 공통점에도 불구하고 샤론은 이스라엘 노동자들과 미국의 노동자들이 자신들의 일자리를 전혀 다르게 받아들인다는 사실을 발견했다. 샤론은 미국인들이 이스라엘 출신 동료들에 비해 자신들의 직장생활에 대한 통제력을 훨씬 적게 행사한다고 지적했다. 회사의 법률 팀이나 재무 팀처럼 극심한 압박을 받는 부서에서조차 고용조건 협상에서 이스라엘인들이 훨씬 더 나은 상황에 있고 일과 삶의 균형을 훨씬 더 잘 맞추고 있다. 샤론에 따르면 두 나라의 가장 결정적인 차이점은 고용을 확보하는 과정이었다. 이스라엘에서는 일자리에 지원했다가 퇴짜를 맞으면 사회 시스템을 탓하는 경향이 있는 반면, 미국에서는 지원자들이 스스로 자책하는 경우가 훨씬 더 많다는 것이었다.

구직자의 태도에 나타나는 이런 차이점은 상당히 상이한 고용정책을 펴는 두 나라의 고용전략에 기인한다. 이스라엘에서는 직장에 지원한 사람들의 기술과 성과에 초점을 맞춘 매우 객관적인 과정을 통해 우선 한 번 걸러지게 된다. 다음은 샤론이 '스펙 게임(specs game)'이라고 부르는 과정을 통해 지원자들은 괴롭힘을 당하기도 하고 능력을 시험받기도 하는데, 이때 나이와 같이 업무와는 굳이 연관성이 없는 요인 때문에 탈락하기도 한다. 이런 경우 지원자들은 분노하기는 하지만 그렇다고 자신들의 자부심까지 갉아먹지는 않는다. 자신들의 잘못이 아니라 불완전하고 때로는 불공정하기도 한 시스템의 잘못이며, 이는 자신들이 통제할 수는 없는 것이라고 생각하는 것이다.

반면 미국에서 일자리를 찾는 사람들은 샤론이 '케미스트리 게임(chemistry game)'이라고 이름 붙인 시스템과 싸워야 한다. 일반적으로 구직자들이 제출하는 이력서가 면접까지 이르는 데 결정적인 역할을 하기는 하지만 통상 이것만 갖고는 거래를 마무리하기에 뭔가 부족하다. 여기에서 사람들은 '인간관계의 케미스트리'라고 부르는 마법을 부려야 하는데, 말하자면 단순히 그 일자리 자체에 대한 관심뿐 아니라 그 조직에 대해서도 몰입해야 한다. 이는 단순히 일자리를 원하고 그것이 필요하다거나 그 일자리에 합당한 자격을 갖추고 있는가의 문제가 아니다. 온라인 일자리 사이트 한 곳에서 내건 광고 문구와 같다.

"동등한 자격을 갖춘 많은 사람들 가운데 눈에 띄어 일자리를 얻어내는 것이 '적임자'가 되는 길입니다."[3]

샤론이 '일자리 도우미 사업'이라고 명명한 구직 코치, 직업 상담사, 컨설턴트 등 대규모의 직업들에서 초점을 맞추고 있는 것이 바로 이 '적임자'로 어필하는 작업이다. 이들은 자신의 직업윤리와 경험 그리고 기술만으로 고용주에게 강한 인상을 남기는 것으로는 충분하지 않으며, 결정적으로 조직과 '잘 맞는' 부류의 인간을 만난 것이라는 사실을 반드시 확인시켜줘야 한다고 주장한다. 매사추세츠공과대학(MIT) 내 그의 사무실에서 내게 들려준 이야기는 이랬다.

"미국에서는 내 정체성을 꾸준히 시험에 들게 하는 것만으로도 일에 대한 엄청난 객관적인 경험치를 얻을 수 있죠. 무슨 말인가 하면, 현재 번성하고 있는 이런 일자리 도우미 사업은 우리에게 마치 그들이 무슨 비밀을 갖고 있는 것처럼 느끼게 하고, 구직자로 하여금 고용주들이 찾고 있는 바로 그런 부류의 인재가 되도록 도와줄 수 있다고 말합니다. 그러면서 그들은 그 일에 대한 열정을 갖고 있는 듯 꾸며서는 안 되고 실제로 그 열정을 가져야 한다고 조언하죠. 이런 것들이 노동자들에게 주는 의미가 무엇일까요? 나와 내 일자리에 어떤 거리감이 생긴다면, 내 직업 정체성 자체가 그 일자리를 얻기 위해 해야만 하는 것들로 손상을 입게 된다는 의미입니다."

이런 논리는 고어릭과 같은 사람들이 찾는 고액 연봉의 경력직 일자리에만 해당하는 것이 아니라 대학 졸업생들이 찾는 신입사원 일자리에도 똑같이 적용된다. 내가 몸담고 있는 학교에서는 학생들로 하여금 이른바 '엘리베이터 스피치'를 통해 면접을 준비하도록 하고 있는데, 빠른 시간 내에 그들의 잠재적인 고용주에 대한 칭찬을 있는 대로 쏟아낸 다음 그 회사의 '기업문화'에 부합하는 자신들의 능력을 보여주는 것이다. 이 '인간관계의 케미스트리'를 날조하기 위해서는 '새로운 인격'을 유지하고자 샤론이 '혹독한 감정노동'이라고 부르는 심리적 비용이 지불된다. 여기에는 고용주의 목적과 일치하는 직업 목표에 대한 열정을 투사하도록 사전에 세심하게 작업된 '입바른' 표현들이 포함된다. 일자리를 찾는 사람들은 자신이 언제라도 주도적인 역할을 맡을 수 있는 플레이어라고 묘사해야 하며, 동시에 그 회사가 판매하는 제품이나 서비스가 그 어떤 것이든 간에 절대로 사그라지지 않는다는 의욕을 과시해야 한다. 이런 종류의 '케미스트리 게임'을 하는 동안 대다수의 지원자들은 자긍심이 위축되는 경험을 하게 되는데, 이때 어떤 종류의 잘못이 발생되면 그들은 회사나 사회 시스템을 탓하기보다는 스스로에게 책임을 돌리는 경향이 강하다.

내가 인터뷰한 많은 노동자들, 기술자건 웨이터건 화학자건 간에 그들은 하나같이 일에 대한 어려움, 특히 일자리를 찾는 문제에 대한 어려움을 토로하면서 대부분 자신들의 잘못에 대해서만 이야기했을 뿐 스스로 통제할 수 있는 범위를 벗어나는 힘에 대한 언급은 하지 않았다. 샤론은 이런 경향이 대단히 관습적인 것이어서, 그에 따르면 일자리를 찾다가 실패해 실업 상태에 있는 미국인들을 대상으로 한 설문조사에서 '내게 잘못이 있었다'라는 항목에 84퍼센트가 '그렇다'라고 응답했다.

■ 고용주의 권한이거나 입맛에 맞거나 ■

일자리를 얻고 그 일자리를 유지하기 위해서는 우리가 가진 시간, 노력, 기술뿐 아니라 우리 자신까지 팔아야만 한다는 생각은 미국에서 상당히 일반적인 것이기 때문에 패러디 대상이 되곤 한다. 인기 TV 시리즈 〈걸즈(Girls)〉의 한 장면에서 리나 던햄(Lena Dunham)이 연기한 해너 호바스(Hannah Horvarth)가 예전에 이력서를 넣었던 제과점에 들어선다. 예술대학 졸업장은 구직에 별로 도움이 안 됐다. 그녀에게는 일자리가 절실했다. 그녀가 제과점 매니저에게 다가가자 그가 움찔한다.

"유감이지만, 그 자리는 이미 베테랑 제빵사로 충원됐습니다."

그는 이렇게 말하면서 황홀경에 빠진 모습으로 컵케이크 위에 설탕 프로스팅을 뿌리고 있는 직원을 가리킨다. 해너는 컵케이크 앞에서 살짝 고개를 끄덕인다. 그녀는 겸손해졌다.

"와, 대단하네요, 당신 완전 제빵사죠. 이런 빵들은 너무 대단해 보이고 만들기도 어려울 것 같아요!"

그러자 프로스팅을 뿌리던 직원이 하던 일을 잠시 멈추고 고개를 들어 그녀를 보면서 꿈속에서처럼 미소를 짓는다.

"아뇨, 이제 배워야죠."

그러자 매니저가 해너 앞에서 눈썹을 치켜뜨더니 이렇게 설명한다.

"우리 분위기에 완벽하게 맞는 사람이거든요. 편하게 한 말씀 드려도 될까요? 만약 일자리를 찾고 계신 거라면 조금만 더 낙천주의 같은 걸 가져보세요."

　해너는 그의 충고를 기꺼이 받아들이고 매니저는 그녀의 이력서를 잘 보관하겠노라고 약속한다. 두 사람 모두 공허한 약속이라는 것은 잘 알고 있을 테지만.

　이 대목에서 시청자가 웃을 수 있는 이유는 그 장면이 현실을 담고 있기 때문이다. 우리 대부분은 그런 식의 모욕을 직접 당한 적이 있거나 최소한 그런 경험을 했던 사람이 주변에 있을 것이다. 결국 우리가 일자리를 찾지 못하는 까닭은 우리의 기술, 지식, 능력이 모자라서라기보다는 우리가 어떤 부류의 사람인가 하는 문제와 직결되는 경우가 많다.

　내게도 잊기 어려운 이런 종류의 경험을 한 지인이 있는데, 사생활 보호를 위해 엘리자베스라고 부르기로 하자. 워싱턴에서 일하고 있는 33세의 영업 담당 직원인 엘리자베스는 조지아 주 애틀랜타에 위치한 어떤 회사로부터 스카우트 제의를 받았다. 그녀는 기뻤다. 자신이 먼저 그 회사에 가고 싶다고 한 것도 아니고 회사에서 역으로 입사 제안을 받았으니 더 기뻤을 것이다. 그녀는 더 세심하게 면접 준비를 하면서 인상적인 파워포인트 자료도 만들었다. 공항에 도착하자마자 그 회사로 직행했기에 여행용 캐리어를 그대로 들고 갔다. 회사에 도착한 그녀는 따뜻한 환영을 받았고 직원들 소개 인사까지 받았다. 그런데 파워포인트 발표는 잠시 제쳐두고 영업 부서 전체가 조깅을 하는 데 운동복을 갖춰 입고 합류할 수 있느냐는 질문을 받았다. 엘리자베스는 비록 만성 천식으로 고생을 하고는 있었지만 흔쾌히 캐리어에서 반바지와 티셔츠를 꺼내 입고 꼬박 6.4킬로미터를 숨을 헐떡이면서 뛰었다. 사무실로 돌아와 이제 프레젠테이션을 하려고 하니 이번에는 조깅을 마치면 하는 기도회에 참석할 수 있느냐고 물어왔다. 직원들은 벌써 손에 손을 잡고 원을 그린 채 머리를 숙이고 있었다. 엘리자베스는 정중히 거절했다. 기도회가 끝나자 그녀는 비로소 프레젠테이션을 진행했고 모두가 아주 인상적인 발표였다고 칭찬했다.

집으로 돌아오는 길에 그녀는 그 회사의 제안을 받아들이기로 결심했다. 약간 이상한 구석이 있기는 하지만 보수나 복지 수준이 괜찮았고 일도 잘 맞을 것 같았다. 특히 발표에 대해 호평해줘서 기분이 좋았다. 그런데 그로부터 1주일 뒤 엘리자베스는 뜻밖의 이메일을 받았다. 그녀는 적임자가 아니라는 평가를 받았고 그 일자리는 다른 사람에게 넘어갔다.

부인할 수 없는 사실은 적임자가 아닌 것으로 보이는 사람에게 일자리를 주지 않는 것은 고용주 고유의 권한이라는 점이다. 또한 헤드헌팅 전문가들이 새로운 피고용인을 찾을 때 그 기업의 문화와 적합한지 여부가 우선적인 고려 기준이며, 비적임자들은 필연적으로 좋지 않은 성과를 내게 된다고 믿는 것도 일반적이다. 그렇다면 이제 핵심적인 질문으로 들어가자. '직무 적합성'이라는 것이 도대체 어떤 의미이고, 어떻게 해야 달성할 수 있는 것인가? 약간 모호하기는 하지만 대략적으로 볼 때 '피고용인이 소속된 조직의 신념, 태도, 행동양식 등을 따라하거나 수용할 수 있다고 볼 수 있는 가능성' 정도로 정의할 수 있을 것이다. 어떤 면에서는 타당해 보이기도 한다. 채식주의자라고 당당하게 주장하는 사람이 육류가공 회사 영업을 맡게 된다거나, 밀실공포증 환자가 지하 석탄광산에서 일하게 되는 경우라면 이들이 적임자가 아닌 것은 분명하다. 하지만 통상적으로 회사에서 이 직무 적합성에 대해 이야기할 때는 자신들이 지향하는 바와 일치하는 태도나 행동을 의미하는 경우가 훨씬 많다.

우리 모두 그렇겠지만, 고용주 입장에서는 아무래도 자신과 닮은 사람에게 마음이 가게 마련이다. 이런 성향은 심리학자들이 '단순노출 효과(mere exposure effect)'라고 부르는 것과 관련이 있는데, 대단한 이론은 아니고 사람들이 과거의 경험과 유사한 부류의 사람들과 함께 있을 때 더욱 편안함을 느끼는 성향을 일컫는다. 가족, 친척, 학창 시절 친구, 이웃들과 어울릴 때 편안하게 느끼고, 넓게는 같은 인종이나 같은 교육 수준과 사회적·경제적 지위의 사람들과 어울리려고 하는 성향을 뜻한다. 이런 원리를 적용하면 유사성은 모멸감이 아니라 편안함을 불러일으킨다. 이와 같은 성향은 어쩌면 진화생물학 분야의 '해밀턴 법칙(Hamilton's Rule)'까지 거슬러 올라갈 수도 있다. 사회적 행동은 연관성의 특정한 조합에 따라 진화한다는 개념으로서, 개인적인 개체들이 서로 연관돼 있는 정도가 깊을수록 서로를 더욱 깊게 신뢰할 가능성이 높아진다는 이론이다.

그렇다면 고용주들이 자신의 배경, 가치, 신념 등과 유사하거나 유사해 보이는 후보자들, 이를테면 비슷한 환경에서 성장했다거나 가치관이 비슷한 사람에게 마음이 기울어지는 것은 그리 놀라운 일이 아닐 것이다. 이런 성향은 블루칼라건 화이트칼라건 모든 노동자들에게 공통으로 적용되는 진실이다. 스스로 의식하든 그렇지 않든 간에 우리가 어떤 일자리에 적합한 적임자가 되려면 피고용인으로서 가치, 이해, 목표 등을 다른 동료 피고용인들과 공유해야 하며, 경영진에게도 끊임없이 그런 사람이라는 사실을 어필해야 하는 것이다.

머리로는 쉽게 이해된다. 그 어떤 사람도 살벌한 직장 분위기 속에서 일하기를 즐기지는 않을 것이며, 괴짜 한 사람 때문에 일 전체가 망가지는 것을 원하지도 않을 것이다. 그럼에도 불구하고 피고용인들을 회사의 특정 문화에 적합화하도록 고집하는 것은 본질적으로 그들을 틀에 박힌 사람으로 전락시키는 셈이 된다. 마치 반향실(echo chamber)을 만드는 것과 같다. 조직 내에서 언제나 직원들이 너무나 손쉽게 의견 일치를 보기 때문에 다양한 시각으로 문제점을 인식하거나 해결책을 모색하는 게 불가능해진다. 더욱이 피고용인들에게 미리 확정돼 있는 틀을 들이대면서 '적합성'을 요구하다 보면 어떤 기준으로건 뛰어난 역량을 갖춘 사람들을 배제하는 결과로 이어지게된다. 이때 그들의 나이, 인종, 출신 등과 같은 요인으로 배제 이유를 위장하기도 한다. 예컨대 IT업계는 서른다섯 살 넘은 지원자들을 대놓고 적합하지 않다고 여기는 것으로 악명이 높다.[4] 건설업계의 경우에는 과거 수많은 여성 직원들이 그 일자리에 '적합하다'고 회사가 생각하게 될 때까지 상당히 오랜 시간이 걸렸다.[5] 직무 적합성에 초점을 맞추는 경향은 많은 회사에서 '자격을 갖춘' 피고용인들을 채용하지 못하고 있는지에 대한 설명이 될 수 있다. 그들이 찾는 인재는 자신들을 닮은 사람인 것이다. 고어릭은 어떤 고용주가 자신을 불합격시킨 뒤 곧바로 자신과 동일한 이력의 다른 사람을 찾는 것을 보고 크게 좌절한 적이 있다고 말했다.

몇 년 전 사회학자 로렌 리베라(Lauren Rivera)가 1년 동안 법률, 금융, 컨설팅 회사의 사원 모집과 고용 행태에 관한 연구를 진행한 뒤 이 같은 '자기복제식 채용'을 주제로 한 논문을 남겼다. 그녀의 연구에 따르면 이런 회사들에서 평가자들이 찾는 대상은 함께 일할 동료가 아니라 '영혼의 동반자'로서 자신들의 가치와 사고 그리고 계보를 공유할 사람들이었다.[6]

"면접관들은 자신보다 뛰어난 능력을 갖춘 지원자들을 평가하면서 일종의 안도감과 자신에 대한 자부심을 느낀다. 여러 측면에서 그들은 사회학자들이 회사에서 새로운 직원을 선택하는 전형적 방식이라고 설명하는 과정보다 친구나 연인을 선택하는 것과 더 유사한 방식으로 채용을 진행한다."

리베라는 취미가 구직자들을 평가하는 데 중요한 요소 중 하나라는 사실을 알게 된 뒤 무척 놀랐다. 지원자가 보스턴 레드삭스의 열혈 팬이고 면접관 역시 마찬가지라고 한다면 회사에 '적합한' 인재가 될 확률이 매우 높아진다는 의미다. 보다 최근에 이뤄진 또 다른 연구에서 리베라와 그녀의 동료 연구자인 토론토대학교의 안드라스 틸식(András Tilcsik) 교수는 유수의 법률회사들에서 클래식 음악이나 요트 항해처럼 상위 계급의 배경과 관심을 반영하는 것으로 생각되는 취미활동에 응답한 지원자들이 동일한 수준의 자격을 갖췄으면서 팝 음악이나 축구 같은 취미를 가진 지원자들보다 일자리를 얻게 될 확률이 높았음을 발견했다. 반면 상위 계층 여성 후보자들은 그런 이익을 누리지 못했는데, 고용주들이 그들에게는 돈이 별로 필요 없기 때문에 이직도 쉽게 할 것이라고 생각했기 때문이다.[7]

비슷한 사례로 캘리포니아대학교 사회학자 샤론 코프먼(Sharon Koppman)은 광고업계와 같은 '창의적인' 직업에 지원하는 후보자들도 그들이 수행했던 작업의 질보다는 문화적 특성에 의해 평가받는다는 사실을 밝혀냈다.[8] 코프만은 다수의 고용주들과 인터뷰를 진행했는데, 이들은 지원자들의 학교 성적표, 이력서, 과거 경력 따위는 상대적으로 크게 중시하지 않으면서 패션, 음식, 음악, 예술, 문학 등의 국제 공통어에 정통한 사람들을 선호한다는 사실을 거리낌 없이 인정했다. 어려서부터 이런 문화에 노출돼온 보다 부유한 지원자들을 이들은 더욱 창의적이라고 평가했다. 코프만은 이렇게 설명했다.

"창의적 업무를 수행하는 부서의 직원들은 스스로를 색다르고 재미있는 사람들이라고 생각하기 때문에 자신들처럼 색다르고 재미있는 지원자들을 선호하는 경향이 있습니다."

여기에서 문제가 더욱 복잡해지는 이유는 고용주들이 최적의 적임자 또는 그 반대에 대한 자신의 개인적 생각을 정당화하기 위해 고용 기준을 변경하는 경향이 있기 때문이다. 예를 들면 크게 리더십이 필요하지 않은 일자리에서조차 그곳에서 일하려는 지원자들은 확신과 야망을 갖춘 사람으로 인식돼야만 한다는 사실이 일반적으로 많은 사람들의 인식이다. 그렇지만 럿거스대학교(Rutgers University) 심리학부의 연구 팀은 이 기준이 전반적으로 적용되지는 않는다는 사실을 밝혀냈다. 그들의 연구 결과에 따르면 확신과 야망에 찬 남성의 경우라면 기대했던 대로 그가 가졌다고 인지되는 사회적 기술과는 상관없이 컴퓨터 연구소 관리자로 고용될 가능성이 다른 사람들에 비해 높았다. 그러나 여성을 평가할 때는 비중이 역전되는데, 숙련되고 확신에

차 있으며 야심만만한 여성은 유능한 지원자로 보이기는 하지만 이때는 누군가를 보살피고 챙겨주는 판에 박힌 여성상을 적용해 '사회적으로 부족하다'는 평가를 주고 고용하지 않을 가능성이 높아진다. 연구 팀은 이렇게 결론 내렸다.

"적임자가 아닐 것이라는 인식과 싸우기 위해 리더십을 갖춘 여성 지원자들은 우선 자신들이 남성들만큼이나 경쟁력 있는 후보로 인식시키기 위해 자신이 갖고 있는 강한 개성, 이를테면 경쟁력이 있고 능력이 있다는 증거를 명백하게 보여줘야 한다. 그런데 정작 이런 특성을 내비치는 순간 대인관계 부문에서 벌점을 받게 된다. 본 연구에서 새로 밝혀진 사실은 이런 특성을 가진 여성들에게는 고용 결정을 내리는 데 적성보다 사회성과 연관된 기술이 우선시되는데, 이는 다른 남성 지원자들에게는 사회적 기술보다 적성이 우선시되는 것과 대비된다. 기업의 평가자들은 이런 식으로 채용 기준을 여성 지원자의 강한 측면(적성)으로부터 파생돼 나오는 약한 측면(사회성)으로 이동시켜 고용상의 차별을 정당화한다."[9]

선택적인 '객관성'은 블루칼라 분야에서는 때마다 다르게 적용되는데, 이것도 아주 조금 다를 뿐이다. 예컨대 건설업 관리자나 경찰을 선발할 때는 성별 문제가 최우선적으로 작동한다.[10] 남성 지원자가 경험보다는 교육에 강점이 있다면 교육이 우선권을 가지게 된다. 만약 여성 지원자가 경험보다 교육에서 우위에 있다면, 그때는 실전에서 얻은 경험이 우선권을 갖게 된다. 화이트칼라 노동자의 경우에는 '적합성'에 대한 판단 기준이 평가를 받고 있는 사람이 갖고 있는 적합성에 따라 달라진다. 이런 것들이 시사하고 있는 바는 우리가 '직무 적합성'이라고 부르는 것은 개인이 어떤 특정한 일을 할 때 그 작업을 잘 수행할 수 있는가를 판단할 수 있는 좋은 기준이 아니라는 사실이다.

■ 게임으로 채용하는 리쿠르테인먼트 ■

개성과 태도는 우리가 일자리에 어떤 식으로 다가가서 어떻게 그 일을 수행하는지에 결정적인 요인으로 작용하며, 그 어떤 사람도 고용주가 그 직장의 지원자들을 걸러내면서 이런 측면을 무시해야 한다고 말하지 못한다. 그렇지만 일자리 면접에서 문화적인 적합성을 얻어내려고 하는 노력은 거의 도움이 되지 않는다. 실제로 어떤 사람들은 이런 것들보다는 고용주가 후보자를 향해 본능적으로 내뱉는 한 마디가 고용 과정 전체에서 더욱 결정적인 역할을 하고 있는 것 같다는 의문을 제기한다. 조직심리학자 스콧 하이하우스(Scott Highhouse)가 내게 이런 말을 한 적이 있다.

"100년 동안 축적된 자료에 따르면 전형적 형태의 직장 면접은 큰 가치를 갖고 있지 않습니다. 이론의 여지없이 내가 연구하는 이 분야에서 최근 수십 년 내에 이뤄진 가장 눈부신 기술적 진보는 피고용인들에 대한 향후 성과 예측에서 실제로 실수를 크게 줄여주는 시험과 구조적인 인터뷰 방식을 의사결정의 보조수단으로 개발한 것입니다. 하지만 고용주들이 그런 도구를 사용하게 하는 데까지 우리의 능력이 닿지 않는다는 것이 문제입니다."

공정하게 말하자면 사실은 일자리에 지원한 사람들을 평가할 때 적용할 보다 객관적인 방식을 찾고 있는 고용주들의 숫자도 나날이 증가하고 있다. 상대적으로 일반화된 방식 중 하나가 '시뮬레이션'이라고 알려진 것인데, 이는 지원자에게 문제 해결이라든지 실시간 프레젠테이션을 하는 등과 같은 상황을 주고 그 지원자가 앞으로 하게 될 일과 관련한 업무에 대해 이야기해달라는 요구를 하는 것이다. 이론적으로 볼 때는 이런 접근방식이 공정해 보이기는 하지만 실제로는 여전히 주관이 개입할 여지가 남아 있다. 고용주 문제 해결 방안이나 프레젠테이션을 평가할 때 누가 문제를 해결하고 누가 프레젠테이션을 진행하느냐에 따라 달리 평가할 수 있기 때문이다. 이 때문에 일부 고용주들은 진정한 객관성을 확보하기 위한 노력의 일환으로 엉뚱한 접근방식을 도입했는데, '리쿠르테인먼트(recrutainment)'라고 하는 것이다.[11]

낵(Knack)이라는 회사는 직원 채용을 위한 면접시험을 아예 비디오 게임으로 대체하려는 계획을 세운 기업이다. 이스라엘 해군 소령 출신으로서 경영학 박사학위를 취득한 전직 검사 가이 하프텍(Guy Halfteck)은 과거 자신이 지원했던 헤지펀드에서 '충분히 창조적이지 않다'라는 이유로 퇴짜를 맞은 뒤 낵을 설립했다. 채용 거부로 절망에 빠져든 것이 아니라 자기처럼 일자리를 찾는 사람들이 자신의 재능이나 잠재력을 더 잘 보여줄 수 있는 방법을 찾고자 한 것이다. 그는 자신의 학창시절을 되돌아보면서 당시 그가 배웠던 '게임 이론'이 문제를 해결하는 데 핵심이 될 수 있다고 생각했다. 이 이론은 수학의 한 분야로 둘 또는 다수의 참가자가 경쟁적인 상황에 참가해 한 참가자의 행동이 다른 참가자의 행동에 결정적인 영향을 미치게 함으로써 나오는 수많은 결과를 분석한 것이다.

하프텍은 낵을 세우면서 일단의 수학자, 심리학자, 소프트웨어 엔지니어, 교육 전문가 등을 영입해 행동과학과 자료분석학을 게임 형태로 구현하는 기술 플랫폼을 개발해 판매에 나섰는데, 이 플랫폼을 통해 일자리 지원자들의 잠재력을 몇 가지 계량화된 수치의 조합으로 전환해 보여줄 수 있었다. 가령 지원자들은 낵의 대표적인 게임 대시 대시(Dashi Dash)를 하면서 일본 식당의 매니저 역할을 가상으로 맡아 게임을 진행하라는 요구를 받는데, 이때 지원자는 손님들에게 서비스를 제공하면서 특정 고객이 보이는 얼굴 표정에서 그 고객이 선호하는 음식을 예측해야 한다. 하프텍은 대시 대시 게임을 10분만 하도록 해도 지원자들이 게임에서 올리는 성과를 통해 감성지능, 위험감수도, 변화에 대한 적응성과 같은 특성을 분류해낼 수 있다고 말한다.[12] 적지 않은 수의 기업 채용 담당 관리자들도 이 말에 동의하는 눈치다. 낵은 2017년 200개가 넘는 기업 고객을 확보하고 있다고 설명했다. 낵의 경우와 비슷한 노력들이 점차 호응을 얻고 있기는 하지만 아직까지는 이런 게임들이 고용 과정에서 실제로 객관성을 향상시킨다는 증거가 충분치는 않은 상황이다.[13]

이보다 더욱 확실한 사실은 많은 부분에서 취업이 점차 게임이 되어간다는 점이다. 전체적인 취업 기회에 대한 취업 지원율은 실업률이 최고에 달했던 2009년 봄부터 내려가기 시작해 최근에는 급격하게 떨어져 있는 상태다. 그러나 대부분의 일자리에서 경쟁은 아직도 극심한 상황이며 줄어들 기미도 전혀 보이지 않는다. 취업 사이트 글래스도어(Glassdoor)의 후원으로 2017년 실시한 조사 결과에 따르면 사람을 구하는 자리 하나당 약 250개의 이력서가 제출됐으며, 이들 중에서 단지 2퍼센트만이 면접에 오라는 연락을 받았다.[14] 실제로 구직자들은 그들이 비디오 게임에 정통해 인간 채용 담당자들을 이길 수 있는 능력을 갖췄는지의 여부와 상관없이 대부분 자신들이 지원한 일자리를 구하기는커녕, 갖고 있는 능력과 무관하게 인재를 구한다는 그들로부터 어떤 반응도 얻지 못했다. 이런 현실에도 불구하고 많은 사람들이 우리가 일자리를 구하는 데 어려움을 겪는 것이나 기존 일자리에 만족하지 못하고 있는 이유가 '좋은 일자리'가 부족하기 때문이라는 주장에 반대한다. 내가 샤론에게 이에 대한 이유를 묻자 그의 반응에는 좌절의 기미가 묻어 있었다.

"모든 사람들이 즐기면서 일할 수 있는 일자리를 가진다는 건 판타지일 거예요."

너무나 많은 능력 있는 사람들이 점차 싸구려 시장을 닮아가고 있는 '일자리 시장'에서 자신들의 능력과 재능에 걸맞은 일자리를 찾을 수 없다는 현실은 우리가 당당히 대면하기에는 너무나 당혹스러울 것이다. 그래서 우리들은 뭔가 해보려는 대신 잠자코 찌그러져서 우리 자신이 일자리의 '좋은 상대'가 되기 위한 노력을 기울이고 있는 것이다.

■ 일자리를 소유할 수 있는가 ■

우리 스스로를 일자리의 좋은 상대로 가꾸는 것도 쉬운 일은 아니다. 특히 국가를 유지하는 기간산업 역할의 일자리라면 더욱 그렇다. 미국이 부유한 나라였고 더 부유해지는 동안 사실 대부분의 미국인들은 그러지 못했다. 지난 20년 동안 중산층 가계의 소득은 본질적으로 정체돼 있는데, 2007년부터 2011년 사이의 불황이 상황을 더욱 악화시켜 가계 보유 재산이 자유낙하하는 결과를 초래했다. 미국 가정 네 곳 중 한 곳이 보유하고 있던 금융자산 중 최소 75퍼센트를 잃었으며, 모든 가정의 절반 이상이 최소 25퍼센트를 상실했다. 이와 같은 부의 상실은 특히 유색인종들에게 더욱 심각하게 다가왔다. 이들이 원래 적은 부를 갖고 시작한데다 잃은 비율도 훨씬 높았기 때문이다.[15] 2013년 평균적인 백인 가정이 보유하고 있는 재산은 흑인 가정보다 13배나 컸는데, 이는 다양한 요인들을 고려했을 때 이 통계가 집계되기 시작한 30년 전 이래 가장 큰 격차다.

이와 동시에 안정적이고 최저생활을 보장하는 수준의 일자리 역시 수직하강했다. 최근에 고등학교를 졸업하고 취업한 이들이 실질적으로 받는 급여는 2000년에서 2017년 사이에 4.3퍼센트 떨어졌지만 그나마 이들은 일자리를 구한 행운을 누린 사람들이며, 대학 졸업장을 갖고 있지 않은 25세에서 54세의 사람들 가운데 26.6퍼센트는 어떤 종류의 일자리도 갖고 있지 않다. 즉, 실업 상태다. 이 수치는 2000년보다 5퍼센트 정도 높아진 수준이다. 그렇다고 대학 졸업자들이 안전한 것도 아니다.[16] 연방준비은행의 분석에 따르면 최근 대학 졸업생 중에서 30~40퍼센트는 '불완전 고용' 상태에 있는데, 학위가 필요하지 않은 일자리에서 일하고 있다는 의미로 해석할 수 있다.

실제로 2007년 12월에서 2009년 6월 사이의 불황이 지나간 이후 공식적인 실업률은 눈에 띄게 낮아졌으나, 좋은 일자리를 갖고 있는 미국인의 숫자

역시 감소했다. 이보다 더욱 놀라게 될 점은 일자리를 잡을 수 있다는 희망을 거의 갖지 않거나 아예 포기하고 있다고 생각하는 사람들의 비율이 증가했다는 사실이다. 30년 전에는 주요 고용 연령층(25~54세)에 속하는 미국 남성 16명 중에서 1명만이 취업을 하지 않은 상태에서 구직을 포기했다. 오늘날 이 비율은 8명 중 1명이다. 여성의 경우에는 4명 중 1명이다. 이 상황은 다른 선진국들에서는 일어나지 않고 있는 상황이다. 미국, 스웨덴, 독일, 프랑스, 영국, 캐나다, 스페인, 일본, 8개국을 비교분석한 연방준비은행 보고서에 따르면 미국은 이들 중 주요 고용 연령층 노동참여율이 최하위를 기록했다.[17] 다른 연구결과를 찾아보면 미국은 이 지표에서 폴란드, 라트비아, 포르투갈, 심지어는 콜롬비아에도 뒤처져 있다.[18] 수백만 명의 베이비붐 세대들이 은퇴를 미루고 계속 노동인구로 남아 있는 반면, 2018년 5월을 기준으로 한창 일할 나이의 성인들 중에서 62.7퍼센트만이 고용돼 있거나 일자리를 찾고 있는 상황이다.

24~54세의 주요 고용 연령층 가운데 일부는 대학원에 진학하거나 어린 아이들을 돌보기 위해 직장을 떠나고 있다. 하지만 이런 요인들로는 노동참여율 자체가 낮아지고 있는 전반적인 이유를 설명하지 못한다. 사회과학자들은 '일로부터의 도피(flight from work)'라고 불리는 이런 현상에 대해 여러 가지 이론을 내놓고 있긴 하지만 무엇 하나 확실하게 입증하지 못하고 있다. 그러나 대부분의 사람들은 이런 현상이 결국 한때 미국의 노동자 계급이 번성하게 만들었던 경제적·사회적 복지 수준의 하락 요인으로 작용하게 될 것이라는 데 의견을 일치하고 있다. 임금 노동을 하고 있는 많은 수의 미국인들에게 일자리를 구한다는 것이 그저 노력을 들일 만한 가치를 갖고 있는 것으로 바라보고 있지 않다는 것이며, 실제로 다른 대안과 비교했을 때 그럴 수도 있을 것이라는 생각이 든다.

주요 고용 연령층에 속하면서도 실제로는 노동을 하지 않는 사람들 중 약

35퍼센트가 사회보장기금의 장애인 수당을 타고 있지만, 취업 상태에 있는 주요 고용 연령층의 장애인 수당 수급비율은 2.6퍼센트에 불과하다. 그러나 일반적인 사람들의 생각과는 달리 장애인들은 게으름뱅이가 아니다. 사회보장기금의 장애인 수당을 받는 사람들의 평균 근속연수는 22년에 달한다. 노동시장에 들어오지 않는 사람들 중에서 절반 이상이 매일 진통제 투약을 하고 있다. 초기 치료 내과의(primary care physician) 한 사람은 이렇게 말했다.

"장애인 신청서 양식을 채워달라는 요청을 많이 받습니다. 이 사람들 중에서 상당수는 일할 수 있습니다만 그럴 의지를 보이지는 않습니다. 어떻게 보면 그들은 스스로를 자신이 속한 이 사회의 일부로 보고 있지 않는 것 같습니다."

프린스턴대학교의 경제학자 앤 케이스(Anne Case)와 앵거스 디턴(Angus Deaton)은 중년 사망률과 함께 약물 남용, 우울증, 자살, 심장질환, 암 등의 발병률이 올라가고 있다고 설명했는데, 이런 현상은 유독 주요 고용 연령층에 속하는 백인 남자들과 여자들에게서만 일어나고 있다. 이 경제학자들은 이 같은 '절망으로 인한 죽음'이 좋은 일자리가 결핍된 데서 오는 것이라고 주장하지는 않지만, 노동자들의 삶에서 통증, 피로감, 사회적 역기능 등의 수준 상승을 블루칼라 가정의 재산 감소 추세와 연관시키고 있다. 케이스와 디턴은 줄어드는 임금 소득과 앞으로도 그럴 것이라는 전망이 미국 백인 노동자들의 건강 악화 이유에 대해서 완전히 설명하지는 못한다고 경고한다. 미국 흑인들과 히스패닉계 노동자들의 소득과 전망 역시 줄어들었지만, 이들 그룹에서는 아무런 변화가 없거나 혹여 있더라도 오히려 약간의 개선 기미만 보이고 있다.

마찬가지로 유럽에서도 사망률과 소득수준의 변화가 일치되는 경향이 보이지 않으며, 전세계적인 금융파동이 닥쳐서 소득이 급격히 하락하던 시기에조차 건강 문제에 큰 변화는 일어나지 않았다. 그렇다면 어떤 요인들이 오직 미국의 백인 노동자들에게만 이런 '절망으로 인한 죽음'을 불러올까? 케이스와 디턴은 비록 아직 증명할 길은 없지만 상당히 강력한 이론을 내놓는데, 그들이 꼽고 있는 요인은 희망 또는 그 희망의 결여다. 미국 흑인과 히스패닉계 미국인 그리고 유럽인들은 한 세대에서 다음 세대로 넘어갈 때 경제적 진전을 아예 기대하지 않거나 거의 기대하지 않지만, 대부분의 미국 백인들은 분명히 그런 기대를 하고 있다. 여기에서 건강악화 또는 때 이른 죽음과 가장 강력하게 연관시킬 수 있는 것이 실업 자체가 아니라 현실과 이런 희망과의 충돌이라는 것이다.[19]

우리는 우리 스스로 세운 기대에 부합하지 못하는 경우 자신이 뭔가 '잘못하고' 있다는 생각을 하는 경향이 있다. 이런 우려는 '불안'이라는 씨앗을 뿌리게 된다. 세계보건기구(WHO)는 미국이 이 지구상에서 가장 불안감이 팽배해 있는 나라이며, 그 원인의 대부분은 아니더라도 상당 부분이 직장에서 어떤 동력이 결여됐다고 느끼는 데서 기인한다고 보고했다.[20] 미국스트레스협회(American Institute for Stress)에 따르면 지나친 직업적 스트레스로 인해 미국 경제는 건강관리, 업무상 손실, 스트레스 절감 치료 등의 형태로 연간 3,000억 달러 이상을 지출하고 있다.[21] 그리고 아마 놀라게 되겠지만 이 돈은 모든 부문에서 최종적으로 노동자들에게 부담된다. 쉴 새 없이 일하는 화이트칼라 노동자들이 스트레스를 받고 있다는 사실은 누가 봐도 명백해 보이는 반면, 주방 수석 요리사, 공장 노동자, 간호조무사와 같은 블루칼라 노동자들은 얼핏 그렇게 보이지는 않지만 오히려 더욱 취약한 상황에 놓여 있다. 오퍼 샤론의 설명에 따르면 그 이유는 그들에게 요구되는 노동 수준은 매우 높은 반면 그들의 생활에 대해서는 관리가 거의 이뤄지지 않고 있어 육체적·정신적으로 유해한 환경이 계속해서 조성되고 있기 때문이다. 벅찬 일자리가 꼭 병을 유발하는 것은 아니겠지만, 우리가 무엇을 해야 하고 어떻게 해야 하는가의 지침을 주지 않고 그저 고되기만 한 일자리는 질병을 몰고 오기 십상이다.[22] 얼마나 성공했느냐 하는 것과는 상관없이 이런 압력으로 인해 자신이 하고 있는 일이 한때는 만족과 자부심의 원천이었지만 이제는 불안감에 사로잡혀 매일 매일의 셰도우 복싱(shadow boxing)으로 바뀌어버린 미국인들의 숫자가 점점 증가하고 있다. 샤론은 이렇게 말한다.

"우리 스스로의 정체성을 끊임없이 시험에 들게 하고 있는 상황입니다. 위험, 불안, 이런 것들이 도처에 깔려 있어요."

우리 일자리에 대해 '심리적인 소유권'을 갖는 것이 얼마나 중요한 일인가 하는 주제로 많은 논문이 나와 있다. 일반적으로 이런 글들은 우리가 일에 대해 기업가와 비슷한 지분을 갖는 것을 다룬다. 그렇지만 우리 모두가 이런 생각에 동의하는 것은 아니다. 이와는 반대로 우리 중 일부는 일자리를 소유하지 않고 '임대(rent)'하는 것을 선호하기도 한다. 여기에는 그럴듯한 이유가 있다. 우리가 주택이나 자동차를 소유한다는 것은 그것을 유지하고 부분적으로는 개선하기도 하는 책임을 맡는다는 의미인데, 이렇게 하는 이유는 그것이 우리 자신들을 위해서 아니면 우리 아이들을 위해서 좋은 투자라고 생각하기 때문이다. 이와는 반대로 일자리라는 것은 굳이 좋은 투자가 아닐 수도 있으며 대부분의 경우에는 고용주들을 즐겁게 해주는 역할만 한다. 그래서 아이러니가 아닐 수 없다. 일자리에 대해서 '소유권'을 주장하는 사람들, 이들이 오히려 일자리에 의해 소유 당할 가능성이 가장 크다.

■ 워커홀릭, 초과근무를 즐기는 사람들 ■

펜실베이니아대학교 경영학자 알렉산드라 미셸(Alexandra Michel)은 '일자리 소유권'에 대해 연구하고 있는 학자이자 이를 직접 경험해본 사람이기도 하다. 가슴과 어깨를 드러내는 검은 색 파티 드레스에 진주로 장식을 덧붙이는 취미를 갖고 있는 이 여성은 한때 투자은행에서 성공한 경영자였는데, 그 시절의 스타일과 감각을 지금도 그대로 갖고 있다. 그러나 이런 것들을 우선 적으로 생각하는 사람은 아니다. 그녀는 이렇게 이야기한다.

"제가 골드만삭스(Goldman Sachs)에 처음 입사했을 때 경영진은 내게 개인 적인 삶을 즐길 수 있는 아주 드문 기회를 잡은 것이라고 말했습니다. 사실 나로서도 좋았죠. 스물두 살 먹은 애가 그토록 명석하고 뛰어난 사람들에게 둘러싸여 일하는 기회를 잡은 것이니까요. 마치 세계 경제의 맥박이 뛰고 있 는 곳에 손가락을 대고 있는 느낌이었어요."

하지만 20대가 끝나가자 미셸은 갖가지 의문을 갖게 됐다. 그중에서도 가 장 심각한 것은 오퍼 샤론을 괴롭혔던 것과 같은 것이었다. 왜 은행가들은 자 신들이 거의 통제력을 행사할 수 없는 사업에 깨어 있는 시간을 모두 희생하 고 있는 걸까? 샤론과 마찬가지로 미셸도 결국 수입이 좋은 일자리를 떠나 학교에 들어가 그 대답을 찾기 시작했다.

"은행가들은 아마도 '우주의 주인'일 거예요. 실제로는 윗사람이 없는 것과 마찬가지라 독립적으로, 스스로 빠져 들어서, 스스로 조절하면서 일을 하고 있죠. 그런데 내가 알고 있던 모든 젊은 은행가들은 하나같이 비슷하게 행동 했어요. 1주일에 80시간에서 100시간 정도 일을 했고 그 누구도 자신의 사 생활을 즐기지는 않았어요. 그게 내가 의아하다고 생각했던 부분이에요. 그 처럼 많은 자유가 보장되는데 왜 그들은 모두 똑같은 방식으로 행동하고 있 을까요?"

낡아빠지고 상투적인 문구인 '열심히 일하고 열심히 놀자'는 미셸이 느끼 는 것을 제대로 설명하지 못했으며, 그녀는 자신과 동료들이 자기 자신에 대 한 착취라는 범죄행위에 대한 공범자들이 돼가는 것만 같았다. 왜 이런 일이 일어나고 있는지에 대한 정확하고 명쾌한 대답은 거의 찾아볼 수 없지만 '역 사'가 약간의 단서를 제공해주기는 한다. 지금으로부터 수십 년 전인 1954

년, 윌리엄 화이트 2세(William Whyte Jr.)는 이에 관련된 질문에 대해 정곡을 찌른 적이 있다. 화이트는 1956년 출간돼 광범위하게 영향력을 미쳤던 그의 저서 《조직 인간(Organization Man)》으로 널리 알려졌던 인물이다. 그 시기에 화이트는 〈포춘(Fortune)〉의 편집인이었는데, 그와 그의 팀은 당시 기업경영의 새로운 풍조라고 생각되는 것들에 대한 자료를 모으기 시작했다. 아래는 이때 그가 썼던 글이다.

> 기업의 임원들은 일에 대해 스스로 조절할 수 있는 권한을 부여받는데, 노동자들은 이미 오래 전에 주당 근무시간이 40시간 이하로 떨어졌으며 이제는 임원들도 똑같은 길을 걷고 있다. 그들이라고 그러지 말아야 할 이유가 있을까? 최고위직 임원들이 항상 이야기하듯이 세금은 그들의 추가 시간을 통해 얻은 인센티브를 모두 뺏어간다. 이 뿐만이 아니다. '집단적 경영참여(multiple management)'라는 풍조는 어쨌든 간에 추가근무 시간의 필요성을 없애버렸다. 과로는 명백하게 바람직하지 못한 것이 됐다. 효율적인 경영자는 자신의 여가를 소중하게 생각하고 휴식하는 사람이며, 자신의 부하직원들에게도 그렇게 하라고 북돋워주는 사람이다.

그러나 화이트와 그의 팀은 221명의 관리자와 임원을 면담하고 나서 진실을 공개했다. 그들이 취재한 대부분의 사람들은 다른 어떤 것보다도 더 많은 시간을 회사 사무실에서 일하는 데 할애하고 있었다. 화이트는 이렇게 메모했다.

"이들보다 더 열심히 일하는 사람들은 보기 어려울 것이다."

공식적인 근무시간은 오전 8시나 9시부터 오후 5시나 6시까지로 지켜지고 있지만, 이들에게 이런 시간은 그저 시작하는 시간에 불과하다. 밤 시간과 주말은 서류정리, 전화통화, 사업상 회합 등으로 꽉 채워져 있다. 화이트가 이 잘나가는 사람들의 평균 주간 근무시간을 측정해봤더니, 녹초가 될 정도인 57시간에서 60시간 사이였다. 그들의 노력에 항상 금전적 보상이 따르는 것은 아니었지만 요란하게 칭찬받기는 했다. 다시 화이트의 메모를 살펴보자.

"임원이란 주당 50시간 일하면 최고경영자로부터 괜찮다고 평가받는 사람들이라는 뜻이다. 60시간 일하면 호감을 얻고, 65시간 일하면 매우 좋아한다."[23]

많은 측면에서 이런 발견은 직관에는 반대되는 것이었다. 과거에는 이처럼 노예와 같은 근무시간은 엘리트들이 아니라 이 문제에 대해 별다른 선택권이 없었던 사무원, 공장 노동자, 농장 노동자 등에게 해당되는 사안이었다. 부유한 사람들은 이 '분투하는 계층'을 동정하기는 했지만 자신들의 여가시간을 만끽하면서 그런 것들을 자랑스럽게 여겼다. 필요한 모든 것들을 갖고 있고 바라는 것들 모두를 구할 수 있는데 굳이 땀을 흘릴 이유가 어디에 있단 말인가? 경제학자 소스타인 베블런(Thorstein Veblen)은 《유한계급론(Theory of the Leisure Class)》에서 이렇게 밝히고 있다.

"노동에 대한 명백한 절제, 이것이 상위 소득을 달성한 사람들의 전통적인 특징이다."[24]

그런데 언제부터 상황이 바뀌어 오래 일하는 것이 권력의 상위계급을 상징하게 됐는지 알기는 어렵지만, 제2차 대전 이후의 경제호황기와 소비자 중심주의가 대두한 것과 깊은 관계가 있음은 확실해 보인다. 이 시기부터 노동자들은 여가와 추가 임금을 맞교환하기 시작했기 때문이다. 그렇다고 해도 이것만으로는 고소득 임원들의 행동을 설명하기에 부족하다. 화이트는 나름대로의 이론을 세웠다.

"요컨대 우리 주변에는 자신이 하는 일에 완벽하게 몰입해 있어서 일과 삶의 나머지 부분을 구분하지 못하는 사람들이 있다. 그 사람들은 그렇게 하지 못해서 행복한 것이다."[25]

이런 기준이라면 현대의 고소득 피고용인들은 진정으로 행복한 것이 확실하다. 최근의 연구결과를 보면 최고 수준의 소득을 올리는 화이트칼라 노동자들은 저소득 블루칼라 노동자들에 비해 '초과근무'를 할 의사를 2배 정도 더 갖고 있다. 화이트칼라 노동자들의 초과시간 근무는 거의 대부분 그에 대한 보상이 따르지 않는데도 나온 결과다.[26] 간단하게 정리하자면 지난 20년 동안 미국의 가장 부유한 계층은 그들의 여가시간을 큰 폭으로 줄여나갔거나 그런 이미지를 내비치기 위해 부단히 노력해왔다. 이에 관한 가장 적합한 사례가 바로 현재의 미국 대통령 도널드 트럼프일 것이다. 그는 자기 자신을 최고의 '일중독자(workaholic)'라고 자랑스럽게 이야기한 바 있다.[27]

그 이유는 명확하지 않지만 많은 수의 부유한 사람들이 자신의 초과시간 근무 윤리를 자랑하기에 여념이 없는데, 일부 사회과학자들은 이를 '희소성의 법칙'과 연결시키고 있다. 이 법칙은 간단한 경제학 이론으로, 포르투갈에서 생산된 빈티지 와인이나 네덜란드 대가의 미술작품, 금, 인간의 노력 등과 같이 원하는 곳은 많지만 공급이 부족한 것들, 즉 희소한 것들은 사람들이 특별한 것으로 취급해 더욱 더 많이 원하게 된다는 것이다. 그렇다면 이 이론에 따라 오랫동안 일하는 것은 대단히 특별한 것으로 보이며, 상위계층이나 귀족 같은 사람들에게는 필수불가결한 것으로 여겨진다. 이에 대해 한 연구자는 이런 관찰결과를 내놓았다. 자발적 초과근무는 다음과 같은 인식에서 기인한다.

"바쁜 사람은 인적자본의 특성인 경쟁력과 야망을 갖고 있으며, 일자리 시장에서 부족하고 수요가 있다."[28]

그러나 여기에는 또 다른 측면이 있는데, 그것은 아마도 우리 모두에게 영향을 미칠지 모르는 더욱 불길한 것으로 '일자리에 좋은 것이 바로 그 일을 하고 있는 그 사람에게도 좋은 것'이라는 잘못된 믿음이 원인이라는 점이다.

■ 수평적 기업구조의 함정 ■

월스트리트는 완전히 별난 장소이며 우리 대부분의 보통사람들이 분주하게 움직이고 있는 일터와는 전혀 비슷하지 않은 곳이다. 월스트리트에서 일하는 은행가들은 근본적으로 '동전 작동식(coin operated)' 근로자들이다. 최소한 이론적으로는 열심히 일하면 일하는 만큼 더 많은 동전이 쌓이는데, 이런 식의 계산법은 교사나 소방관이나 도서편집자나 다른 무수한 사람들에게는 적용되지 않는다. 그럼에도 불구하고 미셸은 그가 월스트리트에서 배운 교훈은 기초적인 수준에서 우리 모두에게 많은 것을 알게 해준다고 설득력 있게 이야기를 풀었다.

이 같은 교훈을 얻기 위해 미셸은 여러 해 동안 한 무리의 젊은 은행가들과 붙어 다녔고, 그들과 가까워져 때로는 충격적이기까지 한 그들의 개인사를 엿볼 수 있었다. 그리 놀랄 일도 아니지만 그 은행가들은 무시무시할 정도로 경쟁적이고 스스로를 몰아붙이는 사람들이었다. 그들에게는 자신의 잔여 휴가일 수를 따져볼 필요가 전혀 없었는데, 거의 휴가를 사용하지 않기 때문이다. 그들은 대부분 자기 자신에 대한 평가를 달러로 환산해 계산하며 그들의 상급자들은 이런 성향을 강화하기 위해 할 수 있는 모든 조치를 다 강구하고 있다. 식사, 승용차 배치, 드라이클리닝처럼 그들이 오직 일에만 전념할 수 있도록 돕는 모든 서비스가 24시간 내내 제공된다. 커피와 다과류도 무제한 공급되는데, 카페인과 당분의 결합물은 미셸이 묘사한 '부단하게 신경이 흥분돼 있는 상태'를 유지하게 해준다.

디트로이트에서 활동하고 있는 건축가 나자하이아 친칠라(Najahyia Chinchilla)는 뉴욕 투자은행들의 사무실을 설계한 적이 있는 인물로 미셸의 이야기를 확인해줬다.

"그곳 은행들은 직원들이 자기 책상 가까이 머물러 있기를 원했습니다. 그래서 설계할 때 그들의 요구를 모두 반영했죠. 예를 들면 모든 사무공간과 인접한 위치에 주방을 설치했습니다. 오늘날 그런 방식이 산업계 전반에서 유행을 하고 있죠. 우리는 더 이상 사람들이 오전 8시부터 오후 5시까지 일하는 공간을 설계하지 않고 있습니다. 그런 일은 더 이상 없으니까요. 요새는 일을 하루 24시간 1주일 내내 하지 않습니까? 우리도 그 점을 유의해서 공간을 설계합니다."

많은 고용주들이 '일과 삶의 균형'이라는 사고방식을 옹호하고 이를 대외적으로 공표하고 있지만, 근본적으로 그것이 의미하는 바가 언제나 명확한 것은 아니다. 미셸이 골드만삭스에 있을 때 선임이사가 그에게 말했다.

"일과 삶의 균형에 관해 이야기를 하면 할수록 자네는 자네가 풀어야 하는 문제를 더 많이 만들고 있는 거라고. 애당초 왜 일과 삶을 나누려고 하지? 자네가 그 둘을 더 잘 섞을 수 있다면 그만큼 자네는 동료들 사이에서 더욱 더 빛나게 되는 거야."

미셸과 어울렸던 젊은 은행가들은 이 철학을 받아들여 자신들의 체력을 자만했고, 주변 누구라도 아주 작은 약점을 보이기라도 하면 이를 조롱했다. 이렇게 몇 년을 보내고 나서 많은 사람들이 '신체의 전반적 반란'이라고 부르는 것, 즉 요통, 편두통, 불면증, 섭식장애와 같은 것들로 허물어져갔다. 그들은 이를 이겨내고자 알코올, 마약, 포르노, 쇼핑, 음식, 섹스와 같은 수단으로 자기처방을 내리면서 버텼다. 미셸은 은행가 한 사람을 회상하면서 그가 레드불(Red Bull)을 아무리 많이 마시고 니코틴 껌을 아무리 많이 씹어도 충분치 않다고 불평한 이야기를 전했다.

"아, 이건 전쟁이에요. 나와 나의 전쟁. 최악의 적은 바로 내 육체입니다."

미셸은 또 다른 은행가의 셔츠에 피가 묻어있는 것을 보고 "문제 있는 거 아닌가요?"라고 물었다가 조용히 무시당한 상황도 회상했다.

"그의 비서가 이야기해주더라고요. 사무실에서 사흘 밤낮을 꼬박 새웠대요. 그러고 나서 계속 쓰레기통에다 토했는데, 아무래도 폐렴인거 같았답니다. 그렇지만 그는 집에 들어가려고 하지 않았대요. 반드시 자신이 처리해야 할 일이라고 여긴 거죠."

나는 이런 투자은행의 은행가들과 그들의 고뇌에 대한 사례가 우리 같은 사람들에게는 적용되지 않는다는 사실에 다시 한번 감사하게 생각했다. 어쨌거나 결국 그들은 투자은행의 은행가들이지 여느 회사의 직원들은 아니었으니까. 하지만 미셸은 내 생각에 반박했다. 그들은 석탄광산에 갖다놓은 카나리아와 같은 존재들이고, 그 광산은 바로 우리가 일하고 있는 이곳이라는 것이다. 경험보다는 에너지에 우선순위를 두고, 하루에 24시간 1주일에 7일이라는 작업주기가 정상적이게 되고, 일과 삶이 융합되는 현상은 오늘날 모든 일터의 공통적인 특성이며, 그 장소가 뉴욕의 마천루건 멤피스의 창고건간에 상관없이 어느 곳에서나 일어나고 있는 현상이라는 이야기였다.

환기가 잘되는 투자은행의 거래소 공간처럼, 겉으로 보기에는 전혀 유해한 것 없어 보이는 '열린 사무실' 공간, 이 또한 통제를 위한 보이지 않는 감시막사일 뿐이다.[29] 미셸은 이렇게 말했다.

"열린 공간에서는 오히려 감시받는다는 느낌이 더 들게 됩니다. 모든 사람들이 다른 모든 사람들을 서로 보고 있죠. 이로 인해 촘촘한 감시망이 만들어집니다. 자기만의 사무 공간에서 일할 때는 존재하지 않던 감시망이죠."[30]

미셸은 투자은행이 운영되는 방식을 이른바 '수평적 기업구조(flat corporate structures)'라고 불리는 것의 부상과 연결시킨다. 이는 기업 내 최상위계층과 최하위층 사이의 관리 단계를 최소화시키는 조직구조를 뜻한다. 기업의 이런 조직구조는 하층 고용인들의 의사결정 권한을 존중하기 위해 만들어진 것이라고 알려졌으며, 어떤 사람들은 이것이야말로 직장의 진정한 민주화라고까지 믿고 있다. 투자은행에서는 이런 수평적 기업구조가 은행가들 사이의 권력의 격차를 최소화하고 있는데, 같은 해에 입사한 은행가들은 모두 함께 진급하며 그것도 매우 빠르게 진급한다. 조직의 가장 높은 계급인 전무이사(managing director)까지 도달하는 데 빠르면 10년 이내에 가능하다. 이 말의 의미는 기존의 권력 격차는 모두 일시적인 것으로 간주된다는 것이며, 그렇기 때문에 단지 하루 빨리 제거해야만 하는 걸림돌에 불과한 게 되는 것이다.

수평적 조직구조는 투자은행이나 다른 금융기관뿐만 아니라 컨설팅회사, 법률회사, 언론기관, IT회사 등에도 빠르게 보급되고 있다. 이런 전략의 선구자로 자주 인용되는 기업이 바로 비디오 게임 제작사 밸브(Valve)인데, 기존 기업의 계층구조를 뒤엎어버림으로써 열광적인 지지를 받고 있다.[31] 애정을 듬뿍 담은 '플랫랜드(Flatland)'라는 별명으로 알려진 밸브에는 명확한 명령체계도 없고, 중점적인 사업계획도 없으며, 직원들이 자신의 프로젝트를 스스로 선택하고 자신의 근무시간을 마음대로 조정하며 심지어 관련자 채용결정까지 관여하기도 한다. 직원들은 각자 다른 직원들의 기술역량, 생산성, 팀워크 등에 대해 '360도 피드백'이라는 원칙에 따라 서로를 평가하는데, 각각의 직원들은 동료로부터 자신의 강점과 약점에 대해 무기명으로 비밀스러운 평가서를 받아보게 된다. 여기에서 얻은 점수들이 합산되고 이를 활용해 자신이 회사에 갖고 있는 직원으로서의 '상대적 가치'를 나타내는 지표가 만들어진다. 이 모든 것은 직원들이 관찰자에 의해 평가되는 게 아니라 직원들 개인이 서로를 평가하는 힘을 가졌다고 느끼게 만드는 장치들로 여겨진다.

게이브 뉴웰(Gabe Newell)은 밸브의 공동설립자이며 전무이사이다. 약간 추레하지만 상냥한 말투를 가진 하버드대학교 중퇴생으로 마이크로소프트의 전직 이사 출신인 뉴웰은 밸브에서 창의력과 협동심을 자극하고 고취하기 위해 부단히 노력했다. 직원들에게 무제한 휴가와 병가를 제공하기도 하고 가족들까지 함께 하는 직원들의 휴가에 모든 비용을 회사가 부담하는 것으로 보상하기도 했다. 뉴웰은 직원들의 지적 유연성과 활력을 높이 평가하면서 직위를 아예 없애버렸는데, 이와 관련해 이렇게 말한 적이 있다.

"고객들이 최고의 경험을 할 수 있도록 만들기만 한다면, 거기까지 가는 데는 개판을 쳐도 돼."[32]

여러분도 이미 감을 잡았겠지만 플랫랜드 역시 어두운 일면을 갖고 있다. 판단이나 지원을 의뢰할 만한 관리자가 없기 때문에, 직원들은 각자 일반화되어 있는 기업문화에 '최적화'돼야 한다는 극심한 압력을 받고 있다. 이런데 실패하는 사람들은 때때로 주류로부터 밀려나든가 아니면 아예 '섬 밖으로' 추방당하는 방식으로 밀려나게 된다. 몇 년 전 이 회사는 투표를 통해 스물대여섯 명이 넘는 최고 기술자들을 '추방'한 적이 있는데, 이 추방자들 중에는 게임계의 전설인 기획자 제리 엘스워스(Jeri Ellsworth)도 포함돼 있었다. 엘스워스는 이때 회사를 떠나 다른 벤처기업을 공동 설립했는데, 밸브의 조직구조를 권위의 계급을 숨기고 있는 '모조 플랫(pseudo flat)'이라고 폄훼하면서 이 권위를 '고등학교에서 인기 있는 아이들의 파벌'에 비유했다. 엘스워스의 말에 따르면 이 회사에서는 직원들에 대한 보상을 대부분 동료들이 인식하는 개인적인 성취를 기준으로 하기 때문에 대부분의 개발자들은 눈에 확 띄면서 동시에 어느 정도 성공이 보장되는 세간의 관심을 많이 받는 프로젝트에만 매달리게 된다는 것이다. 엘스워스는 근본적으로 그의 동료들이 밸브와 같은 회사들이 권장하고 있다고 주장하는 바로 그 높은 위험을 회피함으로써 인센티브를 받고 있는 셈이라고 말한다.

밸브가 개척자적인 회사임은 분명하지만 그 회사의 경영구조는 기발한 것과는 거리가 멀다. 이미 1990년대부터 경영 컨설턴트들은 미국 기업들이 조직의 구조를 수평적으로 만들어 직원들이 스스로 많은 권한을 위임받았다고 생각하고 고객들의 요구에 보다 신속하게 대응하도록 권장해왔다.[33] 이러는 과정에서 회사들은 중간관리자 계층의 직위를 없애고 있었으며 이는 때때로 상위층 경영자의 숫자를 늘리는 결과를 가져오기도 했다.[34] 이런 조직개편은 물론 최고경영자의 수입 증가라는 목표와 밀접하게 얽혀있지만(이 글을 쓰는 시점에서 게이브 뉴웰의 실질적인 수입은 55억 달러에 달하는 것으로 보고됐다), 성공적인 일련의 혁신으로 이어졌는지는 아직 명확하지 않다.[35] 엘스워스의 말이다.

"수평적 기업구조는 '파괴적인 혁신'이라는 결과를 낳아야만 합니다. 하지만 밸브에서 일어나고 있는 일들은 혁신적이지 않습니다. 단지 파괴적일 뿐이지요."

'파괴적 혁신'이라는 개념은 하버드 경영대학원의 경제학자 클레이튼 크리스텐슨(Clayton Christensen)의 1997년 베스트셀러 《혁신기업의 딜레마(Innovator's Dilemma)》를 통해서 널리 알려졌다. 경영계, 특히 기술 산업 부문에서는 필독서였다.[36] 이제 고용주들이 직원들에게 '파괴적'이 되라고 격려하는 것이 일상화된 반면 그 '파괴'라는 의미가 구체적으로 어떤 것인지는 명확하지 않은데, 사람들은 그렇게 말하는 고용주들조차 모르고 있을 것이라고 의심하고 있다. 여기에는 직원들이 회사 안에서 마치 기업가의 기능까지 수행해 회사의 문제를 해결하기 위해 대담한 혁신을 수행하고 위험을 감수하라는 기대감이 숨어 있다. 하지만 불행하게도 우리 개개인 모두가 조직구조 안에서 변화를 추구해야 한다는 생각은 예전에 시인 개리 스나이더(Gary Snyder)가 이름 붙였던 '이중부담(double burden)'을 지우려는 것이다. '파괴적'이라는 개념이 내포하고 있는 의미는 기존에 시행되는 과정은 고작해야 부적절한 것이기 때문에 개리 스나이더의 말대로 우리는 '보다 나은 다른 방식으로 뭔가를 하도록' 우리에게 강요한다는 것이다. MIT의 문화역사학자 로잘린드 윌리엄스(Rosalind Williams)가 밝혀낸 바에 따르면 이런 사고방식에서는 변화에 대한 모든 저항, 우리보다 앞선 사람들이 이뤄낸 진전, 혁신, 성취에 경의를 표하는 그 어떤 것도 "인간의 삶에서 대체할 수 없고 필수불가결한 것으로 이해되는 것이 아니라 단지 비난의 대상이 될 뿐"이다.[37] 그렇다면, 우리가 과거를 연구하고 거기서 교훈을 얻으려 하지 말고 차라리 반사적으로 그런 것들은 모두 지나간 옛것으로 치부하거나 아예 상관없는 것으로 생각하면 될 것 아닌가?

이런 오만에는 당연히 결과가 따르는데, 이 결과 중에 어떤 것들은 우리 모두에게 영향을 미치고 있다. 우리는 과거의 산업사회가 변화는 수용하지 않으면서 시가만 피워대는 엘리트가 지배하는 경직되고 숨 막히는 계급구조 조직들의 집합체라는 인상을 갖는 반면, 오늘날의 '후기 산업사회'는 규칙과 규제를 통해서가 아니라 직원 스스로 모두 합의한 가치와 행동을 통해 스스로 통제하고 운영하는 분권화되고 참여적인 일터의 집합체라는 인상을 갖게 될 수도 있다. 이런 것이 약속된 이상이긴 하지만, 현실적으로 그 약속은 거의 지켜지고 있지 않다는 사실이 유감이다.

몇 년 전 경영학 이론가 제임스 바커(James Barker)가 규모가 작은 제조업을 세심하게 들여다본 적이 있는데, 이 회사의 고용주는 자기 회사를 계층적인 관료주의에서 벗어나 '분산주의(holocracy)'에 따라 스스로 자신을 관리하는 팀들의 집합체로 만들겠다고 선언했다. 바커는 팀 구성원들이 경영자의 감시에서 벗어나게 됐을 때 과거 그들의 상사들이 했던 것보다 더욱 심하게 서로를 통제하는 상황을 관찰할 수 있었다. 외부로부터 가해지는 압력이 없는데도 불구하고 직원들은 스스로 계급을 만들고 학대를 가하기 시작해, 자신이 그 팀의 일원으로 보다 가치 있게 보이기 위한 열망으로 근무시간을 늘리고, 자신의 시간과 가족들의 시간을 희생했으며 건강까지 희생했다. 이에 대해 바커는 이렇게 썼다.

"동료들의 압박과 합리적인 규칙이라는 대단히 강력한 조합은 새로운 강철 우리를 만들었는데, 그 우리 안에 수감된 노동자들은 그 창살을 거의 보지 못했다."[38]

■ 일이라는 거대한 쳇바퀴 ■

오퍼 샤론도 10년 전에 그런 우리로 걸어 들어간 적이 있다. 그곳은 샤론이 '메가테크(Megatech)'라는 별칭으로 부른 시애틀 소재 소프트웨어 기업이었다. 그 회사에서는 다른 수많은 회사와 마찬가지로 직원들을 이른바 '경쟁적인 자기관리' 속에 집어넣었다. 이것은 동료들보다 더욱 뛰어난 성취를 이루게 하기 위한 것이지만, 일부 직원들은 퇴근할 때 업무를 보던 의자에 여벌의 점퍼나 우의를 걸어두곤 했는데, 이는 그들이 밤늦게까지 열심히 일을 하고 있다고 경영자들을 기만하기 위한 시도였다. 이런 반칙행위는 모두 대부분의 직원들이 이미 더 이상 일하기 불가능할 정도의 시간, 즉 평균 주 67시간에서 무려 80시간까지 실제로 일을 하고 있기 때문에 벌어진 상황이었다. 많은 직원들이 선택의 여지가 없다고 생각했다. 그 이유는 그 회사가 '수평적 기업구조'를 갖고 있지만 직원들의 순위를 평가해 정규분포 곡선도표에 대입하기 때문인데, 이 도표를 통해 일정 기간 직원들의 성과에 대한 순위를 매겨 대략 20퍼센트 정도는 자동적으로 '평균 이하'로 분류됐으며 이런 순위 결정은 지속됐다. 그리고 매년 직원들 중에서 10퍼센트가 해고됐는데, 그들이 공식적인 업무 등급 이상의 성과를 올려도 그 성과와는 무관했다.[39] 이런 경영방식은 유독한 분위기로 이어져 최고의 성과를 내는 직원들조차 위협을 받는다고 생각했다.

신경과학자들이 밝혀낸 바에 따르면 우리는 우리가 다른 사람과 불공정하게 비교되고 있다는 생각을 하게 될 때 본능적인 '투쟁-도주(fight-or-flight)' 반응이 발동하면서 스트레스와 관련된 호르몬이 분비돼 신경과민, 불면, 불안 등의 정서가 유발된다. 이와 같은 현상이 바로 메가테크에서 일어났던 것으로 보인다.[40] '순위가 매겨져 해고될 것'이라는 예상이 일부 직원들이 동료들의 일을 방해하는 상황까지 몰고 갔다. 당시 탈진한 엔지니어 한 사람이 샤론에게 말했다.

"여기는 거대한 쳇바퀴라고. 당신이 기대보다 일을 더 많이 해서 그들을 충족시킨다고 해도, 결국 그들은 상황을 다시 원점으로 복귀시키지. 그러면 더더욱 일을 많이 해야 해."[41]

내가 고어릭과 만나 이야기를 시작한 지 1년 남짓 됐을 때 그는 그 쳇바퀴에 다시 들어갔다. 그는 최근 대형 광고회사에 어렵게 들어가서 캐나다 기업 서브웨이(Subway)의 디지털 광고 팀을 이끌게 됐다. 새로운 일자리는 그가 가진 경험과 능력의 일부만 있으면 충분한 정도였고 보수도 그가 기대했던 것보다 훨씬 박했다. 더욱이 그 일자리는 임시직이었다. 그렇지만 그는 다시 '안장에 앉게' 됐다고 흥분했다. 그는 더 이상 택시를 운전하거나 넥타이를 팔지는 않았지만 홀푸드의 일은, 최소한 시한부라고는 해도 기꺼이 계속하기로 결정했다. 토요일 아침에 일찍 침대에서 나와 오전 근무조를 한다는 것은 쉬운 일이 아니지만, 그는 이제는 "내 삶이 어땠는지 기억하기 위해서 그 일을 계속하고 있다"고 말했다. 그때 그가 말은 안했지만 생각하고 있던 것은 그 삶이 다시 어떻게 될 것인지 알고 있었기 때문이었을 것이다. 10개월 후 우리가 다시 만나 이야기를 할 때 고어릭은 광고대행사에서의 업무를 완료하고 다시 일자리 시장에 나와 있었다. 이제 그의 나이는 육십을 바라보고 있지만 그 사실이 그의 결심을 꺾지는 못했다. 그는 경력 곡선에서 앞자리를 유지하는 것은 태도의 문제라고 말했다.

"나는 아직도 스스로에게 공을 들이고 있습니다. 매일같이 점점 더 나아지기로 결심했어요."

제2장
일자리 되살리기

현대 인류는 자신의 무제한적인 욕구와 충분하지 않은 충족수단의 격차를 줄이기 위해 스스로 노예화한 조건에서 살고 있다. 이것이 현대 사회의 비극이다.

_마샬 살린스(Marshall Sahlins)

■ 욕망이라는 전차에 올라탄 사람들 ■

내가 에이미 코터먼(Amy Cotterman)을 처음 만난 곳은 오하이오 주 데이튼 (Dayton)에서 있었던 사적인 모임이었다. 나는 그때의 만남이 행운이라고 생각한다. 이 모임이 있기 몇 년 전에 〈포브스(Forbes)〉는 데이튼이 미국에서 '가장 빨리 죽어가는 10개의 도시' 중 하나라고 발표했다. 같은 해 데이튼에 살던 한 소년은 버려진 집의 벽장 속에서 허공에 매달려 이미 미라가 되어버린 주민의 시체를 발견했다. 그 사람은 주택압류를 당하게 되자 무려 5년 전에 스스로 목을 맨 것이다. 그렇지만 집을 담보로 잡았던 은행은 더 이상의 채권 추심 조치를 시행하지도 않았었다. 그의 소유재산이라고 해봐야 데이튼 전역의 여타 재산처럼 거의 금전적인 가치가 없었기 때문이다. 코터먼도 그 이야기를 들었으며 마음이 고통스러웠다고 했다. 그렇지만 자기가 태어난 고향에 대해 갖고 있는 느낌에는 아무런 변화가 없었다. 그녀는 세계 곳곳을 돌아다녔는데, 데이트를 집으로 부르는 것에 대해 자랑스럽게 생각했다.

코터먼은 별것 없는 배경에도 불구하고 눈부신 경력을 쌓았다. 그녀는 성적이 중간 정도인 보통 학생이었으며, 1980년대에 대학을 다니다 중퇴하고 자동차 딜러들을 대상으로 소프트웨어를 만들어 파는 회사에 취업했다. 그녀는 소프트웨어나 자동차에 대해 별 다른 관심이 없었지만, 그 회사의 엘리트가 되어 나이가 더 많고 경험도 많은 동료들을 앞서게 됐다. 그때는 데스크탑 컴퓨터가 막 유행하기 시작한 흥분되는 시기였고 그녀는 그것을 능수능란하게 다뤘다. 그 무렵인 1991년 월드와이드웹(www)이 세상에 공개됐다. 코터먼은 내게 이렇게 이야기했다.

"웹이 모든 것을 변화시켰죠. 우리는 미국에 있는 본사 본부에 앉아서 소프트웨어를 개발하고 안티 바이러스 소프트웨어를 시험해본 다음 인도에 있는 우리 파트너에게 보냈어요. 그러면 그 사람들이 우리가 자는 시간대에 일하면서 체크한 뒤 다음 날 아침에 다시 우리에게 보내주곤 했습니다. 이때 사장님이 나더러 '자네는 하루 24시간, 1주일에 7일 동안 나를 위해서, 그렇게 평생 일해'라고 했어요. 그 말은 제안이 아니라 지시였죠."

코터먼은 당시 그 도전에 응하는 것에 자부심을 가졌다고 했다.

"내가 그 일을 죽여주게 잘했죠."

하지만 회사가 매각되면서 변화가 시작됐다. 상황은 그녀가 바라는 대로 풀리지 않았다. 그래서 그녀는 사직한 다음 스스로 외국에 제조장비들을 실어 보내려는 회사들을 위한 컨설팅 회사를 세웠다. 이때 어찌어찌해서 결혼할 시간이 생겨서 그와 삶의 우선순위가 같았던 전 직장동료와 결혼했다. 그들은 한 달에 최소 두 번은 만나기 위해 애썼지만 마음대로 되지는 않았다. 그녀가 무지무지하게 바빴기 때문이다.

"미국 회사들이 짐을 싸서 외국으로 나가게 되면 세금우대 조치를 받게 돼요. 내가 그렇게 되도록 만든 셈이었죠."

코터먼은 '관화(coffinize)'라는 용어를 만들었는데, 공장을 통째로 외국으로 실어 보내기 위해 조각조각 분해해서 시체를 담는 관처럼 포장하는 과정을 표현하는 말이다.

"모든 기계, 설비, 선반, 하여튼 모든 것을 전부 해체하는데, 그전에 사진을 찍고 어떻게 다시 조립해야 하는지 설명서를 만들어서 박스에 함께 넣어 포장하죠. 마치 이케아(IKEA) 가구처럼 단계 단계마다 잘 알 수 있도록 말예요. 박스들 뚜껑을 모두 닫아 줄지어 있는 트럭에 실어놓으면 정말 관들이 줄줄이 실려 있는 것처럼 보입니다. 그러고 나면 '와, 공장의 주검들이네!' 하는 생각이 들죠."

코터먼은 공장 일자리의 죽음에 대해 안달할 만한 시간이 없었다. 그녀가 하는 일은 계속 움직였고 1주일 내내 일했다. 하지만 밤이 오면 이야기는 달라졌다. 불면증과 편두통에 시달렸다. 본인은 그 이유를 알지 못했지만 친구들은 알고 있는 듯했다.

"친구들은 내가 허공에 떠서 살고 있기 때문이라고 했어요. 그 의미를 몰랐죠. 그때는 그랬어요. 사실 영화를 보러 갈 시간조차 없었거든요."

영화 〈인 디 에어(Up in the Air)〉를 본 사람이라면 아마 여기서 겹쳐지는 부분을 찾을 것이다. 이 영화에서 조지 클루니(George Clooney)가 아르마니(Armani) 정장을 멋지게 차려입은 '해고 전문가' 라이언 빙엄(Ryan Bingham)을 연기했는데, 그는 여러 회사를 돌아다니면서 직원들에게 직접 해고통보를 할 만한 배짱이 없는 경영자들을 대신해 해고 통지서를 당사자에게 전달해주는 일을 한다. 빙엄은 T. S. 엘리어트가 1915년 발표했던 시 〈J. 알프레드 프루프록의 사랑 노래(Love Song of J. Alfred Prufrock)〉에 등장하는 고독한 알프레드의 21세기 버전이라고 할 수 있다. 인생의 성과를 그동안 마신 커피의 스푼 숫자로 판단하는 알프레드와 달리 그가 자주 이용하는 항공기의 누적 마일리지로 계산한다는 점만 다를 뿐이다. 배우자나 아이도 없고 고향마저 없는 그는 코터먼이 한때 자신에게 다그쳤던 것과 같은 부류인 '상시 출장 가능한 일중독자(zero drag employee)'에 속하는 사람으로서 가정이나 사회적 책임 그리고 자신과 일 사이에 끼어들 수 있는 모든 요소들을 배제한 인물이다. 〈인 디 에어〉는 '모두 갖고 있는 사람'이라는 의미는 '자신이 갖고 있는 모든 것을 일에 쏟아 넣지만, 일이 그 노력에 대한 대가를 돌려주지 않는 사람'임을 일깨워준다.

과로는 좋지 않다. 맞다. 그러나 우리는 일을 줄일 만한 위치에 있지 않다. 이에 대해 우리에게는 다양하고 애매한 이유가 있다. 물론 돈이 필요하지만 이것만으로는 설명이 충분치 않다. 우리 대부분은 정당한 대가를 받지 않을 때에도 일자리에 계속 남기를 원하기 때문이다. 정부 조사를 보면 미국 내 민간 부문에서 평균적으로 노동자들은 대략 10일 정도의 유급휴가를 보장받는데, 사실 이 정도는 전세계의 다른 선진국 대부분에서 세워놓은 최소 법정휴가일에도 미치지 못하는 수준이다. 그리고 우리 대부분은 이나마도 모두 사용하지 못하고 있다.[42]

그렇다면 왜 우리는 직장이 우리에게 충실하지 않은 때에도 충실하게 일할까? 직장 근로자들을 대상으로 한 설문 조사에서 나온 응답은 그들의 상사나 동료들로부터 '업무태만'이라는 비난을 받는 게 두렵기 때문이었다. 하지만 또 다른 이유가 있는데 바로 코터먼에게 해당되는 것과 같았다. 부여된 휴가를 사용하지 않은 이유를 묻는 설문에서 응답자 중 10퍼센트 이상이 '일이 바로 내 인생이기 때문'이라는 항목에 체크했다.[43]

그래서 잘못된 것이 도대체 무엇일까? 결국 지그문트 프로이트(Sigmund Freud)가 선언했듯이 일이란 사랑에 버금가는 '인간성의 주춧돌'인 것이다(물론 프로이트 자신도 일에 대해 피를 말릴 정도로 강박관념을 가진 신경증 환자라고 스스로 고백했는데, 친구에게 이 사실을 털어놓으면서 "나는 일이 없는 인생이 진정으로 편할 것이라고 상상할 수가 없네"라면서 "내가 최우선적으로 몰두하고 있는 환자는 바로 나 자신일세"라고 말했다). 그러나 그런 프로이트조차 분명히 이해하고 있었듯이 인간은 개미들과는 달리 선천적으로 바쁜 것을 즐기는 본성이 있지는 않다.

진화인류학자 마샬 살린스(Marshall Sahlins)가 주어진 선택권이 있다면 인간 대부분은 노동보다는 여가를 선택한다는 사실을 밝힌 지 수십 년이 지났다. 1960년대와 1970년대의 소수 인류학자들과 마찬가지로 살린스는 과거 수렵채집인들의 삶이 수고에 대한 대가가 거의 없는 짧고 비루한 삶이었다는, 한때는 확고했던 가설에 의문을 갖기 시작했다. 현대까지 남아 있는 여러 곳의 수렵채집 사회에 대한 그의 기념비적인 연구에 따르면, 대부분의 사람들은 허기를 느끼지 않으면 편안하게 모여 사회적 유대를 형성하거나 놀이를 하거나 예술품을 만들거나 그도 아니면 휴식을 취했다. 그는 이렇게 썼다.

"전혀 불안해하지 않는 그들의 방랑은 템즈 강변을 따라 걷는 피크닉과 동일한 모든 요소를 갖고 있다."

살린스는 만약 사회적 비난이 없다면 인간 중에서 고정적인 일자리를 가져야 한다는 감정을 억지로 갖는 인간은 없을 것이라는 결론을 내렸다.

"현대 인류는 자신의 무제한적인 욕구와 충분하지 않은 충족수단의 격차를 줄이기 위해 스스로 노예화한 조건에서 살고 있다. 이것이 현대 사회의 비극이다."[44]

살린스와 그의 동료들은 이를 입증하는 관찰결과를 처음 기록으로 남긴 사람들이지만, 그들이 이런 주장을 처음 제기했던 것은 아니다. 독일의 철학자 헤겔(Hegel)은 자신이 한 노력에 대한 대가를 받기 위해 인생의 상당 부분을 투쟁하는 데 할애해야만 했던 인물인데, 필요가 없는데도 힘든 일을 하는 것은 선천적인 본성이 아니라고 추론했다.

"야만인들은 게으르고 우둔하게 혼자서만 생각을 한다는 면에서 교육받은 사람들과 차이가 있다. 왜냐하면 실질적인 교육은 직업을 갖고 일을 하는 것에 대한 욕구와 습성으로 정교하게 구성돼 있기 때문이다."

빅토리아 시대의 '신사(gentry)' 계급의 사람들은 뭔가 일을 꾸준히 하고는 있었지만, 오늘날 우리 대부분이 '직업'이라고 부르는 것과는 거리가 멀었다. 귀족들은 '고용'될 의사를 전혀 갖고 있지 않았으며 오히려 그런 사람들을 얕잡아 봤다. 〈다운튼 애비(Downton Abbey)〉는 20세기 영국 귀족 가문의 이야기를 다룬 TV 역사 드라마인데, 여기에서 의사인 리처드 클락슨(Richard Clarkson)은 교사인 사라 번팅(Sarah Bunting)과 마찬가지로 귀족의 후원을 받으면서 일종의 고급 시종처럼 일한다. 실제로 유한계급이었던 역사가 벤저민 허니컷(Benjamin Hunnicutt)은 대부분의 인류 역사에서의 진보는 "삶이 단순한 경제적인 문제로부터 벗어나 가족, 사회, 정서적인 삶으로 나아가는 것"이라고 정의했는데, 이는 단지 꽤 괜찮은 삶을 지속하는 데 절대적으로 필요한 노력을 하는 것뿐이라는 것이지 그 이상은 아니다.

프로테스탄트의 직업윤리는 부분적으로는 이런 견해에 대한 반발로 나타났다. 산업 시대에 들어서면서 상인, 무역업자, 기술자, 예술가 등 중산층이 성장하고 사회적 지위도 높아졌다. 이들은 더 많은 것을 원하거나 그런 사람들을 위해 봉사하는 것을 부끄러워하지 않았다. 이 성장하는 부르주아들은 힘을 모아 직업의 '신성함'을 찬양했으며 '일하지 않는 부유층'과 그 지배계층의 속물근성을 밀어냈다. 이와 동시에 프로테스탄트의 신조는 19세기 독일의 사회학자 막스 베버(Max Weber)가 일찍이 '구원에 대한 불안(salvation anxiety)'이라고 명명한 것을 진작시켰다. '구원에 대한 불안'이란 힘든 노동을 성실하게 실행하는 것이 과연 진정한 구원인가 하는 가시지 않는 불편한 심정을 의미한다.[45] 그들의 사고방식은 '나태함은 죄악이며 힘든 노동은 천국으로 가는 길을 닦는 것'이었다. 스코틀랜드 출신의 철학자이자 문장가였던 토머스 칼라일(Thomas Carlyle)은 1843년에 이런 글을 썼다.

"의심, 욕망, 슬픔, 가책, 분노, 절망 그 자체. 지옥의 개 같은 이런 것들이 가난한 일용직 노동자의 영혼에 들러붙어 있다고 모든 사람에게 거짓말을 한다. 그러나 노동자는 스스로의 의지로 자신의 임무를 다하기 위해 매진한다. 그러자 모든 것이 정돈된다. 그 모든 것들이 멀리 있는 동굴로 숨어버린다. 이제 그는 한 사람이 된다."[46]

칼라일이 스스로 '일의 기사도(chivalry of work)'라고 불렀던 것에 대한 칭송은 절대적이었다. 최소한 수사학적으로라도 그는 '거대한 노동(Giant Labour)'이 진정한 신의 상징이라고 선언한 적이 있다.[47] 그렇지만 칼라일이 이 글을 썼던 시기가 그의 조국이 '스코틀랜드 감자기근(Highland potato famine)'이라고 불리는 경제위기 상황이라 스코틀랜드인들이 수만 명씩 나라를 떠나던 시기였다는 사실에 주목해야 한다. 또한 고용문제와 관련해 칼라일 자신은 언제나 자신이 하고 있는 현재의 일에 '스스로의 의지로 자신의 임무를 다하는' 사람은 아니었다는 사실도 언급할 필요가 있다. 그는 젊은 시절에 교사로 일하면서 생계를 유지한 적이 있는데, 그 시절 친구에게 보낸 편지에서 이렇게 고백했다.

"정말이지 나는 교사 일을 혐오하네. 그 모든 면을 전부 혐오해. 하지만 고립된 사람이 무엇을 할 수 있겠나. 브라이드웰(Bridewell) 주민들은 삼나무 두드리는 것을 싫어하지만 채찍질을 당하는 것은 더욱 싫어한다네."[48]

브라이드웰 프리즌(Bridewell Prison)은 런던 소재 구빈원이었다. 그곳에 들어간 사람들은 삼나무 줄기를 나무망치로 두드려 섬유를 추출하는 일을 해야 했다.[49] 이 섬유는 밧줄을 만드는 데 쓰였고 주로 올가미를 만드는 데 사용됐다. 칼라일은 그가 스스로의 '의지'를 낼 수 있게 되자마자 주저 없이 글을 읽고 쓰는 인생, 또한 자신이 언젠가 그의 직업으로 묘사했던 '들판을 어슬렁어슬렁 돌아다니면서 가장 꿈같은 생각을 반복하는 일'을 시작했다.

19세기의 위대한 수필가이자 시인이며 디자이너였던 윌리엄 모리스

(William Morris)는 칼라일의 숭배자이자 제자였지만, 이 노인의 위선에 대해서는 별로 잘 참지 못했다.[50] 그는 다음과 같은 글을 남겼다.

"점점 현대 윤리학의 문법이 되고 있다. 모든 노동은 다른 사람의 노동으로 먹고사는 사람들에게는 그 자체로 좋은 편리하기만 한 그런 신념 말이다."

모리스는 대단히 큰 대가를 치르고 있는 산업화가 시작돼 노동자 계급이 생기는 것에 두려움을 느끼고 있었다. 그는 공장들이 일 그 자체로부터 단지 지급된 영수증을 보존하거나 손을 바쁘게 만드는 것이 아닌, 훨씬 더 본성적인 인간의 가치를 빼앗으려는 위협을 가하고 있다고 경고했다. 그의 이런 경고는 특히 미국에 꼭 들어맞는 말이었는데, 미국에서는 임금노동이 인간들의 다른 어떤 노력보다도 더욱 특전을 받는 것처럼 보였다. 독일에서 태어난 미국의 수학자이자 저널리스트 프랜시스 그룬트(Francis Grund)가 자신에게 새로운 조국이 된 미국에 대해 평가한 내용은 이런 것이었다.

"아마도 이 지구상에서 미국에 거주하고 있는 국민들처럼 사업을 즐거움으로 여기고 산업을 오락거리로 여기는 사람들은 없을 것이다. 활동적인 직업은 그들의 행복의 근원이나 이 나라의 위대함의 기초일 뿐 아니라, 그들이 잃게 되면 절대적으로 비참해지는 그 무엇이기도 하다. 미국인들은 '무위의 즐거움(dolce far niente)'을 아는 대신 아무것도 하는 일이 없을 때의 공포를 배웠다."[51]

■ 노동계급과 지배계급이라는 이분법 ■

토머스 제퍼슨(Thomas Jefferson)은 재능과 미덕을 갖춘 신세계 국민과 그가 부자연스런 존재라고 생각한 듯한 구세계 귀족들을 날카롭게 비교한 적이 있다. 영국 귀족들은 특권을 물려받은 반면 아메리카 식민지 국민들은 특권을 부여받았다는 것이다. 확실히 몇몇의 예외를 제외한다면, 특히 미국 건국에 앞장 선 알렉산더 해밀턴의 이야기를 다룬 브로드웨이 뮤지컬 〈해밀턴 (Hamilton)〉을 본 사람들은 잘 알고 있겠지만, 건국의 아버지들 대부분이 노동계급에 대해 속물적인 경멸감을 숨기지 않았던 특권층이었다.[52] 조지 워싱턴은 오직 '하층계급'만 보병으로 전쟁에 참여해 목숨 걸고 싸워야 한다고 주장했으며, 토머스 제퍼슨은 공공학교 제도를 구상하면서 노동계급의 '쓰레기더미'에서 소수의 재능 있는 학생들만 거둬들일 수 있는 시스템을 강구했다. 대중에 의한 독재에 대해 염려하던 제임스 매디슨(James Madison)은 미국의 상원이 부유층에서 나오고 그들을 대표해야 하며, 보다 능력 있는 사람들의 모임이 돼야 한다고 말했다.

물론 식민지 시대의 미국에서는 노예나 아메리카 원주민이나 대부분의 여성들이 자신들의 위치로부터 벗어나 능력을 발휘할 기회가 많지 않았다. 하지만 미국은 웬일인지 전역사를 통틀어 능력주의로 일관했다고 오해받는다. 몇 가지 이유로 하층이나 중간층 출신들이 스스로의 힘으로 지배계급까지 올라갈 수 있다는 감질 나는 믿음을 대중이 갖고 있고 그들의 사고를 지배하고 있다. 더욱 이상한 점은 이런 사고방식이 계급투쟁이 만연했을 때 특히 힘을 얻었는데, 예를 들면 마크 트웨인이 '도금 시대(Gilded Age)'라고 불렀던 남북전쟁이 끝난 직후 시작된 급속한 산업화 시대가 그랬다. 이 시기는 금권정치와 사회적 부정행위가 만연하던 때였다.

■ 새로운 일자리냐 좋은 일자리냐 ■

1868년 소설가 호레이쇼 알저(Horatio Alger)는 구두닦이들의 이야기를 통해 뉴욕의 거리생활을 널리 알렸다. 이 이야기에서 가난한 백인 소년은 인내와 노력으로 곤궁에서 벗어나 부를 이룬다. 알저는 파문당한 성직자 출신으로 이 주제에 관해 거의 100권에 달하는 소설을 썼다. 소설의 메시지는 그 시대의 부유한 사업가들이 가장 자랑스러워했던 '자수성가' 개념에 대한 근거를 제공해줬다.[53] 프랑스의 역사학자 알렉시 드 토크빌(Alexis de Tocqueville)이 냉정하게 관찰한 결론으로 미국인들은 이렇다.

"다른 어떤 사람도 도와주려고 하지 않으며 그 누구에게도 신세를 지려고 하지 않는데, 그들은 항상 자신들이 독립돼 있다고 생각하는 습성을 체득했기 때문이다. 자신들의 모든 운명은 자기 손에 쥐어져 있다고 생각하는 성향이 있는 것으로 보인다."[54]

토크빌은 미국인들이 자신들의 운명에 대해 스스로 전적인 책임을 진다고 '생각하는 성향'이 사랑스러울 정도로 순진한 것임을 알아냈다. 그가 관찰한 바에 따르면 어쨌든 그들 스스로 부자가 될 수는 있었지만 실제로 미국에서 그런 큰 행운은 적었다. 오늘날까지도 많은 정치인들이 열심히 일하고 또 일을 많이 하면 성공할 수 있다는 불분명한 희망을 피력하고 있다. 그러나 점점 더 많은 사람들이 토크빌의 견해를 받아들이기 시작했다. 물론 우리 모두 아직까지는 열심히 일하는 것에 대한 가치를 믿고 있지만, 우리가 그저 얼마나 열심히 일하느냐가 아니라 어떤 일을 하고 있느냐가 진정한 차이점을 만들어낸다는 사실도 깨닫게 된 것이다. 그리고 우리가 어떤 일을 하느냐의 문제는 우리가 어떤 환경에서 태어났느냐의 문제와 상당히 깊게 얽혀 있다.

스탠퍼드대학교 사회학자 데이비드 그루스키(David Grusky)는 불평등 문제 그리고 그 원인과 결과에 관해 전문적으로 연구하는 학자다. 그는 내게 이렇게 말했다.

"기회의 평등은 미국인들에게 가장 기본적인 가치입니다. 근본적으로 미국인들의 DNA에 새겨져 있죠. 그러나 현실은 이상과는 엄청난 격차가 있다는 증거들이 차고 넘칩니다."

예를 들어 소득분배 하위 10퍼센트 계층에서 태어난 사람들은 상위 10퍼센트 계층에서 태어난 사람들에 비해 평생 벌어들이는 소득이 3분의 1에 불과하다. 이렇게 불리한 환경에서 태어나는 사람들은 대표적으로 긍정적인 롤모델을 찾을 수 없다든지 좋은 학교에 진학할 수 없는 등 수많은 걸림돌에 직면하게 된다. 하지만 그루스키는 또 다른 요인, 이보다 훨씬 중요한 다른 요인들이 있다고 말한다.

"일반적인 생각으로는 디지털 혁명이 기술적으로 숙련된 노동에 대한 수요를 증대하고 비숙련노동에 대한 수요를 감소시킬 것이라고들 말합니다. 좋아요, 그 말이 맞겠죠. 그런데 지금 우리가 이야기하고 있는 그 숙련된 기술이 도대체 어떤 겁니까? 알고 있는 사람 좀 만나봤으면 좋겠습니다. 경제학자, 사회과학자, 그 누구도 알지 못합니다. 하지만 반드시 대답해야만 하는 중요한 질문이죠. 우리가 어떤 기술이 제대로 보수를 받는지 알지 못하면 어떤 기술을 습득해야 하는지도 결정할 수 없지 않습니까? 그래서 우리는 기술이라는 개념을 해체해 과연 어떤 기술이 가장 높은 보수를 받을 수 있는지 찾아보기로 했죠."

그루스키와 그의 동료들은 사회과학자들이 기술과 좋은 일자리에 대해 연계시켜놓은 이론들을 세심하게 들여다봤다. 그들이 자신들이 발견해낸 결과에 놀라움을 감추지 못했는데, 그루스키는 이렇게 설명했다.

"모든 사람들이 컴퓨터 관련 기술이 최고일 거라 생각했죠. 그렇지만 우리는 그것이 아니라는 사실을 알게 됐습니다. 실제로 드러난 것은 분석능력인데, 말하자면 비판적 사고, 논리 및 추론능력, 이런 것들 말입니다."

그루스키는 이런 분석능력을 연마하는 데에는 일상생활 속에서 꾸준하게 이런 기술들을 연습할 수 있는 기회가 계속 제공되는 환경에서 태어난 사람들이 훨씬 더 유리하다고 말한다. 분석능력이란 활용 가능한 정보를 바탕으로(비록 그 정보가 충분치 않거나 완벽하지 않을 경우에도) 증거를 평가하고 형식을 식별해 개념화시켜서 문제를 해결하는 능력이다. 이런 능력은 어떤 사상을 지배하는 규칙을 찾아낼 뿐 아니라 그 규칙을 깨는 방법과 시기까지 발견한다는 점에서 계량적인 기술과는 차이가 난다. 그렇기 때문에 모든 학생들이 컴퓨터 기술로 무장해야 한다는 주장은 이미 늦었으며 이런 능력만 갖고는 충분하지 않게 된 것이다. 성공하기 위해서는 전문적인 기술 그 이상의 것이 필요한데, 그런 기술을 실제 상황에 맞춰 어떤 방식으로 적용할 것인가와 더불어 어떤 문제에 어떤 기술을 적용할 것인지도 알아야 하는 것이다.[55] 통상적으로 분석적인 기술에는 여러 시나리오와 다양한 관점을 설정하고 문제에 적용할 수 있는 효과적인 전략을 생각해낸 다음 각각의 대안에 대한 타당성을 바탕으로 결정을 내릴 수 있는 능력이 요구된다. 일반적으로 보면 부유한 환경에서 태어난 사람들은 그렇지 못한 사람들에 비해 이 같은 도전적인 사고방식을 경험하거나 그런 사고방식에 노출될 기회가 훨씬 많은데, 그 이유는 그들이 누리는 부 덕분에 일상생활에서의 시급한 욕구 이외의 다른 문제에 대해서 생각할 수 있는 시간이 더 많기 때문이다.[56] 그루스키는 이렇게 설명한다.

"우리는 유연성을 필요로 하는 시대에 살고 있습니다. 이미 존재하고 주어진 기술의 틀 안에서 훈련을 받는 게 단기적으로는 별 문제가 안 될 수도 있지만, 장기적으로 볼 때는 한때 그런 기술만으로 받을 수 있었던 정도의 보수를 받기는 어려울 것입니다. 오늘날 요구되는 역량은 확고한 기술을 갖추는 게 아니라, 기회를 찾아내고 그것을 움켜잡아 최대한 그것을 이용하는 능력입니다."

정부 통계만 놓고 보면 용접공 공급이 수요에 미치지 못하는 것이 시급한 문제이므로 용접공 양성 프로그램을 확충한다는 정책 결정은 잘못이 아니다. 숙련 용접공이 되기까지는 많은 교육과 경험이 필요하며, 바로 이것이 그들이 높은 보수를 받는 이유다. 그러나 여기에서 중요한 사실은 바로 그 이유 때문에 용접은 '자동화'의 대상이 된다는 것이다. 물론 로봇 용접도 베테랑 용접공이 앞서 조작해야 하니까 상황이 바뀔 일은 없다고 생각할 수도 있다. 문제는 수요다. 용접 로봇을 조종하는 용접공 일자리가 많아질까? 그런 일자리를 확보할 수 있는 용접공이라고 하면 고도로 숙련된 최상급 기술자일 것이다. 로봇이 인간보다 훨씬 더 효율적이라고 가정한다면 그것을 조종하는 일을 하게 될 사람들의 숫자는 반드시 줄어들게 돼 있다. 따라서 이런 일에 흥미를 갖고 있다면 아무리 당장 시급하게 요구되는 기술이라고 할지라도 그다음에 닥칠 일에 대해서도 깊게 생각해보는 단계를 거치는 게 필요하다.

그루스키는 중산층의 쇠퇴가 사람들이 그가 이런 종류의 기술을 필요로 하던 '좋은 일자리'라고 부르는 직업군에 대한 접근성을 감소시키고 있다는 주장을 계속 이어갔다. 사실 어떤 것들을 '좋은 일자리'로 분류하느냐의 문제는 전적으로 개인적인 견해에 따른다고 할 수 있지만, 2012년 경제정책연구센터(Center for Economicand Policy Research) 소속의 경제학자 존 슈미트(John Schmitt)와 재널 존스(Janelle Jones)는 실질적인 가이드라인을 만들었다. 그들의 계산에 따르면 '좋은 일자리'가 되기 위한 최소한의 기준은 연간 보수가 3만 7,000달러(이 책이 나온 시점에서는 3만 8,900달러)이며 건강보험과 퇴직연금까지 모두 보장돼야 한다. 이 기준을 적용했을 때 전체 미국인 가운데 25퍼센트 이하만이 '좋은 일자리'를 갖고 있다. 그리고 미국 국민의 대략 절반은 '저보수-무복지-무연금'이라는 불운의 삼형제에게 농락당하고 있다. 슈미트와 존스는 자신들이 조사한 자료를 들여다보면서 미국 경제가 1979년 이후 좋은 일자리를 창출할 수 있는 힘을 3분의 1 이상 잃어버렸다는 사실에 충격을 받았다.[57] 그 원인의 대부분은 아니더라도 상당 부분이 디지털 테크놀로지의 발달로 인해 힘을 잃은 것이었다.

역사적으로 봐도 이는 일반적인 상황이 아니다. 최소한 장기적으로는 그렇다. 19세기 전반과 20세기 초반까지, 즉 증기기관에서 시작해 내연기관,

철도, 자동차, 항공기에 이르기까지 일련의 혁신이 꼬리를 물고 지속되면서 단기적으로는 일자리가 줄기도 했지만 이내 새로운 일자리가 창출됐다. 예컨대 내연기관이 발명되면서 말 조련사, 대장장이, 마구 제작자들은 모두 고향으로 돌아가야 했지만 이는 수송, 생산, 판매, 보험, 도로건설 분야 등 자동차 산업과 직접적·간접적으로 연관된 수천만 개의 새로운 일자리가 만들어지는 초석을 깔아줬다. 윌리엄 모리스가 '가치 있는 일자리'라고 불렀던 것들의 축소는 일시적이며 기술의 발전 과정에서 발생한 부수적 피해에 불과하고 장기적으로 보면 더 많은 양질의 일자리가 큰 폭으로 늘어날 것이라는 주장이 오랫동안 제기된 이유도 이 때문이다.

하지만 비록 산업화 시대의 혁신들이 명백한 일자리 창출로 이어진 경우가 빈번했음에도 불구하고 이런 법칙이 디지털 시대에도 똑같이 적용되리라는 주장에 대해서는 동의하기가 어려운 상황이다. 실제로 일부 전문가들은 자동화와 디지털화로 창출되는 일자리 숫자가 감소하는 추세가 생각했던 것보다 훨씬 더 빠르다고 주장한다.[58] 경제학자 로버트 고든(Robert Gordon)이 이런 주장을 하는 대표적인 인물인데, 그는 전자화 자료에 대한 사용 비용이 무료가 되면서 일자리 창출이라는 측면에서 한계수익 역시 '0'에 수렴하고 있다는 사실을 지적했다.[59] 페이스북과 유튜브 같은 정보제공 기업들은 이미 자신들의 콘텐츠 제작을 철저히 사용자들에게 의존하고 있다. 그 안에 들어 있는 모든 메시지, 사진, 동영상, 댓글, 좋아요·싫어요 등이 엄청난 수익을 올려주고 있는 반면 정작 그것을 위해 다수의 직원들을 채용할 필요가 없다. 미국 IT기업들의 발행주식 시가총액은 어마어마한 액수지만 그 어떤 곳의 일자리 숫자도 미국 최대 슈퍼마켓 체인의 일자리 44만 3,000개에 훨씬 못 미치고 있다. 앞으로도 미치지 못하리라는 데 이견을 내기도 어렵다. 참고로 애플(Apple)이 2017년 기준 직접 고용하고 있는 전체 직원 수는 7만 7,000명에 불과하다.

이런 현상을 설명하는 용어로 1930년대에 벅민스터 풀러(Buckminster Fuller)가 만들어낸 '효율극대화(ephemeralization)'가 있다. 이것은 '보다 적게 투입해 보다 많은 성과를 내는 것'이라는 개념이다. 인류 역사를 통틀어 보다 적은 것으로 보다 많은 결과를 냄으로써 우리가 사는 세상에 기여하는 효율성을 증대시켜왔다. 그렇지만 이제 그 한계에 도달한 것이 틀림없다. 기계 장치에 인간과 유사한 능력을 더 많이 집어넣을수록 더 많은 산업 부분에서 인간의 일자리는 줄어든다. 그리고 대체되는 우선순위는 앞서 언급했듯이 역량 가치가 높은 일이 될 것이다. 디지털 기술은 노동자들의 생산성을 그 어느 때보다도 높였지만, 이와 같은 생산성 증가가 꾸준히 임금이나 일자리 질의 향상으로 이어졌던 것은 아니다. 더욱이 보다 많은 사람들이 보다 도전적이고 고도의 기술을 필요로 하는 일자리에 더 많이 참여할 수 있게 만든 것도 아니다. 더욱 안타까운 점은 디지털 기술이 실제로는 높은 보수를 보장하는 고도의 기술역량에 대한 수요를 오히려 줄여왔다는 사실이다.

■ 임시직을 양산하는 긱 경제 ■

기술역량에 비례한 고용 수요 감소? 모두는 아니더라도 많은 사람들에게 아마도 이런 주장은 터무니없는 것으로 들릴 것이다. 그동안 지식경제와 그 경제가 끝없이 요구하는 테크놀로지 및 경영 시스템의 정교함이 강조돼왔기 때문이다. 기술은 21세기의 왕국에 들어가는 열쇠였다.

그러나 다시 한번 말하지만 상황은 그렇게 흘러가지 않고 있다. 기술을 획득하는 것이 한 개인의 장래 기대치를 높여준다는 사실을 의심하는 사람은 거의 없다. 하지만 집합적으로 기술에 대한 수요가 식어가고 있다는 명백한 조짐이 이미 나타나고 있다. 경제학자 폴 보드리(Paul Beaudry)가 이끄는 캐나다 브리티시컬럼비아대학교와 요크대학교 연구 팀이 2013년 처음으로 이런 경향에 관한 보고서를 공개했지만 놀라울 정도로 반향을 얻지 못했다. 보드리는 내게 이렇게 말했다.

"1980년대 후반에서 1990년대에는 고급 기술역량에 대한 엄청난 수요가 있던 시기였습니다. 모든 조직들이 앞 다퉈 컴퓨터를 일터로 들여와 기존 시스템과 통합하기 시작했습니다. 이런 통합은 갖가지 종류의 경영기법에 대한 수요를 불러 일으켰습니다. 그런데 일단 일련의 디지털 시스템이 설치돼 작동하기 시작하자 기술에 대한 수요는 사그라졌습니다. 현재 IT혁명이 성숙기에 접어들고 제4차 산업혁명이 주목받고 있는데, 사실상 대학 학위는 고소득을 올릴 수 있는 관리직이나 기술직을 얻는 데 부분적으로만 도움이 됩니다. 게다가 이런 환경은 교육을 충분히 받지 못한 노동자들을 바리스타나 현금수납원과 같은 일자리로만 내몰고 있습니다."[60]

디지털 시대의 자본주의가 고용 기회를 양분화하면서 디지털 시대의 민주주의를 위협하고 있는 것처럼 보인다. 상층부에는 소수의 일자리, 하층부에는 상당수의 일자리를 추가하고 있는 반면, 그동안 허리를 견고하게 유지해왔던 중간 수준의 일자리는 다수 없애버리고 있기 때문이다. 노동통계국(US Bureau of Labor Statistics) 자료에 따르면 가장 빠른 속도로 늘어나고 있는 일자리는 보수가 낮은 간호조무사, 노인요양사, 간병인, 보육 도우미, (패스트푸드점을 포함하는) 식당 식자재 준비 담당자, 잡역부 등이다. 소프트웨어 디자이너나 컴퓨터 시뮬레이터처럼 보수가 괜찮은 일자리도 아직 늘고는 있지만 그 속도가 현저히 느려졌다. MIT의 경제학자 데이비드 오터(David Autor)는 이렇게 이야기한다.

"일자리의 가장 활발한 증가는 최상층 직업에서 일어나지 않고 급여 수준이 가장 낮은 3분의 1 구간에서 일어나고 있습니다."

우리는 경제가 더 많은 엔지니어나 과학자들을 필요로 하고 있다고 믿고 싶겠지만, 실질적으로는 숙련된 기술을 훨씬 덜 요구하고 교육 수준이 별로 필요 없는 '서비스업' 노동에 훨씬 더 많은 수요가 있다.

2016년 미국은 금융위기 시기에 잃었던 일자리 숫자 대부분을 회복해 실업률이 5퍼센트 아래로 떨어졌으며 정치인들은 이를 자축했다. 그럼에도 불구하고 대부분의 미국인들은 즐거워하지 않았다. 여기에는 합당한 이유가 있다. 직업 증가를 통해 성장한 일자리 수의 58퍼센트 이상이 시급 7.69달러에서 13.83달러 구간에서 이뤄진 반면, 중간 소득군에 해당하는 시급 13.84달러에서 21.13달러 사이의 일자리는 60퍼센트가 연기처럼 사라졌다. 마치 불량한 파도가 해안을 덮쳐 수백만 개의 나쁜 일자리를 쏟아놓고는 수백만 개의 좋은 일자리를 끌어내 바다로 돌아간 것과 마찬가지다. 다수의 고용주들이 요즘 '좋은 직원들'을 구하기 어렵다는 불평을 하곤 하는데, 좋은 노동자들이 충분하지 않아서가 아니라 그 좋은 노동자들이 보수가 형편없고 불안정한 일자리에 자신을 투자할 수 없기 때문이다.

영국의 경제학자 가이 스탠딩(Guy Standing)은 '21세기의 소득분배 시스템 붕괴현상'이라고 명명한 주제로 광범위한 연구를 수행해왔는데, 그가 말하는 소득분배는 주로 부가임금의 형태로 이동하는 것을 의미한다. 오늘날 부는 노동자 계층으로부터 금융재산, 실물재산, 소프트웨어 등의 지적재산을 소유하고 있는 '불로소득 계층'으로 이동한다. 스탠딩은 프롤레타리아(proletariat)보다 상황이 한 단계 더 악화된 '프리카리아(precariat)'라는 용어를 만들었다. 그가 '4개의 A'라고 부르는 치명적인 혼합물에 빠져 허우적대는 노동자 계급을 지칭하는 말이다. 4개의 A는 다름 아닌 '불안(anxiety)', 도덕적 무질서를 의미하는 '아노미(anomie)', '소외(alienation)', '분노(anger)'를 일컫는다. 고용이라는 관점에서 보자면 고용주들은 이들 '프리카리아들'이 자기 개인적인 삶에 대한 욕구를 제쳐두고 예측할 수 없는 일정과 불확실한 직장 전망을 기꺼이 수용하리라고 기대한다. 스스로 좀 깨였다고 생각하는 고용주들은 일터를 마치 '자유'와 '유연성'을 보장하는 것처럼 유쾌하게 꾸며놓은 뒤 직원들로 하여금 이번 주에서 다음 주까지의 일정, 정확한 급여 액수가 어떻게 되는지 모르더라도 그저 감사하며 일해야 한다고 자연스럽게 요구한다. 스탠딩은 이렇게 설명한다.

"우리는 그동안 간편한 일자리라는 개념을 너무 이상화해왔습니다. 스스로 정한 임금으로 자신의 포트폴리오를 판매할 수 있다고 독려했죠. 물론 일부는 그럴 수도 있었을 겁니다. 하지만 아무런 보호 장치 없이 그런 토대 위에서 사회를 세운다는 건 너무 현실감이 없는 이야기입니다. 그렇게 일하는 사람은 결국 폭군과 일하는 셈이 되는데, 그 폭군은 이렇게 말할 것입니다. '지난번 직장에서 지난번에 내놓은 성과보다 나아진 것이 없는데 어떻게 급여를 올려줄 수 있겠나.' 이런 식으로 우리는 지속적으로 평가받고 등급이 매겨집니다. 우리가 다음 달 생활비를 걱정한다면 그것은 이미 우리가 우리 삶에 대한 통제권을 잃었다는 증거입니다."

불안정성이 증가하는 추세가 갖는 의미를 파악하기 위해 특정 직업군 하나를 예로 들어보자. 여행사나 고속도로 통행료 징수원과 같이 명백히 위축되고 있는 직업이 아니라, 전문가들이 점점 안정되고 수요도 늘 것이라는 데 동의하는 직업인 대학 강사를 살펴보자. 사실 대학 강단 또한 혁신으로부터 안전한 곳은 아니라는 이야기는 이미 나오고 있다. 강사 한 사람이 전세계 수십만 명을 대상으로 대형 온라인 공개강좌(Massive Open Online Courses, MOOC) 같은 것들이 유행하고 있지만, 여전히 대학 강의는 현장인 강단에서 이뤄지며 한 사람의 강사가 한 곳의 강의실에서 진행한다. 고등학교 졸업 이후 교육에 대한 요구가 점점 커지고 있으므로 대학 강사들에 대한 수요 역시 궁극적으로 증가할 거라고 예측하고 있으며 미국의 경우 실제로 증가율도 다른 직업군 평균보다 높다.[61] 하지만 여기에 문제가 있다. 다시 말하지만 문제는 질이다. 고전 경제학 모델과는 다르게 고용이라는 측면에서 볼 때 대학 강의에 대한 왕성한 수요가 대학 강사들의 처우 증대로 이어지지는 않는다.

좀 더 이해를 돕기 위해 잠깐 대학 강의와 다른 범주의 직종인 농장 노동자를 비교해보자. 메릴랜드 주 칼리지 파크(College Park)에서 대학 강사로 일하는 사람과 캘리포니아 주 카스트로빌(Castroville) 소재 농장에서 아티초크(artichoke)를 따고 있는 노동자와는 공통되는 부분이 전혀 없을 것 같지만, 이두 사람에게는 분명히 공통점이 있다. 대부분 농장 노동자들은 비정규 계약직이며 보수는 수확물 개수에 비례해 받는다. 대부분 대학의 시간 강사들도 비정규 계약직이며 보수는 자신이 맡은 강의 시간에 따라 결정된다. 농장 노동자들과 시간 강사들은 공히 마지막 순간의 일정 변경에 취약하고 이는 수입 저하나 상실로 이어질 수 있다. 농장 노동자의 경우 궂은 날씨나 낮은 수확량이 원인이 될 수 있고, 시간 강사들의 경우에 낮은 수강률은 강의 자체의 폐쇄 원인이 된다. 농장 노동자들이나 시간 강사들은 모두 고용주가 함께 부담하는 건강보험이나 퇴직연금 등의 복지혜택을 받지 못한다. 또한 두 직종 모두 향후 보다 위로 올라갈 수 있는 '경력 사다리(Career Ladder)'의 가장 아래 발판도 아니다. 회사에 소속된 것이 아니기 때문이다.

그러나 여전히 농장 노동자들과 대학 강사에 대한 수요는 크다. 그래서 보수가 올라야 하고 고용 조건이 상향조정돼야 한다는 목소리도 커지고 있다. 하지만 그에 대한 저항 또한 만만치 않다. 왜냐하면 많은 수요에 상응하는 공급이 있기 때문이다. 점점 더 커지는 수요를 충족할 수 있을 정도로 충분한 자격을 갖춘 농장 노동자들과 대학 강사들의 수는 흘러넘친다.

물론 여러분은 이런 주장에 의문을 제기할 만한 여러 가지 이유를 가질 수 있다. 최근 불거지고 있는 농장 노동자 부족 현상을 보면서 최소한 잡역부들의 공급은 충분하지 않다고 생각할지도 모른다. 2010년대가 막 시작할 무렵 미국 전국의 농장주들이 일꾼들을 구할 수 없다는 볼멘소리를 내기 시작했는데, 사실 일할 사람이 없어서가 아니라 오바마 행정부에서 밀입국 노동자들에 대해 강경 조치를 취했기 때문이다. 2015년으로 들어서자 공급 부족 현상은 더욱 심각해져서 농장주들은 과일과 채소 출하량을 9.5퍼센트 줄이는 것밖에는 다른 선택권이 없었던 것으로 보도됐는데, 이때 농가가 상실한 기대 수입 총액은 31억 달러 정도였다. 어쨌든 노동력이 부족한 것 아닌가 여길 수도 있는데 그렇지만은 않은 또 다른 이유도 있다.

그 어떤 기준을 들이대더라도 농장 노동을 좋은 일자리로 보는 사람은 많지 않을 것이다. 2016년 농장 노동의 평균 보수는 시급 10.83달러였으며, 미국에서 농업 생산량이 가장 많은 곳인 캘리포니아 주의 경우 하루 10시간 이하로 일하는 농장 노동자들에게도 초과 근무 시 수당을 받을 수 있게 한 것은 최근의 일이다.[62] 많은 농장 노동자들은 법정 최저임금을 받지 못한다. 일반적으로 가장 막일을 한다는 잡역부의 경우 별도의 계약 과정 없이 그날그날 고용되기 때문에 한눈을 팔면 일자리를 얻지 못할 것이라는 심리적 압박감을 지속적으로 받고 있다. 그렇다면 이제 피할 수 없는 질문을 할 차례다. 위에서 예시한 사례에서 농장 노동자의 공급 부족이 확실히 있었는가, 아니면 단순히 가혹한 조건으로 일할 수 있는 노동자의 숫자가 부족한 것이었나?

한 번의 '자연적인 실험'이 이에 대한 대답을 해주고 있다. 이 실험은 실리콘밸리로 유명한 캘리포니아 주 산타클라라 카운티의 최남단 길로이(Gilroy)에 본사를 둔 미국 최대의 마늘 생산업체인 크리스토퍼 랜치(Christopher Ranch)에서 실행됐다. 2016년 연말 무렵 크리스토퍼 랜치는 시급 11달러로 마늘 껍질을 벗기거나 포장하거나 굽는 일자리에 50명의 인원이 부족한 상태였다. 이 시급은 농장 노동자들 기준으로는 상당히 높은 수준이었지만, 풀타임 노동자들의 연평균 수입이 12만 1,212달러에 달하는 산타클라라에서는 그리 높은 편이 아니었다. 그래서 2017년 1월 랜치는 시급을 13달러로 올렸다. 그러자 불과 한 달 만에 크리스토퍼 랜치는 필요한 인원을 모두 채우고도 약 150명 정도의 인원을 지원자 대기명단에 올려놓을 수 있었다. 일부 사람들은 이 일자리를 위해 무려 2시간에 달하는 통근 시간을 감수할 의사를 갖고 있었다.

크리스토퍼 랜치의 사례는 고용주들이 농장 일꾼을 찾는 데 또는 대학에서 시간 강사를 찾는 데 아무리 '어려움'을 토로한다고 해도, 실제로는 그 어려움이 노동력 부족에서 온 것이 아닐 수 있다는 사실을 시사한다. 이와는 반대로 기초적인 경제 원리가 보여주는 바는 노동력 공급 부족이 아니라 과다 공급이 고용주로 하여금 기준 이하의 고용 조건을 제시할 수 있도록 도와준다. 조건만 개선된다면 지원이 폭주하기 때문에 '노동력 부족'이라는 투덜거림은 정당화될 수 없다. 오래 전에 미국 대통령 윌리엄 맥킨리(William McKinley)가 유명한 선언을 한 적이 있다.

"값싼 상품은 값싼 사람을 의미하며, 값싼 사람은 값싼 나라를 의미합니다. 우리 선조들은 이런 정부를 세우지 않았습니다!"

노예제, 도제 형식의 강제노역, 착취형 공장 등으로 점철된 미국의 역사를 감안할 때 맥킨리의 저 입바른 소리는 더 이상의 잘못된 견해가 없을 정도로 완전히 틀렸다. 미국이라는 나라는 애당초 저임금 노동의 토대 위에 세워졌으며, 1970년대에 시작된 노동조합의 꾸준한 퇴조현상 이래 산업이 무너지지 않도록 줄곧 그 값싼 노동력에 의존해왔다. 이제 노동자들은 자신들의 일자리와 관련해 회사로부터 경고를 받고 있는데, 그것은 다름 아닌 감히 높은 임금과 더 나은 계약 조건과 노동환경을 요구한다면 곧바로 해당 업무를 자동화시켜버리겠다는 것이다. 노동통계국은 향후 10년 동안 농산물 수요는 증가하지만 농업에 종사하는 노동자의 수요는 커지지 않을 것으로 예측한다. 바로 그들의 일자리가 꾸준하게 자동화되고 있기 때문이다.[63]

대학 시간 강사와 농장 노동자 그리고 다른 도급계약 노동자들은 이 직장에서 저 직장으로, 이 직업에서 저 직업으로 이동할 수 있는 유연성을 갖고 있지만, 안타깝게도 그들 전부는 아니더라도 그들 대부분이 기회만 생긴다면 기꺼이 그런 유연성과 일자리 확보를 맞바꿀 가능성이 매우 높다. IT산업, 물류창고, 은행, 보험회사, 계약직 조립 라인 등에서 일하고 있는 수백만 명의 사람들 역시 마찬가지인데, 이들은 유연성을 보장하는 계약 대신 정규직 노동자들이 일반적으로 누리고 있는 유급휴가, 병가, 건강보험 등의 혜택을 받고 싶어 한다. 정확히 얼마나 많은 미국인들이 계약직으로 일하고 있는지 통계로 확인할 수는 없지만, 분명한 것은 그 숫자가 늘어나고 있고 그것도 아주 빠르게 늘어나고 있다는 사실이다. 일부 평가보고서에 따르면 앞으로 10년 내에 민간경제 부문에서 일하는 노동력의 절반 가까이는 최소한 근무시간의 일부라고 해도 이처럼 불안정한 상황에서 일해야 한다. 계약직 노동자 한 사람이 〈월스트리트저널(Wall Street Journal)〉의 설문조사지에 써놓은 것처럼 말이다.

"대기업들에게 그토록 사랑받고 있는 '유연성'이라는 것은 '내일부터 나오지 마'라는 말을 들을까 봐 조마조마해하면서 정신을 좀먹고 있는 '불안'이다."[64]

10년 전에 리서치 업체 윌리스 타워스 왓슨(Willis Towers Watson)이 전세계 22개국 직장 근로자 2만 명을 대상으로 설문조사를 실시한 적이 있다. 이 조사를 통해 대부분의 노동자들이 더 이상 일자리와 관련한 '유연성'을 높게 평가하지 않는다는 사실이 드러났다. 그들이 바라는 것은 직업 안정성과 처우 개선이었다. 전체 응답자들 중 약 35퍼센트가 한 회사에서 자신들의 직장 경력 전기간을 보내는 것을 선호했으며, 다른 35퍼센트는 은퇴까지 세 군데 이하의 회사에서 일하는 것을 선호했다. 급여 수준 이외에는 '도전'이나 '자율권'과 같이 과시적인 요인들을 포함한 다른 변수들보다도 직업 안정성에 더욱 우선순위를 두고 있었다. 일부 전문가들은 이 결과를 불황이 야기한 피로감이 반영된 결과라 보고 경제가 활력을 되찾으면 노동자들의 태도가 변할 것으로 예측했다. 하지만 그들의 의식은 지금도 변함없이 그대로 지속되고 있다. 2016년 3만 1,000명의 회사원들을 대상으로 한 후속 조사에서도 직업 안정성은 여전히 가장 높은 순위를 지켰다.[65]

언어학자이자 사회비평가 노암 촘스키(Noam Chomsky)는 예전에 임시직 노동자들을 고용해 기업경영 모델에 통합시키려는 목적은 노동비용을 절감하는 동시에 '노동의 굴종 상태'를 강화하는 데 있다고 주장했다. 확실히 점점 더 많은 사람들에게 이 말이 사실로 받아들여지고 있다. 직업 안정성이 보장되지 않는다면 아무리 얻기 어려운 유연성을 갖추게 돼도 어차피 그것을 활용할 수 있는 수단이 현실적으로 거의 없기 때문에 무의미하다. 적지 않은 수의 직장인들이 한 군데 이상의 직장을 옮겨 다니면서 고군분투하고 있지만 먹고살기에 버거운 것이 현실이다. 점점 더 불안정해져가고 있는 일과 우리의 관계는 점점 더 많은 스트레스를 유발시켜 인간관계 악화, 건강 악화, 무력감 증가로 나타날 것이다. 이런 상황 속에서 우리가 뭔가에 책임을 진다거나 변화를 시도한다는 것은 요원한 일이다.

■ 일의 주인으로 산다는 것 ■

어떻게 해야 우리 스스로를 일자리가 점점 더 불안정해지고 있는 이 시대와 양립시킬 수 있을까? 대답하기 어려운 질문일 뿐더러 일반화시키기도 어렵다. 한 가지 방법만 있는 것도 아니며 확실한 해결책이 있는 것도 아니다. 그렇지만 우리 모두는 아닐지라도 상당히 많은 사람들이 우선적으로 해야 할 작업은 나에게 올바른 일, 즉 일자리가 나를 통제하는 게 아니라 내가 그 일을 통제하도록 만드는 것이 아니다. 나를 일자리에 맞춰 넣어야 한다는 기존의 고정관념에 과감히 의문을 던지는 것이다.

앞서 소개한 데이튼 출신의 컨설턴트 에이미 코터먼을 다시 불러보자. 내가 마지막으로 그녀와 인터뷰했을 때 그녀는 그동안 감춰두기만 하고 있던 자기 삶의 이야기를 일부 털어놓았다. 그녀는 남편이 나이가 그리 많지 않을 때 급작스럽게 세상을 떴다고 말했다. 남편의 죽음 직후 그녀는 깜짝 놀라 현실을 바라보기 시작했다. 기댈 곳도 없고 삶의 목적도 잃어버린 것 같았다. 아무리 미래를 그려봐도 무엇 하나 크게 달라질 게 없었다. 그래서 그녀는 하던 대로 계속하려고 하지 않고 다시 한번 생각할 시간을 가졌다. 다른 사람들은 그녀가 하는 일을 '성공'과 연결시켰지만 그녀는 일을 단순히 자신만을 위해 하던 것은 아니었다. 그녀는 고향인 데이튼으로 돌아왔다. 큰 기대를 안고 고향에 돌아왔지만 그 기대는 보통 사람들이 생각하는 그런 기대는 아니었다.

"이곳은 러스트 벨트잖아요. 이곳에 지식산업 분야의 풀타임 정규직 자리가 많지 않다는 사실은 이미 알고 있었죠. 그런 시절은 지나갔으니까요."

그녀는 자신의 이력서를 업데이트하거나 기존에 했던 일을 다시 하려고 하지 않고 조심스럽게 스스로 납득할 수 있는 삶을 만들어나가기 시작했다. 그녀가 만들려고 하는 삶은 성공에 이르는 일자리가 중심이 아닌 그 일 자체가 모든 것이 되는 삶이었다.

이후 대학으로 돌아가 조리학을 공부하기 시작했는데 전공은 제빵이었다. 졸업 후에는 제과회사를 공동으로 설립했다. 그녀는 지역의 식품가공 회사에서 시간제 근무로 식사 공급 매니저 일을 시작했고 지역 대학과 제빵 강의 계약을 맺었다. 또한 자원봉사 일도 맡았으며 데이튼 지역사회에서도 활동하기 시작했다. 그녀는 자신이 이전에는 바라고 있다고 생각해본 적 없는 삶에 뛰어들었지만 이제는 그게 바로 자신이 원하던 삶이라는 사실을 알고 있다. 자의식이 화려한 경력에서 나오는 것이 아니라 스스로 의미를 찾을 수 있는 일로부터 나오는 삶, 그녀는 평생 처음으로 마음의 평화로움을 느꼈다고 말했다.

"우리가 어릴 적부터 배우는 모든 것들은 결국 성공에 관한 것들이었죠. 그럼에도 불구하고 그 누구도 우리가 막상 성공했을 때 그것을 유지하기 위해 쏟아 부어야 하는 것들에 대해서는 알려주지 않았어요. 늘 적합한 사람만 만나야 하고, 늘 올바른 생각만 해야 하고, 늘 똑똑한 사람이 돼야 하고, 늘 부지런히 움직여야 하고… 이런 것들을 언제까지 계속해야 하는지 절대로 알 수가 없죠. 여기에서 벗어나게 됐을 때 내게 완전히 다른 세상이 열리더라고요. 그건 불안정한 삶이 아니에요. 오히려 그 반대죠. 옳다고 생각하는 일을 그냥 하면 되고, 내 나름대로 잘하면 되거든요. 물론 고백컨대 과거의 나로부터 벗어나는 게 쉬운 일은 아니었어요. 그래도 짜릿했어요. 난생 처음으로 내 삶을 내가 통제한다는 느낌이 뭔지 알게 됐으니까요. 일이 아니라 내 자신이 됐어요."

제3장

로봇도 세금을 내야 하나?

약간 비극적인 점은 인간이 자신의 일을 대신할 기계를 발명하는 즉시 그의 일은 굶주림을 가져오게 될 것이라는 사실에 있다.[66]

_오스카 와일드(Oscar Wilde)

■ 산업의 이동과 일자리 격차 ■

미국 9번 고속도로는 보스턴을 스치듯 지나가 매사추세츠를 가로질러 피츠필드(Pittsfield)까지 이어지는데, 이곳은 인구가 대략 5만 명으로 버크셔 카운티(Berkshire County)에서 가장 큰 도시다. 피츠필드의 정동쪽에서 9번 고속도로는 우스터 로드(Worcester Road)로 바뀌는데, 이 길의 이름은 예전에 미국 최대의 철사 공장이 있던 도시의 이름에서 따온 것이다. 그 공장에서는 모든 종류의 철사, 철조망용 가시철사, 전기선, 전화선 생산뿐 아니라 미국 최대의 여성 노동자 고용 기업이었던 로열 우스터 코르셋(Royal Worcester Corset)에서 생산하는 여성 속옷에 철사를 납품했다. 나이가 있는 우스터 주민들은 아직도 당시 공장 작업의 시작과 끝을 알리는 종소리를 기억하고 있다. 오늘날 종소리는 울리지 않으며, 철사 공장과 코르셋 공장 자리에는 월마트

(Walmart), 타깃(Target), 홈데포(Home Depot)가 들어서 있다.

소매업이 제조업을 따라잡고 최대 일자리 창출 산업으로 떠오른 지 거의 20년이 된 지금, 약 9명 중 1명이 이 부문에 고용돼 있다.[67] 의료업 전체와 건설업을 합친 것보다도 많은 숫자의 노동자들을 고용하고 있다.[68] 엄청나게 많은 일자리다. 하지만 불행하게도 우리가 앞 장에서 세워놓은 기준에 따르면 소매업의 일자리들은 대부분 좋은 일자리의 자격에 미치지 못한다. 이 글을 쓰고 있는 시점에서 관리자 위치에 있지 않은 소매업 노동자들의 평균 시급은 10.14달러에 불과하다. 미국 평균의 절반에도 미치지 못하며, 전체 소매업 노동자들의 절반 이하만이 어떤 종류건 간에 복지혜택을 그나마 받고 있다.

하나의 국가로서 미국은 이런 추세와 일종의 불편한 평화관계를 유지하고 있다. 우리는 아이패드나 맥 컴퓨터가 미국에서 만들어지지 않는다는 사실을 알고 있으며, 많은 TV와 가전제품, 공구, 장난감, 의류 역시 마찬가지라는 것을 알고 있다. 또한 우리 중에서 정말 많은 사람들이 그런 것들을 디자인하거나, 마케팅하거나, 광고하거나, 수송하거나, 그런 것들을 판매함으로써 삶을 영위하고 있다는 사실도 알고 있다.[69] 소매업은 우리가 알고 있는 세상, 노동자가 아니라 소비자가 왕이 되고 여왕이 되는 세상을 만들어왔다. 결국 월마트의 직판장은 자기가 알아서 잘 돌아가고 있을 뿐이다. 특히 최근에 그 귀여운 셸프-스캐닝(shelf-scanning) 로봇들을 배치하면서 더욱 그렇게 됐다. 스캐닝과 다른 여러 건의 혁신으로 최근 몇 년간 소매업 분야에서 직원 한 사람당 매출액은 2배가 됐다.[70]

하지만 생산성 문제에 관해서 전통적인 소매점들이 제아무리 경쟁력을 갖췄다고 해도 온라인 판매 앞에서는 바람 앞의 등불 신세다. 온라인 판매는 2014년 이래 소매업 전체에서 가장 빨리 성장하고 있는 분야다.[71] 중국의 알리바바(Alibaba) 그룹은 아시아에서 가장 가치가 높은 소매 기업인데, 이 무법의 공간에서 가장 덩치가 큰 선수다.[72] 알리바바는 영향력도 막강하다. 이 회사의 설립자 마윈(馬雲, Jack Ma)은 2017년 1월 미국 대통령 선거가 끝난 직후 공식적으로 도널드 트럼프를 만난 첫 번째 중국 기업인이다. 그럼에도 불구하고 여러 가지 이유로 알리바바는 지금까지 미국에 기반을 세우지는 못하고 있다.

미국에서는 아마존(Amazon)이 최상위 지배자다. 경제분석가들은 2020년에는 3조 6,000억 달러 규모가 될 미국의 소매업 시장에서 5분의 1 정도를 온라인 업체들이 점유할 것으로 내다봤는데, 이 중에서 아마존 한 회사가 약 3분의 2를 차지할 것으로 예측했다. 이 회사는 이미 온라인으로 상품을 구매하는 미국인들이 소비하고 있는 전체 금액에서 2달러당 1달러 정도를 가져가고 있으며, 현 시점을 기준으로 했을 때도 책, 음악, 비디오 게임, 전자제품, 소형 가전, 장난감, 정기구독 잡지 분야에서 미국 최대의 판매량을 갖고 있다. 다루지 않는 품목이 거의 없기 때문에 '만물상(Everything Store)'이라는 별명으로도 불리고 있다. 아마존은 모든 소매업 품목에 어떤 수준이든 시장 점유율을 확보하고 있는데, 여기에는 그들 스스로 상표를 붙여 판매하고 있는 식품까지 포함된다. 더욱이 사람들이 클릭을 한 번 할 때마다 그들의 주소, 신용정보 내역 그리고 어떤 것이든 한 번 구매했거나 관심 있게 들여다본 적이 있는 품목과 같은 정보를 수집하고 이 자료들을 활용해 우리 모든 개인들과의 친밀도를 높여가고 있다. 그들이 이렇게 하는 목적은 고객을 대상으로 더 많은 사업을 진행하기 위해서다.

2018년 5월 현재 아마존은 약 1억 명의 우대고객을 확보하고 있다. 이들은 연회비 99달러를 내고 각종 우대 서비스를 받으면서 연평균 거의 1,300달러에 달하는 아마존 상품을 구매한다. 우대고객으로 등록은 하지 않았지만 아마존을 이용해 상품을 구매하는 수천만 명의 고객도 더해진다. 이 회사는 TV 프로그램과 영화를 제작하고 있으며, 배터리에서 이유식에 이르는 수천 가지 품목을 직접 생산하고 있다. 또한 신발 판매업체 자포스(Zappos), 패션 쇼핑몰 샵밥(Shopbop), 인터넷 영화 데이터베이스(IMDb), 오디오북 서비스 오더블(Audible), 게임채널 트위치(Twitch)와 같이 우리에게 친숙한 이름의 회사들을 소유하고 있다. 수공예 액세서리를 전문으로 생산하는 아마존 핸드메이드(Amazon Handmade)는 이 분야의 강자인 엣시(Etsy)에 강력하게 도전하고 있으며, 아마존 비즈니스(Amazon Business)는 스테이플스(Staples)를 비롯한 사무실 문구류 제조 회사들에게 사형선고를 내리는 것을 목표로 하고 있다. 경제분석가들은 일반적으로 투자위험을 분산하는 것처럼 기업에 대한 예측도 애매하게 답하는 것을 선호하지만, 한 가지 점에서만큼은 의견 일치를 보고 있다. 아마존이 시가총액 1조 달러를 돌파하는 기업이 되는 길을 순탄하게 달리고 있다는 사실이다.[73]

사람들이 흔히 말하듯 아마존의 최고경영자 제프 베조스(Jeff Bezos)가 사교적인 사람이든 아니든 간에 상관없이 그의 사업 목표 중 하나가 가능한 한 적은 수의 종업원 명부를 갖는 것이라는 사실은 명백해 보인다. 공정하게 말하자면 이 회사는 너무나 효율적이기 때문에 상대적으로 적은 수의 사람을 필요로 하며, 직원 한 사람당 연간 약 40만 달러의 매출을 거둬들이고 있는데, 이는 미국에서 가장 효율적인 대형 할인점 월마트의 종업원 숫자 대비 매출액과 비교했을 때 거의 2배 수치다.[74] 이런 대단한 성공 덕분에 이 회사는 월마트부터 베스트바이(Best Buy), 블루밍데일스(Bloomingdale's)에 이르기까지 수많은 기존 소매업자들이 온라인 거래를 하든지 아니면 파산하는 길로 들어서든지 양자택일해야 하는 상황을 만들고 있다.[75] 실제로 주유소나 신차 또는 중고차 대리점, 식품점, 주류점을 제외한 모든 기존 소매업들은 급속히 쇠퇴하고 있는 반면, e커머스는 날개를 달고 있는 게 지금의 상황이다.

■ 일자리 창출을 위한 기업 모시기 ■

이제 e커머스는 마치 미래를 대변하고 있는 듯 보인다. 그래서 2013년 6월 당시 대통령 버락 오바마가 테네시 주 채터누가(Chattanooga)에 위치한 아마존의 휑한 물류센터에서 오래전 로널드 레이건의 대통령 선거 캠페인 '미국의 아침(보다 자랑스럽고, 보다 강력하고, 보다 훌륭한 미국)'을 연상시키는 감동적인 연설을 했던 것도 그리 이상한 일이 아니다.

우스터나 다른 미국의 중소도시들과 마찬가지로 채터누가 역시 한때는 붐비는 공장 지대가 있던 도시였다. 미국의 한가운데라는 지리적 위치, 도로와 철도의 유리한 접근성, 의욕에 찬 노동력 등의 장점을 갖고 있어 인기 있는 제조업 허브였다. 제조업 전성기였던 1979년 당시 채터누가 주민 3명 중 1명은 섬유, 가구, 주조, 강철 공장이나 진통제 롤레이즈(Rolaids)처럼 의사의 처방 없이 판매되는 제약 공장 등에서 뭔가를 만드는 일을 하며 삶을 영위했다. 그러나 1970년대에서 1980년대로 넘어가면서 이런 일자리 대부분이 사라지자, 채터누가는 주민들을 먹이고 입히고 재우기 위한 다른 방법을 모색해야 했다.[76] 이때 아마존을 유치하는 것이 좋은 해결책이 될 것 같았다. 아마존이야말로 21세기의 채터누가를 위한 21세기의 기업처럼 보였다.

채터누가는 세금우대 정책과 토지공여 정책을 통해 수십 개의 회사를 유치했는데, 그중에 하나는 일괄적으로 5억 달러를 들여 유치한 폭스바겐 공장이었다. 비용은 금방 10억 달러로 부풀어 올랐다. 아마존이 받은 혜택은 그 정도까지 되지는 않았지만, 예전 군대 주둔지였던 토지의 공여와 10년간의 재산세 면제조치를 포함하면 족히 수천만 달러에 달했다. 더욱이 시간이 얼마 지난 뒤 폭스바겐과 같은 회사들이 부족한 숙련공 문제에 당면했던 것과는 달리 아마존의 일자리는 대부분 누구나 할 수 있는 것들이었다. 창고에서 일하는 '피커(picker)'들의 업무는 머리에 쓰고 있는 헤드폰에서 나오는 지시에 따라 카트를 끌고 지정된 선반에 가서 지정된 통 안에 들어 있는 지정된 물품을 꺼내 그 물품을 광주리 안에 넣은 다음 광주리가 실린 카트를 다시 끌고 다음 품목으로 가는 일이다.

이 창고가 워낙 거대하기 때문에 이동 거리가 상당히 길어지는 경우도 있기는 하다. 오바마 대통령은 연설하기 전에 그곳을 둘러보면서 무려 100만 평방피트가 넘는 그 규모에 경탄했다. 100만 평방피트는 축구장 28개의 넓이를 합친 면적이다. 그는 이 광활한 현장을 보고 환하게 미소를 지으며 이곳에 '남부의 북극'이라고 이름 붙이면서 자신 앞에 모여든 직원들을 산타클로스를 위해 선물을 포장하는 엘프에 빗대어 '잘생긴 엘프들'이라고 치켜세웠다. 소수의 반대론자들이 대통령의 언어 선택에 대해 볼멘소리를 했지만, 그들의 불평은 이내 흥분한 대다수 청중들의 환호성에 묻혀버렸다.[77]

이보다 몇 년 전, 아마존은 댈러스의 포트워스 국제공항과 인접한 텍사스 주 어빙(Irving)에도 이와 유사한 시설을 연 적이 있다. 채터누가와 마찬가지로 댈러스 역시 유통 거점으로서 좋은 위치에 자리 잡고 있다. 댈러스에서 선적하면 트럭을 이용하는 경우 48시간 내에 미국 전체 인구의 35퍼센트에, 기차를 이용하는 경우에는 같은 시간에 전체 인구의 99퍼센트에 도달할 수 있다. 채터누가와 마찬가지로 텍사스도 일자리를 창출하는 문제에 관심이 있었지만 좀 더 통 크게 행동했다. 어빙 시는 전체 2억 6,900만 달러에 달하는 세제 혜택과 다른 특혜 조치를 제공하면서 당시 아마존의 글로벌 고객만족 담당 부사장 데이비드 클락(Dave Clark)이 '훌륭한 일자리(great job)'라고 표현했던 것에 희망을 걸었다. 당시 어빙에 사는 선량한 주민들이 듣지 못했던 내용은 이런 일자리가 항구적인 것인지 여부와 그 일자리가 어떤 것들인가 하는 설명이었다. 하지만 텍사스는 계속 추진했고 아마존은 어빙에 들어왔다.

주지사 릭 페리(Rick Perry) 시절 텍사스는 다른 주보다 훨씬 더 많은 특혜를 제공하면서 일자리를 만들고 있었으며, 그와 관련한 연간 예산이 약 190억 달러나 됐다. 2010년대에 텍사스 주가 제공한 이런 좋은 조건들 덕분에 미국에서 만들어지고 있는 민간 부문의 모든 일자리 중 절반 정도가 텍사스로 몰려들었다. 주지사는 이것을 진정한 업적으로 자랑했지만, 그가 알지 못했던 사실은 텍사스는 빈곤율 역시 매우 높았고 과도할 정도로 많은 텍사스 주민들이 최저임금보다도 적은 보수를 받으면서 일하고 있다는 사실이었다.[78] 이 상황에 대한 원인 중 하나가 많은 텍사스인들이 자신들이 고용돼 있는 것처럼 보이는 회사의 실질적인 '고용인'이 아니었다는 것이다. 이런 면에서 텍사스는 대단히 빠르게 늘어나고 있는 저비용 노동자 집단을 이끌고 있는 셈이었다.

경제 붕괴와 그 뒤를 이은 회복기간 동안 직접고용이 아니라 용역계약 업체에 계약직으로 들어가 일하는 미국인들의 숫자는 1,600만 명으로 늘어났으며, 전체 고용 증가보다 훨씬 빠른 속도로 그 숫자가 증가하고 있었다. 이런 통계는 노동인구로 잡히는 숫자에 정확하게 반영되지는 않는데, 그 시기의 경제 회복기에 임시계약(평균 계약기간 3개월)에 의한 임시직 숫자가 극적으로 증가했다. 우버나 리프트(Lyft)와 같은 노동 형태에 묶여 있는 독립적인 계약노동자들의 수도 마찬가지였다.[79] 이런 '대체적' 일거리에 대한 평균 수입은 통상적으로 시간당 17달러 정도였는데, 미국 전체의 평균시급은 24.57달러였다. 더욱이 이들 중 상당수는 시간제나 비정기적 노동 또는 계절적으로 제한을 받는 기간제 노동자였다.

아마존에서 이런 계약직 임시직원들은 시간당 8달러를 받았고, 여기에서 용역 회사에 지불해야 하는 수송 비용과 수표를 현금으로 바꾸는 비용이 다시 빠져나갔다. 이는 정작 그들이 실제로 집에 들고 들어가는 금액은 법정 최저임금보다 훨씬 낮은 수준일 때도 있었다는 뜻이다. 아마존이 텍사스 주 감사원과 환급된 세금의 지불 문제로 논쟁을 벌이게 되면서 이 모든 사안들이 수면 위로 떠오르자 그들은 아예 근거지를 떠나기로 결정하고 창고를 폐쇄

하면서 보다 우호적인 새로운 장소인 테네시 주 채터누가에 새로 창고를 세웠던 것이다.[80]

채터누가는 아마존을 모셔오기 위해 열심히 일했다.[81] 시의 운영위원회는 투표에서 모두 3,000만 달러에 달하는 특혜 조치를 만장일치로 의결했다. 또한 그 회사에 32만 3,748제곱미터의 토지를 제공하면서 그곳을 정비하는 데 400만 달러를 더 지출했다. 이에 호응해서 아마존은 1,467개의 풀타임 정규직 직원과 2,400개의 기간제 계약직 고용을 약속했다.[82] 영구적인 정규직 직원으로 채용된 운 좋은 사람들은 시간당 11.25달러를 받게 됐지만, 임시직들은 용역 회사들이 제시하는 조건을 따를 수밖에 없었다. 지금도 창고에서의 절도를 방지하기 위해 직원들은 자신들의 근무시간 중 하루에 두 번씩 금속 탐지기를 이용한 검사를 받아야 하는데, 이 또한 시급제인 그들의 보수를 확실하게 줄이는 역할을 하고 있다.[83]

오바마 대통령은 아마존이 채터누가에서 중산층을 위한 좋은 일자리를 다수 만들 수 있으리라고 기대한 것으로 보였지만, 모든 사람들이 그런 식으로 보고 있던 것은 아니었다. 대통령의 연설 기사에 달렸던 댓글 중 하나를 인용해본다.

"스낵 코너에서 건강을 위한 운동의 필요성에 대해 연설하면서, 정작 별로 건강해 보이지 않는 사람들이 거대한 감자칩 봉지들을 카트 안에 던지는 모습을 보고 기특하다는 듯 고개를 끄덕이는 것과 다를 게 뭐가 있을까요."[84]

아마존도 이런 비판을 애써 피하려고 하지는 않는 듯 보인다. 어쨌든 제프 베조스는 회사 전체를 대상으로 이직 희망자들에게 상당 액수의 위로금을 지급하고 있으며, 그가 갖고 있는 자동화 로봇에 대한 집착도 숨기려 하지 않는다.[85] 아마존은 전세계에 10만 대가 넘는 로봇을 물류센터마다 설치해 사람들과 완벽한 공조를 이뤄 일하도록 하고 있는데, 조만간 수만 대를 더 배치할 계획이다. 무엇이 '완벽한 공조'를 이루고 있는지는 명확하지 않지만, 이

로봇들이 각각의 창고마다 1년에 약 2,200만 달러를 절감해주는 것으로 알려져 있다. 알다시피 완전 자동화 시스템을 위한 아마존의 장기 계획에는 드론 및 자율주행 자동차를 이용한 상품 배송도 포함돼 있다. 비록 베조스는 이런 혁신이 일자리를 없애지는 않을 것이라고 주장하고 있으나 이를 진짜라고 믿는 사람은 거의 없을 것이다.[86] 당분간은 아마존이 세계 각지에 새로운 창고들을 계속 오픈하면서 그곳에 모두 10만 명 수준으로 예상되는 새로운 직원들을 고용하기는 하겠지만, 계산해보면 아마존 임금 명단에 올라가는 직원 1명은 그 자리가 풀타임이든 파트타임이든 상관없이 전통적인 기존 업체에서 일하는 사람 2명을 대체하기 때문이다.[87] 경험 많은 IT분석가 팀 린드너(Tim Lindner)가 산업 관련 인사에게 보낸 쪽지에서 털어놓았듯이, 온라인 소매업체의 명백한 목표는 '인간의 일자리를 없애는 것'이기 때문이다. 린드너의 말을 들어보자.

"노동은 물류 작업에서 가장 비용이 많이 들어가는 부문이지.[88] 아마존이 유통센터 내에서 고도로 자동화된 작업을 실행하는 쪽으로 움직이고 있다는 사실은 비밀이 아닐세. 고객들의 주문을 처리하는 데 필요한 노동자의 숫자를 큰 폭으로 줄일 수 있는 새로운 기술도 갖고 있지. 프로그래머들의 오래된 경구 '쓰레기를 입력하면 쓰레기가 나온다(Garbage in, garbage out)'를 자네도 한 번쯤 들어본 적 있을 거야. 주문을 받는 단계에서 인간들의 읽기 능력을 줄이고 쓰레기를 입력하는 문제를 없애버린 자동화 해결책을 발견하는 일이야말로 성배를 찾는 것과 마찬가지라네. 그렇게 되면 아마존은 어마어마한 특권을 갖게 될 거야."

린드너가 인용한 '쓰레기'는 다름 아닌 사람의 '실수'를 말하며, 이를 대체할 수 있는 대안인 '자동화'는 명백히 로봇의 정교함을 의미한다. 하지만 아직까지 로봇은 그가 말한 정교함과는 거리가 멀다. 앞에서 설명했듯이 로봇은 복잡한 품목을 선반에서 집어 드는 것과 같은, 사람에게는 너무 단순한 일을 수행하는 데 아직 어려움을 갖고 있기 때문이다. 실리콘밸리의 사업가이자 컴퓨터공학자 개리 브래드스키(Gary Bradsk)는 구글이 인수한 스타트업 기업 인더스트리얼 퍼셉션(Industrial Perception)의 공동설립자로서, 이 회사는 물건을 트럭에 싣거나 트럭에서 내리는 데 활용할 수 있는 로봇 눈과 로봇 팔을 개발하는 회사다. 아래는 브래드스키가 내게 한 말이다.

"아마존과 모든 인터넷 소매업체에서는 물건을 한 장소에서 다른 장소로 옮기는 데 거의 대부분의 비용이 발생합니다. 아직은 사람을 그 도구로 사용하고 있지만 아시다시피 사람은 무척 비싸지요. 로봇 팔은 그런 비용을 극단적으로 낮춰줍니다. 그들에게는 아주 절실하죠."

보스턴에 본사를 두고 있는 리씽크 로보틱스(Rethink Robotics)에서 개발한 산업용 로봇 소여(Sawyer)는 이런 로봇 팔이 어떻게까지 발전할 수 있는지 보여주는 좋은 사례다. 소여는 로드니 브룩스(Rodney Brooks)가 창조한 회심의 걸작이다. 브룩스는 진공청소기 로봇 룸바(Roomba)와 이라크와 아프가니스탄의 벙커, 9.11사태 이후 뉴욕의 세계무역센터를 청소하는 데 사용한 팩봇(PackBot)의 개발자이기도 하다. 룸바나 팩봇과는 달리 소여는 인간과 무척 비슷해 보인다. 얼굴 대신 동영상이 나오는 평평한 화면이 달려 있고 다리가 있어야 할 자리에 바퀴가 달려 있지만 말이다. 소여는 손쉽게 물건을 움켜쥐고 원숭이 팔처럼 보이는 팔을 움직여서 미리 '프로그래밍된' 일련의 동작을 반복해서 할 수 있는 일이라면 어떤 것도 수행할 수 있다. 소여는 물체를 감지할 수 있으며 인간처럼 빠르고 능숙하게 그 물체를 다룰 수 있는데, 여기에 소요되는 비용은 극히 적다. 전통적인 산업용 로봇들에는 그것들을 작동시킬 코드를 만들고 버그를 잡아내는 데 몸값이 비싼 엔지니어들과 프로그래머들이 필요하지만, 소여의 경우는 고등학교 중퇴자라고 해도 프로그래밍하는 데 5분이면 충분하다. 브룩스는 언젠가 소여가 일을 한다면 시급 4달러 이하의 비용으로 일할 수 있다고 털어놓았다.[89]

일자리와 그 미래에 대한 논의 도중에 로봇이 튀어나왔는데, 자칫하면 이 이야기가 잘못된 가설의 늪으로 빠질 수 있다. 최근까지도 많은 경제학자들은 자동화가 인간 노동자들을 대규모로 영구히 대체할 수 있다는 주장에 회의적이었다. 그동안 인간은 보다 일을 잘할 수 있는 기계에 의해서 지속적으로 대체돼왔긴 하지만 '비교 우위(competitive advantage)'라는 경제 원리에 따라 인간은 기계가 열위에 있는 분야로 옮겨가면서 계속 우위를 유지해왔다. 따라서 이 논리에 따르면 기계는 인간을 대체할 것이 아니라 인간이 보다 덜 위험하고 도전적인 일, 특히 인간을 인간답게 만들 수 있는 일에 집중하도록 인간을 자유롭게 만들어줬던 것이다(그렇게 믿어온 것이다).

2016년 고속도로교통안전국(National Highway Traffic Safety Administration)은 공식적으로 '소프트웨어'를 자가운전을 하는 운전자로 인정했다. 운전을 통해 생계를 유지하는 사람들, 택시, 트럭, 버스의 운전기사와 우버 택시 기사들은 해고 통지를 받은 셈이 됐다. 그런데 비교 우위의 원리를 적용하면 이는 단순히 일자리를 잃는 것이 아니라 새로운 역할을 맡기 위해 해방돼야 한다. 가령 새로운 종류의 엔진을 개발하거나 새로운 형태의 범퍼를 설계하거나, 아니면 오직 인간의 능력에 보다 잘 어울리는 다른 도전과제와 씨름해야 한다. 최근 들어 대부분의 전문가들은 비교 우위의 원리가 인간이 대부분의 작업을 수행하는 데 기계보다 우위를 점하고 있다는 잘못된 전제 위에 세워졌다고 주장한다. 2015년 3월 전세계의 과학자, 엔지니어, 기업 경영자 수십 명이 매사추세츠 주 캠브리지에 모여 '로봇 시대의 광기(Robo Madness)'라는 주제로 열린 컨퍼런스에 참석했다. 이 컨퍼런스의 첫 번째 연사인 민주당 출신의 버지니아 주 상원의원 마크 워너(Mark Warner)는 일자리 창조에 도전하는 문제에 대해 열정적으로 감동적인 연설을 했다. 그가 말하는 일자리 창조에 대한 도전이란 기술적인 변화를 모두 품에 끌어안으면서도 더 많은 사람들에게 보다 튼튼한 경제적인 근거를 마련해주는 작업을 의미했다.

"우리 주에 사는 분들은 담배, 의류, 가구를 만들면서 살아가고 있습니다. 이 분들은 자본주의 틀 안에서 새로운 구조를 필요로 하고 있으며, 자신들이 비용이 아닌 자산으로 취급받는 미래를 그리고 있습니다."

워너 상원의원은 미래가 어떻게 변하게 될지는 아직 알지 못하고, 미래를 예측하는 일 역시 자신의 일은 아니라는 사실을 청중에 환기시켰다. 그가 연단에서 내려오자 공은 로봇공학의 대가인 MIT 컴퓨터공학부 대니얼라 러스(Daniela Rus) 교수에게 넘어갔다.

■ 인공지능과 로봇의 위협 ■

러스는 루마니아에서 어린 시절을 보냈다. 그는 로봇에 대해 환상을 가졌던 시절을 회상하면서 연설을 시작했다. 그는 어릴 적 오후 시간에 재방송되는 고전 TV 프로그램 〈로스트 인 스페이스(Lost in Space)〉를 여러 번 봤는데, 거기에 등장하는 로봇 B-9에 경외감을 갖게 됐다고 말했다. B-9은 초인간적인 힘과 첨단 무기를 장착한 로봇이지만, 감정을 드러내는가 하면 기타를 연주하기도 한다. 그는 로봇들이 머지않아 일상생활의 구성요소로 자리 잡을 것이며 일상생활로부터 떼어낼 수 없게 될 것이라고 강조했다. 그러면서 로봇 메이드의 사례를 들었는데, 이 로봇은 아침에 일어나 커피 또는 오렌지 주스에 대한 주인의 욕구를 감지한다. 그런데 마침 재료가 떨어져 자율주행 자동차를 타고 인근 식품점으로 향한다. 그 상점에는 다른 로봇이 기다리고 있다. 이 대목에서 러스는 물론 사람이 직접 커피나 오렌지 주스를 사러 갈 수는 있겠지만 그렇게 하지는 않을 것이라고 말했다. 왜냐하면 사람이 아니라 로봇이 식품점 카운터를 지키고 있는데, 아무래도 인간과의 상호작용이 거의 없다 보니 인간과의 거래에 서툴고, 그렇기 때문에 인간이 그런 불편을 감수할 동기가 생기지 않는다는 것이다.

러스는 이와 같은 미래를 묘사하면서도 운전으로 생계를 이어가는 수백만 명의 사람들과 스스로 커피나 주스를 꺼내 마시는 수많은 사람들에 대해서는 언급하지 않았다. 게다가 그는 사람들 중 일부 또는 다수가 여전히 자기가 마실 커피나 주스를 구입하면서 카운터에 로봇이 아닌 인간 점원이 서 있고 그 사람과 가벼운 농담을 주고받는 장면의 가능성도 거론하지 않았다. 물론 나는 그럴 줄 알고 있었다. 그는 과학자이며 자기 할 일을 하는 것이다. 그렇지만 회의 도중 잠깐 휴식시간을 가졌을 때 이 사소한 점이 내 마음을 무겁게 짓눌렀다. 그리고 아마도 레오 스프레처(Leo Sprecher)도 나와 비슷했으리라 생각하는데 그럴 만한 이유가 있다. 스프레처는 커피를 마시기 위해 줄을 섰을 때 내 바로 뒤에 서 있던 약간 수수께끼처럼 보였던 인물이다. 그는 자기소개를 하면서 컴퓨터공학 쪽으로 몇 개의 학위를 갖고 있으며, 미세스 버드 치킨 파이(Mrs. Budd's Chicken Pies)에서 최고경영자로 일하고 있다고 했다. 컨퍼런스 장소가 MIT인데다 주제도 로봇공학이라는 점 때문에 나는 '버드 부인의 닭고기 파이'라는 상호명을 뭔가 역설적인 것으로 생각했고, 첨단 기술 스타트업 기업이겠거니 지레짐작했다. 그런데 스프레처의 이야기를 들어보니 그야말로 이름 그대로였다. 호기심이 발동한 나는 나중에 다시 만나 자세히 이야기해달라고 졸랐고 그는 웃으며 기꺼이 승락해줬다.

다음 주 점심시간에 다시 만났을 때 스프레처는 천천히 자기 회사의 작은 시작에 관해 입을 열었다. 그 회사는 어빙 버드(Irving Budd)가 소유했던 뉴햄프셔 주의 작은 닭고기 상점에서 시작됐으며, 시기는 1950년대 초 경제가 잠깐의 불황을 거쳐 막 날아오르던 때였다. 닭고기 판매는 나쁘지 않았지만 개선해야 할 여지가 있었다. 문제는 어떤 방법으로 개선시킬 것인가였는데 버드에게는 별 다른 아이디어가 없었다. 그러던 중 마을을 지나가던 외판원 한 사람이 그에게 전기구이 통닭을 소개했다. 부가가치가 높은 이 메뉴가 이익을 몇 배로 부풀려줄 거라고 장담했다. 버드는 승부를 걸기로 결심하고 전기 구이 통닭을 메뉴에 추가했다.

통닭이 잘 팔리기는 했지만 그 외판원이 장담한 정도까지는 아니었다. 그래서 일과가 끝나면 그날 팔리지 않은 통닭이 몇 마리씩 남았다. 버드는 아까운 마음에 이런 낙오병들을 모아 집으로 갖고 왔는데, 그러면 어머니인 버드 부인이 집안 대대로 내려온 옛날식 요리법으로 닭요리를 만들었다. 이렇게 해서 닭고기 파이의 역사가 시작된 것이었다.

미세스 버드 파이는 '신선한', '얼리지 않은', '가정식'과 같은 컨셉트를 기반으로 고객을 늘려갔다. 현재 이 회사 페이스북 페이지와 웹사이트에 접속하면 버드 부인으로 보이는 여성이 활짝 웃고 있는 로고가 반겨주면서 머리에 위생 그물망을 쓴 채 자랑스러운 미소를 짓고 있는 직원 사진을 볼 수 있다. 옆에 소개문이 있는데, 황금빛으로 빛나는 껍질과 닭고기로 속을 꽉 채운 파이가 담긴 접시를 들어 올리면서 한 입 씹을 때마다 할머니가 만들어줬던 파이 맛이 난다고 설명한다. 그들은 이렇게 광고한다.

"모든 파이가 집에서 만든 것처럼, 왜냐하면 진짜 그러니까요! 우리의 고객인 당신은 버드 부인 가족과 다름없습니다. 당신이 이 파이를 집으로 가져가면 가족의 좋은 추억이 만들어집니다!"

집에서 만든 파이라면 군침부터 흘리고 보는 나는 스프레처가 한 우물을 판 데 대해 칭찬을 늘어놓았다. 그런데 그는 내가 기대한 수줍은 미소를 짓는 게 아니라 한숨을 쉬었다. 그는 자기 커피 잔을 깊이 내려다보면서 이렇게 말했다.

"우리도 자동화 작업에 들어갔어요. 공장에 모두 85명이 일하는데 이제 25명으로 줄이려고 합니다. 어쩌면 그보다 더 많이 줄이게 될 거예요. 만약 생산 현장에서 사람들과 이야기해본 적이 있다면 아실 텐데요, 기계에게는 작업 태도라는 것이 없습니다. 기복도 없고 문제 제기도 하지 않죠. 더구나 요즘 자동화기기는 더 이상 가격이 내려가지 않을 정도로 값이 싸서, 파이 만드는 대용량 기계에 들어가는 비용도 2년 내로 회수할 수 있어요. 고객들은 언제나 싼 가격을 요구하죠. 4인분 파이가 5달러 이하예요. 게다가 주주들은 투자 대비 최대 이윤을 올리라고 압박합니다. 기계를 들이는 것 말고는 다른 대안이 없어요."

나는 공감할 수밖에 없었다. 인간은 복잡한 존재이며 사람을 기계로 대체하는 것이 반드시 나쁜 일인 것만은 아니다. 미세스 버드 파이에서 닭고기 파이를 굽고 있는 행복한 직원들(그들 말대로라면)과는 달리 우리 중 상당수는 자신이 하는 일을 썩 좋아하지 않는다. 인간은 피곤해하고, 배고파하고, 산만해지고, 화를 내기도 하며, 혼란스러워지기도 한다. 또한 인간은 실수를 하고 이따금 대형 사고를 치기도 한다. 기계에게는 우리가 가진 나약함이나 편견이 없으며, 선입견이나 잘못된 추측 없이 공정하게 평가하는 데 훨씬 더 적합하게 만들어졌다. 더욱이 결정적으로 기계는 인간이 하는 것보다 훨씬 더 정확하게 자료를 처리할 수 있고 그 자료는 기하급수적으로 축적돼 기계를 업그레이드시킨다.

매일 1분마다 구글에서는 미국이라는 한 국가에서만 약 3,600만 개의 검색 서비스를 제공한다. 같은 시간 약 1억 개의 스팸 메일이 발송되고, 52만 7,000장의 사진이 올라오며, 날씨 채널에서는 1,800만 개의 일기예보가 방송된다.[90] 어마어마한 데이터다. 이런 데이터 덕분에 남은 건 시간문제일 뿐 그 어떤 것이라도 자동화가 가능하다. 코딩의 경우의 수가 많아지면 많아질수록 로봇 팔은 정교하게 움직인다. 아울러 이와 같은 데이터는 얼마든지 인간의 경험이나 직관을 대체할 수 있다. 온라인 쇼핑몰이나 소셜 미디어 사이트들은 우리의 기호를 '학습해' 그 정보를 체계화함으로써 패턴을 도출하고 행동양식을 분석한다. 이는 반대로 우리의 결정에 영향을 미치고 우리의 행동도 좌우한다. 미래의 일자리에 대한 이런 전조가 무엇을 말해주는 것일까?

이 질문에 대답은 불확실성만큼이나 우리를 더 불안하게 만든다. 몰라서 불안한 것과 알아서 불안한 것 중 어떤 게 더 불안할까?

햄버거를 뒤집는 일에서 체스를 두거나 외과수술을 하는 일에 이르기까지 수많은 작업에서 사람이 하는 것을 훨씬 뛰어넘는 기계들에 대한 사례는 이미 너무 흔해서 미디어도 잘 보도하지 않는다. 그런데 모든 측면에서 이런 경우는 앞으로 거세게 밀어닥칠 파도에 비하면 시작에 불과하다. 미국첨단과학협회(American Association for the Advancement of Science)에서 이와 같은 문제에 초점을 맞춰 회의가 열린 적이 있다. 그때 나는 컴퓨터공학자 모쉐 바르디(Moshe Vardi)에게 많은 경제학자들과 정치인들이 다가오고 있는 위협을 제대로 파악하지 못하고 있는 이유에 대해 물어봤다. 그는 이렇게 답변했다.

"둔감한 거죠. 아니, 사실 2009년까지는 진정한 위협이 없어서 그랬을 겁니다. 그 시기부터 극적인 변화가 일어났죠. 축적된 데이터가 작동하기 시작했다고 할까요. 이때부터 컴퓨터들이 보고 듣는 능력을 갖추기 시작했습니다. 안면 인식 능력도 인간보다 뛰어납니다. 기계들이 불과 몇 년 전보다 훨씬 더 인간 세계를 잘 이해하게 된 것입니다. 게다가 기술의 발달로 인간 두뇌에서 모델링할 수 없는 부분이 이제는 없습니다. 우리는 현재 인류 역사상 유례가 없었던 순간에 서 있는 겁니다. 거대한 변화의 꼭짓점에 앉아 있는 셈이죠."

눈치 챘겠지만 이런 변화를 상징하는 놀라운 사건이 2016년 3월에 일어났다. 구글에서 개발한 인공지능 프로그램 알파고(AlphaGo)가 바둑에서 세계 최고의 프로 바둑기사 이세돌을 상대로 승리를 거둔 것이다. 바둑은 사람들의 의표를 찌르는 복잡성으로 악명이 높은 게임이며, 기계가 절대로 사람을 이길 수 없다고 믿어 의심치 않았던 분야다. 바둑에는 매 판마다 가능한 돌의 움직임이 1만 360가지가 있다. 상상하기 어려운 어마어마한 경우의 수이기 때문에 매번 돌이 놓이는 곳을 정확하게 분석한다는 건 거의 비현실적이다.

이런 복잡성 때문에 바둑은 체스보다 훨씬 더 예측이 불가능하다. 확률을 계산하기보다는 바둑판을 들여다보면서 의식적이건 무의식적이건 확률을 감지해내야 하기 때문이다. 그런데 알파고가 이겼다는 것은 알파고가 수집한 데이터가 충분해졌다는 뜻이다.

알파고는 인간 두뇌가 수행하는 작업과 비슷한 일을 하기 위해 신경 네트워크라고 부르는 것과 유사한 과정을 거쳤다. 생물학적인 유기 시스템에서 신경세포들이 작동하는 과정의 수학적 버전이라고 보면 된다. 인간 두뇌와 마찬가지로 알파고 역시 무한한 학습 능력을 갖고 있다. 이 학습은 인간 바둑기사들이 하는 게임을 관찰하기만 하는 것으로 이뤄지는 형태가 아니었다. 알파고는 축적된 경우의 수를 이용해 스스로 수백만 번의 가상 게임을 먼저 수행한 뒤 최종적으로 바둑알이 놓일 위치를 선정하도록 프로그래밍돼 있었다.[91] 달리 말하자면 알파고는 우리가 앞에서 디지털 시대에 결정적으로 요구될 능력으로 꼽았던 분석능력을 갖고 있는 것으로 보인다. 이는 이제 기계들이 시각화하고, 말을 하고, 개념화할 수 있는 능력과 더불어 정보를 인지해 결정을 내림으로써 문제를 해결할 수 있는 능력을 갖췄다는 사실을 의미한다. 데이터는 계속 업데이트되므로 이 능력은 점점 더 개선되고 발전될 것이다.

알파고는 과학자들이 이런 방면에서 시행되는 일련의 연구를 통해 성취하고자 하는 하나의 사례일 뿐이다. 크고 작은 수많은 기업들이 이 분야를 연구하고 있으며 결과도 도출하고 있다. IT 분야의 거인인 IBM은 공식적으로 이런 논평을 내놓은 바 있다.

"향후 5년 이내에 실용성을 학습한 기계들이 인간 능력을 증폭시키는 새로운 돌파구를 마련해줄 것입니다.[92] 우리가 옳은 결정을 내릴 수 있도록 보조해주고, 우리를 보살펴주며, 우리가 힘차게 세상을 헤쳐나갈 수 있도록 도와줄 것입니다."

IBM은 인공지능 기계들이 활용되는 시기가 무르익은 분야로 5가지를 꼽왔다. 의학, 교육, 소매업, 온라인 보안 그리고 '지각이 있는 도시(sentient cities)'가 그것이다. 표면적으로 보면 이 도시는 그곳에 살고 있는 주민들이 미처 깨닫기도 전에 새로운 기술을 통해서 그들이 원하고 그들에게 필요한 것을 미리 파악한다. 여기에는 엄청나게 넓은 범주에 속하는 직업군에서 셀 수 없을 정도의 많은 일자리가 포함돼 있다. IBM은 이런 노력을 하고 있는 수백 개의 기업들 중 하나일 뿐이며, 그런 기업들의 대부분은 이 분야에 새로 진입했거나 진입한 지 얼마 되지 않은 곳들이다. 몇 년 전까지만 해도 전세계에서 단지 4개의 연구소만이 인공신경 네트워크를 개발하고 있었다. 오늘날 이 분야는 컴퓨터 과학의 연구 분야 가운데 가장 경쟁이 치열하다. 그렇지만 이를 위해 실제로 고용돼 일하고 있는 사람들의 숫자는 얼마 되지 않는다. 2018년 봄 IBM은 미국에서만 수천 명의 인력을 정리해고했는데, 그들은 대부분 고등 교육을 받은 사람들이며 학습형 기계와 인공지능 분야의 전문가들이었다.

바트 셀먼(Bart Selman)은 코넬대학교의 컴퓨터공학자이자 '지식 표현(knowledge representation)' 분야의 전문가다. 지식 표현은 실제 세상을 컴퓨터가 이해하고 활용해 행동할 수 있는 언어로 전환시켜주는 작업을 말한다. 그는 컴퓨터가 아직까지는 인간의 모든 능력을 갖지 못한 상태라고 설명하면서, '상식'이 결여돼 있거나 언어의 깊은 뜻을 알아채지 못한다는 사실을 예로 들었다. 하지만 그는 이제 막 변화가 시작됐다고 말한다. 어차피 관건은 데이터니까.

"인공지능 관련자들은 인공지능 기계들이 15년에서 20년 사이에 인간 지능과 맞먹는 수준에 이를 것으로 확신하고 있습니다."

그리고 의학 분야를 예로 들어 이렇게 설명했다.

"의사들은 근무시간 중 99퍼센트를 일상적인 업무만 합니다. 그야말로 지독하게 일상적인 것이죠. 그것들은 전부 대체 가능합니다. 또한 그들에게 일상적이지 않은 1퍼센트 역시 언젠가 모두 기계로 대체할 수 있습니다. 이미 기계는 진단 분야에서 인간보다 우수합니다. 그리고 머지않아 의사들에 대해 더욱 많이 알게 되겠죠. 의사들은 여기에 반발하고 있는데, 기계가 자신들의 일을 접수하는 것을 절대로 용납하지 않으려고 할 것입니다. 당연히 이해합니다. 하지만 앞으로 10년 아니면 15년 이내에 의사라는 직업은 대부분 사라지게 될 겁니다."

지나치게 극단적인 견해로 들릴지 모르지만 셀먼 교수 한 사람만 이런 이야기를 하는 게 아니다. 나와 인터뷰했던 또 다른 컴퓨터공학자들은 의학 분야에서 '당분간은' 결정적인 의사결정을 할 때 인간의 판단이 여전히 핵심적일 것이라는 사실에 동의한다. 그렇지만 이와 더불어 이 분야의 자동화가 양질의 진료, 수월한 접근성, 낮은 의료비용을 제공하게 될 것이며, 이는 결국 의사들 일부 또는 대부분의 역할을 없애버릴 것이라는 사실에도 의견을 함께했다. 자본주의 시장 논리에 따라 로봇이 완벽할 필요까지는 없으며, 복잡하고 비용이 많이 들어가는 인간과 같거나 약간 더 나은 수준이면 대체가 가능하다는 것이다. 민감한 이야기지만 사실 미국 국민의 사망 원인 가운데 세 번째로 높은 것이 심장질환 또는 암 발병 이후 의사의 '실수'인 것을 감안한다면, 로봇은 꽤 합리적이고 아마도 사람들이 더 선호할 수 있는 대안으로 보인다.[93] 어찌됐건 실수는 인간만 하는 것이기 때문이다.

■ 임금이 높을수록 자동화되기 쉽다 ■

기계공학자 호드 립슨(Hod Lipson)은 컬럼비아대학교의 창의적 기계 연구소(Creative Machines Lab)를 이끌고 있는데, 그와 그의 학생들은 기계들을 보다 사색적이고, 호기심 많고, 창의적이 되도록 훈련시키고 있다. 여기에는 부엌일도 포함돼 있다. 우리가 대화하는 동안 그는 난잡하게 널려 있는 반죽, 젤, 가루, 액체 재료들을 예쁘고 맛있는 먹거리로 혼합해 만들어낼 소프트웨어가 탑재된 기계에 대한 마지막 점검 작업을 수행하고 있었다. 그 기계는 한눈에 봐도 별 3개를 받은 미슐랭 요리사와 경쟁할 정도의 수준이었다. 이 기계가 버드 부인의 파이를 만들 수 있다는 것은 확실했으며, 그렇게 되면 스프레처는 그의 직원들을 기술자 두어 명 만 남기든지 아니면 아예 없는 상태까지 줄이는 것도 가능할 것이다. 내가 이런 생각을 립슨에게 말하자 그는 난감하다는 듯 웃었다. 그는 자신과 같은 과학자나 엔지니어들은 모든 어려운 작업을 자동화시키려는 강박증을 갖고 있다고 고백했다. 그것이 자신들의 일이라는 것이었다. 그는 공학이 추구하는 모든 목표는 고된 작업을 줄이고 생산성을 올리는 데 있는데, 과거에는 거의 언제나 이것이 옳은 일이었고 좋은 일이었다고 확신했지만 이제는 심경이 복잡해졌다고 말했다.

나와 대화를 나눴던 전문가들 대부분의 생각도 마찬가지였다. 우리 모두 도서관 사서라든가 자료검색 전문가처럼 '지식'을 요하지만 '반복적'인 일들, 특히 한때는 높은 임금을 줘야 했던 일자리는 자동화의 위협을 받고 있지만, 의사결정 과정이 필요하고 매 업무마다 전혀 다르게 접근해야 하는 이른바 '창의적' 일자리는 가까운 미래에 여전히 인간의 영역으로 남아 있을 것으로 확신했다. 그러나 내가 수십 명의 컴퓨터공학자, 엔지니어, 경제학자들과 만나 이야기를 들어본 결과 복잡하지 않은 일자리들만이 위험에 당면해 있는 것은 아니었다. 경우에 따라서는 가장 복잡한 작업을 하는 일자리 역시 자동화될 위험성에 노출돼 있었다.

예를 들면 패스트푸드 식당 체인들은 버거를 만들 때 자동으로 패티를 뒤집는 기계들을 이미 오래 전에 사용할 수 있었는데도 도입을 별로 서두르고 있지 않다. 그 이유는 간단했다. 패티를 뒤집는 일은 정말 아무나 할 수 있는 쉬운 작업이며, 강력한 노조가 뒷받침해주지 않는 이상 이런 일에서 고임금을 받아야 일하겠다는 사람들은 없기 때문이다. 그래서 초기 비용을 감수하고 기계를 들여놓을 필요성을 못 느꼈다. 하지만 심장 수술을 한다든지, 변호사로서 이혼소송을 담당한다든지, 금융 전문가로서 재정적인 충고를 한다든지, 건축을 설계한다든지, 자동차를 디자인하는 사람들에 대해서는 위와 같은 말을 할 수 없다. 이런 일들이나 다른 복잡한 일을 하며 높은 임금을 받는 일자리의 경우 그들의 높은 임금을 상쇄시킬 수 있는 기계가 있다면 비용은 금세 회수할 수 있기 때문에 도입하지 않을 이유가 없는 것이다.

우리는 일반적으로 임금이 낮으면서 반복적으로 단순한 작업을 하는 일자리들만이 자동화에 취약한 것으로 생각하지만, 그런 믿음은 과학자들이나 기술자들이 예견하는 것과 일치하지 않는다. 현실에서 벌어지고 있는 상황 역시 그렇지 않다는 사실을 말해준다. 현재 미국에서 일어나고 있는 최저임금 시급 15달러 운동과 같이 사람들이 노동환경을 개선시키고자 움직이면 고용주들은 노동자를 기계로 대체하겠다고 위협한다. 그들이 그렇게 할 수 있다는 것도 명백한 사실이다. 립슨은 내게 이렇게 말했다.

"자동화와 인공지능이 우리의 일자리를 모두 집어삼킬 겁니다. 그래요, 거의 모두라고 합시다. 우리가 살아있는 동안은 아니겠지만, 우리 손자들의 시대에는 확실히 그렇게 될 겁니다. 어떻게 하면 일자리가 없는 미래에 들어선 사람들을 지킬 수 있을까요? 우리가 하고 있는 모든 일이 사람들의 삶에서 의미를 빼앗는 작업인가요? 이는 모든 엔지니어들에게 새롭게 부여된 커다란 도전과제이지만, 우리는 아직까지 그 문제를 모두 파악하지 못했습니다. 인류 역사상 전적으로 새로운 상황인데, 거기에 대한 준비를 조금도 하지 못한 겁니다. 하지만 과학자들과 엔지니어들에게 윤리를 강요할 수 있나요? 우리의 일은 그런 게 아닙니다. 내가 내 무덤을 파는 연구일지도 모르죠. 확실히 그럴 수도 있습니다. 배터리 닳는 것이 아까워 휴대폰을 보관만 하고 있을 수 없듯이 두려운 결과가 보인다고 해서 아무것도 하지 않을 수는 없습니다.

물론 더 잘 준비하면 될 수도 있겠지요. 그래도 그건 대답이 될 수 없어요. 우리가 만든 기계 때문에 정작 우리가 일자리를 잃을 수 있습니다. 우리도 그 사실을 알고 있죠. 우리가 하는 일을 기계가 공짜로 해줄 텐데 누가 우리에게 월급을 주겠습니까? 물론 우리 중에서 극히 일부는 계속 그런 기계를 만들거나 코드를 입력하거나 아니면 더 커다란 것들을 생각하겠지요. 그렇지만 냉정하게 상황을 직시해야 합니다. 될 것은 될 테니까요."

제4장

디지털 시대, 앱으로 먹고살기

나는 기업을 시작하고 키워나가는 데 엄청난 근성이 필요하다는 사실을 알고 있으며 미지의 것을 대면할 때에는 결단력이 필요하다는 사실도 알고 있다. 또한 나는 그런 위험을 감수하는 것이 이 나라와 세계를 보다 나은 곳으로 만든다는 사실도 알고 있다. [94]

_도널드 트럼프(Donald Trump)

■ 구글 같은 거대 기업의 빈약한 고용 ■

MIT 내에 있는 구글의 이른바 '연계 캠퍼스(connected campus)'는 채식주의 샌드위치 맛집 뒤쪽에 숨어 있는 사무실 건물에 걸쳐서 넓게 퍼져 있다. 이곳은 놀라울 정도로 찾기 어려운 곳이라, 방문한 적이 있는 사람들도 한두 번 지나친 다음 지나가는 사람들에게 위치를 물어보고 나서야 제대로 찾아 들어가곤 하는데, 묵시적으로 상징하는 바가 있는 것 같기도 하다. 구글은 세계에서 가장 잘 알려진 브랜드지만 굳이 이를 자랑스럽게 알릴 필요는 없는 회사다. 특히 인재들을 모으는 문제에서는 틀림없는 사실이다. 구글은 마치 전 세계의 뛰어난 젊은이들에게는 꿈의 직장인 것처럼 보인다. [95] 최근 설문조사에 따르면 미국의 대학 졸업생들 5명 중 1명이 들어가고 싶은 회사로 구글을 꼽았다. 전세계 대학 졸업예정자들을 대상으로 한 조사에서도 결과는 비슷했다. 구글 근처까지라도 간 회사는 없다.

또한 구글은 애플에 이어 세계에서 두 번째로 가치 있는 상표다.[96] 이 회사는 너무나 광범위한 분야와 수많은 곳에 투자를 하고 있어서 직원들조차 파악하기 어려워한다. 웹브라우저 크롬(Chrome), 스마트폰 구동 시스템 안드로이드(Android), 클라우드 컴퓨팅 플랫폼 구글 클라우드 플랫폼(Google Cloud Platform), 비디오 공유 플랫폼 유튜브(YouTube), 지도 서비스 구글 맵(Google Maps), 전자우편 서비스 지메일(Gmail), 웹 기반 문서 작성 서비스 구글 독스(Google Docs) 등 다양한 온라인 서비스를 운영한다. 구글의 모회사라고 할 수 있는 알파벳(Alphabet)은 자율주행 자동차 분야에서 강력한 존재이며 알파벳의 주요 투자를 담당하는 지브이(GV)는 300개의 다른 회사에 지분을 투자해놓고 있는데 여기에 우버도 있다. 이 모든 것들이 아연실색할 정도로 놀랍지만 이게 전부가 아니다. 구글이 올리고 있는 어마어마한 수익 중에서 가장 중요한 부분이 빠져 있기 때문이다.

구글은 수익의 약 90퍼센트 정도를 광고로부터 얻고 있으며, 그중에서 약 75퍼센트는 운영하고 있는 자체의 웹사이트들로부터 들어온다. 이런 형태의 수익구조는 상대적으로 적은 수의 사람들에게 보수를 지급해도 큰 문제 없이 운영된다는 것을 의미한다. 하지만 구글로부터 충성스러운 투자자들이 빠져나가지 않도록 만들고 있는 요인은 투자처의 화려한 면면이나 놀라운 수익성이 아니다. 구글을 통해 구글이라는 회사에 대해 검색해보면 기대에 어긋나지 않게 마치 장난감이나 갖가지 맛있는 간식거리가 쭉 나열된 것과 같은 요소들로 채워져 있다.

더욱이 별로 기대하지 않았던 것들도 나오는데, 이를테면 이 회사의 마케팅 부장 션 오클랜드(Shawn Aukland)가 런던 구글의 식당에서 자신의 남자친구이자 회사 동료인 마이클(Michael)에게 청혼하는 사진과 같은 것들이다. 그들 주위를 구글의 아카펠라 그룹이 둘러싸고 브루노 마스(Bruno Mars)가 발표했던 히트곡 〈당신과 결혼하고 싶은 것 같아요(I Think I Want to Marry You)〉를 불러주고 있다. 모든 사람들이 이런 경험에 기분이 좋아지는 것은 아니겠지만, 전세계 수많은 사람들이 구글 사원증을 목표로 하고 있다. 놀라운 사실은 이런 희망을 갖고 있는 사람들이 본무대까지 올라갈 가능성이다. 구글에는 매년 300만 명 정도의 지원자들이 몰려들고 있지만, 비율로 환산했을 때 428명 중에서 단 1명만이 일자리를 얻는 데 성공한다. 경쟁이라는 측면에서 보면 하버드대학교 입학률보다도 훨씬 높다. 하버드는 대략 14명의 지원자들중에서 1명 정도가 합격한다.[97]

앤드류 맥아피(Andrew McAfee)는 《제2의 기계 시대(Second Machine Age)》의 공동저자이며 MIT 슬론 경영대학원 디지털 비즈니스 센터에서 선임연구원으로 일하는 학자다. 앞서 말한 모든 것들의 의미에 대해 그와 이야기를 나누기 위해 만난 장소는 리갈 씨푸드(Legal Seafoods)라는 인기 있는 식당이었는데, 이 식당은 구글의 케임브리지 캠퍼스에서 몇 발자국 정도 떨어진 곳에 있다.[98] 그때 맥아피는 뭔가에 빠져든 사내아이처럼 보였는데, 그 역시 구글을 꿈꾸고 있는 듯했다. 어떤 면에서는 정말 그랬다. 맥아피는 이메일을 확인하면서 동시에 게살 케이크 샌드위치를 주문했고, 그 와중에 펜을 들고 냅킨에다 4개의 단어를 써내려갔다. 아마존, 애플, 페이스북, 구글이었다.

2016년 여름, 그가 '묵시록의 네 기사'라고 부르는 이 기업들의 주식 시가 총액은 1조 8,000억 달러를 넘어서고 있었으며, 이는 인도의 GDP 규모와 거의 비슷한 수준이었다. 인도는 12억 5,000만 명이 넘는 사람들이 살고 있는 나라다. 다시 2016년 여름, 이 네 기사들이 고용한 미국 내 직원들의 숫자는 모두 합쳐서 40만 명이 채 안 됐는데, 애플의 판매 대리점이나 아마존의 물류창고 일자리도 모두 포함한 수치다.[99] 참고로 아마존은 직전에 홀푸드를 사들였다. 물론 여기에도 대부분 물류창고에서 일하는 약 10만 명의 직원들이 있으며 2018년까지는 이 수준을 유지할 것이라고 주장했다. 맥아피는 내게 이렇게 말했다.

"이 정도는 우리가 적절한 고용률을 유지하기 위해 필요한 신규 일자리 수 3개월분에도 미치지 못하는 수준이에요."

그는 이 네 회사들이 자본과 대중들의 관심을 모으는 데는 대단히 큰 성공을 거둔 반면 일자리 창출이라는 측면에서 보면 그 어떤 곳도 크로거(Kroger), 홈데포, HP, GE, IBM, 월마트와 같은 전통 있는 회사들에 미치지 못한다고 지적했다.[100]

맥아피는 테크놀로지의 열정적 지지자로 기술을 습관처럼 '풍요로움의 창조자'라고 부른다. 이는 그에게는 딱 들어맞는 말이고 바로 옆에 있는 구글 사무실에 앉아서 컴퓨터를 두드리며 스낵을 먹고 있는 구글 직원들에게도 딱 들어맞는 말이다. 또한 그는 우리 모두에게도 들어맞는다고 주장하는데, 인스타그램과 페이스북, 스냅챗, 유튜브, 트위터, 그리고 물론 구글 검색 엔진까지 모두 맥아피가 '포상금(bounty)'이라고 부르는 곳들의 일부다. 하지만 그도 이런 포상금이 상대적으로 적은 인원의 임금 노동자들의 노력을 통해 만들어진다는 사실은 인지하고 있었다. 그것이 디지털 시대의 괴물들이 가진 속성이라고도 말했다.

"우리가 지금 마주한 상황은 일할 필요가 없는데도 믿을 수 없을 정도로 부유해지는 경제인데, 이게 산업 시대에 생각했던 바로 그런 모습입니다."

■ 디지털 시대의 고용문제는 누가 해결할 것인가 ■

변화하는 일자리에 대한 우리의 생각은 어떤 것일까? 이를 위해 2개의 회사를 예로 들어보자. 디지털 시대의 소산 인스타그램과 산업 시대 후반부의 총아였던 이스트먼 코닥(Eastman Kodak)이다. 인스타그램의 공동창업자 마이크 크리거(Mike Krieger)와 케빈 시스트롬(Kevin Systrom)은 샌프란시스코의 작은 공간에 젊은 엔지니어와 마케팅 전문가 몇 명을 모아서 시작한 회사로, 단 하나의 앱을 개발해 시장에 내놓아 수천만 명의 사람들이 수십억 장의 사진을 공유하도록 만들었다. 코닥은 조지 이스트먼(George Eastman)이 설립한 기업이다. 하나의 산업단지 내에 14만 5,000명에 달하는 사람들을 모아 상징적인 공장을 지었는데, 이 공장은 전성기 미국의 사진용 필름 수요의 90퍼센트, 카메라 중에서는 85퍼센트를 공급했다. 인스타그램은 페이스북에 10억 달러로 매각되면서 10명이 약간 넘는 벼락 백만장자들을 만들어냈다. 인스타그램이 페이스북에 합병되기 몇 달 전에는 132년의 유구한 역사를 갖고 있었고 11만 개의 특허를 보유하고 있던 코닥이 파산을 선언함으로써 수백 명 남은 충성스러운 직원들을 곤경으로 내몰았다.

코닥의 시대에는 생산성, 고용, 평균 임금이 마치 한 몸인 것처럼 상승했다. 회사 창업자인 조지 이스트먼은 회사의 직원들에게 책임감을 갖고 있었으며, 그 자신과 직원들 대부분이 살고 있던 뉴욕 주 로체스터라는 도시에 대해서도 마찬가지였다. 시대를 통틀어 가장 관대한 사업가 중 한 사람으로 꼽히는 이스트먼은 MIT와 터스키기전문학교(Tuskegee Institute)에 전례가 없던 금액을 기부했다. 자신의 고향에 있는 수많은 단체들, 이를테면 로체스터대학교와 여러 곳의 종합병원과 치과병원, 오케스트라 연주회장, 음악학교 등에도 기부했고, 직원들에게는 수백만 달러 가치의 주식을 공여하기도 했다. 그는 한 동료에게 보낸 편지에서 이런 말을 적었다.

"나는 로체스터가 내가 모아놓은 수만 명의 사람들이 살아가고 가정을 꾸리는 데 지구상에서 가장 좋은 장소가 되기를 바라고 있어."

오늘날에는 이런 식의 기부를 유발할 만한 동기가 훨씬 적다. 인터넷으로 지리적 경계가 허물어졌고, 성공한 기업인들 가운데 많은 수가 여전히 자선가이긴 하지만 자기 직원들이 고용주에게 요구하는 수준이나 지역사회에서 기대하는 충성심의 정도가 세계적으로 훨씬 낮아졌기 때문이다.

조지 이스트먼의 시대에는 직원들이나 시민들에게 끼치는 혁신의 충격이 무척 명확했다. 이스트먼 코닥도 큰 역할을 했던 혁신 덕분에 거의 모든 사람들이 카메라를 사용할 줄 알게 됐으며, 카메라와 필름을 만들어 팔고 수송하는 데 엄청난 수의 좋은 일자리들이 생겨났다. 그 일자리 덕분에 카메라를 구입할 수 있는 사람들의 숫자도 늘었다.

이와는 대조적으로 디지털 시대에는 어떤 관찰자가 이름을 붙인 대로 혁신에 대한 주관적인 경험과 그 혁신이 실제로 경제에 미친 영향에 대한 주관적인 판단 사이에 '엄청난 규모의 불일치'가 생기고 있다.[101] 이 말은 우리가 소비자인가 판매자인가 하는 입장 차이에 따라 혁신의 결과가 전혀 다른 영향을 미친다는 의미다. 소비자의 입장이라면 수억의 고용주들이 맥아피가 '풍요로움'이라고 부르는 것을 거둬들였다. 하지만 판매자의 입장이라면 별로 얻는 것은 없다. 맥아피는 이와 관련해 다음과 같이 말했다.

"미국은 풍요로움을 만들어내는 데에는 탁월합니다. 그런데 거기에 우리가 얹혀가는 길은 단 하나밖에 없어요. 노동력을 제공하는 것뿐이죠. 모든 사람들이 그렇게 할 수는 없습니다. 이것이 사소한 문제일까요? 절대로 그렇지 않죠. 하지만 그렇다고 이 문제를 해결하는 게 내가 할 일도 아닙니다."

디지털 시대의 일자리 문제가 정치적 대표자들이나 경제 분야의 두뇌들이 해결해야 하는 문제가 아니라면 도대체 그 일은 누가 해야 하는 일인가? 복도를 사이에 두고 나란히 앉아 있는 양쪽 진영의 정치인들이나 석학들은 기업가들을 신뢰하는 경향이 있다. 2016년 스탠퍼드대학교에서 개최된 세계기업가회의(Global Entrepreneurial Summit)에서 당시 오바마 미국 대통령은 기업가들의 활동에 대해 이렇게 평가했다.[102]

"기업은 성장의 엔진입니다. 임금 수준이 좋은 일자리를 만들어내고 이를 통해 경제를 번영의 길로 이끌어 우리 모두 함께 힘을 모아 당면한 문제들과 씨름할 수 있는 힘을 제공해주고 있습니다."

이때 대통령 후보로 나섰던 힐러리 클린턴(Hillary Clinton)은 대학을 졸업해 곧바로 회사를 차리거나 스타트업 기업에 합류하는 졸업생들에 대해 학자금 상환을 유예하는 조치를 강구하겠다고 약속했다. 현 도널드 트럼프 대통령은 기업가정신의 숭배자라는 사실을 공공연하게 드러냈는데, 당시 이 전략은 수백 수천만 유권자들에게 크게 어필했다.

사실 미국은 전반적으로 새로운 사업 기회를 만들기 위해 도박을 거는 위험을 감수하는 사람들을 무척 선호하는 편이다. 유럽은 학생들에게 시인이나 철학자들을 존경하도록 가르치지만, 미국의 학생들은 스티브 잡스, 빌 게이츠, 일론 머스크와 같은 기업가들을 떠받들도록 교육받는다. 사업의 영웅들이라는 말 그 자체가 지극히 미국적인 표현이다. 산업계에서 영웅은 일반적으로 '혁신가(innovator)'를 의미한다. 그 혁신이 우리의 미래를 위해 개인적 측면에서든 사회적 측면에서든 무엇을 준비해줄 수 있는지 상관없이 말이다. 그래서 여전히 남아 있는 질문은 '누구를 위한 어떤 혁신'인 것이다.

하버드대학교 경제학자였던 조지프 슘페터(Joseph Schumpeter)가 혁신이 새로운 기술이나 사업, 일자리를 만들면서 동시에 과거의 것들을 없애버리는 것을 설명하기 위해서 만들어낸 용어가 바로 '창조적 파괴(creative destruction)'였다. 여기에 대한 고전적 사례는 앞에서도 언급한 자동차였는데, 자동차는 공장 노동자, 관리자, 엔지니어, 디자이너, 마케팅 전문가, 판매원 등 다양한 부문에서 엄청난 숫자의 새로운 일자리를 창출했으나 이와 동시에 편자를 만드는 대장장이나 마구 생산자와 같은 오래된 일자리를 사라지게 만들었다. 이런 상황은 수많은 혁신 과정에서 반복됐다. 1950년에 사망한 슘페터는 혁신이 자본주의와 경제성장을 주도하는 힘이며, 이런 혁신들을 상업화시키는 기업가들도 마찬가지라고 주장했다. 그는 자신의 저서 《자본주의, 사회주의 그리고 민주주의(Capitalism, Socialism and Democracy)》

에 있는 구절을 소개했다.

"외국에서건 국내에서건 간에 새로운 시장을 여는 일, 공예품 상점에서 US 스틸(US Steel)과 같은 회사로 변화하는 조직적인 발전은 모두 동일한 산업적 변이 과정을 나타내고 있다. 이를 생물학적인 어휘를 사용해 설명하면, 경제 구조는 내부로부터 끊임없이 예전의 것들을 파괴하면서 끊임없이 새로운 것들을 만드는 끊임없는 변혁이다. 이런 '창조적 파괴'의 과정이야말로 자본주의의 핵심적인 요소다."

■ 스타트업이 살아야 일자리가 많아진다는 논리 ■

새롭고 혁신적인 회사들이 일자리의 창출에 크게 기여하고 있다는 슘페터의 주장은 경제학적인 사고에 새로운 방향을 제시했다. MIT의 고문이자 연구원이었던 데이비드 버치(David Birch)의 연구 역시 그중 하나였다. 1979년 발행된 52쪽의 짧은 보고서 〈일자리 창출 과정(Job Generation Process)〉을 통해 버치는 500명 이상의 직원을 보유한 기존 회사들이 새로운 일자리 중에서 겨우 15퍼센트만을 창출하는 것에 반해, 20명 이하의 직원을 가진 회사들은 10개의 일자리 중에서 6개를 만들어내고 있으며, 이런 회사들 대부분은 새로 설립된 기업이라고 평가했다.[103] 훗날 그는 이 보고서를 업데이트해 새로 설립된 작은 회사들이 10개의 일자리 중에서 무려 8개를 만들어내고 있다는 충격적인 주장을 뒷받침하는 수치를 제시했다.[104]

작은 신규 기업들이 새로운 일자리의 가장 큰 부분을 차지한다는 버치의 주장은 현재까지도 다윗과 골리앗의 싸움으로 해석되고 있다. 일반 대중의 상상력을 붙잡고 그 상상에 대한 정책 결정자들의 동의까지 얻어냈다. 정부의 개입이나 노조의 참견이 없다면 자신만만하고 기꺼이 위험을 감수하는 기업가는 일자리 창출을 통해서 국가를 유지하고 성장시켜나간다는 생각은 한때 대단한 설득력을 갖고 있었기 때문에, 진보주의자들과 보수주의자들 양쪽 진영 모두에게 널리 받아들여져 각종 규제가 철폐되는 계기가 됐다. 갑자기 중소기업이 더 이상 단순히 '부부가 경영하는' 시대착오적인 것이 아니라 진정한 일자리를 창출하는 기관이 된 것이다.[105] 그리고 정치권은 이렇게 일자리를 많이 만들어주고 있는 사람들에게는 근본적인 규제 철폐가 필요하고 납세자들의 지원을 받기에 마땅하다는 데 동의했다.

그로부터 20년 후인 2010년 유잉 매리언 카우프만 재단(Ewing Marion Kauffman Foundation)은 이런 견해를 보완하는 연구결과를 발표했다. 널리 인용되고 있는 이 연구에서 카우프만 재단 소속의 경제학자 팀 케인(Tim Kane)은 1977년부터 2005년 사이 기존 회사들은 순수하게 일자리를 줄이는 역할만 했는데, 미국 내에서 1년에 약 100만 개 정도의 일자리를 없앴다. 이 회사들이 고용하는 인원보다 해고하는 인원이 100만 명 정도 많았다는 것이다. 반면 그의 계산에 따르면 스타트업 기업들은 연평균 약 300만 개의 일자리를 만들어냈다.[106] 다음은 케인의 천둥 같은 결론이다.

"일자리 창출에 관한 한 스타트업 기업들이 전부이자 유일한 대안이다."

어떻게 오직 스타트업 기업만이 일자리를 만들고 있는 게 가능할까? 많은 분석가들이 당혹스러워하면서 머리만 긁적였던 반면 케인보고서의 영향력은 과장 없이 거의 절대적이었다. 카우프만 재단은 민주·공화 양당이 제휴해 스타트업 법률(Startup Acts) 2.0과 3.0을 제정할 것을 강력하게 촉구했다. 이 법령의 목적은 개인적인 스타트업 투자자들에 대해 자본소득세를 면제해주고, 다른 규제들을 완화하며, 외국의 기업가들이 미국 비자를 보다 쉽게 얻을 수 있도록 하는 것이었다. 이 재단은 신규로 시작하는 사업들에 대한 규제를 줄이기 위해 2012년 '신규 기업 활성화법(Jump start Our Business Startups, JOBS)'이 제정될 때에도 그 배후에서 활약했다. 그리고 트럼프 행정부에서 줄곧 시행되고 있는 각종 세금감면 조치의 가장 중요한 근거가 있는데, 기업과 부자들에 부과되는 세금을 줄이는 조치는 일자리를 창출할 수 있는 기업 활동에 활기를 불어넣는 것이라는 주장이다.

이와 관련된 문제는 기업가들의 활동과 일자리 창출은 정책 결정자들이 주장하는 것보다 훨씬 더 상관관계가 약하다는 사실이다. 풀어야 할 수수께끼는 이런 것들이다. 스타트업 기업들은 정말로 영구적인 일자리를 만들고 있을까? 아니면 우리가 그저 그렇다고 믿고 있는 것뿐이며 우리가 이제 그 증거들을 조심스레 모아야 하는 걸까? 이렇게 핵심적이면서 엄청나게 복잡한 문제와 씨름하기에 앞서 스타트업이나 기업가라는 용어가 다양한 사람들에게 다양한 의미를 가진다는 사실을 인지하는 게 도움이 될 것이다.

우리는 스타트업이라는 말을 듣게 되면 맥아피가 말한 '묵시록의 네 기사'를 먼저 떠올릴지도 모른다. 이들은 모두 어마어마한 주식 시가총액을 기록하고 있는 눈부시게 혁신적인 회사들이지만, 실제로 스타트업 기업은 새롭게 등록된 한 명 이상의 직원을 가진 모든 회사를 의미하며 그 한 명의 직원도 회사 설립자일 경우가 많다. 넓은 의미에서 기업가는 새로운 사업을 시작하는 모든 사람을 의미하는데, 핫도그를 파는 일이든 획기적인 의료장비를 만드는 사업이든 구분은 없다. 그렇지만 경제학자들은 약간 분류를 해서 '복제형' 기업가와 '혁신형' 기업가로 구분한다. 복제형 기업가(예컨대 핫도그 판매상)는 기존 사업 모델을 그대로 다시 적용시키는 반면 혁신형 기업가(의료기기 제조업자)는 뭔가 새로운 것을 만든다.

케인은 연구조사를 수행하면서 최소한 하나의 일자리를 만드는 모든 새로운 기업을 '일자리 창출자'로 계산했는데, 여기에는 앞서 말한 핫도그 판매상처럼 오직 자기 자신만을 위한 단 하나의 일자리만 '창출'하는 경우도 모두 포함시켰다. 더욱이 이 연구에는 파산을 해서 직원들이 모두 흩어진 회사들 역시 '일자리 창출자'로 포함시켰는데, 실제로는 대부분의 스타트업 기업이 5

년 이내에 파산하지만 결국 이 회사들도 최소한 하나 이상의 일자리를 만들어냈기 때문이다. 그렇기 때문에 여기에서 적용해야 하는 가장 중요한 척도가 바로 창출된 '순 일자리'의 개념이다. 이는 만들어진 일자리 숫자에서 없어진 일자리 숫자를 뺀 수치다. 이런 계산법이 적용된다고 하면 실질적으로 기업가들은 미국에서 지속적인 일자리를 거의 만들지 못하고 있는 것이 확실하며, 전세계적으로도 마찬가지일 것이다.

그렇다면 기업가정신이나 기업 활동이라는 것이 꼭 일자리 창출이나 경제성장으로 이어지는 것은 아니라고 할 수 있다. 실제로는 한 나라의 기업 활동 수준은 그 나라 경제의 경쟁력과는 부정적인 상관관계를 갖고 있다. 전세계에서 가장 기업 활동이 활발한 나라는 의외로 우간다(Uganda)로, 이 나라의 노동자들 중 28퍼센트가 기업가들이다. 세계에서 두 번째로 기업 활동이 활발한 나라는 태국이며, 그 뒤를 브라질, 카메룬, 베트남, 앙골라, 자메이카, 보츠와나 순으로 이어간다. 이런 국가들이 혁신과 부라는 측면에서 뛰어난 곳이라고 생각하는 사람은 거의 없을 것이다. 2016년 우간다의 1인당 국민소득은 700달러에도 미치지 못했다.[107] 또한 마찬가지로 네일숍, 미용실, 카페, 청소 서비스 등과 같은 작은 개인 사업을 하는 사람들이 슘페터가 이야기했던 '진보의 엔진'으로 착각하는 사람도 없을 것이다. 이런 조그마한 복제형 개인 사업이 기업가적일 수는 있지만 새로운 일자리는 거의 만들지 못하고 있으며, 새로운 임금노동의 일자리는 더욱 만들지 못하고 있다. 실제로도 소규모 개인 사업체를 운영하는 사람들의 압도적인 대다수는 다른 사람들을 고용하기 위해 회사를 설립할 의도를 전혀 갖고 있지 않으며, 그저 자기고용 형식을 유지하려고 한다.

■ 스타트업은 과연 혁신적인가 ■

스타트업 기업이 기존 회사들보다 더욱 혁신적이거나 생산적이라는 근거는 없다. 이와는 반대로 한 회사의 혁신이나 생산성은 역사와 함께 상승하는 경향을 보인다. 이 말이 의미하는 바는 세워진 지 오래된 '딜컹거리는' 회사들이 새롭고 활기에 차 있지만 일반적으로 존속 기간이 5년 미만인 스타트업 기업보다 생산성이라는 측면에서 더욱 혁신적이라는 것이다.

이런 사실들로 인해 심지어 데이비드 버치조차 소규모의 창업 회사들이 일자리를 만들어내는 힘에 대해 의문을 가지게 됐다.[108] 그는 1994년 자신의 입장에 대해 가장 극렬하게 비판한 학자인 하버드대학교 경제학자 제임스 메도프(James Medof)와 공동으로 논문을 썼는데, 그 논문에서 이들은 미국의 기업들에 대한 일종의 분류학적 체계를 만들어 코끼리, 쥐, 가젤, 이렇게 3가지로 분류했다. 코끼리(예컨대 월마트)는 거대하고 큰 자리를 차지하고 있는 기업으로, 많은 사람들을 고용하고 있지만 더 이상 새로운 일자리를 많이 만들어내지는 못하고 있다. 쥐(핫도그 가판대)는 규모도 작고 불안한 기업으로, 근본적인 가치를 거의 만들어내지 못하고 일자리도 거의 창출하지 못한다. 가젤은 민첩하면서 빠르게 성장하는 회사들을 지칭하는데, 코끼리에 비해서 안정적이지 못하지만 진정한 가치와 진짜 일자리를 만들어내고 있다. 가젤은 모든 부문에서 찾아볼 수 있으며, 꼭 혁신과 관련이 있는 것도 아니다. 1990년대에는 비정상적인 수준으로 기술집약적 회사가 많았지만, 2000년대 초반에는 주택 공급 관련 업체들이 많았다. 버치와 메도프는 매우 효과적인 가젤 기업들은 미국 기업 가운데 4퍼센트 정도에 불과하지만, 신규 일자리의 70퍼센트를 만들어내고 있다고 결론 내렸다. 평균적으로 가젤은 25년의 역사를 갖고 있는데, 실리콘밸리의 기준에서 보면 이 정도는 '원로(elder)' 수준이다.

산업계에서 일한 화학자였고 현재 영국 서섹스대학교 소재 과학정책연구원에서 기업전략을 강의하고 있는 폴 나이팅게일(Paul Nightingale) 교수는 내게 여태껏 기업가정신이 경제성장의 강력한 엔진 역할을 했던 적은 단 한 번도 없었다고 말했다. 스타트업 기업이 만들어내는 일자리는 통상적으로 기존 회사들이 제공하는 일자리보다 생산성도 낮고 보수도 낮으며 훨씬 안정적이지 못하다는 것이다.

"실제로는 창업 기업들이 기존 기업들보다 덜 혁신적입니다. 대부분 이런 회사들은 이제 막 뭔가를 시작했는데, 그곳 직원들은 다른 일자리로부터 넘어온 사람들이지 없던 일자리가 새로 만들어진 게 아닙니다."[109]

나이팅게일은 이어서 아주 소수의 회사들, 특히 구글, 페이스북, 아마존, 트위터처럼 새로운 기술을 갖췄거나 소셜 미디어 분야에 특화된 몇몇 기업의 비정상적인 성공 때문에 새롭게 창업한 회사 10개 중에서 대략 9개 정도가 신속하고 철저하게 망가져 그곳에서 일하던 노동력까지 함께 끌고 사라져버렸다는 현실을 보지 못한다고 지적했다.

케이스웨스턴리저브대학교(Case Western Reserve University)에서 기업연구를 가르치는 스콧 쉐인(Scott Shane) 교수는 43명의 기업가가 회사를 창업하게 되면 10년 정도 지속되는 일자리 9개 정도를 만들 수 있다는 사실을 밝혀냈다. 그는 이 놀라운 기록이 "스타트업 기업의 일자리 창출에 대해 보도한 언론의 보고서를 읽으면서 가지게 되는 환상적인 수확물과는 전혀 다를 것"이라고 말했다.[110]

새로운 어플리케이션이건, 새로운 다이어트 보조제이건, 새로운 비디오게임이건 간에 우리는 끊임없이 새로운 것들을 찾는데, 이런 성향으로 인해 종종 진정한 가치를 만들어내고 오랫동안 좋은 보수를 제공하는 일자리를 만들어내는 종류의 혁신에 대해서는 과소평가하기 일쑤였다. 우리의 삶을 진정으로 향상시켜주는 종류의 혁신은 쉽게 이뤄지지도 않으며 그 비용도 상상하는 것보다 훨씬 높다. 예전에는 기초연구 분야에서 민간 부문이 지금보다 훨씬 더 큰 역할을 수행했었다. 특히 공공기관과 함께 공동 투자자로 참여해 규모도 크고 리스크도 크지만 성공만 하면 그에 대한 보상도 대단히 큰 사업에 참여했었다. 당시 이런 업무를 수행하던 주체들은 주로 대기업의 연구개발 조직들로서 제록스 파크(Xerox PARC), IBM 연구소, 듀퐁 연구소(DuPont Labs), 벨 연구소(Bell Labs), 마이크로소프트 실리콘밸리 연구소(Microsoft Research Silicon Valley Lab) 등이 활약했다. 그러나 최근 몇 십 년 만에 이와 같은 또는 이와 유사한 기관들은 팔리거나, 문을 닫거나, 축소됐다. 대부분의 경우 기업의 경영 방향은 장기적인 프로젝트에 투자하는 것이 아닌, 투자자들의 즉각적인 요구를 받아들이는 방향으로 재설정됐다.[111] 이와 비슷한 상황은 공공 부문에서도 일어나고 있다. 미국첨단과학협회(American Association for the Advancement of Science)는 연구개발에 대한 연방정부 예산이 1965년 11.7퍼센트에서 2016년 대략 3.4퍼센트 이하로 떨어졌다고 발표했다.[112] 하지만 트럼프 행정부에서는 이 수준 역시 지나치게 높은 것으로 판단해 2018년 중요한 연구개발 분야의 예산을 최대 22퍼센트 삭감하기로 결정했다.[113]

새로운 창업 회사들이 번영하고 성장할 수 있으며 또 그렇게 하고 있다. 인스타그램, 페이스북, 구글과 같은 기업들이 막강한 사례다. 기업가정신과 기술적 혁신은 경제학자들이 '포상금'이라고 부르는 성과를 거둔다. 문제는 그 포상금이 점차 '좋은 일자리'라는 형태로 분배되지 않기 시작했다는 사실이다. 미국의 스타트업 기업들이 미국 노동자들의 3퍼센트 미만을 고용하고 있는 게 오늘날의 현실이며, 이는 경제를 튼튼하게 세우기에는 너무나 약한 기초다. 우리 일자리의 미래를 기업가정신에 대한 보상을 통해 확보할 수 있다는 생각에 집착한다면, 경제학자들이 '비생산적인 기업'이라고 부르는 것들의 위험성을 고스란히 짊어지게 된다. 비생산적인 기업은 가치를 거의 부가

하지 못하거나, 새로운 일자리를 만들지 못하거나, 만든다고 해도 몇 개 되지 않는 기업들을 의미한다.

우리가 인간의 노동력에 대한 수요를 위축시킬 수 있는 효과적인 기계를 만들어내는 능력은 무한한 듯 보이지만, 인간의 사고에 대한 시장수요를 없애버리고 있는 디지털 기술의 개발 능력에 비교하면 아무것도 아니다. 우리는 지금 전환점에 다다랐다. 여기는 과거의 경험이 미래를 위한 좋은 안내자가 되지 못하는 중대한 교차점이다. 우리는 일자리의 전망과 목적에 대해 다시 생각해야 한다는 무거운 임무를 맡게 됐으며, '될 대로 되라' 식의 해결책이 아니라 증거에 입각한 계획을 세워야 한다.

이 계획의 첫 번째 단계는 우리가 일 중에서 꼭 보존해야 하는 요소들을 분류해내는 것인데, 이 요소들은 '일자리'를 갖는다는 것의 의미는 무엇인가 하는 좁은 범위의 탐색으로부터 벗어나 보다 근본적인 문제에 대해 고민해야 파악된다. 우리가 하는 일 안에서 그런 결정적으로 중요한 요소들은 명확하게 분류해서 철저히 보호하는 것이 우리의 경제나 민주주의뿐만 아니라 우리의 인간성 자체를 위해서도 대단히 중요한 일이다.

사람은 일을 해야만 살아갈 수 있지만,
자신이 하고 있는 일이 생산적이고 의미가 있는 것이어야만
그의 일이 가능하도록 만들어준 바로 그 삶을 지탱할 수 있다.[1]

_랭던 길키Langdon Gilkey

제2부

내가 선택한 일

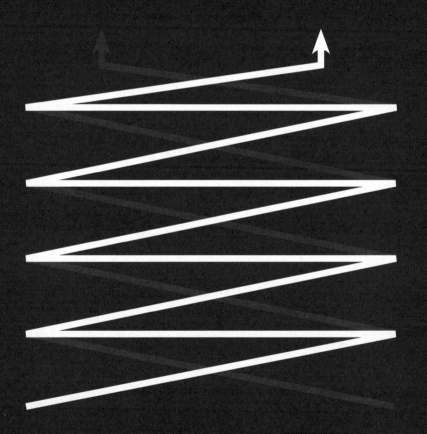

제5장

열정 패러독스

모든 직업에 있어서, 하고 있는 일의 의미란 어떤 것을 해냈느냐에 있기 보다는 자신이 하는 일을 통해서 얼마나 성장하는가에 있는 것이다.

_에드워드 하워드 그릭스(Edward Howard Griggs)

■ 열정이 없어도 자부심은 생기는 일자리 ■

운동선수처럼 단단한 외모의 중년 남성인 마이클 프랫(Michael Pratt)은 자신의 게임에서 뒤처지지 않기 위해 계속 시간을 투자하고 있다. 매력적이고 카리스마 넘치는 프랫은 보스턴대학교 캐롤 경영대학원에서 강의하고 있다. 경영진의 지갑을 채워주는 기업 컨설턴트로 일한다면 자신의 지갑도 두둑하게 채울 수 있는 인물이다. 그런데 프랫의 관심은 지갑이나 지갑 속의 것들에 있지 않다. 오히려 많은 시간을 돈 문제와 동떨어진 주제를 고민한다. 그중 가장 큰 부분이 '우리 자신이 하는 일에 의미를 만드는 방식'에 관한 것이다.[2]

프랫 자신이 이에 대한 모든 대답을 갖고 있지는 않지만, 그는 다른 누구도 제대로 대답하지 못할 것이라고 말한다. 일반화된 설명을 신뢰하기 어렵고 '의미'라는 단어 자체가 상대적이고 개인적이기 때문이다. 일은 물건이 아니라서 손으로 직접 만져볼 수 없다. 프랫에 따르면 일은 '삶의 영역'이며 '가장 개인적인 것'이다. 그는 자신이 하는 일을 통해 의미를 탐색하는 것이 삶의 가장 강력한 욕구 중 하나라고 확신하며, 또한 가장 잘못 이해되고 있는 욕구라고 생각한다.

"경제학자들이나 사회과학자들 그리고 그 분야를 대중화시키고 있는 이론 가들은 일에 대해 이야기하면서 사람들이 실제로 하고 있는 일에 대해서는 이야기하지 않습니다. 그들은 무엇이 중요하고 무엇이 중요하지 않은지 가설을 세우지만, 많은 경우에 그 가설은 틀렸습니다."

프랫은 간호사나 암웨이(Amway) 판매자나 소방관과 같은 다양한 사람들에게 문제가 되는 일의 요소를 찾아내기 위해 그들로부터 이야기를 듣는 데 많은 시간을 할애하고 있다. 그는 사람들이 그들의 일에 대해 정확하게 '기대하거나 희망하는 것이 무엇인가' 하는 문제에 집중한다. 많은 경우에서 그는 사람들이 바라는 것들이 일반적으로 생각하는 것이 아니라는 사실을 찾아내곤 했다. 그중 한 가지 사실은 '모든 사람이 일에서 그들의 열정을 찾지는 않는다'는 점이다.

이에 대한 실례로 그는 유리 기술자였던 그의 할아버지 이야기를 했다. 그분은 유리창을 끼우거나 수리하는 일에 특별하게 끌렸던 적이 없었고, 자신이 꿈꾸던 일이라거나 관심을 가졌던 일과도 거리가 멀었다. 그 일은 그가 열정을 쏟는 대상이 아니었다. 하지만 할아버지는 자신이 하는 일의 품질이 그자신과 가족들에게 고스란히 되돌아오게 될 거라고 믿었으며, 이 때문에 많은 고통이 있어도 그 일을 잘하려고 애썼다. 일에 집중하고 그 일이 성공적으로 마무리되면 상당한 만족감을 느끼는 것으로 보였다. 이 만족감은 그의 인생의 다른 부분, 지적이거나 영적인 면이나 인간관계 등에서 좀처럼 얻기 힘든 것이었다. 일자리는 그가 필요로 하는 것들을 가져다줬다.

프랫의 할아버지 세대는 자신이 하는 '일의 의미'에 대해 고찰하는 사치를 누릴 시기를 살아오지 않았다. 그 시대에는 소수의 특권층만이 충분한 생계비를 벌었으며, 자신의 능력을 자유롭게 펼칠 수 있었다. 프랫 할아버지처럼 기술을 가진 숙련공들은 자신의 창의적인 재능을 오히려 시장의 요구에 맞추기 위해 적절히 억제하기도 했다. 그런데도 많은 숙련공들은 이런 제약이 어떤 의미로는 제약이 아니라고 생각했다. 프랫의 할아버지는 자신이 하는 일에 의미를 찾았을까? 프랫은 그랬을 것이라고 말했다.

"내가 할아버지께 '오늘 뭐 하셨어요?'라고 여쭈면 굉장히 자세하게 말씀해주셨어요. 거기에는 많은 만족감과 자긍심이 묻어 있었죠."

그러나 우리 중 많은 사람들에게 그런 만족감은 착각이다. 그가 계속 이야기했다.

"우리가 실제 만질 수 있는 물건을 만들지 않는다면, 그리고 특히 우리가 좋은 일과 나쁜 일의 기준을 알지 못한다면, 그것으로부터 의미를 만들어낸다는 것은 무척 어렵습니다."

카를 마르크스(Karl Marx)는 언젠가 시민들이 인간으로서 생산을 수행하는 유토피아를 그린 적이 있다.

"우리가 일해서 얻은 제품들은 우리가 거기에 반사되고 있는 우리의 근본적인 본성을 볼 수 있는 수많은 거울이 될 수 있다."[3]

마르크스와 다른 사회비평가들은 산업화에 대해 노동자들과 노동의 사이를 크게 벌림으로써 그런 반사를 흐리게 하거나 왜곡한다고 비판한다. 마르크스의 계속되는 글을 보자.

"노동의 생산성을 높여주는 다른 모든 기구들과 마찬가지로 기계 역시 상품 가격을 낮추기 위한 것이며, 하루 중에서 노동자가 자기 자신을 위해 일하는 부분을 줄여서 다른 부분을 그만큼 늘리기 위한 것인데, 이 부분은 그가 아무런 대가 없이 자본가에게 주는 부분이다. 기계는 이런 식으로 잉여가치를 생산하기 위한 수단인 것이다."

이 견해가 정당하고 심각한 우려라는 사실은 명확하다. 19세기 말 조지 하웰(George Howell)은 이런 기록을 남겼다.

"우리는 베틀 직조공의 격렬한 반대를 이해할 수 있다. 왜냐하면 그 베틀은 섬유산업에 종사하고 있는 그의 가정에서 생계 수단이기 때문이다. 얼마 뒤 재봉사들은 이 산업 내 그들이 속한 분야에서 활용되는 재봉틀에 대해 반감을 표했다."[4]

자동화 이전에는 기능을 가진 기술자들이 어떤 제품을 생산하는 데 필요한 개념적인 작업과 실제의 노동 모두를 책임지고 있었고, 그런 이유 때문에 일반적으로 노동의 과정 전반을 통제하고 있었다. 하지만 기계들이 그런 통제력을 뺏어갔던 것이다.

그렇지만 이 책의 서두에서 언급한 마리엔탈의 이야기에서도 알 수 있듯이, 기계는 보상을 가져다주기도 했다. 농업과 수공업의 상품 생산은 신뢰할 수 없는 사업이 되는 경우가 많았는데, 이는 성공 여부가 대부분 인간의 개인적 노력에 달려 있었기 때문이다. 이와는 대조적으로 수백 수천만의 사람들이 공장 안에서 성취감을 찾았는데, 이들은 그 일을 통해 안정감과 집중력 그리고 그들의 인생을 함께 나눌 공동체를 얻었던 것이다. 마리엔탈의 섬유 공장, 미국 메인 주의 제지 공장, 노스캐롤라이나 주의 가구 공장, 그리고 중서부의 자동차 공장 등 모든 장소는 번영과 일치된 목표를 가져다줬다. 공장은 각기 다른 배경과 취향을 가진 사람들을 하나로 모아서 그들에게 공동체를 구성할 수 있는 기회를 제공했다. 그 공동체는 그들이 성장해왔던 것보다 훨씬 큰 것이었다. 또한 공장은 직원들에게 공동의 장소라는 감각을 줬고, 그들 스스로 할 수 있는 어떤 것보다 더 큰 무엇에 공헌하고 있다는 느낌도 가질 수 있도록 해줬다. 물론 노동조합은 이런 연대감을 증폭시켰으며 모든 노동자들을 공동의 목적으로 단합시켜 가끔은 그들 모두를 중산층으로 밀어 올려주기도 했다. 하지만 노동조합이 언제나 선했던 것도 아니고 언제나 필요한 것도 아니었다. 많은 노동자들에게 공장은 두 번째 가정이었으며 동료들은 두 번째 가족이었다.

지금도 공장이나 사무실과 같은 중앙집중화된 일터가 그런 가정을 제공해 주는데, 점점 그 숫자가 줄어들고 있다. IT 분야이건, 수송이건, 음식 공급이 건, 건물관리이건 간에 '비핵심적인' 업무 기능은 점점 더 외주 용역 회사나 프리랜서들에게 아웃소싱하는 경우가 늘어나고 있다. 경우에 따라서는 그 업무 자체를 값싼 노동력이 있는 외국 회사로 위탁하기도 한다. 그렇기 때문 에 우리는 중앙집중적인 기능이 훨씬 덜한 일터에서 일의 의미를 찾아야 하 는 도전에 당면한 자신을 발견하게 되는 것이다. 어떤 면에서 보자면 우리는 독립적인 상인이나 농부, 장인들이 활동하던 시대로 다시 되돌아간 셈이다. 우리가 하는 일의 정체성이 어떤 특정한 조직에 의존하는 것이 아니라, 하고 있는 일과의 관계에 더욱 크게 영향을 받는 경제를 향해 나아가고 있다.

■ 일에 대한 사랑과 몰입 ■

우리가 의미를 찾는 일을 어떤 조직에 의존하는 것이 썩 바람직한 일은 아 니라는 사실은 틀림없다. 1970년대 후반 헝가리 출신의 심리학자 미하이 칙 센트미하이(Mihaly Csikszentmihalyi)는 성인들 중에서 80퍼센트는 돈이 필요 없는 경우라고 할지라도 일하는 것을 선호하는 반면, 절대 다수는 매일 밤 할 수만 있다면 자신들이 현재 하고 있는 일을 당장 그만둘까 생각하고 있다는 사실을 지적했다. 이 같은 사실로부터 그는 인간은 일하기를 갈망하지만 동 시에 현재의 일자리는 원하지 않고 있다고 결론 내렸다. 그래서 그는 사람들 이 원하는 일과 그렇지 못한 일자리에 대한 것을 밝혀내기로 작정했다. 이때 특별히 놀라운 사실 하나는 가장 행복하고 가장 만족하고 있는 노동자들 중에서 일부는 그들의 노동이 최종적으로 만들어내고 있는 제품과 어떤 연계감도 갖고 있지 않다는 점이었다.

이는 어쩌면 손으로 만질 수 있는 것들을 만들면서 일의 의미를 발견했던 마이클 프랫의 할아버지에 관한 이야기와는 대조되는 것처럼 보인다. 그런데 자세히 들여다보면 할아버지에게 의미를 가져다 준 것은 그가 만들었던 창문이 아니었으며, 그 창문을 만들어가는 '과정'이었던 것이다. 칙센트미하이는 초창기 연구에서 이와 비슷한 경우를 찾아냈다. 그는 한 그룹의 시각 예술가들을 관찰했는데, 그 목적은 그들에게 작업에 대한 동기를 부여하는 요소가 어떤 것인지 밝혀내는 것이었다. 그는 그 예술가들이 '대단한 집중력'을 갖고 자신들의 일을 지속하는 것에 주목했다. 그 집중도가 너무 높아 가끔은 그들이 먹거나 잠자는 것조차 잊을 정도였다. 그건 그리 놀랄 만한 일도 아니었다. 진짜 깜짝 놀랄 만한 것은 그런 예술가들은 자신들이 하는 일을 즐길 뿐 그 결실에 대해서는 그다지 관심을 갖지 않았다는 사실이었다.

그들은 완성된 그림들을 자랑스럽게 전시한 것이 아니라, 그것들을 마치 땔감 나무를 쌓아두듯이 처박아두고 나서 다시 다음 작품을 만드는 작업으로 돌아갔다. 이런 행동이 흥미를 유발하는 것은 행동심리학에서 널리 통용되는 관점과 대조되는 것이기 때문인데, 행동심리학에서는 일반적으로 사람들은 자신이 한 일에 대해 음식, 섹스, 돈, 칭찬 등의 형태로 대가를 받으리라는 기대감이 동기로 작용한다는 가정이 널리 퍼져 있기 때문이다. 그 예술가들은 자신들의 그림이 팔리지 않을 것이라는 사실에 이미 동의하고 있을 뿐 아니라, 일반 대중은 자신들의 그림을 알지도 못할 것이라는 사실도 잘 알고 있다. 그렇기 때문에 그들이 계속 일하도록 만들고 있는 동기는 돈이나 칭찬이 아니었다. 그들이 의미를 부여하는 것은 창조하는 과정이었지 결과로 나타난 작품이 아니었던 것이다.

몇 년이 지난 뒤 칙센트미하이는 관심을 다른 직업군으로 돌렸다. 농부, 의

사, 컴퓨터 엔지니어, 교사, 그리고 예술가들과 마찬가지로 다른 무엇보다도 일을 사랑한다고 말하면서 엄청난 작업 강도와 집중력을 일에 쏟아붓는 숙련된 장인들이었다. 칙센트미하이가 내린 결론은 이 모든 사람들이 공통적으로 갖고 있는 요소는 '몰입(flow)'하는 능력이었다. 칙센트미하이는 '몰입'을 자신이 하고 있는 일에 빠져들어 자의식이 사라지고 시간에 대한 개념이 없어질 정도까지 이른 마음의 상태라고 정의했다. 자신이 하고 있는 일 안에서 몰입을 발견하는 사람들은 고상한 예술가들이나 의사들만이 아니라 블루칼라 노동자들도 마찬가지다. 칙센트미하이는 그 대표적인 사례로 '용접공 조(Joe the Welder)'의 이야기를 들었는데, 조는 겨우 읽고 쓰기가 가능한 60대 초반으로 시카고 남부에 있는 철도 차량 조립 공장에서 일하고 있었다.

용접공 조는 평일에는 대부분의 시간을 그 공장에 있는 내부가 휑한 격납고처럼 생긴 3개의 건물 중 하나에 처박혀서 엄청난 양의 철판을 화물차 바퀴가 설치될 하부에 용접하는 작업을 했다. 그 격납고 건물은 여름에는 무척덥고 겨울에는 엄청나게 추웠으며 1년 내내 귀에 거슬리는 소리가 끊임없이나는 곳이었다. 조의 동료 용접공들이 지루함과 불편함을 견디지 못하고 절망에 빠지는 것도 그리 놀랄 일은 아니었다. 하지만 조는 그들과 달라서 자신의 일을 훌륭한 유머감각과 노련함으로 해냈다. 칙센트미하이에 따르면 조의 비밀은 자신이 하는 일에서 몰입을 찾은 것이었으며, 또한 그 일을 통해서자신의 삶에서도 몰입을 찾았다. 조와 그의 부인은 작은 방갈로를 갖고 있었는데, 그곳 테라스를 그가 직접 조각했고 정원을 만들어 그가 직접 고안한 스프링클러 시스템으로 물을 대면서 그 정원을 가꿨다. 그는 정원을 태양광의스펙트럼에 맞춰 조절된 투광 조명등으로 둘러쌌다. 밤이 되면 빛이 스프링클러에 반사돼 안개 속에서 무지개를 만들어냈다.

칙센트미하이는 조가 자기목적적인(autotelic) 사람이라고 설명했다. 다른사람들에게는 불편하고 불쾌한 환경이라고 해도 그 안에서 얼마든지 몰입을 만들어낼 수 있는 사람이라는 뜻이다. 칙센트미하이에 따르면 이는 보기 드문 재능이다. 조가 자신의 정원에 무지개를 만들고 있는 동안 그의 동료들은 술집에서 여가시간을 낭비하거나 집에 들어와서는 아내의 요구는 무시하고 TV 앞에서 맥주만 들이켰다. 칙센트미하이는 이렇게 썼다.

"우리와 인터뷰했던 나머지 다른 용접공들은 자신들의 일자리를 가능한 한 신속하게 벗어버려야만 하는 짐으로 간주하고 있었다."[5]

칙센트미하이는 용접공 조의 사례를 일을 대하는 태도에 관한 이야기로만 다룬 게 아니라 도덕적인 규범에 관한 것으로까지 확대하고자 했다. 다른 사람들은 불쾌함을 느끼더라도 자신은 직업을 즐기는 방법을 찾아냄으로써 조는 동료들이나 직장상사들뿐 아니라 자연이나 아내와도 조화롭게 살고 있는 우월한 존재로 묘사했다. 그의 몰입 개념은 경제 정책 결정자들이나 경영 컨설턴트들이 가장 좋아하는 소재가 됐으며, 직장생활을 잘하면서 살아가는 삶에 대한 교훈으로 널리 자리 잡았다. 그러나 조의 경험이 우리의 삶 속에서 일이 차지하고 있는 역할에 대해 진정으로 가르쳐주고 있는 것은 무엇일까? 몰입이 일자리에서의 행복에 전제조건이 될까? 그렇다면 우리는 그것을 찾기 위해 부단히 애써야 하는 걸까?

칙센트미하이는 그렇게 생각하고 있는 듯 보이며 많은 그의 추종자들 역시 그렇다. 칙센트미하이는 저서와 강연을 통해 몰입에 대한 3가지 전제조건을 우선 충족시킬 것을 권했는데, 그 3가지 조건은 다음과 같다.

첫째, 목적과 과정에 대한 명확한 의식을 유지할 것. 둘째, 현재 진행 중인 일에 정신적인 에너지를 집중할 것. 셋째, 도전 과제와 기술역량의 조화를 유지할 것. 그에 따르면 이 3가지 조건 모두 당면한 과제가 도전적인 것이어야 하지만 위축시킬 정도로 어려운 것이어서는 안 된다. 칙센트미하이는 조가 바로 이런 조건을 모두 충족하는 사례라고 추켜세웠다. 조는 어두운 구름 속에서도 은빛 테두리를 찾아내는 천성을 가진 인물이고, 조가 찾아낸 은빛 테두리가 고용주들의 목표와 일치한 것이다. 몰입 개념을 지지하는 컨설턴트들은 고용주들에게 조와 같은 직원을 더 찾아내라고 조언할지도 모르겠다. 그런데 속 좁은 사람들은 조를 멍청한 얼간이라고 할지도 모른다. 고용주가 작업자들에게 얼어붙은 격납고든 뜨거운 작업장이든 뭐든 제공만 하면 거기에서 어떻게든 일을 해내려고 할 테니까 말이다.

내가 보기에 몰입은 칙센트미하이가 거대한 의미를 불어넣어서 그렇지 일상적 개념으로는 '흥(groove)'이나 '무아지경(zone)'와 같은 단어가 들어가는 경우와 마찬가지 상태다. 우리 중 대다수는 운동, 춤, 독서, 공예, 체스, 비디오 게임과 같은 취미 활동에서 가끔 그런 상태를 경험해봤을 것이다. 일하다가도 경험했을 수 있다. 업무에 집중했더니 하루가 순식간에 지나간 적이 있지 않은가? 우리가 이런 활동이나 이와 유사한 활동을 하는 도중에 몰입을 경험하는 경우는 있지만, 그것이 꼭 우리 고용주들의 목표와 상관관계를 갖는 것은 아니다. 실제로는 비디오 게임을 하는 것이야말로 몰입 상태에 들어갈 수 있는 가장 확실한 방법이다. 비디오 게임은 모든 요구사항을 충족시키기 때문인데, 집중력과 진행 감각을 요구하고 조절 가능한 수준으로 점점 난도가 높아지는 적절한 도전 과제도 제공한다. 그렇지만 이런 요소들을 충족시켜줄 만한 조건을 갖고 있는 일은 그리 많지 않다. 몰입을 신봉하는 컨설턴트들이 고용주들에게 직원들의 업무를 비디오 게임으로 만들어야 한다고 조언할 것 같지도 않다.

칙센트미하이도 나중에 밝혔듯이 감시를 받거나, 시간을 측정당하거나, 다른 사람들의 평가를 받는 경우에도 몰입 상태에 도달할 수 있는 사람들은 거의 없다. 모든 용접 작업을 세심하게 수행한다는 데 자부심을 갖고 있는 용접공 조와는 달리 우리 대부분은 특정한 한 가지 업무에 아주 오랫동안 '집중'할 수 있는 기회를 부여받지도 못한다. 예컨대 값비싼 식당에서 일하는 요리사는 최고의 요리를 직접 만들면서 몰입의 감각을 느낄 수 있겠지만, 패스트푸드 식당에서 냉동 감자를 기름에 튀기는 일이나 패티를 뒤집는 일을 하는 직원들 또는 서빙이나 카운터 일을 보는 직원들이라면 자신이 몰입 상태에 들었다는 느낌을 경험하기란 매우 어려울 것이다. 명품관에서 일하는 직원이 자신이 갖고 있는 패션 지식에 자부심을 갖고 있어서 그런 전문성을 고객과 공유할 때 순간적으로 몰입 감각을 접할 수는 있겠지만, 상설 할인매장 직원이 끊임없이 걸려오는 고객 불만 전화에 방해를 받아가면서 입고된 상품을 등록하거나 옷을 접어 선반 위에 차곡차곡 쌓아올리는 일을 하는 와중에 몰입을 찾고자 한다면 문제에 봉착하게 될 것이다. 혼자 일하는 작가가 쓰고 있는 소설이 잘 풀려 몰입을 경험할 수는 있어도, 여러 프로젝트를 동시에 진행하고 있는 카피라이터가 마감에 쫓기고 연이은 회의에 치여 엄청난 분량의 자료를 뒤지고 있는 상황이라면 그 카피라이터가 몰입을 찾는 것은 퇴근 시간에 지하철에서 빈자리를 찾는 것만큼이나 현실적이지 못할 것이다.

■ 일의 보람과 동료애 ■

몰입이라는 아이디어는 오락적이고 생산적인 태도의 중요성을 강조했던 철학자 프리드리히 니체(Friedrich Nietzsche)로부터 나온 것으로 볼 수 있다.
"필수적인 것은 단순히 갖고 있는 것이 아니라 그것을 사랑하는 것이다."
그렇지만 여기에서 니체가 하고자 했던 이야기는 사실 자신의 일을 사랑하는 법을 배우라는 게 아니었다. 오히려 그와는 반대되는 이야기일수도 있는데, 보다 긴 그의 글에서 확인할 수 있다.

일에 대한 칭송 속에서, 일의 축복이라는 지치지도 않는 이야기 속에서, 나는 이와 같은 쓸모는 있지만 비인간적인 행동을 찬양하는 것들 가운데 언제나 숨어 있는 은밀한 생각을 본다.[6] 그것은 모든 개인적인 것에 대한 공포다. 근본적으로 이제 사람들은 일의 본모습을 알게 됐다. 일이란 언제나 이른 시간부터 늦게까지 강요되는 엄격한 근면함이며 이 일이야말로 최고의 경찰이다. 그것은 모든 이들을 경계선 안에 잡아두고 강력한 힘으로 이성의 계발, 탐욕, 독립에 대한 갈망을 억누른다. 일이란 엄청난 양의 신경 에너지를 사용하는 것이므로, 반성하고 고민하고 꿈꾸고 걱정하고 사랑하고 미워하는 일이 거부되는 것이다. 일은 언제나 눈에 보이는 작은 목표를 설정하며, 쉽고 정기적인 만족을 보장한다. 이렇게 지속적으로 열심히 일하는 사회는 더욱 많은 안정성을 갖게 되는 것이며 안정성은 최고의 신으로 숭배받고 있다.

니체가 말하고자 했고 칙센트미하이가 인지했듯이, 우리 대부분은 우리가 하고 있는 일에 대해 만족하지 못한다. 이 점이 모든 것을 더욱 복잡하게 만드는 문제이며, 우리가 하는 일에 대해서 열정적이어야 한다는 현대 사회의 기대에 미치지 못해 죄책감까지 갖게 되는 요인이다. 모든 도서들을 데이터로 만들어 책 속에서 사용된 특정 단어의 전체 사용 빈도수를 알아볼 수 있는 구글 북스의 엔그램 뷰어(Ngram Viewer)는 '당신의 열정을 따르라(follow your passion)'라는 구절이 1980년 대비 2008년에 무려 450배 더 많이 사용됐다는 사실을 밝혀냈다.[7] 1980년에는 거의 사용되지 않던 말이었다. TV 드라마 〈걸스〉에서 대학 졸업생인 주인공이 컵케이크에 설탕을 뿌리는 일자리에 지원하던 그 장면을 다시 한번 떠올려보자. 현실에서 그런 장면은 나오지 않겠지만 누구나 그것이 현실적인 장면임을 느낀다.

"당신이 사랑하는 일을 하라. 인생의 다른 날에는 일할 수 없을 것이므로."

이런 경구가 그동안 수도 없이 반복해서 접해온 일반적 정서였다. 가장 대표적인 예가 스티브 잡스가 스탠퍼드대학교 졸업식에서 했던 기념비적인 연설이다.

여러분은 무슨 일을 사랑하는지 그것을 찾아야 합니다. 여러분이 연인을 찾을 때와 마찬가지로 이것이 여러분의 일에도 통하는 진실입니다. 일이 여러분의 삶에서 커다란 부분을 채우게 될 것입니다. 진정으로 만족할 수 있는 유일한 방법은 여러분이 훌륭한 일이라고 믿는 바로 그 일을 하는 것입니다. 그리고 그 훌륭한 일이란 바로 여러분이 하고 있는 일을 사랑하는 것입니다. 만약 아직 찾지 못했다면 계속 찾으세요. 절대로 안주하지 마세요. 온 마음을 다해 찾게 되면 그 것을 찾았을 때 그 일이 사랑할 수 있는 일인지 알 수 있습니다. 다른 모든 위대한 관계와 마찬가지로 시간이 흐르면 흐를수록 그 일과의 관계도 나날이 좋아질 것입니다. 그러니 여러분께서 발견하는 그때까지 계속 찾아보세요. 절대로 안주하지 마세요.[8]

"안주하지 말라", 좋은 말이다. 우리는 스티브 잡스에게 이 의미가 무엇이 었는지 알고 있다. 그렇지만 스티브 잡스가 아닌 우리에게는 이게 도대체 어떤 의미인가? 우리 한 사람 한 사람 모두가 다른 모든 관습적인 것들을 집어던지고 우리의 영웅적 미래를 맞이하기 위해 스스로가 만든 상상을 좇는 몽상가가 되라는 말인가? 좋다, 이것이 오랫동안 이어진 멋진 환상이기는 하다. 그러나 말 그대로 환상은 환상일 뿐이다. 우리 대부분은 이런 목표를 이루기 위한 출발조차 하지 못하고 있다. 우리가 못나서? 아니, 그것이 너무 독단적이라고 생각하기 때문이다. 현실로 돌아오면 부풀어 올랐던 꿈은 바람 빠진 풍선처럼 쪼그라든다.

그렇다면 결국 "안주하지 말라"는 조언이 갖고 있는 의미는 무엇일까? 만약 여러분이 엄청난 열정으로 안주하지 않고 열심히 일했는데 그에 따른 월급봉투가 수반되지 않는다면, 이는 무엇의 전조가 될까? 스티브 잡스의 생전 연설이나 인터뷰, 전기 등을 종합해보면 그가 가진 최고의 열정은 불교의 선(禪)을 향해 있었지만, 우리가 알다시피 그는 그것을 자신의 일로 삼지 않았다. 오히려 IT산업에 안주했다. 잡스는 우리가 파산이라는 문제에 직면하면서도 우리의 열정을 따르라고 조언했던 걸까? 아니라면, 우리의 진정한 열정과는 아무 관련이 없지만 급여를 받는 일자리에 열정적으로 임하라는 것이었을까? 그것도 아니면 무엇이든 열정적인 사람이 되기 위해 스스로 세뇌라도 하라는 것이었을까?

물론 나는 스티브 잡스가 불량한 의도로 되지 않는 헛소리를 했다고 생각하지는 않는다. 그는 분명히 진심이었을 것이다. 문제는 그것이 바이블처럼 되는 데 있다. 열정을 따르라는 조언은 편안하면서도 대담하게 들린다. 부정적 느낌은 전혀 없는 표현이다. 하지만 이 경구는 매우 무책임한 말이다. 이 조언은 마치 우리가 기존의 관습적인 것들을 바람에 날려 보내는 동시에 그 관습적인 측면에서도 얼마든지 열정만 가지면 성공할 수 있다는 뉘앙스를 내포하고 있다. 이와 같은 조언은 표면적으로는 상당히 매력적으로 다가오지만, 열정이 미래의 부와 성공을 약속하는 가장 강력한 요소라는 매우 잘못된 가정을 전제로 하고 있다. 다시 말해 인간이라면 누구나 가슴 속에 성공의 씨앗인 열정을 갖고 태어났다는 전제다. 그러나 열정이 성공으로 이어지는 경우는 그가 믿고 있던 것과는 달리 현실에서 그리 흔하지 않다. 열정이 고용주에게 좋은 것만큼은 확실하다. 앞서 언급한 프랫이 내게 이런 말을 했다.

"열정적으로 일할 동기를 부여해주는 요소도 물론 많죠. 우리가 일 안에서 의미를 찾는 방법도 여러 가지입니다. 하지만 그렇다고 해서 젊은이들에게 '열정을 따르'고 조언하는 것은 대단히 위험합니다. 사실 사람들 대부분은 그것을 찾지 못해요. 최소한 이번 달 청구서를 해결해줄 열정은 찾지 못합니다."

프랫은 만약 자신이 열정을 갖고 있었다면 지금 그의 직업은 현재의 일자리가 아니라 그의 할아버지에 조금 더 가까운 것, 이를테면 간호사나 경찰관, 도서관 사서처럼 열정적인 노동력에 대한 현대적 요구를 동반하지 않는 그런 노동의 일을 하고 있을 것이라고 했다.

최근 들어 프랫의 관심은 소방관들에게 강렬하게 꽂혔다. TV나 영화에서 우리가 봐왔던 것과는 달리 소방관이라는 직업은 그렇게 위험한 일이 아니란다. 통계적으로 봐도 소방관보다는 어부, 벌목꾼, 쓰레기 수거인, 지붕 수리공, 석탄 광부들이 자신의 업무를 수행하다 사망할 확률이 더 높다. 물론 그렇다고 해서 불이 위험하지 않다는 뜻은 아니다. 당연히 불은 무섭고 위험하다.[9] 그렇지만 대부분의 소방관들이 불을 끄는 데 업무 시간의 대부분을 투입하지 않는다. 대개의 경우 화재와는 상관없는 업무를 수행하는데, 갑자기 멈춰버린 엘리베이터, 동파된 파이프, 가스 누출, 가벼운 접촉사고, 원인 모를 연기 경보, 심장 통증을 심장 마비로 착각한 시민의 황급한 구조전화 같은 상황이 주다.

그의 말을 듣고 나니 소방관들이 어떻게 일의 의미를 찾을까 하는 의구심을 갖게 됐다. 인기 있는 자기계발 전문가들이나 서적들을 보면 일반적으로 의미 있는 일이 되기 위한 요소로 3가지를 들고 있는데, 일–보수의 연관성과 복잡성 그리고 자율성이다.[10] 그런데 소방관들은 근무 시간의 대부분을 일상적인 일을 하면서 보내기 때문에 자신들이 수행하고 있는 업무와 받고 있는 보수와의 연관성이 모호해 보인다. 업무의 복잡성을 보자. 물론 상대적이고 주관적인 개념이지만 프랫은 소방관들이 복잡성보다는 단순성, 예측가능성, 명확성을 더 선호한다는 사실을 알아냈다. 자신들이 이전에 전혀 경험해보지 못했던 상황을 접하는 것보다는 일상적인 요구사항들을 훨씬 더 선호한다. 어쩌면 당연할지도 모른다. 그들에게 복잡함은 곧 위험을 뜻하기 때문이다. 자율성은 일반적으로 외부의 통제로부터 자유로운 것을 의미하지만, 이 또한 주관이 많이 개입되는 어휘다. 우리와 마찬가지로 소방관들 역시 세세한 부분까지 관리되는 데 대해 분개하기도 하며, 현장에서 스스로 결정을 내리는 데 자부심을 갖고 있다. 그러나 그와 동시에 그들의 직업군은 모두가 함께 일하면서 규칙과 절차를 철저히 따르는 것을 요구하고 있으며, 또한 다른 사람들도 그들과 마찬가지로 이를 존중하기를 요구한다. 그들의 일에서 독자적인 결정을 내릴 수 있는 여지가 있는 것은 확실하지만, 소방서에 진정한 의미의 자율성을 도입했다가는 그 과정이 지체되고 혼란스러워질 뿐 아니라 소방관들 자신과 그들이 보호하겠다고 맹세한 사람들 모두를 위험에 빠뜨리게 될 것이다.

일―보수의 연관성, 복잡성, 자율성을 통해서가 아니라면 소방관들은 그들이 하고 있는 일에 의미를 부여하기 위해 무엇을 찾고 있을까? 나는 프랫의 조언에 따라 실제로 소방관을 만나 질문을 했다. 소방관 패트릭 설리번 3세(Patrick Sullivan III)는 고향인 매사추세츠 주 서머빌(Somerville) 소방서 부서장으로 일하고 있는데, 서머빌은 뉴잉글랜드 지역에서는 가장 인구밀도가 높은 도시다. 설리번은 멋진 콧수염을 기른 약간 뚱뚱한 사람으로, 옅은 푸른색 눈을 갖고 있었고 테가 얇은 안경을 끼고 있었다. 그는 말할 때 허풍이라고는 조금도 찾아볼 수 없는 사람이었다. 세 아이의 아버지이기도 한 그는 불과 싸우는 일이 단순히 그의 가업이라고 이야기했다.

"아버지가 이곳 서머빌 소방대에서 38년 동안 일하셨습니다. 삼촌들도 평생 소방관으로 일하셨죠. 소방관 일은 제가 원하는 모든 것입니다. 어려서부터 다른 직업은 생각해본 적도 없어요."

설리번은 어릴 적 오후 시간 대부분을 소방서를 드나들며 보냈는데, 운이 좋은 날에는 소방차 운전석에 앉아볼 수 있었고, 그럴 때마다 멋진 광경을 볼 수 있었다. 설리번은 친절하게도 내게 그 광경을 보여줬다. 설리번은 소방차 운전석에 나를 앉게 해준 뒤 앞에 있는 각종 장치들의 목적에 대해 설명해줬다. 그리고 나서 함께 소방서 주방으로 올라갔다. 그곳에는 머리를 단정하게 깎은 4명의 덩치 좋은 소방관들이 닭고기 파이를 만들기 위해 고무장갑을 끼고 꽁꽁 얼어붙은 닭의 여러 부위로부터 껍질을 벗겨내고 있었다(이곳에는 버드 부인의 파이가 없었다). 내가 그들의 요리 솜씨에 감탄하고 있을 때 갑자기 통신기에서 나이 든 여성으로부터 다급한 구조 요청이 흘러나왔다. 손자가 숨이 막혀 죽어간다는 내용이었다. 소방관들은 그 즉시 끼고 있던 고무장갑을 벗어던지고는 곧바로 출동했다. 그들은 내가 TV 다큐멘터리에서 보던 그 봉을 타고 내려가 그 사이 대기하고 있던 소방차에 올라탔다. 그리고 2분 안에(실제로 시간을 쟀다) 전화를 걸어왔던 여성의 집 현관문에 도착해 아이를 찾았다. 할머니는 당황한 상태였지만 아이에게는 아무런 문제가 없었다.

다소 엉뚱하지만 그 순간 나는 닭 껍질을 벗기는 일과 위기 상황이라고 착각한 구조 요청에 재빠르게 출동하는 행동들이 모여서 어떤 식으로 의미 있는 일이 될 수 있는지 생각했다. 설리번에게 물었더니 그는 커피를 새로 내린 뒤 자신의 생각을 천천히 말해주기 시작했다.

그는 다른 소방관들과 마찬가지로 소방관 생활을 시작한 뒤 경험했던 끔찍한 첫 번째 화재와 고통스러웠던 감각을 기억한다고 말했다. 그는 그때 갓 아빠가 됐기 때문에 잠을 제대로 못 자는 날이 계속돼 몹시 지쳐 있었다. 그는 지금도 그날 새벽 2시에 전화를 받으면서 느꼈던 긴장감이 생생하게 기억난다고 했다. 포효하는 불구덩이 속으로 들어갔을 때 그가 자신의 일에 대해 갖고 있던 모든 기대감은 사라져버렸다. 짙은 연기 사이로 어렴풋이 뭔가 봤는데, 사람처럼 보이는 형상이 의자 위에 털썩 주저앉더니 이내 불길에 휩쓸리는 장면이었다. 그는 몇 초간 얼어붙었지만 곧바로 그곳으로 뛰어가 그를 살려내려고 했다. 그러나 이미 늦었고 그 사람은 죽고 말았다. 그는 그 사건이 자신을 바꿔버렸다고 말했다.

"비유가 좀 그렇긴 하지만 경찰은 언제나 뭔가를 빼앗죠. 십대 청소년들한테서는 술을 빼앗고, 마약 중독자들한테서는 아이를 빼앗죠. 음주운전자들에게서는 면허증을 빼앗습니다. 그런데 우리 소방관들은 뭔가를 돌려줘요. 집이나 생명 같은 것 말입니다. 경찰과 마찬가지로 우리도 사람을 돕는 일을 하죠. 그래요, 사람을 돕는 일을 하고 있다고 생각합니다. 도와야 한다고요. 그런데 그때는 그러지 못했어요. 그 사람을 구하지 못했단 말입니다."

설리번은 무시무시했던 그날 밤이 자신을 좌절하게 만들었다고 했다. 최소한 잠시 동안은 그랬다. 그리고 또 다른 사고가 일어났다. 이번에는 화재가 아니라 자동차 사고였다. 어떤 청년이 운전 미숙으로 자동차를 전봇대에 들이받는 사고를 일으켰는데, 설리번과 그의 동료들은 그를 온전히 꺼내기 위해 여러 시간 동안 작업해야 했다. 청년의 왼쪽 다리가 부서진 잔해 사이에 끼어 꼼짝도 하지 않았다. 다른 응급 구조 요원들이 구하려면 당장 다리를 절단해야 한다며 설리번에게 비키라고 했다. 설리번은 알았으니까 1분만 시간을 달라고 요청했다.

"다섯 달이 지난 뒤 그 친구가 고맙다는 말을 전하려고 찾아왔어요. 목발을 짚고는 있었지만 어쨌든 다리는 붙어 있더라고요. 그러니까, 그때는 우리가 뭔가 해냈다는 느낌이 들었죠."

설리번은 이런 이야기를 자랑스럽게 말하거나 장인의 자부심 따위를 내세우지 않았다. 그저 덤덤하게 이야기했다. 그런데 그는 그 유명한 몰입을 들어본 적이 없다고 했다. 그래서 내가 설명을 해줬더니 고개를 흔들었다. 그에게 중요한 것은 일이 돼가는 과정이 아니라 그 일을 하는 그 사람들이었다.

"우리는 그 모든 일을 함께 경험했습니다. 그게 우리를 계속해서 움직이게 만들었어요. 우리가 겪는 일은 우리 말고 누구한테 이야기하겠어요? 또 우리 말고 누가 그걸 이해하겠어요? 이 소방서에서 28년 동안 근무했는데, 그동안 이 일을 그만둔 사람들은 손에 꼽을 정도입니다. 우리는 왔다 갔다 하지 않아요. 한 가족입니다."

소방관들이 굳이 우리가 접했던 것처럼 일-보수의 연관성, 복잡성, 자율성과 같은 요소들에서 일의 의미를 찾지 않을 수도 있다. 그래서 이론은 겉으로는 그럴 듯해 보여도 이론일 뿐이다. 내가 보기에 그들은 동료들과의 연대감을 통해서 일의 의미를 만들어갔다. 이른바 '밴드 오브 브라더스(band of brothers)'라는 동료의식은 소방관은 물론 군인이나 경찰들이 일의 의미를 찾는 데 중요한 요소로 보인다. 다른 직업군에도 유효한 요소일 것이다. 〈뉴욕 타임스〉 문화평론가 찰스 맥그라스(Charles McGrath)는 TV에서 인기를 끌었던 한 직장 드라마를 분석하면서 다음과 같이 결론 지었다.

"직장생활을 하는 대부분의 사람들에게 일터는 많은 시간을 보내며 살아가는 곳이고, 직장에서의 관계는 우리가 좋아하든 않든 간에 우리 가족들과의 관계만큼이나 중요하다."[11]

그래서 많은 사람들이 굳이 그 일 자체가 아닌 이런 관계로 인해 아침에 일찍 일어나게 되는 것이다. 프랫은 이렇게 분석했다. 다른 사람들과 자신을 연결하고자 하는 욕구가 일의 원동력인 사람들은 대체로 2가지 범주 중 하나에 속한다. 특별한 소명을 받은 사람들이 아니면 도시 직장인의 범주에 속한다. 소명을 받은 사람들은 의무감이나 운명 또는 둘 모두에 의해 동기를 부여받는다. 그들은 그들 스스로 있어야 할 곳에 있지만 동시에 그들의 동료들을 위해 있기도 한다. 어딘가에 사용되기를 원하고 있는 것이다.

이와는 대조적으로 도시 직장인들은 일자리가 갖고 있는 예측 가능성에 끌린다. 그들은 무엇을 기대해야 하는지 이미 알고 있기 때문에 매일 출근하는 것이다. 신뢰할 수 있는 일단의 동료들과 변함없는 급여명세서, 도시 직장인들은 신기하고 새로운 도전을 바라지 않는다. 그들이 바라는 것은 안정성이다. 프랫의 분석을 들으면서 나는 소명을 받았다고 믿는 사람들이 일반적으로 직무에 더욱 뛰어날 것이라고 생각했다. 하지만 설리번이 이런 생각을 수정해줬다.

"아니오, 소방관도 월급을 받고 그 안정적인 월급 때문에 일하는 소방관들도 대부분 일을 잘합니다. 우리 모두가 그저 자신이 할 일을 할 뿐입니다."

그러나 소명으로 움직이는 사람들은 존재한다. 그리고 특히 프랫이 '불꽃들(sparks)'이라는 별칭으로 부르는 소방관 집단은 위험해 보인다. 불꽃들은 근무 시간이 아닐 때조차 수신기에 붙어 있으면서 호출하지 않았는데도 항상 자발적으로 화재 현장에 나타난다. 열정이 넘친다. 이런 식의 무급 초과근무가 좋은 일처럼 보일 수도 있지만 그렇지 않은 경우가 더 많다. 아마 여러분에게도 지나치게 의욕만 앞세우는 워커홀릭 한두 사람은 있으리라고 생각되지만, 이런 사람들이 전체 일에 방해가 되거나 프로젝트를 망치는 경우가 있을 것이다. 불꽃들 중에서도 그런 사례가 있는데, 설리번은 과거 자신의 팀원이었던 한 소방관에 대해 놀라운 이야기를 들려줬다. 하지만 마찬가지로 덤덤했다.

"불을 지른 게 그였어요. 그가 방화범이었던 거죠. 흥분감 때문에 그런 짓을 했다고 하더군요. 말하자면 영웅이 되고 싶었던 거죠."

극단적인 사례이긴 하지만 일에 대한 비뚤어진 열정은 좋지 못한 결과를 가져오는 경우가 많다.

■ 일의 의미와 만족은 별개 ■

열정에 관한 사전적 정의는 강력하면서 통제가 거의 불가능한 감정이지, 우리가 일을 해나가는 과정에서 반드시 보기를 원하는 무엇은 아니다. 열정적인 사회사업가는 어떤 고객을 지나치게 파고들어 그 고객에게 손해를 입히게 될지도 모르고, 열정적인 엔지니어는 앞서 나가려는 욕구 때문에 동료의 일을 방해할지도 모르며, 열정적인 경찰관은 어린 아이의 물총을 진짜 권총으로 착각할지도 모른다. 몰입을 해야 하는 일에는 수많은 종류가 있다는 사실을 부인하는 사람이야 없겠지만, 열정만은 가슴의 문제로 아껴두는 것이 옳다.

그렇다면 우리가 갖고 있다는 가장 비효율적인 자질인 열정이 의미 있는 일을 위해 필수적이라는 믿음은 어디에서 나온 것일까? 정확히 꼬집어 말할 수는 없지만, 어떤 이들은 그 시작을 에이브러햄 매슬로(Abraham Maslow)의 책으로까지 거슬러 올라가기도 한다. 매슬로는 브룩클린의 가난한 가정에서 태어나 자랐는데 무려 일곱 아이들 가운데 장남이었다. 그는 학대하는 자신의 부모를 싫어했고 젊은이로서의 자신도 싫어했다.[12] 하지만 대학원에 들어가서는 이 세상에는 진정으로 착한 사람들이 존재한다고 믿게 됐으며, 당시 주류였던 프로이트 심리학 이론들이 지나치게 정신병리학(psychopathology) 측면에만 초점을 두면서 인간의 강점은 등한시한다고 생각했다. 그래서 그는 병리적 측면이 아닌 행복과 자기만족에 연구의 초점을 맞췄다. 특히 자신과 같은 사람들이 어떻게 불안정한 출발에서 살아남아 성공할 수 있었는지를 탐구했다.

매슬로에게는 '욕구 단계 이론(hierarchy of needs theory)'를 대중화시킨 공로가 있다. 인간 욕구에는 단계가 있는데 그는 이를 피라미드로 그려 설명했다. 피라미드의 최하단부에는 음식, 집, 잠, 섹스와 같은 생리적 욕구가 기초를 이루고 있다. 매슬로는 인간은 하위 욕구가 충족되면 그 다음 단계로 올라가면서 더 복잡한 욕구를 충족시키려 한다고 주장했다. 생리적 욕구 바로 위의 단계는 감성적·재정적 안정과 같은 안전의 욕구다. 여기까지 충족되면 애정과 소속감의 욕구로, 그 이후로는 자아존중의 욕구로 발전한다. 이 모든 욕구가 충족되고 나면 최후의 정점을 향해 나아가게 되는데, 바로 자아실현의 욕구다. 창의성, 자발성, 도덕성, 문제 해결 능력을 보여주는 가장 높은 단계의 욕구다. 자아실현을 하는 사람들은 유쾌하고 열린 마음을 갖고 있으며, 낙천적이고 독립적인 사색가들이다. 매슬로의 욕구 단계 이론은 경영자라면 모르는 사람이 없을 정도로 유명하다. 그리고 모든 고용주가 맨 마지막 피라미드 최상층의 자아실현의 욕구에 관심을 가진다. 고용주라면 누구나 원하는 요소들이기 때문이다. 그러나 불행하게도 매슬로는 이 단계의 욕구를 가진 사람은 극히 소수이며, 100명 중 1명 정도만 이 단계에 도달한다고 여겼다. 우리 대부분의 보통사람들은 그 아래 세속적인 차원에서 삶을 살아간다는 것이다.

매슬로의 이 이론은 제2차 대전 직후 단단히 자리 잡았는데, 이 시기는 이른바 지식인들이 공공연하게 노동자들의 슬픈 운명을 한탄하던 때였다.[13] 노동자들은 일괄적으로 착취당하고 있는 우둔한 존재들로 정형화돼버렸다. 당시 존 슬로컴 2세(John Slocum Jr.)는 이렇게 썼다.

"지나친 전문화, 사소한 규정들, 모욕감, 피로감 등이 평균적 계급에 있는 노동자들의 형편없는 삶의 질을 표현하는 말이다."[14]

또한 당시에 널리 활용됐던 교과서에는 이런 내용도 실려 있었다.

"젊은 노동자들은 상당한 임금에도 불구하고 대량 생산이라는 고도로 합리적인 일자리에서 일하는 것에 대해 반발심을 가졌다."[15]

이런 분위기에 매슬로 역시 동조했을 것이다. 실제로 그는 관리자들이 노동자들로 하여금 그들의 기본적인 욕구 너머를 볼 수 있도록 도와야 하며, 그렇게 해서 자아실현 단계로 나아가도록 북돋아줘야 한다고 강조했다. 이런 주장은 '고용주-피고용인' 관계에 대한 사고방식에 커다란 변화를 대변했다고 할 수 있는데, 노동자들이 자신들의 보수 이외에는 별다른 요구를 하지 않는 사무적인 관계에서 고용주들이 피고용인들에게 개인적 자기만족의 기회를 약속하는 관계로 변화한 것이다.

그렇지만 이 이론은 사고와 직관에 근거했을 뿐이며, 매슬로는 자신이 주장한 욕구 단계나 고용주들이 피고용인들의 열망을 구체화시키는 입장에 있다는 이론을 뒷받침할 만한 실험 증거는 제시하지 못했다. 그런데 역설적이게도 자아실현까지는 아니지만 노동자들의 만족도는 매슬로 이론의 전성기 때 더 높았고 오늘날보다도 상당히 높은 수준이었다는 것이다.[16] 한 연구조사 결과를 보면 다수의 미국인들이 공장 노동자로 일하고 그때까지는 고용주들이 '의미 있는' 일자리를 제공해주지 않던 1950년대와 1960년대에서 1970년대까지 이어진 기간 동안 무려 92퍼센트에 달하는 피고용인들이 자신의 일에 만족하고 있었다.[17] 응답자들이 만족하고 있는 이유는 제각기 달랐다. 당시에는 매우 소수였던 화이트칼라 노동자들은 직업 만족도의 가장 중요한 요소로 '도전적 업무'를 꼽았다. 노동 인구 대부분을 차지하고 있던 블루칼라 노동자들은 '금전적 보상'에 가장 높은 우선순위를 뒀다. 또한 블루칼라 노동자들은 화이트칼라 노동자들에 비해 동료들과의 관계, 부수적인 복지 혜택, 직업 안정성에 더 큰 중요성을 부여했다. 블루칼라 노동자들은 상대적으로 도전적인 업무에 대해서는 큰 관심을 두지 않았다.

물론 이 시기는 노동조합 가입 회원수가 최고조에 달했던 때로 실질임금과 복지 혜택이 상승하기 시작했고 미국 연방정부와 주정부가 노동자들을 지원하고 보호하기 위한 법률을 제정하던 시기였다. 예를 들면 1962년 미국에서는 2가지 상징적인 사건이 일어났는데, 최초의 범국가적 직업훈련 계획인 인력개발 및 훈련법(Manpower Development and Training Act)이 제정됐으며, 사회보장법(Social Security Act)에 직업훈련과 배치를 지원하기 위한 규정인 공공복지 수정 조항(Public Welfare Amendment)이 추가됐다. 이로부터 8년 후인 1970년에는 당시 대통령 리처드 닉슨(Richard Nixon)이 '윌리엄스-슈타이거 직업 안정 및 건강법(Williams-Steiger Occupational Safety and Health Act)'에 서명했는데, 미국 내 거의 모든 노동자들의 직업 안정성과 건강 기준을 정립하고 강화하는 권한을 연방정부에게 주도록 규정한 법이었다.

비록 이런 정책들로 인해서 모든 노동자들이 혜택을 본 것은 아니었지만, 그래도 많은 정규직 노동자들은 최저생계비를 보장하는 '빈곤 임금(poverty wage)'의 혜택을 받게 됐으며, 수백만 노동자들의 작업 환경이 개선됐다. 모든 노동자는 아니더라도 대다수 노동자들은 여전히 자아실현의 느낌을 갖지 못하거나 자신이 하고 있는 일에 도전의식을 갖지 못했지만, 안정감과 소속감을 갖게 됐으며 그래서 그들은 자신들의 직장생활에 만족한다고 응답한 것이다.

1980년에 들어서면서부터 미국의 직업만족도는 꾸준히 하락하기 시작해 현재까지도 회복되지 못하고 있다. 21세기의 첫 20년을 앞두고 있는 지금 이 순간에도 절반 이하만이 자신의 일자리에 만족하고 있다고 응답했는데, 다른 요인들보다는 보수, 복지, 승진, 교육, 직업안정성 등의 요인은 낮은 점수를 줬다.[18] 더욱이 70퍼센트를 웃도는 다수의 응답자들은 자신이 일을 열심히 하고 있지 않다고 응답했다.[19] 그렇게 할 만한 특별한 이유가 없다는 이유였다. 이렇게 혁신의 요인은 자연스럽게 무너지고 있다. 매슬로 이론에 대입해봐도 별로 열심히 일하지 않는 사람들이 그들에게 요구되는 최하 수준을 벗어나 더 많은 것을 하지는 않을 것이기 때문이다.

몇 년 전 〈애틀랜틱(Atlantic)〉의 온라인판 독자들을 몇 명 초청해서 그들의 일에 대한 경험을 들어볼 기회가 있었다. 그때 나는 독자들이 보낸 반응의 범위와 깊이를 보고 놀라움을 금치 못했는데, 특히 20대들의 반응이 그랬다. 논조도 초점도 각양각색이었지만 그들 대부분에게서 공통적으로 '실망감'이라는 느낌이 전해졌다. 또한 그들은 자신이 하고 있는 일에 만족하면서도 동시에 크게 열심히 하지 않을 수도 있다는 사실을 명확하게 보여줬다. 스물네 살의 공인회계사는 이렇게 말했다.

"현재 대규모 회계 법인에서 일하는데 많은 거래처를 확보하고 있는 곳입니다. 성공한 것 같고, 이 점에 대해서는 감사하고 있습니다. 그렇지만 이제 포기할까 하고 심각하게 고민하고 있어요. 이 일이 내 인생에 별 의미를 주지 못하는 것 같습니다. 일하는 데 문제는 별로 없어요. 확실히 내 일을 잘하는 방법과 기술을 알고 있습니다. 하지만 스스로에게 매일 던지는 질문은 '왜 아침에 일어나서 별로 좋아하지도 않는 일을 하러 나가야 하지?' 하는 거예요.

지금의 나는 내가 되려고 했던 사람이 아니에요. 지금의 일은 자아실현에 전혀 도움이 되지 않는 것 같습니다."

스물여섯 살의 애널리스트는 이렇게 설명했다.

"경제적·문화적 이상주의가 범람하던 대호황의 시대에 성장한 부모님이나 선생님들은 우리에게 마음만 먹으면 무엇이든 이룰 수 있고 일에 만족하면서 수입도 괜찮은 직업을 가질 수 있을 거라고 했습니다. 내가 행복해질 수 있는 그 무엇을 찾으라는 말을 수도 없이 들었죠. 열정적이기만 하면 돈을 벌 수 있다고 말입니다. 설령 돈을 벌지는 못한다고 해도 하루 일과가 끝날 때쯤에는 행복감을 느낄 거라고요."

그러나 일은 예상대로 되지 않았다. 그의 일은 상당히 도전적인 것이었는데도 그에게 가져다주는 것이라고는 안정적인 보수 말고는 없었다. 그가 내린 결론은 이랬다.

"아침 8시에서 오후 5시까지 하는 일인데, 거기에서 어떤 의미나 성취감도 얻지 못한다는 데 솔직히 충격을 받았습니다."

사실 이런 근심은 주변으로부터 비난받기 십상이다. 이 20대들이 자신들의 '8시~5시'로부터 소외감을 느낀다고 해서 이게 진짜 우리에게 무슨 경고가 되는 걸까? 이 질문에 대한 대답은 이제 막 대학을 졸업한 사회초년생의 말을 들어본 뒤 생각해보자.

나는 우리 세대가 오직 미래에 대한 투자에 해당하는 활동 시간에만 가치를 부여하도록 훈련받았다고 믿고 있습니다. 개인적인 흥미를 추구하는 것은 투자로서 가치가 없는 것이기 때문에, 우리는 우리가 하는 일이 곧 우리의 개인적인 흥미가 되어야 합니다. 우리는 일을 우리의 열정에 맞춰 넣든가 아니면 우리의 열정을 하는 일에 맞춰 넣어야 합니다. 그 결과는 우리가 원하는 일자리를 잡지 못했을 때 엄청난 실망감으로 돌아왔습니다. 정체성을 찾는다는 게 엄청난 상처를 남기게 됐는데, 우리 개개인이 우리 자신을 찾기 위해서는 우리의 일부를 포기해야 하기 때문입니다. 우리의 개성은 욕구에 의해 정의됩니다. 그 욕구란 바로 남이 아닌 나의 욕구입니다. 그런데 일자리를 구하고 유지하기 위해서는 내 욕구를 고용주의 욕구와 일치시켜야 합니다. 만약 일이라는 게 개인에게 목적을 주는 것이라면, 고용주는 자신의 목적 달성을 위해서 다른 사람에게 의존해야 한다는 말이 됩니다. 그렇다면 그의 정체성은 직원들의 손에 달려 있게 되는 것입니다.[20]

조지아공과대학교 심리학 교수 하워드 와이스(Howard Weiss)는 이런 생각들에 대해 듣고 나서 이것이 사실 너무나 당연한 이야기라고 말했다. 와이스는 사람들의 경험을 추출해서 해석하는 연구를 오래도록 해왔는데, 아직도 대부분은 불가사의로 남아 있다고 했다. 그는 자신의 연구가 "일로부터 열정, 목적, 만족감을 찾아야 하는가?"라는 질문에 대답을 명확히 할 수 없는 이유를 일에 관한 개인적 경험에 대해 연구된 바가 별로 없기 때문이라고 설명했다. 이 말은 그가 수행한 대부분의 연구는 피고용인들에 초점이 맞춰진 게 아니라, 고용주들이 최종적으로 직원들로부터 최대한의 성과를 뽑아내고자 '종업원들을 어떻게 다루는 것이 최선인가' 하는 문제만 연구했다는 의미였다. 그는 이런 연구 결과가 사람들로 하여금 일로써 더 이상 행복해지도록 하는 것이 아니라, 일을 하면서 더 행복해지지 않는 데 불안해하도록 만들고 있다고 설명했다.

"우리가 연구하지 못했던 수많은 질문들이 있습니다. 우리가 손을 대지 못했던 까닭은 그동안 따랐던 연구 방법들이 개인 그 자체가 아닌 조직 내에서의 개인을 이해하려는 요구로 개발된 것이었기 때문입니다. 이런 조직중심적인 연구로는 우리가 원하는 통찰력을 확보할 수 없습니다. 사실 우리는 여태껏 개인이 실제로 경험하고 있는 일에 대해 충분하게 들여다본 적이 없습니다. 일을 의미 있는 것으로 만드는 핵심적인 특성을 추출하는 것이 가장 중요한 단계입니다. 왜냐하면 21세기는 일에서 얻는 심리적 이득이 고용이라는 경계 밖에서도 자연적으로 축적되는 환경에 놓여 있기 때문입니다. 그렇기 때문에 한 걸음 물러나 노동자의 입장에서 일을 바라봐야 합니다."

제6장

마음의 습관

지난 30년 동안 일어났던 진정한 사회적 혁명은, 아직도 우리가 그 한가운데에서 살아가고 있는 것으로, 우리를 위해 광범위하게 조직돼 있던 삶으로부터 우리 모두 어쩔 수 없이 자신의 운명을 책임져야 하는 세상으로 변한 것이다.

_찰스 핸디(Charles Handy)

■ 일의 심리학 ■

우리가 아침에 만났을 때 에이미 브르제스니에브스키(Amy Wrzesniewski)의 머리카락은 바람에 흩날려 산발이었고 무척 허기진 듯 보였다. 그녀는 학생들의 숙제에 성적을 매길 수 있는 혼자만의 시간을 만들고자 아이가 깨기 전 새벽 3시에 일어났다고 했다. 그러고 나서 걸음마를 시작한 아이를 운동복으로 갈아입힌 다음 이유식을 먹이고 나서 자전거를 몰고 예일대학교 경영대학원에 있는 자신의 사무실로 출근했다. 그녀는 오늘 벌써 세 번째인 커피 잔을 홀짝이면서 〈내 삶의 이야기〉에서 수영장 물을 퍼내고 있는 포스트에 '좋아요'를 누르며 이렇게 말했다.

"밤에 비가 내리면 언제나 수영장에 물이 고이죠. 그러면 다음날 아침에 일어나서 물을 퍼내야 해요."

브르제스니에브스키 교수는 미래의 기업 경영자들을 훈련시키고 있는데, 기업을 통해 수입을 많이 올리려는 의사는 없는 것 같았다. 그녀의 지난 생일은 수업에 대한 책임감, 연구 참가 요구, 점점 커가는 자신의 아이 등의 이유로 축하할 시간을 내지 못하고 지나갔다. 파티는커녕 저녁 먹으러 나가지도 못했다. 그렇지만 남편 앤서니(Anthony)는 좋은 선물을 준비할 정도로 감각이 좋았다. 귀걸이? 꽃? 뉴욕 닉스 농구 게임 입장권? 무엇이었을까?

"나일론 속옷 여섯 벌을 선물로 받았어요. 정말 원하던 거였죠. 전에 입던 속옷은 임신으로 다 늘어졌거든요. 그걸 남편이 알고 있었나 봐요."

어릴 적 그녀는 감사할 줄 알도록 양육됐다. 그녀는 필라델피아 외곽에서 자랐다. 가정 형편은 썩 좋지 못했다. 그래도 열심히 생활을 유지했다. 아버지는 선술집 담배 자판기에 담배를 채우고 주크박스를 손본 다음 정유소로 출근했고, 어머니는 야간 간호조무사로 일했다. 부모님 모두 노동조합에서 활발하게 활동했다. 부부는 서로 밤낮이 바뀌어 근무하느라고 평일에는 거의 만나지 못했지만, 둘 다 자식들을 주의 깊게 보살폈다. 에이미는 이렇게 말했다.

"부모님은 우리가 열심히 공부해서 B나 C를 받으면 자랑스럽게 생각하셨지만, 대충 했는데도 A를 받았다면 썩 즐거워하시지 않았어요. 그리고 그런 점을 자식들에게 알려주려고 하셨어요. 노력해야 한다는 것을요. 두 분에게는 노력이 전부였습니다."

그녀는 대수학 시험에서 88점을 받고 나서 크게 실망했던 일을 회상했다.

"다른 애들은 거의 공부를 하지 않았는데도 만점을 받았어요. 내게 그건 공평한 게 아니었죠. 내가 그렇게 말하자 어머니는 걱정하셨어요. 그리고 말씀하셨죠. '그러면 열심히, 정말 더 열심히 공부했는데도 C를 받은 애를 생각해봐. 너는 운이 좋은 거야. 더 좋은 성적을 받고 싶으면 다시 가서 더 열심히 공부해.' 이것이 제 인생이 바뀌는 순간이었습니다. 이후 더욱 열심히 공부하는 게 제 신조가 됐어요."

에이미는 열심히 공부한 덕분에 학비 일부를 장학금으로 받아 펜실베이니아대학교에 진학했다. 이때가 이 학교에서 '긍정심리학'이 새롭게 막 자리 잡기 시작하던 1990년대 초였다. 당시 주류인 프로이트 학파는 자아도취증, 과대망상증, 우울증, 정신분열증과 같은 절망의 병리학에 집중하고 있었다. 이에 반해 새롭게 떠오른 긍정심리학자들은 이 분야의 아버지라 할 수 있는 에이브러햄 매슬로처럼 보다 희망적인 방향을 들여다보고 있었으며, 우리가 추구해야 할 관대함, 낙천주의, 쾌활함, 용기와 같은 품성을 대중에 심어주고자 시도하고 있었다. 에이미는 대학원에 다니면서 자연스럽게 이런 긍정적인 접근법으로 쏠려 들어갔지만 그렇다고 환상을 품지는 않았다.[21] 그녀는 이렇게 말했다.

"자라면서 일이 커다란 기쁨을 가져다줄 수 있다는 사실을 깨달았어요. 하지만 소외감 같은 심리적 고통도 동반한다는 사실도 알게 됐죠. 그 밑바닥까지 내려가보고 싶었어요. 똑같은 일이 어떤 이유로 누구에게는 긍정적으로 작용하고 누구에게는 부정적인 영향을 미치는지 밝혀내고 싶었습니다."

우리 가운데 많은 사람들이 가족이나 친구, 가까운 동료 또는 특정한 사건으로 인해 삶의 방향이 달라진 경험을 떠올릴 수 있을 것이다. 에이미의 경우에는 1985년 출판된 논문집 《마음의 습관(Habits of the Heart)》이 그랬다.[22] 이 책의 저자인 사회학자 로버트 벨라(Robert Bellah)는 1996년 개정판을 내면서 서문에 이런 내용을 추가했다.

"대부분의 사람들에게 근본적인 불안감은 경제 발전이 더 이상 기회와 노력이 아니라 조직 축소나 업무 재조정, 해고 통지서를 의미한다는 현실에서 기인한 것이다. 그러나 이렇듯 번영에 대한 위협이 계속해서 거세지고 있음에도 불구하고 의아한 부분은 경제라는 게임에서의 이 같은 규칙 변경에 대중의 저항이 거의 없다는 사실이다."

《마음의 습관》은 이 뒤로 이어지는 논문들을 통해 점점 더 강화되고 있는 개인주의에 대한 집중과 약화되고 있는 공동체 의식으로부터 일어나고 있는 필연적 긴장에 대해 탐구하고 있다. 탐구의 일환으로 이 책은 사람들이 자신들의 일과 맺고 있는 관계를 3가지로 크게 구분해 설명하는데 '일자리', '경력', '소명'이 그것이다.

자신이 '일자리'와 관계를 맺고 있다고 여기는 사람들에게 근무 시간은 대부분 하루 중 일의 시작과 끝을 의미한다. 그리고 일자리 밖에서 삶을 지탱해줄 뭔가를 갈구한다. 이 부류의 사람들은 일자리를 통해 야망, 관심, 목적을 표현하기는 하지만 자신의 욕구는 다른 곳에서 채우려고 모색한다. 또한 이들은 스스로를 평가할 때 고용주들이 세워놓은 기준에 따르려고 하지 않는다.

이들과는 대조적으로 자신의 일을 '경력'으로 여기는 사람들은 스스로의 가치를 측정할 때 직장에서의 직위나 성취를 기준으로 삼는다. 그들은 자신들이 하고 있는 일에 많은 투자를 하며 그것이 사회적 지위나 권력을 반영한다고 믿는다.

자신이 하고 있는 일을 '소명(또는 생업)'이라고 여기는 사람들은 삶과 일이 영적으로 분리되지 않는다고 생각한다. 그래서 소명을 받았다고 믿는 사람들은 금전적 보상이나 성취감에는 크게 개의치 않으면서 일의 목적과 임무 그리고 그 일 자체가 형성하는 사회에 더 많은 관심을 갖는다. 이 소명을 받았다고 여기는 사람들에게는 종교의 부름과 유사한 신학적 울림이 있다. 그렇다고 소명이 신앙적으로 숭고한 정신을 일깨운다는 것을 뜻하지는 않는다. 심리학자이자 교육개혁가인 존 듀이(John Dewey)는 "삶을 개인이 자각할 정도로 중요한 것으로 만들어주는 모든 것들이 소명"이라고 규정한 바 있다.[23] 듀이의 기준에 따르면 소명이 늘 전통적인 의미에서 사회적으로 연관되는 것일 필요는 없으며, 사람이 어느 특정한 업무가 아니라 일반적으로 일에 접근하는 태도나 기질 또는 방식을 의미하는 단어다.[24]

■ 소명감을 느낄 수 있는 일과 '좋은' 일자리 ■

듀이의 이론에 흥미를 가지게 된 에이미는 이를 실험하기로 결심했다. 그녀의 핵심적인 질문은 '소명을 받았다'라는 경험이 어떤 특정 종류의 일자리에 수반되는 역할인지 아니면 듀이의 말처럼 그 일을 수행하고 있는 개인의 역할인지 하는 것이었다. 에이미 연구 팀은 대학교와 인근 보건소에서 일하고 있는 의사, 간호사, 컴퓨터 프로그래머, 도서관 사서, 보건교육자, 분석가, 행정보조원, 사무원 등 다양한 직업을 갖고 있는 200여 명의 사람들을 대상으로 위의 질문을 포함하는 설문조사를 진행했다.[25]

이를 통해 그녀가 발견한 점은 조사 대상이었던 사람들 대부분이 자신의 일이 일자리, 경력, 소명 중 어디에 속하는지 아무런 어려움 없이 분류하고 있었다는 사실이다. 그들은 자신이 현재 어디에 서 있는지 잘 파악하고 있는 듯 보였다. 그리고 설문조사 결과 이런 평가가 일자리 그 자체가 아니라 그 일을 하고 있는 사람의 태도와 견해에 깊은 상관관계를 갖고 있다는 것도 발견했다.

일례로 행정보조원이라는 일에 대해 살펴보면 에이미의 연구에서 응답자의 약 30퍼센트는 이 일을 단순히 '일자리'로 분류했고, 30퍼센트 정도는 '경력'으로 분류했으며, 나머지 30퍼센트는 '소명'이라고 답했다.[26] 그들 각자에게 무엇이 달랐을까? 소명을 받은 사람들이 다른 이들보다 더 높은 보수를 받거나 더 도전적인 업무를 담당하는 것도 아니었다. 더 많은 자율성을 누리고 있지도 않았다. 차이점을 만든 것은 일자리든, 경력이든, 소명이든 간에 각각의 행정보조원들이 그들이 맡은 역할을 인지하고 수행하는 방식에 있었다.

에이미 연구 팀의 행정보조원으로 일하는 친절한 아주머니는 내게 집에서 직접 만든 초콜릿 케이크를 주었는데, 자신의 일을 소명으로 알고 그렇게 받아들인 것이 틀림없어 보였다. 반면 그녀 옆에서 일하는 젊은 여성은 내가 길의 방향을 잃어서 물었을 때 어깨만 한 번 으쓱했던 사람인데, 자신이 일하는 위치를 단순한 '일자리'로 생각하고 있다는 암시를 받았다. 이 두 여성은 거의 비슷한 업무 책임을 부여받고 있지만, 이런 책임이 성취라는 측면에서 가져다주는 결과에 대해서는 전혀 다른 견해를 갖고 있는 듯 보였다.

에이미의 연구와 이와 유사한 다른 연구 결과도 다수의 일터에서 일하는 사람들이 거의 균등하게 이 3가지 범주 중 하나에 든다는 사실을 말해주고 있다. 우리 중에서 많은 사람들이 믿고 있는 것과는 달리, 각 개인은 어떤 직업에서건 '소명'을 느낄 수 있다. 일자리 자체가 아니라, 우리 각자가 일자리에 접근하는 방식이 가장 큰 차이점을 만들어내는 요소인 것이다.

초밥을 만드는 요리사를 예로 들면, 어떤 사람에게는 긴 시간을 들여 생선을 얇게 도려내 조각으로 만드는 일이 매우 지겨운 것으로 생각될지 모른다. 그저 일이니까 하는 것이다. 하지만 나는 우리 중에서 생선 회 뜨는 일을 소명을 느끼면서 할 수 있는 사람들은 많지 않고, 만약 억지로 그 일을 해야 하는 상황이라면 반드시 손가락을 베이거나 하는 사고로 이어지리라고 확신한다. 하지만 우리 모두 이것이 그 일 자체가 아니라 그 일에 대한 우리의 태도를 반영한 결과라는 사실을 본능적으로 이해하고 있다. 우리는 이미 생선회를 뜨는 장인과 그들의 열정에 대한 이야기를 들은 적이 있기 때문이다.

다큐멘터리 영화 〈스시 장인: 지로의 꿈(Jiro Dreams of Sushi)〉의 주인공인 85세의 일본인 오노 지로(小野二郎)는 스키야바시 지로(Sukiyabashi Jiro)라는 초밥집의 주인이자 주방장이다. 이 초밥집은 지하철역과 붙어 있는 도쿄의 사무실 건물 1층에 자리 잡고 있다. 지로는 매일 아침 일찍 주방에 들어서는데 이곳에서 모든 것이 시작된다. 일본에서 지로는 유명한 쇼쿠닌(職人)이다. 쇼쿠닌은 자신의 기술을 통해 완벽함을 추구하는 장인을 일컫는다. 이 명예로운 이름은 기술적 완성도뿐 아니라 사회적 의식까지도 포함하는데, 쇼쿠닌에게는 모든 것을 향상시키기 위해 언제나 최고의 일을 해야 할 의무가 있다. 이것이 지로에게는 일종의 긴장감처럼 보인다. 이 쇼쿠닌은 한줌밖에 되지 않는 음식이지만 단 20여 분 동안 즐기는 미각적인 황홀경에 기꺼이 수백 달러를 지불할 의사가 있는 고객들을 위해 자신의 기술을 최대한 발휘한다. 그가 초월적인 목표를 지치지 않고 추구함으로써 다른 사람들 역시 같은 것을 추구하도록 움직이고 있다는 관점에서 긍정의 힘의 좋은 사례라고 말할 수도 있을 것이다. 지로는 자신의 일을 성취하고 거기에 만족할 뿐 아니라 완전히 빠져들었다고 할 수 있으며, 그 스스로의 입장에서는 소명을 다하는 영웅이다. 그가 자신의 소명을 찾은 것은 분명해 보인다.

하지만 한편으로는 지로의 경우는 어떻게 소명이 양날의 검이 될 수 있는지를 보여주는 매우 강력한 사례가 될 수 있다. 지로는 어떤 면에서는 '폭군'이다. 그는 절대 거스를 수 없는 규칙과 요구조건을 세워놓고 다른 사람들이 자신의 기준에 따르기를 강요한다. 다큐멘터리를 보면 그는 고객들이 자신의 초밥을 반드시 최상일 때 먹어야 한다고 강요하는데, 그 최상의 타이밍이란 초밥이 만들어지는 바로 그 순간이라서 고객들은 초밥 20개로 이뤄진 400달러짜리 코스를 30분 이내에 허둥지둥 먹어야 한다. 더욱이 누군가 초밥을 한입에 통째로 먹지 않고 조금만 씹는다면 그는 지로의 조수들이나 때에 따라서는 지로 본인에게 질책을 받게 된다. 다큐멘터리에서는 지로의 친자식들조차 그가 나타나면 위축된다.

끊임없이 발전하려는 지로의 의지는 자기애의 한 형태로 해석될 수 있다. 영화는 우리와 같은 사람들에게는 쉽게 받아들여지지 않을 만한 그의 행동들을 그럴 듯하게 설명하고 있다. 지로는 자신의 일에 모든 것을 쏟아 넣었으며, 그 대가로 많은 것을 얻었지만, 그의 희생이 그를 진정으로 행복하게 했는지 여부는 알기 어렵다. 다만 한 가지, 그와 부인이 함께 보내는 시간이 너무나 적은 것이 명백한데, 자식들도 부모의 관계에 대해서는 거의 알지 못한다. 이렇다면 소명은 소명을 받은 사람에게 위험을 초래할 수도 있다.

심리학자 제프리 톰슨(Jeffery Thompson)은 모르몬교의 공식명칭인 예수 그리스도 후기 성도 교회가 운영하는 미국 최대의 신학대학교 브리검영대학교(Brigham Young University)에서 교수로 활동하고 있다. 모르몬교 가정에서 자라나 그 교리를 잘 알고 있는 사람이며, 또한 충족되지 않는 기대의 위험성도 잘 알고 있다. 그는 이렇게 이야기한다.

"만약 여러분이 뭔가 '소명'을 채우기 위해 이 땅에 왔다고 믿는다면, 여러분이 어떤 이유에서건 그 일을 하지 못하게 된다면, 여러분은 이를 도덕적인 실패로 믿을 것입니다."

그는 우리가 어떤 직업에 대해서 자신이 소명을 받았다고 믿으면 믿을수록 그 직업과 함께 오게 마련인 어려움을 참거나 아예 무시하는 경향이 더욱 강해진다고 설명한다. 또한 이런 식으로 어려움을 받아들이는 것이 우리가 탁월함을 추구할 수 있도록 이끌어주기도 하지만, 비현실적인 기대와 착취로 스스로를 이끌 수도 있다고 지적한다.

톰슨은 자신의 연구를 J. 스튜어트 번더슨(J. Stuart Bunderson)과 함께 쓴《자연의 부름: 사육사, 소명 그리고 의미 있는 일이라는 양날의 검(The Call of the Wild: Zookeepers, Callings, and the Double-Edged Sword of Meaningful Work)》을 통해 발표했는데, 여기에 통렬한 비판을 담고 있다.[27] 사육사는 그리 수입이 높은 직업이 아니다. 2017년 미국 사육사들의 평균 시급은 11.95달러였다.[28] 이는 이 직업이 요구하는 높은 교육수준에 대비했을 때 상당히 낮은 수준이다. 톰슨과 번더슨의 연구 대상인 1,201명의 사육사들 중에서 4명 중 1명꼴로 1개 이상의 학위를 갖고 있었다. 그리고 사육사들 중에서 자신이 진급하기를 희망하는 사람이 아예 없다고는 할 수 없지만 극히 소수였다. 더욱이 그들의 일이라는 게 얼핏 보기에 매력적인 것도 아니다. 그들의 일 대부분은 감사할 줄 모르는 관람객들이 지켜보는 가운데 감사할 줄 모르는 짐승들을 먹이고 돌보는 것이다. 사회적 지위 측면에서는 어떤가? 자신들이 얼마나 낮게 평가되는지 한 사육사가 자신의 경험담을 이렇게 털어놓았다. 수녀 한 분이 학생들 한 무리를 인솔하는 중에 자신이 청소하고 있던 동물 우리 옆을 지나가면서 이렇게 말하는 것을 들었다고 했다.

"애들아, 봐. 공부 열심히 해야지, 그렇지 않으면 저 아저씨처럼 된단다."

그럼에도 불구하고 일반적으로 사육사들은 자신이 하는 일에 마음을 **빼앗**기고 있는 것으로 알려져 있다. 즉, '소명'을 느끼고 있는 것이다. 그들 중 많은 사람들이 자신의 유전자 속에 그 직업이 새겨져 있다고 하면서 운명적인 것으로 느끼고 있다. 그들 대부분은 동물을 돌보는 일에 커다란 의무감을 갖고 있는데, 그들의 언어로 말하자면 동물원의 동물들은 인간으로 인해 자유를 **빼앗**긴 존재들이다. 일부 사육사는 자신들의 일은 천직이라서 설령 보수를 받지 못한다고 해도 기꺼이 그 일을 하겠다고 고백했다. 실제로 많은 사육사들이 터무니없는 박봉을 받고 일하고 있으며, 일부는 정규직이 되기 전까지 여러 해 동안 무보수 자원봉사자로 일하기도 한다. 톰슨은 이렇게 말한다.

"놀랄 일이 아닙니다. 사육사들은 자신의 일을 사랑해요. 하지만 일을 사랑하는 게 언제나 좋은 것은 아니라고 생각합니다. 최소한 노동자들에게 실제로 돌아가는 혜택이라는 측면에서는 전혀 좋은 게 아니라고 확실히 말할 수 있어요. 나는 브리검영에서 학생들은 가르치는 이 일을 사랑합니다. 그렇지만 이런 이야기를 하는 데 어떤 거리낌도 없죠. 그래서인지 학교 측으로부터 그냥 가만히, 입 닥치고 가만히 있으라는 경고를 계속 받아왔습니다. 자기 일에 **빠져** 들어가는 것은 그 자체로 훌륭한 일이고 헌신적인 일도 그렇습니다. 그러나 반대 측면이 있습니다. 고용주들은 이런 이야기를 하는 것 자체를 좋아하지 않아요. 왜 그러겠습니까? 우리 모두가 우리가 하는 일에서 '소명'을 느끼는 것이 그들에게 가장 득이 되니까요."

■ 사람의 심리를 이용하는 고용주와 감시자들 ■

더 나아가 일부 고용주들은 외부 전문가들에게 의뢰해 여러 사람의 일자리 지원자들 중에서 '소명'을 받은 사람을 분류해낼 수 있는 알고리듬을 만들어 달라고 요청하기도 한다. 고용주들의 논리는 이런 부류의 직원들은 따지는 것도 요구하는 것도 없이 어떤 업무도 즐겁게 처리한다는 것이다. 에이미도 그런 계산법을 만들 기회를 제안받은 적이 있는데, 예의를 갖춰서 완곡하게 거절했다고 한다.

"오늘날 우리는 조직을 위해 일하고자 하는 사람들에게 더 많은 요구를 하는 시대로 이미 들어서 있어요. 많은 기업들이 직원들에게 눈속임도 많이 하고 근본적으로 잘못 전도된 태도를 취하기도 합니다. 우리 모두에게 반드시 소명이 필요한 것은 아닙니다. 모든 사람들에게 진정으로 필요한 것은 자신들이 하는 일에서 의미를 찾는 것입니다."

매년 봄마다 에이미는 전세계로부터 학자들이 모여드는 이틀 동안의 회합에 주동적인 역할을 하고 있다. 이 비공식적인 모임은 '의미 있는 회합(Meaning Meeting)'으로 불린다. 2004년 그녀가 처음으로 이 모임을 시작했을 때 전세계에서 오직 14명만 초청을 받았다.

"이제는 너무 많은 분들이 오셔서 돌려보내야 하는 상황입니다. 우리는 함께 모여서 최근까지도 아무도 이야기하려고 하지 않았던 이 수수께끼에 대해 공부하며 의미 있는 시간을 보냈죠. 수수께끼란 다름 아닌 대부분의 사람들이 자신의 일을 좋아하지 않는 이 시대에 어떻게 일에서 의미를 찾을 것인가 하는 반직관적인 아이디어를 일컫습니다."

내가 운 좋게 참석할 수 있었던 의미 있는 회합은 반바지와 티셔츠 차림으로 코네티컷 주 버크셔스(Berkshires)에 있는 잎이 무성한 은신처에서 열렸다. 이곳 시설은 산발적으로 문제를 일으켰고 아침식사도 끔찍했는데, 이를 문제 삼는 사람들은 없었다. 기이하게도 참가자들은 아무런 요구도 하지 않는 집단이었다.

사회학자인 미셸 앤터비(Michel Anteby)가 일어서서 제법 형식을 갖춘 발표를 진행했다. 평상시 그의 직업은 보스턴대학교 케스트롬 경영대학원(Questrom School of Business)의 교수로, 옥스퍼드 셔츠로 차려 입고 '인적자본 관리'와 같은 주제에 관해 힘이 넘치는 강의를 하는 사람이다. 그런데 버크셔스에서는 헐렁한 슬리퍼를 신은 채 자신이 '보이지 않는 일'이라고 부르는 보육이나 쓰레기 수거와 같은 일의 중요성에 대해 감동적인 이야기를 했다. 한때 이런 '눈에 띄지 않는' 직업들은 그들의 자율성이 지속될 수 있을 것 같던 때도 있었는데, 보육교사들은 아이들에게 읽어줄 책을 자신의 책임 아래 결정했고 언제 낮잠을 재울까 하는 부분도 마찬가지였다. 쓰레기 수거원들은 자신들이 휴식시간을 마음대로 결정할 수 있었으며, 필요하다고 느끼면 언제든지 샌드위치를 먹거나 담배를 입에 물 수도 있었다. 이런 식으로 사람들에게는 자신이 일을 목적에 맞춰 조정할 수 있는 자율성이 있었고 그것이 그들에게 의미를 주는 경우도 있었다.

앤터비는 그러나 지금은 감시에 대한 집착 때문에 인간이 스스로 일을 통제하려는 이런 유의 소심한 노력조차 위험에 처하게 됐다고 말했다. 보모 감시용 CCTV가 가정이나 어린이집, 유치원 등에 설치되는 게 일반화됐고, 이와 비슷한 일이 쓰레기 수거 분야에서도 일어나고 있는데, 2016년 미국 쓰레기 수거 및 재활용 기업 웨이스트 프로(Waste Pro)는 무선장비 업체와 제휴해 360도 영상 시스템을 1,800대 차량 모두에 설치하겠다고 발표했다. 이 회사가 자사 웹사이트에 올린 설명을 보자.

"웨이스트 프로의 제3의 눈 카메라는 차량 내부와 주변에 어떤 일이 일어나고 있는지 실시간으로 알 수 있도록 해줍니다. 웨이스트 프로는 이 같은 정보를 활용해 사고, 부상, 재산 파괴 등의 사태가 발생하기 전에 직원들에게 미리 알려줄 수 있습니다."

이곳뿐 아니라 직원들이 불특정 다수를 상대해야 하는 소매점, 은행, 식당 등에서 보안용 CCTV를 설치하는 게 일반화되고 있는 실정이다. 이런 추세는 창고를 갖고 있는 업계에서는 이미 일반화됐으며 사무실에도 점점 늘어나고 있지만, 고용주들은 이런 카메라들이 단순히 보안용이라고 주장한다. 공항에서도 마찬가지다. 이와 관련해 앤터비는 이렇게 말한다.

"공항 보안검색대가 특히 그렇습니다. 그곳 직원들은 자신들의 인간성이 사라져버리는 것처럼 느끼고 점점 더 영혼 없는 로봇이 돼가고 있습니다. 이해는 되죠. 테러나 마약 등 중대한 범죄를 미연에 방지해야 하니까요. 조금이라도 엉성해지면 걷잡을 수 없는 불상사로 이어지기도 할 것입니다. 사실 바로 그런 이유 때문에 감시 카메라가 설치된 것이고요."

나도 공항의 보안검색대를 수도 없이 통과해봤지만 미국 전역의 공항 보안을 담당하는 교통안전국 직원들이 그렇게 마음고생을 하고 있는 줄은 몰랐다. 다만 예전에는 자기들끼리 농담도 하고 승객들과 말을 섞기도 했는데 어느 순간부터 통 그런 모습이 보이지 않기는 했다. 실제로 보안 요원들과 인터뷰를 해보니 일련의 조치들로 인해 그들이 자신들의 일과 관련한 모든 의미와 목적의식까지도 사라질 수 있겠다는 생각이 들었다.

제이슨 에드워드 해링턴(Jason Edward Harrington)은 시카고 오헤어 공항(O'Hare Airport) 수하물 검색대에서 6년째 근무 중이었다. 몇 곳의 매체에 칼럼을 기고하는 자유 기고자이기도 한 그는 처음에 이 직장이 임시적인 것이라고 생각하면서 취업했지만, 몇 가지 이유 때문에 상당히 오랫동안 일하게 됐다고 말했다. 그는 만약 이 일이 그냥 일이라면 훨씬 더 오래도록 일할 수 있을 것 같다고도 말했다. 세계 각지에서 오는 승객들을 보는 게 흥미롭고 그 승객들 중 일부도 자신에게 흥미를 보이곤 했다. 그랬던 그를 맥 빠지게 한 것은 다름 아닌 의심의 기초 위에 세워진 감시 시스템이었다. 그의 일거수일

투족은 철저하게 추적되고 녹화되는데, 교통안전국에서는 모두 그를 보호하기 위해서 어쩔 수 없는 조치라고 주장한다.[29] 예컨대 이런 논리다. 가령 승객 중 한 사람이 아이패드를 분실하면 그 즉시 그가 호출된다. 그러면 녹화 영상이 그에게 잘못이 없음을 입증한다. 그러나 그의 말에 따르면 진짜 문제는 감독관들이 그 영상을 보면서 아주 사소한 잘못, 껌을 씹는 것부터 화장실 가는 것까지 모든 것에서 꼬투리를 잡을 기회만 노리고 있다는 사실이다. 그는 이렇게 항변했다.

"우리를 믿어주고, 우리를 존중해준다면, 우리는 정말로 이 일을 즐길 수 있습니다. 하지만 그들은 그러지 않죠. 그러니 우리가 할 수 있는 것이라고는 가능한 한 이곳을 빠져 나가는 것뿐입니다. 다른 직장을 구하지 못한다면 (그는 교통안전국 보안 요원들이 통상적으로 1주일에 한 번씩 다른 직장에 지원하고 있다는 사실을 알고 있었다), 근무 시간에 그놈의 카메라 범위 밖으로 나가 있으려는 최소한의 몸부림은 합니다."

감시 카메라를 이용하는 직접적인 방법이든 소프트웨어를 활용하는 간접적인 방법이든 간에, 피고용인들에 대한 감시 체제는 산업 전반에 빠르게 확산되고 있다. 이 추세는 특히 비극의 9.11 사태 이후 더욱 가속됐다.[30] 기술이 정교해지고 비용이 낮아진 것도 확산 이유가 될 것이다. 지문 분석에서 망막 스캔, 안면 인식에 이르기까지 보안 기술이 급속도로 발전한데다 시장이 커지면서 비용도 확연히 낮아졌기 때문이다. 3명의 고용주들 가운데 2명이 직원들의 웹사이트 방문 기록을 감시하고, 절반 가까운 고용주들은 직원들의 키보드에 기록 장치를 붙여놓고 있다.[31] 열에 한 명이 직원들의 개인 블로그를 감시하고, 또 열에 한 명은 직원들의 일과 후 활동을 알아내고자 소셜 네트워크를 감시한다. 미국 직장인들의 거의 절반이 공항 보안검색대에서 사용하는 것과 유사한 장비로 감시당하고 있다. 게다가 일부 기업들은 아예 대놓고 직원들의 개인 생활을 감시하는데, 직원들에게 업무용 스마트폰을 지

급하면서 GPS 등의 기능을 활용하고 있다.[32]

　예전에는 소시오메트릭 솔루션즈(Sociometric Solutions)라는 이름으로 알려 졌던 회사 휴머니즈(Humanyze)는 이른바 '기업을 위한 머니볼(moneyball)'이 라는 시스템을 이용해 한 걸음 더 나아간 접근방식을 선보였다.《머니볼》은 미국 프로야구 오클랜드 어슬레틱스(Oakland Athletics) 구단과 단장 빌리 빈 (Billy Beane)의 이야기를 다룬 마이클 루이스(MichaelLewis)의 책이다. 동명의 영화로도 제작돼 책보다 더 유명해졌다. 그 내용은 오클랜드 구단이 통계학 을 활용해 특별한 재능을 갖고 있는 선수들을 모아 팀을 구성한 실화를 바탕 으로 한 것이다. 빌리 빈은 선수의 출루율이나 장타율과 같은 객관적 통계 자 료에만 철저하게 의존하는 전략을 운영했다.

　휴머니즈 또한 기업 경영을 보다 효율적으로 만들기 위해 이와 유사한 전 략을 사용한다. 하지만 통계학에 의존하는 것이 아니라 직원들의 사원증에 음성 송신기, 위치 추적기, 속도계 등을 탑재해 직접 데이터를 수집한다. 표 면적인 이유는 직원 개인에 대한 감시가 아니라 회사의 전반적인 성과에 영 향을 줄 수 있는 직원들의 행동방식과 교류방식을 알아내기 위한 것이다. 실 제로 직원들이 커피를 들고 자신의 책상으로 돌아오도록 하는 것이 생산성 을 높이는 데 도움이 되는지 아니면 중앙에 배치한 커피 머신에 모여서 커피 를 마시도록 하는 것이 나은지 등을 이를 통해 판단했다. 휴머니즈가 수집한 데이터는 커피 머신에 모이도록 하는 게 전반적으로 직원들의 생산성을 더 높이는 것으로 분석됐다.[33]

　얼핏 생각해보면 전혀 해로울 것이 없어 보이고 실제로도 그랬을 것이다. 문제는 그와 같은 데이터를 활용하는 그 위의 세계에서 발생한다. 휴머니즈 에 기술자문을 한 적이 있는 로봇공학자 매트 빈(Matt Beane)은 직원들에 대해 서 투명하고 공정한 데이터 수집 과정이 보장되고 사생활과 관련한 데이터 는 활용되지 않도록 사측을 설득했다고 말했다.

"하지만 불행하게도 고용주의 생각은 달랐습니다. 그 정보를 경영진들이 공유해야 한다고 압박했죠."[34]

결국 그는 그렇게 할 수밖에 없었다. 개인정보 이용 등에 관한 동의서를 직원들에게 전부 받고 진행하는 시스템인데다, 그렇게 하는 데 걸림돌이 될 만한 법률적인 장치도 없었다.

앞서 언급한 앤드류 맥아피[35]는 워싱턴대학교의 라마 피어스(Lamar Pierce) 그리고 브리검영대학교의 대니얼 스노우(Daniel Snow)와 공동으로 완성한 감시에 관한 연구결과를 〈직원 전자감시를 찬양하며(In Praise of Electronically Monitoring Employees)〉라는 제목의 논문으로 정리해 발표했다.[36] 이들은 미국 전역에 흩어져 있는 392개 식당 직원들의 움직임을 실제로 감시하면서 추적하는 방식으로 연구를 진행했다. 자신들이 감시당하고 있다는 사실을 알게되자 직원들에 의한 절도 금액은 각각 식당마다 1주일 평균 약 23달러 줄어들었는데, 핵심은 이것이 아니었다. 이들이 주목한 부분은 각 식당마다 놀랍게도 1개월 평균 2,975달러 매출이 증가했으며, 특히 주류 매출만 1,000달러 가까이 늘어났다는 사실이었다. 맥아피는 이렇게 분석했다.

"이를 통해 알 수 있는 사항은 직원들이 결국 그들의 맡은 업무를 충실히하도록 유도함으로써 그것이 자연스럽게 성과로 이어졌다는 것입니다. 물론다소 단순화한 면은 있지만, 절도라는 나쁜 손버릇을 가진 직원들이 더 이상그 행위를 할 수 없다는 사실을 알게 됐기 때문에, 그들이 집에 더 많은 돈을가져가기 위해 선택할 수 있는 최선의 방법은 횡령이 아닌 더 열심히 일하고더 좋은 직원이 되는 것임을 자각할 수 있었던 것입니다. 유추해보건대 처음에 한두 사람의 직원들이 그런 식으로 행동하자 다른 직원들도 따라한 것 같은데, 이는 그 반대 상황에서도 마찬가지였습니다. 좋은 행동 역시 나쁜 행동만큼 전염성이 있으니까요."

맥아피는 자신들이 그 식당 직원들과 이와 관련한 인터뷰를 진행했는지의 여부에 관해서는 언급하지 않았다. 나는 만약 그들이 인터뷰를 하지 않았다면 반드시 했어야 옳다고 생각한다. 그들이 조사 대상으로 삼았던 식당 중에는 올리버 가든(Olive Garden)이 포함돼 있었다. 올리버 가든은 세계적으로 규모가 큰 요식업 기업인 다든 레스토랑(Darden Restaurants)의 자회사다. 다든 레스토랑은 미국에만 2,000개가 넘는 식당을 운영하고 있으며, 직원 숫자는 약 14만 8,000명에 이른다. 다든은 직원 중심의 경영을 하는 곳으로는 알려지지 않았다. 이 회사는 2016년부터 자사의 미국 내 식당 체인에서 일하는 직원들 중 절반에 대해 급여를 기존의 현금이 아닌 급여 카드 형식으로 지급하고 있다. 기업 입장에서 보면 매우 효율적인 방식이었는데, 간접비용 절감 효과가 높았다. 그러나 직원들 입장에서 보면 좋은 시스템이 아니었다. 그 카드를 사용할 때 붙는 수수료 때문이었다. 전기나 수도 등 공과금 납부 시 99센트가 수수료로 추가됐고, 가맹된 매장이 아닌 경우 계산 시 50센트가 수수료로 나갔다. 네트워크에 연결되지 않은 현금자동입출금기(ATM)를 이용해 현금을 인출할 때는 1.77달러를 수수료로 떼였다. 게다가 카드 잔금을 조회할 때마다 건당 75센트의 수수료가 붙었다. 카드를 분실해 재발급 받는 경우에는 10달러를 내야 했다. 10달러는 큰돈이었다. 올리버 가든에서 일하는 서빙 직원들의 경우 시급이 2.13달러에 불과했기 때문이다.

직원들이 감시를 받을 때 업무 성과가 올라간다는 주장, 그리고 그 덕분에 최소한 이론적으로는 공급 횡령과 같은 절도의 기회가 없어진다는 주장은 희망적인 내용을 담고 있지 못하다. 더욱이 신뢰도가 높은 연구 결과도 아니다. 식당들의 매출이 증가했던 이유에 관해 이들의 주장과 비슷한 정도로 설득력 있는 것은 당시 감시 소프트웨어를 심는 방식은 보다 조직적이고 일관적인 경영을 하기 위한 큰 그림의 일부였다는 주장인데, 따지고 보면 그게 그 소리다. 감시당하는 직원들이 스스로 매출 압박을 느껴서 고객들로 하여금 더 많은 물건을 구매하도록 유도한 것이라는 주장도 있는데, 이 경우에는 훗날 좋은 결과로 이어지지 않을 확률이 더 높다. 과다 소비를 한 고객들 덕분에 단기적으로는 매출 향상이라는 결과로 이어지겠지만 이후 자신들의 소비에 문제가 있음을 고객들이 자각할 수도 있고, 그런 방식의 영업이 장기적으로 계속 도움이되리라는 보장도 없기 때문이다. 압박감을 받는 것을 즐기는 사람은 거의 없다. 더 많이 먹고 마시라는 압박도 그럴 것이다.

여기에서 언급해야 할 문제가 하나 더 있다. 더욱 스트레스가 심해진 환경에서 근무해야 하는 저임금 직원들이 감수해야 하는 비용에 대해서는 일절 고려하지 않았다는 사실이다. 노동현장에 대한 거의 모든 연구에서 지적하는 부분은 감시 체계가 일터에서의 스트레스를 엄청나게 증가시켜 작업자의 소외감을 높이고, 직업만족도를 떨어뜨리며, 작업의 질보다는 개인이 만들어내는 작업의 양이 더 중요하다는 인식을 퍼뜨린다는 사실이다.[37] 치명적인 약점은 한 가지 더 있다. 영국의 인류학자 마이클 피셔(Michael Fischer)와 샐리 애플린(Sally Applin)은 최근의 연구 결과에 〈나를 감시하면 너를 감시하지(Watching Me Watching You)〉라는 아주 적절한 제목을 붙여 발표했는데, 이들은 일터에서의 감시에 대해 이렇게 언급했다.[38]

"기계에 맞춰 기계와 함께 일할 수 있도록 자신들의 행동을 더욱 자주 수정해나가면서 부지불식간에 아무런 생각 없이 일만 하는 문화가 만들어진다. 이는 직업의식이라는 개념을 침식하고 있다."

끊임없는 감시가 피고용인들에게 독립적으로 사고하고 행동하는 능력을 앗아가고 있다는 말이다. 그렇다면 직원들을 관찰하는 것이 고용주들에게는 이익이 될까? 예상과 달리 대규모 설문조사에서 2,300만 명의 노동자들이 하루에 최소한 1시간 이상을 허송세월하고 있다고 인정했는데, 이를 연간 비용으로 환산해보면 고용주들에게 무려 850억 달러의 손실을 입히고 있는 셈이 된다. 이 액수가 진실일까? 꼭 그렇지는 않을 것이다. 심리학자 하워드 와이스는 우리가 직장에서 하고 있는 모든 일이 꼭 명쾌한 실질적인 목적을 갖고 있는 것은 아니라고 지적한다.

"하루 일과 중 25~40퍼센트는 일과는 무관한 생각을 하는 데 할애한다는 사실을 발견했습니다. 사람들은 이에 죄책감을 느끼고 있고, 고용주들은 이를 당연히 좋아하지 않겠죠. 하지만 인간은 이렇게 딴 생각을 하는 과정을 통해 재충전을 합니다. 장기적으로 볼 때 이런 과정이 일을 보다 효율적으로 할 수 있도록 돕는 겁니다."

우리가 감시받는다는 사실을 인지하게 되면 업무 효율성이나 생산성이 증가할까? 이를 알기란 쉽지 않겠지만 일터에서의 감시가 거의 모든 곳에서 적용되고 있는 환경은 신뢰의 상실이라는 위험한 결과로 이어지는 경우가 대부분이다. 또한 자신들이 신뢰받지 못한다고 느끼는 작업자들의 생산성이 저하된다는 데 대한 방대한 증거가 나와 있다.[39] 에이미의 연구에 따르면 고용주들이 우리의 업무를 세밀하게 감시하는 것은 그 일로부터의 소외를 촉진한다. 고용주들은 우리가 독립적으로 사고하고 진취적으로 행동하기 어렵게 만들고 있는 것이다. 또한 우리가 일로부터 의미를 찾는 것을 거의 불가능하게 만든다. 실제로 직장에서 '눈속임'을 하는 사람들은 신뢰가 상실됐을 경우에도 그런 방식으로 보복을 하곤 하는데, 감시의 경우에도 마찬가지다. 예컨대 해링턴의 말에 따르면 교통안전국 직원들은 감시 카메라의 눈을 피하는 영리한 방법을 찾아내기 위해 엄청난 시간을 사용하고 있다.

■ 일자리를 내게 맞출 수 있을까 ■

에이미가 수집한 자료들은 일을 대하는 태도에 대한 통찰력을 뒷받침해주고 있다. 우리가 하는 일에서 최고의 성과를 내는 경우는 우리가 일하는 것으로부터 스스로 의미를 찾아낼 때이지 그 일 자체를 의미 있다고 바라보도록 강요될 때가 아니라는 사실이다. 에이미는 이렇게 말한다.

"우리가 갖는 일에 대한 생각은 결혼에 대한 생각처럼 빗나갈 때가 많아요. 나와 함께할 수 있는 영혼은 이 지구상에 단 하나밖에 없다고 생각합니다. 하지만 확실히 그렇지는 않죠? 단 한 사람의 '적합한' 사람을 찾을 확률이 얼마나 되겠어요. 적합한 나이, 적합한 지리적 거리 등등, 이런 사람이 당신의 일상에 뜬금없이 나타나게 될 확률이 얼마나 될까요? 너무 큰 바람이죠. 누가 그런 일이 일어날 때까지 기다리겠어요. 먼저 관계를 만들고 여러 기회를 모아서 서로 가장 가까워질 때까지 만들어가야 하죠. 일자리도 마찬가지예요. 이런 방식이 훨씬 더 현실적인 접근 방법이죠. 고용주가 당신에게 기회를 제공하기를 기대하는 것보다, 우리가 하는 일을 우리의 목적에 맞는 그런 일이 될 수 있도록 가공해야 하는 것입니다."

에이미가 주창하는 이른바 '일자리 가공 이론'은 그녀가 교수생활 초창기에 우연히 만들게 된 것인데, 계기가 된 사건은 29명의 병원 청소부들을 대상으로 한 연구였다. 그는 이들이 자신들의 일로부터 의미를 찾고 있는지, 있다면 그 요인이 무엇인지 궁금했다. 그녀와 연구 팀은 섣부르게 추측하거나 설문조사를 하는 대신 여러 달 동안 그들의 개인적인 이야기를 직접 듣고 기록했다. 모든 청소부들은 같은 병원에서 근무하고 있었고 별 차이 없는 업무를 담당하고 있었다. 그렇지만 모든 사람들이 일에 대해 똑같이 생각하는 것은 아니었다. 그들이 일로부터 얻은 경험은 서로 크게 달랐다. 그들 중에서 절반 정도는 그 일을 싫어하고 자신들의 일을 비숙련 노동으로 묘사했다. 이들 절반은 상사들과의 피곤한 근무 시간, 갖가지 많은 위험성에 대한 불평을 늘어놓았다. 이들은 불만에 가득 차 있었다. 그런데 다른 쪽 절반은 이와는 정반대의 시각을 갖고 있었다. 그들은 일을 즐겼으며 그 일을 고도의 숙련 노동으로 묘사했다. 한 마디로 그들은 만족하고 있었다. 그들은 다른 절반이 의미를 찾을 기회를 전혀 주지 않고 있다고 생각하는 바로 그 일에서 의미를 찾아가고 있었던 것이다.

이 두 그룹에서 드러난 태도의 차이가 너무나 극명했기 때문에 에이미는 이들이 같은 직장에 대해 이야기하고 있다는 사실조차 믿기 어려웠다. 그녀는 더욱 깊숙이 파고 들어가서 몇 가지 결정적인 차이점을 찾아냈는데, 그와 동시에 이런 차이점들이 그들이 하고 있는 구체적인 업무와는 아무런 연관성이 없다는 사실도 발견했다. 첫 번째 그룹에 속하는 사람들은 경영진이 요구하는 일 그대로만 수행했다. 그들은 병원을 깨끗하고 말쑥한 상태로 유지하면서 눈과 귀를 자신들에게만 돌렸다. 두 번째 그룹은 그들의 일을 완전히 다른 방식으로 표현했다. 병원을 깨끗하고 말쑥한 상태로 유지하는 것은 그들도 마찬가지였지만, 이와 함께 그들은 환자들을 보호해야 할 대상으로 여겨 침대 옆에 서성거리면서 환자들을 위로하고 심리적으로 도왔다. 그들은 병실을 청소할 때에도 침대 심장 모니터에서 눈을 떼지 않으면서 뭔가 잘못됐다 싶으면 간호사들에게 알렸다. 그들은 아이들을 즐겁게 해주고 나이든 환자들을 위로했다. 물론 그들은 자신들이 청소부라는 사실을 잘 이해하고 있었으며, 자기 깜냥을 벗어나는 일을 하지는 않았다. 하지만 그들은 자신들 역시 치료사라고 생각했다. 그들이 살피고 있는 환자들은 그들에게 감사를 표했다. 에이미는 이렇게 말했다.

"당신도 병원이 이런 것들에 주목했어야 한다고 생각하죠?"

실제로 병원에서도 주목을 하긴 했지만 주목한 방향은 완전히 달랐다. 두 번째 그룹의 청소부들은 크게 야단을 맞았고 청소 일이나 잘하라는 주의와 비아냥거림을 받았다. 에이미는 이렇게 덧붙였다.

"사실 아직까지도 그 청소부들이 환자의 상태에 긍정적인 영향을 미치고 있다는 가치를 평가할 지표가 없어요. 이런 걸 마련해야 합니다. 나는 여태껏 직원의 존엄성을 조직의 최종 가치로 여기는 회사를 본 적이 없어요."

■ 당신에게 일은 어떤 의미인가 ■

욕구 단계에 대한 패러다임을 창조했던 에이브러햄 매슬로는 자신의 이론을 어떤 이념적인 돌출부 없이 섬세한 조직구조를 통과해 상황을 풀어나갈 수 있는 타협안으로 봤다. 그의 목적은 노동자들을 직접적으로 돕는 게 아니라 고용주들이 피고용인 개인들의 욕구를 자연스럽게 조직의 요구와 일치시키는 환경을 만들 수 있도록 돕는 것이었다. 매슬로와 20세기 동시대인들에게 이는 일종의 '윈-윈 전략'이었다. 고용주들이 행복해지면 사업도 번창하고 그로 인해 피고용인들이 누리는 혜택도 커질 것이라는 논리였다. 사실 이런 생각이 완전히 틀렸다고는 할 수 없다. 다만 시대가 급변해 오늘날에는 조직의 목표와 노동자들의 목표를 일치시키는 게 무척이나 복잡한 일이 됐으며 많은 위험을 수반하게 됐다는 게 문제다.

우리가 알고 있듯이 제2차 대전과 그 이후 30년은 생산성과 임금이 거의 나란히 증가했다. 정부, 기업, 노동자들이 언제나 의견 일치를 봤던 것은 아니지만, 그래도 노동자들을 행복하게 하면서 동시에 경제도 원활하게 움직일 수 있도록 서로 협력했다. 생산이 계속 증가하면서 노동자, 경영자, 주주 모두 이익을 봤고, 임원들과 고용주들도 정당한 몫을 챙겨가는 것으로 보였다. 1965년 고용주 대 노동자의 보상 비율은 합리적 수준인 20대 1의 비율이었다. 그러나 1970년대 초부터 피고용인들과 고용주 사이의 권력관계에 변화가 생겼다. 생산성은 지속적으로 올랐던 반면 임금 상승은 미미해졌고 경영진들의 수입은 폭증했다. 다음 수치가 역사를 설명한다.

1973년부터 2014년 사이에 미국의 생산성은 매년 평균 1.33퍼센트씩 오른 반면, 임금 성장률의 경우 시급의 중앙값이 겨우 0.20퍼센트에 불과했다. 같은 기간 생산성 증가분 중에서 겨우 약 15퍼센트 정도만 보다 높은 시급이나 복지 혜택의 형태로 일반 노동자들에게 이전됐다. 미국의 생산성 증가로

얻은 이익 대부분이 주주와 경영진들에게로 흘러들어갔다는 말이다. 2013
년 최고경영자 대 노동자의 보상비율은 295.9 대 1로 1960년대, 1970년대,
1980년대, 1990년대보다도 훨씬 크게 격차가 벌어졌다. 물가상승률을 감안
한 경영자들의 연봉 역시 믿을 수 없을 수준인 957퍼센트 폭등했는데, 주식
시장 성장률의 2배가 넘으며 동기 대비 일반 노동자들의 임금 상승률 19.2퍼
센트와 비교하면 몇 광년은 족히 차이가 난다.[40] 바로 이때가 노동자, 주주,
경영진 사이에 있었던 도랑 정도의 격차가 바다만큼 벌어진 시기였다. 최근
프린스턴대학교 정치철학과 엘리자베스 앤더슨(Elizabeth Anderson)이 규정
한 바에 따르면 문제는 노동자들이 받는 존경, 지위, 자율성은 근본적인 인간
의 존엄성에 달려 있는 게 아니라 "그들의 시장 가치에 대략적으로 비례"하
고 있다.[41]

내 시장 가치가 사그라지게 되면 내 자아의식에는 무슨 일이 생길까? '의미
있는 회합'에서 영국 옥스퍼드대학교 사이드 경영대학원(Said Business School)
심리학과 교수 샐리 메이틀리스(Sally Maitlis)는 이 질문에 대해 완곡하게 대답
했는데, 그의 이야기는 거의 2년 가까이 행적을 좇았던 40명의 예술가들의
인생에 대한 것이었다. 이 예술가들의 절반은 전문 무용수들이었으며 나머
지 절반은 전문 음악가들이었다. 그들 모두 질병이나 부상으로 자신들이 사
랑하던 일로부터 떠나야 했던 사람들이었다.

"인생을 통째로 일에 바친 사람들이었어요. 자신들이 곧 일이었죠."
메이틀리스의 말이다.

"한 호른 연주자가 탄식했죠. '이 쇳조각 하나로 인생을 정의했는데 이제
무엇을 할 수 있겠는가'라고요."

메이틀리스는 예술가들과 두 번씩 이야기를 나눴는데, 두 번의 인터뷰 사
이에는 18개월의 간격이 있었다. 그들과의 대화로부터 상상하기 어려운 것
을 발견했는데, 더욱 강하게 자신의 천직에 대한 소명을 가졌던 사람일수록

그것을 잃게 됐을 때 더욱 깊은 절망에 빠진다는 사실이었다. 그가 던진 질문에 대한 그들의 대답은 놀라웠을 뿐더러 그와 다른 학자들이 일과 인생에서 일이 발휘하는 구심성에 대해 믿고 있던 것과도 완전히 상반되는 것이었다.

관현악단이나 무용단이라는 일자리에 더 많은 열정을 쏟고 있던 예술가들은 상실로부터 회복하기 가장 어려운 사람들이 됐다. 그들은 자신이 입은 부상 때문에 밀려나게 됐을 때 필사적으로 변해서 이 전문가에서 저 전문가로 옮겨 다니며 치료법을 찾았다. 그들은 치료법을 찾고자 웹사이트를 서핑하는 데 엄청난 시간을 투자했고, 주변 사람들에게 끊임없이 불평을 늘어놓았다. 게다가 한 사람 이상이 자살을 생각했었다고 고백했다. 마치 마리엔탈의 굴복한 공장 노동자들처럼 일자리 상실 이후에는 자신들을 위한 삶이 없는 것으로 여겼다.

이와는 대조적으로 관현악단이나 무용단 일에 대해 그다지 큰 열정을 보이지 않았던 예술가들은 상실로부터 거의 완벽하게 회복했을 뿐 아니라 오히려 의기양양한 사람들도 있었다. 그렇다고 해서 이들이 자신의 일을 사랑하지 않았다거나 강한 연결성을 갖고 있지 않았다는 뜻은 아니다. 그들 또한 자신들의 삶을 예술을 위해 헌신했던 사람들이다. 하지만 메이틀리스의 설명에 따르면 덜 열정적으로 보였던 사람들은 일자리의 정체성을 그들이 하고 있던 일의 정체성과 분리시켰던 사람들이다. 그들과 일과의 관계는 일자리로 정의되지 않았다. 그보다 그들은 자신들의 헌신을 내면화시켰고, 그 내면화된 헌신은 그들 자신이 누구인가 하는 존재의 일부로 남게 됐는데, 이는 그들의 경력이 끝장난 이후에도 사라지지 않았던 것이다. 어떤 트럼펫 연주자는 더 이상 그 악기를 연주할 수 없게 됐지만, 음악에 대한 헌신은 변함이 없어서 연주를 하고 싶은 욕구를 넘어서게 됐다. 그는 메이틀리스에게 이렇게 말했다고 한다.

"나는 돌아가서 열정적인 감상자가 될 거예요."

이후 그는 교사가 됐다. 그리고 트럼펫 연주로 보수를 받는 프로 연주자의 삶은 끝났지만 그는 여전히 아마추어 관현악단에서 트럼펫을 연주하고 있다. 여전히 의미와 목적을 유지한 채 자신이 좋아했던 일을 이제는 온전한 취미로 연결한 것이다. 자신들의 경력이 사라져버린 다음에도 계속 활약을 이어갔던 그와 다른 몇 명의 예술가들은 정작 그것이 일자리였을 때는 내비치지 않았던 일의 의미를 부여하는 방법을 비로소 찾아냈다. 그들이 가진 예술에 대한 욕구를 다른 방향으로 분출함으로써 예술 그 자체로의 진정한 몰입으로 의미를 확장한 것이다. 나아가 자신들의 열정에 다시 불을 붙일 수 있는 새로운 길을 찾아내 한때 그들이 몸담았던 일자리가 결국 비슷한 가능성을 가진 수많은 분출구 중 하나였다는 사실까지 깨닫게 됐다. 비록 일자리는 사라졌지만, 일과 그 일로부터 찾을 수 있는 의미는 사라지지 않았으며 언제나 그들과 함께 있을 것이다.

메이틀리스는 자신이 발견한 사실이 예술가들의 영역을 넘어 다른 직업으로까지 확대될 수 있다고 생각하고 있다. 그는 21세기 세계 경제의 안정을 위해 우리에게 요구되는 것은 우리 스스로를 일자리와는 독립적인 존재로 파악함과 동시에 우리가 하는 일의 정체성을 강하게 움켜잡는 것이라고 강조했다. 하지만 그렇게 하는 게 쉽지는 않을 것이며, 특히 오늘날처럼 하고 있는 일에 최선을 다하라는 압박을 받고 있는 상황에서는 더욱 그럴 것이라고 말했다.

"직원들이 가진 모든 것을 조직에 바치기를 원하고, 직원이 곧 일 자체가 되기를 바라는 고용주들의 생각이 하루아침에 바뀌지는 않겠죠. 피고용인으로서의 직원들도 마찬가지일 거고요. 자신이 있는 딱 그만큼만 일하기를 원하겠죠. 거기에서 성취감을 얻고 싶어 할 테고요. 조직에서 제공할 수 있는 그 수준에 맞춰서 일하겠다고 다짐하죠. 그런데 이 지점이 가장 위험한 마음가짐입니다. 우리는 어느 날 모든 것이 될 수 있어요. 원하던 분야의 최고 자리에 오를 수도 있죠. 그러나 반대로 우리는 바로 내일 해고될 수도 있습니다. 강등될 수도 있고 한직으로 발령 날 수도 있죠. 한순간에 아무것도 아닌 존재가 될 가능성도 충분히 있어요. 우리의 전문성이 다른 일자리로 가지 못하게 발목을 붙들 수도 있습니다. 완전히 뒤죽박죽돼서 일자리와 정체성 모두가 위태롭게 되는 것이 가장 끔찍한 일일 겁니다."

사실 우리가 어디에서 일의 의미를 찾고 어떻게 일에 의미를 부여할 것인가의 문제는 전적으로 개인적인 사안이다. 이 사실을 인지하는 것만으로도 일종의 해방감을 느낀다. 삶의 유지라는 가장 현실적인 욕구로부터 벗어나면 일의 목적의식에 관한 본질적인 욕구를 풀어놓을 수 있는 자유를 얻는다. 하지만 그것이 가능할까? 일하지 않고 살 수 있는 것이 쉬운 일인가? 상황이 또 미궁에 빠지려는 것처럼 느껴진다. 그렇기 때문에 일은 우리 인생에서 가장 중요하고 절실한 문제인 것이다. 어쨌든 지금까지 우리가 이 책에서 여기까지 온 길을 되짚어보면, 우리가 하는 일로부터 의미를 찾는 것은 건강한 시도이고 필수적인 것이긴 하지만, 우리 모두가 당장의 일자리로부터 의미를 찾을 수는 없고 그렇게 되기를 기대해서도 안 되며 그렇게 몰아가서도 안 된다는 이야기다.

많은 사람들이 그럴 것 같지만 내게는 가장 가까운 곳 바로 내 집에서부터 이 메시지가 친근하게 다가온다. 아버지는 소아과 의사였는데, 아버지는 당신의 일에는 뛰어났지만 그 일이 당신에게 의미가 있는 그런 일은 아니었다. 아버지의 열정은 사람이 아니라 식물을 향하고 있었으며, 일자리로서의 보수를 기대할 수 없는 그 일에 대한 열망은 정원을 설계해서 가꾸는 것으로 표출됐다. 우리가 갖고 있는 모든 집중력과 에너지를 이른바 의미 없는 일자리로 쏟아 붓는 것은 우리에게 커다란 짐이 되고 급기야는 고통스러운 절망감을 가져다준다.

앞에서도 계속 말했고 앞으로도 계속 말할 한 가지 중요한 사실을 다시 강조하고 다음 장으로 넘어가려고 한다. 좋은 일자리는 점점 더 희귀해진다. 그런데 일자리는 누구에게나 있어야 하며 있을 것이다. 그러므로 좋은 일자리가 의미 있는 일이어야 한다는 생각을 고집해서는 여러 이유로 힘들고 고달프다. 그 고정관념을 버려야 한다.

명백한 사실은 우리가 해야 할 일에는 끝이 없을 것이며, 우리는 그것이 어떤 일이든 하고 있으리라는 것이다. 그 일을 하고 그 일자리에 몸담고 있는 것이 자연스럽게 되면 이 세상은 보다 살기 좋은 곳이 된다. 이는 개인의 마음가짐 변화로 이룰 수 있는 것이 아니다. 변해야 하는 것들이 첩첩산중으로 쌓여 있다. 하지만 모든 것에는 순서가 있고 단계가 있다. 그리고 이 단계는 사회적·국가적 변화를 이끌어내는 것을 최종 목표로 한다.

지금 당면한 명확한 도전 과제는 새롭고 좋은 21세기의 일자리를 만들어내는 것이다. 아울러 20세기 계산법에 기초해 과거와 현재의 상황을 확실히 점검하고 미래로 나아가는 것이다. 그러려면 기존의 낡은 시스템을 개혁해야 한다. 우리의 정신적인 회복력을 유지하기 위해서는 모든 것을 현재의 일자리에만 의존할 수 없다. 21세기에 걸맞게 일에 관한 새로운 개념을 만들기 위해서 우리가 반드시 해야 할 과제가 있다. 일에 대한 전통적인 해석을 또다시 답습하지 않고, 일이 가져다주는 심리적·정서적·경제적 이익을 창출할 수 있는 새로운 방법을 찾아내는 것이다. 당연히 쉬운 과제는 아니지만 기운을 북돋아주는 시도가 될 것이다. 내 눈에는 이 과제를 시작할 지점이 분명하게 보인다. 다름 아닌 '학교'다.

교육이란 그릇을 채우는 것이 아니라 불을 붙이는 것이다.

_윌리엄 버틀러 예이츠W. B. Yeats

제3부

노동을 위한 교육

제7장
교육 격차와 임금 격차

오늘날 미국인의 삶에서는 2가지 이상이 패권을 놓고 투쟁하고 있다. 하나는 산업의 이상으로, 상업주의의 지배를 통해 모든 것을 압도해서 노동자들을 상품과 기계의 지배 아래 두고자 한다. 다른 하나는 민주주의 이상이자 교육자들의 이상이기도 한데, 인간을 모든 기계들의 우위에 두는 것으로 모든 활동이 삶의 표현이 되기를 요구한다. 이 2가지 이상은 미국에서 더 이상 공존하기가 불가능하다. 왜냐하면 이 상태가 계속 된다면 미국인들의 삶은 반은 노예이고 반은 자유인인 상태가 될 것이기 때문이다. 만약 학교가 이 세상의 일터에 즐거움을 가져다주지 못한다면 우리 인생 전체에서 즐거움이 사라지게 될 것이며 학교에서의 공부는 공장에서의 일과 마찬가지로 고된 것이 될 것이다.[1]

_마가렛 헤일리(Margaret A. Haley)

■ 오직 '일할 준비'를 위한 교육 ■

내 딸 앨리슨이 여덟 살이었을 때 나는 아이 아빠와 함께 학교에 불려가 면담을 한 적이 있다. 우리가 그런 식의 호출을 받은 것은 그때가 처음이 아니었다. 몇 년 전에도 앨리슨이 낮잠을 자지 않으려고 했기 때문에 이것이 유치원 규정에 대한 '중대한' 위반이라는 이유로 소환됐었다. 우리는 약속 시간보다 일찍 도착했는데, 초등학교 책상은 우리의 무릎보다 높이가 낮았다.

우리는 최악의 상황이 두려웠다. 선생님은 먼저 앨리슨에 대한 칭찬을 늘어놓다가 곧바로 핵심으로 들어갔다. 문제가 하나 있었는데, 이번에도 '중대한' 사안이었다. 우리는 그때 우리 딸이 잘난 척한다는 사실을 알았다. 그 아이는 다른 아이들의 문제를 돕기 위해서 정작 자신의 문제는 건성으로 빨리빨리 건너뛰고 있었다. 앨리슨은 더욱 허리띠를 졸라매고 공부에 정진해야 할 때였다. 초등학교 3학년이야 누워서 떡 먹기라고 해도, 중학교도 있고 고등학교, 대학교까지 생각해야 한다. 우리 딸의 미래는 떨리고 있는 우리의 손에 달려 있었는데, 잘못된 길이 아니라 성공에 이르는 길로 이끄는 것이 우리가 할 일이었다.

나는 깊은 갈등을 안은 채 선생님과의 면담을 마쳤다. 나는 우리 아이가 자랑스럽고 그 아이의 관대한 정신세계도 자랑스러웠다. 다른 아이들이 우리 아이가 그들을 도울 수 있도록 믿고 있다는 사실에 내심 뿌듯했다. 하지만 아이의 선생님이 옳다면? 여덟 살 나이에 벌써 미래가 꽉 막혀버렸다면? 결국 나는 굴복했다. 나는 아이에게 엄격한 엄마는 아니었으나, 앨리슨에게 다른 아이들을 돕는 것은 참 좋은 일이지만 자신의 일부터 먼저 챙기는 것이 영리한 것이라고 주의를 주었다.

나는 그 당시에 내가 잘못했다는 사실을 알고 있다. 공포심이 내 딸의 천성과 나 자신의 가치를 억누르게 만들었다. 하지만 그 시절 1990년대에는 미국이라는 나라 자체가 공포에 빠져 있었다. 그보다 한 10년 쯤 전에 로널드 레이건(Ronald Reagan) 행정부의 우수교육위원회(Commission on Excellence in Education)는 이렇게 경고했었다.

"미국은 한때는 도전자가 없었던 상업, 산업, 과학 및 기술의 우위를 전세계의 경쟁자들에게 따라잡혔기 때문에 이제 위기에 처해 있다."[2]

정말 무서운 일이었다. 이런 위협은 대부분 당시 경제적·기술적인 면에서 거인이었던 일본으로부터 왔다.[3] 미국인들은 만약 그들(미국의 아이들)이 깨어나지 않으면 일본인들이 그들의 점심(일자리)을 뺏어 먹을까 봐 겁에 질렸다. 기업들의 후원을 받고 있던 경제개발위원회(Committee for Economic Development)는 미국의 어린이들이 오늘날의 일, 특히 미래의 일에 제대로 준비하지 않고 있다고 지적해 불난 집에 부채질을 했다. 여기에 그들이 1985년 발표했던 보고서의 일부가 있다.

대기업과 중소기업의 고용주들은 모두 이 나라의 고등학교 졸업생들이 일에 대한 준비가 미흡하다고 비난한다. 젊은이들 중에서 25퍼센트 이상이 고등학교 과정을 마치지 않는다. 졸업해서 상위학교에 진학하는 다수는 읽기와 쓰기에 대한 보충 교육이 필요하며 대학의 약70퍼센트가 이 과정을 개설하고 있다. 학교에 재학 중인 17세 학생들 약 13퍼센트는 기능적으로 문맹이며 44퍼센트는 문맹은 아니지만 경계선에 놓여 있다. 학교를 중퇴하는 학생들 중에 기능적인 문맹의 비율은 60퍼센트일 것으로 추정된다. 반면 미국의 가장 강력한 경쟁자인 일본은 전세계에서 고등학교 졸업자 비율이 가장 높아 100퍼센트에 육박하고 문맹률은 가장 낮아 거의 0퍼센트다. 일본의 학생들은 더 많이 공부하고 더 많이 배우고 있다. 과학과 수학 성적에서 일본의 시험성적이 가장 높다.[4]

교활한 일본인들, 그들의 자동차가 멋지고 그들의 음식이 더 건강에 좋은 건 알겠지만, 이제는 아이들까지 더 똑똑한 것인가? 이 나라 교육의 '위기'를 '경제적 위협'으로 슬쩍 바꿔버리자 산업계의 수장들은 마치 자기들이 학교 교육과 관련한 전통적인 사상가인 것처럼 자신들의 위치를 주장했는데, 사실 그들은 그 문제에 대해서는 거의 아는 것이 없는 것으로 보였다. 이런 사상가들 중에서 가장 눈에 띄는 사람은 당시 IBM 최고경영자였던 루이스 거스트너(Louis Gerstner)였다.[5]

그는 이전에는 과자와 담배를 만들어 파는 나비스코(Nabisco)의 전직 임원이었다. 그가 이 회사에 남긴 업적은 담배 상표 카멜의 광고용 만화 캐릭터 '조 카멜(Joe Camel)'을 국민적인 우상의 위치까지 끌어올린 것과 2개의 다국적 기업을 파산의 위기로부터 구해낸 것이었는데, 이때 그가 사용했던 방법 중에는 수만 명의 직원들을 해고시킨 것도 포함된다. 거스트너는 교육과 관련해서는 어떤 경험도 없었고 훈련을 받은 적도 없었다고 의회에서 고백했던 적이 있지만, 그 분야에서 많은 시간을 보냈으며 그것을 입증할 수 있는 증거를 갖고 있다고도 주장했다.[6] 분명 증거는 충분했다.

1996년 거스트너는 뉴욕 주 팰리세이즈(Palisades)에 위치한 IBM의 대회의장에서 전국교육위원회(National Education Summit)를 주최했다. 이 회의에는 미국 50개 주 가운데 41개 주의 주지사들과 미국 최대 기업 49개 회사의 최고경영자들이 참석했는데, 이들 대부분이 백인 남성이었다.[7] 이 회의에는 많지 않은 수의 교육 '전문가'들이 보조적인 역할을 했던 반면, 학생이나 학생들의 입장을 대변할 수 있는 사람들이나 교사들은 거의 참석하지 않았기 때문에 극히 소수의 입장이 돼버린 이들이 손쉬운 먹잇감이 됐다. 대중문화로부터 갖가지 비유가 언급되면서 이들에 대해 신랄한 공격이 가해졌다. 다음은 네바다 주지사 밥 밀러(Bob Miller)의 잔소리다.

"우리가 만화영화 〈비비스와 버터헤드(Beavis and Butthead)〉나 〈심슨가족〉 정도만 볼 수 있을 정도인 극히 낮은 수준의 교육 성취기준을 너무나 안일하게 허용하고 있는 것 아닙니까? 이 나라의 주지사들과 최고경영자들은 그런 평범한 사람들만 수동적으로 받아들여야 한다는 상황에 이제 신물이 납니다."

이들 주지사들과 최고경영자들이 바로 그 형편없는 교육의 산물들이라는 이야기는 하지 말기로 하자. 어쨌든 이것이 제2차 전국교육위원회였다. 제1차 회의는 1989년에 열렸다. 이 첫 회의는 기념비적인 사건으로, 50개 주 수만 개의 학군들이 정부의 리더십이 없었으면 위기에 처한 나라에 산재한 숱한 도전을 극복할 수 없었음을 인지한 기회였다. 당시 조지 부시(George H. W. Bush) 대통령이 주최한 이 회합에는 49개 주의 주지사들(최고경영자는 없었다)이 참석해 가장 예민했던 몇 개의 난제에 대해 합의를 했는데, 그중에는 모든 교사들이 자격을 갖춰야 한다는 규정, 가능한 한 모든 미국인들이 고등학교를 졸업하도록 하는 정책, 모든 학교가 마약, 술, 총기로부터 안전해야 한다는 목표 등이 포함돼 있었다.

미국 대통령이 선두에 섰던 첫 번째 교육 관련자들의 모임에는 원대한 포부가 있었으며, 이 나라의 대표자들이 지원 방안과 공동의 목표를 찾기 위해 한자리에 모여 기회를 모색한 행사였다. 하버드대학교 교육학과 잘 메타(Jal Mehta) 교수는 연설을 통해서 이 회의가 소박한 사람들이 자신들의 의지와 신념으로 엄청난 결과를 만들어가는 1898년도 영화 〈꿈의 구장(Field of Dreams)〉과 같은 낙관주의를 반영하며, 우리가 목표를 세우면 학교들이 그 목표에 달성할 것"이라고 말했다.[8] IBM의 최고경영자가 선두에 섰던 두 번째 회의에는 '꿈의 구장' 따위 이야기는 아예 없었다. 이 회의의 최종보고서의 결론은 이랬다.

"교육의 최우선적인 목표는 세계 경제에서 성공적으로 일할 수 있도록 학생들을 준비시키는 것이다."

암묵적인 협박은 별로 숨겨지지도 않았다. 만약 학교들이 더욱 엄격한 학업 기준을 세우고 시행해서 이 목표를 높이지 않는 한, 고객들(학부모들)은 마음대로 그들의 사업(아이들과 세금)을 다른 곳(사립학교)으로 옮길 것이다. 교육계는 이런 일련의 과정 전체를 점점 커지는 불안감을 안은 채 지켜보고 있었다. 애리조나대학교 교육심리학과 교수 토머스 굿(Thomas Good)은 그들을 대변해 우려의 목소리를 냈다.

"학교를 혁신하려는 최근의 정책들은 학술적인 연구의 증거들을 거의 고려하지 않은 채 개발됐다. 다수의 교육 관련 전문가들은 현재 제안되는 정책들을 완벽하지도 않고 제대로 실행되기도 어려울 것으로 보고 있다."[9]

상황을 더욱 악화시키고 있는 것은 이런 정책들에 필히 요구되는 투명성을 갖고 있지 않다는 점이었다. 기업가들이 아이들이 '일할 준비'를 갖출 수 있도록 지원해야 한다고 주장하지만 여기에서 그들이 말하는 '준비'란 그것이 어떤 사람의 생각이라도 될 수 있다는 것이었다. 그러는 동안 누가 이런 '개혁'에 필요한 재원을 부담하느냐 하는 의문이 생겨났다. 교육경제학자 노턴 그러브(Norton Grubb)는 내게 이런 이야기를 했다.

"보다 높은 기준을 달성하는 데 필요한 예산은 배정해주지 않으면서 그 필요성만 주장하는 것은 아무 소용도 없는 일입니다."

■ 21세기에도 적용되는 교육에 관한 공장 이론 ■

교육과 직업 준비를 뒤죽박죽으로 만드는 것이 점점 더 관례화되고 있다. 반대로 미국을 건국한 사람들은 교육을 노동자들을 양성하는 데 필수적인 것으로 본 것이 아니라 올바른 시민이 되기 위해서 필수적인 것으로 봤다. 1770년대에 토머스 제퍼슨은 '지식의 보다 범용적인 보급에 대한 법률(A Bill for the More General Diffusion of Knowledge)'의 초안을 만들면서 서문을 이런 식으로 시작했다.

"예전부터 권력을 위임받은 자들은 천천히 은밀한 작업을 계속해 독재자로 변모하곤 했다. 이를 방지하기 위한 가장 효과적인 수단은 최대한의 사람들을 계몽하는 것이다."

제퍼슨은 공립학교를 짓고 그 비용은 정부에서 부담해야 한다고 제안하면서 읽기, 쓰기, 수학을 그 학교에서 모든 자유로운 아이들과 남녀 성인들에게 가르쳐야 한다고 주장했다. 노예들이 제외됐지만 미국인들은 당시의 기준으로는 사실상 유별나게 교육을 잘 받은 편이었다. 1800년에 한 잡지에 실린 칼럼을 보자.

"지구상에서 미국을 제외한 그 어떤 나라도 과학의 기초 원리에 정통한 국민 비율이 높은 경우는 없으며, 자신의 이름을 읽고 쓸 수 있는 사람들의 비율도 마찬가지다. 유용한 지식과 언어 능력이 보급돼 거의 모든 개인들이 공유한다는 사실이 도덕적인 미덕과 공화 정부를 떠받치고 있는 가장 멋진 기둥들인 것이다."[10]

하지만 그때까지도 이런 '유용한 지식' 중에서 훈련받은 교사들에 의해 전달된 부분은 거의 없으며, 마찬가지로 모두는 아니지만 상당한 숫자의 미국인들이 학교에서 많은 시간을 보내지도 않는다.[11] 미국 건국의 아버지 벤저민 프랭클린은 자신의 아버지가 운영하는 양초 공장에서 일하기 위해 열 살에 학교를 그만뒀고, 에이브러햄 링컨은 그가 받은 정규교육을 모두 합해도 1년이 채 되지 않는다고 회상했다. 링컨은 이런 농담을 한 적이 있다.

"교사가 되기 위해 필요한 자격이란 것이 별로 없다. 내가 살던 동네에 부랑자가 한 사람 있었는데, 어느 날 그가 라틴어를 이해할 수 있다는 사실이 밝혀져 그 이후 사람들이 그를 마법사처럼 생각했다."[12]

여성참정권자였던 엘리자베스 캐디 스탠튼(Elizabeth Cady Stanton)은 자기 아이 6명 모두를 집에서 가르쳤으며, 교사라는 직업을 '지적인 침체의 연못'이라고 비난했다.[13]

하지만 마침내 정규교육과정이 유행하기 시작했다. 1890년대부터 1920년 사이의 급속한 산업화 기간이 끝날 무렵에는 모든 주에서 초등학교 과정이 의무교육이 됐고, 고등학교에 진학하는 학생들의 비율은 전체 인구의 대략 10퍼센트에서 50퍼센트로 급증했다.[14] 여전히 모든 미국인들이 정규교육이 꼭 필요한 것이라는 데 동의하지도 않았고 심지어는 특히 도시 빈민층에게는 바람직하지 않다고 생각하는 사람들까지 있었다. 청소년 노동에 관한 법률이 제정되는 1930년대 후반까지는 시골 지역의 학생들이 도시의 아이들보다 현저하게 높은 비율로 학교를 졸업했다.[15] 학교 출석률은 가장 산업화가 진행된 지역에서 가장 낮았다. 이런 지역에서는 어린이들이 공장의 임금에 이끌려서 공부로부터 멀어지곤 했는데, 당시에는 이들이 노동허가를 받을 정도로 충분한 나이를 먹은 것으로 생각되고 있었다.[16]

전국적으로 미성년자들의 노동을 근절시키는 법률이 제정된 계기는 대공황이었다. 꼭 어린 마음들을 보호하기 위한 정책이었다기보다는 희소해진 일자리에 대한 치열한 경쟁을 완화시키기 위한 목적이었다. 1938년 프랭클린 루스벨트(Franklin Roosevelt) 대통령은 농업 부문 이외에 모든 형태의 청소년 노동을 제한하는 공정노동기준법(Fair Labor Standards Act)에 서명했다. 이로써 많은 미국의 어린이들, 특히 도시에 사는 아이들이 학교에 가지 않을 이유가 사라졌고, 부모들도 아이들이 학교에 다니도록 격려할 충분한 이유를 갖게 됐다. 이렇게 대량 교육으로 이전하면서 부산한 산업 경제가 요구하는 것에 맞춘 '학교 시스템'을 갖추게 됐다. 산업이 발전하면서 공립학교들이 직업에 대한 준비에 초점을 맞추게 된 것이다(교육 자체를 위한 교육은 여전히 사회의 엘리트 그룹을 위해 확고하게 유지되고 있었는데, 이들은 대부분 아이들을 사립학교에 보냈다). 1917년부터 1933년까지 스탠퍼드대학교 교육대학원 학장을 역임한 엘우드 커벌리(Ellwood Cubberley)는 공립학교에 대해 만족하면서 다음과 같이 묘사했다.

"인생에서의 다양한 요구에 부응해 원자재(어린이)가 가공되고 제품으로 만들어지는 공장."[17]

제조업협회(National Association of Manufacturers) 회장이었던 시어도어 서치(Theodore Search)는 진심을 담아 이 견해에 동조해서 공공 교육의 가장 뛰어난 제품은 "우리의 산업과 상업의 지도를 따르는 숙련된 손과 훈련된 마음"이라고 선언했다.[18] 또한 교육위원회(General Education Board)를 설립해 공립학교에 수백만 달러씩 자금을 지원하던 대부호 록펠러 1세(John Rockefeller Sr.)의 고문 프리드릭 게이츠(Frederick Gates)는 '이 나라 내일의 학교'를 칭송하면서 이렇게 표현했다.

"완벽한 유순함을 통해 그들 자신을 성형하고자 하는 우리의 손에 맡겨 놓은 사람들. 우리는 이 사람들과 그 아이들 그 누구도 철학자나 박식한 사람이나 과학자로 만들려고 하지 않을 것이다. 우리는 그들로부터 작가, 웅변가,

시인, 문필가가 자라나도록 하지도 않을 것이다. 우리는 그들 중에서 위대한 예술가, 화가, 음악가가 될 어린 싹도 찾으려고 하지 않을 것이다. 또한 이보 다는 훨씬 소박한 희망을 품고 그들 중에서 누군가를 법률가, 의사, 목사, 정 치가, 정치인으로 키우려고 하지도 않을 것이다. 그런 사람들은 이미 너무 많 기 때문이다."[19]

20세기 초반에는 수많은 공립학교들이 뻣뻣한 계급구조를 갖고 있었으며, 대부분 여성인 교사들은 대부분 남자인 교장들의 지배를 받고 있었다. 그러 나 산업계가 공장의 일자리를 채워줄 대량생산물의 '훈련'을 밀어붙이고 있 었음에도 불구하고 학교교육의 '대량생산' 모델은 일률적으로 적용되지 못했 다. 실제로 일부 시골 지역에서는 이런 모델이 비현실적인 게 분명했는데, 그 곳 대부분의 어른들이 땅으로부터 수확하면서 살아가고 있었으며 자신들의 아이들 역시 그렇게 하기를 기대하고 있었기 때문이다. 그러는 동안에 앞선 생각을 하는 많은 개혁가들이 교육은 어린이들을 산업의 소모품으로 바꾸는 것이 아니라 그들을 독립적인 사고능력을 가진 사람들로 만들어 인생의 출 발점에 세우는 것이라는 주장을 하게 됐다.[20] 그렇지만 학교를 공장으로 보 는 잘못된 신화는 여전히 남아 있었다. 미국의 학교들이 예전과 마찬가지로 아직까지도 학생들은 거대한 조립 라인에 소요되는 수많은 부품으로 취급하 고 있다는 비난은 TED 강연회의 주제가 되고 있으며, 민주·공화 양당의 공 공정책에 대한 기초가 되고 있다. 다음은 오바마 행정부의 교육부 장관이었 던 안 던컨(Arne Duncan)의 견해다.

"미국의 12년 의무교육 체제인 K-12는 여전히 한 세기 이전의 산업 시대 의 공장 모델에 크게 의존하고 있다.[21] 한 세기 전에는 일리가 있었을 수도 있 지만, 교육에 관한 공장 이론은 21세기에는 명백하게 잘못된 이론이다."

이번에는 트럼프 행정부의 교육부 장관 베시 디보스(Betsy DeVos)가 2015 년 텍사스에서 한 연설을 들어보자.

"이는 산업 시대 대 디지털 시대의 전투이고, 포드의 모델 T 대 테슬라 전기자동차의 전투이며, 낡은 공장 모델 대 새로운 인터넷 모델의 전투입니다. 이는 기계파괴주의자들인 러다이트(Luddite)들을 상대하기 위한 미래의 전투이기도 합니다."

누구라도 실제 공장에 발을 들여놓은 적이 있는 사람이라면 알겠지만, 미국의 학교 중에서 공장을 본떠서 만든 학교는 아예 없으며 있다고 해도 극소수다. 또한 실제 미국 교사들 중에서 기계파괴주의자들도 거의 없을 것이다. 진실은 (가장 공장과 유사한 요소라고 한다면) 엄격한 기준과 평가 도구 같은 것들인데, 이런 것들은 이른바 교육개혁주의의 주창자들이 21세기 요구에 맞춰 '더 많은' 것이 필요하다고 주장하는 바로 그것들이다. 디보스의 이야기를 또 들어보자.

> 교육산업을 개방해야 합니다. 그리고 교육이 산업이 아니라는 농담은 하지 맙시다. 우리는 기업가들과 개혁가들에게 교육을 개방해야 합니다. 우리는 스타트업 기업, 벤처 기업, 그리고 생활의 모든 부분에서 일어난 혁신의 수혜자들이지만, 유독 교육 분야에는 그런 것들이 없었습니다. 그 이유는 교육 분야는 닫힌 시스템, 닫친 산업, 닫힌 시장이기 때문입니다. 그곳은 독점이며 막다른 골목입니다. 그래서 최고의 사람들, 가장 우수한 개혁가, 위험을 두려워하지 않는 사람들이 올바른 방향을 잡아줘야 합니다. 교육이 고립된 시스템으로 남아 있는 한, 우리는 교육에서 구글이나 페이스북이나 아마존이나 페이팔(PayPal)이나 위키피디아나 우버를 결코 보지 못할 것입니다.[22]

디보스가 공공교육을 와해의 시기를 눈앞에 둔 '산업'으로 규정하는 것은 양쪽 정당에서 기업적인 학교 개혁을 지향하는 사람들과 일치하는 견해다. 그들의 주장 중에서 가장 대표적인 것이 더욱 많은 공식적인 훈련, 특히 수학과 과학에 대한 훈련이 디지털 시대에 성공하기 위한 열쇠이며 학교들은 지금보다 훨씬 더 엄격하고 효율적으로 이런 훈련과정을 제공할 준비를 갖춰야 한다는 것이다. 사리에 맞는 말인 것 같기는 하지만 그것으로 충분하지는 않다. 원래 교육과 일이란 이런 이론의 옹호자들이 생각하는 것만큼 일차적인 선형관계를 갖고 있지 않기 때문이다.

이런 사람들에게 가장 중요하고 가장 널리 칭송받고 있는 책이 하버드대학교의 경제학자 클라우디아 골딘(Claudia Goldin)과 로렌스 카츠(Lawrence Katz)가 저술한《교육과 기술의 경주(Race Between Education and Technology)》인데, 저자들은 이 책에서 1890년부터 2005년 사이의 기간 동안 교육 참가율과 소득 성장률의 상호 진화에 대한 통찰력 있는 분석결과를 내놓았다. 비록 저자들의 의도였다고 확신하지는 못하지만, 그들의 통찰력을 통해 교육 그 자체만 갖고는 이 나라가 겪고 있는 일자리 대란에 대한 치료법이 되지 못한다는 사실을 깨닫게 됐다. 이유는 그들이 상당히 잔인해 보이는 모순점을 지적했기 때문인데, 그 모순이라는 것은 고등 교육의 시장 가치가 고등 교육을 받은 사람들이 가장 희소한 상황에서 가장 높아진다는 사실이다.

이 원칙을 정리하기 위해 우리는 높은 수준의 정규교육을 받은 미국인의 숫자가 매우 적었던 시대를 돌아볼 필요가 있다. 1800년대 후반에는 미국인들 중에서 6퍼센트 미만이 고등학교 졸업장을 갖고 있었다. 그래서 이 학위는 가치가 있는 것이었다. 고등학교 졸업장을 갖고 있는 사무원들은 그렇지 못한 사람들보다 1.7배에 가까운 보수를 받았다. 고등학교 졸업장을 소지한 중간관리자의 경우라면 이 격차가 더 크게 벌어져 학위가 없는 같은 급 관리자들에 비해 2.4배를 더 받았다. 자연스럽게 이런 임금 격차는 보다 많은 미국인들을 고등학교로 불러들이는 요인이 됐으며 실제로 그렇게 됐다. 그리고 수요와 공급의 원리가 그대로 적용돼 고등학교 졸업생들의 숫자가 늘어나자 임금 할증률은 떨어졌다. 1920년대 말 미국인들의 고등학교 진학률이 치솟아 오르면서 인구의 30퍼센트 가까이가 졸업장을 소지하게 되자, 학위를 가진 사무원이 그렇지 않은 동료들보다 더 받는 임금 액수는 미미해졌다. 교육이 더 이상 희소한 것이 아니게 되자 교육의 시장 가치는 감소했으며, 고등학교 졸업장도 더 이상 큰 부를 이룰 수 있는 급행열차표가 아니게 된 것이다.[23] 이는 완벽하게 맞아 떨어진다. 수요에 대해서 실제로 희소하거나 희소한 것으로 보이는 것들, 황금이나 송로버섯이나 피부과 의사는 값비싼 존재들이다. 수요와의 관계에서 덜 희소하거나 그렇게 보이는 목재 펄프나 바닷물이나 작가와 같은 부류는 훨씬 값이 싸다.

그렇다면 20세기 들어선 이후 90년 동안 줄곧 평균적인 교육 참가율의 지속적인 상승과 소득 불균형이 극적으로 감소하는 상황이 동시에 일어난 이유는 무엇일까? 여기에 대한 단순한 대답은 부유한 사람들이 언제나처럼 계속 부유해지는 가운데, 다른 사람들도 그렇게 됐기 때문이라는 것이다. 부분적으로는 노동조합이 활성화되면서 그들이 비숙련 노동자들이지만 최저생계비 수준의 임금을 받을 수 있도록 열심히 투쟁한 덕분이기도 하다. 하지만 이보다는 더욱 미묘하고 아마도 반직관적일 것만 같은 요인, 우리가 이미 건드렸던 적이 있던 요인을 꼽을 수 있는데, 더 많은 사람들이 교육을 받게 됨에 따라 교육의 시장 가치가 상대적으로 떨어졌기 때문이라는 것이다. 간략하게 정리하자면 이렇다. 발전된 기술은 교육받은 노동자들에 대한 수요를 증대시켰지만, 이 수요의 증가분은 거기에 맞춰 준비가 된 사람들의 숫자에 지속적으로 따라잡히곤 했던 것이다. 결과적으로 화이트칼라와 블루칼라 노동자들의 임금은 거의 평행선을 그리며 상승됐다. 1920년대의 경제학자이자 일리노이 주 상원의원이었던 폴 더글러스(Paul Douglas)는 당시 이렇게 예상했다.

"이전에는 화이트칼라의 일자리에서 독점적으로 누렸던 이점들이 점진적으로 줄어들다가 결국에는 아무런 잔여분도 남기지 않게 될 것이다."[24]

19세기 후반 '도금 시대'에는 자본가라는 새로운 계급이 대두되면서 역사상 유례가 없는 부의 집중현상이 나타나자, 그 시대의 수많은 관찰자들이 경고음을 울렸다. 이에 대한 반응으로 정부에서는 거대 재산에 대한 극도로 누진적인 부동산세를 주창하고 누진적인 소득세 체제를 도입했다. 이런 조세정책과 개혁정책이 다른 시대적 요인과 맞물리면서 1910년부터 1970년까지는 경제적 불평등이 완화됐지만,[25] 그 이후에는 빈부격차가 점점 더 벌어지고 있다. 경제학자 카츠와 골딘은 이런 소득 불균형의 확대 원인을 '교육의 퇴보'에서 찾고 있다.[26] 고등 교육 참여율이 2000년대 초반까지 지속적으로 하락했던 것이다. 그들은 부족한 교육으로 인해서 더욱 복잡한 기술, 특히 고도의 컴퓨터 기술이 요구되는 세계 경제 안에서 많은 미국인들이 좋은 일자리를 얻고 유지하기가 어려워졌다는 논리를 세웠으며 그들 이외에도 많은 사람들이 이 논리에 동조했다. 그들이 치료법으로 제안한 정책은 학교와 교사들에 대한 공공투자를 늘리고 보다 많은 젊은이들이 가능한 한 최고 수준의 교육을 받을 수 있도록 새로운 정책을 시행하자는 것이었다.

그들의 주장에 대해 이의를 제기하거나 의문을 표한 사람들은 거의 없었다. 여기에는 2가지 이유가 있었다. 첫 번째는 그들이 대단한 명성과 권위를 누리고 있는 하버드대학교 경제학자 2인조였다는 점이었다. 두 번째는 공공교육이 미국 역사 내내 최고의 영광이기도 했지만 동시에 속죄양이기도 했기 때문이다. 미국인들은 일반적으로 교육의 가치에 대해 동의하고 있지만, 미국의 교육 시스템이 첨단 기술 경제의 요구에 제대로 대응하지 못하고 있다는 비난이 팽배해 있다. 이런 이유는 특히 여러 세대에 걸쳐 이 나라의 '제대로 교육받지 못한' 노동력을 줄곧 한탄해왔던 산업계 리더들이 미친 영향이 컸다.[27] 그렇기 때문에 미국답지 않은 빈부의 격차를 만들고 있는 원흉으로 미국의 교육 시스템의 형편없는 질이 지적되자 이는 더더욱 그럴듯한 주장이 된 것이다.

나는 보다 높은 수준의 교육에 대한 투자가 예나 지금이나 매우 결정적인 요인이라는 카츠와 골딘의 주장에 동의하며, 여기에는 셀 수 없이 많은 이유가 있다. 그러나 교육과 교육에 대한 투자가 활성화된다고 해도 이것이 소득 불균형 문제에 미치는 영향은 제한적일 것이다. 그 이유는 최근 들어 중등 교육을 우리 시민들 모두에게 실시하고 나아가 대다수가 고등 교육을 받게 한다는 도전과제는 이미 달성됐기 때문이다. 2007년부터 고등학교 졸업률은 상승하기 시작해[28] 2015년 정점에 올라 25세에서 34세 사이의 성인 중에서 91퍼센트가 고등학교를 졸업했다.[29] 그러나 이 정도에 만족할 수 없는 것은 많은 전문가들이 대학 진학이라는 보다 높은 기준에 눈높이를 두고 있기 때문이다. 오바마 대통령은 대학 학위를 "미국의 모든 가정이 취득할 수 있어야 하는 경제적인 필수요소"라고 불렀다.[30] 사람들은 이 도전과제에도 전력을 다해 달려들었는데, 이 글을 쓰는 현재 시점에서 미국인들 중에서 33.4퍼센트가 최소한 하나의 학사학위를 갖고 있다.[31] 미국은 1위인 한국을 제외하고 전세계 어떤 나라의 시민들보다도 많은 숫자가 대학에 진학하고 있으며, 이런 특권을 위해서 지불하고 있는 비용도 대단히 높다.[32]

우리가 대학 교육과 관련된 경제적인 희생을 감수하는 이유는 교육이 직장에서의 우리의 가치를 높여줄 것이라고 믿기 때문이며, 여기에는 그렇게 믿을 합당한 이유가 있다. 그렇지만 1900년대 초반의 사무원들에 대한 생각을 다시 한번 해보면서 질문을 던져보자. 그때도 더 많은 사무원들이 고등학교 졸업장을 따면서 경제적 가치는 하락했다(졸업장의 가치 자체가 떨어졌다거나 사회에서의 가치가 떨어졌다고 이야기하는 것이 아니라, 다만 졸업장 소지자의 상대적인 금전적 가치가 떨어졌다는 것이다). 이와 유사한 상황으로 대학 교육을 마친 미국인들의 숫자가 증가하면서, 학사학위가 그 소지자에게 주는 평균적인 시장 가치는 21세기가 시작된 이래 꾸준히 감소하고 있다.

또 다시 짚고 넘어가자면 내가 이런 이야기를 하는 이유가 교육이 바람직하지 않다거나 그리 중요한 요인이 아니라는 뜻은 절대로 아니다. 나는 내 아이들에게 학위를 가능하면 많이 취득하라고 격려했다. 하지만 학위가 취업을 손쉽게 한다거나 시장 가치를 올려준다고 믿기 때문에 그렇게 했던 것이 아니다. 물론 소수의 명문 대학이나 대학교의 학위는 평생소득에서 얻는 추가적인 소득과 연관돼 있다. 그렇지만 단순한 연관성과 인과관계를 확실히 구분하는 것이 중요하다. 이런 실질적인 엘리트교육이 소득을 증가시키는가, 아니면 엘리트교육을 받으려고 하는 학생들이 고소득자가 될 확률이 높은 것뿐인가? 사회과학자들이 이 문제에 대해서 세심하게 들여다보고 나서 찾아낸 사실은 야망과 동기라는 요인을 제외한다면, 엘리트 학교 출신의 평생소득과 그렇지 않은 교육기관 출신의 평생소득은 거의 같았다. 야심만만하고 의욕 충만한 학생들이 엘리트 학교에 진학하는 경우가 많지만, 그들이 진학하는 교육기관이 아닌 바로 그들이 갖고 있는 이런 성향이 향후 성공 가능성을 높여주는 것이다. 이런 주장을 뒷받침하는 놀라운 증거가 하나 있는데, 어떤 대학 선발에서 탈락했던 대학의 지원자는 그 대학의 졸업자에 비해 거의 2배에 달하는 미래 소득을 올리게 될 것이라는 통계적 증거가 나와 있다.[33] 이런 결과가 나타나는 이유를 캐는 것은 사실상 불가능하지만, 일부 학자들은 학생들이 최고 수준의 학교에 지원하도록 자극하는 기질적 특성, 특히 자신감 같은 것들이 직장에서의 성공을 예상할 수 있는 기질과 깊은 상관관계가 있는 것으로 추측하고 있다.

그렇다면 고등 교육의 경우 직장에서의 성공을 뒷받침하는 결정적인 요인이 교육 그 자체인가 아니면 교육의 형태로 나타나기는 하지만 실제로는 다른 어떤 것인가 하는 질문에 대한 대답은 명확하지 않다. 또한 이 질문과 관련된 실험은 시행할 수 없기 때문에 앞으로도 확실한 대답은 나오지 않을 것이다. 그런데 한 가지 확실한 사실은 부유한 가정에서 태어난 아이는 어떤 종류의 고등 교육이라도 이에 접근하는 문제에 있어서 본질적인 이점을 갖고 있으며, 특히 엘리트 교육에 대한 접근성을 보장받는다는 점이다. 기록으로 입증된 한 연구에 따르면 소득수준이 상위 25퍼센트에 속하는 가정 출신의 아이는 하위 25퍼센트에 속하는 가정 출신의 아이와 비교했을 때 선호하는 대학에 진학할 확률이 7~8배 정도 높았다.[34] 여기에서 불안한 점은 흑인이나 히스패닉계 학생들은 백인이나 아시아계 학생들에 비해 엘리트 대학에 진학할 확률이 대단히 낮았다는 사실이다.

비용이라는 측면에서 고등 교육이 중산층 미국가정이 감당할 수 있는 범위를 넘어 점점 더 비싸지고 있다는 것은 비밀도 아니며, 심지어는 공립학교의 비용도 그런 수준에 도달했다. 2008년의 불황 이래 많은 주에서 교육예산을 난도질했다. 이렇게 줄어든 예산 때문에 주립대학들은 미국에 거주하지 않는 학생들을 받기 시작했는데, 이들은 미국 거주자들에 비해 대략 150퍼센트 정도 더 많은 비용을 내고 있다.[35] 2017년 앨라배마대학교에 등록한 신입생 가운데 59퍼센트가 외국으로부터 몰려들었으며, 이 학교는 학생들 중 미국에 세금을 내지 않는 유학생들이 많은 10대 학교 중 하나로 선정됐다.[36] 이러한 외국 학생들의 대규모 입학으로 인해 숫자를 명확하게 알 수 없는 국내 학생들이 밀려나서 경제적인 비용을 감당할 수 있는 다른 곳을 찾아야 했다. 그런데 불행하게도 지역사회의 대학들마저 이들에게 피난처를 제공해주지 못하고 있다.

세계 최대의 학자금 융자회사 샐리메이(Sallie Mae)는 최근 몇 년 동안 지역 전문대학의 입학생들에 대한 출신 가정의 소득을 분석해본 결과 큰 변화가 있었다고 보고했는데, 학자금을 전적으로 가정에 의존하고 있는 2년제 대학 입학생들 중 42퍼센트는 연간소득이 6만 5,000달러 이상이었으며, 10만 달러 이상의 소득을 올리고 있는 가정도 17퍼센트가 넘었다. 이렇게 고소득 가정 출신의 자녀들이 몰려들자 대부분 파트타임으로 대학에 다녀야 하는 저소득층 학생들이 교실로부터 밀려나는 상황이 발생했다.[37] 가장 가난한 계층의 일부는 영리 추구 대학들의 유혹에 빠지기 십상이다.[38] 영리 추구 대학은 고등 교육 분야에서 가장 빠르게 성장하고 있는 기관들이다.[39] 믿을 수 없는 사실은 이런 영리 추구 대학에 다니면서 학비를 가정에 의존하고 있는 학생들의 절반 가까이는 연간 가계소득이 3만 달러 미만인 가정 출신들이라는 것이다.[40] 영리 추구 교육기관들의 졸업률은 매우 낮아서, 입학생 중 25퍼센트만이 입학 후 6년 이내에 졸업장을 받고 있는 실정이다.[41] 2015년 모든 대학 학자금 융자액 가운데 약 47퍼센트가 영리 추구 대학으로 들어갔으며, 연방 정부에서 학생들에게 보조하고 있는 예산의 25퍼센트를 이런 대학들이 사용하고 있다.[42]

사람들은 경제적인 측면에서건 다른 측면에서건 대학교에 다니기 위해서 엄청난 희생을 하고 있다. 이것은 고등 교육이 제공하는 '소득의 추가' 효과 때문인데 우리는 이를 당연한 것으로 생각하고 있다. 하지만 진실은 어떨까? 이 질문에 대한 대답은 "상황에 따라 달라진다"다. 고등학교 졸업자이건 대학교 졸업자이건 간에 그렇지 않은 사람들과 비교했을 때는 분명히 평균소득이 높다.[43] 그렇지만 평균이라는 것은 언제나 의미를 갖는 것은 아니며 실제로는 사실을 왜곡하기도 한다. 이를 설명하기 위해 통계학자들이 '빌 게이츠 효과(Bill Gates effect)'라고 부르는 것을 살펴보기로 하자.

■ 평균소득을 왜곡시키는 빌 게이츠 효과 ■

빌 게이츠 효과란 평균을 결정할 때 이상값(outlier)이 포함돼 계산에 작용함으로써 결과를 왜곡시키는 효과를 의미한다. 예를 들어 어떤 금요일에 친구 10명이 술집에 모여 술을 마시고 다트 게임을 즐기고 있다고 생각해보자(실험이 목적이니 이 10명이 그날 술집에 들어온 손님 전체라고 가정해보자). 이 친구들의 연간소득은 햇병아리 음악가인 톰이 가장 낮은 2만 5,000달러이고, 회계사인 수전이 6만 5,000달러로 최고 소득자이며, 평균은 대략 4만 3,000달러다. 여기에서 평균은 10명의 소득을 전부 합산한 액수를 10명으로 나눈 것이다. 밤 10시가 되자 톰은 이제 막 시작했다고 더 열을 올렸지만 수전은 이제 밤이 깊어 그만하기로 결정했다. 수전이 막 떠났을 때 빌 게이츠가 술집 문을 열고 들어와 이들과 합류한다. 그러자 갑자기 이 술집의 평균소득이 4만 3,000달러에서 수억 달러로 급상승한다. 본질적으로 빌 게이츠가 술집 안으로 들어온 행위는 다른 손님들의 소득을 올리지 않았다. 따라서 실제로는 이 옛 친구들이 빌 게이츠 덕분에 공짜 술을 얻어 마시고 있더라도 이 집단의 평균소득은 이 친구들 그 누구의 경제적인 복지 수준도 반영하지 못하게 되어 실질적인 지표가 되지 못한다.

위의 사례에서 보듯이 빌 게이츠는 이상값이다. 그 술집에서 가장 부유한 사람일뿐 아니라 전세계에서 가장 부유한 사람이다. 교육의 경우 엘리트 교육기관을 졸업한 엘리트들은 대학 졸업생들에 대해 이상값일 뿐 아니라 빛나는 자격증을 취득한 졸업생들에 대해서도 이상값이다. 미국 상위 50위권의 주립이나 사립대학교 졸업생들이 그보다 1~2등급 낮은 학교 출신들보다 3~4배 이상의 소득을 올리는 경우가 그리 드문 것은 아니다.[44] 상대적으로 극소수에 불과한 이런 '승자들'이 평균을 크게 끌어올리고 있지만, 이들은 성공 여부와는 상관없이 훨씬 다수를 차지하고 있는 일반 대학 졸업자들의 재산이나 소득을 대표하지도 않으며 향상시켜주지도 않는다.

따라서 우리가 주장할 수 있는 최대한은 이런 정도다. 보다 높은 수준의 교육은 일반적으로 보다 높은 수준의 소득과 상관관계가 있지만, 고등 교육이 꼭 이런 고소득의 원인으로 작용한다고는 할 수 없다. 그리고 대학 교육이 한때는 재산을 모으는 강력한 추진 도구였지만 이제는 더 이상 그런 식으로 작동하지 않고 있다는 사실을 입증하는 또 하나의 증거가 있다. 최소한 하나의 대학 학위를 소지하고 있는 노동자와 고등학교만을 졸업한 노동자의 임금 격차는 2000년 이래로 점점 좁혀지다가 이제는 거의 동일한 수준에서 정체돼 있는 상태이며, 대학 졸업자 중에서 하위 25퍼센트의 평균소득은 고등학교 졸업자들의 평균소득과 다르지 않은 수준이다. 또한 우리가 앞서 살펴봤듯이 대학 중퇴자의 경우가 더욱 심각한데, 이들은 고등학교 졸업자들보다 적은 소득을 올리는 경우가 더욱 많다. 이것으로부터 유추할 수 있는 문제는 저소득 계층 출신 학생들이 대학에 입학만 하고 학위를 취득하지 못했을 경우 발생하는 위험성이다. 이들에게 대학 입학이 걸림돌로 작용해 평생 벌어들이는 소득에 거의 효과가 없거나, 아니면 아예 역효과가 나서 빚이라는 부담만 더해주고 있는 셈이 된다. 미국의 학자금 융자총액은 2017년 9월 1조 3,600억 달러로 치솟았으며, 융자받은 사람들 중에서 22퍼센트 정도가 상환에 큰 어려움을 겪고 있다.[45] 일부 사람들에게 교육이 미래를 약속하는 것이 아니라 오히려 위협으로 나타나고 있는 것이다.

이 책을 쓰기 위해 연구를 하던 과정에서 나는 놀라운 사실을 많이 접했지만, 무엇보다 놀라운 사실은 우리의 직관과는 정반대로 거의 모든 종류의 학위는 가난한 환경에서 태어난 사람들에게 더 중요한 것이 아니라 덜 중요한 것이라는 점이었다. 오타가 아니냐고? 아니다, 제대로 썼다. 대학의 학위는 특권을 누리지 못하는 계층의 희망으로 작용하기보다는, 칼도 써본 사람이 써본다고 특권층의 특권을 보다 공고히 하는 도구로 쓰이는 경우가 더 많았다. 예상치 못했던 이런 놀라운 비밀을 밝혀낸 사람들은 W. E. 업존 고용 연구소(W. E. Upjohn Institute for Employment Research) 소속의 경제학자 팀 바틱(Tim Bartik)과 브래드 허시빈(Brad Hershbein)으로, 소득역학에 대한 패널 연구 결과를 자세히 들여다보다가 발견한 것이다. 패널 연구는 동일한 연구 대상자들을 일정한 시간적 간격을 두고 지속적으로 추적해 반복적으로 측정하는 통계학적인 연구 방법인데, 1968년부터 미국 전역 5만 개의 가정을 대상으로 매년 또는 2년마다 한 번씩 1만 8,000개의 가계 표본을 뽑아 인터뷰를 통해 그들의 고용상태, 소득, 재정상태, 가계지출, 건강, 교육 등을 추적해오고 있다.

바틱과 허시빈은 이 독특한 자료들을 활용해 가난한 가정, 중산층 가정, 부유한 가정에서 태어난 아이들의 인생 궤적을 추적할 수 있었다. 그들은 이런 사회경제적인 그룹에서 고등학교 졸업생들과 대학 졸업생들을 분리해 각 해당 그룹들이 25세부터 64세에 이르기까지 나이를 먹어감에 따라 변화하는 평균 소득을 비교분석했다.

그들이 발견한 사실은 대학의 학위가 모든 계층에게 동일하게 이득을 주지 않는다는 것이었다. 중산층 가정에서 자라나 학위를 소지한 성인의 경우는 같은 중산층에서 자랐지만 학위를 소지하지 않은 성인들에 비해 전체 직장생활 기간 동안 162퍼센트를 상회하는 소득을 올렸다. 따라서 중산층 가정에서 자란 사람들에게는 대학의 학위가 현명한 투자인 것으로 나타났다. 그렇지만 가난한 가정에서 태어난 사람들의 경우는 그 결과가 그리 인상적이지 않았다. 가난한 가정에서 태어나 가까스로 학위를 취득한 사람들의 소득은 중산층 가정에서 태어나 학위를 취득하지 않은 사람들보다 약간 높은 수준이었다. 더욱이 시간이 지나가면서 이런 '학위 보너스'로 인한 효과는 사라졌다. 중년이 지나가면 삶을 가난하게 시작한 학위 소지자의 평균소득은 중산층 가정에서 태어난 비학위 소지자보다도 아래로 내려갔다.[46] 이들은 이렇게 결론 내렸다.

"우리가 발견한 중요한 사실은 고등학교 졸업장과 비교할 때, 학사학위를 취득함으로써 직업을 통해 올리는 소득의 증가분은 저소득 계층 출신에게는 고소득 계층 출신에 비해 상당히 적었다는 것이다. 가난한 환경 출신인 사람들은 학사학위를 갖고도 깨지 못하는 유리천장과 만나는 것인지도 모른다."[47]

이 같은 현상은 미국에만 국한되는 독특한 사례가 아니다. 앞서 이야기했 듯이 대학 진학률 세계 1위 한국은 전세계에서 대학 졸업자 비율이 가장 높은 나라인데,[48] 최근의 통계에 따르면 한국의 전체 실업인구 가운데 50퍼센트 이상이 대학 학위를 소지하고 있다. 한국에서는 이미 '교육 프리미엄'이 더 이상 나타나지 않고 있는 것으로 보인다. 한국 대학 졸업자들의 평균 평생소득은 최근 들어 고등학교 졸업자의 소득 수준 아래로 떨어졌다.

다시 한번 이야기하면 이는 전반적으로 수요와 공급의 문제와 관련이 있다. 노동자들은 수요가 공급을 초과하는 경우에는 보다 높은 보수를 요구할 수 있다. 최근의 또 다른 통계에 따르면 미국 노동자들의 대략 35퍼센트, 젊은 성인들 중의 37퍼센트가 학사학위를 소지하고 있는데,[49] 이는 어떤 기준을 들이댄다고 해도 대단한 약진이다. 그러나 불행히도 미국 노동통계국에 따르면 미국 내 일자리 중에서 20퍼센트 미만만이 학사학위를 요구한다. 물론 오늘날의 일자리와 미래의 일자리가 같을 것이라는 보장은 없다. 하지만 이를 참고해보자. 노동통계국은 2026년 최소한 64퍼센트의 일자리는 고등학교 졸업장 이상의 다른 교육을 필요로 하지 않을 것이며, 이에 비해 25퍼센트의 일자리에서만 4년 이상의 대학 학위가 필요할 것이라고 예측했다.[50]

교육의 '부조화'는 우리 모두 생각하기에 별로 달갑지 않은 그런 종류인지도 모른다. 존재하지 않거나 앞으로 존재하지 않게 될 일자리를 위해 아이들을 교육시키고 있는지도 모른다는 것이다. 그렇다고 한다면 이른바 대학 학위의 프리미엄은 실제로는 '학위 미소지'의 벌칙일지도 모른다. 학위가 그 자체로 좀 더 나은 우리의 직장생활을 만들어가는 데 필요한 수단이 아니라고 한다면, 학위를 소지하는 것이 우리가 가질 수 있는 경쟁력을 약화시키는 것일 수도 있다. 이 차이점은 단순한 이론적인 강변이 아니다. 이것은 교육에의 참여와 고용 사이에 드러난 불편하고 점차 커지는 간극을 이해하는 열쇠다. 만약 우리 모두는 아니더라도 상당수에게 우리의 교육 그 자체가, 우리와 다른 사람들과의 관계에서 우리의 위치를 결정하는 것과는 달리, 우리 직업에 서의 궤적을 크게 결정하는 요인이 아닌 것이 되기 때문이다.

그렇다면 고용에서 교육이 하는 역할, 또는 교육의 부족이 고용에 미치는 영향은 무엇일까? 이는 복잡한 질문이며 많은 사람들에게 고통스러운 질문 이다. 최근 몇 년 동안 일자리를 찾아본 사람이나 주변에서 그런 사람을 본 적이 있다면, 경제학자들이 '학력 인플레이션(credential creep)'이라고 부르는 현상을 알고 있을 것이다. 이 글을 쓰고 있는 이 시점에서 최근에 대학을 졸 업한 사람들 중에서 절반 가까이는 대학의 학위가 필요 없는 자리에 고용돼 있다는 측면에서 불완전 고용 상태라고 할 수 있다.[51] 어떤 온라인 구인 사이 트를 잠깐 들여다본다면 대학 졸업장이 확인절차처럼 돼버렸다는 것을 확인 할 수 있는데,[52] 이는 전통적으로 빈민 취급을 받는 큰 부분을 포함하는 특정 한 범주의 지원자들을 신속하게 걸러내기 위한 장치로 뚜렷한 의도 없이 한 조치는 아닐 것이다.

인구조사국(US Census Bureau)에 따르면 2000년부터 2010년 사이에 식당 에서 접객 업무를 담당하는 피고용인 중 학사학위 소지자는 81퍼센트 늘었 으며, 학위를 가진 잡역부 역시 87퍼센트 늘었다. 고용에 대한 분석을 전문 으로 하는 회사 버닝글라스(Burning Glass)는 2015년 올라온 임원 비서나 임 원 보좌를 구하는 포스팅 중에서 65퍼센트가 학사학위를 요구했는데, 이 직 책에 고용돼 있는 기존 직원들 중에는 단지 19퍼센트만이 이 자격증(학위)을 소지하고 있다.[53] 자신이 빌린 렌터카에 흠집이 났는가를 검사하는 남녀 젊 은이들은 앞으로 수년 이내에 대학학비 융자금을 상환할 수 있는 확실한 기 회를 맞이하게 될 것 같은데, 엔터프라이즈 렌터카(Enterprise Rent-A-Car)가 렌탈 업무를 담당하는 모든 직원들을 제대 군인들과 함께 대학 졸업장과 경 험을 모두 갖춘 사람으로 선발하겠다고 발표했기 때문이다. 또한 우버 택시 의 모든 운전기사들 중 절반 이상이 학사학위 소지자다. 그리고 이런 추세는 역전의 기미를 전혀 보이지 않고 있다. 노동통계국의 보고서에 따르면 2026년까지 가장 일자리가 많이 늘어나게 될 7개의 직업군들 가운데 단 한 종류, 정식 면허를 가진 공인 간호사만 대학 학위를 필요로 하는 것이고, 개인 간병인, 식당 접대원, 잡역부 및 청소부, 일반 노무직, 간호조무사, 식품준비원의 6개 직업군에는 현실적으로 고등학교 졸업장조차 필요로 하지 않는다.[54]

  미국에서 대학을 다니고 있는 사람들 대부분은 입학시험을 치르는 학교에 다니지 않는다. 그 이유는 대부분의 미국 고등 교육기관이 입학시험을 치르지 않기 때문이다.[55] 절대 다수의 대학과 대학교들이 2명의 지원자 중에서 최소한 1명꼴로 입학을 허가하고 있다고 보고했으며, 상당수는 거의 모든 지원자들을 허가한다고 인정했다. 이것이 의미하는 것은 실제로는 대학 교육에 대해 준비가 돼 있지 않은 학생들이 입학하고 있다는 것을 뜻하며, 실제로 입학시험을 치르지 않는 학교에 입학한 학생들 중에서 68퍼센트가 졸업하지 못하고 있다.[56] 대학 중퇴자는 비록 고등학교 졸업 이후 2년이나 3년 동안 교육을 더 받았더라도 이른바 대학 교육 프리미엄을 전혀 누리지 못하고 있다. 이는 말도 안 되는 이야기다. 어쨌든 취업 기회나 일의 실적을 향상시킬 수 있는 것은 대학 졸업장 그 자체가 아니라 그 졸업장이 표현하고 있는 지식과 능력이다. 이런 논리라면 실제 세상에서의 성공은 그 학생이 성공적으로 마친 각 과정의 양과 질에 밀접한 상관관계를 갖고 있어야 하는 것이지 학위 취득 그 자체와는 무관해야 한다. 그러나 이런 당연한 논리는 실제로는 적용되지 않는다. 노동통계국의 보고 자료에 따르면 대학에 입학했다가 졸업을 하지 못한 사람들은 실제로 전혀 대학에 가보지 못한 사람들보다도 낮은 소득 전망치를 보이고 있다. 대학교 입학이 평생소득을 감소시킬 잠재성이 있다는 사실은 대학 수준의 지식은 고용주들이 요구하는 그 무엇과는 꼭 들어맞지 않을 수 있다는 점을 암시한다. 그 대신 최소한 일부의 고용주들이라도 대학의 학위를 분류하기 위한 도구로 사용하고 있을 확률이 더욱 높으며 이는 공정한 것이 아니다. 고소득 가정 출신의 학생들이 24세 이전에 학사학위를 취득할 확률이 저소득 가정 출신의 학생들에 비해 8배나 높기 때문에 이런 형태의 분류용 도구는 거의 필연적으로 저소득의 일자리 지원자에게는 차별로 작용하게 되며, 이것이 바로 계층 간 소득 격차를 만들어내고 영속시키는 요인인 것이다.[57]

■ 소득 불평등은 교육 때문이 아니다 ■

영국의 사회학자 폴 윌리스(Paul Willis)는 1977년에 출판된 그의 기념비적인 저서 《노동의 학습: 노동계급의 어린이는 어떻게 노동계급의 일자리를 얻게 되는가(Learning to Labor: How Working Class Kids Get Working Class Jobs)》를 통해 '해머타운(Hammertown)'이라는 곳에서 성장하고 있는 10대 소년 한 무리의 실화를 이야기해줬는데, 그곳은 공장 마을로 기회보다는 노동자들이 훨씬 더 많은 곳이다. 그곳의 '녀석들'은 그들의 미래가 책이나 사무실 일자리에 있지 않고 그들의 아버지들과 마찬가지로 블루칼라 노동에 있다고 믿으면서 학교의 권위에 반기를 든다. 이 '녀석들'은 윌리스가 "열심히 공부하고 앞으로 나아가라(work hard, move forward)"라고 말하는 것을 경멸하면서, 사람들이 신봉하고 있는 교육 시스템은 기껏해야 자신들에게 모욕적이고 보수도 형편없는 사무실 일자리를 줄 것으로 믿고 있었다. 이 학생들의 학업은 형편없었으며 그들 대부분은 학교를 중퇴했다. 그들이 학업에 실패한 이유는 그들이 게으르거나 얼간이어서가 아니다. 그 당시 교육이 개인적인 능력, 가치, 강점 등을 살려나가는 것이 아니라 교육적인 성공에 대한 기준이 고용주들의 요구를 만족시키기 위해 준비된 시스템에 의해 배척됐기 때문이었다. 윌리스는 이렇게 기록했다.

"그들의 능력을 꽃 피우거나 성장할 수 있는 과정을 학교가 금지했기 때문에, 학력주의는 그들의 힘을 노예화하고 그들을 인간발달의 가장자리에 있는 함정에 빠뜨렸다. 자격증의 범람은 단지 학력주의라는 통화의 가치 없는 인플레이션이며, 그것을 통과해 전진하라는 것은 오직 소수에게만 진정한 의미가 있는 그 무엇을 대다수에게 강요하는 기만적인 제안이다."[58]

열쇠는 마지막 구절에 있다.

"오직 소수에게만 진정한 의미가 있는 그 무엇을 대다수에게 강요하는 기만적인 제안."

그 '녀석들'은 실용적인 지식, 인생 경험, 길거리에서 터득한 지혜 등의 목록 위에 세워진 노동자 계급의 문화 안에서 성장했는데, 그 모든 것들은 가치를 잃어버리게 됐다. 그들이 저항했던 대상은 교육 자체가 아니라 스스로 특권적인 삶을 건설하기 위한 발판이 아니라 대를 이어 내려오는 특권의 대리인이 돼버린 교육이었던 것이다.[59]

앞서 언급했듯이 오늘날 25세에서 34세 사이의 모든 미국인들 중 30퍼센트 정도가 대학 졸업장을 갖고 있으며, 고등학교 졸업생들 가운데 70퍼센트는 어떤 식으로든 대학생활을 경험하고 있다. 이렇게 해서 미국은 그 어느 시대보다도 더 오래 정규교육을 받고 있는 반면, 평균임금은 계속 정체된 채 요지부동이고 빈곤율은 여전히 높은 수준에서 꼼짝도 하지 않고 있다. 이렇게 명백한 역설을 어떻게 설명해야 할까?

지넷 윅스-림(Jeannette Wicks-Lim)은 MIT의 노동경제학자이며 빈곤과 인종에 대한 문제의 전문가다. 그는 미국의 역사 전반에서 교육은 진정으로 경제적인 발전의 열쇠였다고 설명한다. 예를 들면 제대로 교육을 받은 농부들이나 장인들이나 사무원들은 새로운 기술을 받아들이는 데 훨씬 더 유능했다. 그렇지만 오늘날에는 고도로 훈련된 전문가들에 대한 수요가 상대적으로 적고, 그나마도 기술과 재무 분야에만 집중돼 있다. 바로 이런 상황으로 인해 교육이 마치 고용의 전제조건이 돼버린 것 같은 공급과잉 상태가 된 것이다.

"시급 10달러 정도를 버는 미국인들의 비율은 30년 내내 변함이 없는데, 이것이 전체 노동력의 무려 25퍼센트에 해당합니다. 그러나 이 상황은 미국 노동자들이 1980년에 비해 생산성이 2배가 됐다는 사실과는 상충되는 것입니다. 그 시대는 미국인들 중에서 40퍼센트만이 대학생활을 경험하고 6명 중에서 1명만 학위를 취득하던 때였습니다."

여기에서 상황이 어떻게 극적으로 바뀌었는지 보자. 여러분이 1940년에 태어났다면, 여러분의 평생소득이 여러분 아버지의 소득을 능가하게 될 확률은 엄청나게 높아서 열에 아홉은 이를 성취한다. 그렇지만 1985년생이라면 아버지의 소득을 능가할 확률은 50퍼센트 내외로 떨어진다. 이런 변화 대부분이 교육적인 결함으로 발생하는 것이 아니다. 그보다는 이 변화는 경제 성장의 과실이 고르게 분배되지 않는다는 것이 가장 큰 원인이다. 경제학자 토머스 피케티(Thomas Piketty)는 경제적 불평등을 분석한 저서 《21세기 자본(Capital in the Twenty-First Century)》에서 소득 불균형의 근본적인 원인이 될 가능성이 있는 수많은 요인들 중 "교육적인 요인은 우리가 집중해야 할 올바른 요인이 아닌 것으로 보인다"라고 결론 내렸다.[60]

우리는 교육을 최고에 가깝게 유지해야 한다. 젊은이들을 준비시킨다는 것은 결정적인 목표이며 우리는 활기, 창의성, 겸손을 갖고 이를 추구해야 한다. 하지만 교육 자체를 위한 많은 교육이 소득에 대한 전망을 밝게 한다는 주장은 틀렸을 뿐만 아니라 잔인한 것이다. 너무나 많은 사람들에게 비현실적인 기대와 너무나 많은 부채를 안기기 때문이다.

기업들의 후원을 받고 있는 교육 '개혁자들'은 기업의 요구사항을 알릴 모든 권리를 갖고 있고 기업들의 로비와 금전적인 후원을 통해 옹호할 권리도 갖고 있다. 그들은 공적인 청문회나 토론회에 참가할 권리를 갖고 있고 그들의 집단적인 바람과 요구사항에 목소리를 낼 권리를 갖고 있다. 또한 그들은 자신들의 영향력을 행사할 권리를 갖고 있으며, 기업과 그 기업을 지배하는 주주들이나 후원자들의 이해관계에 걸맞게 밀어붙일 권리도 갖고 있다. 그렇지만 그들은 자신들이 국가가 노동의 방법을 학습하도록 만들어나가는 사람들이지 공공정책에 대한 공정한 중재자라고 착각해서는 안 된다. 공정한 정책을 위해 우리는 다른 쪽에도 주의를 기울여야 한다.

제8장
개인의 역량 격차를 줄여라

수요가 경제를 제약하고 있을 때, 잠재적인 공급을 늘려 얻을 수 있는 것은 거의 없다.[61]

_래리 서머스(Larry Summers)

▪ 삶은 많이 남았는데 일은 없고 ▪

약 1년 전에 결혼한 리로이와 수전은 갓난아기와 함께 시카고의 로즈랜드 (Roseland)에 위치한 수전의 증조모 집에서 살고 있다. 도시의 남쪽 끝자락에 있는 이 집은 전철역에서 한참 멀리 떨어진 오두막이다.[62] 로즈랜드는 한때 수만 명의 철강 노동자들이 살고 있던 부유한 지역이었지만, 공장들은 예전 에 사라졌다. 공장만 있었어도 그들의 인생이 더 좋아졌을 것이라고 믿는 주 민들의 바람은 충분히 이해할 만했다. 지금보다 편리한 주방시설을 원하는 리로이와 수전에게도 일이 필요했다. 그러나 벌써 1년 넘게 일은 그들을 필 요로 하지 않았다.

그들은 정치인들이 일자리를 집으로 가져오겠다는 약속을 듣기는 했다. 하지만 리로이나 수전은 이런 약속을 진지하게 받아들이지 않았다. 그들이

TV에서 무엇을 봤든, 인터넷에서 무엇을 읽었든, 그들은 공장 일자리가 되돌아오지 않을 것이라는 사실을 잘 알고 있었다. 사실 너무나 젊은 그들에게 공장 일자리란 그저 흘러가버린 그 무엇에 불과했다. 그들과 가까운 곳에 있던 마지막 공장인 셔원-윌리엄스 페인트 공장이 문 닫은 지 벌써 20년 이상 흘렀다. 그렇기 때문에 그들은 그 공장에서 일했던 그 누구도 알지 못했으며, 또한 그래서 그들의 인생 계획에 공장일과 같은 것은 들어 있지 않았다. 그들은 교육을 받았고 스킬(skill, 기술역량을 말하며 이번 장에서는 스킬로 통일_옮긴이)도 있었다. 리로이는 고등학교 졸업장을 갖고 있었고 건설 분야에서 여러 해 일했으며 그 일 중에는 프로젝트들을 관리하는 업무도 있었다. 수전은 고등학교 학력인정 자격(GED)을 취득했고 지역 전문대학에서 많은 학점을 따기도 했다. 그들은 구인공고가 붙은 일자리 중 그들이 자격이 되는 곳에는 거의 모두 지원했다. 시어즈 백화점, 월마트, 대형 할인매장 타깃(Target)과 같은 회사의 신입사원에도 도전했다. 그들은 그 회사들의 요구대로 대부분 온라인으로 지원했다. 가끔은 지원 과정이 위협적이라는 생각도 했지만, 일부 고용주들이 생각하는 그런 이유는 아니었다. 그들은 질문을 읽거나 이해하는 데 아무런 문제가 없었으며, 수학계산에도 별 문제가 없었고, 컴퓨터도 잘 다뤘기 때문에 그들이 일자리를 구하지 못하는 이유는 이른바 '디지털 격차(digital divide)'가 아닌 것이 분명했다. 그들을 난처하게 만드는 것은 언어 외적인 문제였다. 아래는 타깃에서 지원자들에게 묻는 질문 중 2개를 예로 든 것이다.[63]

"당신의 부모가 당신을 자랑스러워한다고 생각하는가?"
"당신은 정부에서 지원하는 식품교환권을 신청한 적이 있는가?"

이런 식의 질문에 대한 '올바른' 답은 무엇일까? 만약 여러분의 부모가 여러분을 '자랑스럽게' 생각한다면, 그것이 여러분이 자신만만하거나 또는 오만하게 보이도록 하는 건가? 만약 정부의 도움을 받기 위해 식품교환권을 사용했다면, 그것이 여러분이 분별력이 있다거나 또는 하찮은 존재라고 들리도록 하는 건가? 리로이와 수전은 단지 그 질문이 감추고 있는 암호를 해독하지 못했을 뿐이었다.

우리 중에서 일부는 수전이나 리로이와 같은 사람들이 디지털 경제에서 자리를 잡지 못하고 있는 이유에 대해 나름대로의 논리를 갖고 있을 수도 있다. 아마 가장 많은 논리가 그들이 합당한 태도나 교육 또는 스킬을 갖추지 못했다는 것이겠지만, 우리 중에서 직접적인 관찰과 증거에 근거해서 이런 판단을 내리는 사람은 거의 없을 것이다. 하지만 충분히 그럴 수 있는 사람도 있는데, 존스홉킨스대학교의 사회학자 캐스린 에딘(Kathryn Edin)은 이에 걸맞은 특출한 사람으로 여러분도 별난 사람이라고 생각할 것이다.

캐스린 에딘은 미국의 유명한 TV 토크쇼 〈엘렌 쇼〉의 사회자 엘렌 드제너러스(Ellen DeGeneres)를 그대로 빼다 박은 용모를 갖고 있다. 푸른 눈, 약간 흐트러진 금발에다 약간 촐랑거리지만, 솔직하면서도 극히 미국적인 활짝 웃는 미소를 가진 사람이다. 그리고 엘렌과 마찬가지로 종교적인 환경에서 자랐다.[64] 캐스린은 미네소타 주의 시골 마을 스테이플스(Staples) 출신으로 청소년 시절에는 시간이 나면 그 지역의 트레일러 주차장으로 나가 복음주의 언약교회(Evangelical Covenant Church)의 주일학교에 다닐 새로운 신자들을 모집했다. 그 교회는 매우 작고 가난해서, 그의 말을 빌리면 "보여주기 위해서 청소할 필요도 없을 정도"였다. 그의 어머니는 주일학교의 통학 버스를 운전했다.

캐스린은 스테이플스 고등학교를 다니면서 두께가 1인치는 될법한 안경을 쓴 채 고적대에서 큰북을 쳤다. 또한 모의 로터리클럽에서 아일랜드 대표로 선발돼 모의국제연합에 나가기도 했다. 그는 고등학교를 졸업하고 미네소타를 떠나 시카고로 가 스웨덴 이민자 1세대들에게 인기가 있었던 기독교 대학 노스파크(North Park)에 입학해 사회복지를 공부했다. 캐스린은 이민 2세대였으며 독실한 루터교 신자였다. 그런 이유로 프란치스코 수도회의 창시자인 아시시의 성자 성 프란치스코(St. Francis of Assisi)를 흉내 내 눈 내리는 날 맨발로 교정을 행진하기도 했다.

그는 시카고에서 한때 갱들과 묻지 마 살인으로 악명 높았던 지역에 재개발 사업을 통해 공공주택을 공급했던 프로젝트 '카브리니-그린 홈(Cabrini-Green Homes)'으로 형성된 3,600세대의 단지에서 아이들을 가르치면서 추가 학점을 땄다. 사회복지 학위를 딴 이후 일자리를 잡았다고 생각했지만, 그의 생각이 바뀌었다. 그는 이렇게 회상했다.

"노스웨스턴대학교에서 조교 장학금을 주겠다고 했는데, 그게 내 월급보다 많았어요. 그래서 그쪽으로 갔죠."

캐스린 에딘은 노스웨스턴에서 다른 학자들과 다른 방향으로 열심히 연구했다. 그 시절에는 재정 후원이나 위치가 데이터 분석 쪽으로 쏠려 있었기 때문에 대부분의 빈곤 전문가들은 그 방향에 초점을 맞추고 있었다. 하지만 에딘은 데이터가 아니라 사람들의 이야기를 듣는 데 집중했다. 그의 개인적인 배경이나 경험을 감안한다면 그가 들은 이야기는 그리 놀라운 것도 아니었다. 그는 내게 이렇게 말했다.

"가난한 사람들은 그렇지 않은 우리와 다를 게 하나도 없는 사람들입니다."

에딘이 작성한 논문 〈돈은 바닥났는데, 남은 날들은 아직 많네(There's a Lot of Month Left at the End of the Money)〉는 그가 패러디 제목으로 사용했던 컨트리-웨스턴 노래의 가사와 마찬가지로 많은 비애가 섞여 있다. 민족지학적(Ethnographic)으로 선별된 시카고의 25가구는 공공지원을 받기 위해 분투하고 있었으며, 그에 대한 연구 결과는 일은 안하면서 복지지원금으로 잘 먹고 잘살고 있다는 이른바 '복지여왕'의 신화를 산산이 부숴버리는 것이었다. 에 딘이 개인적으로 알게 된 많은 가정 중에서 정부보조금이 음식, 월세, 공과금을 모두 감당할 정도인 집은 거의 없었다. 대부분은 공식적으로 잡히지 않는 추가 소득을 올리고 있었는데, 남의 집을 청소하거나 쓰레기를 뒤져 재활용 병과 캔을 모으는 일을 했고, 다른 방법이 없다면 마약을 팔거나 아니면 경우에 따라 몸을 팔았다. 부모들 특히 어머니들은 아이들을 키우는 와중에도 가계수입을 맞추느라 자신들이 할 수 있는 한 최선을 다했지만, 그 방법은 언제나 그들이 하기를 원했던 것은 아니었다. 에딘의 논문은 슬픔을 담은 목소리로 끝이 난다.

"내가 관찰한 복지혜택 대상자들은 대부분 중산층 사람들만큼 열심히 일하고 있었다."

그가 주장하는 바는 극빈자들의 고통은 일하기를 싫어하는 데서 오는 것이 아니라 그와는 정반대의 것, 그들이 열심히 일하는 것을 훼손하고 있는 사회 시스템에서 오는 것이다. 에딘은 연구 대상자들에 대해 동정심과 애정을 갖고 있다. 그는 두 명의 입양한 딸들을 키우고 있는데 이들은 유색인으로 그들의 생물학적 어머니는 그들을 무척 사랑했지만 그들을 돌볼 수 있는 처지에 있지 못했다. 이런저런 일을 겪었던 에딘은 쉽게 내려진 결론에 의문을 갖고 보다 깊은 진실을 찾기 시작했다. 그는 몇 년 동안이나 시카고, 보스턴, 찰스턴, 샌안토니오, 볼티모어, 필라델피아, 캠던, 뉴저지의 가장 가난한 동네들을 다니면서 어머니와 아버지들의 이야기를 들었다. 이 사람들은 여러 면에서 각자 매우 달랐지만, 단 하나의 공통점을 갖고 있었다. 그것은 모든 사람들이 좋은 일자리를 갖기 위해 기도하고 있다는 사실이다. 에딘은 이렇게 설명했다.

"미국에서 일자리는 곧 시민권입니다. 일을 하지 않으면 진정한 시민으로 간주되지 않습니다."

■복지로 작용하는 소득세 환급 ■

에딘은 공개 강의를 많이 하는데, 대부분 방청객들에게 얼마나 많은 사람들이 우리가 '복지혜택'이라고 알고 있는 정부보조금인 "빈곤 가계에 대한 일시적 지원(Temporary Assistance for Needy Families, TANF)'을 받고 있는지 알고 있는가?" 하는 질문부터 시작한다. 나는 이 강좌에서 누군가가 "54퍼센트요!"라고 소리치는 것을 들었다. 에딘은 그런 정치적인 수치가 그럴 듯하게 들린다고 동의했다. 하지만 이어서 그것은 높아도 너무 높다고 반박한다. 실제 수치는 1퍼센트 미만이기 때문이다. 에딘이 이어서 말했다.

"미국에서 복지는 이미 죽었어요. 가난한 사람들은 노동시장의 맨 가장자리에 매달려 안간힘을 쓰고 있는데 그 시장은 충분한 일자리를 제공하지 않습니다. 그나마 그런 일자리의 질도 본질적으로 저하됐습니다. 빈곤 속에서 살고 있는 가계 중에서 대부분은 현재 일을 하고 있는 어른이 한 사람 이상 있습니다. 이 상황이 내게 말해주는 것은 단 한 가지, 일자리에 관해 무엇인가 크게 잘못돼 있다는 사실입니다."

25년 이상 유지해온 미국의 가장 큰 빈곤퇴치 계획은 '근로 소득세액 공제(Earned Income Tax Credit, EITC)'라는 것으로, 1975년부터 보조금이 책정된 이 정책은 극빈가정이나 차상위 가정에 대해 세금공제액이 소득에 비례한 소득세보다 많을 경우 이를 환급함으로써 세금 또는 오르고 있는 식비 및 에너지 비용을 충당하도록 하는 제도다. 정부로부터 이런 식의 세금 환급을 받기 위해서는 반드시 일을 하고 있어야 한다. 많은 사람들은 이 제도가 좋은 것이라고 생각하고 또 그렇게 될 수도 있었다. 미국 국세청 보고에 따르면 매년 약 600만 명의 미국인(절반 이상이 어린이)이 이 제도 덕분에 빈곤 상태를 벗어날 수 있다. 그리고 EITC는 본질적으로 세금의 환급이기 때문에 복지정책이라는 불명예에서도 벗어나는 제도다.

하지만 환급은 1년에 단 한 번 환급 시기 동안에만 들어오기 때문에, 힘들게 살아가고 있는 가정은 대부분 시기를 제대로 맞추지 못하며 그들 중 많은 수가 수표가 들어오기를 기다리다가 많은 빚을 지게 된다.[65] 이보다 더욱 문제가 되는 것은 이런 정부정책으로 인해서 수혜자들은 그들이 구할 수 있는 일자리는 어떤 것이든 일단 잡을 수밖에 없는 실정이라는 사실이다. 이런 일자리들은 대부분 불안정하고 보수도 낮은 것들이어서 이 사람들은 계속 가난한 상태에 머물게 되는 것이다. 많은 나라들이 아이들이 아직 기저귀를 차고 있을 때는 어느 정도 여유를 주는 정책을 시행하고 있지만, 미국은 그 많은 나라에 들어가지 않는다. 우리는 모든 신체 건강한 부모들에게 그들의 아이들을 보살피는 것에 대해서 응분의 자격을 요구하고 있다. 비록 그 지원이라는 것이 이유식 한 병에 불과할 때에도 요구사항은 요지부동이다. 그리고 이런 요구는 안정적이고 충분히 생활이 가능할 정도의 보수를 받는 일자리가 충분하다는 환상 위에 세워진 것이다. 에딘은 이런 희망 가득한 생각을 '유독한 연금술(toxic alchemy)'이라고 부른다.

EITC라는 소득세 환급제도는 우리 모두 공감할 수 있는 이유, 예를 들면 낮 시간에 애를 돌봐야 할 사람이 없다는 것과 같은 이유로 포기했었을 일자리를 계속 잡고 있도록 강요하고 있다. 그리고 다른 많은 정책들과 마찬가지로 이것 역시 노동의 공급을 늘리는 제도이므로 결국 EITC는 노동자들에게 혜택이 가는 것 이상으로 고용주들에게 보조금을 지급하고 있다. 더 많은 사람들이 자신이 갖고 있는 스킬과는 무관하게 자신이 잡을 수 있는 일자리에서 일을 하도록 금전적인 장려금을 지급하는 셈이기 때문에 고용주들에게는 더 좋은 일자리를 창출하기 위한 노력이 별 필요가 없어진 것이며, 자격증이나 확실한 배경은 없지만 일하겠다는 의지와 일할 수 있는 능력을 갖고 있는 수전이나 리로이 같은 사람들에게는 현재 닫혀 있는 일자리를 구태여 열 필요가 없는 것이다. 이와 관련해 에딘은 이렇게 말했다.

"스킬이 없기 때문에 많은 사람들이 일을 해서 가난으로부터 벗어날 수 없다는 생각은 전적으로 잘못된 것입니다. '스킬'이라는 것은 다른 것을 감추기 위한 연막에 불과하니까요."[66]

■ 스킬 갭이라는 핑계 ■

랜달 콜린스(Randall Collins)는 '연막'이라는 단어 대신 '기만'을 사용하는 것을 선호한다. 펜실베이니아대학교를 퇴직한 콜린스는 미국에서 가장 뛰어난 사회학자 중 한 사람으로 인간의 본성에 대해 날카로운 관찰결과를 남긴 사람이다. 그는 베를린에서의 어린 시절 기억이 있다. 그의 아버지는 제2차 대전의 끝 무렵 그곳에서 외무부 직원으로 근무했다. 그가 많은 것들이 권력이 그렇다고 주장하는 것과는 다르다는 사실을 알게 된 때가 바로 그 시절이었다. 그는 이렇게 말한다.

"외교관들의 세계만큼 멋지게 이상화된 공식적인 무대의 전면과 무대의 뒤쪽에서 일어나는 일이 극단적으로 대비되는 분야는 없습니다."

콜린스는 고용주들은 산업 시대 이래 줄곧 미국 노동자들의 질이 낮다고 한탄해왔다고 지적했다. 실제로 1800년대 말 프리드릭 테일러(Frederick Taylor)는 노동자들이 거의 인간이 아니라는 가정을 하고 당시 큰 영향력을 가졌던 그의 이론 '과학적 경영(scientific management)'을 만들어냈다. 테일러의 견해는 이렇다.

"선철을 다루는 일을 직업으로 삼기 적합한 사람에 대한 가장 기본적인 요구사항은 그가 대단히 멍청하면서도 침착해야 한다는 것인데, 그러기 위해서 그의 정신세계는 다른 어떤 종류보다 황소를 닮아야 한다."[67]

이제는 더 이상 노동자를 농장의 동물과 비교하지는 않지만, 요즘과 같은 디지털 시대에 더욱 필요한 요구라는 주장이 받아들여지고 심지어는 일반적인 것이 되고 있다. 이런 이론들은 더욱 극단으로 발전해 미국인들은 너무나 우둔하기 때문에 혁신에는 방해가 되는 일종의 흔들리는 블록을 구성하고 있으며, 그렇지 않았다면 경제를 활성화시키고 나아가 궁극적으로 더 많은 일자리를 창출했을 것이라는 데까지 이르렀다. 이런 논리를 따르면 노동자들은 진보가 가져다준 기회를 살리지 못하고 있기 때문에 스스로를 해고하고 있는 셈이다.

이런 '스킬 갭(skill gap)'에 대한 논쟁은 특히 정치가들과 산업계의 리더들이 가장 즐기는 것이다. 애플의 CEO 팀 쿡(Tim Cook)은 미국에서 제품을 만들지 않은 이유를 묻는 질문에 다음과 같은 유명한 답변을 남겼다.

"그것은 스킬 때문입니다. 미국은 시간이 지날수록 많은 종류의 직업 스킬을 갖추는 것을 중단해버렸습니다."[68]

쿡의 견해는 기업 로비스트들이 만든 데이터를 통해서 근거가 마련됐다. 그 로비스트는 제조업협회(National Association of Manufacturers, NAM)라는 곳으로, 오바마 대통령 시절의 노동규제를 '일자리 죽이기'라고 규탄했던 바로 그 산업단체다. 이들은 2011년 실시된 조사를 통해 74퍼센트의 제조업자들이 '숙련된 생산노동자의 부족'을 호소했으며, 이것이 그들의 손익계산서에 명백하게 '부정적인 효과'를 낳는 요인이라고 주장했다.[69] 이런 '스킬 갭' 찾기는 너무나 광범위하게 인용돼 일종의 문화적 관습이 됐다. 하지만 이에 대해서는 고용주들이 "그렇다"고 이야기한 것 말고는 이런 애매하고 믿기 힘든 주장을 뒷받침할 수 있는 근거는 거의 없다. 이에 대한 콜린스의 의견이다.

"수십 년 전에 비평가들은 미국인들이 너무나 멍청해서 공장에서 일할 수 없을 정도라고 주장했습니다. 이제 그들은 미국인들이 너무나 멍청해서 소매상이나 물류창고에서 일하거나 코드를 작성할 수 없을 정도라고 주장하죠. 그들의 이런 불평에는 끝이 없습니다만, 이 주장을 정당화할 수 있는 근거는 거의 없습니다."

그동안 '스킬 위기(skills crisis)'에 쏟아지고 있던 관심을 감안할 때 스킬에 대한 수요와 고용을 연결시킨 실제의 데이터가 2016년 들어서야 활용이 가능해졌다는 사실은 놀라운 일이다. 이 데이터는 MIT의 폴 오스터먼(Paul Osterman)과 일리노이대학교의 앤드류 위버(Andrew Weaver)의 노력 덕분에 만들어질 수 있었다. 이 연구자들이 제조업에 초점을 맞추게 된 부분적인 이유는 제조업협회의 로비와 함께 이 문제와 관련해 제조업 회사들도 큰 목소리를 냈기 때문이었다. 그들의 독창적인 연구 〈미국 제조업의 스킬 수요와 잘못된 연결(Skill Demands and Mismatch in U.S. Manufacturing)〉을 통해 이 두 경제학자는 미국의 제조업 부문에 진정으로 부족한 스킬이 있다면 그것이 과연 무엇인가를 찾기 위해 회사들에 대한 설문조사를 실시했다. 그들은 각 회사에 다음과 같은 내용의 설문지를 보냈다.

- 당신은 당신의 생산노동자들의 어떤 스킬을 원하십니까?
- 당신이 고용 시 어려움을 느끼는 확률(잠재적인 스킬 갭)은 어느 정도입니까?
- 스킬에 대한 요구를 포함해 어떤 기술에서 고용의 어려움을 가장 크게 겪고 있습니까?
- 스킬이나 스킬 갭에 관한 이야기 중에서 관찰한 결과와 일치하는 것은 무엇입니까?

설문을 받은 2,700개의 제조업체들 중에서 903곳에서 응답했다. 이들 중 약 75퍼센트는 그들의 핵심적인 생산인력들에게 필요한 것이 기본적인 읽기와 수학이라고 응답했으며, 62퍼센트 정도가 기본적인 워드프로세서와 인터넷 검색을 필요로 한다고 응답했다. 어떤 회사도 고등학교 졸업장 이상의 스킬을 요구하지 않았으며, 이 문제에 관해서는 대다수의 고등학교 중퇴자들도 전혀 문제될 것이 없었다. 여기에 의외의 결과가 하나 있는데, 응답한 회사들 중에서 63퍼센트에는 결원이 전혀 없었으며, 76퍼센트 이상에서는 장기결원이 없었다. 오직 16퍼센트만이 '숙련된 스킬에 대한 접근 부족'을 '경영 성과에 대한 주요 걸림돌'로 꼽았다. 그렇지만 이 16퍼센트가 이야기하는 것도 정교한 '디지털 시대의 스킬'이 아니었다. 컴퓨터를 프로그래밍한다거나 결정적인 사고를 수행할 지원자들도 숫자가 많았다. 공급이 상대적으로 모자라는 부분은 중학교 수준의 읽기, 쓰기, 수학 정도의 기본적인 스킬만 있으면 가능한 낮은 보수의 일을 기꺼이 하겠다는 고용인들이 모자랄 뿐이었다. 문제는 노동자들의 스킬이 부족한 것이 아니라 고용주들이 낮은 임금을 받으면서 가장 기본적인 스킬만을 필요로 하는 일자리에 오려는 노동자들을 충분히 구하지 못하고 있는 것이었다.

오스터먼과 위버는 낮은 숙련도의 노동자를 끌어들이는 데 어려움을 겪는 이유에 관해서는 논하지 않았기 때문에, 이것이 약간의 신비한 부분으로 남게 됐다. 그런데 나는 내가 그 이유의 한 부분을 켄터키 주 보로드헤드(Brodhead)에서 찾아냈다고 믿고 있다. 브로드헤드는 켄터키 주 렉싱턴(Lexington)으로부터 1시간 정도 차를 타고 가면 만나는 딕스(Dix) 강의 발원지에 위치한 작은 마을이다. 나는 그곳에 보비 레너(Bobby Renner)와 태미 레너(Tammy Renner) 부부 그리고 이들의 장성한 네 아이들을 만나러 갔는데, 그 아이들 중 한 명인 로버트(Robert)는 뒤쪽의 제10장에서 만나게 될 것이다.

나와 레너 부부가 만났을 때 그들의 나이는 모두 49세였으며 상당히 어려운 일을 잘해나가고 있었다. 태미는 정신적인 문제를 안고 있는 성인들을 위한 재활시설에서 건강관리 보조원으로 일하고 있었고, 보비는 버지니아 주 리치몬드(Richmond)에 있는 AGC 평판유리 공장의 노동자로 일하고 있었다. 태미는 오후 11시부터 오전 7시까지 일하는 근무 조에 속해 있었는데, 규정에만 따른다면 다른 시간에는 잠을 잘 수도 있었지만 대부분 그렇게 하지 못한다고 했다. 그녀는 말했다.

"어느 날 밤에 환자 한 사람이 보조원의 머리를 의자로 내리쳐서 결국 입원까지 하게 됐죠."

그리고 이렇게 말을 이었다.

"그 보조원은 다시는 돌아오지 않았어요. 나는 우리가 위험수당까지 받아야 한다고 생각하지만 감히 윗사람들에게 말하지는 못했습니다. 그 일자리가 필요했거든요."

보비는 유리 공장에서 12시간 동안 근무하는데, 오전 4시부터 오후 4시까지 1주일에 4일 동안만 일한다. 그는 이런 일정을 더 좋아했다. 주말 중에 하루는 비울 수 있어서 그가 사랑하는 손녀와 놀아줄 수 있기 때문이다. 보비의 페이스북에는 손녀의 사진들로 가득 차 있다. 또한 그는 1시간에 18달러 정도 하는 그의 시급을 자랑스럽게 생각했다. 그가 어느 곳에 가든 이 수준 이상으로 받기는 어려울 것이라고 말했다. 그가 식당에 앉아 커피 잔 위로 나를 쳐다보면서 말했다.

"우리에게는 노동조합이 필요 없습니다. 노조가 들어오면 경영진들은 그저 회사를 통째로 멕시코로 이전하면 그만입니다."

나는 그에게 공장의 사장이 노동자를 구하기가 어려운지 물어봤다. 그는 가끔은 그렇다고 대답했다. 그가 말하는 이유 중의 하나는 일이 육체적으로 고되기 때문이라고 했다. 그런 다음 잠시 뜸을 들이더니 그의 많은 나이를 생각해보고는 아직까지도 그 일을 할 수 있어서 주님께 감사드린다고 했다. 내가 왜 젊은 사람들은 지원하지 않는가 하고 묻자 그는 이렇게 대답했다.

"어떤 사람들은 게으르게 태어나요. 그게 사실입니다."

그러고는 다시 한 가지 이유를 더 꼽았다.

"그 녀석들은 마약검사를 통과하지 못한다는 것을 자신들이 잘 알고 있습니다."

판유리를 끌어올려 포장하는 일은 위험할 수 있으며, 특히 직원이 높은 곳에서 일해야 한다면 더욱 그럴 것이다. 위험성이 명백한 것이, 켄터키 주는 마약 남용으로 사망하는 비율이 미국 전체에서 다섯 번째로 높은 주다. 많은 주에서는 민간 부문에서 마약검사를 하는 것을 규제하거나 금지하는 법을 시행하고 있지만, 켄터키 주의 고용주들은 자신들의 결정에 따라 자유롭게 마약검사를 실시할 수 있다.

모든 사람들이 이런 정책에 동조하고 있는 것은 아니다. 특히 마약 사용에 대한 증거는 소변이나 머리카락에 여러 날 심지어 여러 주 동안 남아 있기 때문에, 주말에 장난삼아 마리화나를 피웠다고 해도 그 이유로 인해서 당연히 일자리에 적격이었던 후보자가 탈락할 수도 있다. 켄터키의 한 카페에서 만난 남성은 이에 대한 일반적인 반대 의견을 요약해 말해줬다.

"술 취한 채 일하러 가면 그건 문제겠죠. 하지만 주말에 잠깐 마리화나를 피운다면? 그게 무슨 문제가 되는지 모르겠네요."

직원들에 대한 마약검사는 세상에서 가장 큰 고용주인 미국 국방부의 경험에 그 뿌리를 두고 있다. 1980년 실시한 표본 조사를 실시한 결과 조사 대상인 군인 중에서 27퍼센트나 되는 인원이 지난달에 불법적인 마약을 복용했다는 결과가 나왔다. 이런 걱정스러운 결과로 인해 군 당국은 전 군을 대상으로 즉각적인 마약검사를 실시하게 됐는데, 그로부터 5년 후 국방부 산하 모든 인원 중에서 불법 마약을 복용한 비율은 9퍼센트로 떨어졌다. 이런 성공 사례는 당시 미국 대통령 로널드 레이건을 감동시켰으며, 그는 1986년 직장 마약퇴치 법안(Drug-Free Workplace Act)에 서명해 모든 연방 정부의 직원들이 근무시간 중이건 근무시간 이외건 간에 마약 사용을 금지하도록 하면서 이를 확인하기 위한 검사를 명령했다. 1990년대 중반에는 모든 미국 기업들 중 80퍼센트에서 이 같은 검사가 일상적인 것이 됐다.[70] 2000년대 초반 불법 마약사용이 감소하기 시작하면서 직장에서의 검사 역시 감소하기 시작했지만,[71] 2010년부터 다시 증가하고 있다. 오늘날 모든 미국 회사들 중에서 대부분의 〈포춘〉 선정 500대 기업을 포함한 절반 가까운 회사들이 고용 조건으로 마약검사 통과를 내세우고 있으며, 직원들은 고용 후에도 무작위로 행해지는 검사에 응해야 한다.[72]

마약검사를 통과하지 못하는 일자리 지원자들이 직장의 결원을 채우는 데 심각한 걸림돌이 되고 있다.[73] 켄터키 주 주변에 산재한 중소기업들은 마약 남용으로부터 벗어난 사람들을 채용하고 있으며 심지어는 중독자들이 단체 치료에 참석하도록 유급휴일을 주기까지 한다. 그런 이유로 최소한 켄터키 주에서는 스킬 갭이 마약 사용 문제만큼 고용에 중요한 요소는 아니다.

AGC 유리나 이와 유사한 다른 고용주들은 우리가 일자리의 미래에 대해서 생각할 때, 우리 대부분과는 생각이 다른 사람일 수도 있지만, 이제부터라도 심각하게 생각해야 할 것이다. 앞 장에서 만난 매우 솔직했던 캐나다 출신 경제학자 폴 보드리는 아래와 같이 날카롭게 지적했다.

"새로운 테크놀로지는 가장 많은 사고력을 요구하는 인지과제에 반하는 방향으로 나아가는 경향을 보이고 있다. 이런 경향은 미래에는 바뀔지도 모른다. 하지만 현 시점에서는 테크놀로지의 발전이 더 많은 일자리를 요구한다는 조짐은 보이지 않으며, 오히려 스킬에 대한 요구를 감소시키고 있는 갖가지 징후만을 보이고 있다."[74]

숫자에 밝아야 하면서도 동시에 고객에 대한 서비스 스킬을 요구하는 산업 분야인 은행 업무에 대해 생각해보자.[75] 2013년 웰스 파고(Wells Fargo) 은행은 워싱턴 DC에 최첨단 장비를 갖춘 '이웃 은행(neighborhood bank)' 지점을 개설했는데, 이곳에는 '가게형 현금출납기(Store Teller Machines, STM)'라는 환상적인 현금자동입출금기가 줄지어 놓여 있었다. 이 STM들은 고객들이 선호하는 거래를 저장해 약 80퍼센트의 은행 거래가 가능한 장비였다. 그 지점에는 서비스를 담당한 직원들도 배치돼 고객들이 새로운 기술을 탐험하는 일, 예를 들면 STM에 수표를 직접 예금하는 일 등을 도와줬다. 만약 고객들이 대출 신청과 같은 보다 복잡한 거래를 필요로 하는 경우에는 서비스 직원들이 첨단기술을 활용해 최적의 전문가들에게 직접 연결시켜줬다.

STM과 관련된 혁신 덕분에 은행업 부문은 테크놀로지의 진보가 낡은 비숙련 노동 일자리를 없애고 보다 높은 수준의 노동을 요구하며, 따라서 보수도 높은 새로운 일자리를 만들어내는 모범적인 사례로 자주 인용되곤 한다.[76] 실제로는 대고객 서비스를 담당하는 직원들은 예전의 현금출납원들보다 약간의 봉급만을 더 받을 뿐이다. 하지만 이 서비스 직원들은 실제로 현금출납원들의 일자리를 대체하지 않는다. 현금출납원들의 주요 업무는 현금을 직접 만지는 것이었으며 이 업무는 ATM과 온라인 뱅킹에 대부분 흡수됐다. 새로운 테크놀로지는 대출 담당 관리자와 같은 보다 숙련된 직원에 대한 필요성을 감소시키고 있다.[77] 전문가들은 먼 미래까지도 은행업 부문에서 숙련된 직원에 대한 수요가 지속적으로 감소할 것으로 예측하고 있다.[78]

좋다, 그렇다면 첨단산업 부문은 어떨까? 첨단산업과 이에 관련된 산업 부문에서는 새로운 직원들에 대한 수요가 거의 무한대인 것처럼 보이기도 한다. 이 때문인지는 몰라도 2011년 여름 실업률은 9.1퍼센트에서 떨어지지 않고 계속 그 상태를 유지하고 있었지만, 뉴욕 주 출신의 상원의원 척 슈머(Chuck Schumer)와 텍사스 주 출신 상원의원 존 코닌(John Cornyn)은 미국의 대학에서 과학, 공학, 수학을 전공한 모든 외국 출신 졸업생들에게 영주권을 발급하는 문제를 논의하고자 이민법 개정에 대한 의견을 청취하기 위한 목적으로 소위원회를 소집했다. 이때 코닌 의원은 말했다.

"우리 모두 알고 있듯이 많은 일자리에 자격을 갖춘 사람들이 부족한 상황이지만, 특히 첨단기술 부문은 상황이 심각합니다."

〈뉴욕타임스〉는 한 발 더 나아가 각 대학들이 이 부문에 1만 명의 졸업 정원을 추가해야 한다고 촉구했다. 당시에는 이미 여러 교육기관들이 7만 명

남짓 수준의 공학 부문 졸업생들을 배출하고 있던 상황이었다. 마이크로소프트는 미국에서 기한제 H1-B 비자를 소지한 외국 출신들을 가장 많이 고용하고 있는 기업 중 하나인데, 외국 출신의 대학 졸업자들 2만 명에게 추가적으로 비자와 영주권을 발급해야 한다고 주장하면서 이 비자 발급을 통해서 얻는 수입을 보다 많은 수의 미국인들이 STEM, 즉 과학, 기술, 공학, 수학 분야에서 교육받는 데 사용해야 한다고도 주장했다.

하버드대학교 공공정책 교수 론 히라(Ron Hira)는 수년 동안 이런 사태의 추이를 세심하게 관찰했던 사람이다. 그는 인도에서 어릴 적에 가족과 함께 미국으로 이민 온 1.5세대다. 그의 배경을 보면 그가 미국에 이민 오는 외국인 기술자들과 과학자들에 대해 공감하고 이들을 지지하는 것이 당연하다는 생각이 든다. 실제로 그는 그들과 공감하고 그들을 지지하는 사람이다. 하지만 그는 동시에 STEM 분야의 '스킬 위기'를 말하고 있는 대중에 대해 상당히 당황하고 있다. 그는 이런 상황이 졸업생들을 과잉 배출하고 비자 시스템을 악용하면서 일자리에 대한 공급과잉을 만들고 있는 이기적인 집단들의 속임수라고 비난한다.[79] 첨단기술의 혁신에 핵심적인 위치를 차지하고 있는 전자공학 분야를 보더라도 미국 내 고용 인력은 2002년 약 38만 5,000명에서 2016년 약 32만 4,000명으로 감소했다.[80] 그의 말에 따르면 전반적으로 STEM 분야의 졸업생 공급은 수요보다 2배, 심지어 3배 정도까지 큰 상황이며, 이로 인해 경험 있는 엔지니어들 중에서 많은 수가 가장 한계상황에 있는 일자리를 찾거나 아예 과학기술 분야 밖으로 밀려나고 있는 실정이다.[81]

"아주 제한된 특별한 분야를 제외한다면, 급격한 임금의 인상과 같은 인력 부족 현상을 암시하는 그 어떤 조짐도 나타나지 않고 있습니다."[82]

히라 박사는 그가 이전에 이민에 관한 회의에 참가했을 때의 일을 회상했다. 그는 그때 마이크로소프트의 최고 법률가와 같이 겁에 질린 사람들이 자격 있는 엔지니어들이 부족한 현상에 대해 불평하는 것을 들은 적이 있다. 그러나 현실과 괴리된 상황이기도 했다.

"바로 그때가 마이크로소프트에서 5,000명의 직원들을 정리해고하던 시기입니다."

이런 단절 현상은 컴퓨터 부문이나 공학 부문에서만 발생하고 있는 것이 아니라 수학, 화학, 생물학 등 모든 STEM 분야에서 발생하고 있다. 불과 얼마 전에 최고 과학자들의 특별위원회에서 경고한 바 있었다.

"훈련 과정에서 나오는 과학자들의 숫자가 학교, 정부, 민간 부문의 모든 직책과 직위에서 흡수할 수 있는 수준을 훨씬 상회하고 있다."[83]

경제학자 폴 크루그먼(Paul Krugman)은 '좀비 아이디어'라는 용어를 만들면서 "반복해서 증거와 분석에 의해 반박되지만 죽기를 거부하는 신념"이라고 정의했다.[84] 스킬 갭이 바로 그런 좀비 아이디어 중 하나로 대단한 독성을 갖고 있으며, 폴 크루그먼이 이야기하듯 "우리 두뇌를 좀먹고 있는" 통념이다.

이 상황을 알기 위해서는 단지 전문가들을 무시하고 마음을 열면 그만이다. 스킬에 관한 문제라면 미국은 극심한 난관을 극복했던 긴 역사를 갖고 있다. 제2차 대전 중에 숙련 노동자들이 군의 부름을 받는 바람에 수십만 개의 대단히 중요한 일자리들에 결원이 발생한 적이 있었다. 이때 미국은 대단히 실용적인 직업훈련을 통해서 대단히 현실적이었던 '스킬 갭'을 넘어섰다. 전쟁이 끝난 시점에는 약 175만 명의 미국인들이 산업 내의 직업훈련 프로그램을 통해 자격증을 획득했다. 이 프로그램은 전국적으로 결원이 발생한 노동 현장의 수만 개 핵심적인 일자리를 신속하게 일반 시민들을 훈련시켜 충원하기 위해 고안한 프로그램이다.

전미청년기관(National Youth Administration, NYA)은 젊은 여성들을 교육시켰는데, 이들 대부분은 직장을 구해본 적이 없지만 전기기사, 용접공, 사진사, 기계공, 무선설비 전문가가 됐다. 이와 유사한 사례로 1995년부터 2000년 사이 인터넷 회사들이 우후죽순 솟아나면서 엄청난 투자가 이뤄졌던 이른바 '닷컴 붐' 시절에 미국인들은 그들에게 보다 큰 도전과 보수를 가져다줄 것으로 믿는 지식과 스킬을 얻기 위해 발 빠르게 움직였다. 컴퓨터과학과 컴퓨터공학 분야에 지원자 숫자가 급증하고 입학생 숫자도 폭발했다. 어떻게 하든 미국인들은 계산은 할 줄 알았다. 하지만 대략 2004년부터는 상황이 뒤바뀌었다. 미국인들이 멍청해서가 아니라 직업 전망이 바뀌었기 때문이다. 당시 컴퓨터공학이나 전기공학 부문 학사학위 소지자의 실업률이 6.2퍼센트까지 치솟았는데, 이는 일반적인 실업률 5.7퍼센트를 상회하는 수준이었다.[85] 영리한 학생들은 그때그때 국내든 외국이든 보다 싸게 먹히는 노동자들로 대체해버리는 분야에 자신의 꿈, 노력, 지적 자본을 투자하기를 원하지 않았던 것이다.

■ 구인공고에 올라오는 유령 일자리 ■

미국인들은 합리적으로 행동하는 경향이 있으며 돈을 따르는 경향이 있다. 최근 수십 년 동안은 금융, 보험, 부동산 부문이 거인이 됐는데, 1950년대에는 국내총생산 중에서 대략 11.2퍼센트 정도를 차지했지만 오늘날에는 20퍼센트 이상으로 확대됐다. 따라서 대학 전반에 걸쳐 가장 인기 있는 전공 과목이 경영학이 되고, 엘리트 대학교의 인기 전공은 경제학이 됐던 것도 그리 놀랄 일은 아니었다. 이런 교육 과정을 마친 엘리트 졸업생들이 환영받고 있는 이유는 그들이 개혁가들이나 위험을 부담하려는 사람들이기 때문이 아니라, 그들이 돈을 더욱 많이 벌어들이고자 하는 고용주들의 명백한 목표에 자신들의 에너지와 시간을 기꺼이 쏟아 넣으려는 의지를 보이기 때문이다. 하버드대학교 경영대학원 교수가 내게 고백한 것과 같다.

"우리는 사람들이 오렌지를 더욱 꽉 짜도록 교육을 시키는 것이지, 새로운 나무를 심도록 교육시키는 것이 아닙니다."[86]

펜실베이니아대학교 와튼스쿨 교수이자 《왜 좋은 사람들이 일자리를 구하지 못하는가?(Why Good People Can't Get Jobs)》의 저자인 피터 카펠리(Peter Cappelli)는 고용주들은 조직에 들어가 전원을 '꽂기만(plug)' 하면 경영진이 요구하는 게임이 그 어떤 것이든 즉시 '시작할(play)' 수 있는 후보자들을 찾고 있다고 설명한다. 이와 같은 '꽂으면 바로 시작(plug and play)' 전략을 선호하는 이유는 직원 훈련에 대한 필요성을 크게 감소시키기 때문이다. 하지만 이런 정책은 직원들이 가진 스킬이 시대에 뒤떨어진 것이 되면 곧바로 정리해고의 대상이 될 수 있다는 취약점을 갖고 있다. 카펠리는 이렇게 설명한다.

"이런 점이 오랫동안 비고용 상태에 있던 사람들이 일자리를 찾는 데 어려움을 갖는 이유입니다. 그들이 그 일을 할 수 없기 때문이 아니라 그들이 현재 일하고 있지 않기 때문입니다. 적절한 학위를 받고 졸업하는 사람들이 많이 있지만, 그 사람들 대부분은 풋내기들이라 경험이 전혀 없습니다. 일반적으로 고용주들은 2~3년 정도의 경험을 갖고 있는 사람을 원합니다. 그들은 훈련받은 사람을 원하지만 사람을 훈련시키려고 하지는 않습니다."

스킬 갭 뒤에 숨어 있는 진실을 보자. 크고 작은 기업들은 재능 있는 사람들의 공급과잉을 조성해 특정 일자리에 대한 극심한 경쟁을 부추긴다. 이렇게 고용주들이 인재를 영입하기 위해 감수해야 하는 것들을 최소한으로 줄이려는 욕심을 감추고 있다는 의심을 하게 만든다. 이런 논리를 입증하기란 어렵겠지만 방대한 정황증거들이 이런 논리를 뒷받침하고 있다. 사람을 뽑겠다며 온라인 구인 사이트에 올리고 있는 일자리의 수는 한 달에 400만 건이나 되고, 한 건에 대해 평균적으로 245명의 후보자들이 지원하고 있다. 일부 고용주들은 이 245명의 후보자들 중에서 누구 하나 자격을 갖춘 사람이 없다고 불평한다. 켄터키 주에 소재한 유리공장들처럼 이 말이 사실인 경우도 없지는 않을 것이다. 그런데 연방준비은행은 고용주들이 일할 사람을 찾고 있다는 일자리의 수가 통상적으로 노동통계국이 집계하는 실질적인 구인 일자리를 훨씬 상회하고 있다고 보고한다.[87] 일부 채용 전문가들은 이런 가짜 구인 작업을 '유령 일자리(ghost jobs)'라고 부르고 있다.

유령 일자리는 어떤 회사가 실제로 지원자들을 찾지 않는데도 불구하고 구인공고를 올리는 것을 말한다. 왜 고용주들은 이런 짓을 하는 걸까? 그 이유는 수도 없이 많다. 예를 들면 그들이 고독을 좋아하는 '유니콘 사냥(unicorn hunts)'을 위한 노력의 일환으로 공고를 올릴 수도 있다. 유니콘은 실제로는 일자리를 찾고 있지 않지만 제대로 된 유인 수단을 갖고 제안하면 받아들일 수도 있는 컴퓨터 전문가나 마케팅 전문가 또는 확률적으로는 대단히 드문 '창의적인' 인재를 의미한다. 여기에는 실제로 채워 넣어야 할 '빈자리'가 없기 때문에 유니콘 사냥은 고용 없이 수개월 심지어 수년 동안 그대로 유지될 수 있다. 고용주들이 많은 이력서들을 미리 확보해뒀다가 훗날 실제로 자리가 비었을 때 채용 전문가들에게 별도의 비용을 지출하지 않고 확보해둔 이력서들을 활용하기 위해 가짜 구인공고를 낼 수도 있다. 또한 고용주들이 자신들이 성공하고 있다는 신호를 투자자, 언론, 고객들에게 보내기 위해 이런 공고를 올리는 경우도 있다. 채워져야 할 빈 자리가 있다는 것, 또는 그렇게 보인다는 것은 확장을 암시하거나, 아니면 현재는 최소한 정리해고를 하고 있지 않다거나 인원감축으로 인해 경영이 위축되고 있지 않다는 뉘앙스를 풍길 수 있기 때문이다.

내가 살고 있는 뉴잉글랜드에는 기술적인 컴퓨터 소프트웨어를 만드는 매스웍스(Math Works)라는 회사가 있는데, 이 회사가 한때 실제로는 존재하지도 않는 일자리의 구인공고를 올린 대표적인 사례다. 이 회사는 인근 지역의 라디오 방송을 통해 광고를 해서 유명해졌다.

"200개 이상의 일자리에서 일할 사람을 구합니다!"

기묘한 점은 이 "200개 이상의 일자리"라는 구절 그대로 변함없이 몇 년 동안 계속됐다는 사실이다. 주민들 중에서 많은 사람들이 어떻게 이런 것이 가능한지 의아하게 생각했다. 매스웍스는 최고의 제품과 서비스를 생산하는 명성이 높은 회사였다. 하버드, MIT, 터츠와 같은 열댓 개의 유명한 대학교들이 자동차로 1시간 정도면 닿을 수 있는 거리에 즐비하게 있는데, 왜 이 훌륭한 회사가 자격을 갖춘 직원을 뽑지 못하고 있을까? 매스웍스 인사부에서 일하던 직원 한 사람이 가장 그럴듯한 대답을 털어놓았다. 그가 몇 년 뒤 구인 웹사이트 글래스도어에 투고한 글을 보자.

"매스웍스에 들어가지 못했다고 너무 당황해하지 마십시오. 매스웍스는 엄청난 숫자의 지원자들을 받지만, 그 사람들 대부분을 명확한 이유 없이 거절합니다."[88]

■ 설명을 듣지 못하는 구직 실패자 ■

명확한 이유 없이 거절하다니. 이 장을 시작하면서 소개했던 생활고와 싸우고 있는 신혼부부 수전과 리로이는 이 모든 것을 알고 있었다. 그들은 고등학교 졸업장을 취득했고 일하는 데 필요한 집중력과 스킬도 갖고 있다. 그들은 자신들의 직업 지원서를 손질하면서 수개월을 보냈다. 친구들과 함께 그들의 메시지를 다듬고 그들이 일을 열심히 그리고 훌륭하게 해낼 수 있다는 자신들의 의지를 전하기 위한 모든 시도를 다했다. 그리고 마침내 보상을 받았다. 리로이는 슈퍼마켓에서 시간당 8.5달러를 받으면서 1주일에 30시간 일할 수 있게 됐다. 그는 그 일자리에 감사했지만 의료보험을 부담해주지 않는 자리였다. 그가 버는 돈 1달러마다 그의 가족들의 식품지원 카드 비용 30센트가 공제됐다. 상황이 나아지긴 했지만 충분히 나아지지는 않았다. 수전의 경우도 마찬가지의 돌파구가 필요했다. 그랬기 때문에 직업훈련과 취업

알선을 전문으로 하고 있는 비영리단체 굿윌(Goodwill)에서 취업에 관한 인터뷰를 하자는 문자메시지가 왔을 때 흥분했다. 그가 1년 동안 보냈던 지원서에 처음으로 답신을 받아본 것이었다.

약속된 날이 왔을 때 그는 최선을 다해 외출 준비를 했다. 소매가 긴 흰색 셔츠에 깔끔한 검은색 바지를 골라 입었다. 그는 신발에 특히 신경을 썼는데, 조악한 것이었다. 그가 듣기로는 그런 종류의 궁색함을 드러내는 것은 훌륭한 그의 잠재력을 드러내지 못할 수도 있다는 말을 들었다. 그는 아이를 할머니에게 맡기고 구글 맵에 굿윌 주소를 입력한 후 버스를 탔다. 버스가 도시를 가로질러 오랫동안 가서 낯선 동네로 들어가는 바람에 그는 부주의하게 너무 일찍 내렸다. 40도에 육박하는 더위 속에서 마지막 30블록을 걸어야 했다. 가까스로 시간에 맞춰 도착하기는 했지만 그는 완전히 녹초가 되어 있었고 신발은 헤어졌다. 그는 자신의 모양새에 대해 사과한 다음 인터뷰를 진행했다. 그는 인터뷰가 상당히 괜찮았다고 생각했다. 그리고 1년 만에 처음으로 희망을 갖게 됐다. 모든 징조가 좋았다. 그는 1주일이 지난 시점에도 여전히 희망을 갖고 있었지만, 굿윌 웹사이트에 그 일자리 공고가 다시 올라왔다. 설명도 없었고 불합격이라는 통지도 없었다. 문자메시지도 없었고 이메일도 없었다. 그는 다시는 답장을 기대하지 않게 됐다. 굿윌에는 뽑을 대상이 될 사람이 너무 많을 테니까. 확실한 사실은, 좋은 일자리보다 좋은 인재들이 훨씬 더 많다는 것이었다.

▪ 미래에 대비한 노동인력 만들기 ▪

직업에 대한 전망에서 어떤 차이가 있다고 한다면, 그것은 스킬이 아니라 기회일 것이다. 우리 시대의 상징처럼 돼버린 엄청난 소득 격차를 반영하는 것이기 때문이다.[89] 대부분의 노동자들은 경제력도 없고 그들을 대변할 노동조합도 없기 때문에 자신들이 갖고 있는 실제의 스킬을 내보일 만한 정치적 힘을 거의 갖고 있지 않다.[90] 이 문제는 내게 너무나 명백한 것으로 다가왔다. 나는 이에 대한 해결책 중 한 가지 접근방법과 마주친 적이 있는데, 99 디그리 커스텀(99 Degrees Custom)이라는 회사를 둘러보면서 생각한 것이다. 99 디그리 커스텀은 매사추세츠 주 로렌스(Lawrence)에 본사를 두고 있는 의류 회사다. 로렌스는 1912년 발발했던 성공적인 노동운동 '빵과 장미의 파업(Bread and Roses strike)'의 현장이다. 그때 대부분 여성 이민자들인 수천 명의 의류공장 노동자들이 임금인상을 내걸고 2개월 동안 파업과 시위를 벌여 예상을 뒤엎고 승리를 거뒀던 장소였다. 99 디그리 커스텀이 처음 파업이 시작됐던 역사적인 공장부지에 있는 것은 우연이 아니다. 이 회사는 2014년 브레나 난 슈나이더(Brenna Nan Schneider)가 설립했는데 그녀는 스스로를 '사회적 기업가'라고 지칭했다. 그녀는 어린 시절을 펜실베이니아 포코노(Pocono) 산악지대에서 보내면서 의류 디자인과 제조업을 하던 그의 집안 회사에서 어린 시절을 보냈다. 대학 시절에는 장학생이었고, 테니스 대표선수에다 학생회에서도 일했으며, 대학 연극에서도 배역을 맡았다. 졸업앨범을 만들 때 자원봉사를 했으며, '누구라도 필요한 사람들을 돕는 아이들(Children Helping Anyone in Need)'이라는 단체의 공동설립자이기도 했다. 그녀는 처음에는 사회사업을 하려고 했지만, 대학을 졸업하고 생각을 바꿔 MBA 학위를 받은 후 비즈니스계로 되돌아왔다. 그녀는 이 도시에서 생활고와 싸우고 있는 노동자들과 첨단 제조업이라는 기회를 접목시키겠다는 희망을 품고 99 디그리 커스텀을 설립했다고 말했다.

"나는 포괄적인 혁신의 미래를 구상하고 있습니다."

그 이름 자체가 의미하듯이 99 디그리 커스텀은 '대량 맞춤복' 회사로 대형 의류 회사들의 특별한 주문에 맞춰 옷을 제작하는데, 그중에는 기발한 것들도 있다. 이를테면 체온, 심박동수, 달리기 페이스 등을 측정하는 센서를 부착한 운동용 '스마트' 바지 같은 것들이다. 내가 이 회사를 방문한 날 상당수가 이민자들로 구성된 50여 명의 직원들이 저마다 맞춤형으로 디자인된 의류의 패턴 뜨기, 재단, 바느질 등 복잡한 작업이 지시되고 있는 워크스테이션 앞에 앉아서 분주하게 일하고 있었다. 이 의류들은 운동용 반바지, 티셔츠, 달리기용 겉옷, 핸드 워머 등 다양한 군용 및 민수용 제품들이었는데, 그중에는 웨스트 엘름(West Elm)이나 나이키(Nike)와 같은 친숙한 상표들도 눈에 띄었다. 나는 그때 의류 제작에 사용되는 최첨단 장비들의 시제품 사진을 찍지 말라는 경고도 받았다. 나는 놀라운 손재주와 스킬을 보여주는 능숙한 재봉사들과 장비운용자들을 보면서, 그들 중 일부는 수십 년의 경험을 갖고 있고 유명 디자이너들과 함께 일했던 사람들이라는 설명을 듣고 별로 놀라지 않았다. 놀라게 만든 것은 그들이 받고 있는 임금이었다. 이에 대해 슈나이더가 고개를 저으며 이렇게 말했다.

"시간당 12달러와 각종 보험혜택이 내가 제시할 수 있는 최선입니다. 나는 이 사실이 편안하지 않습니다. 왜냐하면 내게는 이 사업이 계속 굴러가는 것 말고는 다른 동기가 전혀 없기 때문입니다. 나를 믿으세요. 나는 부자가 되려는 게 아닙니다. 그저 내가 쓰는 비용을 간신히 충당하고 있는 정도예요. 우리 기술자들은 자본이 지배하는 이 세계에서 손으로 일하는 사람들입니다. 높은 스킬을 갖고 있지만 낮은 임금을 받아요. 베트남은 상당히 고급 제품들을 생산하고 있죠. 또한 우리는 미얀마, 방글라데시, 멕시코와도 경쟁하고 있습니다. 대부분의 고객들은 미국에서 만들었다고 더 비싸게 사주지 않죠. 최소한 많이 비싸게 사지는 않죠. 우리는 세계 시장에서 경쟁을 벌여야 해요. 세상에는 가난 속에서 살고 있는 사람들이 많이 있고, 그들이 계속 가난 속에서 살도록 하고 있는 일자리가 많다는 뜻이에요."

슈나이더의 이야기는 계속됐다.

"당신이라면 그것을 어떻게 바꿀 수 있을까요? 우리는 직원들의 발전에 투자합니다. 미래에 대비한 노동인력을 만들고 있는 셈이죠. 기계를 투입해 고도의 스킬이 필요 없는 반복적인 작업에 활용하면서 인원들은 그런 단순작업에서 벗어나 품질과 혁신에 초점을 맞추도록 해요. 수요에 실시간으로 맞춰서 제품을 생산하고 있는데, 그러니까 회사가 재고를 계속 유지할 필요도 없고 점점 더 개별적인 표현을 찾고 있는 고객들에게 더욱 잘 반응할 수 있습니다. 또한 생산에 기술을 더 접목시켜 직원들이 보다 짧은 시간에 많은 제품을 만들 수 있도록 하고 있죠."

내가 그런 시스템도 장기적으로 보면 일자리를 줄이게 될 거라고 이야기했더니 그녀도 동의했다. 하지만 그녀는 99 디그리 커스텀은 좋은 일자리이며, 고객들보다도 노동자들을 더욱 중요하게 생각한다면 이런 좋은 일자리가 더 많아질 것이라고 덧붙였다.

"우리의 도전과 기회는 최고의 테크놀로지와 최고의 인력을 접목시키는 게 아니에요. 우리 직원들에게 기업가나 엔지니어들처럼 독립적인 사고를 할 수 있는 권한을 주는 것이고, 거기에 대해 마땅한 보상을 해주는 거죠. 나는 이것이 이곳 로렌스에만 국한된 미래 일자리가 아니라 전세계 모든 도시들의 미래 일자리라고 믿고 있어요. 음, 그러니까 그런 미래를 만들고 유지하는 것은 모두 우리에게 달려 있는 셈입니다."

제9장
먼 곳을 바라보는 눈동자들

그(가난한 자의 아들)는 한평생 내내 어떤 인공적이고 품위 있는 평안을 찾아 헤매지만, 그곳은 그가 결코 도달할 수 없는 곳이었고 그는 이것을 위해 진정한 평온을 희생했던 것이다. 이런 기만은 인간이 하는 산업의 세계에서 언제나 일어나고 계속되는 일이다.[91]

_애덤 스미스(Adam Smith)

■ 기회를 만드는 지역대학 ■

애덤 머카(Adam Murka)가 그 뉴스를 들었던 순간을 떠올리자 그의 눈은 다시 눈물로 뒤덮였다. 미국 오하이오 주 모레인(Moraine)에 있던 GM의 조립공장이 문을 닫게 될 것이라는 말이 나온 때는 2009년 여름이다. 아마도 영원히 폐쇄될 것 같다고 했다. 공장 폐쇄는 오래되고 흔한 이야기지만, 이번에는 개인적인 이야기였다. 머카의 가족은 그 공장에서 일하고 있었다. 숙모, 삼촌, 장인까지. 이들은 GM으로부터 직접 월급을 받는 것은 아니었지만, 델피(Delphi) 거리를 오가면서 GM 자동차 부품을 만드는 일을 하고 있었다. 머카는 친구들과 함께 그 공장에 자주 가봤는데, 학교 현장학습 때에도 가보고 그저 재미삼아 가기도 했다. 빈둥거리면서 시간을 보내다 보면, 어른들이 퇴근하면서 출퇴근 카드를 찍고 어슬렁거리면서 출입문을 빠져나와 그들을 하나씩 차에 태우고 저녁 먹을 시간에 맞춰 집으로 돌아갔다.

"그 공장은 우리 지역 사회의 뼈대를 이루고 있었어요. 모든 사람들이 그곳에서 일하는 사람들 중 누군가는 알고 있었기 때문에 3,000개의 일자리가 사라졌을 때 모든 사람들이 고통을 느꼈습니다."

그 사건이 일어나고 몇 년이 지난 후 머카와 만났을 때, 그는 스물여덟 살이 됐지만 재킷을 입고 넥타이까지 맨 채 우울한 표정을 짓고 있어 훨씬 더 나이를 먹은 듯 보였다. 우리가 모레인 공장에 남아 있는 것들을 보러 그곳에 다가가자 그는 상징적인 건물들을 가리키며 내게 이렇게 물었다.

"저게 무엇처럼 보이나요?"

유령 마을은 적당한 표현이 아니었다. 아마도 유령 단지, 아니면 유령 도시. 이 공장부지는 40만 제곱미터에 육박하는데, 축구장 9개를 붙여놓은 것보다도 넓다. 나는 그곳이 말라들어 사막으로 변하고 있다고 생각했다. 철조망이 처진 울타리에는 잡초덩어리들이 매달려 있었다. 그곳에서는 삶의 흔적을 찾을 수 없었으며, 입구를 관리하는 인력조차 없었다. 그야말로 버려졌다. 출입문에도 자물쇠가 채워져 있지 않았기 때문에 우리는 차를 몰고 똑바로 안으로 들어가 하역장 부근에 주차를 하고는 주변을 돌아보기 시작했다. 머카는 멀리 지평선과 만나는 아스팔트를 향해 고개를 돌리면서 말했다.

"불과 몇 년 전까지만 해도 이 부지에는 트럭과 승용차들이 가득 차 있었습니다. 여기가 직원들이 주차하던 곳이었죠. 여기저기 모두 자동차로 가득했었습니다. 만약 그때 내기를 해서 내가 외국산 자동차 한 대마다 당신에게 10센트씩 드리고 당신이 미국산 자동차마다 내게 5센트씩 준다고 했으면 당신은 금방 파산했을 거예요."

그 시절에 머카는 GM이 만든 블레이저(Blazer)를 운전했지만 이제는 더 이상 그 차를 몰지 않는다. 현재 그의 차는 혼다 시빅(Civic)이다. 그가 미국산 자동차에 대해 특별한 반감을 갖고 있는 것은 아니다. 그저 '미국산'이라는 것이 더 이상 무슨 의미를 갖는지 알지 못하기 때문이다. 어떤 차든 모레인에서 만든 것은 아니니까. 그는 공장이 문 닫을 당시에 이곳 사람들이 이 건물들을 해체해서 조각조각 팔지 못하도록 고물수집상들을 막았다고 이야기했다. 그들은 그런 장사꾼들에게 겁을 주어 쫓아버렸지만, 그 승리는 달콤하면서도 쓸쓸한 것이었다. 건물들은 값나가는 것들만 떼어낸 채 속 빈 껍질처럼 덩그러니 서 있게 됐다. 노동조합이 활동하던 꽤 괜찮았던 일터가 이제 전적으로 과거가 돼버렸다는 사실만 확실하게 상기시키고 있었다.

GM이 모레인 공장을 폐쇄했을 때 그곳에서 시급을 받던 직원 2,170명이 일자리를 잃었다. 하지만 머카는 그것이 빙산의 일각이었을 뿐이라고 말했다. 추가적으로 1만 850개의 일자리가 사라지고 모레인과 그 인근에서만 없어진 일자리 숫자가 1만 3,020개였다. 그리고 마치 도미노가 무너지듯이 GM 공장의 부품공급선을 따라 연이어 회사들이 무너졌는데, 사람들은 잘 알지 못하지만 디맥스(DMAX)에서 645명이 일자리를 잃었고, 제임스타운(Jamestown)에서 80명, 존슨 콘트롤즈(Johnson Controls)에서 130명, PMG에서 70명이 해고됐으며, 플라스테크(Plastech)에서 88명, 델피에 있던 4개의 부품 공장에서 2,120명, 테네코(Tenneco)에서 118명, 접착제와 밀봉제와 도료와 이용 설비를 자동차 공장에 공급하던 에프테크(EFTEC)에서 83명이 해고됐다. 단 하나의 GM 공장이 폐쇄되는 바람에 3만 3,024개의 일자리가 사라진 것이다.

모레인 공장은 주로 GM의 트럭과 SUV를 생산했다. 쉐보레 트레일 블레이저, GMC 엔보이(Envoy), 데날리(Denali)와 가격이 비쌌던 사브(Saab)의 9-7X까지. 이 공장은 품질과 능률이 뛰어나 11개의 주 정부 표창을 받기도 했는데, 모두가 성실한 만큼이나 자부심 강한 작업자들 덕분이었다. 많은 직원들이 고등학교를 졸업하고 곧바로 이 공장에 입사했으며, 대부분은 자신들의 손자 손녀들이 그들의 자리를 이어받을 때까지 일을 그만두려는 생각을 하지 않았다. 크리스마스 이틀 전 이곳 조립 라인에서 마지막 트럭이 만들어져 나올 때, 그 라인의 작업자들은 마치 뉴올리언스의 장례식 날 애도하며 관을 따르는 무리들처럼 모두 한데 모여 큰소리를 내면서 그 차의 뒤를 따랐다. 그들은 서로 껴안고 눈물을 흘린 다음 마지막으로 카드를 한 번 더 찍고 눈이 가득 쌓인 주차장으로 걸어가 회사에서 보조금을 지원해줘서 구입했던 GM 자동차에 올라 공장을 나갔다. 그리고 돌아오지 않았다. 그 다음을 아는 사람이 누가 있겠는가?[92]

"우울하다는 게 어떤 건지 아세요?"

머카가 내게 물었다.

"땅바닥을 쳐다보는 게 아니라 천리 밖을 볼 때예요. 이곳의 모든 사람들이 그런 시선을 갖고 있었죠. 마치 가족 중에 누군가 죽은 것 같았지만, 우리 집만 아니라 모두의 집에서 누군가 죽은 것 같았어요."

머카가 여기까지 이야기했을 때 나는 마리엔탈에 생각이 미쳤다. 그곳에서는 사람들이 천천히 걸어다니면서 시간 개념을 잃어버렸다고 했다. 내가 머카에게 그 이야기를 하자 그가 고개를 끄덕였다.

"시간, 맞아요. 많은 사람들이 시간이 너무 많다고 생각했죠."

우리가 앞에서 만났던 에이미 코터먼과 마찬가지로 머카 역시 그가 자라난 도시이자 코터먼처럼 자신이 커다란 희망을 품고 있는 도시 데이튼에 살면서 그곳에서 일하고 있다. 그는 나와 동행해 번쩍이는 부티크 상점, 예쁜 커피숍, 술집들이 즐비한 유서 깊은 오리건(Oregon)을 산책했다. 벽돌로 지은 건물 한 곳의 벽면에 새겨진 글자들이 눈에 들어왔다.

"영감을 주는 데이튼(Dayton Inspires)."

우리는 다시 차를 타고 머카의 모교인 데이튼대학교와 라이트-패터슨(Wright-Patterson) 공군기지를 휙휙 지나쳤다. 이 모든 장소들은 우리가 한참 돌아봤던 모레인 공장과는 멀리 떨어져 있는 곳처럼 느껴졌다.

GM은 한때 오하이오 주에서 가장 많은 인력을 고용하고 있던 회사로서 무려 2만 6,000개의 일자리를 제공하고 있었다. 오늘날 그 어떤 미국의 제조업체도 명함을 내밀 수 없는 규모였다. 데이튼의 경제는 많은 기업, 재단, 대학교들이 들어서면서 현대화되고 다양화됐다. 머카는 새로운 종류의 사업을 따라가는 것이 도시를 바꾸는 열쇠라고 말했다. 그리고 그 자신도 그런 일이 일어나도록 하고자 열심히 일하고 있었다. 머카는 워싱턴에서 청년시절을 보냈는데, 그는 그곳에서 공화당 출신 의원 마이크 터너(Mike Turner)의 홍보담당 수석보좌관으로 일했다. 그러나 정치에 실망하게 됐으며 데이튼으로 돌아와 그곳의 지역대학인 싱클레어커뮤니티칼리지(Sinclair Community College)의 홍보 담당 이사라는 직책을 맡았다. 그의 생각으로는 이 대학이 미래를 내다보고 만들어가는 데 훨씬 더 명백한 이익을 가져다주고 있었다.

수백만의 미국인들에게 지역대학은 생명선의 보루다. 그들이 바라는 기술을 익히고 다듬는 기회이며 사회에 첫발을 들여놓거나 도약을 준비하는 곳이다. 몇 년 전 오바마 대통령은 지역대학이 그 자신이 목표로 세웠던 2020년까지 연간 대학 졸업생 500만 명 시대에 이르기 위해 큰 역할을 하고 있다고 칭찬을 했던 적이 있다. 재학생 숫자가 4만 명이 넘는 싱클레어대학은 그런 노력의 선두에 서 있는 셈이다.

이 학교의 영향력은 놀라울 정도여서, 인근 몽고메리 카운티(Montgomery County) 주민들 2명 중 1명꼴로 이 대학의 입학 제안을 받아들이고, 그들 중에서 상당수가 자격증이나 학위를 취득하는 데 성공하고 있다. 그곳에서 있었던 졸업식이 끝나갈 무렵 졸업생 한 사람이 자리에서 일어나 자신이 하고 있는 일과 연관된 학위를 받는 데 무려 32년이 걸렸다고 이야기하자 청중이 환호성을 울렸다. 그때가 2012년이었는데 오하이오 주가 막 오름세에 들어가던 시기였다. 그 즈음에 신용평가회사 무디스(Moody's)가 이 주에 대한 전망을 '부정적'에서 '안정적'으로 상향조정하면서, 이미 다른 주들에 비해 높은 상태였던 취업률이 지속적으로 올라갈 것으로 예측됐다. 모든 사람들이 이 주에 30만 개의 제조업 일자리가 돌아올 것이라는 정치적인 약속을 믿고 있는 것은 아니지만, 많은 사람들이 싱클레어대학이 자신들을 위한 여러 기회를 만드는 데 도움이 될 것으로 보고 있다.

싱클레어대학에는 1950~1960년대에 유행했던 브루털리즘(Brutalism) 양식의 콘크리트 건물 20채가 캠퍼스 전역에 흩어져 있는데, 이는 높은 교통량과 낮은 유지비를 고려해 설계된 것들이다. 이 건물들은 지상으로는 높은 곳에 놓여 있는 폐쇄형 다리나 보도들로 연결돼 있으며 터널을 통해서 지하로도 연결돼 있다. 이곳을 설계한 건축가 에드워드 듀렐 스톤(Edward Durell Stone)은 '공연예술을 위한 케네디 센터(Kennedy Center for the Performing Arts)'의 설계자로 유명하다. 이 센터가 '미화시킨 사탕상자'나 '해변에 밀려온 거대한 흰 고래'로 비교당하는 반면,[93] 싱클레어대학은 '최소의 보안체계를 갖춘 고급 교도소' 쯤으로 통해야 마땅할 것이다. 다만 교도소에 양쪽으로 열리는 문이 있다고 했을 때.

교과 과정 문제에 대해서 싱클레어대학은 사람들이 지역대학에서 기대하는 모든 것들을 갖추고 있으며 식이요법, 응급구조체계, 범죄단속, 호텔 관리, 간호 등의 다양한 과정을 제공한다. 이와 함께, 무인 항공기 시스템(Unmanned Aerial Systems) 초급 과정도 개설돼 있다. 다른 많은 지역대학들과 마찬가지로 싱클레어대학 역시 향후에는 군용뿐 아니라 환경 감시나 화재나 홍수 같은 재해 감시, 농업 및 과학 연구 등 광범위한 민간 부문에서도 드론 설계자들이나 드론 조종사들에 대한 엄청난 수요가 있을 것이라는 데 상당히 큰 기대를 하고 있다. 머카는 나를 싱클레어대학의 무인 항공기 시스템 연구소로 데려가 최근에 구입했다는 드론을 보여줬다. 검은색으로 크기가 커피 탁자 정도였는데, 손에 들어보니 가벼운 편이었다. 처음 본 느낌은 마치 장난감 같았다. 싱클레어대학은 무인 항공기 시스템의 모든 부분에 대해 많은 투자를 하고 있으며, 학교 인근 스프링필드(Springfield) 공항에서 드론을 날리는 데 필요한 연방 정부의 허가도 이미 받아놓고 있었다. 머카는 이렇게 설명했다.

"드론이 날아오를 때마다 땅에서는 10명이 넘는 사람들이 달라붙어 데이터를 분석하죠. 거기에도 좋은 일자리들이 많이 있을 거예요."

그는 GM이나 델피만큼 많지는 않겠지만, 그래도 이제 시작 아니겠냐고 기대감을 내비쳤다.

■ 직업훈련으로 얻게 되는 좋은 일자리의 실체 ■

그날 저녁 식사 때 머카는 2003년부터 싱클레어대학의 총장을 맡고 있는 스티븐 존슨(Steven Johnson)을 소개시켜줬다. 존슨은 늦게 도착해서 메뉴판을 멀리 치운 다음 자신은 학생들과의 만남에서 일찌감치 피자 세 조각을 급히 먹었다고 양해를 구했다. 거의 2미터 육박하는 키에 흑백이 뒤섞인 콧수염을 말쑥하게 손질한 존슨은 부드러운 목소리로 진지하게 이야기하는 사람이었다. 〈데이튼비즈니스저널(Dayton Business Journal)〉이 뽑은 '10년 동안의 최고 리더들' 중 한 사람으로 선정되기도 한 그는 한때 미국에서 가장 높은 보수를 받는 공무원이었으며 아마 지금도 그럴 것이다.[94] 그와 몇 시간을 이야기한 다음 나는 그가 그런 대우를 받는 것이 매우 합당하다고 생각했다.

존슨은 먼저 내게 그 대학의 역사에 대해서 간략하게 이야기해주면서 싱클레어대학이 1887년 그의 할아버지와 같은 사람들을 위해 설립됐다는 사실을 지적했다. 그의 할아버지는 제2차 대전 직전에 노르웨이로부터 미국으로 이민 온 사람이었다.

"사람들이 유럽 전지역으로부터 이리로 몰려들었는데, 대부분은 영어를 그리 잘하지 못하는 사람들이었습니다."

그가 말했다.

"그들은 배워야 했지요. 여기에는 공장 일자리들이 있었는데, 이 이민자들이 그 일을 하려면 미국화가 필요했습니다."

그가 의미하는 '미국화'란 제 시간에 일하러 나가 일과 중 아무런 사고를 치지 않고 퇴근하는 것을 의미하는 것이었다. 초창기에는 모든 학생들이 데이튼 YMCA에 있는 2개의 교실만 사용했기 때문에 교실이 꽉 찼었다. 낮 시간에는 도랑을 파거나 농장에서 일하던 55명의 사람들이 일과를 끝내고 모여서 부기와 기계도면 그리기를 배웠다. 그 시절에 찍은 사진들을 보면 어두운 색 양복을 입은 다양한 나이대의 남자들이 미국 국기를 양쪽 끝을 묶어 걸어 놓은 창문 없는 방에 모여 뻣뻣해진 채 카메라를 노려보고 있다. 1948년 당시까지 YMCA칼리지라고 불리던 학교는 싱클레어커뮤니티칼리지라는 새 이름을 얻었다. 이 지역의 YMCA 총재를 역임했던 데이비드 싱클레어(David Sinclair)를 기리기 위해서였다. 그로부터 25년이 지난 후 이 대학은 현재의 넓은 장소로 이전했다. 대학 교정은 데이튼 도심의 서쪽 끝 26만 3,045제곱미터의 광활한 대지 위에 있으며 주 경계선으로부터 불과 몇 분 거리에 있다. 편리함과 넓은 주차장이 가장 큰 장점으로 보인다. 존슨은 이렇게 설명했다.

"우리 대부분에게 대학은 평생 단 한 번 가보는 곳입니다. 열여덟 살에 들어갔다 스물두 살에 나오면 다시는 가지 않죠. 그런데 그런 방식은 이제 더 이상 통하지 않습니다. 싱클레어는 평생 몇 번이고 다시 오고 또 올 수 있는 곳입니다. 잠시 쉬려고 올 수도 있고 다시 훈련받기 위해 올 수도 있습니다."

싱클레어대학은 최우선적인 전략이 학생들에 대한 교육을 하나의 미끼로 사용한다는 점에서 평범하지 않다고 할 수 있는데, 지금 막 떠오르기 시작한 분야의 일자리에 맞춰 사람들을 준비시켜서 교육받은 노동력을 보유함으로써 고용주들이 데이튼과 그 인근 지역에 들어오도록 유도한다는 것이다. "세워놓아라, 그러면 올 것이다"가 아니라 "훈련시켜놓아라, 그러면 올 것이다"라는 논리다. 내가 이 학교를 방문하는 동안 만났던 뎁 노리스(Deb Norris)는 일자리 창출과 이에 연관된 회사들에 대한 서비스 업무를 담당하는 수석 부총장이었으며, MBA 학위를 받은 뒤 수십 년 동안 회사에서 일한 경험을 갖고 있는 사람이었다(훗날 그는 싱클레어대학을 떠나 드론 산업에 관한 컨설팅 회사를 세웠다). 노리스는 시의 대표자들과 협력해 캐터필러(Caterpillar), 윌머헤일(WilmerHale), 페이리스(Payless) 등 확장이나 장소 이전을 계획하고 있는 여러 회사들을 상대로 직접 유치작업을 벌이고 있었다. 나와 함께 저녁을 먹으면서 그는 말했다.

"제조업 분야에서 일자리가 만들어질 가능성이 큽니다. 그렇지만 이 가능성이 일관 생산 라인에서 표준화된 제품을 만들어내는 그런 방식으로 생기지는 않을 것입니다. 일의 본질이 무엇인지, 그것이 어떻게 변화하고 있는지 들여다봐야 합니다. GM의 노동자들은 대단히 낮은 스킬을 갖고 시간당 40달러의 벽을 허물려 하고 있었습니다. 그런 방식은 안 통합니다. 직원들은 유연해지고 민첩해지고 혁신에 열려 있을 필요가 있습니다. 이제는 고등학교를 졸업해서 곧바로 기술적으로 첨단 제조업에서 일할 수 없으니까요."

첨단 제조업이라는 구절은 정치인, 경제학자, 기업 리더들이 너무나 공통적으로 사용하기 때문에 이것이 모든 사람들에게 동일한 사안을 의미한다고 착각하기 쉽다. 하지만 절대로 그렇지 않다. 이 단어는 상대적이며, 오래된 제조업에서는 불필요한, 테크놀로지와 연관된 기능을 필요로 하고 있는 새로운 종류의 제조업을 의미한다. 이 지역이 경제적으로 붕괴된 이후 싱클레어대학에는 모든 사람들이 희망하는 첨단 제조업 부문에서의 새로운 기회를 찾아 많은 공장 노동자들과 IT 노동자들이 몰려들어 입학생들이 폭발적으로 늘었다. 싱클레어대학의 기구 및 기계 프로그램을 담당하는 프로그램 관리자 대릴 커넛(Daryl Curnutte)은 이런 사람들을 맞을 준비를 마치고 있었다. 그는 이렇게 말했다.

"그때도 학생들에게 말했고 지금도 말하고 있습니다. 모든 사람들이 할 수 있는 일을 해서는 좋은 보수를 기대할 수 없다고 말이죠."

그는 많은 일이 있지만 "요구되는 스킬의 조합이 대단히 특수하다"고 이야기했다. 내가 그 말의 의미를 묻자 그는 자신이 맡고 있는 클래스 하나에 나를 초청해 내가 직접 볼 수 있도록 배려했다. 내가 클래스에 도착했을 때 대부분 남자로 구성된 15명의 학생들이 그들이 수행할 과제를 내려다보고 있었다. 측정 기구가 하나 있었고, 학생들은 기계를 작동시켜 대략 10개 남짓으로 보이는 각 부품들을 조립했다. 그 작업은 정밀하고 공이 많이 들어가는 고도의 스킬을 요하는 작업이었다. 우리가 그 방안을 살펴보던 중 커넛은 내게 말했다.

"이들 중 90퍼센트는 싱클레어대학에 오기 전에는 이런 작업을 해본 적이 전혀 없습니다. 우리가 시간을 많이 들여서 바닥부터 쌓아 올린 겁니다."

그가 바닥부터 쌓아 올렸다는 대상은 그 학생들을 의미했다. 내가 어떤 일자리를 위해서 학생들이 훈련을 받고 있는지 묻자 그는 오퍼레이터, 프로그래머, 금형 제작자라는 3개의 직업 범주를 들었다. 오퍼레이터는 절삭 기계를 작동시켜 부품들을 만들고 제품에 대한 품질관리를 하는 직업이다. 프로그래머는 이 절삭기가 작동하도록 컴퓨터를 프로그래밍하는 일을 한다. 커넛은 요즘 나오는 신형 절삭기들은 프로그래밍하기가 쉬워져서 오퍼레이터들도 직접 할 수 있기 때문에 프로그래머 수요가 점점 줄고 있다고 설명했다. 금형 제작자는 수동으로 기계를 작동해 표준화되지 않은 고도의 부품들을 만드는데, 이런 부품들은 의료기기나 항공기와 같은 고도로 전문화된 산업들에서 필요로 한다. 커넛은 자신도 금형 제작자로 부업을 하고 있는데, 그의 학생들 중 20퍼센트 미만 정도가 자신과 같은 수준에 다다를 수 있을 거라고 예상했다.

"금형 제작자는 꽤 좋은 일자리이지만, 이들 대부분은 일정 수준까지 올라가지 못할 겁니다."

2017년 오하이오 주에서 숙련된 경험을 갖고 있는 금형 제작자는 1시간에 평균 23.81달러를 받았는데, 이를 연간 임금으로 환산하면 5만 달러에 약간 미치지 못한다. 이 액수는 미국 전체의 연평균 임금 4만 6,119.78달러보다 높으며, 미국인의 연평균 임금의 중간값인 2만 9,930.13달러보다는 훨씬 높다.[95] 나는 평균 임금 이상의 보수를 받기 위해 필요한 것이 무엇인지 알아보려고 구인 공고들을 뒤져봤다.[96] 아래는 오하이오 주보다는 임금이 낮은 수준인 조지아 주에서 한 회사가 수습기간을 제외하고 최소한 5년의 경력을 가진 금형 제작자를 모집하면서 올린 구인 공고에 그 회사가 요구하고 있는 사항들을 정리한 것이다.[97] 이 회사는 이 일자리에 대해서 연간 4만 달러의 보수를 제시하고 있다.

직무 분장

- 적합한 방법과 스킬로 인원 훈련에 조력함으로써 지식을 공유.
- 고객들이 요구하는 품질, 비용, 납품기일에 맞추거나 요구를 상회하는 행동을 하며 운영의 목표를 달성.
- 세공 엔지니어와 도면 작업을 통해 필요한 경우 설계 변경과 개선 사항을 추천.
- 장비의 적정한 가동에 요구되는 모든 금형, 장착물, 고정대와 다른 도구 품목들을 조립, 수리, 유지보수.
- 도구의 설계와 제작.
- 도구에 대한 예방적인 유지보수 프로그램 조력.
- 필요한 경우 작업을 계획.
- 설비 업무에 대한 표준 작업을 따름: 표준작업의 향상을 위한 제안과 기록.
- 조직의 성공을 확보하기 위해 적절한 활동에 참가.

작업 환경

- 계절에 따른 기온과 습도의 변화.

- 먼지, 연기, 소음이 일상적으로 발생.

- 수리나 청소작업 시 관련된 화학약품과 함께 작업.

- 12시간 순번제 근무, 순번과 근무시간은 합리적인 통보와 함께 요청 시 변경 가능.

육체적 조건

- 콘크리트 바닥에 서 있거나 움직이면서 최대 12시간까지 작업.

- 최대 50파운드의 물체를 지속적으로 들어올려 옮김(최대 거리 10피트).

- 최대 25파운드의 물체를 밀거나 끌기 위해 손, 발, 다리 또는 허리를 빈번하게 이용.

- 육체를 지탱하고 있는 복부와 아래쪽 허리의 근육을 휴식하거나 힘을 빼지 않은 채 자주 또는 지속적으로 긴 시간 동안 사용.

- 기계작업을 하는 도중 손, 손과 함께 팔 또는 두 손으로 원자재를 움켜잡거나 이동시키기 위한 움직임을 지속적으로 요구.

- 둘 또는 그 이상 사지를 조화시켜(양팔, 두 다리, 한 팔과 한 다리) 지속적으로 움직임.

- 구부리거나 들어올리거나 움켜잡기 위해 손목, 손, 팔, 다리 등을 지속적·반복적으로 사용.

- 구부리거나 무릎을 꿇거나 웅크리거나 몸을 꼬기 위해 허리, 등, 엉덩이, 무릎 등을 지속적으로 움직임.

- 최대 15파운드 무게를 어깨 높이 이상으로 들어올리거나 그 높이에서 내려놓는 작업을 자주 함.

커넛의 학생들은 격렬하고 반복적인 육체노동을 잘 견딜 수 있겠지만, 모든 사람들이 그렇게 준비된 것처럼 보이지는 않는다.[98] 이들 중 몇 사람은 모레인에 있는 GM 공장으로부터 정리해고됐던 사람들로 몇 년 동안 직업을 가진 적이 없다. 그들 중 일부는 아이들이 다 커서 그 아이들이 기구금형 전문 가가 될 수 있을 정도다. 예전에 GM 직원이었던 한 사람은 이제 졸업을 앞두고 있었는데, 내게 그는 이미 기계기술자로서 초보적인 일자리를 잡았다고 이야기했다. 그 자리는 자신이 희망했던 수준에 훨씬 미치지 못하는 보수를 받게 될 텐데, 처음 받게 될 시간당 임금은 10달러로 그가 GM에서 받던 임금의 4분의 1 수준이 채 되지 않는다. 그는 시간이 흐르면 보수가 올라갈 것이라는 말을 들었지만 그 이야기가 기분 좋은 소리는 아니었다.

"내 나이가 마흔 여섯입니다. 나한테는 그만한 시간이 없어요."

전직 공장 노동자, 건설 노동자 그리고 자동화에 의해 빛을 잃게 된 다른 노동자들을 전환시킨다는 개념은 당파에 따라 달라질 만한 성격의 것이 아니기 때문에 양쪽 정당 모두가 이에 찬성하고 있는 것으로 보인다. 버지니아 출신의 민주당 하원의원 데이브 브랫(Dave Brat)은 2017년 미국 하원 소상공인 위원회에서 이렇게 말했다.[99]

"많은 기업들이 자격을 갖춘 사람들을 찾아내 고용하는 데 어려움을 겪고 있습니다. 수십 명의 기업계 리더들이 저에게 일자리의 결원을 채울 만한 자격 있는 숙련노동력을 찾을 수 없다고 너무나 자주 이야기합니다."

또한 힐러리 클린턴은 2016년 대통령 선거운동 중 펜실베이니아 하트필드(Hatfield)의 행사장에서 만난 가족 경영 장난감 제조회사 K'NEX의 사주를 만난 자리에서, 그가 미국에 현재 스킬 갭으로 결원을 채우지 못하고 열려 있는 일자리가 100만 개 이상 있다고 말하는 것을 들었다.[100]

브랫 하원의원이나 클린턴 국무장관이 어떤 식으로 받아들였던 간에 이런 주장은 전적으로 명확하지 않은데, 미국에는 열려 있는 일자리 숫자를 측정할 믿을 만한 수단이 없기 때문이다. 이와는 반대로 앞서 살펴봤듯이 고용주들이 주장하고 있는 바에 근거를 둔 비어 있는 일자리의 추정치만 있을 뿐이다. 팀 쿡이 애플이 외국에서 제조를 하는 것 말고는 달리 방법이 없었다는 설명을 다시 한번 살펴보자.

"미국은 시간이 지날수록 많은 종류의 직업 스킬을 갖추는 것을 중단해버렸습니다. 미국에서 금형 제작자들을 모두 모으면 아마 우리가 지금 앉아 있는 바로 이 방을 가득 채울 수 있을 것입니다. 반면에 중국에서는 여러 개의 축구장이 필요할 것입니다."[101]

그런데 쿡이 근무하는 사무실이 굉장히 넓은가 보다. 노동통계국에 따르면 그가 연설을 하던 그 시점에 미국에는 거의 50만 명에 육박하는 금형 제작자들이 있었다.[102] 실제로 부족했던 것은 그들의 서비스에 대한 수요였다. 1998년 이래 금형을 제작하는 공장 중에서 40퍼센트가 사업을 접었으며 그로 인해 이 부문의 고용도 절반 이상 줄어들었는데, 그 부분적인 요인이 애플과 같은 회사들이 즐겨하는 아웃소싱이었다.[103] 자동화 역시 대가를 요구했다. 어떤 위스콘신 주의 회사가 자신들의 홍보물에 썼던 문구처럼 말이다.

"당사의 금형사업부는 불을 끈 채 돌아가므로(24시간 자동화로 가동된다는 뜻) 요구하시는 기한을 확실히 맞춰 드릴 수 있습니다."[104]

지역사회 대학들은 자신들의 목표를 숨기지 않는다. 이들 학교 대부분은 학생들을 직장에서의 삶에 준비하도록 목표가 맞춰진 곳이지 정신적인 삶을 준비하는 곳은 아니라는 의미다. 그리고 일부 학교는 이 일을 정말 잘하는 것처럼 보인다. 거의 모든 지역대학들의 웹사이트를 잠시 들여다봐도 학교의 경험 덕분에 삶이 바뀌었다는 졸업생들의 열정적인 증언, 심지어는 삶이 구원받았다는 일부의 증언까지 있다. 이런 증언은 사실이며 우리 중 다수는 이런 지역사회 대학들이 만족스러운 직장생활의 디딤돌이 됐던 사례들을 잘 알고 있다. 또한 우리 가운데 일부는 바로 그런 사람일 수도 있다. 그렇지만 이런 성공 사례는 예외적인 것들로, 그 학교에 들어간 모든 사람들에게 보편적으로 해당되는 진리가 아니다.

서류상으로 지역대학 졸업생들은 경제적인 이득을 얻고 있는 듯 보인다.

가장 최근 자료에 따르면 25~34세의 고등학교 졸업생들 중에서 풀타임 근무자들이 벌어들이는 근로소득의 중간값은 약 3만 달러 정도인데 비해, 지역사회 대학이나 이와 동등한 수준의 대학 졸업생들의 중간값은 3만 4,970달러다. 그러나 여기에는 함정이 있다. 실제로는 2개의 함정이다. 첫 번째 것은 지역대학 입학생들 중에서 40퍼센트 미만만이 6년 내에 졸업하며, 4명에 1명꼴로 한 학기만 마친 뒤 학교를 그만둔다는 사실이다.[105] 두 번째의 함정은 가장 최근의 데이터에 따르면 지역대학 출신 중 66퍼센트만이 풀타임 근무를 하고 있는데, 파트타임 근무를 하거나 아예 일을 하지 않고 있는 졸업생들까지 포함하는 모든 졸업생들의 근로소득은 이보다 훨씬 낮다는 사실이다. 이보다 더욱 복잡한 문제는 위에서 본 임금 격차가 왜곡돼 있다는 점이다. 지역대학 졸업생들의 나이는 평균적으로 고등학교 졸업생보다 많게 마련이며, 일부는 소방과학이나 범죄퇴치와 같은 분야에 대한 전문 과정이 포함돼 있는데, 이런 전공을 한 졸업생들은 상당수가 보수가 좋고 노동조합도 잘 운영되고 있는 공공 부문 일자리에 취업하고 있다. 최근 발표된 통계자료에 따르면 소방관들의 연평균 소득은 4만 6,870달러이며 경찰관들은 6만 270달러다.[106] 여기에서도 빌 게이츠 효과가 발생해 고소득의 공직 근무자들이 평균을 왜곡시키고 있는 셈이다.

■ 직업훈련이 인력과잉을 초래하는 경우 ■

지역사회 대학들이 엄청나게 도움이 되는 경우도 있는데, 특히 특별한 자격증, 이를 테면 공인 간호조무사를 취득하기 위해 입학하는 사람들이나 특별한 스킬, 가령 요리 기술을 숙달하고자 하는 사람들, 또는 4년제 정규 대학에 입학할 수 있는 자격을 얻으려는 사람들에게는 큰 도움이 되고 있다. 이런 식의 접근방법이라면 잘될 수도 있고 실제로도 많은 경우 좋은 결과를 내고 있다. 하지만 우리가 앞 장에서 버려두고 온 수전과 같은 사람들에게는 지역대학을 다니기 위해 지출해야 하는 비용, 2년 동안 잃어버리거나 줄어드는 임금과 학교에 다니는 데 필요한 교통비, 교과서 구입 비용, 어린이집 비용 등의 각종 비용으로 인해 수지가 맞지 않게 되고, 이로 인해 학교를 중간에 포기함으로써 학점도 다 따지 못하고 빚만 늘어난 상태에서 직장을 잡을 희망마저 잃게 되는 것이다.

스티븐 존슨 역시 이 모든 것들을 잘 이해하고 있었지만, 그 사실이 그를 위축시키지는 않는다고 말했다.

"우리는 개인 특화된 과정으로 유명한 사라 로렌스(Sarah Lawrence)도 아니고 여성들을 위한 공예 전문학교로 이름 높은 웰즐리(Wellesley)도 아닙니다. 경제적으로 제한받고, 학교 문제로 제한받고, 논리적으로도 제한받는 사람들을 위해 그들 스스로 뭔가를 해보려고 하는 데 충분한 도움을 주기 위해 노력하고 있을 뿐입니다. 무재고 시스템으로 불리는 '적시(just-in-time) 생산'이라고 들어 보셨습니까? 바로 이것이 '적시 교육'입니다."

이런 선의의 논쟁에 따르는 문제는 제조업과 교육에는 공통점이 거의 없다는 사실이다. 사람들이 어떤 성품과 어떤 능력을 가졌건 간에 자신들이 갖고 있는 '스킬 조합'을 재구성하기 위해 주기적으로 대학으로 돌아가 시간과 자원을 사용할 만한 사람은 거의 없다. 그리고 그런 소수의 사람들이 있더라도, 어떤 대학이든 심지어 싱클레어대학마저도 일자리 시장의 수요 변화에 즉각적으로 대응해 '적시 교육'을 제공하기란 불가능하다.

버지니아 주 리치몬드(Richmond) 출신의 23세 트레이스 커리(Trace Curry)는 내가 싱클레어대학에서 만난 몇 사람의 '모범적인 학생들' 중 한 사람이다. 커리는 싱클레어의 왕관인 무인 항공기 시스템 면허 과정에 박힌 보석의 빛나는 앞쪽 면이라고 할 수 있는 사람이다. 몇 년 전 무인 항공기 시스템 협회는 2025년까지 오하이오에서 드론과 관련한 일자리가 2,700개 정도 새롭게 생겨날 것으로 예측했으며, 전국적으로는 대략 10만 개의 일자리가 창출될 것이라고 말했다.[107] 이 발표가 있자마자 싱클레어대학은 큰 투자를 단행해 수백만 달러를 드론과 관련된 훈련 프로그램에 쏟아 부었다. 트레이스 커리는 이런 노력에 환호하는 1인이었고, 싱클레어대학에 관한 기사가 나올 때 〈타임〉을 비롯한 다른 여러 언론에 실물보다 잘나온 사진이 실리기도 했다. 그가 졸업한 후 내가 전화를 걸었을 때 그는 잠시 빌딩에서 주차요원으로 일하고 있었다. 그는 자신의 장기적인 목표는 미국우주항공국(NASA)에서 일하는 것이지만, 현재로서는 교통안전국(TSA) 소속으로 수하물 검색대 일자리를 잡을 것 같다는 희망을 품고 있었다. 그는 이렇게 말했다.

"무인 항공기 시스템 분야의 일자리를 너무 좋아해요. 하지만 TSA의 일은 꾸준하고 믿을 수 있는 것이고 그것도 내 일자리입니다. 드론은 무척 빠르게 발전하고 있는데 직원들을 교육하려고 하지 않네요. 그래서인지 내 스킬이 시대에 뒤떨어지고 있는 느낌이에요."

그의 말이 옳을 수도 있다. 2018년 초 노스다코타대학교(University of North Dakota) 한 군데에만 200명이나 되는 학생들이 무인 항공기 시스템 과정에 등록했다. 현재로서는 이들 졸업생들이 일자리를 잡을 수 있는지, 잡더라도 어떤 일자리를 잡을 것인지 알 길은 없다. 하지만 확실한 사실은 이런 일자리를 놓고 벌이는 경쟁이 치열해질 것이라는 점이다. 2016년 여름 미국 정부의 새로운 규제조치에 따라 처음으로 실시된 상업용 드론에 대한 면허시험에 무려 1만 3,700명의 사람들이 응시했다.[108] 2017년 가을에는 대략 6만 명이 원격조종사 자격증명서를 소지하고 있었는데, 이들 모두가 상업적 목적의 드론을 조종할 수 있다는 의미였다. 관련 업계에서는 이런 서비스에 대한 수요가 절정에 달하고 있다고 주장하지만, 드론 조종사들이 받는 연간 평균 보수는 대략 3만 달러 정도에서 균형을 잡고 있다.[109] 이런 낮은 보수에 대한 이유로 가장 선두에 서 있는 드론 사업체는 자신들의 웹사이트를 통해 "드론을 날릴 줄 아는 사람들이 많이 있기 때문"이라고 설명하고 있다.[110]

지역사회 대학 내부에서든 외부에서든 간에 직업훈련 프로그램은 여러 세대에 걸쳐 인기를 얻고 있다. 1962년 상품생산 제조업 분야에서 3.5퍼센트의 인원감축이 발생하자, 이에 대한 반응으로 당시 대통령 존 F. 케네디(John F. Kennedy)는 설비의 자동화로 인해 일자리를 잃은 노동자들을 대상으로 하는 인력개발훈련법(Manpower Developmentand Training Act)에 서명했다. 이 법안은 1980년대 초반 제정된 일련의 직업훈련협력법안(Job Training Partnership Act, JTPA)의 효시가 됐다. 기업에 대한 규제완화와 빈민 구제정책 예산에 대한 무자비한 삭감의 시대였던 이 시기에는, 직업훈련과 재훈련 프로그램이 가난한 사람들에 대한 '기부'가 아닌 '도움'을 주는 것으로 받아들여져서 정치인들로부터 광범위한 지지를 얻었다. 그들의 논지는 실업이나 불완전 고용은 좋은 일자리를 공급하지 못하게 되는 사회 시스템의 실패를 반영하는 것이 아니라, 시장의 수요 변화에 발맞추지 못한 개인들의 잘못이라는 것이다.

하지만 이런 주장은 실제 증거들의 무게에 눌려 가루가 됐다. 1993년 미국 노동부가 한 연구 결과를 발표했는데, 여기서 내린 결론은 JTPA 프로그램을 이수한 저임금 저학력의 젊은 사람들이 그런 프로그램에 참여한 적이 없는 유사한 인구통계학적인 배경을 가진 사람들보다도 10퍼센트 정도 낮은 임금을 받고 있다는 것이었다.[111] 2012년에 보고된 보다 최근의 연구에서는 특별한 훈련을 받지 않은 구직자들과 훈련 과정을 거친 사람들을 비교분석한 결과, 이 두 그룹은 비슷한 고용경력을 보이지만 받는 보수의 수준은 훈련을 받은 사람들이 오히려 약간 낮은 수준이라는 결론이 도출됐다.[112] 어찌 됐건 직업훈련은 고용에 대한 전망을 제한하는 것이지 확장시켜주는 것은 아닌 걸로 보인다. 이와 관련한 가장 심각한 문제는 특정 직업군에 너무나 많은 수의 사람들을 훈련시킴으로써 결과적으로 그 직업군 시장에서 과잉 공급이 유발돼 임금이 낮아진다는 사실이다.

싱클레어대학은 드론에 대한 강한 믿음을 갖고 있다. 하지만 데이튼대학교의 경제학자 리처드 스톡(Richard Stock)은 무인 항공기 시스템 산업이 데이튼과 그 인근 지역의 일자리 수요를 근본적으로 자극하지는 못할 것이며, 명확한 증거는 아직 없지만 아마도 그 반대일 것이라고 말한다.

"내 말을 잘못 해석하면 안 됩니다. 물론 싱클레어대학은 모범적인 학교입니다. 그렇지만 모범적인 학교조차 어떤 일자리가 필요하게 될지 알 수 없다는 뜻입니다. 싱클레어나 다른 대학들은 소규모 회사들이 관심 갖는 것들에 대해 대응코자 많은 교육 과정들을 제공하고 있어요."

특정 산업에서 어떤 수준의 보수를 제공하는 노동력에 대한 공급이 일시적으로 부족한 현상은 언제나 있어왔고 앞으로도 그럴 테지만, 공적인 자원을 특정 직업군에 대한 '적시' 훈련에 모두 집어넣는 것은 아무리 잘 봐줘도 도박 이상의 것은 아니다.

■ 외국기업 유치가 일자리 해법이 될까 ■

2016년 가을에 모레인 공장은 공식적으로 재가동되며 대단히 요란하게 홍보됐다. 갖가지 언론이 앞 다퉈 재단장된 46만 9,435제곱미터 넓이의 시설을 '산업 부활의 상징'으로 묘사했다. 개관식에는 자동차 산업의 거물들, 상원의원, 하원의원, 메리 테일러(Mary Taylor) 부지사 등 수백 명의 인사들이 참석했다. 데이튼에 뭔가 '만드는' 제조 산업이 되돌아왔다. 그런데 이번에 파티를 연 당사자는 GM이나 다른 미국의 자동차 회사가 아니었다. 자동차용 유리 제조를 전문으로 하는 세계 최대의 제조회사인 중국의 푸야오(Fuyao)라는 곳이었다. 모레인 공장은 푸야오의 미국 사업에서 중심적인 역할을 할 장소로 연간 400만 장의 방풍유리를 만들 계획인데, 이는 매년 미국에서 제작되거나 미국으로 수입되고 있는 물량의 대략 30퍼센트 정도에 해당한다. 푸야오의 설립자이자 회장인 차오더왕(曹德旺)은 자신이 미국에 '투자'하고 있으며 오하이오 주와 미국의 자동차 산업이 다시 '활기'를 찾기 희망한다고 말했다. 아래는 그의 개관식 연설 중 일부다.

"오늘 이 모레인에서 열린 개관식은 푸야오와 우리 파트너들이 이뤄낸 기념비적인 업적의 정점입니다. 우리는 미국 자동차 역사의 심장인 이곳 오하이오에서 일하게 된 것을 자랑스럽게 생각하며, 북미 지역의 자동차 산업 성장을 뒷받침하는 데 크게 기여할 것으로 확신합니다. 중국의 푸야오는 중국의 자동차 유리 시장에서 대략 70퍼센트의 물량을 공급하고 있으며, 우리의 OEM 파트너들과의 협력을 통해 북미 지역에서도 이 같은 성공을 재현할 수 있다고 믿어 의심치 않습니다."

중국의 문화혁명 기간 중 가난한 집에서 자란 차오더왕은 자수성가한 억만장자로서 관공서의 관료주의나 규제와 같은 것들에 대해서 잘 참지 못한다. 그는 이 GM의 조립 공장을 새롭게 만드는데 2년의 시간과 5억 달러의 자금을 투입했는데, 이 공장이 미국에 한 투자 중에서 가장 큰 규모였다. 오하이오 주는 그의 이런 배려에 대해 주 역사상 가장 큰 규모의 각종 특혜를 제공함으로써 환심을 샀다. 이유는 명백했다. 차오더왕이 미국 내 2,500~3,000개의 일자리를 약속했던 것이다. 싱클레어대학은 이 자리를 채울 자격의 후보자들을 모아주는 일을 지원하기 위한 파트너로 지명됐으며, 스티븐 존슨은 그 사람들을 채울 수 있을 때까지 교내에서 여러 번의 구인 행사를 열겠다고 공언했다. 이 주에서의 일자리 창출과 경제발전을 위해 설립된 비영리기관인 잡스오하이오(JobsOhio) 역시 소매를 걷어 올렸다. 힘겹게 싸워나가고 있는 전국의 많은 도시들처럼, 데이튼도 이 일자리를 확보하기 위해 할 수 있는 모든 수단을 다 동원했다. 제인 도커리(Jane Dockery)는 데이튼에 소재한 라이트주립대학교의 실행정책 연구원에서 원장을 보좌하고 있는데, 그가 맡은 분야는 지역경제 발전이다. 그는 이렇게 이야기했다.

"우리는 그동안 GM의 노동자들에 대한 연구를 수행해왔습니다. 그들을 2년 넘게 추적했는데, 그게 별로 아름답지는 않았죠. 어떤 사람들은 크래커 배럴(Cracker Barrel) 식당 같은 곳이나 소매점에서 일하고 있지만, 많은 사람들이 아무런 일도 하지 않습니다. 실업자 숫자라는 것은 실제로 어떤 일이 일어나고 있는지 제대로 보여주지 못합니다. 최저임금을 받는 사람, 시간제로 일하는 사람, 그리고 아예 포기해버린 사람들도 있습니다. 우리는 그저 보다 나은 그 무엇을 바라고 있는 수많은 사람들이 있다는 사실만 알고 있습니다."

푸야오는 보다 나은 그 무엇이라고 생각됐다. 그렇지만 재능 있는 사람들을 모으는 작업은 희망처럼 순조롭지는 않았다. 싱클레어대학과 잡스오하이오는 생산과 관련된 자리에 최초의 지원자 3,299명을 추천했는데, 그의 표현대로라면 그들 모두 '타고난 공장일꾼들'이었다. 이 3,299명 중에서 65명은 야간과 주일 근무를 거부해 탈락했고, 9명은 고등학교 졸업장이나 고등학교 학력 인정 증명서를 갖추지 못해서 탈락했다. 그런데 놀랍게도 482명 모두 고등학교 졸업생들이고 일부는 싱클레어대학 졸업생들인데도 중학교 2학년 수준의 수학시험을 통과하지 못해서 탈락한 것이었다. 가장 큰 비율의 탈락자들이 스킬을 갖추지 못해서가 아니라 기본적인 지식이 결여돼 자신들의 발목을 잡은 셈이었다.

잡스오하이오는 서둘러 보충수업 반을 편성하고 교사들을 모았지만, 이 지원자들에게 두 번째 기회가 주어졌는지 여부는 확실하지 않다. 최종적으로 1,209명의 후보자들에 대한 면접시험 일정이 결정됐으며, 신시내티에 본사를 두고 있는 인력전문 기업 스태프마크(Staffmark)는 90일간의 한시적인 수습사원으로 205명을 지명했다. 물론 이 90일간의 수습기간을 무사히 마친 지원자들은 정규직으로 입사할 수 있었지만, 그들에게 제시된 보수는 시간당 12.6달러였다. 이것은 그 지역의 생산직 직원들이 통상적으로 받고 있는 임금보다 시간당 대략 2.65달러 정도 낮은 수준이었다.

2017년 봄, 데이튼의 푸야오 공장에는 약 2,000명 정도의 직원이 일하고 있는 것으로 알려졌다. 오하이오 주에 있는 중국인 소유의 제조 공장 중에서는 가장 규모가 컸다. 직원들 중에서 몇 명이 미국인인지는 명확하지 않았는데, 이 회사가 낸 구인 공고 내용 중 "일터에서 일반적으로 사용되고 있는 언어는 영어와 중국의 표준어 만다린입니다"라는 문장을 통해 추측이 가능할 것이다. 이 회사에서 일하던 관리자 한 사람이 소송을 제기하면서 자신이 중국인이 아니기 때문에 해고의 부분적인 사유가 됐다고 주장했다. 일반 직원들은 중국인 중간관리자들이 미국인 직원들에 대해 훈련시키거나 책임을 공유하려고 하지 않으며, 이런 것들에 대해서는 관심도 갖고 있지 않다고 불평하고 있다. 반면 관리자들은 미국인 노동자들이 일을 충분히 열심히 하거나 신속하게 하지 않는다고 불평한다. 2017년 가을, 미국의 노동안전위생국(OSHA)은 이 회사가 중대한 안전규정을 위반했다는 이유로 벌금을 부과했다. 또한 이 회사는 미국의 자동차노동조합(UAW)이 주도하는 거센 반대 운동을 겪은 적도 있는데, 이는 미국 노동부에 제출한 자료에 푸야오가 오클라호마에 본부를 둔 '무노조 지원' 전문 컨설팅 회사에 74만 7,410달러를 지출했다는 사실이 알려졌기 때문이다.[113] 오하이오 주 하원에서 소수당인 민주당을 이끌고 있는 프레드 스트라혼(Fred Strahorn)은 점심시간에 나와 가진 인터뷰에서 이 상황을 "일종의 인질 사태처럼 느낀다"고 요약했다.[114]

의심할 여지없이 싱클레어대학은 이 같은 '인질 사태'가 일어나는 데 아무런 역할도 하지 않았으며, 이 대학은 좋지 않거나 존재하지 않는 일자리를 위해 학생들을 교육할 어떤 의사도 갖고 있지 않았다. 반대로 싱클레어대학은 모범적인 자리를 지키고 있다. 지역사회로의 순조로운 융합, 낮은 비용, 학생 개개인의 요구에 대한 반응 등을 갖춘 훌륭한 교육기관이다. 그렇지만 싱클레어대학이 미국에서 최고의 지역사회 대학에 들어간다는 사실 때문에 더욱 강력하게 다가오는 우려는 '산업의 요구'에 응답해서 우리가 배우는 것이나 아이들에게 가르치는 것들을 맞춰나갈 때의 위험성 같은 것이다. 제인 도커리는 이렇게 설명한다.

"만약 내가 GM의 전직 생산직 직원이었다면 유리 공장의 구인 제안을 받아들였을 거예요. 일을 하게 됐을 겁니다. 우리 지역의 고용주들은 전세계 시장에서 경쟁하고 있습니다. 그리고 우리는 어떤 일자리가 제안되든 사람들을 거기에 맞춰 훈련하려고 애쓰고 있습니다. 그러니까 좋든 싫든 간에 그들은 사람들이 가장 낮은 공통분모의 수준에서 경쟁하도록 우리가 자신들을 도와주기를 바라겠지요. 지역사회 대학들은 자신들이 경제발전의 일익을 담당하는 존재들이기 때문에 일자리에 맞춰서 사람들을 준비시켜야 하고, 회사들에게 적절히 훈련시켰다고 말하기를 원합니다. 그런데 정확하게 어떤 일자리인가요? 물론 더 좋은 일자리도 있고, 보수를 더 많이 주는 일자리도 있습니다만, 내가 말할 수 있는 것은 사실은 그런 것들이 그리 많지 않다는 것입니다. 세계 경제에는 결산표의 마지막 손익계산에 대한 압력이 엄청 심합니다. 그리고 설사 경제가 좋아졌을 때도 우리는 나아갈 길을 찾지 못했습니다. 최소한 오하이오 이곳에서는 그래요. 나는 우리가 사람들을 존재하지 않거나 앞으로 존재하지 않게 될 일자리에 맞춰 훈련시키고 있다고는 생각하지 않습니다. 사실은 지역대학들이 전적으로 직업을 훈련시키는 사업을 하고 있는지조차 잘 모르겠어요. 어쩌면 지역대학이 해야 할 일이란 대학이 원래 만들어진 목적, 그러니까 비판적인 생각을 키워주고 평생의 가르침을 주입하는 일일지도 모르죠. 그거 아십니까? 우리는 미래를 예측할 수 없어요. 사람들이 미래를 만들어가도록 도와줄 수는 있습니다."

제10장

쇠퇴한 지역경제 살리기

우리 학생들은 일이 더 이상 좋은 것이 아니라 사악한 것이 되는 지점을 알아낼 준비가 단단히 돼 있습니다.

_라일 로우로프스(Lyle Roelofs)

▪ 일과 봉사를 병행하는 근로대학 ▪

로버트 레너(Robert Renner)는 앞에서 소개한 레너 부부의 아들이다. 미국산 자동차 유리 공장에서 일하고 있는 보비 레너를 기억하고 있을 것이다. 또한 이 부부의 나이가 마흔아홉 살이라는 것도 기억하리라고 생각한다. 보비는 자신의 운이 얼마나 오래 갈까 걱정했었다. 그는 허리 통증 때문에 고생하고 있었고, 그가 공장에서 얼마나 더 일의 속도와 보조를 맞출 수 있을지 선뜻 장담할 수 없었다. 게다가 그는 어느 날 갑자기 공장이 멕시코로 이전할까 봐 두려웠다. 그는 이렇게 말했다.

"자신의 건강에 대해서 스스로 알아낼 수는 없죠. 일자리도 마찬가지입니다. 모든 것을 하늘에 기대야 해요. 나는 내 아들 로버트는 좀 더 많은 선택권을 갖게 되기를 바라고 있습니다."

로버트는 그때 스무 살이었고, 기계공학을 공부하는 학생이었다. 침착하고 말을 잘하는 그는 자신의 부모나 자신에게 영향을 주었던 스승들에 대해서 좋은 이야기만을 했으며, 록캐슬 카운티의 고등학교에서 보냈던 인격 형성기에 대해서도 그랬다. 그곳에서 그는 자동차 기술과 영문법에 흥미를 보였다. 그는 미국 연방 교육부에서 시행 중인 업워드 바운드(Upward Bound)에 들어갔다. 이민 2세대의 예비 대학생들을 대상으로 과학과 수학에 초점을 맞춰 지원하는 대학 과정 준비 프로그램인데, 로버트는 그 2개의 과목에도 흥미를 갖게 됐다.

업워드 바운드 프로그램에서는 로버트가 버리아대학(Berea College)을 방문할 수 있도록 해줬는데, 그곳은 로버트의 누나들이 다닌 학교이며 누나 중 한 명은 이미 그곳에서 간호학 학위를 취득했다. 이런 우연의 일치는 로버트에게 좋은 징조 같았다. 그는 고등학교 다니는 동안 매년 여름마다 모두 6주 동안 대학에 다닐 준비를 했다. 그는 수학과 과학 과목을 들었고, 정기적으로 강사들을 만났으며, 동료 학생들과 어울려 애틀랜타에 있는 에머리대학교(Emory University)나 워싱턴에 있는 홀로코스트 박물관과 같은 장소로 현장 실습을 나갔다. 버리아대학은 공짜로 구경시켜주겠다던 약속을 지켰다.

로버트는 운이 좋았지만, 그가 생각하고 있던 방식대로는 아니었다. 버리아대학에 다니는 모든 학생들은 수업료는 내지 않고 다른 비용도 거의 내지 않지만, 로버트처럼 여유가 있는 아주 소수는 일부를 스스로 부담하고 있다. 집이 가난한 학생들이라면 아프가니스탄, 투르키스탄, 베트남, 몰도바와 같은 곳에서 이곳으로 온 외국 학생들도 혜택을 받는다. 몰도바는 루마니아와 우크라이나 사이에 끼어 있는 작은 나라다. 버리아대학에서 만난 컴퓨터공학 전공의 학생이 바로 몰도바 출신이었는데, 미국의 역사와 정치학을 꿰뚫고 있어서 무척 감탄했다. 사실 버리아에서 만난 학생 치고 내가 감탄하지 않은 학생은 없던 것 같다. 많은 학생들이 로버트가 하듯이 자기 생각을 따라 특별한 일을 하고 있지는 않았지만, 그들 모두가 자신들의 강점을 알고 있었으며 그것을 토대로 무엇을 더해야 하는지 잘 알고 있는 것 같았다. 버리아대학은 언제나 다른 학교와는 거리를 두고 있었다. 1855년 노예폐지론자들이 세운 이 학교는 소수민족, 여성, 그리고 특히 가난한 사람들에게 언제나 문이 열려 있었던 것으로 알려진 길고 유명한 역사를 만들어왔다. 이 학교는 8개의 진보적인 기술대학들이 모여 구성한 근로대학연맹(Work Colleges Consortium)에서 규모가 가장 큰 학교로서 대략 1,600명의 학생들이 재학하고 있으며 남부에서는 유일하게 이 연맹에 속하는 학교다. 이 연맹에 속하는 학교에서는 일과 배움과 사회봉사를 조화롭게 융합시키도록 하고 있다. 근로대학연맹 학생들은 학교에 다니면서 회계부터 음식의 서비스나 다른 학생들에 대한 강의와 컨설팅에 이르기까지 주로 캠퍼스 내에서 일어나는 다양한 일들을 직접 경험하고 있다. 내가 묶었던 본 태번 호텔(Boone Tavern Hotel)의 종업원들도 버리아의 학생들이었으며, 내가 먹은 아침 식사를 위해서 호텔 식당에 달걀을 공급해주는 농장도 마찬가지였다. 버리아는 학생들이 이런 일들을 통해 자신들의 기술을 연마하면서 시설의 운영비용도 낮춰주는데, 그들의 노동이 정당한 보수를 받고 있는데다 교사진과 직원들의 세심한 관리까지 필요해 비용이 항상 현저히 낮아지는 것은 아니다.

버리아의 학생들은 그들의 학업성적과 마찬가지로 근로성적에 대해서도 학점으로 평가받는데, 두 분야 중에서 한 곳만 결과가 좋지 않아도 유급을 당할 수 있다. 그들의 교육에서 노동은 보조적인 것이 아니라 필수적인 것이므로, 학생들은 매일 일의 목적에 마주하고 그 결과에도 마주해야 한다. 버리아대학 학장 라일 로우로프스(Lyle Roelofs)는 이렇게 이야기했다.

"우리 학생들은 일이 더 이상 좋은 것이 아니라 사악한 것이 되는 지점을 알아낼 준비가 단단히 돼 있습니다."

2017년 〈월간 워싱턴(Washington Monthly)〉은 버리아대학이 3년 연속 미국

내에서 '최고의 자유 교양교육 대학'에 선정됐다고 발표했다.[115] 이 발표가 있자 다른 대학의 관리자들로부터 질문 공세가 쏟아져 들어왔는데, 로우로프스는 자신이 《어떻게 하면 하버드대학교는 북부의 버리아대학이 될 수 있을까?》라는 제목의 책을 써볼까 하는 유혹에 빠졌다는 농담을 했다. 원래 물리학자인 로우로프스는 이 대학을 운영한 첫 번째 과학자이기도 한데, 이 대학과 마찬가지로 예상과는 여러모로 다른 사람이었다. 그는 키가 크고 귀족적인 분위기를 풍겼지만 손목에는 피트니스용 핏빗(fitbit)을 찬 채 나타났는데, 그의 취미 중에는 뜨개질이 있으며 가장 최근에는 새로 태어난 손주를 위해 조그마한 모자를 짰다고 말해줬다. 전형적인 중서부 지역 사람인 그는 버리아에 오기 전에는 뉴욕 주의 숲이 무성한 해밀턴(Hamilton) 지역 깊숙이 숨어 있는 사립 엘리트 대학 콜게이트대학교(Colgate University)의 사무처장을 역임했다. 콜게이트대학교를 다니기 위해 필요한 1년 비용은 2017년 기준으로 학비, 방 임대료, 식대, 기타 부수비용을 모두 포함했을 때 거의 7만 달러에 달했다.[116] 반면 버리아대학을 다니는 학생들이 1년 동안 사용하는 비용은 2,500달러를 약간 상회하는 수준으로 추정된다. 로우로프스는 콜게이트나 이와 유사한 사립대학들을 여러 세대를 걸쳐서 내려오는 유전적 형질에 비유했다. 그는 이렇게 설명했다.

"나는 콜게이트대학교에서 8년 동안 일했고 콜게이트 가문의 7대 후손을 가르쳤습니다. 버리아대학에는 이런 식으로 지속적인 관계가 없습니다. 왜냐하면 성공한 졸업생들의 자녀들은 입학하지 못하니까요."

그는 지금 그의 위치가 '궁극적인 보상'이라고 덧붙였는데, 그 의미는 그가 더 이상 금전적인 문제에 연연하지 않아도 된다고 느낀다는 것이었다.

"우리는 상위 5퍼센트의 특권층에 대해서 별다른 생각을 하지 않아도 됩니다. 우리는 그 상위 5퍼센트의 후원에 의존하지 않으니까요."

버리아대학은 대략 12억 달러에 달하는 기부금 덕분에 부자들에 대한 의존도에서 벗어날 수 있는데, 이 액수는 재학생 한 사람 당 7만 달러씩 돌아가는 금액으로서 버리아는 미국에서 가장 많은 후원금을 받는 20개 대학교에 포함된다. 이 기부금 전체 중에서 졸업생들이 차지하는 비중이 35퍼센트가 채 되지 않는다. 내가 로우로프스에게 그와 그의 전임자들이 어떻게 했기에 이런 어려운 일을 성사시켰냐고 물었더니 그는 크게 웃으며 거의 반사적으로 대답했다.

"우리에게 기부하는 분들은 우리의 임무를 믿어주고 지원해주는 사람들입니다. 특별하다는 이유로 기금을 모으는 일이 상대적으로 쉬워지기도 한답니다."

이런 기부자들 가운데에 한 흑인 부부가 있는데, 운 좋게도 그들의 이야기를 들을 수 있었다. 그들은 50년 전에 이곳에 왔다 본 태번 호텔에서 하룻밤을 묵었다. 그들은 그때 따뜻한 환영을 받았으며, 다음날 호텔을 떠나기 직전 직원들에게 만약 자신들이 100만 달러를 손에 넣게 된다면 그 돈을 모두 버리아대학에 기증하겠다고 말했다.

버리아대학의 학생들은 가계소득의 중간값이 연소득 2만 9,000달러인 가정 출신들이며, 대부분의 학생들이 로버트처럼 그 집안에서는 4년제 대학에 진학하는 첫 세대에 속하는 아이들이다. 또한 통상적으로 그들을 버리아까지 인도했던 길은 대단히 험난했다. 나와 이야기를 나눴던 학생들 중 한 사람은 누구의 연민을 바라지 않고 심지어 위로조차 원하지 않는 것 같았지만, 나는 그의 이야기를 듣는 도중에 가슴이 찢어지는 듯했다. 로우로프스는 이렇게 말했다.

"이곳에 오는 학생들은 그들의 가족을 하나로 모아주는 핵심입니다. 아버지는 죽었거나 감옥에 들어가 있고, 형제들은 마약에 빠져 있으며, 어머니는 복지지원금으로 살아갑니다. 그 집안에서 다른 것은 이 아이 하나뿐이었죠. 그래서 우리는 그 아이에게 네 가족들은 내버려두고 우리에게 오라고 말했습니다."

로우로프스는 결국 3학년 때 자살한 이 촉망받았던 학생의 이야기를 계속 들려줬다.

"그 아이 장례식에 참가했습니다. 오하이오 남쪽에 있는 작은 교회였는데, 그때 내가 본 놀라운 사실은 시골의 가난한 사람들이 살고 있는 곳은 우리가 사는 곳과는 전혀 다른 세계라는 것이었습니다. 그 학생이 도움을 필요로 하고 있다는 생각 자체를 하지 않고 있었습니다. 그저 신께서 그 아이를 집으로 부른 시간이 됐을 뿐이고, 그 사람들은 그것을 받아들였던 것뿐입니다."

■ 애팔래치아 지역의 광부들 ■

예일대학교 출신 변호사 J. D. 밴스(J. D. Vance)는 엄청난 성공을 거뒀던 자서전 《힐빌리의 노래(Hillbilly Elegy)》에서 그가 동부 켄터키 지방에 살면서 범죄, 마약중독, 배우자 및 어린이 학대 등 스쳐 지나간 인생에 대한 감동적인 이야기를 전해준다. 애팔래치아 산맥 출신인 한 독자는 이렇게 평했다.

"트럼프가 부상하고 있는 이때, 이 책은 미국 민주당 당원들이 이 세상에서 가장 신비한 종족인 경제적으로 불안한 백인 유권자들을 이해하는 데 필요한 일종의 로제타석이 됐다."[117]

저자인 밴스 역시 애팔래치아 산맥 지역에서 자란 사람인데, 그는 이 지역 사람들에 대해 이렇게 묘사했다.

"필요도 없는 집을 사고 빚을 더 많이 내서 탕진해버리고는 파산을 선언한다. 대부분 깨어나서 정신을 차려보면 쓰레기더미만 잔뜩 끼고 있다. 근검절약은 우리에게 없는 단어다."

밴스가 이 지역 사람들과의 연대감을 보여주기 위해서 '우리'라는 단어를 사용하는 듯 보이지만, 내가 보기에 《힐빌리의 노래》는 시간을 뛰어넘는 소통의 열쇠가 됐던 로제타석이 아니라 단순한 거울에 불과하다. 우리 대부분이 두려워하고 있는, 공감하는 연민이나 공통적인 상식이 결여된 노동계급의 문화가 점점 더 권리를 잃고 제 기능을 하지 못하게 되는 상황에 대한 끓어오르는 경멸감을 그대로 보여주고 있는 거울인 것이다.

그런데 내가 켄터키 주 동부에서 본 것은 이런 생각들이 모두 방향을 잘못잡은 일반화의 소산이었다는 사실이다. 보비 레너는 복음주의 기독교 신자이고 도널드 트럼프의 지지자다. 그는 이전 정부에 대한 의혹을 거두지 않으며 오바마 대통령을 복지 사기범으로 경멸하고 있다. 하지만 우리가 이야기하는 동안에 그는 가난한 사람들에게는 깊은 동정심을 표했는데, 특히 어떤 이유에서건 고등학교 졸업장을 받지 못한 사람들을 특히 동정했다. 그는 보편적 의료보험 체계에 찬성했고, 보조금을 지급하거나 무료로 대학까지 공공교육을 연장하는 것도 찬성했다(그의 집은 필요도 없거나 쓰레기더미만 가득 끼고 있는 것과는 거리가 멀어서, 나이든 부모님과 아내, 딸, 그리고 사랑스러운 손녀로 가득 차 있다).

애팔래치아 사람들, 그리고 다른 노동자 계급의 미국인들이 뭔가에 의해 강요당하고 있다고 한다면 그것은 문화에 의해서가 아니라 21세기의 물질적·심리적·정신적 욕구를 만족시킬 수 있다고 착각하고 있는 사회적·경제적 시스템 때문이다. 버리아대학은 이런 논리의 허구성을 깨닫고 그 이상으로 올라가기 위해 애썼다. 실질적이든 가설적이든 산업의 요구를 미리 예상하거나 거기에 맞춰 학생들을 훈련시키는 일에 집중하는 지역사회 대학들과는 달리 버리아는 긴 안목으로 신중하게 졸업생들이 돈키호테 식의 세계 시장에서 변덕스러움에 대처할 수 있도록 준비하는 작업을 시켰다. 이렇게 하면서 로버트를 포함하는 일부 학생들은 여전히 기존 조직 안에서 전문가를 목표로 일할 계획이지만, 상당히 많은 수가 전적으로 새로운 형태의 일을 만들게 됐다. 로우로프스의 설명이다.

"미래란 원래 단어를 정의할 때 의미 자체가 불확실한 것이며, 우리는 미래를 볼 수 있는 수정 구슬을 갖고 있지도 않습니다. 그렇지만 자유교양 교육이 곧 해방 교육이라는 믿음을 갖고 있습니다. 우리의 목표는 스스로 생각할 수 있고 다른 사람이 어떻게 생각하는지 이해할 수 있는 사람들을 졸업시키는 것입니다. 또한 우리는 그런 지식들이 그들이 어떤 것들을 추구하든 간에 그들에게 많은 도움이 될 것을 믿습니다."

애팔래치아는 사람들의 정착이 시작된 이래 돈 문제로 시달림을 받아오던 지역이었다. 켄터키 주의 동부 지역은 특히 빈곤과 범죄의 오랜 역사를 갖고 있다. 마약 공장 폭발사고가 끊이지 않는 뉴스거리가 되고 있으며, 마약 밀수에 관한 보도들 역시 마찬가지다. 더욱이 20세기 초반 애팔래치아는 노천 탄광 개발로 동부 자본가들에 의해 산림이 전부 베어졌고, 캘 석탄이 다 떨어지자 들러붙어 있던 회사들은 그 땅을 헐벗은 채 그대로 놓아두고 모두 철수했으며, 그곳 주민들만 오염과 빈곤의 상처를 고스란히 입었다.

지금도 광업은 이 지역의 갈등을 깊게 하고 있는데, 주민들은 광부 모자를 쓰고 집결해 "트럼프가 직접 석탄을 파라!"라는 구호가 적힌 깃발을 내걸곤 했다. 켄터키 주가 생산하는 전력 중 약 90퍼센트가 석탄을 사용하는 화력발전이다. 대부분의 다른 주들과는 달리 켄터키는 석탄 사용을 줄이기 위한 규제도 없다. 석탄은 이 주의 경제에 전적으로 기여하며 전국에서 가장 값싼 에너지를 제공해주고 있다. 트럼프가 대통령이 됐으니 이 지역 석탄 채굴권을 기업들에 풀어줄 수도 있겠지만, 현실적으로 광업이 일자리에 미치는 긍정적 영향은 미미하다. 2017년 기준 미국 전체에 남아 있는 광부의 수는 채 5만 명이 되지 않는데, 이는 1980년 25만 명으로 정점을 찍었을 때와 비교해 엄청나게 줄어든 수치다. 현재 켄터키 주에는 약 7,000명의 광부들만 남아 있으며 새로이 힘든 탄광 일을 하려는 사람들은 거의 없다.

로우로프스는 광업 쇠퇴를 애팔래치아가 스스로 보다 오래 지속할 수 있는 산업을 다시 만들어내기 위한 중요한 기회로 여겼다. 그가 생각하는 새로운 산업에는 농업과 임업, 수력과 풍력 그리고 태양광을 이용하는 재생 에너지 산업 등이었다. 재생 에너지 분야는 건축 노동자, 엔지니어 등과 같은 인력들을 다수 필요로 한다. MIT 정치경제연구소(PERI) 소속의 경제학자 로버트 폴린(Robert Pollin)과 그의 동료들은 재생 에너지로의 이행을 통해 미국 전역에서 2,700만 개의 신규 일자리를 창출할 수 있다고 예측했는데, 투자액 100만 달러당 평균 12.6개의 직업을 창출하는 셈이다. 이는 기존의 석유, 가스, 석탄 분야가 투자액 100만 달러당 10.6개의 직업을 만들었던 수준에 비해 높다. 또한 에너지 형태의 이전으로 요구되는 사회 기반 시설의 확충과 개선에 100만 달러당 14.6개의 직업이 창출된다. 젊은 남성들의 일자리에 관해서라면 화석연료 산업이 모을 수 있는 숫자보다 훨씬 더 많아질 것이다.

2017년 켄터키 소재 석탄 회사 한 곳이 미국에서는 가장 규모가 큰 태양광 발전소를 과거 산림 벌목으로 헐벗은 산 위에 건설하겠다고 발표했다. 태양광 발전소 건설이 얼마나 많은 일자리를 만들어내는지 확실하지는 않지만, 이 프로젝트는 각 단계마다 농부와 광부들을 고용할 계획을 세워놓고 있다. 이들이 희망하는 바는 대중의 관심을 일자리가 점점 마르고 있는 기존 산업에서 새로운 21세기형 산업으로 돌리는 것이다. 그렇지만 여전히 많은 사람들이 켄터키 주가 과거를 외면해서는 안 된다고 반박한다.

■ 예술과 수공업, 창조적 문화경제 ■

버리아대학에서 기업경영학 교수로 있는 피터 핵버트(Peter Hackbert)는 수십 년 동안 켄터키 주 동부를 대상으로 이 지역과 석탄의 고통스러운 관계에 관해 연구해왔다. 그는 이렇게 말했다.

"광부들과 그들의 가족들이 트럼프를 지지했던 이유는 그가 이 지역 사람들이 한때 갖고 있던 것들을 돌려주겠다고 공약했기 때문입니다. 고등학교 졸업장만 있으면 구할 수 있는 보수가 좋은 일자리 말입니다. 우리는 그런 일자리들이 과거 역사일 뿐이라는 사실을 잘 알고 있습니다. 하지만 그 사실에 그냥 절망하고 포기하기보다는 새로운 가능성이나 기회를 찾아보려는 것입니다."

이에 대한 하나의 전략은 전통적인 문화에 투자하는 것이다. 영상, 음악, 요리, 문화 등의 분야에 투자함으로써 경제발전까지 자극하려는 의도다. 회의론자들은 이런 희망이 너무 이상적이라고 비판하면서 생각과 달리 전혀 실용적이지 않을 거라고 말한다. 그러나 미국 전체로 보면 물론 예술과 수공업은 핵심적인 역할을 하고 있다. 연간 7,296억 달러에 가까운 소득을 올리고 500만 명 정도를 고용하고 있다.[118] 건축업이나 수송업, 창고업과 같은 분야보다 국민경제에서 차지하고 있는 비중이 훨씬 더 크다는 사실을 반영한다. 특히 예술 분야에서 창출되는 일자리 100개마다 소매업, 정보통신, 제조업, 접객업, 요식업 등 다양한 분야에서 62개 일자리가 생겨난다. 역사적으로 볼 때 직접적이든 간접적이든 간에 이런 일자리 창출 효과는 대부분 도시의 중심 지역에서 일어났던 게 사실이다. 댈러스, 뉴욕, 시카고, 보스턴, 필라델피아, 워싱턴, 로스앤젤레스나 다른 주요 도시에서 미술관, 극장, 콘서트홀, 수공업 제품과 먹거리 시장과 같은 장소들이 사라진 모습은 상상하기 어렵다. 만약 그런 사태가 발생했을 경우 그 여파가 도시의 수익성에 미치게될 엄청난 충격에 대해서 생각하는 것도 그리 어렵지 않을 것이다. 도시미래센터(Center for an Urban Future)는 뉴욕 시 한 군데에서만 문화 산업이 15만 개의 직접적인 일자리를 책임지고 있다고 추정했으며, 여기에 엄청난 숫자의 관광 운전기사만 더해도 일자리에 대한 그 경제적인 효과를 가늠할 수 있다. 핵버트는 디지털 기술이 켄터키 동부나 인구가 드문드문 분포돼 있는 다른 지역까지 문화 전파를 손쉽게 만들 수 있으므로 자신들이 갖고 있는 문화적 유산에 투자하고 창조적 문화경제를 크게 확장시키는 것이 가능할 것이라고 확신했다.

창조적 문화경제의 부상이 아무런 반론 없이 쉽게 진행되는 것은 아니다. 몇몇 도시에서는 금융, 과학기술, 예술 및 기타 분야의 창의적인 직업에 있는 사람들이 '구식' 산업이나 '제조업' 노동자들을 밀쳐내는 현상이 발생하고 있기도 하다. 이런 상황은 막대한 소득을 올리는 신규 직업군과 저임금 상태에서 헤어나지 못하고 있는 블루칼라 노동자들 사이의 양극화로 이어지기도 한다. 본질적으로 노동자 계급은 보다 교육을 많이 받았거나 보다 많은 재능을 갖고 있는 사람들을 위한 서비스 계급으로 전락한다. 예를 들어 디트로이트에 가보면 미국에서 가장 규모가 큰 부동산 저당권 공급자 퀴큰 론스(Quicken Loans)를 인식하지 않은 채 이 도시를 돌아보는 것은 불가능한데, 이 회사는 디트로이트의 모든 금융지구를 인수한 것처럼 보인다. 이 회사에서 일하고 있는 수만 명의 전문직 직원들의 경우, 설사 전부는 아니더라도 대부분 디트로이트 외부로부터 왔으며, 이들이 부동산 시장에 몰려들면서 주택 임대료를 올려 그곳에 살던 지역 주민들을 밀어내고 있다.

이런 문제들을 사전에 예방하려면 지역 문화가 짙게 배어 있는 기술과 강점 위에 산업을 올리는 개발 전략을 완전히 다시 고안하는 게 요구된다. 버리아 시의 시장 스티븐 코넬리(Steven Connelly)는 이렇게 기초부터 시작하는 전략을 큰 목소리로 옹호하는 인물이다. 원래 직업은 변호사인 코넬리는 버리아에서 태어나 버리아에서 자랐으며, 그의 부모도 이곳의 대학에 함께 다니다가 만났다고 한다. 그는 군대를 마친 후 켄터키대학교에서 법학 학위를 취득하고 1980년대에 버리아로 돌아와 자신의 가족을 부양하기 시작했다. 이 지방에 대한 그의 애향심은 절대적인 것이긴 하지만 새로운 도전에 당면한 과제를 인식하는 데 걸림돌이 될 만큼은 아니다. 그의 이야기를 들어보자.

"우리는 담배를 피우고, 비만인데다, 심장질환과 치아질환도 있습니다. 그리고 우리의 가장 큰 2가지 약점은, 이게 사실 큰데, 교육과 자원의 부족입니다. 내가 2003년 처음 시장이 됐을 때 이 주에 있는 모든 카운티들이 재투자를 하려고 하고 있었습니다. 모든 장소가 자신들만의 자산을 갖고 있었어서 그것들을 어떻게 다뤄야 할지 아이디어를 짜내야 했지요. 켄터키 주 동부는 평지가 별로 없는 산악 지역입니다. 그러나 이곳이 광산과 제재소에 의해 유린당하면서 응당 주민들에게 돌아가야 할 부가 엉뚱한 곳으로 빠져나간 것입니다. 이제 와서 누구를 탓하겠습니까. 우리 모두의 책임입니다. 하지만 우리에게는 자산이 하나 더 있습니다. 버리아는 1980년대 일어났던 수공업 부흥운동에서 중요한 역할을 한 도시입니다. 이 나라의 다른 지역들이 모두 산업 시대를 향해 움직여나갈 때, 이곳 사람들은 직물 짜기, 목공예, 유리세공, 악기 제작과 같은 기술을 보존하면서 일했습니다. 우리는 수공업운동과 밀접하게 엮인 125년의 역사를 갖고 있으며, 오늘날의 우리를 보자면 민속예술과 수공예 분야에서 켄터키 주의 수도라고 할 수 있습니다. 그 전통 위에서 수많은 방법으로 산업을 쌓아올릴 수 있는 것입니다. 실제로 우리는 이미 그것을 하고 있습니다."

그의 말은 거짓이 아니다. 버리아 시의 자랑 '예술이 살아있는 곳(Where art's alive)'이라는 주장은 멋진 커피숍, 부티크숍, 수공예품 전문점이 들어서 있는 이 도시의 대학 광장을 돌아보면 쉽게 확인할 수 있다. 이 중에서 최고는 세계적으로 명성이 높은 목공예가 워렌 메이(Warren May)의 작업장이라고 할 수 있는데, 그는 로즈우드(rosewood)를 이용해 탁자나 상자를 만들거나 켄터키 산악 지대 특산품 악기인 덜시머(dulcimer)를 만든다. 이 작업장으로부터 대략 1.6킬로미터 떨어진 켄터키 예술가 수공업자 길드(Kentucky Guild of Artists and Craftsmen) 본부 인근에는 장인 마을 구역이 위치하고 있다.

내가 랜달 콘(Randall Conn)과 그의 아내 레지나(Regina) 그리고 장성한 아들이 일하고 있는 악기점 뮤직 메이커스(Music Makers)에 들어섰을 때 이들은 점심식사를 막 끝낸 참이었다. 랜달과 그의 아들은 기타, 밴조, 바이올린, 만돌린, 콘트라베이스와 같은 현악기를 만들거나 수리하는 일을 전문으로 하고 있다. 내가 부탁하자 랜달은 호리병 모양의 밴조 하나를 집어 들고 몇 개의 코드를 잡았다. 나는 일부러 말은 안 했지만, 이미 그와 그의 밴드가 여러 곳의 유명한 장소에서 연주했었다는 사실을 알고 있었다. 그들은 라디오로 중계된 그랜드 올드 오프리(Grand Old Opry)에 참가한 적도 있었다. 나는 여러 단계의 수리 과정에 있는 다양한 악기들이 바닥에 흩어져 있는 모습을 보고 그들의 사업이 상당히 잘되고 있다고 생각했다. 그런데 랜달과 그의 가족은 음악을 연주하거나 악기를 만들고 고치는 일에만 자신들의 소득을 전적으로 의지하지 않고 있었다. 레지나는 30년 동안 자신의 남편인 랜달에게 자랑스러운 눈빛을 보내며 이렇게 말했다.

"랜달은 목수이기도 해요. 주문 제작으로 나무 마루를 만들죠. 전세계를 다니면서 마루 까는 일을 컨설팅하거나 감독하고 있어요."

그가 맨해튼의 소호 지역에서 진행한 마루 바닥공사는 무려 10만 달러짜리 공사였다. 이 액수는 켄터키 주민이 1년 동안 벌어들이는 평균 수입의 3배에 달한다. 레지나는 "랜달이 여행을 좋아해서 정말 다행이지 뭐예요"라고 말했다. 쉰 살이 훨씬 넘어 보이는 랜달은 입소문으로 거의 모든 의뢰가 들어오기 때문에 인터넷 홍보가 필요 없다고 했다.

"사실 지금도 너무 바쁩니다."

하지만 랜달의 상점에서 불과 몇 집 건너 작업실에 있는 스물네 살의 공예가 저스틴 버튼(Justin Burton)은 랜달과는 다른 견해를 갖고 있었다. 그는 자신이 만든 물건들을 아마존과 이베이(eBay)에서 판매하고 있으며 웹사이트도 운영하고 있었다. 저스틴은 러셀 스프링스(Russell Springs)에서 자랐는데,

그곳은 켄터키 주 중앙에 위치한 거주 주민 약 2,000명의 작은 마을이다. 그의 아버지는 의류 회사 프룻 오브 더 룸(Fruit of the Loom)에서 일했다. 이 회사는 예전에 미국에서 GE 다음으로 많은 직원들을 고용하고 있던 곳이었다. 이는 내게는 놀라운 일이었다. 나는 다른 도시 생활자들과 마찬가지로 공장일자리가 사라지는 까닭은 주로 도시의 문제라고 생각하고 있었다. 디트로이트, 시카고, 볼티모어, 버펄로처럼 이전에는 볼 만했던 장소들이 공동화돼 가는 게 문제 아니었던가? 그런데 내가 나중에 알게 된 사실은 직물, 펄프와 종이, 정유시설, 식품가공과 같은 시골 지역의 제조업들이 특히 국제 경쟁과 자동화에 취약했다. 1988년 프룻 오브 더 룸은 보다 값싼 외국의 노동력을 찾아서 켄터키를 떠났으며, 버튼의 아버지 역시 다른 많은 사람들과 마찬가지로 일자리를 잃었다. 최근 수십 년 동안 공장 이전으로 사라진 시골 일자리 가운데 절반 정도가 제조업이었는데, 이는 미국 전체의 비율인 35퍼센트보다 훨씬 높은 수준이다.[119]

저스틴의 아버지는 끝내 공장 폐쇄로부터 완전히 회복하지 못했다. 중고차를 중개하기도 하고 다른 일도 시도해봤지만, 상실감에 빠져 가족들로부터 떨어져 아들까지 내팽긴 채 떠돌아다녔다. 저스틴은 깊은 상처를 입었지만 동시에 희망을 갖게 됐다. 자신이 아버지와는 전혀 다른 그 무엇을 원한다는 사실을 알았기 때문인데, 문제는 그 무엇이 확실하지 않다는 것이었다.

"마을에 공장이 하나 있었는데 나는 그 공장을 '마지막 시궁창'이라고 불렀어요. 메스암페타민(methamphetamine) 중독자들이 가득했거든요. 메스암페타민과 공장 노동이 합쳐지면 얼마나 위험한지 아세요?"

러셀 스프링스에는 월마트가 가장 크고 안정적인 고용주였고 그 다음이 지역의 병원이었다. 저스틴은 월마트는 별로 끌리지 않았고, 병원은 괜찮기는 했지만 자신이 누군가를 치료한다는 생각은 해본 적이 없었다.

"병원 일은 새로운 공장 같아요. 그래서 별로예요."

그는 직업훈련도 받지 않았다. 어차피 진짜 훈련은 일을 하면서 받다가 일자리가 자신을 포기할 때까지 버티는 식으로 갈 것이 분명해 보였기 때문이었다. 고등학교를 졸업한 뒤 일탈하기로 결심한 그는 버리아대학에 입학했다. 그곳은 그가 알고 있던 유일한 대학이자 다닐 수 있는 유일한 대학이기도 했다.

저스틴은 버리아대학을 사랑했고, 그 교정과 사람들 그리고 고고학 공부를 사랑했다. 수천 년이나 오래된 물건들이 여전히 존재하면서 그에게 흥미를 불러일으켰으며, 그 물건들이 갖고 있는 이야기도 마찬가지였다. 모든 물질적 문화에 관한 이야기가 그에게 영감을 제공했다. 어느 날 그는 틈새 시장을 찾아 버리아의 공예품 프로그램들을 뒤지기 시작했다. 그러다가 우연히 빗자루를 만드는 공방을 찾아냈다.

비(broom)를 만드는 일은 고대의 유서 깊은 기능이었지만, 버튼은 처음에는 그런 사실을 알지 못했다. 그가 빠져든 이유는 그것이 단지 실용적이고 단순했기 때문이다. 그가 견습생으로서 처음 맡았던 업무는 비의 강모를 만드는 데 사용되는 수수를 가지런히 모아놓은 다음 다듬는 일이었다(버리아대학은 학교 내 실험용 농장에서 수수를 재배하려고 했으나 실패하고 현재는 멕시코로부터 수입하고 있다). 수수를 죽 늘어놓고 다듬는 일은 지루한 작업이었지만 결국 저스틴은 이겨냈다. 6개월짜리 과정이 끝나자 다음 단계로 올라가 비 전체를 끈으로 묶어 조립하게 됐다. 이제 그가 만들 수 있는 것은 이전까지는 절대로 일어나지 않았던 정말 아름답고 쓸모 있는 물건이었다. 그의 가족들 중에는 누구도 그런 손재주나 감각을 갖고 있지 못했다. 그는 자신이 '월마트 문화'라고 부르는 것들 속에서 자랐다. 값싸고 조악하게 만들어진 싸구려 물건을 사용하면서 살아가지만, 이는 그런 물건을 좋아해서가 아니라 다른 대안이 없다고 믿는 걸 말한다. 어떤 까닭인지 몰라도 저스틴은 비를 만드는 행위가 차선의 삶으로부터의 해방이라고 느껴졌다. 대학을 졸업한 후 그는 골동품 강모 묶음 기계를 저렴하게 구입해 아예 이 일을 사업으로 전환했다. 이렇게 해서 탄생한 것이 브룸 하우스(Broom House)라는 회사였다.

누군가에게는 별것 아니고 우스운 일일 수도 있지만 수공으로 만든 비는 결코 작은 사업이 아니었다. 수십 년 전에 버리아대학은 학생들과 주변 지역 사회의 노동자들이 정성을 다해 손으로 만든 비를 1년에 최대 15만 개까지 판매한 적도 있다. 물론 오늘날에는 수작업으로 만든 비는 거의 흔적으로만 남아 있으며, 그나마도 그 일의 대부분은 나이가 많은 장인들이 하고 있다. 저스틴은 이렇게 말했다.

"아마도 미국 전역에 비 만드는 사람의 숫자는 100명이 채 안 될 거예요. 내가 그중 한 사람이겠죠. 이제 이 사업을 4년째 하고 있고 항상 이 일과 함께 하고 있어요. 올해 목표는 1만 5,000개 또는 2만 개 이상 판매예요. 알려진 이야기지만, 사람들은 뭔가 이야기를 갖고 있는 것들을 좋아하죠. 빗자루라고 바닥을 쓸기만 하라는 법은 없잖아요. 훌륭한 장식품이 될 수도 있다고 생각해요. 그렇게 접근하고 있어요."

저스틴은 생일이나 결혼식에 맞춰 비를 주문제작해주기도 한다. 미국 전역은 물론 독일, 프랑스, 영국, 호주, 일본에서 그의 비를 사려는 구매자들이 있다. 온라인 주문과 배송으로 멀리 있어도 전혀 문제가 없다. 또한 실습 연수회를 열기도 하고 강의를 하기도 한다. 수공예품 행사장에 나가서 직접 팔기도 한다. 그는 생각보다 그런 행사가 무척 많다고 했다.

"수공예품 행사는 바퀴벌레 같아요. 한 군데를 봤다고 하면, 숨어 있는 그런 장소가 쉰 곳 쯤 될 거예요."

그는 자신이 만든 비가 박물관에 전시되는 날을 꿈꾸고 있다.

"정말로 궁금한 게 내가 만든 비가 10년이나 20년 후 쯤에 어디에서 어떻게 될까 너무 궁금해요. 마치 미래를 위한 물질문화를 만들어가고 있다는 생각이 들기도 합니다."

저스틴은 부유하고 의미 있는 인생으로 가는 길을 닦기 위해 좁은 범위의 기술 능력에 의존하려는 생각은 하지 않는다. 그는 민첩하고, 변화에 열려 있으며, 미리 형태를 만들지 않으려고 단단히 결심해놓고 있다. 그는 아직도 자신의 인생 경력을 결정하지 않고 있다. 물론 그는 장인의 트레이드마크인 콧수염도 길렀고 포니테일 헤어스타일을 만들기 위해 머리카락을 묶어 모두 뒤로 넘겼다. 몇 명의 친구들이 수수를 재배해 납품해주기 때문에 재료가 떨어질 일도 없다. 그런데 이에 더해 그는 예술품 보존이라는 분야에도 관심의 폭을 넓혀 석사학위를 받을 계획을 세워놓고 있다. 뭔가 계속 행동은 하지만, 그럼에도 규정은 하지 않는다. 그는 앞으로 완전히 다른 것, 이를테면 회계학 공부 같은 것을 시도하게 될지 누가 알겠느냐고 반문한다.

"이 지역 부근에 눌러앉아 살아가려는 사람들 대부분은 한 가지 일만 해서는 곤란하다는 사실을 잘 알고 있습니다. 왜 그럴까요? 그 한 가지 일이 더 이상 없기 때문입니다. 트럼프는 광부의 일자리를 다시 찾아오겠다고 했었죠. 그러나 우리는 결과를 빤히 압니다. 절대로 그렇게 하지 못해요. 아무리 해도 단 하나의 일자리는 돌아올 길이 없습니다. 탄광은 이미 자동화로 움직이고 있고 예전에는 100명의 광부들이 할 일을 이제는 관리자 한 사람이 충분히 할 수 있죠. 앞으로 기계가 더하면 더했지 사람이 들어설 자리는 없을 거예요. 더구나 요즘 세상에 누가 광부 일을 하려고 할까요? 기사는 어떤가요? 할아버지는 트럭 운전기사였는데 운전기사는 이미 널려 있는 일자리죠. 내가 아는 트럭 운전기사만 해도 스물 아니 스물다섯 명은 있어요. 그 일자리도 마찬가지라고 봐요. 곧 사라집니다. 자율주행차로 모두 사라질 거예요. 우리가 할 수 있는 것들이 거의 없어요. 그런 식으로 과거의 일자리는 더 이상 남아 있지 않게 되는 거죠. 그럼 길을 어디에서 찾아야 할까요. 내 생각엔 2가지 가능성이 열려 있는 것 같아요. 하나는 사람들을 그냥 둥그렇게 둘러앉게 한 다음 아무것도 하지 않아도 돈을 주는 거예요. 다른 하나는 그들이 무엇이라도 하도록 돕는 거죠. 내가 생각하기에 대부분의 사람들은 그냥 앉아 있기만 하는 건 별로 원하지 않을 것 같아요. 나라를 위해서도 좋은 해결 방안이 아니고요. 그렇다면 우리가 할 수 있는 그 어떤 일을 찾아줘야겠지요. 일을 해야 돈을 벌고 돈을 벌어야 소비를 하잖아요. 사람이 여전히 해야 하는 일이 뭘까요? 파이프 수리 같은 건 사람이 해야 하지 않을까요? 아, 생각해보니 로봇이 할 수도 있겠네요. 하지만 인문학, 인간학, 공예 이런 것들은 사람만 할 수 있잖아요."

애팔래치아는 물건을 만드는 전통이 있는 지역이다. 그러나 인구가 500만이 채 안 되기 때문에 이 지역에는 시장 수요가 부족한 상태다. 이런 문제로 켄터키 주의 애팔래치아 지역은 특히 절박한 문제에 처해 있다. 전체 인구 중 25퍼센트에 가까운 사람들이 빈곤선 이하에서 살고 있기 때문이다. 이런 곳에서는 수출이 경제적으로 불가피하다. 이를 위해서는 광역 인터넷망이 핵심적인 요소가 될 수 있다. 그렇지만 그것도 일정 수요가 있어야 가능한 것이고, 소득 수준이 낮은 가계에서는 인터넷을 설치할 여건이 상당히 낮으며 특히 애팔래치아 같은 산골 지역은 더욱 그럴 것이다. 인터넷이 지속적인 고용 기회를 창출한다는 것도 그저 희망사항일 수 있다. 예컨대 인터넷으로 새로 창출된 콜센터 일자리는 안정성과는 거리가 멀었다. 그마저도 처음에는 미국의 저소득 계층으로 이어졌지만 그런 일자리 대부분이 필리핀이나 인도와 같은 저소득 국가로 이전됐다. 그런 방식으로는 안 된다. 버리아대학의 핵버트 교수는 이렇게 말한다.

"콜센터는 잊어야 합니다. 그냥 지나간 일자리예요. 그런 아이디어에 의존할 수는 없습니다. 새로운 가능성에서 가치를 창조해야 합니다. 아무리 어려운 길이라도 방법은 그것 말고는 없습니다. 정부와 기업이 머리를 맞대야 할 시점입니다. 분명히 어떤 접점을 찾을 수 있을 것입니다. 기업들이 흥미를 느낄 수 있는 사업을 찾을 수 있다면 그 과정에서 모호성이나 불확실성에 맞닥

뜨려도 결국 풀어나갈 수 있습니다."

　그러면서 예를 하나 들었는데, 그 사업체는 켄터키 주에 있는 산지 마을 하이든(Hyden)에 있다. 하이든은 켄터키 강의 지류 한가운데에 버티고 있는 주민이 400명이 안 되는 작은 마을이다.

■ 사람을 끌어들이는 선구적인 학교 ■

　1970년 겨울, 하이든은 마을에서 불과 6.4킬로미터 떨어진 지점에서 발생한 석탄 먼지 폭발로 38명의 광부들이 사망한 사고 때문에 잠깐 동안 큰 주목을 받은 적이 있다. 이 사고는 45년 만에 발생한 최악의 광산 재난이라는 평가를 받았으며 이에 관한 이야기가 널리 퍼졌다. 이 사고에서 유일한 생존자였던 컨베이어 벨트 운전기사 A. T. 콜린스(A. T. Collins)는 광산에서 20미터를 날아가 도로에 떨어지는 바람에 살 수 있었다. 그는 하이든 병원에 2주일 동안 입원했는데, 이 병원이 바로 하이든을 유명하게 만든 또 다른 이유가 된 진원지였다. 이곳에는 미개척 분야인 조산학 프런티어 대학원(Frontier Graduate School of Midwifery) 과정이 개설돼 있었다.

　조산학은 역사적으로 의사가 충분히 있었던 적이 없던 켄터키 시골 마을에서 중요한 역할을 하고 있다. 이 '개척' 학교는 1939년 시행된 프런티어 간호 서비스(Frontier Nursing Service, FNS) 프로그램의 일환으로 설립됐다. 산모와 아기를 위한 의료 서비스에 초점을 맞춘 시범 사업이었다. FNS를 최초로 시행했던 메리 브레킨리지(Mary Breckinridge)는 미국 간호사와 조산원들의 어머니라고 할 수 있는 인물인데, 이 프로그램의 지역적 범위를 동부 켄터키의 산악 지대로 국한했다. 그 이유는 여러 개의 군이 포함되는 수천 제곱킬로미터 지역의 중심부에는 1만 5,000명의 주민들이 살고 있지만, 주에서 면허

를 받은 단 한 명의 의사도 상주하면서 의료 행위를 하지 않고 있기 때문이었다.[120]

FNS 프로그램이 시작된 1925년, 그녀는 2가지 방법을 통해 필요한 인원을 확보했다. 하나는 미국 출신의 간호사들을 영국으로 유학 보내 조산원 훈련을 받도록 하는 것이었고, 다른 하나는 훈련된 영국 출신의 간호사 조산원을 켄터키로 수입하는 방법이었다. 이후 이 지역에는 말을 탄 조산원들이 돌아다니면서 출산을 돕는 것은 물론 대부분의 의료 서비스를 제공하게 됐다. 그러나 제2차 대전이 발발하자 영국 출신 간호사들 대부분이 조국으로 돌아오라는 부름에 응했고, 미국 출신 간호사들도 더 이상 외국으로 나가 훈련을 받지 못하는 상황이 됐다. 그러자 FNS는 의료 서비스를 줄이는 게 아니라 학교를 세우는 방법을 택했다.

그렇게 최초로 입학생들을 받아 수업을 시작하면서 자체적으로 조산원들을 훈련시키기 시작해 이제는 말이 아니라 지프를 타고 이 지역을 돌아다니게 됐다. 이 학교는 문을 연 이래 줄곧 미국의 모든 주에서 온 조산원들과 간호사들뿐 아니라 전세계에서 모여든 사람들을 교육했다. 이런 기관들 중에서는 세계 최고로 인정받고 있기에, 핵버트가 이야기했듯이 모호성에 대해서도 편안하게 적응해 기술적 변화에 반응했다. 1989년 이 학교는 원격 수업을 시행하는 첫 번째 간호학 분야의 대학원이 됐으며, 2011년에는 다른 몇 개의 기관들과 제휴해서 전반적인 온라인 교육으로 확장해나갔다. 핵버트의 이야기를 들어보자.

"프런티어 대학원은 원래는 산악 지대에 사는 사람들을 위한 것이었습니다. 사실 거기에서 멈춘다고 해도 계속 살아남을 수는 있었을 것입니다. 하지만 더 번영하기 위해 디지털 시대에 맞춘 새로운 투자를 이끌어낸 것입니다. 이곳이 번영하자 지역 전체가 이익을 얻고 있습니다."

이 학교를 졸업하고자 하는 학생들은 원거리에서 수업을 통해 많은 과목을 공부할 수 있지만, 교육 과정 중에 몇 번은 필수적으로 하이든에 모여야 한다. 하이든 시장 캐럴 그레이엄 루이스 조지프(Carol Graham Lewis Joseph)는 FNS가 오랫동안 이 마을에서 가장 많은 사람들을 고용하는 사설기관이었을 뿐 아니라, 많은 학생들과 졸업생, 다른 방문객들을 식당, 호텔, 캠프장, 공예품 상점과 같은 지역의 사업체로 끌어들이고 있다고 말했다. 이 모든 것들이 하이든과 그 주변 지역에 살고 있는 사람들에게 실질적인 효과를 가져다주고 있는지 묻자 그녀는 웃으면서 이렇게 대답했다.

"많은 돈은 아니에요. 그 정도를 원하는 것도 아니고요. 우리에게는 많은 돈이 필요 없어요. 내 남편은 흔들의자를 만들어 학교와 사업을 시작했고 나역시 학교를 졸업했습니다. 우리가 만약 그 시기에 지금 이 대학원처럼 인터넷을 갖고 있었다면 더 많은 돈을 벌수도 있었겠죠. 그래도 아쉽진 않을 것입니다. 이곳 주민들이 원하는 건 그런 게 아니니까요. 이 지역은 아름다운 곳이고 이곳을 떠났던 사람들은 누구나 다시 돌아오고 싶어 합니다. 우리가 이곳에 없다고 생각하는 것은 사람들이 일할 수 있는 일자리였죠. 하지만 이제 일은 이 지역에 널려 있어요. 이곳에는 재능을 가진 사람들이 무척 많습니다. 퀼팅 옷을 만드는 사람, 대장장이, 도자기 굽는 사람 등 말이죠. 또한 우리에게는 멋진 공원과 산이 있고 말도 있습니다. 나는 앞으로 관광산업이 이 지역다음 세대의 큰 사업이 될 것으로 생각하고 있어요. 누가 찾아오더라도 절대로 후회하지 않게 해드릴 수 있습니다. 절대로 실망하지 않을 거라고 약속할 수 있습니다."

인터넷으로 교육받고 있는 간호사들이 공예품들을 옛날 그대로의 방식으로 만들어 온라인을 통해 전세계에 팔고 있는 이곳 공예가들을 후원하고 있는 이 비현실적일 것 같은 순환구조를 살펴보자. 핵버트가 재발견 과정이라고 묘사하면서 마음속에 담아두고 있던 바로 그 그림이 바로 이것이다. 내가 켄터키에서 만나본 많은 젊은이들도 자신들이 그런 순환구조의 한 부분이라고 생각하고 있었는데, 저스틴 버튼도 그런 이들 중 한 사람이었다. 공예품 공방, 양조장과 증류소, 작은 농장, 특수작물 재배, 자원이 고갈되지 않는 임업처럼 머리와 함께 손을 사용하는 기회들이 병원, 공장, 콜센터 등의 저임금 서비스 직종을 대체할 수 있는 희망에 찬 일거리로 보였다. 버리아대학의 노동 담당 학장 데이비드 팁튼(David Tipton)은 이런 일들이 단기적으로 성공을 거둘 수 있는지의 여부에 대해서는 별로 중요하게 생각하지 않는다. 그는 장기적인 관점에서 볼 때 이런 것들은 이 지역의 일자리를 재발견한다는 근본적인 고찰의 일부분이라고 말한다.

"거창한 게 절대로 아닙니다. 일자리는 그저 일자리일 뿐이죠. 내가 어떤 기술을 획득했는데 그 기술과 관련된 일자리가 없다면, 글쎄요, 그건 운이 없는 것입니다. 방향을 잘못 잡은 거죠. 그래서 우리가 학생들을 가르치면서 가장 중점을 두는 것이 바로 유연성인데, 평생 동안 계속 뭔가를 배우면서 자신들의 기회를 만들어가는 것입니다. 계속 배우는 겁니다, 계속."

팁튼은 버리아대학 졸업생으로 그가 이야기한 것에 딱 들어맞는 사례다. 그는 학교에서 맡고 있는 업무와는 별도로 작은 유기농 농장을 가꾸고 있는데, 올해의 풍작으로 8,000파운드의 감자를 수확할 수 있었다고 자랑했다. 이 감자로 그는 파운드 당 1달러 이상의 수익을 올렸다. 켄터키 주에서 그 정도 수익이면 서비스업에 종사하는 노동자가 평균 4~5개월을 일해야 벌 수 있는 액수다.[121] 팁튼에 따르면, 이론적이긴 하지만 이 8,000파운드의 감자와 농장에서 재배한 다른 농산품들 그리고 요가 강습(그는 실제로 전직 직업이 요가 강사다)과 같은 소소한 일거리들만 갖고도 자신은 가족들이 발 뻗고 잘 수 있는 집에서 살면서 감자 이외에 다른 음식을 식탁에 올리는 데 충분한 소득을 올릴 수 있다고 했다. 그리고 켄터키에서는 바로 이런 것들이 안정감과 독립심을 의미한다고 말했다. 팁튼의 이야기는 계속됐다.

"대장장이의 길을 선택한 친구가 한 사람 있습니다. 돈을 많이 벌지는 못하지만 그의 삶은 계속될 수 있습니다. 그에게는 집도 있고 자식들도 있습니다. 내가 알고 있는 가장 행복한 사람일 겁니다. 우리 학생들 중에는 말을 이용해서 벌목하는 친구도 있습니다. 시장에 직접 내다 파는 청과물 재배를 위한 농장들(소형 복합 농장)이 폭발적으로 늘어나고 있는데, 많은 학생들이 거기에 관심을 갖고 있습니다. 그 학생들이 모두 그런 식으로 살아가게 될까요? 물론 알 수는 없습니다. 하지만 걱정이라는 것은 에너지를 쏟을 만한 대상도 아니고, 우리는 모든 것을 예측할 수 없습니다. 다만 확실한 것은 그들이 많은 기회를 갖게 될 것이라는 사실입니다. 많은 것들에 계속해서 관심을 가질 테니까요. 우리의 목표는 학생들을 어떤 특정한 일자리와 연결시키는 것이 아닙니다. 우리의 목표는 확실한 것이라고는 아무것도 없는 이 세상에서의 삶을 그들이 준비할 수 있도록 돕는 것입니다."

그의 이야기를 들으면서 나는 최근에 읽었던 핀란드에 관한 책 한 권에 생각이 미쳤다. 핀란드는 한때 빈곤의 나락으로 추락해 확실한 것이 거의 없고 좋은 일자리도 없었던 적이 있는 나라다. 켄터키와 마찬가지로 핀란드 역시 혹독한 지리적 환경을 갖고 있는 국가인데, 적은 인구가 시골 지역에 널리 퍼져 있으며 수공업과 문화에 풍부한 전통을 갖고 있다. 나는 켄터키에서 일자리와 그 일자리가 어떻게 변화하고 있는지 많이 알게 됐다. 나는 이제 직접 핀란드로 건너가 두 눈으로 직접 보면서, 그곳에 공유할 만한 교훈이 있는지 알아보기로 결심했다.

사람이 하는 일로부터 받는 최고의 보상은 그 일을 통해 무엇을 얻느냐가 아니라
그것을 통해 무엇이 되는가다.

_존 러스킨John Ruskin

제4부

새롭게 생각하기

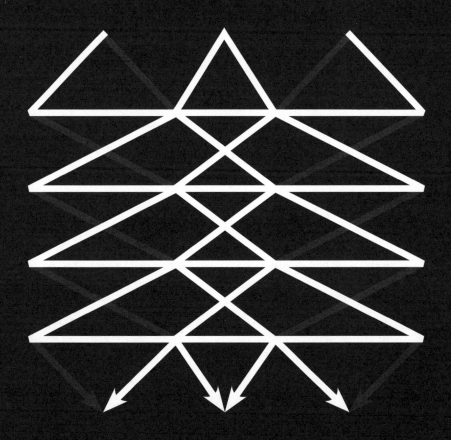

제11장

핀란드의 방식

문제가 생겼다는 인식과 같은 수준이라면 그 문제를 풀 수 없다.

_알베르트 아인슈타인(Albert Einstein)

■ 가난하고 침체됐던 핀란드의 변화 ■

사람들은 이렇게 말할 것이다.

"핀란드와 우리는 다르잖아요."

맞다. 핀란드는 북유럽에 속한 나라이고, 인구는 콜로라도 주와 유사한 수준이며, 면적은 뉴멕시코 주와 비슷하다. 그리고 핀란드에는 디즈니랜드도 없고, 그랜드캐니언도 없으며, 타임스퀘어도 없다. 핀란드의 수도인 헬싱키(Helsinki)의 시민들은 오가는 차들이 없을 때조차 신호등이 녹색으로 바뀔 때까지 참고 기다린다. 핀란드 북부의 도시 손카야르비(Sonkajarvi)에서는 매년 '아내 업고 달리기(Wife-Carrying)' 세계 챔피언 대회가 열리는데, 우승은 대부분 핀란드 사람이 차지한다. 또한 핀란드에는 국민 스포츠라 불리는 '페사팔로(pesapallo)'가 있다. 야구 경기의 이상한 사촌쯤으로 이해하면 될 것이다.

이 경기에서 타자가 스트라이크를 당하면 부상을 입은 게 되고, 아웃되면 "넌 죽었어" 소리를 듣는다. 핀란드 사람은 사슴을 의인화하면서 동시에 훈제 사슴고기를 맛있게 먹기도 한다. 내친 김에 핀란드식 유머 하나를 살펴보자.

> 형제가 주말을 이용해 헬싱키에서 북쪽으로 3시간 거리에 있는 별장으로 낚시 여행을 떠났다. 사흘 밤낮으로 형제는 낚시만 하다가 때가 되면 밥을 먹고 잠을 잤다. 서로 한마디도 하지 않았다. 나흘 째 되는 날 마침내 동생이 용기를 내서 목을 가다듬고는 눈물 한 방울 툭 흘리며 힘겹게 말을 꺼냈다.
> "형… 아내가 나랑 이혼하겠대."
> 형은 몇 분 동안 아무 말 없이 서 있다가 마침내 대꾸했다.
> "너 여기에 낚시하러 온 거냐, 아니면 이야기하러 온 거냐?"

농담 같지만 핀란드 사람들은 정말로 그렇다. 대부분의 면에서 핀란드 사람들과 미국 사람들은 다르다. 하지만 아예 공통점이 없다는 말은 아니다. 가령 '길티플레져(guiltypleasure, 죄의식을 동반하는 즐거움을 말함_옮긴이)' 같은 것들을 생각해볼 수 있다. 내가 미국에서 마지막으로 본 TV 드라마가 〈우리 생애의 나날들(Days of Our Lives)〉이었는데, 핀란드에서도 비슷한 내용의 드라마 〈비밀의 생애(Salatut elamat)〉가 있었다. 그리고 핀란드인들이 좋아하는 프로그램 중 핀란드판 〈아메리칸 아이돌(American Idol)〉과 4명의 꾀죄죄한 남자들이 서로의 가랑이를 야구방망이로 가격하는 〈우정실험실 듀드슨(The Dudesons)〉도 있다. 핀란드인들은 미국 사람들만큼이나 담배를 즐기고 술에 탐닉한다. 패스트푸드와 달콤한 음식에 열광하는 것도 그렇다. 그들은 대개 결혼하자마자 아이를 낳는데 이혼율도 놀라울 정도로 높다. 또한 핀란드도 미국과 마찬가지로 세계화에 적응하기 위해 전력을 다하고 있다. 내가 이 글을 쓰고 있는 시점에도 핀란드 경제는 악화되는 금융 위기 속에서 구매력을 확보하기 위해 투쟁하고 있다.

많은 사람들이 생각하던 것과 달리 핀란드는 단일 북유럽 민족으로 구성됐던 역사가 없다. 스웨덴어를 사용하는 사람들이 소수민족을 이루고 있으며, 래플랜드인(Laplanders) 또는 랩스(Lapps)라는 이름으로 잘 알려진 토착민족 사미족(Sami)과 어울려 살고 있다.[1] 이보다 더 복잡한 것은 외국에서 태어난 핀란드인이 2000년부터 2010년 사이에 2배로 늘었다는 사실과 외국 출신 비중이 2018년까지 6퍼센트 이상이 되리라는 전망이다. 헬싱키의 경우 5명 당 1명이 외국 출신이다. 핀란드 사람들이 모두 이와 같은 민족적 혼합을 지지하는 것은 아니다. 일부는 심히 분개하고 있다.[2] 그렇지만 핀란드 정치권의 보수정당인 '진정한 핀란드당(True Finn Party)'을 중심으로 대부분의 핀란드인들은 외국인들의 자국 유입을 환영한다. 아마도 고립됐던 역사에 대한 기억이 썩 유쾌하지 않아서일 것이다.

1960년대까지 핀란드는 유럽의 애팔래치아였다. 가난하고 침체된 농업국가였고 알코올 중독과 가정폭력으로 악명이 높았다.[3] 나무 말고는 별다른 천연자원이 없어서 목재, 종이, 펄프를 제외한 뚜렷한 수출품도 없고, 흩어져 있는 소량의 광석과 식물을 빼면 마땅히 거래할 만한 품목도 없던 나라였다.[4] 국토의 35퍼센트가 겨울 동안 태양이 지평선 아래에 머무는 북극권에 속하기 때문에 이 지역에서는 북극의 밤이 51일 동안이나 계속된다. 더욱이 영토의 75퍼센트는 깊은 삼림으로 덮여 있어 인구 대부분이 몇 개 되지 않는 작은 도시들과 그 주변에 밀집해 생활한다. 수도인 헬싱키가 가장 큰 도시다.

사실 핀란드에는 이런 지리적인 요인보다 더 큰 문제가 있는데, 핀란드어는 다른 인도-유럽 계통의 언어와 전혀 관계가 없어서 핀란드인 말고는 이 언어를 배우려는 사람이 거의 없다는 사실이다. 또한 핀란드에는 질 낮은 토탄 이외에 국내에서 생산할 수 있는 에너지원이 거의 없어서 석탄, 석유, 천연가스는 물론 원자력 발전을 위한 우라늄도 전량 수입에 의존해야 한다. 제

2차 대전 직후만 하더라도 핀란드 경제는 빠른 산업화와 도시화로 급격히 발전할 것으로 전망됐다. 그러나 1991년 소비에트 연방이 붕괴되자 핀란드는 가장 중요한 수출시장을 잃게 됐고, 그 어떤 산업국가보다 심한 불황을 겪게 됐다.[5] 실업률이 18.5퍼센트까지 치솟았으며 주식과 부동산은 반 토막이 됐다.[6] 설상가상으로 핀란드는 세계에서 10대 자살률이 가장 높은 국가라는 불명예까지 뒤집어쓰게 됐다.[7] 춥고, 어둡고, 고립된 핀란드는 전세계인들의 농담거리가 됐으며 수많은 조롱을 들어야 했다.

"핀란드는 사람이 태어나는 곳이긴 하지만 자발적으로 가서 살 만한 곳은 아니다."

핀란드인들이 스스로에 대해 어떻게 생각했는지를 단적으로 말해주는 전통 민요 한 구절이 있다. 제목은 '나는 핀란드 사람'이다.

> 여기 인생은 뼈 빠지는 일.
> 그리고 운도 지지리도 없지.
> 이런 건 오직 핀란드 사람만 아는 거야.

진화론으로 유명한 찰스 다윈(Charles Darwin)은 이런 글을 남겼다.

"인간은(그리고 동물 역시) 서로 협동해 가장 효율적으로 대응하는 방법을 획득한 자들만이 투쟁에서 승리해왔다."

핀란드인은 선택의 여지가 별로 없던 상황에서 다윈의 충고를 가슴 깊이 새겼다. 인류평등주의를 바탕으로 그들은 선택된 소수가 아닌 점진적으로 절대 다수에게 혜택이 가는 수단들을 채택했다. 교육, 실업자 지원, 건강관리와 같은 공공 서비스 분야에 대한 투자를 과감히 늘리는 방향으로 정책을 정하고 사회간접자본과 연구개발에 집중했다. 다행히도 이 같은 노력은 시간이 흐르면서 결실을 맺게 됐다. 한때 고립된 채 에너지 부족에 시달리고,

언어적으로도 어려움을 겪던 이 낙후된 나라는 가장 생산적이고 혁신적인 국가로 탈바꿈했다.

1990년대에 핀란드는 세계의 첨단기술 발전소로 떠올랐으며 그 선두에는 노키아(Nokia)가 있었다. 이 회사는 핀란드 전체 수출량의 25퍼센트 정도를 담당했다. 노동생산성이 급격하게 올라가자 소득 역시 늘었다. 2010년 〈뉴스위크(Newsweek)〉는 '세계에서 가장 살기 좋은 나라'로 핀란드를 선정했으며,[8] 갤럽(Gallup)과 경제협력개발기구(OECD)가 공동으로 실시한 표본조사에서도 핀란드는 덴마크 다음으로 '세계에서 두 번째로 행복한 나라'에 이름을 올렸다.[9] 2016년에는 삶의 질 부문에서 최고의 국가로 선정됐는데, 이때 적용된 기준은 "한 사회가 소속된 시민들의 기본적인 욕구에 부응하고, 시민과 시민사회가 그들의 삶의 질을 유지하고 향상시키도록 허용하며, 모든 개인이 자신이 갖고 있는 최대의 잠재력을 발휘할 수 있는 조건을 만들 수 있는 능력"이었다. 2018년 3월에 UN은 핀란드가 '세계에서 가장 행복한 나라'라고 선언했다.[10]

현재 핀란드는 고도로 산업화된 자유시장경제 체제 아래 엄청난 부를 축적하는 게 가능한 국가다. 예컨대 엘리베이터·에스컬레이터 제조 기업 코네(KONE)의 회장 안티 헤를린(Antti Herlin)은 수십 억 달러의 재산을 보유한 거부다. 핀란드에는 정부에서 결정하는 최저임금이 없으며(하위 구간 임금 수준이 OECD 국가 평균 최저임금치를 훌쩍 넘는다), 미국과 비교했을 때 조세도 합리적인 수준이다. 실제로 핀란드 정부는 2013년 법인세를 4.5퍼센트 인하한다고 발표했다. 현 시점에서 핀란드의 생활수준은 세계에서 매우 높은 편에 속한다. 핀란드에서는 직업을 가진 대부분의 사람들이 법률에 근거해 정해진 급여 수준을 보장받는 계약을 맺는다. 의사, 교사, 잡역부, 가정부 등 직업군을 막론하고 비슷한 수준의 사회보장 혜택을 받으며, 정부와 사업체가 함께 관리하고 있다. 그 결과 핀란드에서는 '노동 빈곤층'이라는 말이 통용되지 않는다. 물론 모든 핀란드인들이 중산층에 속하는 것은 아니지만, 직업을 가진 이상 자신의 재산, 의료보험, 교육 기회 등을 잃게 될까 걱정할 필요가 없다.[11]

핀란드 사람은 말을 함부로 하지 않는다. 핀란드인들의 국민적 기질을 일컫는 용어 '시수(sisu)'는 '절망에 맞서는 인내' 정도로 해석할 수 있다. 그들은 갖가지 도전에 엄청난 끈기와 노력으로 단호하게 임한다. 미국의 대다수 경제학자들은 자유시장경제 체제에서는 일할 자격이 있고 능력이 있는 사람이라면 누구나 좋은 일자리를 얻을 수 있을 것으로 여전히 믿고 있다. 세계 경제가 요구하는 핵심 사안이 개인에게 있다는 것이다. 하지만 내가 핀란드에서 만난 경제학자들은 그런 주장을 일축한다. 사회 변화에 맞게 시민들의 변화를 유도하고 새로운 현실에 따르도록 설득할 수 있을 뿐이라는 게 그들의 입장이다. 그들은 "사회 자체가 모든 시민의 욕구와 능력과 재능에 맞는 기회를 지원하지 않는다면 그 어떤 나라도 번영을 기대할 수 없다"고 단언한다. 핀란드인들은 낮은 임금을 변명하고자 사회적 지위 상승을 약속하는 것 따위는 신뢰하지 않으며, 모든 일자리가 지위 향상으로 이어지든 그렇지 않든 간에 그 자체로 마지막이라고 여긴다. "올바른 하루 일에 대한 올바른 하루치 보수"라는 말이 핀란드에서는 진리로 통한다.

헬싱키의 한 패밀리 레스토랑에서 저녁식사를 할 때 나는 식당 종업원이 보여주는 능숙함과 친절함을 금세 체감할 수 있었다. 그는 대부분의 핀란드 사람과 마찬가지로 완벽한 영어를 구사했다. 그날 저녁식사를 함께한 사업가는 기분이 좋아 보였다. 그는 미국에서 이와 비슷한 식당에 들른 적이 있었는데, 종업원들이 언제나 훌륭했다고는 할 수 없다고 말했다. 핀란드에서는 식당에서 서비스하는 직업이 공정한 보상을 받는 긍지 있는 일자리라고 덧붙였다.

"핀란드인들은 자신이 식당에서 식사할 만큼의 여유가 있다면, 자신에게 서비스하는 식당 종업원 또한 같은 기회를 가져야 한다고 생각하는 것이 일 반적입니다."

이 말이 내게는 지당하게 들렸지만, 다른 미국인들이 여기에 동의할지에 대해서는 의문이 들었다. 그런데 얼마 전 노동통계국에서 외식 서비스가 고용 부문에서 가장 빠르게 성장하고 있는 직업군으로 건축 및 제조업 분야를 능가했다고 발표했다. 식당은 광업, 제조업, IT산업처럼 몇 개 되지 않는 지역에 몰려 있는 게 아니라 전국적으로 넓게 퍼져 있으므로 남부 텍사스에서 북부 일리노이에 이르기까지 미국 전역의 지역 경제에 이바지하고 있다. 최근 수십 년 동안 식당 일자리는 가장 근본적으로 변화하고 성장했는데, 이는 미국의 산업이 생산에서 서비스로 이전되고 있는 상황의 대표적인 근거다. 실제로 1990년에서 2008년까지 생겨난 모든 새로운 일자리 가운데 98퍼센트에 달하는 2,730만 개가 '매매 불가형'으로 분류되고 있다. 건강관리직, 교사직, 식당 서비스직과 같은 일자리는 아웃소싱이 불가능하다는 의미에서다. 산업이 발달한 나라에서는 기본적으로 서비스업에 속하는 매매 불가형 일자리가 21세기형 일자리다. 그리고 일부 미국의 정치인들과는 달리 핀란드 정부는 이 부정할 수 없는 현실을 마주할 준비를 이미 마친 것이다.

핀란드 사람들은 아무 일도 하지 않는 것을 두려워한다. 이는 개인은 물론 정부도 마찬가지여서, 정부는 실업자들에게 수당을 지급하고 취업상담을 통해 용기를 북돋아주고 있다. 경우에 따라서는 임시로 직업을 제공해 자신에게 맞는 일자리를 찾는 동안 곤궁해지지 않고 상황을 낙관적으로 헤쳐 나갈수 있도록 돕는다. 정부에서 직업 관련 재활 프로그램을 진행하기도 하는데, 여기에는 장애를 가진 노동자들을 위한 숙박시설을 마련하는 일도 포함돼있다. 또한 핀란드는 '청년보장(youth guarantee)' 제도를 통해 25세 이하나 최근 대학을 졸업한 30세 이하의 모든 청년들에게 고용 및 진학 기회 또는 (실직후 3개월 이내에 받는) 현장연수 기회 중 하나를 지원한다.[12] 이런 방식의 인적

자본 투자가 이미 시스템화돼 있으며 산전 건강관리, 유아 보육, 박사·의사·변호사 학위에 이르기까지 수많은 교육을 정부가 보조하고 있다.

■ 핀란드의 기적을 만든 교육 ■

핀란드의 모범적인 학교 시스템은 국제학업성취도평가(PISA)에서 학생들을 최고 수준으로 올려놓았다. 이미 오래된 뉴스다. '핀란드의 기적'이라는 말을 들어봤을 것이다. 핀란드는 세계 수준의 비디오 게임 디자이너와 교향악단 지휘자들을 비정상적일 정도로 많이 배출한 나라다.[13] 이 부분에서 나는 핀란드의 교육 시스템과 투자가 이 나라를 혁신의 축으로 변화시키는 데 이바지하는 게 사실인지, 사실이라면 어떤 역할을 수행하고 있는지 알고 싶었다. 나아가 이 굴곡 많은 북유럽의 작은 나라가 하고 있는 방식이 미국 등의 다른 국가에도 적용될 수 있는지 궁금했다.

사전에 만남을 약속했던 핀란드 경제연구소(ETLA) 수석 연구원 페카 일라 안틸라(Pekka Yla-Anttila)가 바다 건너 찾아온 나를 극진히 환대해줬다. 미팅룸에는 커피와 과자, 케이크가 준비돼 있었고 깔끔하게 준비된 프레젠테이션 화면이 띄워져 있었다. 그는 각종 도표와 그래프를 클릭해가며 열정적으로 설명했고 이윽고 가장 중요한 사안에 다다랐다. '인적자본에 중점을 두는 핀란드의 정책' 항목이었다. 그는 내 앞의 빈 잔에 커피를 채워주면서 이렇게 말했다.

"핀란드는 작은 나라죠. 그래서 누구도 잃을 수가 없습니다. 핀란드 경제는 기본적으로 연구개발 분야가 이끌고 있어요. 그렇기 때문에 노동력에 더신경을 쓸 수밖에 없는 것입니다. 핀란드는 전세계를 통틀어 노동 및 노동자 연구 논문이 가장 많은 나라예요. 노동 혁신 사례도 가장 많죠. 이 혁신과 관련해서는 핀란드 정부가 시행하고 있는 노동자 보호 정책이 주효하다고 할 수 있습니다. 노동자에 대한 보호가 없다면 아무도 리스크를 감수하려고 하지 않을 것입니다. 혁신은 필연적으로 리스크를 동반하죠. 혁신에 성공하려면 반드시 리스크를 감수하고 극복해야 합니다. 이 나라에 살고 있는 모든 사람들은 출신지를 불문하고 이 사회에 공헌할 수 있는 잠재력을 갖고 있습니다. 우리는 그들이 잠재력을 발휘할 수 있는 일이라면 무엇이든지 시행할 것입니다."

핀란드는 특정 일자리 창출을 예측한다거나 그 일자리에 맞춰 개인을 준비시키는 데 초점을 맞추지 않는다. 그보다는 국민들이 예측 불가능한 세계 경제 속에서 스스로 자신들이 갈 길을 그려나가는 데 필요한 지식, 도구, 자원을 얻도록 돕는다. 그가 계속 설명했다.

"생물공학, 나노공학, IT와 같은 산업 하나하나를 분리해 고민하는 걸 그만두는 게 중요합니다. 만약 어떤 일을 디지털화할 수 있다고 한다면, 물론 실제로도 그러고 있지만, 어떤 분야든 응용할 수 있습니다. 그러므로 국가 차원에서 특정 산업을 각각 전문화하는 건 별로 의미가 없어요. 사람들 스스로 미래의 일을 찾아낼 수 있는 통찰력과 내적 자원을 가진 지식인이 되도록 돕는 게 오히려 효과적입니다."

일라안틸라의 이야기를 듣고 있자니, 이론적으로는 그럴 듯하게 들렸지만 '어떤 방법으로 할 것인가?' 하는 의문이 생겼다. 어쨌든 중요한 것은 방법론이 아닌가. 핀란드는 어떤 식으로 사람들이 미래의 일을 만들어낼 수 있도록 준비시키고 있을까? 핀란드의 방식을, 핀란드로부터 얻은 교훈을 다른 나라에도 적용할 수 있을까? 나는 이에 대한 답을 얻기 위해 핀란드 주재 미국 총영사에게 기업가, 사회학자, 노동조합 지도자들 그리고 현실적인 공감을 얻을 수 있는 공립학교 책임자를 만날 수 있도록 주선해달라고 부탁했다.

그로부터 며칠 뒤 나는 택시를 타고 부오사리(Vuosaari) 지역에 위치한 칼라

티종합학교(Kallahti Comprehensive School)로 향했다. 핀란드의 늦은 겨울이 거리를 조금씩 얼리고 있었다. 부오사리는 발트 해에 접해 있는 작은 도시였다. 일전에 핀란드 여행에 관한 책자에서 이곳 몇몇 마을에는 멋진 별장들이 점점이 박혀 있다고 읽은 것 같은데 그런 별장들은 보지 못했다. 대신 땅딸막한 아파트 단지가 줄줄이 늘어선 것만 볼 수 있었다. 택시 운전사는 내가 찾아가려는 학교가 이민자들이 주로 거주하는 외딴 동네에 있다고 말했다. 소련이 붕괴하고 유고슬라비아가 분열하던 시기에 러시아인과 슬라브인이 핀란드로 몰려들었는데, 대부분이 헬싱키 동쪽 맨 끝자락인 이곳 부오사리에 정착했단다. 그 뒤를 이어 소말리아인들이 대거 몰려왔는데, 주로 유학 목적 아니면 소말리아 내전을 피하기 위한 목적이었다. 오늘날에도 수많은 소말리아인들이 부오사리에 살고 있다. 택시기사의 말로는 지역주민들이 간선도로의 이름을 '모가디슈 거리(Mogadishu Avenue)'로 바꿨다고 했다. 터키인, 알바니아인, 태국인, 방글라데시인, 에스토니아인, 콩고인들도 들어왔다. 택시기사가 어깨를 으쓱하며 말했다.

"UN과 비슷한 곳이죠. 하지만 다행히 외교관은 없습니다, 하하하!"

칼라티종합학교에 도착했을 때 아직 눈이 되지 않은 이슬비가 내리고 있었다. 내 눈에 가장 먼저 띈 것은 다양한 인종으로 구성된 듯 보이는 학생들이었다. 500명이 넘는 학생들이 운동장 전체를 가득 메우고 있었다. 택시기사 말대로 정말이지 작은 UN에 온 것 같았다. 축구공을 차는 학생들도 있었고, 모여서 잡담을 나누기도 하고, 몰래 담배를 피우는 학생들도 보였는데, 누구 하나 차디찬 이슬비에 아랑곳하지 않았다. 나중에 들은 이야기로 이 학교는 홍수가 나거나 기온이 영하로 크게 떨어지지 않는 이상 최고 학년을 제외한 모든 학생들은 의무적으로 1시간마다 10분 동안 옥외에 머무르는 규칙이 있다고 했다. 가슴에 교통안전요원이 착용하는 것과 비슷한 배지를 달고 있는 사람이 나와서 나를 작은 회의실로 안내했다. 그곳에는 내가 전혀 예상하지 못했던 커피와 케이크 그리고 프레젠테이션 자료가 준비돼 있었다. 페카 일라안틸라를 만날 때와 똑같았다(이게 핀란드의 방식이구나).

교감인 킴모 파볼라(Kimmo Paavola)가 내 코트를 받아 말릴 수 있도록 걸어주면서 자신의 정신이 산란한 데 대해 사과했다. 7학년 학생이 학습에 애를 먹고 있는 것 같아서 아침 일찍부터 그 학생과 부모, 교사, 심리학자, 사회복지사 등과 회의를 가졌다고 했다. 80분 동안 이어진 긴 회의 결과 그 학생이 "동기부여가 되지 않아 고생하고 있다"는 진단이 내려졌는데, 이는 핀란드의 교육 관련자들이 매우 심각하게 받아들이는 문제였다.

파볼라는 이런 경우 첫 번째 단계로 해당 학생을 사회복지사가 주도하는 소규모 집단 워크숍에 등록해 그가 자신의 인생에 동기를 부여받도록 조치한다고 말했다. 동기부여 수단에는 1 대 1 강의 방식에서부터 무료 하키 경기 관람 같은 다양한 것들이 있다고 했다. 또한 부모와의 면담 또는 부모를 각각 따로 불러 진행하는 개별 면담도 의무적으로 실시된다. 이런 노력에도 불구하고 동기부여가 이뤄지지 않으면 해당 학생을 특별한 주의를 요하는 반으로 보낼 수 있다. 파볼라는 그러나 그런 경우는 드물게 일어나고 언제나 마지막 수단이라고 강조했다. 핀란드 학생들 중 30퍼센트 이상이 교육 과정에서 다양한 유형의 간섭을 경험하지만, 이처럼 주의를 요하는 경우로 지정되는 학생들은 극히 일부분이다. 핀란드에서는 이 같은 조치를 일종의 낙인찍는 것으로 간주해 오히려 역효과를 볼 수 있다고 생각한다고 했다. 파볼라는 이렇게 설명했다.

"이곳 학생들 가운데 많은 수가 이민자들이에요. 아이들은 2가지 문화 사이에서 힘들어하고 있습니다. 아이들 부모 대부분은 시간도 없고 돈도 없는데다, 우울증이나 알코올 중독과 싸우고 있는 사람들도 있어요. 교사들은 아이들을 지원할 방도를 찾기 위해 많은 노력을 하고 있습니다. 그것이 우리의 소명이니까요. 아이들의 삶을 돕는 것 말입니다."

파볼라는 고등학생 시절에 체육교사가 되는 것이 꿈이었다고 했는데, 지금 봐도 그 역할이 잘 어울렸을 것 같다. 키가 크고 근육질에다 머리는 박박 밀어 언제라도 뛰어나갈 준비가 돼 있어 보이는 그런 사람이었다. 하지만 핀란드에서 8개뿐인 체육교사 임용 프로그램은 합격하는 사람이 10명 중 1명이 채 안 될 정도로 경쟁이 치열하다고 했다. 아쉽게도 파볼라는 그 합격선을 넘지 못했다. 그래서 그는 꿈을 접고 대신 물리치료 공부를 시작했는데, 몇 가지 이유가 있어서 말끔하게 끝마치지 못하고 UN 평화유지군을 직업으로 선택하게 됐다.

"그때 레바논과 마케도니아에서 어르신들을 돌봤지요."

그는 2년 반 해외 근무를 마치고 핀란드로 돌아와 초등학교 교사자격을 얻기 위한 4년 과정 프로그램에 들어갔고 마침내 교육학 석사학위를 취득했다. 그는 자신의 해외 근무 경력과 다국어 구사능력에도 불구하고 중등 과정 교사를 위한 교육 과정에 통과할 정도의 실력을 갖추고 있지는 않다고 말했다 (그렇다면 핀란드에서 중고등학교 교사인 사람들은 어느 정도란 말인가).

"솔직히 이곳 선생님들은 학창시절 저보다 훨씬 훌륭한 학생들이었고 지금도 나보다 훌륭한 선생님들이에요. 내가 어쩌다가 교감을 맡게 된 것일 뿐이고, 내 역할은 그분들을 지원하는 것입니다. 그분들이 필요로 하는 자원을 마련하는 일이죠. 학생들에게 차별 없는 지원이 필요합니다. 그게 내가 존재하는 이유입니다."

언제 들어도 믿음직한 말이다. 마지막 구절이 약간 초현실적으로 들리기는 하지만, 어쨌건 나는 당시 인터뷰에서 그가 한 말을 충실히 메모했는데, 파볼라 교감이 말한 내용은 정확하게 이것이었다. 그의 의무는 교직원들이 필요로 하는 사항을 지원하는 것이고, 교직원들의 의무는 학생들과 그 가족들이 필요로 하는 것을 충족시키는 것이다. 그렇게 되면 문제도 없고 유감도 없다.

파볼라는 나를 위층으로 안내하면서 그가 '나보다 훌륭한 선생님들'이라고 말한 한 교사가 실제로 진행하고 있는 수업을 참관할 수 있게 해줬다. 파볼라와 나는 발꿈치를 들고 살금살금 걸어서 산나카이자 엣상(Sannakaisa Essang) 선생님 교실로 들어갔다. 25명의 7학년 학생들이 수업을 하고 있었는데, 아이들은 걸상에 등을 기대고 삐딱하게 앉아 있거나 책상 위에 걸터앉아 있는가 하면 책상 옆 바닥에 드러누워 있기도 했다. 엣상 선생님은 반투명한 금발에 몸 전체를 감싸는 원피스와 목이 긴 운동화 차림이었고, 부드럽게 속삭이는 듯한 목소리로 학생들에게 학습 지도를 하고 있었다. 아이들은 (카펫을 보호하기 위해) 신발을 벗고 있었는데, 일부는 (개인의 취향에 따라) 양말까지 벗고 있었다. 남학생 한 명은 귀마개를 착용하고 있었고(본인 말로는 "그냥 재미용"이라고 했다), 여학생 한 명은 히잡을 쓰고 있었다. 엣상은 다문화 교육학 석사학위를 소지한 교사로 이 학교에서 7년째 근무하고 있었다. 그는 학생들에게 "오늘의 손님을 위해 수학 수업은 영어로 진행할 것"이라고 말했다. 학생들은 미소를 지었다. 아이들 중에서 절반 이상이 외국에서 태어났지만 이제는 핀란드어를 유창하게 구사할 수 있게 됐고 영어는 최소한 일부라도 이해하고 있는 것처럼 보였다. 이 학교에서 영어 교육은 프랑스어와 함께 3학년부터 시작된다. 스웨덴어는 필수과목으로 7학년부터 배우며 독일어는 선택과목으로 8학년부터 시작된다. 모든 학생들은 9학년이 끝날 때까지 최소한 3개 국어를 유창하게 구사할 수 있으리라는 기대를 받고 있다. 이미 아이들이 1학년 때부터 수학, 기하, 통계학에 친숙해진다는 이야기를 들었다. 오늘 이 교실의 학생들은 측정법을 배우고 있었다.

엣상은 학생들에게 종이로 만든 줄자를 나눠주면서 "책상이나 여러분 코나 귀, 아무거나 재보고 싶은 것을 재보세요"라고 말했다. 그러자 작은 폭동이 일어났는데, 우리는 한 걸음 물러나 이 장면을 지켜봤다. 엣상은 내게 이처럼 흥분되는 학급을 맡게 돼 얼마나 영광스러운지 모르겠다고 말했다.

"브라질, 방글라데시, 에스토니아, 영국, 소말리아에서 온 아이들도 있고, 러시아에서 태어난 아이들은 4명이나 돼요."

또 자기 학생들 중 35퍼센트는 최근에 이민 온 아이들이라고 덧붙였다.

"러시아 아이들은 자기들끼리는 러시아어로 이야기하기 때문에 다른 아이들이 끼어들 수가 없었어요. 그래서 이 아이들에게 쉬는 시간에만 러시아어를 사용하도록 했죠. 다른 때에는 핀란드어와 영어만 사용하도록 하고 있어요."

10분 정도 지난 후 그는 아이들을 불러 모으고는 그들이 무엇을 발견했는지 물었다. 틀린 대답은 없었지만 재미있는 대답은 있었다.

"그래서 네 코 길이가 100센티미터나 된다고?"

엣상이 한 아이의 코로부터 바닥까지 줄자를 늘이면서 놀렸다. 킥킥거리는 웃음소리가 사방에 퍼졌다.

"이 방이 100밀리미터였어요? 좋아요, 우리 다시 한번 해볼까요? 줄자를 준비하세요!"

칠판에는 무지개가 그려져 있었다. 7개의 색깔은 좋은 일을 한 데 따른 각각 다른 형태의 보상을 의미했다. 개인이 아니라 전체에 대한 보상이었다.

"영화 보는 날, 컴퓨터 수업, 장난감 갖고 노는 날 같은 것들이 7개의 색으로 표시돼요. 학급 전체가 함께 선정한 것들이죠. 이 방식이 효과가 정말 좋은 것 같아요."

나는 휴식 시간에 건물 밖으로 나가면서 엣상 선생님에게 그녀의 교육철학에 대해 물었다.

"이 지역은 많은 학생들이 결손가정 출신입니다. 그래서 나는 아이들이 삶에서 뭔가 안정적인 게 있어야 한다고 느끼고 있어요. 누군가 믿을 수 있는 사람이 필요하다는 말입니다. 아이들에게 자신들이 진정으로 되고 싶은 사람이 되라고 늘 격려합니다. 그리고 무엇보다 내 자신이 신뢰할 수 있는 사람이 되려고 노력해요. 일단 내가 신뢰만 얻는다면 그 다음에는 아이들 스스로 배울 수 있습니다."

미국의 기준에서 보면 칼라티종합학교 학생들은 엘리트 학교에 다니는 조숙한 학생들이 아니라 약간 불우한 이민자의 아이들처럼 보였다. 그렇지만 학생들은 서두르지도 않고 압박도 받지 않으면서 독립적으로 생각하고 자신이 생각하는 것을 마음대로 말하도록 격려받고 있었다. 정말로 문제가 되는 것은 각자의 마음가짐인 듯 보였다.

그날 늦은 시간에는 14~15세 학생들의 가정경제 수업에서 빵을 굽고 케이크를 장식하는 모습을 지켜봤는데, 이들은 이 과정에서 '세탁'과 '돈'에 대한 것도 배운다고 들었다. 이 과정 역시 모든 학생에게 필수과목이었다. 거의 화학실험처럼 진행되고 있었다. 교사는 칼 사용하는 법을 가르칠 때는 과학적인 설명을 곁들이고 학생 개개인마다 조금씩 진도를 달리 했다. 콩고에서 태어났다는 한 학생에게 프랑스어를 할 수 있는지 물어봤다.

"물론이죠! 영어, 스페인어, 핀란드어, 스웨덴, 스와힐리어까지 다 할 수 있어요."

대답을 듣고는 놀라서 앞으로 언어학을 전공할 건지 물었더니 그 학생으로부터 이런 대답이 돌아왔다.

"아뇨, 물리학이요!"

얼마 후 이 학생에 대한 이야기를 들을 수 있었는데, 가족들이 목숨을 걸고 아프리카를 탈출해 이곳에 왔으며, 지금은 내가 이 학교에 오는 택시에서 봤던 그 저층 아파트 단지에서 정부 보조금을 받아 생활을 이어가고 있었다.

나는 학교를 떠나기 전 파불라 교감과 함께 발트 해변까지 걸어갔다. 아이들이 자연학습 시간에 자주 가는 장소였다. 그곳은 황량하지만 아름다웠고, 밀집된 아파트 단지도 해변의 별장도 없었다. 우리가 산책하는 동안 그는 자신의 학교가 아직 기대하는 만큼의 수준에는 도달하지 못했다고 조심스럽게 이야기했다.

"지난 몇 년 동안 우리 학교는 전국 평균보다 약간 처지는 수준에 있었어요. 내년이면 평균 정도에는 도달할 거라고 기대하고 있죠. 그리고 그 기대가 이뤄지더라도 더 잘하기 위해서 언제나 노력할 것입니다."

내가 듣기에 그의 이 같은 겸손함은 핀란드어만큼이나 이질적으로 느껴졌다. 핀란드의 성공이 단순히 운이 좋았기 때문이라고 폄훼하는 사람들이 있는데, 이들은 작은 경제 규모와 북유럽이라는 동질성이 작용해 핀란드 국민 개개인이 마치 고가의 브랜드 랄프 로렌(Ralph Lauren) 코트를 입고 있는 바이킹인 양 생각한다. 그러나 공공주택, 황량한 거리, 높은 실업률을 감안할 때 부오사리는 그런 곳과는 거리가 멀었다. 더욱이 바로 이웃 나라인 노르웨이 역시 작은 인구와 북유럽의 동질성을 갖고 있지만, PISA 성적에서 핀란드 근처에도 가지 못한다. 따라서 작은 경제 규모, 인종 특성, 지리적 특성 등만 갖고는 핀란드를 설명하지 못한다.

그렇다면 이른바 '핀란드의 비밀'이란 무엇일까? 핀란드 교육위원회의 교육 담당 고문 레오 파킨(Leo Pahkin)이 한 말에 유의할 필요가 있다.

"비밀은 없어요. 우리가 학생들을 보살피는 이유는, 일찍부터 돕지 않으면 나중에 비용이 훨씬 더 많이 들어가게 된다는 경제적 계산에 따른 것입니다. 학생들은 훗날 핀란드 사회를 위해 일해야 하는 사람들입니다. 아주 간단한 논리죠. 특별히 국가 차원의 어떤 소명이 있어서가 아닙니다."

하버드대학교의 교육학자이자 《세계 성취도 격차(Global Achievement Gap)》의 저자 토니 와그너(Tony Wagner)는 핀란드의 성공은 두려움, 더 정확하게 표현하면 '두려움의 제거'에 기인했다고 말한다. 와그너는 오랫동안 핀란드에서 생활했지만, 그 기간보다 훨씬 많은 시간을 미국 전역의 학교들을 방문하는 데 사용했다. 그는 핀란드와 미국의 차이점이 뚜렷하다고 강조했다.

"콜로라도 주 더글라스 카운티(Douglas County)에 있는 한 학교를 방문한 적이 있습니다. 강당을 가득 채운 학생들에게 앞으로 가장 하고 싶은 게 무엇인지 물었습니다. 그때 들은 한 여학생의 대답을 평생 잊지 못할 것 같습니다. 고등학교 3학년이었던 것 같은데, '뭔가를 배울 때 두려워지지 않기를 원해요'라고 말하더군요. 바로 이것이 미국의 교육이 모든 학생들에게 저지르고 있는 만행입니다. 그들이 이른바 '틀린 답'을 하는 위험을 감수하지 못하도록, 즉 배움을 두려워하도록 만들고 있는 것입니다."

와그너는 핀란드 아이들이 탁월한 성적을 내고 있는 PISA는 학생들이 '무엇을 알고 있는가'를 측정하는 것이 아니라 그들이 알고 있는 것으로부터 '무엇을 할 수 있는가'를 평가한다고 설명했다. 그는 정답을 맞히기 위해 공부하는 미국 학생들로서는 생각해보지 않았던 부분이고, 혼자서는 이런 연습을 해본 적도 없다고 말했다. 핀란드는 적성의 유무로 학생들의 순위를 매기지 않고, 성적을 통해 그들의 학교를 평가하지도 않는다. 미국식 교육관습에 대해 핀란드의 교육학자 한 사람은 내게 "생각하지도 못할 정도로 잔인한 방식"이라고 했으며, 또 한 사람은 "시간과 정서 에너지의 어리석은 낭비"라고 비난했다. 그들은 학생들이 질문할 수 있는 용기를 얻을 수 있도록 북돋아주고, 때로는 교사들조차 대답할 수 없는 질문이 나오는 방식이야말로 불확실한 미래에 대비해 학생들을 준비시키는 최선의 방법이라는 견해를 갖고 있었다.

■ 당신이 하는 일을 설명하시오 ■

그렇다면 이런 사례들이 이 책의 주제인 일자리 문제에서 갖는 의미는 무엇일까? 명백한 사실은 핀란드 사람들도 같은 고민을 하고 있다는 점이다. 내가 핀란드를 방문한 해에 헬싱키는 세계 디자인 수도(World Design Capital)

로 지명됐다. "디자인을 사회적·문화적·경제적 삶의 재발견과 이를 향상시키는 데 활용하는 도시"라는 이유로 얻은 영예였다. 핀란드 의류 회사 마리메코(Marimekko)가 만든 양말이나 가구 회사 아텍(Artek)이 만든 커피 테이블이 '재발견'과 딱 맞아떨어지지는 않지만, 핀란드 정부는 이렇게 얻은 기회를 활용해 디자인 적용 범위를 핀란드의 일터를 '재설계'하는 데로까지 확장시켰다. 그런데 몇 가지 조사에서 핀란드인들은 직장에서 기진맥진해지고 원기가 소진되는 듯한 느낌을 받는다는 결과가 나왔다. 핀란드인들이 스스로를 통제할 수 없고 일에 압도당하는 느낌을 받기 때문에 자신들의 생각만큼 창의력과 생산성을 발휘하지 못하고 있다는 분석이었다. 그러자 이 문제를 해결하기 위해 핀란드 정부는 헬싱키에 본부를 둔 925 디자인(925 Design)의 최고경영자 페카 포히야칼리오(Pekka Pohjakallio)에게 도움을 요청했다.[14] 925 디자인은 "21세기의 일을 다시 생각한다"를 모토로 설립된 디자인 컨설팅 기업이었다.

포히야칼리오는 큰 키에 각진 턱이 인상적인 다부진 인물이었다. 올빼미를 닮은 커다란 안경이 강한 인상을 부드럽게 해주고 있었다. 안경 때문에 약간은 유머러스하게 보이는 그의 얼굴을 보면 그 이면에 매서운 집중력이 감춰져 있음을 눈치 채지 못할 것도 같았다. 그는 925 디자인을 공동으로 창업하기 전까지 경력의 대부분을 노키아에서 쌓았다고 말했다. 노키아는 핀란드 경제에서 신화적인 성공담을 자주 써내려갔던 기업이다. 그가 처음 직장 생활을 시작하던 1991년의 노키아는 이미 전세계에서 기술적 가치가 높은 기업 중 한 곳이었다. 포히야칼리오는 승승장구해서 프로젝트 매니저에서 일약 혁신 담당 부사장으로 승진했다. 그는 당시 성공 비결이 스스로 '일영웅주의(work heroics)'라고 이름 붙인 자기만의 신념이었다고 했다. 회의와 이메일에 둘러싸여 일했으며, 철야가 일상이었고 주말에도 일하는 경우가 다반사였다. 그러나 그는 지금 와서 생각해보니 그렇게까지 온갖 노력을 쏟았던 이유를 정확히 모르겠다고 말했다.

"부모님은 두 분 모두 평생 교사로 일하다 정년퇴직하셨습니다. 부모님이 노키아에서 하고 있는 일이 무엇이냐고 물으셨는데, 설명하기가 어렵다는 사실을 깨닫게 됐습니다. 그때 이런 생각이 들더군요. '내가 내 일을 제대로 설명할 수 없다면 의미가 없는 일이다.' 물론 내가 노키아의 매출에 기여하고 있다는 것은 알았지만, 11월인가 어느 비오는 날에 생각해보니 미친 듯이 일하는 의미를 회사 매출과 연결시키는 게 잘 안 되더라고요. 그러니까, 그것만으로는 충분하지 않았어요. 공허감이 밀려왔습니다. 하지만 스스로 변화를 주는 것은 여전히 어려운 일이었어요. 심지어 회사를 떠나겠다고 사직서를 제출하고도 계속해서 이메일을 확인했습니다. 좋지 않았어요. 병에 걸린 느낌이었습니다."

925 디자인을 창업한 뒤 진행한 연구에 따르면 그의 경험은 다양한 직업에 종사하고 있는 수많은 사람들이 감염돼 있는 질병이 확실했다. 정부의 지원을 받은 연구는 포히야칼리오에게 좋은 기회였다. 핀란드 내 대부분의 직장을 감염시킨 질병을 이해할 수 있는 기회이자 자기 자신에 대한 성찰의 기회이기도 했다. 그는 팀원들과 함께 10곳의 직장에 근무하는 1,100명의 직원들을 인터뷰했다. 제지 회사, 광산기술개발 회사, 채권추심 회사 등이었고 IBM 핀란드 지사도 포함돼 있었다.

"그들과 대화만 한 것은 아닙니다. 지속적으로 조용히 관찰도 했죠. 많은 사람들이 항상 바쁘게 달려가는 것 같았지만, 아무도 어디를 향해 달려가는지 확신하지 못하는 것 같았습니다. 컴퓨터와 인터넷은 그들의 업무 효율을 개선시키는 게 아니라 오히려 악화시키고 있었습니다. 예를 들면 이메일을 통해 약속을 잡는 것이 너무 간편하니까, 그런 것들이 끝없이 쌓이게 되는 것입니다."

그에 말에 따르면 사면초가에 몰린 IBM의 한 직원은 하루에 무려 50개의 약속을 잡은 적도 있었다. 직원들 거의 모두가 이메일, 문자메시지, 전화통화와 같은 '자극'에 단순하게 반응하고 있을 뿐이었다. 그들은 자신에게 기대하는 바가 무엇인지 확신하지 못하기 때문에 자기 가치를 증명하기 위해 직장에서 보다 긴 시간을 보내는 '스태미나(stamina)'만 과시하고 있는 셈이었다. 하지만 그렇게 하루 일과를 마치고 나서도 자신의 노고를 가시적인 성과로 보여줄 만한 게 있는 사람들은 몇 명 되지 않았다.

"1주일 내내 열심히 일하고 금요일이면 완전히 탈진해버리는데, 정작 한 주 동안 무엇을 성취했는지는 모르고 있는 사람들이 태반이더라고요. 그런데 이런 상황이 일어나면 일을 더 많이 함으로써 그 상실감을 보충하려는 경향이 있었습니다. 스스로 '내가 뭘 한 거지?' 묻고 나서 이렇게 위로하는 거죠. '잘 모르겠지만 하여튼 일은 열심히 했잖아.' 우리는 이런 상황은 정상이 아니라고 판단했습니다."

앞 장들을 더듬어 기억해보자. 우리 개개인은 각자 자기만의 방식으로 일에서 의미를 찾고 있다. 그것은 본능이다. 그렇지만 우리의 일에서 그 일의 의미를 찾기 어렵거나 아예 불가능한 경우도 있다.[15] 끊임없는 방해 요인들이 우리가 애써 이루고자 하는 어떤 '흐름'을 끊어놓기 일쑤이며, 계속되는 감시 체제가 우리의 통제력을 침식하기도 한다. 포히야칼리오는 이런 상황을 '해커의 정신세계'라고 묘사한다. 직원들이 먼저 행동하고 나중에 생각하기를 강요당하는 상황을 의미한다.

"대부분의 사람들은 실제로 눈에 보이는 대로만 해석할 수 없는 직무 내용을 갖고 있어요. 그렇기 때문에 그들은 자신이 하는 일에서 무엇이 가장 중요한지 모르고 있죠. 그게 무엇이든 간에 일단 눈에 들어오는 게 지금 하는 일만큼 중요하거나 더 중요한 것이 됩니다. 그래서 이 작업을 하다가 금세 다른 작업으로 널뛰기를 합니다. 한군데 집중할 기회가 없거나 하나의 업무만 집중할 여지가 없기 때문이죠."

예를 들어 IT 분야의 경우 "당장 결과물을 보내!"가 단순한 슬로건을 넘어 일종의 문화처럼 돼버렸다. 직원들에게 "빨리 움직여서 끝내버려!" 하고 다그치는 게 만연해 있다. "코딩이 토론에 우선한다" 식의 직업윤리는 행동주의자들의 손에는 최소한 단기적으로나마 권력을 쥐어줄지 모르지만, 직원들로 하여금 자신의 일을 지속 가능하게 해주는 의미를 찾는 데는 거의 도움이 되지 못한다. 물론 이런 환경의 격렬함을 즐기는 사람들도 있고 심지어 이런 문화에 사로잡힌 사람들도 있겠지만, 정작 질문을 받았을 때 이 같은 질풍노도의 과정이 실제로 무엇을 보여주고 의미하는지에 대해서 설명할 수 있는 사람은 그리 많지 않다.

우리가 알고 있듯이 '선 행동, 후 생각' 전략은 IT 분야에만 특정된 상황은 아니다. 언론이나 의학 등의 분야에까지 영향을 미치게 됐는데, 이 분야에서 마저도 사고의 깊이나 판단의 무게로 평가받는 게 아니라 생산성으로 평가받는 경우가 늘고 있다. 기자들에게는 만들어낸 '기사 콘텐츠'의 숫자가 중요해지고, 의사들에게는 '진료 건수'가 우선시되고 있는 것이다. 이 같은 지식 근로자들마저도 고용주에게 봉사, 조직에 충성 말고 자신들이 "일로써 제공하는 가치가 무엇인가?" 하는 물음에 점점 더 답을 찾지 못하는 지경에 이르고 있다.

생산성을 극대화하고 '파괴적 혁신'을 고무하기 위해 팀으로 묶는 방법을 취하는 조직이 많다. 하지만 "팀워크의 힘에 대한 믿음은 잘못된 것"이라는 충격적인 연구결과가 있다. 실제로 수십 년 동안의 추적조사를 통한 이 연구결과에 따르면 팀 브레인스토밍 방식의 집단적 의사결정이 올바른 해결책을 제시한 사례는 거의 찾아볼 수 없으며 오히려 혁신적 사고를 저해했다.[16] 회의를 조직한 사람들이 계산해놓은 변수에 의해 미리 결정된 몇 가지 결론으로 팀 구성원들이 생각이 흐르는 경우가 대부분이었다. 표면적으로 보면 집단 지성의 결과처럼 보이지만 그렇지 않다는 뜻이다. 아마 우리 중에서도 많은 사람들이 자신의 직장에서 이와 같은 엉뚱한 '집단 사고'를 경험해본 적이 있을 것이다. 진정으로 훌륭한 아이디어는 차츰차츰 밀려나고 결국 윗선의 목표를 충족하는 합의가 나오는 경우가 일반적이다.

진정한 혁신은 두뇌가 편안한 상태에서, 다른 생각을 하고 있는 도중에, 직면한 문제와 동떨어진 아이디어로 솟아나오는 경우가 훨씬 더 많았다. 사실 이런 상황은 가장 생산적이지 않은 것처럼 보이는 상태에서 일어나는 일이다. 그리고 부정할 수 없는 사실은 아이디어는 그 자체로는 절대로 '파괴적'일 수 없다는 점이다. '파괴적'인 것이 되기 위해서는 아이디어가 실행돼야 한다. 그런데 그 실행 과정의 모든 단계가 처음 아이디어를 떠올린 것만큼이나 혁신을 요구한다. 포히야칼리오는 수많은 조직이 다음번의 새로운 것을 만들어내는 데만 집착하기 때문에 먼저 생각해낸 아이디어를 실행하는 데 실패하는 경우가 많다고 말했다.

"반성은 우리를 효율적으로 만들어주지 효율성을 떨어뜨리지 않습니다. 그런데 우리에게는 반성할 시간조차 주어지지 않죠. 왜냐하면 반성은 측정하기가 어렵고 반대하기도 불가능하기 때문입니다. 기존 조직의 관점에서 보면 무의미한 과정입니다. 기업은 끊임없이 결과를 내는 것에만 매달리고 있기 때문에 과정을 경시합니다. 만약 우리가 진정으로 가치 있는 것이 무엇인지 알게 된다면, 그것을 성취하기까지 10여 시간이 아니라 4시간이면 충분할 것입니다."

포히야칼리오는 이와 관련한 한 가지 사례로 헬싱키 최고의 아이스하키 팀인 조케릿(Jokerit) 이야기를 들려줬다. 그는 조케릿 코칭스태프와 선수들을 인터뷰하고 시간을 보내면서 그들을 유심히 관찰했다.

"다른 단체 경기도 그렇긴 하겠지만, 특히 아이스하키에서는 모든 선수들에게 역할과 책임이 명확히 분담돼 있습니다. 코칭스태프들은 선수들의 훈련, 식사, 휴식, 수면 등 모든 행위 일체에 주의를 기울이고 있습니다. 시합은 1주일에 두 번인데, 홈경기일 때도 있고 원정경기일 때도 있습니다. 언제든 좋은 컨디션을 유지하도록 관리해야 하죠. 그래서 선수들을 시간 외 훈련 등으로 혹사시킬 수 없습니다. 선수들이 집중해야 할 것은 일을 '잘하는 것'이지, '오래 하는 것'이 아니니까요. 전과정의 단계마다 신중하게 생각합니다. 결국 최고의 경기력을 발휘해야 하는 게 궁극적인 목적이니 말입니다."

열심히 오랫동안 일하는 데 보상이 따르는 것과 마찬가지로, 프로 스포츠 선수들에게는 목표가 명확하다. 승리하는 것, 팀을 승리로 이끄는 데 기여하는 것. 그런 의미에서 운동을 직업으로 하는 그들은 축복받은 소수다. 각별한 관심을 받으면서 운동을 하고 있으며 그것으로 돈도 버니까. 스포츠라는 특수한 경우에서 그들이 경험으로부터 배운 교훈을 보통 사람들인 우리에게 그대로 적용할 수 있을까 하고 의문이 드는 것도 합리적인 생각이다. 우리의 고용주가 우리를 특별한 자산으로 각별히 여기고 챙겨준다면 그보다 좋을 수 없겠지만, 솔직히 말해서 우리 중 특별한 자산(고용주의 입장에서)이 몇 명이나 될까? 고용주가 생각하기에 우리 대부분은 그저 소모품이다. 정확히 말하자면 교환 불가에 대체하기 쉽지 않을 수는 있지만 그래도 소모품 그 이상은 아니다.

나는 포히야칼리오에게 몇 달 전에 만나 이야기를 나눴던 캐나다 출신의 조직심리학자 폴 페얼리(Paul Fairlie)에 관해 이야기했다. 페얼리는 미국과 유럽에서 지난 수십 년 동안 직업만족도가 꾸준히 하락해 점점 더 많은 사람들이 자신의 일자리를 중요한 인생의 목표에서 제외하고 있다고 주장했다. 페얼리가 시행한 연구에 따르면 조사 대상 가운데 평생의 희망이 일과 관련된 사람은 8퍼센트에 불과했다. 포히야칼리오는 이렇게 반응했다.

"사람이 원하는 것 92퍼센트가 일과 아무런 관계가 없다고 한다면, 직원들이 하고 있는 일이 아니라 다른 부분에서 의미를 찾을 수 있도록 하면 되겠네요. 그게 큰 도움이 될 수 있겠습니다."

포히야칼리오 또한 고용주라서 그런지, 아니면 회사에서 구루(guru)와 같은 역할을 하며 생활하고 있어서인지, 고용주가 자기 직원들이 일 외적인 곳에서 의미를 찾도록 도와주는 아이디어에 대해 열광적으로 관심을 보이지는 않았다. 그래도 마지못해 그런 고용주를 한 사람 알고 있다고 털어놓았다. 그 좋은 고용주는 핀란드 북부에 위치한 정육가공 공장 스넬만(Snellman)을 운영하는 인물이었다. 스넬만은 북유럽 식단에서 빼놓을 수 없는 소시지 제품 중 육즙이 많기로 유명하다. 포히야칼리오는 스넬만의 직원들 수십 명과 인터뷰를 진행하고 나서 큰 충격을 받았는데, 그동안 겪었던 다른 직원들과는 무척 달랐고, 특히 IT 분야 노동자들과는 극적으로 대비됐기 때문이다. 스넬만에서는 직원들이 출근할 때 아예 자신의 자아 전부를 일터까지 데려오도록 장려하고 있는데, 예상하는 통상적인 이유에서가 아니었다. 포히야칼리오는 이렇게 회상했다.

"우리가 인터뷰했던 스넬만 직원 한 사람은 회사의 지원으로 철학과 언어학을 공부하고 있었는데, 그것도 수준이 아주 높은 과정이었습니다. 그가 공장에서 소시지 만드는 그의 일을 즐기고 있다는 사실은 확실했습니다. 그래서 그에게 일의 어떤 점이 좋은지 물었죠. 그랬더니 '우리는 이 나라 소시지의 품질을 바꿔놓았고 우리가 만드는 소시지에는 깊은 철학이 담겨 있다'고 하면서 '나는 매일같이 조금씩 이곳에서 좋아지고 있다'고 대답하더군요."

포히야칼리오는 그 직원이 직업의 사다리를 오르기 위해 일하고 있는 게 아니라 '좋아지고 있다'고 말한 것에 주목했다. 이는 그가 직장에서뿐 아니라 '삶에서 배우며 성장하고 있다'는 의미라는 사실을 알았다. 그가 보기에 스넬만은 이런 일이 일어날 수 있도록 많은 것들을 지원해주고 있었다. 포히야칼리오는 스넬만이 정말로 특별한 회사라고 결론지었다.

스넬만은 핀란드 북서부 해변에 있는 조그만 마을에 살던 다섯 형제가 지하실에서 시작한 사업체다. 대부분의 스타트업 기업과 달리 이 회사는 60년

이 지난 지금까지 살아남았을 뿐 아니라 점점 더 번창하고 있다. 이는 제품의 품질과 고객에 대한 성실함으로 명성을 얻었기 때문이다. 스넬만은 철학을 가진 회사였다. 그들의 철학은 직원들에게까지 확대됐다. 이 회사의 홍보영상이 인상적이다. 영상은 최고의 설비를 갖춘 공장 내 헬스클럽에서 운동하고 있는 직원 한 사람으로부터 시작된다. 운동을 마치고 헬스클럽을 떠나는 그 직원을 카메라가 계속 따라다니면서, 회사 정문을 나서고 자전거에 올라타고 집까지 힘차게 페달을 밟는 모습을 다양한 각도로 보여준다. 이어 영상에서는 사내 교육 과정으로 초빙 교수를 통해 철학과 언어학을 강의하고 있는 장면이 펼쳐졌다. 철학과 언어학을 공부하고 있다는 직원에 대한 궁금증이 풀리는 순간이었다. 스넬만은 직원들에게 "빨리 움직여서 더 만들어!" 하고 다그치는 대신 그들이 조심스럽게 움직여 스스로에게 투자하도록 격려하고 있는 것이었다. 스넬만이 전하는 메시지는 "당신이 가진 것을 모든 역량을 회사에 바치는 일의 의미를 찾도록 도울게"가 아니라, "당신이 스스로 일의 의미를 찾고 자기계발을 할 수 있도록 회사가 돕겠다"인 것처럼 느껴졌다. 이는 기존 관점과는 완전히 다른 것이다. 포히야칼리오는 이렇게 말했다.

"그 회사는 직원들을 진심으로 이해하고 있었습니다. 일과 인생의 조화라는 게 이미 철 지난 개념이라는 사실도 인식하고 있었습니다. 조화는 갈등을 전제로 하죠. 갈등이 없으면 조화의 이유도 없습니다. 예컨대 이런 생각이죠. '인생은 멋진 건데 일이라는 끔찍한 것이 자꾸 인생에 끼어드네.' 하지만 이제 이런 사고방식은 더 이상 의미가 없습니다. 일과 인생의 조화 따위는 잊어버려야 해요. 그런 생각은 언제나 죄의식으로 결론 나기 때문입니다. 우리가 일터에 있든, 집에 있든, 항상 뭔가 잘못된 곳에 있다는 느낌 말입니다. 어떤 성과를 이야기할 때 시간이라는 요소는 제외해야 합니다. 더 많은 시간을 일에 쏟아 붓는 건 우리를 생산적이고 창의적이게 만들지 못합니다. 그저 미치게 만들 뿐이죠."

스넬만이 모든 혁신의 온상은 절대로 아니다. 그렇지만 이곳은 직영으로 일하는 직원이 2,000명이 넘고 2,100명의 핀란드 농부들과 협업하고 있는 21세기형 기업이다. 포히야칼리오는 스넬만이나 이와 유사한 회사들이 거대한 최첨단 기업들보다 더 많은 수의 직원들을 고용하게 된다면 우리에게 주는 교훈이 더 넓게 확산될 수 있으리라고 강조했다.

"어떤 회사가 훌륭한 제품을 생산하면서 직원과 그 가족을 보살피고 품질과 믿음을 최고의 가치로 추구한다면, 우리는 바로 그런 종류의 회사들로부터 배울 수 있을 것입니다. 스넬만의 어떤 직원과 인터뷰한 내용이 잊히지 않네요. 전형적인 핀란드 남성이었는데, 그는 자신에게는 '안정감'이 모든 것이라고 말했습니다. '이곳에 있으면 평안함을 느낍니다. 나 같이 작은 사람들에게 우리 회사는 정말 크고 좋은 곳입니다'라고 말이죠."

포히야칼리오는 우리 대부분이 작은 사람들이라고 했다. 남들보다 못났다는 의미가 아니다. 애매하고 거대한 기대를 갖고 앞으로 달려 나가는 게 아니라, 일에서 작고 꾸준한 성과를 내고 거기에서부터 만족감과 목표를 찾는 그런 작은 사람들이다. 포히야칼리오가 이어서 말했다.

"페이스북의 마크 저커버그(Mark Zuckerberg)는 그 자신이 항상 일만 하고 직원들에게도 자신과 똑같이 하기를 원하는 것처럼 보입니다. 그는 미래 기업가의 롤 모델이 아닙니다. 스넬만의 최고경영자라면? 글쎄요, 계속 지켜봐야 할 사람이긴 합니다.[17] 일은 소비한 시간으로 측정할 수 없고 성과로 측정해야 하는데, 그런 것들을 이뤄내는 과정과 성과의 의미까지 두루 생각해야 하니까요. 우리가 기업들에게 하려는 조언은 직원들에게 충분한 시간과 공간을 주라는 것입니다. 그리고 그들을 믿어야 하죠. 우리는 핀란드의 사례가 전세계 어느 곳에서든 적용될 수 있다고 생각합니다."

■ 돈이 아니라 믿음을 주는 최저생계비 ■

나는 포히야갈리오에게 그의 놀라운 통찰력에 감사하다는 말을 전하고 다음 약속인 헬싱키의 청년 담당관인 토미 라이티오(Tommi Laitio)를 만나러 길을 나섰다. 라이티오는 나이가 서른다섯 살이었는데 최소한 5년은 더 젊어 보였다. 그는 군사용 벙커와 비슷해 보이는 자신의 사무실에서 나를 맞이해 줬고, 두꺼운 양털 스웨터와 한 몸이 돼 추위를 떨쳐내고 있었다. 그는 낮게 설정해놓은 보일러에 대해 내게 양해를 구하지는 않았지만, 자연스럽게 그가 절약정신이 유전자 속에 내재돼 있다는 느낌을 받았다.

"어머니에게는 여섯 형제가 있었는데, 부츠는 단 두 족밖에 없었다고 하시더군요."

그의 부모는 주물 공장 하나로 지탱하던 마을에서 태어나 함께 자랐는데 그 공장은 이제 없어졌다고 했다.

"공장이 문을 닫았을 때 마을도 함께 죽었습니다. 그곳 사람들에게 자원이라고는 남아 있지 않았습니다."

그로부터 한 세대가 지난 이후 노키아가 터전을 잃게 되자 핀란드 전체가 비슷한 감정을 느꼈다. 핀란드는 극히 자본주의적인 나라였지만, 일자리의 미래를 거대한 개인 기업에만 의존할 수 없다는 사실을 재빨리 깨닫는 계기가 됐다.

2017년 1월 핀란드는 유럽 국가 중에서는 처음으로 실업 상태인 국민 2,000명에게 다달이 대략 687달러 정도 되는 기본 생계비를 아무런 조건 없이 지급했다. 빈곤을 줄이고 궁극적으로 실업을 줄이기 위한 사회적 실험으로 시행된 것이었다. 2년이라는 기간을 미리 정하고 실시된 이 실험은 기본소득이 보장되는 경우 실업자들이 다른 방식으로, 이를테면 위험을 감수하거나, 혁신적으로 변화하는 방법을 선택하거나, 그것도 아니면 아무 효과도 없을지 알아보기 위한 것이었다. 1년이 경과한 시점에서 몇 개의 비공식적인 결과들이 새어나왔다(이 글을 쓰고 있는 시점에서도 공식적인 결과는 아직 발표되지 않았다). 그래도 생계비 지급이 최소한 몇 가지 경우에는 긍정적인 변화를 이끈 것으로 보였다.

수혜자 가운데 일부는 자원봉사 일을 시작했고, 아르바이트를 얻거나 정규직으로 취업하는 사람들도 있었다. 석사학위를 2개나 보유하고도 2년 동안 실업 상태로 지냈던 한 실험 참가자는 생계비 지원 덕분에 그가 좋아하는 아르바이트를 잡을 기회가 생겼고 스트레스도 크게 줄었다고 말했다. 이 실험은 참가자들이 취업을 했더라도 지급이 중단되는 게 아니었기 때문에 추가 수입을 이용해 부업을 시작한 사람도 있었다. 여섯 아이를 둔 한 아버지는 생계비가 해결되자 '샤먼 드럼(shaman drums, 핀란드의 전통 의식에 간간이 사용되는 악기)'이라는 전통 북을 만들어 개당 900유로로 팔기 시작했다. 또한 그는 집 안의 공간을 분리한 다음 에어비엔비(Airbnb)에 등록해 예술가들에게 숙식을 제공하기도 했다. 영국의 한 방송인은 이렇게 묘사했다.

"생계비가 그의 가족들을 빈곤으로부터 완전히 구해낸 것은 아니지만, 절대적 궁핍에 대한 공포는 없애줬으며 그가 의미 있는 일을 찾을 수 있도록 그의 마음을 해방시켜주었다."[18]

나는 라이티오에게 "미국이라면 시장의 힘으로 문제를 해결하는 것을 더 선호하기 때문에 그런 계획이 별로 인기를 얻지 못할 것 같다"고 말했다. 미국에 거주한 적이 있는 라이티오는 낄낄거리더니 이렇게 말했다.

"핀란드의 기적이라는 것은 실제로는 기적이 아니에요. 미국인들은 시장을 믿지만, 핀란드인들은 정부를 믿습니다. 서로가 서로를 믿는다는 겁니다. 서로가 서로를 신뢰할 때 훨씬 더 많은 일을 할 수 있습니다."

핀란드의 성공신화는 비정상적으로 높은 수준의 '사회적 신뢰'라는 바탕 위에 세워진 것이다. 이는 국민을 하나의 목표로 엮어주는 접착제다. 사회적 신뢰 수준이 낮으면 기업은 계약에 대한 절충과 소송으로 꼼짝도 하지 못하게 되고, 정부는 이념 논쟁의 아수라장으로 빠져들게 된다. 사회적 신뢰 수준이 높을 때는 기업과 정부 모두 더욱 민첩하게 변화에 대처할 수 있게 된다.

■ 경제성장의 밑거름이 되는 사회적 신뢰 ■

하버드대학교 사회학자 로버트 풋먼(Robert Putman)은 1992년 사회적 신뢰를 주제로 대중적인 주목을 받았는데, 그는 전체 미국 국민 가운데 정부를 거의 신뢰하지 않거나 전혀 신뢰하지 않는 사람들의 비율이 꾸준히 늘어 위험 수준인 75퍼센트에 이르게 됐다고 주장했다. 풋먼은 그 시기의 미국이 이전 세대에 비해 투표율이 크게 낮을 뿐 아니라 교육, 종교, 정치 조직에 참여하는 비율 역시 낮은 수준이라는 사실을 밝혔다.[19] 보다 최근의 연구조사에 따르면 응답자 중 75퍼센트 정도가 신문 기사, TV 뉴스, 판매원, 택시 운전사들을 신뢰하지 않는다고 대답했다. 전문가들은 이런 현상에 대한 원인으로 여러 가지를 꼽고 있지만, 가장 그럴듯한 범인은 극적으로 악화되고 있는 이 나라의 '소득 불평등'이다. 사회적 신뢰도의 수준은 1960년대에 가장 높았는데, 미국의 소득 불균형 수준이 역사상 유례 없이 낮아졌던 시기였다. 사회적 신뢰도는 빈부 격차가 점점 벌어지던 1980년대와 1990년대 그리고 2000년대를 거치면서 계속 하락했다. 소득 격차가 역사적으로 가장 크게 벌어졌던 2017년에는 불과 18퍼센트의 미국인들만이 연방 정부가 대부분의 경우 옳은 일을 하고 있다고 믿었다.[20]

그렇다면 우리 중에서 도대체 누가 신뢰하는 18퍼센트에 속할까? 일반적으로는 부유한 사람들이다. 사회 시스템이 자신들을 대접해준다는 확실한 명분을 갖고 있기 때문에 평균적으로 신뢰한다고 주장하는 것이다. 이와 같은 특권층은 자신들의 부를 이용해 타인과 함께 어울려야 하는 불편함으로부터 탈출하는 경우가 많다. 경우에 따라서는 출입문을 굳게 닫은 언덕 위의 대저택으로 옮겨서 스스로를 격리시키기도 한다. 소득 격차가 커질수록 격리 현상은 더욱 두드러진다. 부유한 쪽에서는 사회 시스템을 더욱 신뢰하고, 부유하지 않은 대다수의 국민은 그렇지 않은 것이다.

미국과는 극적으로 대비되는 핀란드의 경우 경제적 불평등 지수는 낮고 사회적 신뢰도는 높은 편이다. 약 70퍼센트의 핀란드 국민이 정부와 사회를 신뢰하고 있는 것으로 조사됐다.[21] 경제 분석 모델들은 이런 사회적 신뢰가 경제성장과 상관관계를 갖는다는 가설을 제시한다. 또한 보다 원만하게 작동되는 시장과도 상관관계를 갖는 것으로 여긴다. 신뢰는 비용이 많이 드는 법률적 서비스나 보험 서비스에 대한 수요를 감소시키며 사업체 사이의 정보 교환 물량을 증가시킨다. 서로 긴밀하게 이어져 있다고 느끼는 시민들은 세금 등을 통해 지역사회에 더 적극적으로 투자하며, 서로 협력하고 의존하는 성향이 강해져서 정부 정책을 더욱 부드럽고 효율적으로 추진할 수 있도록 만들어준다. 핀란드 정부는 매우 투명하기 때문에 어떤 국민이라도 대통령과의 전화통화를 주선할 수 있다고 한다.

메릴랜드대학교 정치학자 에릭 우스래너(Eric Uslaner)는 신뢰와 연관된 광범위한 주제와 신뢰가 경제성장, 특히 혁신에 영향을 미치는 역할을 주제로 책을 펴냈다. 우스래너와 만났을 때 그는 내게 이렇게 이야기했다.

"저 밖에는 사람들이 오로지 부자가 되기 위해서 혁신을 한다는 믿음이 있어요. 그런데 이는 사실이 아닙니다. 어떤 사회에서는 혁신에 대한 열망이 거의 문화의 바탕이 되는 데까지 이르렀습니다. 미국에서는 혁신이 단순히 자동화 공정을 적용해 일자리를 줄이는 문제에만 국한되는 것이 일반적이죠. 핀란드의 경우 혁신은 기회를 만드는 것을 의미합니다."

'연대적 개인주의(solidaristic individualism)'라는 용어는 의견이 일치되지 않는 경우라고 할지라도 사람들이 서로를 지원해줄 의지를 갖고 있는 시스템을 묘사하기 위해 사회학자들이 만들어낸 것이다. 이에 따르는 계약은 이런 것이다.

"나의 목표나 가치관은 당신과 다를지도 모른다. 하지만 나는 당신도 당신의 믿음에 대한 권리를 갖고 있다고 믿으며, 당신이 내가 나의 믿음을 따르는 것을 지원해준다는 조건이라면 나도 당신을 지원하겠다."

이런 계약이 비록 전략적인 것으로 여겨질지는 몰라도, 핀란드 국민들로 하여금 개인의 노력과 성취에 대한 배려를 유지한 채 서로의 차이점을 인정하면서 협력하는 분위기를 만드는 데 공헌한 것은 사실이다. 그들이 갖고 있는 높은 수준의 사회 신뢰도는 무차별성에서 오는 것이 아니다. 핀란드인들이 열린 마음으로 토론에 나서기 때문이라는 발상은 지엽적이고 잘못된 것이다. 솔직하고 개방적으로 서로가 자신의 견해를 펼치는 데에서 사회 신뢰도가 높아지는 것이다.

핀란드인은 솔직함에 가치를 두며 빈말이나 맹목적인 칭찬은 경멸한다. 회사의 문양을 가슴에 크게 새겨 넣는 구글의 후드 티셔츠 같은 아이디어는 핀란드인들에게는 굉장히 이질적이다. 핀란드는 '앵그리 버드(Angry Birds)'라는 비디오 게임의 성공 위에 세워진 엔터테인먼트 거인 로비오(Rovio)가 시작된 나라다. 그런데 로비오의 기업문화는 미국의 동종 회사들과는 전적으로 다르다. 로비오 역시 직원들이 열심히 일하고 생산하고 혁신하기를 기대한다. 하지만 이 회사는 직원들의 개인적인 정체성과 회사의 정체성을 합치시키기를 기대하지 않는다. 회사의 경영자가 시인했듯이, 그런 것은 시도해볼 정도로 좋은 것이 아니라고 생각한다. 로비오의 마케팅 담당 최고위 임원 페테르 베스테르바카(Peter Vesterbacka)의 표현처럼 이 회사의 분위기는 혼돈 그 자체인지도 모른다. 그는 이렇게 말했다.

"사람들이 자주 엿 같다고 말합니다. 뭔가 잘못된 것이 있으면 난폭하게 대들 것입니다."[22]

실리콘밸리의 임원이 이런 사실을 태연스럽게 인정하는 경우는 상상하기 어려울 것이다. 전직 임원이라면 달라질 수는 있겠지만.

▪ 테크놀로지가 발전할수록 사다리는 높아진다 ▪

폴 로머(Paul Romer)는 2018년 1월까지 세계은행(World Bank)의 수석 경제 학자였으며, 지금은 뉴욕대학교 스턴 경영대학원(Stern School of Business)에 서 교수로 활동하고 있다. 로머는 미래의 일자리가 결정적으로 '메타 아이디 어(meta-ideas)'에 의존하게 될 것이라고 주장했다. 메타 아이디어는 각기 다 른 여러 가지 아이디어를 만들어내고 상호 전달을 지원하는 초월적인 아이 디어를 뜻한다. 그는 메타 아이디어의 개발을 주도하는 나라가 민간 부문과 공공 부문 양쪽에서 생산성과 성장을 가장 효과적으로 이끌어낼 것이라고 강조했다. 그는 미국과학아카데미(National Academy of Sciences)에서 행한 연 설을 통해 이 점을 꼬집었다.

"테크놀로지가 빠르게 발전해 평균소득이 충분히 올라갈 수 있었다고 해 도, 결과적으로 그 혜택은 대부분 사다리의 맨 위에 있는 집단에 유리한 방식 으로 분배됐기 때문에 소득 중간값은 전혀 올라가지 않았습니다."[23]

계층 간 소득 격차는 한 나라의 일자리 문제를 악화시키는 중대한 요인이 다. 로머는 이 문제를 기술 발전이 아니라 '규칙의 변경'을 통해서만 해결할 수 있을 것으로 예측했다. 예를 들어 조세구조를 바꿔 고용주들이 단순히 더 많은 일자리를 창출함으로써 혜택을 받는 게 아닌, 더 좋은 일자리를 창출하 도록 동기를 부여해야 한다는 식이다. 핀란드는 길고 고통스러운 경험을 통 해 진보의 과정에 따라 규칙을 변경해나가는 것의 중요성을 이해했다. 미국의 경우 석탄 산업의 부활이나 이민자들의 추방 따위를 기도하는 사람들도 있는데, 정작 중요한 문제에 관해서는 관심을 갖지 못하고 있다.

이 장은 핀란드는 미국과 다르다는 인식에서부터 출발했다. 나는 계속해서 이 입장을 고수할 것이다. 그러나 완전한 침체와 절망으로부터 일어나 지구상에서 가장 행복하고 혁신적인 국가로 탈바꿈한 나라에서 당연히 교훈을 얻을 수 있고 얻어야 한다고 생각한다. 핀란드인들은 마음을 열고 서로를 신뢰함으로써, 일자리 문제와 마주할 수 있는 길을 찾고자 노력했다. 그동안 행운이 따르지 않았던 사람들을 위로 끌어올리고 중산층을 유지하면서 진정한 혁신을 고무시키는 정책을 시행했다. 핀란드의 이야기가 우리에게 주는 교훈은 일자리의 미래를 예측하는 것이 모든 것의 미래를 예측하는 것만큼이나 쉽지 않지만, 기존에 통용돼온 지혜가 우리를 잘못된 길로 인도할 수도 있다는 사실이다. 그리고 더욱 명확한 사실은 지금이 새롭게 생각하고 행동할 때라는 점이다.

제12장

상생할 수 있는 일자리 만들기

우리 사회에서 노동은 법적으로 공공연하게 살 수 없는 몇 개 되지 않는 생산요소 중 하나다. 노동은 임대만 할 수 있을 뿐이다.[24]

_폴 새뮤얼슨(Paul Samuelson)

나는 언제나 협력을 통해서 노동자들이 스스로 고용주가 될 수 있다고 설득돼 왔다.[25]

_리랜드 스탠퍼드(Leland Stanford)

■ 유토피아 사회주의자의 꿈 ■

현대의 노동자 협동조합 운동의 아버지 로버트 오언(Robert Owen)은 1771년 5월 14일 영국 북부 웨일스의 뉴타운(Newtown)에서 일곱 남매 중 여섯째로 태어났다. 그의 아버지는 철물상이었고 어머니는 농부의 딸이었다. 집이 가난했던 것은 아니지만 재산이 그리 넉넉하지도 않아서 아버지는 일찌감치 아이들에게 자립하기를 권했다. 조숙하고 열성적인 학생이었던 로버트는 아홉 살에 학교를 그만두고 열 살에 고향을 떠나 런던으로 건너갔다.

그는 그곳에서 여성복을 만드는 작업장의 견습생으로 일하게 됐다. 스코틀랜드 출신의 고용주는 친절하게도 어린 로버트에게 자신의 넓은 도서실을 마음대로 드나들 수 있도록 허락했다. 로버트는 이 기회를 십분 이용해 역사학, 철학, 종교학 저작들에 심취했다. 왕성한 독서를 통해 훗날 그는 인간이 점차 자유의지로부터 멀어지고 개인이 통제할 수 없는 환경을 통해 성격이 형성된다는 믿음을 갖게 됐다. 그리고 이는 사회가 움직여 해결해야 한다는 결론에 이르렀다.

열일곱 살이 된 오언은 런던을 떠나 이번에는 맨체스터로 이동해 동업자 한 사람과 증기로 작동하는 면사 방적기 생산 회사를 차렸다. 이후 그는 시의 적절하게도 수익금을 당시 한창 잘나가고 있던 찰튼 트위스트(Chorlton Twist)라는 이름의 방적 공장에 투자했다. 바로 그 즈음 그는 글래스고로 출장을 가던 도중에 앤 캐롤라인 데일(Anne Caroline Dale)을 만났다.

앤은 부유한 은행가이자 뉴 래너크(New Lanark)의 소유주인 데이비드 데일(David Dale)의 딸이었다. 뉴 래너크는 스코틀랜드에서 가장 규모가 큰 방적 회사였다.[26] 오언은 데이비드 데일과 친해졌고 그의 딸과 결혼했으며 몇 명의 동업자들과 함께 데일의 의류 공장 네 곳을 인수했다. 더 많은 이익을 남기는 회사로 성장시켜주겠다고 데일을 설득했던 것이다. 결국 그는 부자가 됐지만, 그와 동시에 매일같이 공장 안에서 벌어지는 끔찍한 노동자 학대에 분개했다.

한때는 직물 생산이 가내 수공업 형태로 생산됐지만, 집이라는 장소는 대량생산에 적합한 곳이 아니었다. 영국의 사업가들은 새로운 기계와 함께 노동력 집중을 통해 자본을 키울 수 있는 기회를 마련했다. 인간의 노력을 집중하고 증대시킴으로써 수많은 노동자를 통해 얻은 이익을 소수가 독식하는 것이 가능하도록 만들었다. 이런 측면에서는 면직물 생산이 최고였다.

1779년 증기기관으로 작동되는 면사 방적기가 발명되면서 600년 역사를 가진 영국의 길드 체제는 끝났다. 상인들은 작업장이 아닌 공장으로 몰려들었다. 불과 한 세대 만에 영국은 독립적인 소규모 기업가들의 나라에서 임금 노동자들의 나라로 탈바꿈했다.

오언은 자신이 이런 혁명의 최전선에서 임무를 썩 달가워하지 않는 장군의 입장이 됐다는 사실을 깨달았다. 그는 공장 노동자들의 삶을 미국 노예의 삶이나 그보다도 더 못한 것에 비유했다. 그는 이렇게 묘사했다.

"죽어있는 기계는 엄청나게 배려하면서, 살아있는 인간은 무시하거나 하찮게 여긴다."[27]

그는 냉혹함에는 아무런 사업적 이점이 없다고 생각했다. 오히려 노동자들에 대한 인간적인 대우가 보다 높은 이익을 얻게 해주리라고 확신했다. 그는 뉴 래너크 내에 학교, 숙소, 탁아소, 유치원 등을 마련했다. 식당과 도서관도 갖췄고 소극장과 댄스홀 시설까지 지었다. 그는 공장 노동자들의 작업 시간을 하루 14시간에서 10시간으로 줄였다.[28] 그는 협동조합 상점을 조직하고 직원들이 원예나 수공예를 익히도록 장려했다. 그의 동업자들은 이런 그를 못마땅하게 여기며 반대를 거듭하다가 결국 동업관계를 끝냈다. 그러자 오언은 새로운 동업자들을 맞아들였다. 그의 사업은 계속해서 번창했다. 신뢰가 모든 것을 극복했던 것이다.

오언은 자신의 깨어 있는 생각과 실행이 곧 세상에 유행할 것이라는 원대한 희망을 품었다. 그의 논리는 만족한 암소가 더 맛있고 더 많은 우유를 생산하듯이, 일에 만족하는 노동자들이 더 좋은 제품을 만든다는 것이었다. 그러나 그와는 달리 동업자들 다수는 생각이 달랐다. 일자리를 찾는 사람들의 숫자가 일자리 숫자보다 많은 이상, 즉 공급이 더 높은 이상 노동자들에게 돌아가는 몫을 늘릴 필요가 없다고 여겼다.[29] 영국의 노동조건은 점점 악화됐다. 어느 역사가가 남긴 글 속에 이 시기 공장에 대한 묘사가 담겨 있어 소개한다.

"그곳은 완전한 지옥이다. 한 번 들어가면 눈이 멀거나 사지를 잃거나 폐병에 걸리지 않는 이상 빠져나올 수 없는, 희망을 찾아볼 수 없는 곳이다."[30]

당시 영국 하원이 제출한 조사보고서는 아래와 같이 경고했다.

"공장, 소수에 국한된 것도 아닌 소규모 공장에만 국한된 것도 아닌 수많은 공장에서 심각한 사고가 꾸준하게 발생하고 있다. 노동자들은 사고가 일어나는 순간부터 폐기된다. 즉시 임금 지급이 중단되고, 어떤 의료 조치도 취해지지 않으며, 사고의 경중에 상관없이 그 어떤 보상도 이뤄지지 않는다."

이 시기에 영국을 방문한 어떤 독일인은 기계에 난도질당한 채 맨체스터의 길거리를 비틀거리며 걷고 있는 노동자들을 보고 "전장에서 막 돌아온 패잔병들로 가득한 아수라장"에 비유했다.[31] 이 모든 것에 두려움을 느낀 오언은 개혁을 위해 로비를 시작했다. 1815년 그는 10세 이하의 노동자 고용을 금지하고, 11~18세 노동자들에 대해서는 하루 10시간 30분을 최대 노동 시간으로 정하는 법안을 제안했다. 의회는 9세의 연령 제한과 16세 이하 청소년 노동자들의 근무 시간을 최대 12시간으로 제한하는 법률을 통과시켰다. 이에 만족하지 않고 오언은 자동화가 일손을 놓게 만들고 있다는 논리를 세웠다. 그는 자서전에 이렇게 기록했다.

"사람이 기계적·화학적 발견이나 발명보다 비싸지면 그 사람은 해직되고 기계로 대체된다."[32]

오언의 관점에서 자신의 고향 사람들을 떠올려보면 노는 일손이 많은 마을은 더 비참했다. 그는 또 다른 개혁으로 주민들이 농업과 산업이 뒤섞인 곳에서 협력하며 살아가는 여러 마을을 세우는 사업을 진행하자고 의회를 설득했다. 하지만 이 제안에 대해 의회의 반응은 (친절하게 표현하면) '침묵'이었다. 오언이 자서전에 쓴 당시 의회의 답변은 이랬다.

"친애하는 오언 씨. 유감스럽게도 본 위원회는 이처럼 광범위하고, 이론과 실행방안이 전적으로 새로우며, 정부가 모든 힘을 기울여 개입해야 하는 제안은 다룰 수 없습니다."[33]

여기에 굴하지 않은(그리고 아마도 속아 넘어간) 오언은 미국행 배를 탔다. 목적지는 인디애나 주의 뉴하모니(New Harmony)였다. 뉴하모니는 독일 출신의 루터교 이민자들이 야생의 땅 2만 에이커의 구획에다 건설한 마을이었다. 루터교 신자들이 펜실베이니아로 집결하면서 이사를 가게 되자 오언은 자신의 전재산을 모두 털어 이 마을 전체를 12만 5,000달러에 사들였다. 오언의 계획은 이곳에 노동력 교환소와 노동력 시장을 세워 중개인들을 없애고, 본질적으로 노동자 스스로 통제하는 유토피아적 지역사회를 건설하는 것이었다. 그의 의도는 새로운 윤리 세계를 만들어 남자와 여자가 협력해 일하고, 그 노력의 결실을 모두 누리게 하는 데 있었다.

오언이 뉴하모니에서 하고 있는 일이 널리 알려지자 사회적 진보주의자들이 모여들었다. 또한 양원 합동회의에 초청돼 자신의 견해를 밝힐 수 있는 기회도 갖게 됐다. 퇴임하는 제임스 먼로(James Monroe) 대통령과 대통령 당선자 신분이던 퀸시 애덤스(Quincy Adams)는 그의 계획에 깊은 인상을 받았으며 뉴하모니의 축소 모형을 만들어 백악관에 전시했다. 그렇지만 그것만으로는 사업을 지속할 수 없었다. 내부의 싸움과 경영 미숙에 황폐해진 뉴하모니는 불과 3년 만에 흩어지고 말았다.[34] 오언은 재산을 탕진한 채 영국으로 돌아왔다. 이제 그는 더 이상 자본가가 아니었다. 그래도 여전히 그는 자신의 생각이 인류를 빈곤에서 해방시켜 풍요로움으로 인도해주리라고 믿었다.[35] 하지만 이후 그가 할 수 있는 일은 아무것도 없었다. 노년을 무일푼으로 힘겹게 살다가 죽음을 맞이한 그의 입에서 마지막 말이 새어나왔다.

"나는 세상에 중요한 진실을 알려주었어. 무시당하는 것들에 대한 조금의 이해만 있으면 충분했는데… 나의 시대는 저 뒤에 있는 것이었나."[36]

■ 노동자들이 미래를 꿈꾸게 하는 협동조합 ■

메릭 애디슨(Medrick Addison)은 로버트 오언에 관해 많이 들어왔고 그를 숭배할 수밖에 없었다. 비록 그는 오언의 꿈이 모든 사람들에게 이뤄지지는 않앉아도 자신에게만큼은 틀림없이 이뤄졌다고 말했다. 마흔 중반의 나이에 체구가 큰 애디슨은 외모와는 달리 몹시 감성적인 사람이었다. 당장이라도 슬픔 속으로 빠져들 것처럼 보였다. 클리블랜드에서 우리가 만난 날은 6월 초였고 푹푹 찌는 날이었다. 그가 어릴 적 살던 동네를 함께 거니는 동안 그의 셔츠는 땀에 절어 등에 들러붙었다. 거리는 마치 묘지처럼 평화롭고 깨끗했다. 애디슨은 그가 살던 집을 손가락으로 가리켰다. 벽돌로 지은 연립주택 단지로 두꺼운 합판이 창문 구멍을 막고 있었다. 그는 언젠가 저 합판이 치워지고 유리가 끼워지는 날을 보게 되기를 바란다고 말했다. 그는 "하지만…" 하고 말을 꺼내고는 깊게 한숨을 쉬었다.

애디슨은 미시시피 주 이타 베나(Itta Bena)에서 태어났다. 아버지는 한때 미시시피밸리주립대학교(Mississippi Valley State University)에서 사회학을 가르쳤고 어머니는 영양사로 일했다. 그가 태어난 지 열여덟 달이 지났을 때 어머니는 자식들을 데리고 클리블랜드로 이사했다. 아버지는 가족사진에서 사라졌다. 그는 돌아가신 아버지를 기억하지 못했다.

"열여섯 살이 됐을 때 내 일은 내가 알아서 해야 한다고 깨달았죠. 결혼을 했고, 열여덟 살에는 군에 입대했습니다."

군 생활은 그에게 맞지 않았다. 그가 모든 일을 자기 방식대로 처리하기를 좋아했기 때문이다. 아내가 셋째 아이를 임신했을 때 그는 일반 제대를 신청해 집으로 돌아왔다. 그때까지만 해도 그는 별로 걱정하지 않았다. 군대도 갔었고 고등학교 졸업장도 있으니 일자리를 얻지 못할 이유는 없다고 생각했다. 하지만 클리블랜드에서는 고용이 일어나지 않았다. 그래도 그는 굴하지 않고 옷을 차려 입은 채 매일 도서관으로 출근했다. 그리고 '시대정신(zeitgeist)'과 관련된 책을 검색하기 시작했다. '기업가정신(entrepreneurship)'이었다. 그는 닥치는 대로 모두 읽고 마침내 자신이 무엇을 해야 할지 알게 됐다. 그는 지역대학에 등록하고 경영, 특히 마케팅 공부에 집중했다. 그러나 1년 후 포기하고 말았다.

"생활이 불가능했어요. 애는 셋이나 되고 당장 돈이 필요했습니다. 그 때문에 잘못된 선택을 하고 말았죠."

그의 선택은 코카인 밀매였다. 단시간에 큰돈을 벌 수 있다고 판단한 것이었다. 하지만 그 일은 생각했던 것보다 더 나쁘고 어려운 것이었다. 암흑가 사람들과 협상을 해야 했고 법망도 피해가야 했다. 애디슨에게는 어느 것도 쉽지 않았다. 그는 결국 검거됐다.

"교도소는 돌아갈 곳이 못 됐어요."

그렇지만 그는 또 다시 되돌아갔다. 두 번째 복역을 끝내고서야 그는 충분하다고 생각했다. 이후 그는 빚을 얻어 식당을 열었지만 그 일도 쉽지 않았다. 그의 계획은 요리만 빼고 모든 일은 직접 한다는 것이었다. 하지만 요리사가 그만두자 그것까지 스스로 해야 했다.

"한동안은 그런대로 괜찮았어요. 그러다가 경제가 망가지면서 단골손님들이 모두 사라졌습니다."

결국 그는 식당 문을 닫고 학교로 돌아갔다. 이번에는 사업관리와 경영을 선택했고 끝까지 마쳤다. 그는 학사학위를 취득했다. 그런데도 여전히 일자리를 구할 수 없었다. 그는 직업훈련 프로그램에 등록했다.

"훈련을 받았죠. 교통비를 내가면서 다녔어요. 그런데 훈련을 다 마치면 뭐합니까? 무엇 때문에 훈련을 받은 거죠? 일자리가 없어요. 일자리 비슷한 냄새도 안 나더라고요."

애디슨은 마치 자신의 이마에 '가치 없는 놈'이라고 문신을 해놓은 것처럼 낙인이 찍혔다는 생각을 했다. 그는 필사적으로 이번에는 투워드 임플로이먼트(Towards Employment)라는 단체에 등록했다. 더 이상 해볼 것이 없는 사람들을 돕는 비영리 단체였다. 그가 이전에 겪었던 실망들을 감안하면 서류 양식에 채워 넣을 질문에 답변하는 과정은 그저 믿음을 쌓는 일일 뿐이었다.

언젠가 일자리를 얻게 될 것이라는 믿음. 그러던 어느 날 면접 기회가 생겼다. 단체가 면접 자리를 알선해준 것이었다. 하지만 그는 내키지가 않았다. 질문만 잔뜩 받고서 퇴짜를 당할 것 같았다.

"처음에는 안 나가려고 했어요. 믿음이 안 가더라고요. 그런데 아내가 아직도 정신을 못 차리냐고 잔소리를 해서, 그래서 만나봤습니다."

그가 제안받은 일은 에버그린 협동조합 세탁소(Evergreen Cooperative Laundry)의 관리직원 자리였는데, 이전에 자동차 기계 작업장이었던 곳을 개조한 세탁소였다. 다행히도 애디슨이 상상한 것처럼 어둡고 음침하고 축축한 장소는 아니었다. 햇빛이 들어오는 창문도 있었고 자전거 주차장도 마련돼 있었다. 건물 벽에는 그럴 듯한 벽화도 그려져 있었다. 일할 곳으로는 나쁘지 않아 보였다. 그러나 일자리의 외형은 애디슨이 우선적으로 고려하던 요소가 아니었다. 그는 자신이 소유할 수도 있는, 자신이 경영자가 될 수 있는 그런 일자리를 바라고 있었다. 그런데 에버그린은 협동조합이라는 명칭에서도 알 수 있듯이 직원들이 지분을 나눠서 소유하는 형태의 회사였다. 로버트 오언이 오래전에 상상했던 유토피아적인 미래상을 담을 수 있는 곳이었다.

"6개월 근무 후에는 회사 지분 일부를 사들여 소유권을 갖게 될 수 있다고 하더군요. 그래서 마음이 움직였습니다."

애디슨은 이전에 자신의 사업체를 운영해본 경험 덕분에 1년 만에 단순 관리직원에서 에버그린의 지분을 보유한 공동 소유권자가 됐다. 그는 직장에 대한 소유권이 다른 점을 많이 만든다고 말했다.

"에버그린 협동조합에서 여러 사람의 인생이 변화하는 모습을 목격했습니다. 나도 그들 중 한 사람이었죠."

2009년 엄청난 홍보활동과 함께 시작된 세탁소 사업은 지주 회사인 에버그린 협동조합이 인수한 첫 번째 사업체였다. 에버그린은 이듬해인 2010년에는 태양광 발전용 패널과 LED 소자를 설치하는 회사인 에버그린 에너지 솔루션스(Evergreen Energy Solutions)를 발족했고, 2013년에는 미국 최대의 도시형 온실 그린 시티 그로워즈(Green City Growers)도 인수했다. 사업을 시작한 지 5년이 지난 무렵부터 세탁소와 에너지 사업이 궤도에 올라 꾸준한 이익을 냈는데, 이는 지역 주민들에게는 기적과도 같은 일이었다. 왜냐하면 애디슨이 자란 지역이자 에버그린 세탁소와 에너지 조합이 자리 잡고 있는 글렌빌(Glenville)은 연평균 가계소득 중간값이 2만 3,205달러 부근에서 오르락내리락하는 지역으로, 범죄율은 미국 평균을 훨씬 웃돌고 있었고 어린이 인구 절반 이상이 빈곤선 아래에서 생활하고 있었기 때문이다.[37]

글렌빌은 약속만 많고 실행되는 것은 거의 없는 다른 지역과는 달랐다. 에버그린은 애초에 지역 주민들에게 많은 약속을 하려고 하지 않았다. 지키지 못할 약속은 더욱 그랬다. 에버그린은 인간의 자유의지는 그 의지를 활용할 기회가 제공되지 않거나 펼칠 수단이 없다면 아무런 의미가 없다는 로버트 오언의 가치관을 바탕으로 세워진 곳이다. 결과를 보장할 수 없는 훈련이나 교육은 무의미했다. 수요를 이끌어내지 못하는 모든 활동은 빈껍데기일 뿐이었다. 에버그린의 전략은 수요를 충족하는 일자리를 우선 만들어낸 뒤 일자리를 원하는 사람들에게 회사 지분을 확보할 수 있는 기회를 주는 것이었다. 애디슨은 이렇게 말했다.

"누군가를 고용할 때 그 사람이 가진 기술 같은 건 신경 쓰지 않습니다. 일터에서 얼마든지 배울 수 있으니까요. 대신 태도와 마음가짐을 봅니다. 지분을 소유할 만큼의 책임이 있는지를 보는 거죠."

애디슨은 나를 차에 태워 세탁소에 데려다줬는데, 그곳에서 머리에 보호망을 쓰고 푸른색 유니폼을 입은 여직원 한 명을 소개받았다. 그녀는 시트를 기계에 딱 맞춰 안쪽으로 빠르게 밀어 넣는 작업을 하고 있었는데, 기계를 통과한 시트는 마치 마술처럼 말끔하게 각이 잡힌 채 접혀져 나왔다. 그 직원은 두 아이를 키우고 있는 서른한 살의 미혼모였고, 이곳이 자신의 첫 번째 정규직 일자리라고 말했다. 이전에는 주로 패스트푸드 식당이나 할인점 같은 곳에서 비정규직으로 일했는데, 들쭉날쭉한 근무 시간과 보잘 것 없는 급여로는 아이들을 제대로 부양할 수 없었고 심신의 안정도 주지 못했다고 했다. 그녀에게는 꾸준하고 확실한 일, 믿을 수 있고 그 안에서 성장할 수 있는 일자리가 필요했다. 에버그린에 오기 전까지는 그런 일자리를 구하지 못할 거라고 생각했다. 그녀의 성격도 한몫했는데, 대부분의 고용주들이 선호하는 순종적이고 사교적인 태도를 지니지 못했다. 혼자 아이 둘을 키우면서 자연스럽게 성격이 변했다고 했다. 그녀는 자신의 무뚝뚝하고 억척스러운 모습이 초보적인 수준의 직원들을 찾고 있는 고용주에게는 적합하지 않다는 점도 잘 알고 있었다.

"거짓말은 못하는 성격이거든요. 사실 이런 일을 해본 적이 없어서, 처음 여기 세탁소에서 일할 때는 내가 잘할 수 있을지 확신하지 못했어요. 일을 배우면서 6개월이 지나니 어느새 익숙해지더라고요. 그러면서 자연스럽게 이런 마음도 들더군요. 나도 언젠가 이곳 지분을 갖고 말 거라고요. 그렇게 계속 일할 수 있었어요. 이제 저도 회사의 어엿한 소유주고요. 미래를 볼 수 있게 됐어요."

인상적이게도 그녀의 "미래를 볼 수 있다"라는 말을 그날만 들었던 게 아니었다. 인근 병원, 의원, 호텔, 요양원 등에서 수 톤씩 트럭에 실려 온 시트, 수건, 각종 옷들이 조심스럽게 다뤄져 세탁되는 과정을 지켜보면서 여러 번 그 말을 들었다. 처음 물에 헹구는 것부터 마지막으로 접혀 나오기까지 모든 과정에 소요되는 시간은 28분이었다. 직원들은 각종 설비의 세세한 부분까지 모두 배워야 한다는 인식을 갖고 있었으며, 고객 서비스나 영업 기술 또한 익히기를 바라고 있었다. 더구나 직원들이 지분을 소유하는 형태의 회사에서는 손익 계산이 그저 숫자놀이가 아니라 자신들과 관련한 현실이다. 그래서 모든 직원들이 신경을 쓰고 있었다.

에버그린 협동조합의 최고경영자 존 맥미켄(John McMicken)은 개인적인 삶과 직업적인 삶을 직접 연관시키지는 않았다. 그렇지만 자신의 가족이 당면한 도전과 에버그린이 당면한 도전을 같은 선상에서 바라보고 있다는 말을 통해 그의 가치관을 엿볼 수 있었다. 그는 단호하게 말했다.

"2가지 모두 중요하고 해결해야만 하는 것들입니다. 많은 회사에서 직원들에게 '내 회사처럼 일하라', '회사를 소유하라'고 말한다는 걸 알고 있습니다. 그런데 그게 무슨 궤변인가요? 에버그린에서는 그 말이 문자 그대로의 의미입니다. 직원들 각자가 회사를 소유하죠. 우리 모두가 에버그린의 투자자이고 지분을 보유하고 있습니다. 회사가 어떻게 나아가야 하는지도 함께 이야기하죠. 누구를 고용할지 의견을 나누고, 이사회에 참석하고, 이익을 분배합니다. 이곳에서의 성공은 모든 사람이 함께 일하는 것을 말합니다. 직원들 각자가 자신의 역할을 해야 돌아갑니다. 그리고 그 역할에 따르는 모든 것이 확실히 자신의 것이 되죠. 그것이 공동 소유의 개념입니다."

에버그린 협동조합이 처음부터 승승장구한 것은 아니다. 시작은 삐걱거렸다. 초창기 몇 년 동안은 직원들의 목소리를 경청하지 않고 실수도 많았다. 그중 몇 가지는 치명적이었다. 고객은 사라지고 거래는 중단됐다. 돈이 마르자 월급으로 받은 수표를 현금으로 바꾸지 못하는 직원들까지 생겨났다. 맥미켄은 세탁소 사업을 영원히 접는 데 그야말로 털끝 하나 차이까지 간 적도 있었다고 말했다. 하지만 우리가 마지막으로 만났던 2018년 초에 에버그린 세탁소는 처리능력을 2배로 키웠고 직원 숫자도 2배로 늘어 있었다.

때때로 에버그린은 '개념에 대한 증명'이라는 측면에서 중요한 사례로 거론되곤 한다. 네트워크로 복잡하게 얽혀 있는 세상에서 지극히 평범한 사람들을 위한 좋은 일자리들이 지역사회의 필요와 수요를 통해 창출되고 유지되며, 이로부터 발생하는 이익이 다시 지역사회 발전에 이바지할 수 있다는 개념을 증명한 사례라는 것이다. 오하이오 토박이인 테드 하워드(Ted Howard)는 경험 많은 사회운동가로서 에버그린의 주요 설계자 중 한 사람이었다. 하워드는 메릴랜드대학교에 근거지를 둔 온건 성향의 씽크탱크 데모크라시 콜래버러티브(Democracy Collaborative)의 공동 설립자로서 회장을 맡고 있다. 이곳은 병원, 대학, 박물관, 요양원 등의 '거점 기관(anchor institution)'을 위해 일하는 직원들이 소유하는 협동조합을 만든다는 개념을 처음 구상한 곳이다. 거점 기관이란 특정 지역에 뿌리를 내린 영향력이 큰 시설을 말한다. 기본 아이디어는 이런 기관들과 이들을 위해 일하는 협동조합이 주고받는 관계를 성숙시킴으로써 클리블랜드 같은 지역에서 강력하게 작동했던 순환관계를 복원시키려는 것이었다.

클리블랜드는 한때 미국에서 다섯 번째로 규모가 큰 도시였다. 그 시절에는 지금은 믿기 어려울 정도로 도시에 활기가 넘쳤다. 이 같은 장대함이 남긴 희미한 흔적은 클리블랜드 클리닉(Cleveland Clinic), 케이스웨스턴리저브대학교(Case Western Reserve University), 클리블랜드 병원, 클리블랜드 교향악단, 클리블랜드 예술박물관과 같은 웅장한 기관에서 찾아볼 수 있다. 이와 같은 대형 기관들과 더불어 그보다는 규모가 작은 요양소, 어린이집, 유치원, 초등학교 등의 시설과 유기적으로 연결돼 음식, 에너지, 수송, 유통, 서비스 분야의 엄청난 수요를 일으키고 있다. 수요의 대부분은 지역사회와는 관련이 없는 대기업들의 하도급 거래를 통해 충족된다. 투자자들의 요구에 맞춰 움직이는 대기업들이 지역사회에 수요를 만들어내고 있다는 의미는 이 지역이 투자자들의 눈에 들었다는 뜻이다. 맥락이야 어쨌건 좋은 일이지만, 너무 주주들에게만 초점을 맞추다 보면 직원들을 도외시하게 되고, 그 과정에서 다시금 악순환이 시작된다는 사실을 이제는 깨우치기를 바란다.

데모크라시 콜래버러티브 지도부는 클리블랜드의 가장 유서 깊은 몇 개의 기관 책임자들에게 대중에 대한 의무를 다시 한번 상기해보라고 압박했다.

그들에게 어디에서 누구로부터 제품과 서비스를 확보할 것인지 신중하게 고려하라는 과제를 던진 것이다. 이들의 논점은 이런 것이다. 되도록 집과 가까운 곳에 관심을 더 돌리고 자신들의 기관을 받아들인 지역사회에 투자하는 게 상식적이고 현명한 행동이 아닌가? 이 같은 논점이 잘 반영되고 있는 사례가 있다. 바로 몬드라곤 협동조합 그룹(Mondragon Cooperative Corporation, MCC)이다. 200개가 넘는 직원 소유 협동조합의 연맹체인 MCC는 스페인 북부 바스크 지역에 위치한 숲이 우거진 산악 지대에 몰려 있다.

■ 책임 있는 자본주의와 MCC ■

MCC의 탄생 비화는 다음과 같이 흘러간다. 옛날 옛적 스페인에서 잔혹한 내전이 막 일어나려고 하던 때, 카리스마 넘치는 젊은 사제 호세 마리아 아리스멘디아리에타(José María Arizmendiarrieta) 신부가 대주교의 명을 받아 피레네 산맥 깊숙한 곳, 몰락하고 있던 제조업 마을에 파견됐다. 그곳의 빈곤함에 놀란 아리스멘디아리에타 신부는 지역사회를 소집해 기술학교를 세우기 위한 자금을 모았다. 우여곡절 끝에 학교가 세워지고, 10년도 더 지난 1956년 이 학교 졸업생 5명이 모여 작은 회사를 설립한 뒤 수제 등유 난방기를 만들기 시작했다. 이 회사는 직원 소유의 협동조합이었고 모든 직원들이 투표권을 갖고 있었으며 이익도 동등하게 분배했다. 그 시기 스페인 경제도 전쟁의 충격으로부터 벗어나 어느 정도 회복되고 있었는데, 협동조합이 번창하자 비슷한 모델이 우후죽순 생겨나기 시작하면서 점점 더 많은 사업체가 합류했다. 이 회사들은 모두 아리스멘디아리에타 신부가 설립을 도왔던 은행으로부터 지원을 받았다.

오늘날 MCC는 스페인 최대의 상업적 기업 집단 중 하나로, 자전거 제조사

오비아(Orbea)에서 슈퍼마켓 체인점 에로스키(Eroski)에 이르기까지 거의 모든 분야에서 120개가 넘는 협동조합을 품고 있다. 이 기업들은 약 8만 3,000명에 달하는 노동자들을 직접 고용하고 있는 것으로 알려져 있으며, 여기에 수만 명이 포르투갈, 프랑스, 독일, 브라질, 중국 등의 국가에 산재해 있는 자회사를 통해 추가적으로 고용돼 있다(모든 자회사가 협동조합의 형태를 취하지는 않으며, 모든 자회사의 노동자들이 회사를 소유하고 있지는 않다). MCC는 '네트워크 자원 공유'라는 정책에 따라 움직이고 있는데, 이 정책은 동료 지원 시스템으로서 어떤 협동조합이 어려움에 빠지면 다른 조합들이 즉시 달려들어 융자나 여타 지원책을 통해 위기에서 빠져나올 수 있도록 돕는다. 모든 사업체는 안정성에 초점을 맞춰 세전 이익의 10퍼센트를 중앙자금으로 적립함으로써 새롭게 생성되는 조합에 금융지원을 하고 있다. 2007년부터 2010년까지의 글로벌 금융위기 속에서 스페인의 실업자 수는 370만 명 늘어난 데 반해 MCC는 직원 숫자를 그대로 유지했다.[38] 회원들은 권고사직 사태를 막기 위해 5퍼센트의 임금삭감 조치에 동의했으며 간부들이 먼저 모범을 보였다.

MCC는 수십 년 동안 노동운동과는 다른 진보적인 운동의 성지였다. '책임 있는 자본주의'의 살아있는 증거를 살펴보고자 수많은 사람들이 무리 지어 견학했다. 협동조합들은 전체적으로 연간 약 150억 달러의 수익을 올리고 있으며, 바스크 지역이 가난한 시골 마을에서 상대적으로 부유한 지역으로 변화하는 데 중대한 역할을 했다. 오늘날 MCC는 자체적으로 고등학교, 대학교, 과학기술 연구소와 연구센터를 운영하고 있으며, 스페인에서 가장 큰 은행도 보유하고 있다.

MCC는 철저하게 분권적인 전략으로 운영된다. 회사들은 합동해서 네트워크를 구성하고 변덕스러운 시장 변화에 신속하게 대응한다. 채워지지 않은 틈새시장이 발견되면 노동자들은 무거운 경영 조직이라는 부담 없이 자유롭게 그 시장에 뛰어들 수 있다. 회사들은 상대적으로 적은 숫자의 관리자를 유지하기 때문에 군살이 없으며, 특히 지속 가능한 일자리 창출을 목표로 하고 있다. 이런 성향은 이탈리아의 협동조합도 유사하다. 에밀리아 로마냐 (Emilia Romagna) 지역에서는 전체 GDP의 약 40퍼센트를 협동조합들이 담당하고 있다.[39]

MCC는 투자자의 욕망이 직원들의 요구를 묵살하는 현대의 기업 모델에 경종을 울리는 명백한 사례다. 적지 않은 숫자의 미국인들이 비슷한 목표를 갈망하고 있다. 이들의 갈망이 성취될지의 여부는 상당 부분이 에버그린과 같은 실험이 곧 내보이게 될 결과에 따라 달라질 것이다.

클리블랜드의 에버그린 세탁소에서 8킬로미터 정도 자동차로 이동하면 그린 시티 그로워즈가 나온다. 1만 6,187제곱미터 넓이의 도시형 온실이 과거 재개발 지역이었던 공터에 넓게 펴져 있다. 이곳이 에버그린을 구성하는 3개 협동조합 중에서 가장 최근에 세워진 곳이며, 설립하고 유지하는 데 가장 많은 비용이 투입되는 곳이기도 하다. 이곳에서는 연간 약 300만 묶음의 상추, 13만 6,000킬로그램의 고수와 파슬리 그리고 바질 등의 작물을 생산하고 있는데, 재배하기가 여간 어려운 것이 아니다. 이 거대한 온실은 고도의 기술과 노동집약성 양쪽 모두가 정교하게 조정된 장소로서, 인간과 기계의 이중창이라고도 할 수 있다. 맥미켄은 이미 미국에서 규모가 가장 큰 도시 내 식량 생산 시설이지만 바질 공급 추가 계약이 성사돼 확장이 불가피하다고 말했다.

클리블랜드는 식품을 재배하기에 적당한 지역이 아니라는 평가를 받았지만 어떤 면에서는 완벽한 장소가 될 수도 있다. 이곳에는 수천 채의 비어 있는 건물이 수천 에이커나 되는 공지에 둘러싸여 있다.[40] 연구에 따르면 농업은 모든 빈 공간을 가장 잘 활용할 수 있는 산업이다. 클리블랜드는 지역의 식량 및 농산물 생산 규모가 미국에서 두 번째인 도시다. 수십 개의 민간 상업 농장들과 200개가 넘는 지역사회의 농장들이 식량 공급을 담당한다. 소형 농장의 경우 생산품을 도시에 산재해 있는 생산자 직거래 시장에서 판매하거나 식당 등에 직접 공급하는데, 그것도 상당히 고급 시장이라고 할 수 있다. 그런데 그린 시티 그로워즈는 보다 큰 규모로 경쟁하고 있다. 고객으로는 도시의 거점 기관 중 많은 곳과 몇 개의 대형 슈퍼마켓 체인이 있다. 상대적으로 높은 임금과 복리후생으로 이 협동조합의 공급 가격은 약간 비싼 편이지만, 상품의 품질이 좋아서 손실분이 줄기 때문에 오히려 전반적으로 비용을 감소시키는 효과가 있다고 평가받는다.

그린 시티 그로워즈는 클리블랜드의 빈곤층을 위한 식량배급소 푸드 뱅크(Food Bank)에 수확물의 약 1퍼센트를 기증한다. 따라서 그린 시티의 노동자 겸 소유자들은 더 이상 푸드 뱅크의 수혜자가 아닌 셈이다. 이 협동조합의 창립 인원 25명 중 한 사람인 맥 스콰이어(Mack Squire)는 이 사실에 커다란 자긍심을 갖고 있다. 스콰이어는 상추 씨앗을 정사각형 모양의 틀 속에 하나씩 심는 작업을 하며 그린 시티에서의 생활을 시작했다. 그의 나이는 쉰세 살이며 고등학교에서 경영과 상업을 공부했고, 오하이오기술대학에서 석사에 해당하는 기능 자격증을 취득했다. 그가 이 온실에 오기 전까지 그의 이력과 자격증은 안정적인 일자리를 가져다주지 못했다. 그가 자신의 마지막 직장 이야기를 해줬다. 그 회사는 산업용 압인기를 생산하는 공장이었는데, 중국 회사에게 계약이 넘어가자 그를 해고했다.

"그러나 이곳에서는 누구도 중국과의 경쟁에 신경 쓰지 않죠. 모든 것이 클리블랜드에서 일이 돌아가도록 하고 있으니까요."

클리블랜드의 실험은 수십만 명을 고용하는 것도 모든 사람을 위한 것도 아니다. 그래도 일자리 해결책의 일부가 될 수 있으며, 지역사회에 좋은 일자리를 다시 제공할 수 있는 방법이 될 수 있다. 애틀랜타, 뉴올리언스, 디트로이트, 볼티모어, 코네티컷 주 뉴헤이븐이 모두 이 모델에 관심을 보이고 있다. 로체스터와 뉴욕은 이미 첫 번째 협동조합인 에너지 회사에 투자했으며,

리치몬드와 버지니아도 같은 조치를 취할 계획을 세웠다.

내가 에버그린의 설계자 테드 하워드와 처음 이야기를 나눴던 때 그는 미국 내 소고기의 25퍼센트를 생산·공급하는 텍사스의 아마릴로(Amarillo)에서 연설을 한 뒤 돌아온 길이었다. 채식주의자인 하워드는 그곳에서 식사 메뉴를 살펴보느라 힘든 시간을 보냈는데, 그는 청중과 교감하는 데 또 한 번 힘든 시간을 보내게 될까 봐 걱정이 많았다고 했다. 그는 내게 이렇게 말했다.

"1964년 선거에서 압도적인 표차로 당선된 린든 존슨(Lyndon Johnson) 대통령마저 당시 공화당 후보 배리 모리스 골드워터(Barry Morris Goldwater)에게 패한 유일한 곳이 바로 아마릴로였다는 사실을 상기시켜주더군요."

하워드는 연설에서 병원, 대학, 심지어 육류 포장 회사들과 같은 아마릴로의 거점 기관들이 협동조합으로부터 운송, 청소, 식자재 공급과 같은 일련의 서비스를 제공받는 형태의 미래상을 제시했다. 그가 연설을 마치자 공화당 출신인 시장이 질문이 있다며 손을 들었다. 하워드는 심한 비난을 각오했지만 시장의 말은 그를 놀라게 했다.

"모든 사람들이 파이 한 조각씩 나눠 갖는다는 그 말씀, 내가 보기에 정말로 말이 되는 것 같습니다."

■ 노동자 협동조합과 노동조합의 연대 ■

실제로 '나눠 갖는 것'은 많은 사람들이 이해하고 있는 개념이며 꽤 예전부터 그래왔다. 농부들은 식민지 시절부터 협동조합을 결성해서 자원을 모았고, 시장에서의 힘을 강화시켰으며, 수확이 적은 해에는 서로를 보호하려고 노력했다. 로버트 오언의 뉴하모니 자체는 성공을 거두지 못했지만, 임금 및 작업조건을 두고 벌어진 투쟁에 대한 반발로 제조업 분야에서 수백 개의 직원 소유 협동조합이 생겨나는 데 큰 자극을 주었다. 직원 소유의 협동조합은 초기의 노동조합에서는 핵심적인 요소였다. 1800년대 말까지만 해도 미국 전역에는 500개가 넘는 노동자 협동조합이 활동하고 있었고, 그중 일부는 규모가 상당히 컸다. 노동자 기사단(Knights of Labor)이 정점에 올랐던 1866년에는 70만 명의 회원들이 가입돼 있었는데, 공장 노동자들을 대거 끌어들여 이른바 '협동조합 연방(co-operative common wealth)'을 건설하려고 했다. 이 조직은 '임금 노예제도'를 철폐하고 노동자 민주주의 기반을 둔 대체적인 경제 시스템을 목표로 하고 있었다.

20세기에 대공황이 발발하면서 노동자 협동조합에 대한 대중의 지지도 올라갔다. 수백 개의 노동자 협동조합이 '일자리 창출'이라는 명백한 목표를 갖고 부활하거나 새로 조직됐다. 하지만 제2차 대전 이후의 호황과 노동조합의 부상으로 이런 형태에 대한 열의는 1960년대와 1970년대를 거치면서 식었다. 이 시기가 지나가자 노동자 협동조합이 보다 큰 사회 정의 운동의 한 부분으로 다시 수면에 떠올랐지만, 로널드 레이건 행정부의 신자유주의 정책에 묻혀버리고 말았다.

굴곡이 있던 역사에도 불구하고 노동자 소유제도에 대한 호응도는 부정할 수 없는 수준으로 지속돼왔으며 반대 진영에서도 마찬가지였다. 레이건 대통령은 1987년 연설에서 자신의 생각을 이렇게 내비친 적이 있었다.

"미국과 서방 세계 전체에서 우리가 기대하고 있는 미래의 다음 단계를 향해 점점 강화되고 있는 추세가 있다고 믿습니다. 그것은 다름 아닌 직원들이 회사를 소유하는 제도인데, 노동에 대한 자유의지를 가진 사람들에게 혜택을 줄 수 있는 길입니다."

역사가 보여주는 바와 같이 노동자의 기업 소유제에 대한 열의는 국가의 경제적 부침과 밀접한 상관관계에 있다. 경제가 나쁜 시기에는 이에 대한 관심이 상승한다. 미국 노동자 협동조합 연합회(US Federation of Worker

Cooperatives) 회장 멜리사 후버(Melissa Hoover)는 현재 미국이 그런 '나쁜 시기'에 살고 있다고 여긴다. 미국 전역에는 약 350개의 직원 소유 협동조합이 활동하고 있으며 이에 대한 관심도 급격히 높아지고 있다. 이런 상황은 부분적으로는 몇 곳의 직원 소유 협동조합이 거둔 성공담 덕분이기도 한데, 그중에서 가장 널리 알려진 것이 사우스 브롱크스(South Bronx)에서 활동하는 가정 돌봄 협동조합(Cooperative Home Care Associates, CHCA)일 것이다. 이 협동조합은 규모로 보면 2,200여 명의 직원들이 일하고 있는 큰 곳이다. 직원 중 상당수는 최근에 이민 온 사람들이거나 미혼모들이다. CHCA가 특별한 관심을 받고 있는 이유는 가정 의료와 돌봄 서비스가 미국에서 가장 많은 사람이 일하고 있는 단일 직종을 구성하고 있을 뿐 아니라 가장 빠르게 늘어나고 있는 일자리이기 때문이다. 향후 10년간 40퍼센트 이상 늘 것으로 전망되고 있다. 300만 명 이상의 일자리를 제공하면서도 여전히 확대되고 있는 가정 의료 분야는 엄청나게 큰 산업인 것이다.

연간 3조 4,000억 달러 이상이 건강관리에 소요되고 있으며, 그 가운데 절반 이상이 인건비로 지급되고 있는 상황이므로 그동안 투자자들이 여기에 주목하지 않았을 리 없다. 로리 오를로프(Laurie Orlov)는 '노화 관찰 기술 연구소(Aging in Place Technology Watch)' 설립자이자 수석분석관이다. 이 회사는 나이가 많은 노인들을 대상으로 하는 의료 시장에 초점을 맞추고 있다. 2017년 기준 가정 의료 분야 한 부문에서만 무려 1만 7,000개의 회사가 활동 중이며, 약 2억 달러의 창업자금이 새로운 시도에 투자됐다. 오를로프는 이렇게 설명한다.

"가정 의료 서비스에 대한 수요가 늘어나는 데는 2가지 요인 있습니다. 첫 번째는 65세 이상 인구가 계속해서 늘어나고 있다는 것이고, 두 번째는 돌봄 서비스를 필요로 하는 노인들에 대한 비용이 매우 높기 때문입니다. 가정 의료 서비스 수요는 1946에서 1964년 사이에 태어난 베이비부머들이 80세 이상이 될 때까지 증가할 것입니다. 많은 도시 지역에서는 이미 수요가 공급을 많이 웃도는 상황입니다."

이렇듯 의심의 여지가 없는 수요에도 불구하고 가정 의료 서비스는 고용 수준으로 볼 때 기존 의료 서비스 훨씬 아래에서 멈춰 있다. 이들의 연평균 임금은 2만 1,000달러에 불과하며, 이 또한 정규직의 경우에만 가능한 수준이다. 이런 상황은 고통스러운 질문으로 이어진다. 돌봄 서비스의 급증하는 수요를 감안할 때, 왜 시장은 이들에 대한 보상을 상향 조정하지 않을까? 명백하게도 이 서비스는 하도급으로 진행하기에는 규모가 크고, 매우 다양하고 예측 불가능한 변수가 많기 때문에 로봇에 맡길 수도 없다. 현재 연방 정부의 의료보조제도인 메디케이드(Medicaid)의 승인이 요구되는 몇 개 되지 않는 기준을 제외하고는 300만 명에 달하는 가정 돌봄 서비스 노동자에 대한 법률 규정은 존재하지 않는다.

믿기 어렵겠지만 미국 내 모든 주의 약 절반은 이 같은 전문 인력에게 어떤 종류의 훈련 과정도 요구하지 않고 있다. 훈련 부족, 낮은 지위, 낮은 보수 등을 감안할 때 메디케이드 사기 사건에 대한 유죄 판결의 35퍼센트가 개인 돌봄 서비스의 부재로 인한 것은 놀랄 일이 아니다.[41] 마찬가지로 미국 내에서 돌봄 서비스를 필요로 하는 환자나 노인 3명당 실제 서비스가 가능한 인력이 1명꼴이라는 사실 역시 그리 놀랄 만한 일이 아닐 것이다.

노동조합이 조직돼 있는 CHCA는 이 같은 상황을 타개하고자 만들어진 것이다. 이 협동조합은 회원들을 교육하는 데 연간 200만 달러를 투자하고 있으며, 회원 중 50퍼센트 가까이가 이 회사의 소유권을 갖고 있다(이는 여러 해에 걸쳐 그들이 약 1,000달러의 소득을 지분 소유에 투자했다는 의미다). 이들은 주식 형태로 회사를 소유하고 있으며 이사회에 참가할 기회가 주어진다. 소유권과 주식이 열쇠인데, 꾸준히 수익을 올리고 있는 CHCA에서 평균 소유권 보유 기간은 17년이나 된다. 이것이 의미하는 바는 직원-소유주들이 오랫동안 이 회사에 몸담으면서 경험과 기술을 축적해 이를 자신들이 속한 지역 사회를 위해 활용하고 있다는 것이다.

CHCA의 부상은 마침내 뉴욕이 노동자 협동조합 사업개발 계획(Worker Cooperative Business Development Initiative)을 수립하는 단계로까지 이르게 된 몇 가지 이유 중 하나였다. 이 계획을 통해 뉴욕은 2016년 이래 36개의 새로운 직원 소유 형태의 사업체를 출범시켰다. 미국 노동자 협동조합 연합회 회장 후버는 뉴욕도 협동조합을 도시 지역에 다시 활기를 불어넣는 수단으로 활용하고자 하는 수많은 도시 중 하나일 뿐이라고 말했다.

"미니애나폴리스, 오스틴, 뉴욕, 오클랜드, 보스턴은 이미 직원 소유 방식에 대한 깊은 연구를 끝내고 투자를 진행 중입니다. 이런 도시들에 관심이 가겠죠. 그런데 우리에게는 다른 것도 있습니다. 파트너가 되기는 더 어렵겠지만, 작은 도시들과 시골 마을입니다. 이들은 자기 지역 내 사업체를 유지하거나 부활시키고 싶어 합니다."

협동조합의 소유권 방식은 정치적인 분열을 이어주는 경제 전략이기도 하다. 보수주의자건 진보주의자건 모두 그 이점에 주목하고 있다. 스펙트럼의 한쪽 끝에는 자신들이 '민주적 소유권 제도'라고 부르는 것을 지지하는 입장을 취하고 있으며, 다른 쪽 끝에는 미국이 망가져버린 지역 경제를 되살리기 위해 노력하면서 작은 마을 주민들을 대변한다는 입장이 있다. 그동안 대형 소매점들이 이전하거나 문을 닫았다. 월마트 하나의 회사만 해도 2018년 초 63개의 직판점이 사라졌고, 2016년에는 250개가 문을 닫았다. 이렇게 매장이 폐쇄된 마을은 대부분 식품점이나 약국이 없는 곳이 됐고 일자리도 거의 남아 있지 않게 됐다. 이런 지역사회에는 협동조합이 생명줄인 듯 보인다.

예전에는 협동조합이 현존하는 비즈니스 모델에 대한 새로운 도전이 아니라 사업으로부터의 도피로 '잘못' 이해되는 경우가 있었다. 하지만 후버의 이야기로는 글로벌 경제위기 이후 대중의 생각이 많이 바뀌었다고 한다. 그는 이렇게 설명했다.

"요즘 민주적인 경영에 대해서는 말들이 많이 나오지 않는 대신 경제적 이슈에 압도적으로 많은 관심이 쏠리고 있습니다. 사람들의 주요 관심사는 소수의 사람들이 이익을 모두 가져가버리고 사회 전체를 빚더미 속에 남겨놓는 식의 소득 불평등, 일자리 불안, 저임금, 임시 고용과 같은 문제들입니다. 그래서 직원들의 기업소유제도가 중산층의 소득을 올려주는 일자리들이 사라지고 있는 현 시스템의 실현 가능한 대안으로 떠오른 것입니다."

후버는 전통적인 작은 개인 사업체들에서 직원 소유제와 관련한 강력한 기회를 엿보고 있다고도 말했다. 베이비부머들이 기존 개인 사업체들 중 약 70퍼센트를 소유하고 있는데, 이는 길게 잡아도 향후 20년 이내에 '은빛 쓰나미'가 밀어닥쳐 수조 달러 상당의 자산이 이전된다는 사실을 의미한다. 여기에서 핵심 질문은 "그 자산이 어디로 갈 것인가?"다. 가족 경영 사업체 가운데 15퍼센트 정도는 그 가족에게 남을 것으로 전망되지만, 많은 수가 비공개 기업으로 바뀌거나 투자 회사에 의해 분산될 것이다. 하지만 기업 투자가 언제나 가능한 것은 아니며, 설사 가능하더라도 언제나 기업 소유주의 첫 번째 선택이 되는 것도 아니다. 기업을 협동조합 형태로 전환해 직원들에게 물려주는 것이 직원들에게 봉사하고 고객들을 잃지 않은 채 기업의 유산을 보존하는 방법 중 하나로 고려되는 것이다.[42]

이러는 동안에 협동조합 운동은 더욱 확산되었으며 전혀 예상하지 못한 장소, 이를 테면 노동조합 회관 같은 곳에서도 공동의 목적을 발견할 수 있게 됐다. 협동조합의 소유주들과 옹호자들이 모인 전국 규모의 회합에서 나는 법률가, 게임 개발자, 택시 기사, 광전지 제작자들과 함께 미국에서 가장 규모가 큰 산업 노동조합인 미국철강노동조합(United Steel Workers, USW)을 대표하는 계약협상가 롭 위더렐(Rob Witherell)을 만났다. 위더렐은 솔직하고 부드러운 말씨를 가진 노조원으로, 협동조합을 차기의 큰 과제로 보고 있었다.

그는 이렇게 말했다.

"대부분 기초적인 수준에서 노동조합과 협동조합은 많은 공통점을 가지고 있습니다. 양쪽 모두 노동자들이 보다 나은 삶을 만들기 위해 서로 돕자는 취지로 만들어졌죠. 노동조합은 그동안 공개 투쟁을 위스콘신, 미시건, 인디애나, 오하이오 등지에서 벌여왔지만, 대개는 그 투쟁에서 졌습니다. 우리가 투쟁하는 상대는 잘 조직돼 있고 자금도 풍부합니다. 그렇기 때문에 늘 명분이 견고해야 합니다. '우리는 무엇을 지향해야 하는가' 하는 문제에서 가장 기본적인 개념, 즉 노동자들이 삶을 향상시키기 위해 서로 돕는다는 개념으로 돌아간다면, 뭔가 새로운 것, 예컨대 노동조합과 협동조합의 연맹 같은 것으로 향하는 문이 열릴 수 있다고 생각합니다. 고용주 밑에서 일하고 있는 노동자에게 노조에 가입하면 더 잘될 것이라고 설득하는 대신 우리 스스로 협동조합과 같은 우리의 일자리를 만드는 일에 대해 생각해보는 것도 타당한 시도가 될 것입니다. 그렇게 자꾸 고민하다 보면 지속가능한 일자리 창출도 요원한 일이 아닐 것입니다."

1950년대에 노동조합은 전체 노동력의 35퍼센트 이상을 대표했다. 그리고 수십 년 동안 일터에 노조가 들어온다는 위협은 노조가 없는 일터에서도 작업 조건이나 임금의 격차를 억제하는 방향으로 작용했다. 하지만 현재 민간 부문에서의 노동조합 가입률 6.4퍼센트로는 미국 노동자 대다수가 중산층 생활을 영위할 수 있도록 하는 협상력을 기대할 수 없다.[43] 경제정치 연구센터(Center for Economic and Policy Research) 소속의 경제학자 에일린 애플바움(Eileen Appelbaum)은 공공 정책과 산업 현장의 관습이 노동에 미치는 영향에 초점을 맞춘다.

"노동조합이 상쇄시킬 수 있는 힘과 명분을 갖지 못한다면 남부럽지 않은 삶은 그저 환상일 뿐입니다."

수백만 명의 중산층 미국인에게 이는 더 이상 뉴스거리도 아니다. 2000년대 초반 우리 대부분은 자신의 순수한 가치가 월급봉투에 반영되지 않고 부동산 시장과 금융 시장의 거품으로 나타나는 현실을 목도했다.[44] 이 같은 강력한 재산 효과는 정체돼 있던 임금과 불안정 고용이라는 2가지 심각한 문제를 그저 얼버무리고 넘어가는 결과를 초래했다.[45] 지금까지 우리가 살펴봤듯이 1980년대부터 프리랜서연합과 계약직 그리고 자가 고용 일자리 증가율이 정규직 일자리 증가율을 앞지르고 있다. 안정된 일자리, 좋은 혜택을 제공하고 전도유망한 직업은 줄어들었으며 그 또한 문제의 일부로 편입됐다. 한 노동 인권 변호사는 내게 이렇게 말했다.

"대부분의 사람들은 직장을 잃거나 사회적으로 몰락하는 데 자신들이 얼마나 취약한 상태에 있는지 애처로울 정도로 모르고 있습니다."

■ 보장되지 않는 고용안정 ■

미국의 '마음대로 식' 고용 정책은 별다른 이의가 없으면 자동으로 조건이 결정되는 민간 부문의 고용계약 형태다. 실질적으로 노동자들을 그들의 일터 또는 문제가 되는 그들의 일자리에 아무런 법적 제한 없이 노동의 공급자로 취급한다.[46] 법학자 클라이드 서머스(Clyde Summers)는 이와 관련해 이렇게 언급한 바 있다.

"이 마음대로 식 고용 정책은 고용주에게 전적으로 우세한 힘을 부여함으로써 피고용인들의 직장생활을 지배할 수 있는 신적 권리까지 허락했다."

법률적인 측면에서 이 '신적 권리'는 고용관계의 방식을 로버트 오언과 그의 추종자들이 자세히 묘사한 '인간 임대' 수준까지 악화시켰다.[47]

우리가 스스로를 '인간 임대물'로 취급한다면 일을 통해 삶의 의미를 확보하기란 더욱 어려워진다. 그 이유는 우리가 다름 아닌 인간이고 사회과학자들이 '상호 호혜적 의무(reciprocal obligations)'라고 부르는 것을 포함하는 확실한 전제에 구속되기 때문이다. 고용관계라는 맥락에서 보면 호혜적 의무에는 고용주와 피고용인 사이의 '심리적 계약'까지 포함되는데, 양측 모두 서로 이익을 위해 함께 일한다는 의미를 갖는다.[48] 그런데 마음대로 식 고용은 본질적으로 이런 묵시적 계약을 깨뜨린다. 왜냐하면 고용주는 피고용인을 갖가지 이유를 들어, 또는 아무런 이유도 없이 해고할 수 있기 때문이다. 이는 결코 호혜적이지 않다. 특권을 가진 소수를 불이익을 받는 절대 다수 위에 자리 잡게 하는데 어떻게 호혜적인가? 예컨대 LA에 살고 있는 회계사 한 사람이 사우스캐롤라이나 주 찰스턴(Charleston)에 있는 한 회사로부터 일자리 제안을 받고 이를 수락했다고 해보자. 그는 자신이 하던 일을 그만두고 아내에게도 일을 그만두라고 한 다음 아파트를 처분한 뒤 아이들 전학을 준비하고는 가족 전체를 데리고 대륙을 가로질러 이사한다. 그런데 이때 "유감이지만 채용이 취소됐다"는 내용의 문자메시지를 받는다. 어떻게 해야 할까? 아니할 수 있는 게 있을까? 보스턴의 노동 인권 변호사 조 샌덜리(Joe Sandulli)는 이렇게 말했다.

"그런 상황에서 권리를 보장받을 수 있는 장치가 있을 것 같지만, 사실 그런 건 없습니다. 노동조합의 범위 바깥에는 노동자를 보호할 장치가 거의 없어요."

마음대로 식 고용방식은 고용주에게 노동력을 늘리거나 줄일 수 있는 권한을 제공함으로써 경쟁력 측면에서 이점이 있다. 그래서 결국 고용 장벽을 낮추는 결과로 이어진다. 이 방식을 옹호하는 사람들의 주장인데, 이런 제도 덕분에 미국에서는 다른 나라들에 비해 보다 많은 일자리가 보다 빠르게 만들어진다. 그렇다, 사실이다. 그러나 마음대로 식 고용은 고용주들에게 보다 많은 융통성을 제공하는 반면 피고용인들에게는 보다 좋은 일자리를 협상할 수 있는 능력을 약화시킨다. 특히 그런 일자리가 노동조합의 지원을 받지 못할 때는 문제가 더욱 심각하다.

2015년 하버드대학교 경제학자 리처드 프리먼(Richard Freeman)과 그의 연구 동료들이 《노동조합의 쇠퇴는 어떤 식으로 미국 중산층과 세대 간 이동에 영향을 미쳤는가?(How Does Declining Unionism Affect the American Middle Class and Intergenerational Mobility?)》를 펴냈다. 이 책에서 이들이 내린 결론은 이랬다. 노동조합에 가입한 노동자가 노동조합에 가입하지 않은 노동자보다 높은 임금을 받았을 뿐 아니라, 노동조합에 가입한 노동자의 장성한 아이들이 노동조합에 가입하지 않은 노동자의 장성한 아이들보다 상대적으로 높은 소득을 올렸다. 또한 노동조합이 쇠퇴하는 경우 노조원의 밀도가 높았던 지역사회가 노조원의 밀도가 높지 않은 지역사회보다 상대적으로 높은 소득을 올렸다. 이는 어떤 지역사회에 노동조합이 존재하고 있다는 사실만으로도 직업 전망이 더 밝아진다는 것을 의미한다. 저자들은 이렇게 쓰고 있다.

"강력한 노동 운동은 높은 세대 간 이동성이나 중산층 비율에 따르는 충분조건이 아니라 필수조건일 수 있다. 만약 이 명제가 참이라면 노동조합 또는 이와 유사한 기능을 수행하는 노동자 중심 조직의 재건이 동반되지 않는 경우 세대 간 이동성을 의미 있는 수준으로 증가시키거나 중산층을 새로이 형성하는 노력은 거대한 난관에 봉착하게 될 것이다."[49]

노동조합의 쇠퇴와 마음대로 식 고용관계의 대두는 지식경제의 부흥과 동반해서 나타난 현상이다. 지식경제 안에서는 노동자들이 공동의 목적을 갖고 집단적으로 협상하는 것보다 개인적인 이득에 따라 협상하는 것이 더욱 바람직하다는 기대를 받기 때문이다. 특히 IT 분야에서는 노동조합을 위협으로 간주하는 시각이 강하다. 1970년대 인텔의 공동 창업자 로버트 노이스(Robert Noyce)는 이렇게 말했다.

"노동조합이 없는 상태로 유지되는 것이 회사의 생존에 필수적이며, 이것이 경영의 가장 우선 과제다."

그로부터 20년 후에 스티브 잡스는 노동조합을 '본질적인 문제'라고 비난했으며, 벤처 투자가이자 넷스케이프(Netscape)의 공동창업자 마크 안드리센(Marc Andreessen)은 다음과 같은 의견을 개진했다.

"노동조합이 있어야만 했던 시기와 장소는 있었지만, 이제는 더 이상 없다고 확신합니다."

그럼에도 불구하고 노동조합을 조직하려는 디지털 분야 노동자들의 노력은 간헐적으로 성공을 거두기도 했다. 더욱 결정적인 것은 노동조합에 대한 대중의 지지가 지난 10년 가까이 꾸준하게 올라서 2017년에는 확실히 다수의 미국인들이 지지를 표했다. 그럼에도 불구하고 구성원들이 전세계에 뿔뿔이 흩어져 있어 집단 협상을 진행하는 것 자체가 거의 불가능해졌기 때문에, 여전히 우리가 알고 있는 노동조합이 산업 시대의 전성기로 되돌아갈 수 있을 것 같지는 않다.[50]

역사학자 맥스 프레이저(Max Fraser)의 이야기를 들어보자.

"경제는 20세기에 노동이 조직됐을 때와는 다른 방향으로 움직이고 있습니다. 그 시절에는 1만 명의 노동자들이 한 장소에 모여 있었고, 50만 명의 철강 노동자들이 파업을 하면 나라 전체가 마비될 수밖에 없었습니다. 요즘의 시도, 이를테면 패스트푸드 노동자들이 하루 동안 파업한다든지 온라인으로 저항하는 식은 흥미진진하고 혁신적이긴 하지만 전략적 중심점이 없습니다. 노동사를 연구하는 학자로서 단체 협상 같은 강력한 힘보다 더 효과적인 것은 없습니다. 의심할 여지없이 노동조합은 노동자들이 자기들이 하는 일에 대해 통제권을 얻는 가장 효과적인 방법이었습니다. 그러나 이제 우리는 그런 것들이 더 이상 작동하지 않는 시점에 서 있습니다. 새로운 모델을 찾아야 합니다."[51]

롭 위더렐 자신이 원하고 있는 것이 그런 '새로운 모델'이다. 이는 노동자, 고용주, 소비자를 공동의 목표 안에서 하나로 묶어 모든 구성원들이 혜택을 입을 수 있는 모델이다. 그는 이렇게 설명했다.

"만약 우리가 노동조합과 직원 소유 기업을 보다 넓은 노동운동의 일부로 생각한다면, 그런 운동을 만들어내고 변화를 만들어내는 데 성공할 확률을 크게 높일 수 있습니다."

직원 소유의 기업이 갖게 될 가장 매력적인 측면은 기업이 상대적으로 공평한 이익 배분과 소득을 보장하고 최고 소득과 최소 소득의 격차를 줄여준다는 점이다.[52] 또한 협동조합은 광범위한 경제의 변덕스러운 수요에 반응할 수 있는 고도의 탄력성을 제공할 가능성도 갖고 있다. 일례로 에너지에 대해서 생각해보자. 석탄, 천연가스, 석유와 같은 화석연료는 자본이 소수에게 집중돼 있고 노동자는 거의 힘이 없는 거대하고 수직적인 조직에 크게 의존하고 있다. 그런데 2013년부터 시작한 풍력, 태양력 등의 재생 가능 에너지는 미국의 에너지 생산량을 약 70퍼센트 늘려줄 것으로 예측되며, 이는 화석연료의 생산 증가율을 훨씬 뛰어넘는 수치다.[53] 많은 주에서 거대 투자자 소유의 시설들이 법적인 독점 상태로 운영되는데, 이런 기업들이 주거지 지붕에 설치한 태양전지들이 '지역사회 태양열'이나 '공유하는 태양열' 네트워크를 통해 독점 체제를 위협한다고 주장한다면, 에너지 공급선이 재생 에너지로 전환되기가 어려울 것으로 보인다. 그렇기 때문에 일부 사람들은 에너지의 미래는 투자자의 욕구에 봉사하는 거대 기업에게 달려 있는 게 아니라 노동자이자 소유주이면서 동시에 고객이기도 한 사람들의 필요에 반응할 수 있는 민첩한 협동조합들 네트워크에 달려 있다고 주장하는 것이다.

이것만큼 유망하지만 더욱 예상하기 힘들었을 것이 '온라인 플랫폼 협동조합'이다. 노동자들이 자신들의 노동 행위를 중간에 낀 누군가의 간섭과 추가 비용 없이 직접 교환하도록 고안된 체제다.[54] 온라인 플랫폼 협동조합은 업워크(Upwork) 및 현재 가장 인기 있는 온라인 노동력 장터인 아마존의 엠터크(MTurk)처럼 오래된 온라인 노동 중개업을 대체할 수 있는 새로운 대안으로 떠올랐다. 엠터크는 고용주(또는 고용 의뢰인)가 아마존이 '인간 지능 업무(Human Intelligence Tasks)'라고 부르는 조사서에 응답 적기, 사진에 태그 걸기, 팟캐스트 복사하기, 엑셀 스프레드시트에 데이터 입력하기와 같은 사소한 업무를 대행해줄 사람을 찾기 위해 이용하는 온라인 플랫폼이다. 일반적으로 그런 업무들은 몇 분 내에 완료할 수 있도록 작은 조각들로 분할된다. 예를 들어 의뢰된 일이 영어로 쓴 메모 한 장을 프랑스어로 번역하는 일이라고 하면, 아마존은 이 작업 전체를 입찰하는 게 아니라 메모를 문장 단위로 쪼갠 뒤 수백 명의 작업 대기자인 '터커들(turkers)'에게 나눠주면서 경쟁 입찰을 한다. 이때 터커들은 가능한 한 많은 문장을 작업하기 위해 문장 당 1~2센트로 가격을 후려치게 된다. 아마존은 전세계에 50만 명의 터커들이 활동하고 있다고 주장하는데, 그들 중 대다수는 미국과 인도에 있다. 미국의 경우 터커들은 시간당 1.5~3.5달러를 받는 것으로 추산된다. 아마존은 이 과정을 연결해주면서 수수료를 챙기고 있다. 만약 의뢰인이 작업자들이 한 일의 결과가 마음에 들지 않으면 지급을 거절할 수 있는데, 이렇게 되면 일을 한 사람은 한 푼도 받지 못한다.

엠터크는 대단히 인기가 높다. 데이터의 진실성을 입증하고 필요에 따라 삭제하기 위해서 또는 언어 식별과 자기학습 응용 프로그램에 대한 AI 알고리듬을 훈련시키기 위해서도 자주 활용된다. 하지만 수요가 커지고 있는 데 반해 서비스에 대한 만족도는 제자리걸음을 하고 있다. 의뢰자들은 터커들의 일처리가 형편없다고 불평하고, 터커들은 아마존을 향해 집단적으로 바가지를 씌운다고 비난한다. 터커들은 아마존이 이 필사적인 디지털 노동자들을 먹이 삼아 발생하는 이익을 손쉽게 챙기고 있다고 분노하는 것이다. 영화제작자 알렉스 리베라(Alex Rivera)는 흥행에 성공한 컬트영화 〈슬립 딜러(Sleep Dealer)〉에 이 장면을 넣었다. '일하는 사람이 없는 모든 일'을 묘사한 장면이다. 아마존 웹사이트는 이런 비난을 확인해줄 뿐이다. 이 회사는 "전세계 엠터크 노동자들의 기술을 총동원함으로써 획기적으로 비용을 낮추고 있다"고 자랑하고 있다.

MIT의 수학자이자 철학자인 노버트 위너(Norbert Wiener)는 자본주의 체제에서 새로운 기술과 관련된 일자리가 노동력을 더욱 극심하게 착취할 것이라고 경고한 바 있다. '크라우드 소싱(crowd sourcing)' 작업 장터는 분명히 이런 문제를 안고 있다. 많은 노동계 대변자들과 학자들은 엠터크와 같은 플랫폼은 머지않아 붕괴되고 다른 대안이 만들어질 것으로 믿고 있으며, 실제로 몇 개의 대안이 고안되기도 했다. 보다 야심찬 플랫폼은 '대모(Daemo)'인데, 노동자—협동조합 플랫폼으로서 스탠퍼드대학교의 크라우드 리서치 공동체(Crowd Research Collective)가 개발하고 있으며, '자기관리형 크라우드 소싱 마켓(self-governed crowd sourcing marketplace)'으로 묘사되고 있다. 이곳 의뢰인들은 최소한 시간당 10달러의 비용을 부담해야 하며, 이는 엠터크보다 훨씬 높은 수준이다. 이 사이트는 착취적인 의뢰인들과 적절하지 않은 작업자들을 걸러내고 차단하도록 설정돼 있다. 이 글을 쓰고 있는 시점에 대모는 여전히 테스트 중이어서 제대로 정착할 수 있을지의 여부는 판단하기에 이르다. 그렇지만 이와는 별개로 몇 개의 노동자 소유 플랫폼이 미국과 유럽에 선을 보인 상태다.

캘리포니아에 본사를 둔 로코노믹스(Loconomics)는 고객과 프리랜서를 이어주는 이동통신 작업 플랫폼인데, 이들의 작업은 수학 강의, 회계, 세금 정산에서부터 웨딩 촬영, 애완견 산책에 이르기까지 다양하다. 로코노믹스의 회원들은 실리콘밸리의 영주들에게 수수료를 납부하는 대신 자신들이 벌어들인 수수료와 잔돈을 모아 매달 제공되는 이 회사의 소유권을 산다. 이를 통해 투표권, 배당 주식, 이사회 참석 기회를 얻게 된다. 수수료가 지급되지 않기 때문에 수익은 언제나 가상의 지역사회에 머물게 된다. 이와 비슷한 플랫폼인 페어몬도(Fairmondo)는 이베이의 디지털 협동조합 버전으로서 판매인

이 언제나 소유주가 된다. 2013년 독일에서 시작된 이 플랫폼은 여러 번의 크라우드 펀딩을 받았는데, 이 펀딩에 수십만 유로의 회원주가 모집됐다(모금에 참여한 사람들 역시 회원이다). 페어몬도는 회원들에게 직접적으로 일할 기회를 제공하는 게 아니라 상업이든 수공업이든 다른 회원들이 필요로 하는 작업을 할 수 있도록 해준다. 상대적으로 새롭게 만들어진 플랫폼이지만 이미 200만 개 이상의 '윤리적으로 수집된' 제품들이 판매됐다.

■ 종업원 소유 기업의 전망 ■

직원 소유제에 대해서는 권력을 가진 사람들은 별로 신경을 쓰지 않았지만, 최근 들어서는 상당한 힘을 가진 인사들이 그 가능성에 대해 공개적으로 인정하고 있다. 그런 인물 중 한 사람이 하버드대학교 총장을 거쳐 재무부 장관을 역임한 경제학자 래리 서머스(Larry Summers)다. 그는 2015년 발간된 '포괄적 부(inclusive prosperity)'에 관한 연구 보고서에서 직원의 기업 소유제를 옹호했다. 그는 이렇게 결론 내렸다.

"임금 및 생산성 상승 격차가 점점 더 벌어지고 있기 때문에 사업체가 거두고 있는 순이익에서 더 많은 부분이 경영자들과 주주들에게 흘러들어가고 있다. 임금 상승을 도울 수 있는 수단과 함께 이익으로 남은 소득이 좀 더 광범위하게 분배될 수 있는 포괄적 부를 용인하는 구조적 변화를 이끌어낼 필요가 있다."[55]

2017년 3월에는 공화당 소속의 팻 투미(Pat Toomey) 상원의원과 민주당 소속의 마크 워너(Mark Warner) 상원의원이 공동 발의한 '직원 소유권 장려법안(Encouraging Employee Ownership Act)'이 상원 금융위에서 압도적인 지지를 받아 통과됐다. 이 법안은 민간 회사들이 종업들에 대한 보상책으로 주식을 공여하는 것을 보다 용이하게 처리하기 위한 것이었다. 마크 워너 의원은 이 법안을 설명하는 보도자료를 통해 다음과 같이 밝혔다.

"직원들의 기업 소유제가 성장하고 있는 사업에 널리 확산된다면 직장 문화와 생산성 그리고 부의 창출 측면에서 큰 효과가 있을 것이다. 기업의 직원 소유권 장려법안은 빠르게 성장하는 기업들과 새로이 출발하는 스타트업 기업들에 대해 개인 소유 사업체가 해야 하는 서류 작업의 부담을 줄여줌으로써 더 용이하게 기업의 소유권을 분배할 수 있도록 하고 있다. 이는 주식 배분이 특권적인 경영진을 넘어 훨씬 더 넓은 대상에게 허용되도록 하는 목적을 담고 있다."

럿거스대학교(Rutgers University) 노사관계대학원 조지프 블라시(Joseph Blasi) 교수는 법인 지배구조 분야 전문가다. 그는 진정한 노동자 소유의 협동조합은 상대적으로 희귀하지만 노동자 소유의 기업은 그렇지 않다는 사실을 상기시켜줬다. 그는 내게 이렇게 말했다.

"지금 협동조합이 아주 특별한 순간을 맞이하고 있다고 믿어 의심치 않지만, 협동조합을 실제보다 더욱 대단하게 보이도록 하는 속임수는 피해야 합니다."

그는 보다 현실적인 접근 방법을 종업원 지주제(Employee Stock Ownership Plans, ESOP)라고 불렀는데, 이는 직원이 고용주가 보유한 주식의 전부 또는 일부를 매입할 수 있도록 허용하는 세금우대 정책 형태의 퇴직 계획이다. 이 제도에 참여하고자 하는 직원들은 저축이나 급여로 주식을 사는 게 아니라, 신용기관이 필요한 자금을 대출해주고 회사의 경영을 통해서 갚아나가도록 함으로써 해당 직원이 직접적인 위험을 감수하지 않도록 하는 제도다.

샌프란시스코에서 활동하는 법률가이자 투자은행을 운영했던 루이스 켈소(Louis Kelso)는 1956년 첫 번째 종업원 지주 회사를 만든 사람으로 이름을 남겼다. 그는 은퇴하는 신문사 체인의 경영주로부터 직원들이 그 신문사를 매입할 수 있도록 주선했다. 이 매입을 성사시키기 위해 그는 회사의 자산 가치에 해당하는 액수의 차입금을 확보해 회사의 미래 수익으로 차입금을 갚아나가기로 했다. 이 방식을 통해 직원들은 위험을 감수하지 않으면서 이 거래를 성사시켰던 것이다.

본래 회사 소속 변호사였던 켈소는 부끄러운 줄 모르고 기업을 편들던 사람이었다. 하지만 그는 그 당시(오늘날까지도) 많은 경제학자들이 간과하고 있던 핵심 문제에 주목했다. 현대의 자유시장경제에서는 기술적인 변화가 기구, 기계, 조직구조, 작업 과정 등을 더욱 가치 있게 만드는 것만큼 개인에 대해서는 가치 있게 만들지 못한다는 점이었다. 노동자의 생산성은 기계에 의해 향상되지만, 그 기계를 소유하지 않는 한 실제로 향상된 생산성을 소유할 수 없으며, 기계의 소유자인 고용주가 갖게 된다. 그 결과 자유시장경제를 통해 분배되는 소득은 기계를 직접 소유한 사람과 자본(주식, 채권, 부동산 등)의 형태로 소유하는 데 일조한 사람들에게 더 많이 분배되며, 오직 자신들의 노동만을 통해 공헌한 사람들에게는 더 적게 분배된다.

켈소는 이 사실이 자신이 대공황 시절의 젊은이로서 경험한 재정파탄과 같이 시장경제 체제가 극단적인 정점에서 곧바로 무시무시한 바닥으로 떨어지는 불안정성의 원인이라고 주장했다. 그의 주장은 몇 명 되지 않는 사람들에게 자본이 집중되면, 소비 시장의 수요와 일자리 성장이 저하되고, 따라서 임금노동에 의존하는 많은 사람들이 빈곤의 나락으로 떨어진다는 것이었다. 여기서 그가 제시한 해결책은 노동자들에게 소유권을 주는 것이다. 이는 노동을 통해서만 부를 축적하는 것이 아니라 그들이 소유한 것들을 통해서도 부를 얻을 수 있도록 하는 원리다. 달리 말하면 보통의 노동자들이 갖고 있는 생산성으로 벌던 것보다 약간 더 혜택을 주자는 것이다. 1989년 켈소는 이렇게 썼다.

"인간이라는 관점에서 종업원 지주제(ESOP)는 노동자 직원들을 서서히 자본가 직원으로 바꾸는 금융적인 도구가 될 수 있다."[56]

현재 미국에는 1만 개에 육박하는 종업원 지주 기업과 이에 준하는 기업들이 있으며 약 1,500만 명이 참여하고 있다. 이는 미국 전체 노동력의 10퍼센트에 해당한다. 이런 회사 중 40퍼센트는 전적으로 직원들이 소유하고 있고 절반 정도는 직원들이 과반수를 소유하고 있다. 종업원 지주 기업 직원들은 평균적으로 더 높은 보수를 받고 있으며, 종업원 지주제를 시행하지 않은 동종 기업들과 비교할 때 2배 이상의 퇴직자금을 확보하고 있다. 경제학자 피던 애나 커덜러스(Fidan Ana Kurtulus)와 더글러스 크루스(Douglas Kruse)는 〈종업원 지주 기업들은 어떻게 지난 두 번의 불황을 헤쳐 나왔는가?(How Did Employee Ownership Firms Weather the Last Two Recessions?)〉라는 제목의 보고서를 통해 전체 주식의 12퍼센트 이하를 직원들이 소유한 낮은 수준의 종업원 지주제 기업들마저 더 높은 생산성과 낮은 이직률을 보여줬다는 사실을 밝혀냈다. 또한 분석 자료를 통해 종업원 지주제도가 직업 안정성을 크게 향상시킨다는 사실도 입증했는데, 전국 실업률이 1퍼센트 올라갈 때 종업원 지주제를 실행하지 않고 있던 기업들은 일자리를 평균 3퍼센트 줄였던 반면, 직원들이 주식을 소유하고 있는 기업들은 1.7퍼센트 축소하는 데 그쳤다. 그리고 모든 직원이 종업원 지주제에 참여하고 있는 기업의 경우 단 0.7퍼센트의 일자리만 축소됐다. 이와 관련한 가장 대표적인 사례가 플로리다에 위치한 퍼블릭스 슈퍼마켓(Publix Super Markets)이다. 19만 명의 직원들이 이 회사를 소유하고 있는 세계에서 가장 규모가 큰 종업원 지주 기업인데, 이 회사는 여태껏 권고사직을 시행한 적이 한 번도 없다.

세계적으로 종업원 지주제를 긍정적으로만 보고 있는 것은 아니다. 직원들이 자신이 다니고 있는 회사에 투자하도록 유도함으로써(퇴직연금을 회사에 계속 맡겨놓고 주식으로 환산해 배당받는 퇴직 프로그램 '401K'도 마찬가지) 이중으로 취약함에 노출되는 경우도 있는데, 만약 회사가 무너지게 되면 직원들은 일자리뿐 아니라 은퇴자금까지도 모두 잃게 되는 상황을 우려하는 사람들도 있다.[57] 이는 공연한 우려가 아니다. 미국 유나이티드항공(United Airlines)의 모회사 UAL이 2001~2002년 도산했을 때 이 회사의 주식 지분을 갖고 있던 직원들의 추가 손실액은 약 20억 달러에 달했다. 이 사태로 종업원 지주제도는 '레몬 사회주의(한국 경제에서 종종 언급되는 '대마불사'와 유사하게 국가가 공적 자금을 중요 기업을 살린다는 명분으로 비효율적인 사업 부문에 투자하도록 고의적으로 유도하는 행위_옮긴이)'라는 비난을 들었는데, 직원들을 마치 그 회사의 소유자들인 것처럼 속여서 경영진의 잘못으로 발생한 결과까지 책임지게 했다는 비난이었다. 그러나 유나이티드항공은 실제로는 전형적인 종업원 지주회사가 아니었다. 대다수의 직원들이 회사 주식을 보유하지 않았기 때문이다.[58] 또 다른 한 가지 이유는 주식이 직원들에게 자유롭게 양도된 게 아니라 어마어마하게 밀린 임금과 각종 복리혜택을 보상하기 위해서 지급됐기 때문이다. 이런 형태는 종업원 지주제도의 옹호자들이 유감스럽게 생각하는 부분이다. 조지프 블라시는 이렇게 설명했다.

"종업원 지주제도가 잘 조직된다면 위험은 최소화되고 이익은 늘어날 것입니다. 심지어는 미국 건국의 아버지들도 이 사실을 알고 있었고 그런 정책들을 옹호했습니다. 그들은 신생국 미국의 모든 가정이 토지를 소유해야 한다는 데 모두 동의했습니다. 그것이 바로 넓은 의미의 생산자 소유권이며 민주주의의 핵심적 요소였습니다. 모든 시민이 일자리를 갖고 있는 것보다 더 훌륭한 민주주의는 없습니다."

목축업자였던 토머스 제퍼슨은 농업을 이상적인 것으로 봤지만 제조업은 타락의 온상으로 생각했는데, 이런 기업들이 노동자들을 파트너나 제3자로 취급한 것이 아니라 최하위 수단으로 취급했기 때문이다. 제퍼슨은 이런 글을 남겼다.

"우리에게 경작할 땅이 있다면 우리 노동자들은 공장 작업대 앞에 서 있게 하지 않을 것이다. 우리의 공장들은 그대로 유럽에 남아 있도록 할 것이다."

미국의 초대 재무장관 알렉산더 해밀턴(Alexander Hamilton)은 제퍼슨의 견해를 엘리트주의이자 반동주의라고 비난했다. 물론 그의 비난에는 일리가 있다. 제퍼슨이 이상적인 것으로 생각한 농장은 대부분 곡물 농장을 의미했고, 그가 자랑스러워했던 노동자들은 대부분 노예들이었기 때문이다.[59] 제퍼슨이 제시한 고결한 노동자들이 주도하는 농업 경제에 대한 미래상과는 대조적으로, 해밀턴은 자신과 같은 처지인 이민자들까지 포용할 수 있는 활기차고 혁신적인 제조업 부문에서 미래를 봤던 것이다.

해밀턴과 제퍼슨은 비록 악명 높은 라이벌 관계였지만, 그들이 의견을 일치하는 부분도 있었다. 예를 들어 영국 전함들이 독립전쟁 중에 뉴잉글랜드의 어업을 붕괴시키자 해밀턴과 제퍼슨은 어업 회복을 지원하기 위한 정책을 만들어 선주들이 선원들과 이익이나 소유권을 나누는 조건으로 세금을 면제해주기로 합의했다.[60] 1792년 법제화된 이 노동자 기업 소유제는 남북전쟁 이후까지 그대로 적용됐다. 따라서 노동자들의 기업 소유제도에 대한 전망은 오늘날 많은 유권자들에게 영향을 주는 것만큼이나 당시 두 사람의 사고방식과 그들이 추구하는 이상에 영향을 미쳤던 것이다. 최근 들어 이런 방식에 대한 지지가 다시 고조되고 있는데, 2015년 이후 콜로라도, 캘리포니아, 미주리, 뉴욕, 매사추세츠 주 모두에서 기업이 종업원 지주제나 협동조합 체제로 전환하는 것에 대해 장벽을 낮추는 법안들을 통과시켰다. 이와 유사한 노력들은 넓은 의미에서의 노동자의 기업 소유제가 더 많은 수의 사람들에게 부를 분배하고, 소비를 자극하며, 일할 가치가 있는 더 많은 일자리를 창출하고 유지하는 데 필요하다는 인식이 확산되고 있음을 반영한다.[61]

다시 클리블랜드로 돌아온 나는 대체 에너지 협동조합 에버그린 에너지 솔루션스의 사무관리자 로레타 베이(Loretta Bey)를 만났다. 그는 여러 직장을 전전하면서 고통받았지만, 이번 일자리만은 다르다고 말했다.

"지금 같은 경제 상황에서 매일 아침 출근할 수 있다는 것은 큰 축복입니다. 개인 한 사람보다 무엇의 일부가 된다는 것도 축복이고요. 우리는 가깝게 맺어진 가족 같아요. 모두가 존경심을 갖고 다른 사람들의 이야기를 경청합니다."

창문도 없는 베이의 작은 사무실은 그가 자랑스러워하는 가족사진과 손자들이 만든 것들로 보이는 장난감들로 어지럽혀 있었다. 그는 자신의 가족과 함께 침실이 5개 딸려 있는 200제곱미터의 넓은 집으로 이사했는데, 회사의 내 집 마련 지원제도인 에버그린 하우징 프로그램(Evergreen Housing Program)의 도움으로 그 집을 살 수 있었다고 말했다. 그는 자신의 집을 더 집다운 곳으로 만들기 위해 인테리어 비용을 마련하고자 열심히 일하고 있다. 하지만 현재 있는 그대로만 해도 그가 상상했던 것 이상이었다. 사실 그 집은 그가 처음으로 소유한 자기 집이다.

"내가 에버그린에 오기 전에는 내가 가진 돈과 시간 그리고 노력을 다른 사람들의 사업에 투자했습니다. 하지만 이제는 내게 의지하고 있는 사람들과 팀을 이뤄 일하고, 우리의 사업에 투자하고 있죠. 내가 여기에서 영원히 머물 수 있다고 생각하지는 않지만, 이 경험이 모든 것을 바꿨고, 그런 확신과 내 자신에 대한 믿음은 점점 확고해지고 있습니다."

제13장

누구나 생산자가 되는 메이커 운동

한 번 만들었던 것을 다시 만드는 것은 멋진 일이다.[62]

_앤드류 킴벌(Andrew Kimball)

■몰락한 조선소를 살려낸 뉴욕■

뉴욕의 브루클린은 한때는 제조업의 거인이었다. 유리, 선철, 종이, 밧줄, 접착제 등의 제조 공장과 정유 공장, 주류 증류소가 있었다. 1900년대 초 브루클린의 아메리칸 설탕 정제 회사는 당시 세계에서 가장 규모가 큰 곳으로 매일 1,200톤을 정제했는데, 이는 미국 전체 하루 소비량의 절반이 넘는 양이었다. 또한 브루클린에는 샹들리에 피아노 회사, 그랜드유니언 자동차 회사, 주문형 벽지 제조사인 로버트 그레이브스(Robert Graves)도 있었다.

그러나 이런 브루클린에서도 당시 최고의 명물은 해군 병참(Navy Yard)이었다. 브루클린의 해군 병참은 그 당시에는 세계 최대 규모의 조선소였고, 이곳에서 만들어진 선박들은 미국 역사의 한 획을 그었다. 미국 최초의 대양 항해용 증기선 풀턴(Fulton)이 만들어진 곳이 바로 이곳이었으며, 1898년 하바나 항구에서 폭발해 미국–스페인 전쟁의 발발 원인이 됐던 해군 전함 메인 (Maine) 역시 이곳에서 건조됐다. 또한 제2차 대전 때 일본 제국군의 진주만 공습으로 침몰한 해군 전함 애리조나 역시 이곳에서 만들어졌으며, 갑판에서 1945년 일본의 항복을 받아낸 미주리 역시 이곳에서 건조됐다.[63]

탑이 솟아 있는 출입문 뒤에 숨어 있는 이곳은 그 자체로 하나의 도시를 이뤘다. 드라이 독, 부두, 창고, 각종 장비가 설비된 작업장, 진료 단지와 같은 갖가지 시설들이 빽빽하게 들어서 있었다. 거주 지역의 도로들은 웅장한 망사르(mansard) 지붕을 갖춘 장교 숙소와 나란히 나 있었고, 양 옆에는 사병 막사가 줄을 지어 세워져 있었다. 민간인들은 이웃 마을에서 걸어오거나 장갑차로 이곳에 들어왔다. 이 해군 병참은 20세기 중반의 전성기 때 약 7만 명 이상을 고용하고 있었다. 뿌옇게 바랜 옛날 사진을 보면, 이곳 노동자들이 마치 영화배우라도 된 듯이 다른 사람의 어깨에 팔을 늘어뜨린 채 멋진 포즈를 취하고 있다.

푸에르토리코의 산후안(San Juan)에서 은퇴한 브루클린 토박이 딕 라레귀 (Dick Larregui)는 그 시절을 마치 어제인 것처럼 기억하며 이렇게 기록했다.[64]

나는 1948년 6월 열여덟 살 때 51번 전기 공장에서 행정요원 자격으로 처음 일을 시작했다. 한국전쟁이 발발하면서 징병됐으며, 1953년 병역을 마치고 나서는 다시 이곳 해군 병참에 복귀했다. 내 선임자는 조 레비(Joe Levy)였는데 애석하게도 일찍 세상을 떠났다. 12년 동안이나 내가 앞으로 나아갈 수 있도록 이끌어준 그에게 무한한 감사를 보낸다. 그때 내가 이룩한 사회적 성취 중 하나는 전기공들과 어울려 팀을 만들어 소프트볼 리그에 참가했던 일이었다. 이 리그는 주로 병참 내 다른 공장의 팀들과 경기를 하는데, 51번 공장은 매년 리그에서 승률이 가장 높은 팀으로 성장했다. 51번 공장 선수들은 (여기에 사진이 있는데) 잭슨, 라레귀, 니콜레티, 볼딩거, 스카폰, 피멘타, 플라나건, 프로토, 기튼스, 베이

컨, 윌리엄스, 카를루치, 카펜도나(주장), 다베르나도, 울리아노, 모티, 하비, 론 토스다.

라레귀는 자신이 수행한 업무에 관해서는 거의 언급하지 않았다. 하지만 그의 추억(동료들의 이름을 모두 기억하고 있다니!)으로부터 그가 일을 대하는 태도를 유추해볼 수 있는데, 우리가 앞에서 만난 소방관들의 동료애와 비슷했을 것 같다. 그 당시 이곳에서 일했던 또 다른 노동자 루베나 로스(Rubena Ross)는 자신의 병참 조선소 생활에 대해 라레귀와는 다르게 기억한다. 로스는 1939년부터 1946년까지 이곳에서 각종 선박용 기(flag)를 만들었던 수백 명의 여성 중 한 사람이었다. 주로 미국 국기를 만들고 다른 신호용 깃발도 수작업으로 만들었다. 그녀에게는 당시의 별명 '베치(Betsy)'가 꽤나 잘 어울렸던 것 같다(베치 로스, 멋진 이름이다).

그런데 알고 보니 깃발 만들던 여성들은 모두 '베치'라고 불렸다. 해군은 엄청난 양의 깃발을 사용했다. 호위 임무를 맡는 배는 단 하나의 임무를 위해서도 모든 신호기를 빠짐없이 챙겨가야 했다. 또한 항해하는 동안 깃발은 작전 중에는 하루 24시간 1주일 내내 높이 걸려 있어야 했다. 그곳에서 전문 재봉사로 일했던 로스는 실력이 뛰어났다. 전쟁이 끝날 무렵 그녀는 그동안 저축한 돈으로 프로스펙트 하이츠(Prospect Heights)에 위치한 고급 벽돌집 두 채를 구입했다. 수십 년 뒤 그중 한 곳은 PBS 방송국 프로그램 〈디스 올드 하우스 (This Old House)〉 시리즈에 나온 적이 있다.[65]

루베나 로스는 전쟁이 끝난 직후 병참 조선소를 떠났으며, 딕 라레귀 역시 1950년대 후반 이곳을 떠나 IBM 임원으로 새로운 경력을 쌓기 시작했다. 그 시기에 상업적 부문에서의 해상능력이 국가적으로 급격히 약화되면서 선박의 신규 건조 사업과 수리 사업에 대한 수요도 동반 하락했다.[66] 이런 상황을 고려해 컬럼비아대학교 경제학자 세이모어 멜먼(Seymour Melmen)은 해군 병참을 실행 가능한 민간 회사로 전환하는 구체적인 계획을 제안했다. 분명히 사려 깊고 상세한 계획이었는데도 불구하고 결국 폐기됐고 해군 병참은 서서히 기울어갔다.[67] 1966년 해군은 마침내 공장을 직권 해제했으며 몇 년 후에는 뉴욕에 2,400만 달러의 가격으로 매각했다. 그 이후에 1981년 비영리 기업인 브루클린 해군 병참 법인(Brooklyn Navy Yard Development Corporation)이 인수했다. 이 시기까지만 하더라도 이곳은 견인된 불법주차 차량 보관소나 유기견 보호시설이 있을 뿐이었다. 이곳에서 일하는 직원들도 100명이 채 되지 않았다. 회의적인 사람들은 이곳의 부활이 원래 브루클린 다저스(Brooklyn Dodgers)로 출발했던 미국 프로야구 팀 LA 다저스가 다시 수십 년 전의 홈구장이었던 이벳 필드(Ebbets Field)로 돌아오는 것만큼이나 어려울 거라고 말했다.

회의론자들의 주장이 절반 정도는 옳다. 오늘날 이벳 필드는 아파트 단지로 뒤덮여 있으며 군데군데 야구를 금지하는 팻말도 있다. 그렇지만 회의론자들도 병참 조선소에 대해서는 그들이 전적으로 틀렸다는 사실을 알고 있는데, 이곳은 그동안의 모든 역경에도 불구하고 현재 미국 제조업의 성지가 돼 있다. 브루클린 윌리엄스버그(Williamsburg)와 맨해튼 다리 사이에 자리 잡고 있는 이스트(East) 강 주변 수백 에이커 넓이의 대지 위에 펼쳐져 있는 이 병참 부지는 현재 수백 개 사업체의 요람이 되고 있다. 이곳에서는 브루클린에서 활동하는 예술가, 공예가, 디자이너들과 함께 일하고 있는 소규모 제조업체들에게 우선권을 주고 있다. 입주를 신청한 회사들은 지역 경제를 위한 실행 가능하고 장기적인 미래 계획을 제시해야 한다. 내가 방문한 2017년에는 입주해 있던 400여 개의 회사들 중 90퍼센트 가까이가 뉴욕 시내에 있는 그들의 고객들에게 제품을 판매하고 있었으며, 거래 금액으로 볼 때 도시 전체 매출액의 70퍼센트 이상을 차지하고 있었다. 그곳 부지 내에 위치한 고용 사무실에서는 지역사회 사람들을 모집하고 훈련시켜서 가능한 한 많은 일자리에 채워 넣고 있었다. 데이비드 에렌버그(David Ehrenberg)는 이 부지의 부활을 감독하고 있는 브루클린 해군 병참 법인의 최고경영자다. 그는 이렇게 말했다.

"일자리 창출이 우리가 해야 할 핵심 임무입니다. 나는 다시 최고의 시절이 바로 눈앞에 펼쳐져 있다고 생각합니다. 앞으로 5년 내에 1만 5,000개의 일자리가 생길 것으로 기대하고 있습니다. 모두가 먹고살 만한 양질의 일자리가 말이죠. 이곳의 노동자들과 지역사회가 바로 우리가 이곳에 있는 이유입니다."

노동자들 대부분은 뭔가를 만드는데, 영화 세트장, 컴퓨터를 활용하는 디자인, 소프트웨어, 보석류, 운동 기구, 로봇에서 멕시코식 옥수수빵 토르티야(tortilla), 램프, 비닐봉지, 잔디 물뿌리개, 음식 포장재에 이르기까지 품목도 다양하다. 또한 이곳에 입주한 기업 중에는 뇌 치료용 의료장치 브레인 임플란트(brain implant), 보트, 주방용 조리대, 자전거 주차장치를 만드는 곳도 있다. 그들은 이런 다양한 사업을 하면서 전부는 아니더라도 꽤 많은 수가 기대하지 않았던 제휴에 의한 시너지 효과를 누리고 있다. 서로 아이디어, 공간, 미래 계획, 인맥을 공유하고 기술과 기구까지 공유한다. 피자집 주인이 목수에게 피자를 주면 오븐에 사용할 나무토막들을 받고, 금속 가공업자는 웹디자이너의 서비스를 받고 조명장치를 설치해주는 식이다.

에렌버그는 나를 뉴랩(New Lab)이라는 연구시설로 안내했는데, 넓이가 7,800제곱미터 정도 되는 혁신의 허브로, 갖가지 색깔의 워크스테이션이 설치된 컴퓨터 제어식 금속절삭기, 철가공·목가공 공장, 회로 제작용 연구실, 스프레이 부스, 레이저 절단기, 3D 프린터 작업실 등과 같은 다양한 종류의 작업장들 사이로 화분에 담긴 식물들이 열을 맞춰 서 있었다. 머리 위쪽 상당히 높은 곳에 노출돼 있는 녹슨 크레인이 한때 조선소가 있던 시절 이곳이 어떤 모습이었는지 희미한 기억을 일깨워주면서, 동시에 밝은 시절을 한 번 더

오게 할 수 있는 계획을 밝혀주기도 했다. 에렌버그는 이렇게 설명했다.

"우리의 미래상은 뉴랩을 디자이너, 엔지니어, 경영자, 그리고 정말로 어려운 일을 하려는 데 있어서 실리콘밸리나 MIT가 아닌 바로 이곳 브루클린에 있는 사람들을 위해서 제대로 지원하고 상호 협력하는 근무 환경으로 만드는 것입니다. 이곳에 입주하는 사람들도 서로가 서로에게 더욱 책임감을 가졌으면 좋겠습니다. 우리 모두 혁신과 관련돼 있고, 그 혁신은 여기 브루클린에서 뭔가를 만드는 일에서 시작될 것입니다."

데이비드 벨트(David Belt)는 이 야심 찬 공공-민간 합작 사업의 배후에 있는 개발자 중 한 사람이다. 그는 뉴랩이 "하드웨어를 만들고 있는 제조업체들의 시너지 효과는 여러 개의 소프트웨어 스타트업 기업을 시작했을 때와 비슷하다"고 말했다.

"하드웨어 만드는 것은 어디에서나 힘든 일이지만, 뉴욕에서는 특히 더 그렇습니다. 거기에는 공간이 필요합니다. 그것도 아주 많이 필요하죠."

뉴욕의 토지 소유주나 건물주들은 다른 많은 도시들과 마찬가지로 오래된 창고나 공장들을 용도폐기하거나 용도를 변경해야 할 눈엣가시쯤으로 생각한다. 결국 사무실, 대형 소매점, 주택 같은 자산들이 산업시설에 비해 일반적으로 몇 배나 높은 임대료를 올려주기 때문이다. 해군 병참은 고급화 추세를 전적으로 따르지는 않았다. 최근에 일부 지역을 고급스러운 카페와 콘도로 바꿔 약간 재미를 본 적은 있지만, 370만 제곱미터 대부분의 지역은 산업을 유치하기 위한 구역으로 보존하고 있었다.

이곳의 도시미래센터(Center for an Urban Future)를 운영하는 조너선 보울스(Jonathan Bowles)는 뉴욕은 매년 수만 개의 새로운 스타트업 기업들이 합류하면서 기업가들로 차고 넘친다고 말했다. 그러나 대개의 스타트업들은 사람 한 명과 노트북 컴퓨터가 전부일 정도로 규모가 작고 그리 오래 가지도 못하는 경우가 많다. 분명히 성공하는 사람도 있을 것이고 그중 일부는 크게 될 것이다. 하지만 이들 중에서 많은 수는 일자리 창출이라는 대업을 이루지 못한다. 특히 교육을 고등학교에서 끝낸 330만 명의 뉴요커들을 위한 일자리라면 희망이 없다. 테크놀로지는 게임 디자이너, 시스템 설계자, 생물의학공학자, 로봇공학자, 가상현실 개발자, 콘텐츠 개발자, 멀티미디어 전문가 같은 새로운 직업의 범람을 가져왔으며, 일부 사람들은 우리가 더 많은 사람을 더 많이 훈련시켜서 이와 같은 직장이나 연관 분야에서 일하도록 해야 한다고 주장한다.

그렇지만 모든 사람들이 이런 유형의 일자리를 원하는 것도 아니고, 앞에서 살펴본 바와 같이 그렇게 해야 하는지도 의문이다. 우리의 21세기 딜레마는 역사상 유례가 없는 많은 수의 기업들이 우리가 지불할 것을 모두 지불하고 나서도 뉴욕에 멋진 주택 두 채를 살 수 있을 정도로 충분한 보수를 주는 일자리를 역사상 유례없이 적은 숫자만 만들어내고 있다는 현실이다.[68] 해군 병참은 자기만의 방법으로 잘못된 것을 바로잡는 방향으로 나아가는 듯 보였다. 그러나 이곳 해군 병참은 미국 전역에서 소규모 제조업이 싹을 틔우고 있는 유일한 중심 지역도 아니고, 빠른 시간에 그렇게 될 것처럼 보이지는 않았다.

■ 제조업에서의 고용 없는 성장 ■

1989년 이후 전통적인 제조업 분야의 일자리는 약 35퍼센트 줄었으나 제조업의 (물가상승률을 감안한) '실질' 생산액은 71퍼센트 상승했다. 아웃소싱이나 자동화가 이런 결과를 만든 주요 원인이지만 국가 고용 입법 프로젝트(National Employment Law Project)의 책임자 크리스틴 오언(Christine Owen)은 이것만큼 중요한 다른 요인을 지적한다. 다름 아닌 '정치적 의지'의 부족이다. 그는 이렇게 이야기했다.

"독일은 제조업 부문을 유지하기 위한 정책 목표를 세웠으며, 이 분야에 투자할 의지도 갖고 있습니다. 그러나 미국에서 우리는 휘청거리며 제조업에서 밀려나고 말았습니다. 우리의 능력을 그냥 시들도록 내버려둔 것입니다. 인적자본을 활용할 보다 높은 사업 분야가 있다고 생각하는 엘리트주의에 물들어 있기 때문입니다."

미국은 생산하는 제품의 가치라는 측면에서 중국 다음으로 세계 2위이며, 미국의 제조업 분야만을 도려내 나라를 만든다면 세계 9위의 규모를 가지게 될 것이다.[69] 이는 소비자들이 놓치기 쉬운 점인데, 미국 제조업이 생산하는 상품들 중에서 상당 부분이 상점에서 살 수 있는 생활용품이 아니라 무기, 화학약품, 항공기, 철판, 강철 같은 것이기 때문이다. 게다가 미국은 수출보다 수입이 많아서 티셔츠나 토스터뿐만 아니라 반도체, 의료용 장비, 조제용 약품과 같은 제품들도 수입에 의존하고 있다.[70] 2017년 미국은 첨단 기술 분야에서 역사상 최고치인 831억 3,600만 달러의 무역 적자를 기록했다. 당연하게도 이는 좋은 일자리와 관련해 좋은 뉴스가 아니다.

많은 다국적 대기업들은 자신들이 만드는 제품의 가치를 발명, 설계, 마케팅, 배급 등의 분야에서 만들어내지 생산을 통해서 만들어내지 않는다. 예컨대 애플의 대표적인 제품인 아이폰과 아이패드에 대한 분석은 다음과 같은 결론으로 끝을 맺는다.

부품 대부분이 중국 등에서 생산되고 있는데도 불구하고 애플이 제품 디자인, 소프트웨어 개발, 제품 관리, 마케팅 등의 고임금 기능을 미국에서 수행하는 한 훨씬 더 큰 몫이 미국 경제로 흘러들어간다. 일반적으로 사람들이 생각하는 것보다 중국의 역할은 상당히 작은 편이다. 애플은 부품 공급망에 대한 통제권을 갖고 있기 때문에 많은 공급 회사들의 수익을 늘리거나 줄일 수 있는 힘을 갖고 있다. 정책 결정자들이 참조해야 할 사안은 이것이다. 기계적 조립은 거의 가치가 없다는 것이다. 기계적 조립 공정의 막대한 물량을 미국으로 다시 가져온다고 해도 이것이 좋은 일자리나 경제성장으로 이어지지는 않는다.[71]

생산 비용은 최소한으로 하면서 이익은 최대화할 수 있는 애플의 무시무시한 능력은 투자자들에게는 수익을, 애플의 엔지니어와 마케터 그리고 판매원들에게는 일자리를 만들어주고 있다.[72] 또한 생산 공정에 소요되는 거의 모든 부품은 가장 임금이 낮은 나라들로부터 아웃소싱하는 이 회사의 정책은 의심할 여지없이 애플을 전세계에서 가장 이익을 많이 내는 브랜드로 만들었다. 하지만 승자가 거의 독식하는 이런 전략은 안정적인 중산층 일자리를 창출하고 유지하는 유형의 혁신에는 위협이 되기도 한다.

제조업은 미국에서 가장 많은 연구개발비가 투자되는 분야이며, 가장 많은 수의 엔지니어들을 고용하는 분야이기도 하다. 그리고 제조 과정은 과학적 발견이나 기술적 혁신을 성공적으로 상업화하기 위한 결정적 요소다. 또한 제조 과정은 그것 자체로서 혁신의 기관차이며, 제조 노동자들은 그들 자체로 지식 근로자이기도 하다. 다른 말로 하면 발명과 제조는 서로 보완적인 과정이다. 그렇기 때문에 생산을 외국으로 내보내는 행위는 국내에서의 혁신을 마비시킬 위험을 높인다. 경제학자 폴 새뮤얼슨(Paul Samuelson)이 일찍이 이를 비꼬면서 이렇게 말한 적이 있다.

"외국에서 발명이 일어나 한때 미국에 속해 있던 상대적인 이점 중 일부가 외국으로 넘어간다면 미국의 1인당 소득은 영원이 감소할 수 있다."[73]

혁신은 연구, 개발, 생산의 시너지를 통해, 그리고 엔지니어와 설계자, 공장 매니저와 고객 사이에서 계속되는 소통을 통해 폭발적으로 가속될 수 있다. 서로 멀리 떨어져 일하는 사람들은 상당한 불이익을 당하고 있으며, 얼굴을 마주 보며 일하는 상호 교감이 성공의 결정적인 요인임을 그동안 많은 심리학자들이 밝혀냈다.[74] 이런 사실을 잘 알고 있는 미국 회사들은 소리 소문 없이 중요한 연구개발센터를 해외 공장이나 공급자와 가까운 지역에 세우고 있다. 이런 기업들로는 구글, 마이크로소프트, IBM, 다우케미컬, 애플 등이 있다. 그리고 미국의 법인들은 어마어마한 규모의 현금을 보유하고 있지만 그 현금을 미국 내 많은 수의 일자리를 유지하기 위한 혁신에 투자할 의향은 갖고 있지 않은 것으로 보인다.

미국의 제조업은 한때 값비싼 장비를 작동시키는 노동자들에 의존하던 시기가 있었는데, 이때는 공장 소유주들이 파업이나 다른 노동자들의 방해 행위로 장비가 노는 위험을 감수할 수 없었다. 기술이 발전하자 이 같은 일자리의 많은 부분이 자동화되거나 아웃소싱됐으며, 다양한 종류의 일자리로 세분화되면서 엄청난 수준의 생산성 향상이 이뤄졌다. 그렇지만 생산이 하늘을 찌를 듯이 올라갈수록 노동력 자체는 감소됐다.

■ 제조업 일자리의 허상과 잠재력 ■

꾸준히 미국의 3대 수출품 중 하나였던 항공기에 대해 생각해보자. 공식적으로 유럽 우주항공 산업 분야의 거인인 에어버스(Airbus)는 앨라배마 주 모빌(Mobile)에서 A320 계열의 여객기들을 생산하고 있다. 하지만 이 생산시설이 공장처럼 보이지는 않으며, 마치 과장된 수술실처럼 티끌 한 점 없고 정숙한 가운데 환자에 초점을 맞추고 있는 듯 보인다. 이번에 수술 준비가 돼 있는 환자가 비행기라는 것만 다를 뿐이다.

날개, 동체, 수직 날개 등의 부분은 세계 곳곳에서 제작돼 미국 공장으로 오지만 복잡한 기관이나 부품 대부분은 독일과 프랑스로부터 온다. 모빌에서는 몇 명 되지 않는 노동자들이 청바지와 푸른 색 피케셔츠를 입고 보호안경을 쓴 채 일련의 복잡한 과정을 통해 이 조각들을 조립한다. 나는 이 직원들 대부분이 특별한 훈련과 경험을 수년 심지어 수십 년 동안 쌓았다는 사실을 듣고도 별로 놀라지 않았다. 이들 가운데 많은 사람들이 군에 복무한 경력이 있고 일부는 대학 출신이다. 그런데 문제는 그들의 숫자가 고작 350명에 불과하다는 것이다. 이런 대규모 시설에서 기대하는 일자리 수와 비교하면 너무나 적다.

앨라배마 주는 에어버스를 유치하기 위해 상당한 희생을 감수했다. 1억 5,850만 달러에 달하는 주 정부와 지역 자치단체의 재정 지원 혜택에는 납세자들의 부담으로 에어버스 직원들을 훈련시키기 위한 2,300제곱미터의 시설도 포함돼 있었다. 2017년 3월 이 훈련소에 등록한 915명 중에서 에어버스는 231명만을 고용했는데, 전체 공장 직원 수의 3분의 2에 달하는 숫자였다. 이는 앨라배마 주민들이 에어버스의 고용 과정에 대해 의문을 갖게 만들었다. 예컨대 에어버스가 품질관리 조사 업무채용을 공고하면서 기본 수당을 시간당 20달러로 책정하자 즉각적으로 수많은 댓글이 달렸다. 한 사람은 이렇게 비판했다.

"공고된 품질관리사 일자리의 임금은 우리 주가 주민들을 위해 투자한 회사에게서 얻을 수 있는 수익에 의구심을 품게 만든다. 이런 회사들을 앨라배마에 유치하기 위해 쓰인 돈을 우리 주의 주민들에 대한 진정한 교육에 투자했더라면 훨씬 더 많은 수입을 기대할 수 있었을 거라고."

다른 사람이 쓴 댓글도 있다.

"솔직히 말해볼까? 이 지역에서 얼마나 많은 사람들이 에어버스에서 일하게 될까? 극히 소수일 걸? 에어버스에서 일할 수 있는 사람은 화려한 경력이 있어야 하겠지. 대부분은 대단한 이력을 갖고 다른 회사에서 일했던 사람일 테고."

EU의 회원국 중 몇 곳의 노동조합들은 다국적 기업이 기술 수준과 부가가치가 낮은 작업은 임금이 낮은 국가에 아웃소싱하는 것을 허용하면서, 고임금 작업만은 모국에서 유지하도록 압박한다. 그런 조항이 적용된 곳이 바로 에어버스였다. 정교한 부분은 독일에서 만들어지며 대부분의 경우 노동조합의 노력을 통해 연결돼 있는 전세계 작은 공장들에서 제작된다. 앨라배마 주에서 조립 공장을 열기 전에 에어버스는 A320의 최종 조립을 중국에 하청을 주고 있었다. 따라서 앨라배마는 고임금, 고부가가치의 일자리를 두고 독일과 경쟁하는 것이 아니라, 상대적으로 저임금 저부가가치인 일자리를 놓고 중국과 경쟁하고 있는 것이다.

2010년 3월 미국의 제조업 고용 인원은 약 1,145만 명으로 바닥을 쳤는데, 이는 1979년 1,960만 명에서 크게 떨어진 수치다. 그로부터 5년 만에 약 90만 개의 새로운 공장 일자리가 만들어졌으며, 대부분은 남부에 있는 주에서 생겨났다. 항공기 조립 공장의 일자리 외에 앨라배마 주에서 새로 싹틔우고 있는 자동차 부품 산업은 2017년에만 2만 6,000명의 직원들을 고용했다. 조지아와 미시시피 주에서도 이와 유사한 자동차 부품 분야에서 일자리 창출이 있었다. 생산직 일자리들은 서비스나 소매업의 일자리보다 더욱 안정되고 보수가 높은 것으로 생각되기 때문에 이런 자리를 열성적으로 찾는 경우도 많다.

그러나 우리가 앞에서 살펴본 켄터키 주의 사례와 같이 언제나 그런 것은 아니다. 오늘날 미국의 제조업 분야 일자리에서 평균적으로 받는 임금 수준은 시급 20달러 정도로 전체 산업의 평균 시급보다 7.7퍼센트 낮은 편이다.[75] 또한 평균 시급 20달러 수준은 대부분 북부 지역에 자리 잡고 있는 유서 깊은 노동조합들이 버티고 있기 때문에 가능한 수준이다. 남부의 주에서는 임금이 절반 수준이 될 수도 있고, 일부 외국계 회사의 공장 같은 경우에는 믿기 어려운 수준일 수도 있다.[76] 기자인 해럴드 메이어슨(Harold Meyerson)은 이렇게 썼다.

"전세계적 생산 체인에서 미국 남부는 점점 더 남북전쟁 직전의 남부 모습과 닮아가고 있다. 그 시기에도 남부는 가장 낮은 임금의 노동력을 제공함으로써 영국 맨체스터에 백만장자 의류제조업자들을 대거 만들어준 전력이 있다."[77]

첨단 제조업에서 예기치 않은 일자리 증가에 따라 이를 메우고자 더 많은 직업훈련이 요구됐다. 수많은 책들이 그런 주장을 펼치고 있었고 각종 기관 발행 백서와 보고서, 신문의 헤드라인도 마찬가지였다. 내가 인터뷰한 경제학자와 사회과학자 중 많은 사람들도 같은 주장을 반복했으며, 많은 수의 교육자들 역시 그랬다. 제조업자들과 로비스트들이 이 같은 주장을 고수했으며, 정치인들은 국민들에게 그렇게 설득하려고 애썼다. 하지만 앞에서도 살폈듯이 적어도 국가 차원에서 기술역량 부족에 대한 실질적인 증거는 어디에도 없다. 미국 공장 노동자들의 35퍼센트는 이미 대학 학위를 갖고 있으며, 기계공, 엔지니어, 용접공 그리고 모빌 시의 에어버스에서 일하는 다른 직원들처럼 많은 사람들이 군대나 이전 직장에서 취득한 기술을 갖고 있다. 공장 자동화의 급격한 진보를 볼 때 그 기술 수준이 얼마나 진보했는지 여부와는 상관없이 대량생산에 맞춰 얼마나 많은 사람들을 훈련시켜야 하는가에 대한 대답은 명확하지 않다.

2017년 5월 애플의 팀 쿡은 미국 제조업자들의 힘을 북돋아주고자 10억 달러의 첨단 제조업 펀드를 조성해 코딩이나 애플리케이션 개발 같은 훈련을 제공하는 데 사용하겠다고 발표했다. 그런데 여기에는 한 가지 단서조항이 따랐다. 이 프로그램에 소요되는 비용은 "우리가 빌려야 하는 미국 돈을 손에 넣었을 때 사용하겠다"는 것이었다.[78] 애플이 보유하고 있는 현금의 상당한 부분이 외국에 묶여 있어 미국 세법에 따라 소득세를 계산하고 송금하지 않으면 미국에서 사용할 수 없다는 사실을 상기시키려는 쿡의 의도였다. 애플은 전세계에서 돈을 벌고 있으면서도 배당금을 지급하고 새로운 투자를 하기 위해 외국의 자회사로부터 계속 돈을 차입하고 있다. 차입금에 대해 지급하는 이자도 세금공제 대상이기 때문이다. 따라서 애플은 두 번째 세제혜택 분까지 자기 것으로 만들어 축적하고 있는 셈이다. 또한 이것이 바로 쿡이 "포괄적인 세제 개혁이 경제를 위해 매우 중요하다"고 말했던 까닭이기도 하다. 그가 언급한 '개혁'은 외국에 묶여 있는 돈을 미국으로 다시 들여오도록 유도하기 위한 것이다. 그의 말은 그 돈의 일부가 제조업 지원에 사용될 것이라는 의미였다.

"만약 우리가 보다 많은 제조업 일자리를 만들 수 있다면, 그보다 더 많은 일자리를 연쇄적으로 만들어낼 수 있을 것입니다. 그 주변에 서비스 산업이 있기 때문이죠."

2017년 말 쿡은 자신이 원하던 것을 손에 넣었다. 포괄적인 세제개혁이었다. 이 개혁의 일환으로 애플, 구글 등의 기업은 해외에 숨어 있던 이익금에 대해 큰 폭으로 낮아진 세율을 적용받으면서 미국으로 이익금을 송금할 수 있는 기회를 얻게 됐다. 그렇지만 쿡이 이전에 약속한 10억 달러의 '첨단 제조업 펀드'는 일자리를 준비하기 위한 프로그램이 아니라 투자에 더욱 가까운 것으로 보였다. 3억 9,000만 달러의 보상금이 직업훈련에 사용된 게 아니라 애플의 부품공급사인 핀에어(Finnair)에 지급되면서 새로운 모델의 아이폰과 다른 제품들에 적용될 수직 공진 광방출 레이저 장치(vertical-cavity surface-emitting laser devices)를 만드는 공장 건설에 사용됐다. 또한 2억 달러는 역시 부품 공급선인 코닝(Corning)의 켄터키 주 해로즈버그(Harrodsburg) 공장에 지원됐는데, 이 회사는 이미 10여 년에 걸쳐 애플이나 다른 회사들이 널리 사용하고 있는 표면이 잘 긁히지 않는 '고릴라 유리(gorilla glass)'를 발명해 생산하고 있는 곳이다. 다른 말로 이야기하면, 쿡이 말한 자금 지원은 미국의 일자리 확대를 위해 직업적 능력을 강화하거나, 미국 내 제조업 일자리를 늘리기 위해 사용된다는 어떤 신호도 찾을 수 없다는 이야기가 된다.

경제학의 아버지 애덤 스미스에 따르면 산업화란 "효과가 아마도 항상 동일하거나 거의 동일할 몇 개의 단순한 작업"이다. 이것이 더욱 우수하고, 더욱 견실한 제품, 더욱 저렴한 가격 그리고 더욱 큰 수요로 이어졌다. 오늘날 값싼 제품에 대한 수요는 전세계 생산자들이 가능한 한 많은 수의 일자리를 자동화시켜 완전히 없애버리려는 의도와 잘 맞아 떨어졌다. 우리는 얼마나 많은 공장의 일자리가 자동화로 인해 사라지게 될지 알 수 없다. 다만 한 가지 확실한 사실은 수요와 공급의 법칙 덕분에 제조업을 위해 훈련된 노동자들은 많아질수록, 진보된 것이든 아니든 간에 구분 없이, 개인 노동자들이 그들의 고용 조건을 협상하는 힘이 약해질 수밖에 없다는 점이다.

그렇다면 제조업 분야에서 가장 시급하게 요구되는 문제는 더 많은 사람이 뭔가를 만들고, 심지어 더욱 값싸게 만들 수 있도록 훈련시키는 것이 아니라 우리가 당면한 도전을 받아들여 극복하는 게 된다. 제조업 분야가 강요당하고 있는 도전은 '선순환'을 다시 시작하는 것이다. 이는 정당한 보수를 받는 노동자들이 품질 좋은 제품을 생산하고, 이렇게 확보된 수요에 따라 다시 일할 만한 가치가 있는 일자리를 창출하는 순환의 고리다.

어떤 사람들은 '제3의 산업혁명(한국에서 말하는 '4차 산업혁명'의 맥락과 같다_옮긴이)'이라고 부르는 이런 도전에 먼 과거의 시골 산업으로부터 들을 수 있는 전략을 시도할 수도 있을 것이다. 거대한 다국적 기업들이 광범위하고 포괄적인 시장을 목표로 상품을 마구 찍어내는 동안, 이 새로운 접근법은 테크놀로지를 활용해 지역이나 틈새시장을 찾아내 그곳의 요구를 충족시키는 고부가가치 제조업을 전문으로 하는 소규모의 회사들을 포함한다.

조너선 보울스가 내게 말했다.

"지난 세기 내내 제조업에 대해 부정적인 견해가 너무나 많았습니다만, 최근 들어 커다란 변화가 감지됐습니다. 현재 너무나 많은 제조업 회사들이 창업하고 있습니다. 우리는 이런 새로운 기업들 가운데 얼마나 많은 회사가 살아남을지, 그들이 상당 규모로까지 성장해 상당수의 사람들을 고용하게 될지 알지 못합니다. 하지만 분명한 것은 잠재력은 바로 거기에 있다는 사실입니다."

애덤 프리드먼(Adam Friedman)은 브루클린의 해군 병참에서 불과 몇 블록 떨어진 곳에 위치한 프랫 지역사회 개발센터(Pratt Center for Community Development)의 임원이다. 도시 제조업 전문가인 그는 이렇게 말했다.

"디지털 기술이 역설적으로 지역사회에서 만들어지는 제품들에 대한 우리의 열망에 불을 붙였던 것으로 보여요. 이런 추세는 가치의 근본적인 변화를 대변합니다. 사람들은 촉감적인 것을 원하죠. 그들은 자신들이 팔 물건을 만져보고 싶어 합니다. 그리고 그것들이 어디로부터 온 것인지 알고 싶어 합니다. 수많은 사람들이 온라인으로 수많은 제품에 접근하고 있는 세상에서 주문 제작을 한다는 것, 그것을 주문받아 만든다는 것은 스스로를 한 개인으로서 구별하는 방법입니다. 사람답게 되는 문제인 것입니다."

프리드먼은 프랫 센터가 브루킹스연구소와 합작해서 만들어낸 기념비적 연구에서 "도시 내의 제조업은 이 나라의 경제 회복에 가장 중요한 요인이다"라고 말해 내 정신을 번쩍 들게 만들었다.[79] 그리고 웹에 기반을 둔 시장 플랫폼이 하는 분명한 역할이 있지만, 변화는 개인들이 수공으로 만든 제품들을 온라인으로 사고파는 정도 이상으로 앞서 나가고 있다. 또한 새로운 도구를 사용해 보다 많은 구매자들을 만들고 그들에게 다가가는 소규모 제조업자들도 있다.

스티븐 호프먼(Steven Hoffman)과 그의 형제 데니스(Dennis)는 뉴욕 소재 버튼우드(Buttonwood)라는 기업을 소유하고 있다. 이 회사는 아직까지 미국에 남아 있는 최후의 단추 제조 회사 중 한 곳이다. 스티븐은 이렇게 말했다.

"젊은 디자이너들은 자신들이 국산을 선호한다고 말해요. 그리고 우리를 알게 된 디자이너들은 우리를 찾아내서 얼마나 기쁜지 모른다고 합니다. 그래서 그들은 우리에게 구매하죠. 우리도 물론 살아남을 수 있는 계획을 세우고 있지만, 일부 사람들이 생각하는 방식은 절대 아닙니다. 왜냐하면 트럼프 대통령이 뭐라고 이야기하든 결코 되돌아가지 못하기 때문이죠. 중국이나 다른 국가들과 연결돼 있는 교역관계는 뿌리가 깊어요. 우리 가격으로 중국에게 이길 수 있는 방법은 사실 없습니다. 그렇지만 다른 방식으로도 경쟁할 수 없다는 뜻은 아니죠. 중국은 세상의 거의 모든 의류가 만들어지는 곳이며, 그 어떤 중국의 생산자도 미국에서 만들어진 단추를 사용하려고 하지 않습니다. 중국의 노동자들이 더 높은 임금을 요구하면, 회사는 보다 임금이 낮은 북한 같은 나라로 제조 공정을 가져갈 겁니다.[80] 그렇기 때문에 보편적으로 쓰이는 일반 플라스틱 단추로는 경쟁할 수 없는 거죠. 그런데 나무 단추로는 경쟁할 수 있습니다. 우리가 만든 나무 단추는 더 견고하고, 외국에서 만들어진 나무 단추보다 15퍼센트 정도 더 비싸요. 고급이니까요. 그래도 이 정도 비용은 전체 옷 가격에서 보면 비중이 거의 없다고 해도 될 정도입니다. 그런 틈새가 있는 거죠. 우리는 사업을 지속하고 환경을 개선하면서 성장할 수 있다고 믿고 있어요. 얼마나 대중적인 지지를 받느냐의 문제가 있을 뿐이죠. 소비자들 입장에서는 자신들이 구입할 제품이 어떤 영향을 미칠지 생각해봐야 하는 문제고요. 정부에게는 운동장을 고르게 만들어야 할 책임이 있습니다. 보다 저렴한 전기, 저렴한 부지, 우리 같은 소규모 생산자를 위한 세금감면 조치 등을 제공할 필요가 있습니다. 무작정 일방적으로 요청만 하는 건 아니에요. 잘 생각해보면 제조업 일자리뿐 아니라 더 많은 일자리를 창출할 수 있는 정책에 관한 문제니까요. 사업을 하면서 기계공들이나 전기공들을 고용하고 있고, 그들 역시 덕을 보고 있는데, 다른 거래를 하거나 서비스를 제공하는 사람들 역시 마찬가지일 겁니다."

■ 디지털 시대의 맞춤형 생산방식 ■

기술은 제조업의 일자리를 해외로 내보냈다. 하지만 이제 테크놀로지가 일자리의 일부를 다시 고향에서 가까운 곳으로 가져오리라는 기대를 하고 있는데, 물론 전적으로 과거와는 다른 형태가 될 것이다. 예를 들어 3D 프린터는 애더티브법(Additive Process)이라는 공정을 통해 거의 모든 모양의 물체를 찍어낼 수 있다. 애더티브법이란 세라믹, 플라스틱, 금속 또는 생물학적 재료 등 갖가지 물질의 층을 디지털화된 컴퓨터 모델로부터 신호를 받아 얇게 한 층씩 찍어낸 뒤 순서에 따라 연달아 이어 붙이는 방식을 말한다. 3D 프린터는 한창 성장하고 있는 디지털 제작 도구 중 대표적인 분야다. 신속하게 주문을 받아 제품을 제작하거나 변경할 수 있도록 해준다. 테니스 라켓에서부터 임플란트, 드론 등 다양한 품목에 적용할 수 있으며, 공장의 모든 장비를 바꿀 필요도 없다. 이론적으로 이 기계는 인터넷 정보로 디지털 이미지를 입체적인 물리 형태로 구현할 수 있는데, 직관적으로 접근할 수 있고 광범위하게 사용할 수 있어서 편리하다.

디지털 제작 기술은 종종 손바닥 안의 월마트에 비교되기도 한다. 약간 과장된 표현이긴 하지만 이와 같은 도구들은 소규모 생산업자들에게 전통적인 제조업자들에 비해 분명한 이점을 제공해준다. 특히 대량생산을 하기에 애매한 종류의 제품을 미세하게 제어할 필요가 있는 경우 유리하다. 의류, 신발, 가구나 엔진의 미세 부품, 사람의 신체 기관 일부까지 정밀하게 제작할 수 있고 개별적인 요구에 맞춰 변형된 방식으로 응용도 가능하다. 이런 기술은 올바르게 적용되기만 한다면 부대비용을 크게 줄일 수 있고 예산 낭비도 방지할 수 있다. 전통적인 제조 방법보다 더 정교할 뿐 아니라 예측 수요가 아닌 실제 수요에 반응할 수 있기 때문이다. 이 새로운 기술들은 시장에서 점유율을 차지하기에는 자본금이 적은 사업체가 시장의 틈새에 접근할 수 있는 길을 열어준다. 돈 없고 힘 없는 사람도 아이디어만 있다면 혁신을 가능케 해주는 기술이다.

수년 전 디자이너 댄 프로보스트(Dan Provost)는 동업자 톰 게르하르트(Tom Gerhardt)와 3D 프린터를 사용해서 자신이 디자인한 2가지 장치의 시제품을 만들어냈다. 휴대폰을 세울 수 있는 삼각대 '글리프(Glif)'와 터치스크린에 사용할 수 위한 스타일러스 펜 '코스모넌트(Cosmonant)'였다. 이 두 제품들은 틈새시장을 목표로 했는데, 마침 스타트업 전문 투자 펀드 킥스타터(Kickstarter)에서 자금 지원을 받았다. 실용성 넘치고 아름답게 디자인된 이들의 제품은 프로보스트의 기대를 훨씬 뛰어넘는 매출을 올렸으며, 그 결과 본격적인 디자인 회사로 발돋움할 수 있는 토대가 됐다. 현재 이 회사는 정성을 들여 세공한 제품들을 소량의 패키지 형태로 생산·판매하는 데 주력하고 있다.

프로보스트의 회사 스튜디오 니트(Studio Neat)는 텍사스 주 오스틴에 위치하고 있으며, 제품들은 사우스다코타 주 브루킹스(Brookings)에 있는 작은 공장 프레미어 소스(Premier Source)에서 생산한다. 프로보스트는 익살맞은 표정으로 내게 이렇게 말했다.

"애플이 자기네 제품을 중국에서 만든다고 우리도 꼭 그래야만 하는 건 아니니까요."

프로보스트는 사업 초기에 친구들이 아예 외국 업체에 아웃소싱하는 건 생각도 못하도록 기를 꺾어놓았다고 했다. 디자이너인 두 친구들도 킥스타터 지원을 받아 제품을 만들었다. 그들이 만든 건 스테인리스 재질의 필기구 '펜 타입 A(Pen Type A)'였다. 그런데 정작 그들은 제품 개발이 끝나고 중국의 제조업체 두 곳을 접촉했다. 하지만 두 번 모두 계약하지는 않았다. 두 회사 중 어느 곳도 그들이 요구한 품질을 맞추지 못했기 때문이다. 그들은 결국 버몬트의 제조 회사와 계약했다. 그리고 프로보스트에게 이런 메모를 보냈다.

"제조라는 건 너무 어렵네. 지름길이 없어. 마법도 없고 비밀도 없고…. 그래도 신기한 건 엄청 많아!"

특정 목표에 맞춰 소규모의 패키지로 가공해서 만든 제품들은 대량생산으로 제작된 제품보다 훨씬 품질이 좋고 사용 목적에도 잘 부합하는 장점이 있다. 가령 의류를 생산할 때 가장 비용이 많이 들어가는 부분이 원단과 인건비인데, 이 2가지 중 어느 것이나 원칙을 무시하고 접근하면 결과적으로 옷이 잘 맞지 않거나 옷감이 빨리 망가지는 결과로 이어진다. 특히 바느질 공정을 기계에 맡긴 옷은 마감이 좋지 않고 실오라기가 잘 풀리기도 한다. 그래서 잘 만들어진 의류는 꼭 마무리 공정을 사람이 한다. 비용이 조금 오르더라도 품질과 가치를 높이는 것이다.

소비자들도 이런 사실을 잘 이해하고 있으며, 제품이 만족스럽다면 더 높은 가격을 지불할 용의가 있는 것이다. 상류층들만 품질 좋은 제품을 선호하는 게 아니다. 그들의 시장은 따로 있다. 대부분의 사람들은 품질을 제품의 가장 중요한 요소라고 생각한다. 그리고 가끔은 다른 비용을 아껴 다소 비싸더라도 나만의 아이템을 수집하려는 욕망을 갖고 있다. 자동차에 관심이 많은 대다수의 미국인들은 품질이 우수한 자동차에 더 높은 가격을 지불할 용의를 갖고 있으며, 포드 자동차가 내구성을 높이고자 끈질기게 물고 늘어질 때에도 아무도 포드를 비난하지 않았다. 반대로 대충 찍어 싸게 팔면 된다는 게 문제가 될 뿐이다.

대량생산을 하는 기존의 제조업들은 어마어마한 수량의 제품을 전세계 시장 규모로 소비자들에게 공급하는 일을 해오고 있지만, 이렇게 대규모 생산과 판매로 얻게 된 이익을 분배하는 데 있어서는 덩칫값을 못한 경우가 빈번했다. 소규모 제조업자들이 이 문제를 누그러뜨릴 잠재력을 갖고 있다. 브루클린 해군 병참의 뉴랩은 이 잠재력을 실질적인 힘으로 전환시키기 위한 목적으로 세워진 기관이다. 이곳에서 산업 디자이너 에드워드 제이콥스(Edward Jacobs)를 만났을 때 그는 뉴랩을 '꿈이 실현되는 시설'이라고 불렀다.

아마도 문자 그대로의 의미를 말했던 것으로 보였다. 당시 제이콥스는 상관 없어 보이는 2개의 별도 프로젝트에서 일하고 있었다. 그중 하나는 트라이엄프 모터사이클(Triumph Motorcycles)과 계약을 맺고 미래형 섀시(chasis, 차대)를 디자인하는 일이었다. 다른 하나는 뉴욕 맨해튼 남쪽의 이스트 사이드(East Side) 지하에 있는 폐쇄된 지하철역을 공원으로 탈바꿈시킨 로우라인(Lowline) 프로젝트에서 설치될 태양열 집열기 디자인이었다. 건축가이자 산업 디자이너로서 훈련받은 제이콥스는 자신은 디자인과 공학적 문제에 접근할 때 선입견을 갖지 않고 순수하게 접근하고자 노력한다고 말했다. 그와 같은 접근방식은 통상적으로 대규모의 기존 제조업자와는 어울리지 않고 채택도 잘되지 않는다고 했다.

"기업의 목적은 이윤 추구에 있기 때문에 대부분의 회사에서 모든 사안을 돈과 결부시켜 생각하는 것은 충분히 이해가 되는 부분입니다. 그런데 아이디어를 토대로 뭔가 새로운 것을 창조하는 사람들은 돈 생각을 하면 창의적인 결과가 절대로 나오지 않아요. 이 또한 혁신의 딜레마죠. 정말로 물건이될 만한 근사한 제품을 만들려고 하는데 실패 위험도 높으니까요. 하지만 그런 시도 없이 혁신적 제품을 기대한다는 건 어불성설이겠죠. 쉽지는 않은 일입니다. 서로 추구하는 게 다르기 때문에 기업과 제휴해 뭔가를 진행할 때는 늘 조심스럽습니다. 믿고 갈 수밖에 없어요. 자본주의 논리로만 밀어붙이면 창의성을 요구받는 우리와 같은 사람들은 일을 할 수가 없으니까요. 그러면 혁신은 결코 일어나지 않습니다."

이후 제이콥스는 DNI(Design Necessities Initiative)라는 회사를 설립한 뒤 내구성 높은 실용 제품으로 구성된 라인업을 구성했다. 주머니칼, 볼펜, 연필 같은 제품이었다. 뉴랩은 이런 종류의 틈새시장을 공략하려는 목적으로 디자인과 제조에 대한 편의를 도모하기 위해 만들어진 곳이어서 제품 개념을 잡을 때부터 시제품을 만들기까지의 과정을 순조롭게 진행할 수 있었다. 컴퓨터 프로그램과 기타 장비를 공유해 사용하는 크로스플랫폼(cross-platform) 방식도 유용했다. 제이콥스의 태양열 집열기 디자인이 바로 딱 들어맞는 프로젝트였다. 그가 디자인한 집열기는 레이저로 육각형 또는 삼각형 모양으로 절단한 알루미늄 판을 산화 처리해 제작된다. 각각의 판들이 모자이크 식으로 촘촘히 붙여진 차양을 형성하는데, 이 차양이 멀리 떨어진 채광창을 통과해 터널의 지하 공간으로 들어온 빛을 흡수하도록 설계돼 있다. 또한 지하에 심은 식물들에게 빛을 공급하는 시스템으로도 활용된다.

이보다 몇 년 전 제이콥스는 투자자 프랜시스 사비에르 터니(Francois-Xavier Terny)와 팀을 이뤄 자신의 꿈을 실현하기 위한 스타트업 회사 뱅가드(Vanguard)를 만든 적이 있었다. 당시 그의 꿈은 2개의 엔진을 장착한 오토바이였는데, 디자인을 보니 내가 여태껏 본 오토바이들과는 생김새가 전혀 달랐다. 부속들이 겉으로 드러나지 않아 매끄럽고 한 덩어리처럼 보였다. SF 영화에서나 나올 법한 디자인이라 오토바이라기보다는 예술가의 환상처럼 느껴졌다. 외양으로만 보면 구현하기 어려워 보였는데 그의 설명으로는 제작하기도 쉽다고 했다. 모듈 식이라 조립 해체가 쉽고 5개의 나사만 조이면 모듈이 모두 연결된다.

"혼자 일하든 여럿이 함께 일하든 간에 지나치게 전문화되면 시야가 극도로 좁아지는 터널 시야(tunnel vision) 현상이 일어날 수 있어요. 오래된 유산이나 옛 것에 의존하면 극복하기가 어려워집니다. 그래서 우리는 디자인과 공학으로만 우리 고유의 제품을 만들어요. 사치품 시장을 목표로 하는 것도 아니고 소수만을 위한 것도 아닙니다. 이 오토바이는 보기와 달리 매우 실용적인 의도로 디자인한 거예요. 모든 부분과 모든 부품은 이유가 있기 때문에 그 자리에 있는 것입니다."

내게 제이콥스를 소개한 사람은 뉴랩의 설립 후원자 데이비드 벨트다. 벨트는 자수성가한 사업가로서 자신이 경영하고 있는 부동산 회사 마르코 씨

(Macro Sea)를 통해 이 연구시설을 후원하고 있다. 통상적인 사업이 더 이상 미국인들에게 제대로 작동하지 않는다는 가슴 아픈 현실을 깨닫고 나서 시작한 일이었다. 벨트는 이렇게 말했다.

"2008년의 금융위기 이후로 사람들은 할 일에 대해서 궁리를 계속해왔습니다. 이곳 사람들이 처음에는 벙어리장갑 같은 걸 해답으로 보고 갖가지 공예품을 만들어 온라인 쇼핑몰 엣시(Etsy)에서 팔더군요. 시도는 좋았다고 생각했는데 결과는 썩 좋진 않았죠. 다음에는 앱을 만들기 시작했는데 반응이 나쁘지는 않았습니다. 하지만 앱은 전세계 어디에서나 누구든 아이디어만 있으면 만들 수 있기에 홈 어드밴티지를 기대할 수는 없었습니다. 그때 알게 된 사실이 뭐냐 하면 미국 사람들이 아이디어도 좋고 마케팅도 잘하는데 실제로 뭔가 만드는 데는 별로라는 것이었어요. 그래서 오히려 그 부분에 집중해야겠다고 생각했습니다."

일자리 문제와 관련해서 벨트는 '스킬 갭'과 같은 조짐은 보지 못했으며, 국민들에게 고용을 위한 훈련의 일환으로 더 많은 교육을 받도록 다그칠 필요도 없다고 말했다. 그는 자신이 대학 학위도 없이 지금의 자리까지 오른 반면, 고등 교육을 받은 많은 친구들이 그다지 잘살지 못하는 모습을 지켜봤다.

"다른 사람들처럼 나도 처음에는 대학에 가려고 했는데 그럴 만한 형편이 못 됐어요. 집안 경제 사정이 좋지 않았습니다. 그래서 록밴드에 들어갔죠. 내가 노래를 좀 하거든요. 그런데 더 잘하는 사람이 널려 있더라고요. 안 되겠다 싶어 캘리포니아로 이사해 건축 일을 배웠습니다. 그때는 그냥 열심히 시키는 대로 일했어요. 기술이라는 게 아예 없었으니까. 나중에 콘도 건축 프로젝트도 진행했는데 성과가 좋지는 않았습니다. 역량도 안 되고 학위도 없고…. 그래도 오기가 생겨 내 자신을 끊임없이 입증해야 한다는 일념으로 부동산을 독학으로 공부했죠. 이 일은 저와 잘 맞더라고요. 건축 일 경험도 도움이 많이 됐습니다. 그렇게 죽어라 일을 했더니 매입한 땅과 건물들 값이 오르고 어느덧 수십억 달러가 되더라고요. 뉴욕으로 와서는 그 돈으로 빌딩에 투자했습니다. 크고 높은 게 좋아서 그랬는데 운이 좋았는지 또 잘됐어요."

벨트는 부동산들을 거래하면서 막대한 재산을 모았지만 자신의 일로부터 의미를 찾기 위해 힘든 날을 보냈다. 어느 날 그는 자신의 고향인 필라델피아의 교외를 돌아다니던 중에 그 의미를 자신의 경력에서 찾을 수 있을 것 같지 않다는 생각이 뇌리를 스쳤다.

"그 순간 나는 과거의 멋진 유산이었던 쇼핑몰이 싸구려 상점가로 변해버리는 현실이 안타깝게 느껴졌습니다. 그때가 2007년이었는데 여기저기에 상가가 많이 비어 있었어요. 아니, 쓰레기로 가득 차 있었죠. 불현 듯 뭔가를 할 수 있을지도 모른다고 생각했습니다. 이후 그런 공간들을 찾아 재개발하는 데 집착하게 됐죠."

벨트는 여러 달 동안 미국 전역을 돌아다니며 재개발할 수 있는 빈 쇼핑몰을 매입했다. 한번은 친구들과 조지아 주를 돌아다니다가 1980년대 록밴드 파일론(Pylon)의 일원으로 드러머로 활동했던 커티스 크로우(Curtis Crowe)가 철제 쓰레기통을 활용해 만든 옥외용 이동식 수영장 '덤프스터(dumpster)'를 우연히 찾아내게 됐다. 벨트와 친구들은 오래된 잡동사니를 뭔가 쓸모 있는 것으로 전환시킨다는 개념에 깊은 인상을 받고 자신들만의 덤프스터 수영장을 만들어보기로 결심했다. 브루클린으로 돌아온 그들은 건설 회사로부터 헐값에 사들인 중고 철제 쓰레기통을 가공해 틈새를 메우고 안쪽에는 방수 천을 입히고 바닥에 모래를 깐 다음, 여과 장치를 설치하고 수백 톤의 물을 채워 초대받은 사람들만 입장할 수 있는 파티장에 설치했다. 이 수영장은 곧바로 히트를 쳤다. 몇 년 뒤 뉴욕 시는 파크 애비뉴(Park Avenue)를 따라 3개의 덤프스터 수영장을 설치해달라는 의뢰를 받았다. 하지만 애초에 벨트의 계획은 덤프스터 수영장을 그의 고향에 있던 버려진 상점가 같은 장소에 설치하는 것이었다. 서글프고 애처로운 공간을 다시금 사람들의 관심을 불러

일으키는 공간으로 탈바꿈시켜 투자를 유치해 번성하게 만드는 게 목적이었다. 그런데 그에게 일어난 일은 예상치 못한 것이었다.

"그 멍청한 수영장 프로젝트 덕분에 이 위대한 사람들을 만난 거죠. 여기이 예술가들과 몽상가들 말입니다. 이들을 만나고 나서 내 삶의 초점이 바뀌었습니다."

벨트는 물건 만드는 일을 좋아했으며, 자신과 마찬가지로 그걸 좋아하는 사람들도 많이 알고 있었다. 그렇지만 그가 알고 있는 대부분의 사람들은 뭔가 만들고 있지는 않았다. 그럴 시간이 없었기 때문이다. 사느라고 다들 너무 바빴다. 그의 비서로 일하는 알렉스 에스카밀라(Alex Escamilla)도 전에는 그런 사람이었다. 그는 성공에 한 걸음 더 다가간 듯 보였다. 학벌도 좋았고, 인턴 경력도 탄탄했으며, 무엇보다 열정적이었다. 대학원을 졸업한 뒤 들어간 직장은 다름 아닌 전세계 사람들이 가장 들어가고 싶어 한다는 꿈의 직장 구글이었다.[81] 그런데 몇 년 있다가 그만두었다. 공허감이 밀려온 것이다. 나는 그에게 구글의 클라이언트 솔루션 부서 매니저 생활이 어땠는지 슬쩍 물어봤다. 그가 웃으며 이렇게 말했다.

"우리는 'JFE'라고 불렀어요. '충분히 파격적일 뿐(Just Funky Enough)'의 약자예요. 구글이라는 회사는 직원들을 어떻게 대해야 하는지 잘 알더라고요. 그래서 처음에는 일하는 게 재미있었어요. 그래도 본질적으로 대기업이더라고요. 아무리 뽁뽁이 비닐로 둘러싸여 있다고 해도 회사는 회사예요. 결국 돈이죠. 광고를 팔고 유저들을 끌어들이고…. 구글에서의 일이 어떤 의미였냐고요? 구글이 정말 좋은 회사인지 물으신 거 맞아요? 하하하, 저를 포함해 많은 직원들이 심지어 구글의 사업 모델조차 이해하지 못했어요."

뉴랩을 후원하고 있는 벨트 역시 구글의 소프트웨어와 플랫폼 사업을 이해하지 못했다. 당연하겠지만 구글 출신도 이해 못한다는데 그가 무슨 수로 알겠는가. 하지만 그것보다 그의 관심을 끄는 것은 하드웨어였다. 뉴랩의 예술가 친구들은 모두 하드웨어를 다루는 사람들이라 그들의 비전은 현실에서 모두 물리적 실체로 구현됐다. 만질 수 있고 느낄 수 있었다. 바로 이 점이 벨트가 뉴랩에 대해 열광하는 이유이기도 했다. 머릿속 아이디어를 뭔가 유용하고 때로는 아름다운 것으로 만드는 일. 뉴랩 시설의 절반은 모두 상상할 수 있는 것들을 구현해낼 장비들이 설치돼 있는 작업실이다. 단순한 톱이나 망치에서부터 산업용 규모의 3D 프린터와 레이저 절단기에 이르기까지 거의 모든 종류가 구비돼 있다. 이 시설을 만든 취지는 대량생산 체제에서는 대부분 희생되게 마련인 제조와 디자인의 관계에서 일어나는 시너지 효과를 되찾는 것이다.

해군 병참은 제조업의 일자리가 미국에 되돌아올 수 있는 방법의 생생한 사례가 되고 있다. 자동화와 저임금을 발판으로 세워진 대규모 경제를 기반으로 한 전세계 대상의 무한 반복 경쟁이 아닌 개인의 다양성과 재능을 이끌어내는 것. 늘 그래야 한다고 세뇌당했던 조직의 일원이 아니라 순수한 개인으로서 참여하는 것 말이다. 듀크대학교 신경과학자 테드 홀(Ted Hall)은 이를 노동자들이 기계가 요구하는 바에 따라 굴복하고 들어가기를 요구하는 전통적 산업 모델과는 정반대라고 설명했다. 그의 이 말이 무척 인상적이었다.

"디지털 생산방식에서는 기계가 아닌 메이커(maker, 생산자)의 손에 태생적인 힘이 있습니다."

1990년대에 홀은 숍봇(Shop Bot)을 설계했는데, 보트나 가구, 캐비닛 등을 만들 때 재료를 자르고 모양을 만드는 데 사용하는 일종의 로봇이다. 인간이 가진 재능이나 노력을 무시하지 않고 오히려 메이커의 움직임을 확대하고자 고안한 기계다. 전문적이고 기술적인 부분은 잘 모르겠지만, 홀에 따르면 숍봇은 수백만 고객들을 위해 똑같은 품목을 정확히 있는 그대로 반복해 찍어내는 대량생산용 로봇과는 대조적으로 사용자가 그때그때의 소비자들의 주문에 따라 생산방식을 변경할 수 있다. 기술이 발전해 오늘날에는 숍봇과는 비교할 수도 없는 첨단 설비들이 많이 나와 있다. 이런 도구들은 사용자의 제작 의도를 구현하는 데 특화돼 있다.

■ 생산수단을 소유하는 힘 ■

캘리포니아 주 오클랜드의 디자이너 제프리 맥그류(Jeffrey McGrew)는 건축가 교육을 받은 사람으로 항상 뭔가를 만드는 것을 꿈꾸고 있었다. 아니면 최소한 그럴 이유를 갖고 있었다. 하지만 글로벌 건축 회사에서 일하는 그의 직업은 그저 빠르고 싸게 마무리하고 다음 업무로 넘어가면 그만이었다.

"뭔가를 만들 수 있기를 바라면서 여러 해 동안 학교를 다녔죠. 그리고 졸업해 일자리를 얻었는데 엉뚱한 일을 하게 된 겁니다. 영혼이 갉아 먹히는 기분을 느꼈지만 인간은 적응의 동물이라 서서히 동화돼갔죠. 그래도 언젠가 내가 만들고 싶은 걸 만들겠다는 희망을 품고 몇 년 더 일을 했습니다. 내가 어떤 사람이고 무엇을 좋아하는지는 중요하지 않았어요. 일에는 더 능숙해졌습니다. 그런데 해결이 안 되더라고요. 뭘 만들고 싶다는 욕구를 억누를 수 없었습니다."

결국 맥그류는 자신의 아내이자 그래픽 디자이너인 질리언 노스롭(Jillian Northrup)과 상의한 뒤 7,000달러를 들여 숍봇을 구입했다. 그것으로 뭘 만들지 생각하지 못했지만 일단 저지르고 봤다. 왠지 숍봇이 자신들이 있던 자리보다 의미 있는 곳으로 이끌어줄 것 같다는 확신이 들었다. 몇 번의 시행착오 끝에 그들은 자신들이 쓸 소소한 물건을 만들기 시작했고 그 다음에는 친구들, 그런 다음에는 친구들의 친구들에게 물건을 만들어줬다. 숍봇을 이용해 책상, 조명 기구, 책꽂이, 커피 테이블 등을 제작했는데, 시간이 흐르면서 점차 사무실, 거실, 식당, 학교와 같은 공간에 관심이 생기기 시작했다. 그 즈음

지인이 아닌 일반 소비자들에게도 종종 만든 물건을 팔았다. 재주문이 들어오기도 했고 소개받았다며 새로운 고객이 연락해오기도 했다. 그렇게 수요가 늘자 아무래도 회사를 시작해야 할 때가 됐다는 생각이 들었다. 그들은 바로 실행했다. 회사 이름은 '우리는 할 수 있으니까(Because We Can)'로 지었다. 맥그류의 아내 질리언 노스롭은 이렇게 설명했다.

"큰 회사를 위해 일한다면 그 회사의 비전을 실현해줘야 하겠죠. 우리는 우리의 비전을 실현하고 싶었습니다. 전통적인 제조업을 추구했다면 못했을 거예요. 우리는 두 사람 모두 디자이너라 뭔가를 그려볼 수 있었어요. 여기까지 큰 문제는 없죠. 그런데 실제로 제품을 생산하려면 공장에 위탁해야 하는데, 만약 프로젝트가 난해하거나 생산 라인과 맞지 않으면 못 만들어요. 만들 수 있더라도 추가 비용이 엄청나게 발생할 겁니다. 숍봇 덕분에 그럴 필요가 없던 게 정말 감사하더라고요. 많이 연구했어요. 숍봇은 기존 공장들의 생산 라인처럼 정해진 것만 작업할 수 있도록 설계돼 있지 않고 사용자가 그때그때 다르게 세팅할 수 있어서 범용성이 매우 뛰어났습니다. 이런 도구를 활용하면 아이디어를 현실로 만들어낼 수 있어요. 정말 대단한 일입니다."

맥그류는 자신들의 회사를 로봇 제어 제작방식을 사용하는 건축가, 예술가, 디자이너, 제작자의 혼합체로 묘사했다. 마치 1970년대 펑크(punk)와 비슷하다고 이야기했다. 그 시절에는 수많은 음악가, 디자이너, 예술가, 작가들이 새로운 자기표현을 위해 분투했었다. 그는 이렇게 덧붙였다.

"펑크 이전의 시대에는 대형 음반사와 계약하려면 유명 스타여야만 했죠. 그런데 펑크가 바꿔놓았습니다. 열정만 있다면 누구나 음악을 만들게 됐으니까요. 더구나 그들이 꼭 돈을 벌기 위해 음악을 한 것은 아니지만 일부는 펑크로 먹고살 수 있게 됐죠. 우리도 그렇습니다. 아무리 생각해도 펑크네요. 펑크 제조업이라고나 할까요. 값싼 하드웨어와 값싼 소프트웨어 그리고 인터넷 덕분에 우리 모두가 물건을 만들 수 있게 됐습니다. 만약 이런 움직임이 널리 퍼져 우리 회사 같은 작은 회사들이 많이 생겨나면, 인터넷만큼이나 커다란 변화를 몰고 올 수 있으리라고 생각합니다."

19세기의 철학자이자 수필가 랄프 왈도 에머슨(Ralph Waldo Emerson)은 엄격하게 실용주의적인 기준으로 가치를 판단하는 것에 심한 반감을 표현했던 것으로 유명하다. 그는 사람을 사람 자체가 아닌 생산성으로 평가하는 세태를 넓은 대양을 바라보면서 그 속에 있는 물고기들의 가격만 생각하는 것에 비유했다.[82] 그의 선견지명은 매우 놀라운데, 당시의 공장 시스템이 작업을 아주 작은 단위로 쪼개고 노동자들로부터 인간성을 앗아간다고 경고했다. 에머슨은 이렇게 적었다.

"이 사회가 만들어낸 상황은 인간 본연의 가치와 단절시킴으로써 고통을 야기한다. 수많은 괴물들이 서성거리게 될 것이다. 손가락, 목, 배, 다리, 팔꿈치를 갖고 있으나 하나같이 사람은 아니다."[83]

메이커, 즉 생산자 중심 운동은 지나친 전문화를 통해 전체의 일을 일련의 의미 없는 조각들로 나누고 위축시키면서 노동자들을 기계 부품으로 전락시킨 기존의 생산 과정에 대한 반격이다. 디지털 제작 기술은 흩어졌던 우리의 자아가 총체적 자아로 합쳐지도록 돕고, 지식과 기술을 획득하는 동안 재능과 본능을 일깨우도록 해줄 것이다. 뭔가를 만드는 행위는 생각에 영향을 미치고 생각 역시 만드는 행위에 영향을 미친다. 이와 관련해 국방분석연구소(Institute for Defense Analysis)는 이렇게 예측했다.

"2030년 무렵에는 디지털 제작이 매우 강력해져서 전통적인 제조업에 대한 본격적인 도전으로 떠오를 것이다."[84]

벨트와 같은 사람들에게는 멋진 소식이다. 하지만 메이커 운동을 향한 긍정적 견해만 있는 것은 아니다. 이들은 오히려 디지털 기술의 발전 그 자체를 우려한다. 노벨경제학상 수상자 마이클 스펜스(Michael Spence)는 이렇게 자신의 우려를 표명했다.

"디지털 테크놀로지라는 거센 파도가 점점 더 복잡한 업무에까지 인간의 노동을 대체해가고 있다. 이 같은 혁신은 제품의 생산으로까지 뻗어나가고 있는데, 로봇과 3D 프린터가 마찬가지로 인간의 노동을 대체하고 있다."

스펜스는 전통적인 제조업이 태생적으로 노동집약적이라는 중요한 사실을 지적하면서 아무리 아웃소싱되는 노동이라고 해도 그것이 미국 안에서 이뤄진다면 여전히 수억 명의 사람들에게 일자리를 제공할 수 있다고 강조한다. 그에 따르면 최소한 이론적으로는 디지털 제작방식은 어떻게든 노동에 대한 필요성을 감소시킨다는 것이다. 최초의 디자인이 완성되고 나면 이 소프트웨어를 복사하는 데 필요한 추가 비용은 근본적으로 0이다. 제작하거나 유지하기 위해 판을 다시 짜는 게 아니므로 노동을 투입할 필요가 없다는 논리다. 인건비와 운송비 등도 역시 감소한다. 제품을 수송할 필요 없이 완성된 디자인 파일을 보내 찍어내면 되기 때문이다. 본질적으로 디지털 제작방식은 기존에 있던 거의 모든 과정을 생략시킨다. 그렇기 때문에 오히려 일자리 창출에 악영향을 미친다는 이야기다. 스펜스는 이렇게 결론을 맺었다.

"전세계의 가치 있는 노동력 가운데 사용되지 않던 부분에 접근해 배치시키도록 기업을 유도한 디지털 테크놀로지의 앞선 파도와는 다르게, 이번 파도는 노동의 대체를 통한 비용 절감으로 이어질 것이다."[85]

스펜스의 논점은 개발도상국뿐 아니라 모든 나라가 경제성장 모델의 방향을 그쪽으로 다시 잡아야 한다는 것이다. 스펜스의 우려는 따뜻하게 느껴진다. 인류에 대한 애정이 담겨 있기 때문이다. 우리는 그의 말에도 귀 기울일 필요가 있다. 여전히 바뀌지 않는 오래된 경제 모델은 다시 한번 기술의 도전을 맞이하게 됐지만 그 결과가 어떤 식으로 흘러갈지는 아직 아무도 모른다. 다양한 관점에서 예측만 할 뿐이다. 핵심은 그로 인해 무엇이 의미 있는 일을 만드는가에 관한 우리의 생각 또한 도전에 직면해 있다는 사실이다. 나는 모든 사람에게 생산 수단을 소유할 수 있는 기회가 온다면, 다시 말해 개인이 생산자가 된다면 힘의 균형이 이동할 가능성이 매우 높아진다고 생각한다. 쉬운 예로 우리가 일상적으로 사용하는 프린터를 생각해보자. 지금은 아무렇지도 않게 컴퓨터에서 프린터를 통해 인쇄물을 출력하지만 예전에는 문구점이나 복사점에서 돈을 받고 서비스했다. 갖고 싶고 만들고 싶은 물건을 얼마든지 3D 프린터로 출력(제작)할 수 있는 시대, 거실에 TV를 놓듯 집집마다 3D 프린터가 일반 가전제품이 되는 시대를 떠올려보면 이 장에서 왜 이 주제로 이야기를 풀어갔는지 이해할 수 있을 것이다. 에드워드 제이콥스는 내게 이런 말을 했다.

"누구나 사람들에게 도움이 되는 제품을 생산할 수 있다는 사실을 알게 된다면 세상을 지배해온 관료주의는 더 이상 설 자리가 없어질 것입니다. 우리의 비전에 동의해줄 필요도 없고 우리가 동의해달라고 부탁할 필요도 없겠죠. 우리가 그냥 만들면 되니까요. 확신컨대 큰 기업들이 어쩔 수 없이 노동자들에게 능동적으로 반응하고 그 노동력을 존중하는 방향으로 변화할 것입니다. 모든 정황들이 일 자체를 변화시키고 있어요. 우리와 같은 사람들 뿐 아니라 모든 사람들의 일을 본질적으로 변화시키고 있습니다."

제14장
호모 파베르

자유시장에도 가끔은 심판이 필요하다.[86]

_바이런 도건(Byron Dorgan)

■ 회사 단위가 아닌 동종업계의 연대 ■

몇 년 전 메인 주 주지사 폴 르페이지(Paul LePage)가 비밀리에 지시를 내려 메인 주 노동부 건물 벽에 설치된 약 11미터 길이의 벽화를 철거했다. 이 벽화는 미국 연방 노동부 후원으로 메인 주 출신의 화가가 그린 작품인데, 20세기 초반 미국 노동자들의 실상을 묘사한 그림이었다. 서로 연결돼 있는 11개의 판으로 구성된 이 벽화에는 유독가스가 입으로 들어오는 것을 막기 위해 손수건으로 입을 가린 채 일하고 있는 섬유 공장 노동자들, 점심식사가 든 바구니를 질질 끌고 가는 어린이들, 조선소에서 유니폼을 입고 작업하고 있는 여성 용접공들 등의 그림이 그려져 있었다.

벽화는 대부분의 시민들에게 감동적인 작품으로 받아들여졌다. 그러나 르페이지에게는 모욕이자 혐오의 대상이어서, 예전부터 그는 벽화가 "지나치게 노동 친화적"이라고 폄훼했다. 그곳 주민이자 영화 미술감독 헬렌 라스무센(Helen Rasmussen)은 벽화를 임의적으로 철거한 그를 일컬어 "어리석고 멍청한 짓을 했다"고 비판했다. 라스무센은 벽화가 표현한 노동자들과 자신을 동일시하고 있었다. 그 또한 손재주로 먹고사는 사람이었다. 영화 〈아메리칸 허슬(American Hustle)〉 〈남성 전용 회사(In the Company of Men)〉 〈라스트 사무라이(The Last Samurai)〉와 TV 드라마 시리즈 〈매드맨(Mad Men)〉 등 다양한 작품에서 미술을 담당했다. 그는 침상, 조명 기구, 양탄자, 커튼, 베개와 같은 소품들을 선택하거나 제작해 작품의 장면에 맞춰 촬영 세트를 꾸민다.

하지만 메인 주의 벽화에 그려진 노동자들과는 달리 그는 공장에서 일하지 않고 포틀랜드(Portland)에 있는 자신의 자택 겸 스튜디오에서 작업하고 있다. 그렇다고 해서 그가 늘 혼자 일하는 것은 아니다. 어찌 보면 혼자 작업하는 것과는 거리가 멀어도 한참 먼 사람이다. 그는 무대예술 피고용인 국제연합(International Alliance of Theatrical Stage Employees, IATSE)과 미국, 미국령, 캐나다 예술가 및 공예가 동맹(Artists and Allied Crafts of the United States, Its Territories and Canada)의 자랑스러운 회원이다. 라스무센은 그의 직업생활을 가능케 해주는 곳이 바로 IATSE라고 말했다.

"IATSE가 없었다면 내가 지금 어떻게 돼 있을지 알 수가 없어요."

지난 반세기 내내 미국의 민간 분야에서 노동조합을 재건할 목적으로 연방 법률을 개정하려고 했던 시도는 대부분 실패했다. 실패의 밑바닥에는 근본적이고 고질적인 문제가 깔려 있었는데, 바로 단체교섭이다. 표준화된 산업 생산 시대에 맞춰서 세워진 단체교섭은 고용주와 노동자를 대표하는 그룹이 특정 시설, 일반적으로는 공장 내 모든 조건과 제반 사항을 결정하는 일이다. 하지만 불행히도 이 제도는 오늘날처럼 적은 인원의 노동자들이 제조업에서 일하는 경우에는 득보다 실이 많다. 실제로 현재 미국에서 단체교섭의 도움을 받고 있는 사람들은 너무 소수여서 제도라고 부르기도 민망할 정도다.

앞에서 언급했듯이 노동조합이 없는 경우 일터의 제반 조건은 고용주의 일방적인 통제 아래 들어가기 때문에 개인들이 의미 있는 협상을 벌일 만한 힘은 거의 갖고 있지 못하다. 세계 경제에서 노동자들을 단결시키고 협상력을 유지시켜주기 위해 새로운 구조가 필요하다는 논리를 노동계는 옹호하고 있다. 그러나 옹호자들조차 산업 시대의 노동조합이 이제는 그 힘을 상실했다는 사실을 무척 잘 알고 있기 때문에 시도할 수 있는 많은 대안들에 관해서 고려하지 못하는 경우가 있다. 대안 가운데 가장 유망한 것은 기업 단위로 협상을 벌여 기준을 정하는 조직이 아닌 산업체 전반을 대표해 협상하는 조직이다. 이런 측면에서 영화의 여명기인 1893년에 일찌감치 결성된 IATSE는 시대에 한참 앞선 조직이라고 할 수 있다.

다른 민간 분야의 단위 노동조합들과는 대조적으로 IATSE는 지난 몇 년 동안 회원 수를 계속 늘려왔다. 조명 기술자, 소품 담당, 미술 담당, 애니메이션 작가, 메이크업 담당, 극장 안내원에 이르기까지 구석구석에서 일하고 있는 노동자들의 요구를 최대한 반영하려는 노력을 통해 얻어낸 결과다. 라스무센은 IATSE의 성공 요인을 개방성에서 찾는다. 변화무쌍한 이 바닥에서 일하는 사람들을 모두 수용했기 때문이라는 것이다. 라스무센은 이렇게 말한다.

"영화 산업은 급작스럽게 뭔가에 빠져들곤 하는 사람들도 가득한 곳입니다. 나 또한 그런 사람들 중 한 명이죠. 예술학교를 중퇴한 뒤 웨이트리스로 일했어요. 기술은 갖고 있었지만 학교나 교육 과정을 통해 배운 것들은 아닙니다. 어머니가 나와 내 동생에게 바느질하는 법을 가르쳐주셨는데, 내게 희망의 문을 열어 준 것이 바로 바느질이었어요. 나는 손으로 하는 일을 정말 좋아하고, 뭔가를 만들거나 고칠 수 있다는 것을 자랑스럽게 여깁니다. 사람들은 스스로 능력이 있는 사람이라고 느끼길 바라죠. 어딘가에 기여할 수 있으면 좋겠고 유용한 존재가 되기를 원하잖아요. IATSE 덕분에 그럴 수 있어서 행복합니다. 꽤 괜찮은 삶을 살고 있다고 생각해요."

르페이지 주지사가 벽화를 철거할 때 그에게 명분이 없었던 것은 아니었다. 그때는 2011년이었고, 대부분의 미국인들이 노동조합을 불신하던 시기였다. 높은 보수를 받는 조합 임원들의 부패와 그들의 지배 권력 속에서 일어나고 있는 경제 침체를 체감하고 있을 때였다. 르페이지와 마찬가지로 많은 사람들이 시장이 이끌어가는 자유시장경제를 지지하면서 개개인이 자신의 역량과 성과를 근거로 고용주들과 자유롭게 협상을 벌이려 하고 있었다. 당시 집과 승용차 등을 공유하는 서비스가 나오면서 이른바 '공유경제'가 막 자리 잡기 시작했으며, 일부 사람들은 노동조합의 지겨운 힘 싸움에서 벗어나길 원했다. 그런데 최근 들어 이런 생각에 다시 큰 변화가 생겼다.

2017년 기준 노동조합에 대한 대중의 지지는 10년 만에 최고 수준으로 올라 약 60퍼센트가 긍정적으로 평가했다. 특히 18~25세 연령대 노동자들의 지지가 높아서 약 75퍼센트가 호의적인 관점을 갖고 있는 것으로 조사됐다.[87] 이 같은 변화의 이유 중 하나는 노동조합 가입률이 최고조에 달했던 1970년대 이후 전체 소득 중 노동소득이 차지하는 비중이 급격히 낮아졌다는 사실을 대중이 인식했기 때문이다.[88] 노동자들을 대변하는 단체가 없다면, 아무리 경제가 활성화되더라도 정당한 보상을 요구할 수 있는 노동자들은 별로 없을 것이다. 밀물이 들어온다고 해도 모든 배가 떠오르는 것은 아니듯 말이다.

공장 일자리가 줄어드는 상황을 모든 사람들이 애석해하는 것은 아니다. 이들 중에는 실제로 공장에서 일했던 노동자들도 다수 포함돼 있는데, 이들 중 약 25퍼센트는 시간당 12달러도 받지 못하고 있다.[89] 하지만 그들도 한때 공장의 일자리가 제공해주던 것들을 그리워하고 있다. 동료들과 어울려 모두 함께 공동의 관심사를 키워나갈 수 있던 그 시절. 헬렌 라스무센처럼 주로 혼자 일하는 사람들조차 비슷한 성향을 가진 사람들과 연대해 일할 때 최고의 결과를 낳을 수 있는 것이다.

그렇지만 어떤 사람들에게는 오히려 독립적으로 일하겠다고 선언하도록 만들어준 기술의 진보가 보다 나은 삶을 가꾸는 데 도움이 된다고 생각할 수도 있다. 이와 걸맞은 사례가 다름 아닌 부동산 사업 분야다. 미국 내 직업만족도 순위를 보면, 부동산 중개인은 갖가지 기준을 모두 적용해도 '미국에서 가장 행복한 직업군'에 든다.[90] 부동산 중개인들이 자신의 일에 만족하는 이유는 무엇일까? 여러 가지가 있겠지만 이를 더 깊이 있게 살펴보기 위해서는 실제로 부동산 중개업을 하고 있는 사람을 만나 직접 물어보는 게 확실할 것이다.

■ 같은 직업을 가진 이익단체들 ■

내가 존 비글로우(John Bigelow)와 약속을 잡기 위해 전화했을 때 그는 막 큰 계약을 끝낸 참이었다. 그는 보스턴 외곽의 부유한 마을 뒤편에 깊숙이 자리 잡고 있는 식민지 시대 풍의 침실 5개짜리 재건축 주택 거래를 성사시켰다고 했다. 그는 내게 1주일 뒤 그 저택에서 만나자고 했다. 그날 나는 약속 장소에 먼저 도착했다가 고급 재규어 승용차에서 내리는 그와 마주쳤다. 그는 폴 스튜어트(Paul Stewart) 장화와 에르메스(Hermes) 넥타이를 착용하고 있었으며, 손목에는 돈이 있어도 구하기 어려운 롤렉스의 전설적인 명품 세르카 1977(Circa 1977)을 차고 있었다. 나의 놀라는 표정을 본 그가 웃으면서 말했다.

"하하, 뭘 그렇게 신기하게 쳐다보십니까? 나는 제 값 내고 물건 사는 걸 질색합니다. 재규어는 고객 한 분한테 500달러 주고 샀는데 차가 전혀 움직이지 않아서 수리하는 데 한 1,200달러쯤 들였을 겁니다. 신발은 백화점 할인할 때 구입했고, 이 시계와 넥타이는 골동품 수집가하고 맞바꾼 겁니다. 맞바꾼 골동품도 이사하는 집에서 버리려고 집 밖에 내놓은 물건들 틈에서 찾았더랬죠. 사람들이 버리고 가는 물건 중에 어떤 것들이 있는지 보면 믿지 못하실 겁니다."

비글로우는 덩치가 작고 어려 보였는데 반백의 머리칼을 바람둥이처럼 펄럭이고 있었다. 날씨가 좋을 때면 그는 스포츠 재킷을 입고 스카프를 두른 뒤 자전거로 도시를 누비고 다닌다. 그는 대학에서 아시아 문화와 중국어 만다린을 전공하고 베이징으로 건너가 첫 번째 직장을 잡았는데, 분광계와 광학 장비를 판매하는 미국 회사의 중국 지점이었다. 몇 년 후 미국으로 돌아와 결혼해 가정을 꾸린 그는 곧 다른 회사에 입사했다. 그런데 회사가 대기업에 흡수되면서 직원들을 해고하기 시작했다.

"내가 계속 회사에 남기를 원한다면 가족과 함께 스위스로 파견 근무를 나가야 한다더군요. 베이징에서도 일해봤는데, 또 외국이라뇨. 싫더라고요. 그래서 그냥 그만뒀습니다."

당시 비글로우는 젊은데다 자신의 학위, 중국어, 여러 경험에 자신만만해하던 때라 당연히 중국과 관련된 무역업 같은 일자리를 구할 수 있을 거라고 생각했다. 그러나 그 생각은 잘못된 것이었다. 여러 달이 지나고 또 다시 여러 달이 지났다. 공과금 청구서가 꾸준히 날아와 쌓이면서 그의 확신도 꺼져갔다.

"하는 수 없이 부동산 공인중개사 자격증을 땄습니다. 자기방어적인 것이었죠. 부동산에 관심이 있던 것도 아니었고요. 내게는 나름의 자부심이 있었고 언제든지 내 능력을 펼칠 수 있으리라 믿었습니다. 베이징 일도 꽤 괜찮았거든요. 그런데 이제 부동산으로 무슨 능력을 펼칠 수 있을까… 어쨌든 그때 처음 내 생각은 그랬어요."

비글로우가 두 번째로 했던 생각은 베이징에서의 첫 직장이 그가 생각한 것만큼 멋지진 않았다는 것이었다. 이국을 자유롭게 여행하고 거래처 중국인들과 어울려 맛있는 것도 많이 먹었지만, 사실 그런 특전은 한편으로는 사소한 것이었고 회사에서 마시는 공짜 에스프레소나 다름없는 것이었다. 문제는 일 자체인데, 업무로만 보면 별로였다. 영업직이라 주로 사람을 응대하는 일이었고, 공항으로 고객을 마중하거나 호텔로 모시는 등 대부분 다소 굽실거려야 하는 일이었다. 그런 걸 못 참는 성격은 아니었지만 어쨌건 항상 유쾌할 수만은 없었다.

"그래도 늘 고객이 만족하도록 최선을 다했어요."

하지만 돌이켜보면 다른 사람들 기분을 맞추거나 그들을 기쁘게 해주기 위해 하던 것들이 스스로에게는 별로 행복하지 않은 일이었다. 내부 경쟁도 심해서 이른바 정치를 해야 했고 동료들과 절교한 적도 있었다. 그는 잠시 말을 아끼다가 용기를 내어 최악의 경우도 고백했다. 자신을 보호하기 위해 동료 직원이 해고당하도록 한 적도 있다고 했다.

"그때는 일자리를 잃으면 안 된다는 생각밖에 없었습니다. 아니, 좀 더 정확히 말하면 자존심이 상했죠. 거래처 접대 시 회사에서 금지하고 있는 것들이 있는데, 그 친구 몇 번을 그러더라고요. 그런데도 실적은 저보다 좋았어요. 나도 모르게 회사에 보고해버렸죠. 내 자리를 지키고 싶다는 욕망이 강해지니 생존 본능이 나오는데 그것이 내면의 교활함을 깨우더라고요. 잔인함, 난폭함, 변덕스러움… 끔찍한 것들인데. 사실 미국으로 돌아온 것도 그때의 일이 자꾸 걸리고. 이후로는 절대로 그러지 말아야지 다짐했습니다. 다행히 없었어요. 이제는 일상이 즐겁습니다. 부동산 업계에서 우리는 자유로운 사람들이고 오직 고객들에게만 책임을 지거든요. 이게 얼마나 큰 건지 이해하실지 모르겠는데, 어깨 너머로 우리를 감시하는 사람은 아무도 없습니다. 일이 규칙적이지는 않습니다. 어떨 때는 주말에도 쉬지 못하죠. 그런데도 스트레스는 거의 없어요. 독립적이고 자유로우니까요. 일이 잘못돼도 나만 잘못

되면 되고요. 그리고 이 일에서 굉장히 많은 부분을 차지하는 게 사람들을 도와주는 겁니다. 그리고 신뢰를 얻죠. 그런 데서 보상을 얻습니다. 그게 좋아요. 마지막으로 누군가를 위해서 일하는 게 아니라는 것, 이것도 크죠."

부동산 거래는 그에게 자주성과 자부심을 가져다주면서 사람들과의 관계를 쌓을 수 있도록 해줬다. 그는 이 모든 것이 자신의 행복한 인생을 떠받치는 기둥들이라고 말했다. 그에게 지금의 일자리는 위험과 기회가 상존하는 보물찾기 같은 사업은 아니었다. 성실한 만큼 보상을 해주기 때문이다. 또한 그가 자유로운 영혼인 것은 틀림없지만, 현실적으로 자유로운 직장인은 아니다.[91] 대부분의 공인중개사들과 마찬가지로, 그 또한 매일같이 촘촘하게 짜여 있는 네트워크의 전국망과 지역망에 접속하고 있다. 문자메시지와 휴대전화가 그의 생명줄이다. 결정적으로 그도 전미공인중개사협회(National Association of Realtors) 소속의 회원이다. 이 협회의 회원은 120만 명이나 되며 미국 내에서 매우 막강하고 영향력 있는 로비 단체 중 하나다. 이런 측면에서 보면 그는 거대 규모의 노동자 사회의 한 부분이며, 그 사회는 그가 하고 있는 일의 가치를 지속시키기 위해 지원해주고 있는 것이다. 자격증을 요구하는 직종들은 대개 이와 비슷하다. 의사들은 오래전부터 미국의료협회(American Medical Association)의 지원을 받고 있으며, 교사들에게는 전국교원협회(National Education Association), 변호사들에게는 미국변호사협회(American Bar Association)가 있다. 물론 모든 의사와 교사 그리고 변호사들이 이와 같은 단체에 소속된 것은 아니지만, 대부분의 사람들은 이런 조직들이 그들의 이해관계를 대변하고 있다고 믿는다. 그렇다고 해서 이 직종에서 일하는 모든 사람들이 행복하다는 의미는 아니다. 대기업에 고용돼 있는 젊은 변호사들은 그들의 일에 실망하고 있는 경우가 많으며, 젊은 의사들 역시 외떨어진 곳에서 의료 행위를 하면서 고통받고 있다. 그래도 이와 같은 단체들이 최소한의 보호를 지원하고 있다. 이는 다른 분야에서 일하고 있는 파견 근무자들의 절대 다수가 누리지 못하고 있는 특권이다.

　전세계 노동자들이 점점 줄어들고 있는 기회를 두고 서로 싸우거나 조직에서 벗어나 분열돼 있는 소수의 노동자 집단들은 희망이 없어 보인다. 전통적인 노동조합들이 젊은 노동자들을 새로 끌어오는 데 실패하고 있기 때문에 디지털 경제의 시장이 요구하는 도전에 보다 적합한 새로운 조직들이 성장하면서 그 격차를 메우려고 하는 것은 바람직한 일이다.

■ 21세기형 노동조합과 공유오피스의 효과 ■

　새라 호로위츠(Sara Horowitz)는 25년 전 이와 같은 도전을 맞이해 최전선에 섰던 프리랜서연합(Freelancers Union)의 임원이다. 그는 사회에서 첫 일자리를 얻자마자 자신이 자영업자 신분으로 고용돼 퇴직연금도, 건강보험도, 정기휴가도, 직업안정성도 보장받지 못한다는 사실을 알게 됐다. 그는 2명의 다른 동료들과 함께 이에 대한 반발로 임시직노동자연합(Transient Workers Union)을 결성하면서 "노동조합이 있으면 우리는 약하지 않다!"라는 슬로건을 내세웠다. 하지만 이는 두고두고 농담거리가 됐다. 임시직노동자연합은 노동조합으로 인정받지 못했고 그는 첫 직장에서 해고됐다.

　호로위츠의 할아버지는 국제여성복노동자연합(International Ladies' Garment Workers' Union)의 부회장이었으며, 그의 아버지는 노동조합 소속 변호사였다. 그렇지만 호로위츠 자신은 한때 번영했던 노동조합이 되돌아올 것이라는 향수 따위는 품지 않았다.

　"사람들이 사방에 흩어져 있으면 단체교섭권을 행사할 수 없습니다. 노동의 본질이 바뀌었어요. 사람들은 더 이상 직장 수준에서는 이렇다 할 수단을 갖고 있지 않습니다. 그렇다면 새로운 방법을 찾을 필요가 있는데, 문제는 그 새로운 방법이 무엇이냐 하는 것입니다."

과거에는 한 산업에서 일하는 수많은 노동자들이 모두 연대해 일자리를 박차고 나갈 준비를 하던 시절도 있었지만, 이제 더 이상 그때의 그런 사람들은 없다. 그렇기 때문에 호로위츠는 하나의 조직 안에서나 특정 산업 내에서 조직을 만들려고 하지 않고 다양한 사업 분야로부터 노동자들을 끌어들였다. 컨설턴트, 회계사, 유모, 작가, 웹디자이너, 법률가 등 다양한 사람들이 그가 프리랜서연합이라고 부르는 공동체로 모여들었다.

프리랜서연합은 오늘날 가장 빠르게 성장하고 있는 노동 단체로 이미 몇 건 자랑스러운 승리를 맛봤다. 아마도 그중에서 가장 널리 알려진 것은 뉴욕 시의회가 통과시킨 이른바 '프리랜서는 공짜가 아니다 법(Freelance Isn't Free Act)'일 것이다. 고용주가 800달러 이상의 가치가 있는 작업을 맡기는 경우 의무적으로 문서화된 계약서를 만들어야 하며, 그 계약에 따라 지급기일을 준수해야 한다고 강제한 법이다. 그래도 여전히 해야 할 일은 많이 남아 있다. 호로위츠는 이렇게 말했다.

"우리의 가장 큰 이슈는 사람들이 충분한 일거리를 확보하게 하는 것입니다. 이를 위해 우리에게는 새로운 구조와 새로운 전략이 필요합니다."

향후 10년 이내에 미국인들 가운데 약 50퍼센트는 최소한 근무 시간 중 일부라도 독립적으로 일하게 될 것으로 전망하고 있으며, 이런 경우 프리랜서연합은 약간의 보호 장치를 제공해줄 수 있다.

미네소타 주 미니애나폴리스 출신의 사업가 카일 쿨브로스(Kyle Coolbroth)는 이런 일에 대한 수요가 가장 중요한 요소라는 호로위츠의 의견에 동의하고 있으며 수요를 만들기 위한 새로운 전략이 필요하다는 의견에도 동의하고 있다. 그런데 흥미 있는 사실은 그의 전략은 단순히 새로운 기술에만 의존하는 게 아니라 사람들을 모으는 것, 공간적으로 모으는 것에도 의존하고 있다. 그는 이렇게 이야기한다.

"내가 살고 있는 동안 일과 그 평가방식이 완전히 바뀌었습니다. 예전에 사람들은 그가 다니는 직장, 직업, 경력 같은 것들로 평가를 받았습니다만 이제는 그런 것들이 무너지고 있습니다. 밀레니얼 세대는 단 한 가지 기술로만 삶을 꾸려가지도 않고, 단 하나의 회사에서만 일생을 보내는 것도 기대하지 않습니다. 그들은 사람들이 어디에서나 일할 수 있고 누구와도 협력할 수 있는 그런 세상에서 살고 있습니다. 나도 그런 세상을 계속 만들어가고자 합니다."

쿨브로스는 한때 개인 건축가로 일한 적이 있었는데, 언제나 자신을 다른 사람보다 더 낫다고 광고하고 영업해야 한다는 압박 때문에 질식할 것만 같았다. 친구나 동료들도 그와 같은 생각이라고 말했다. 그래서 그는 동업자 한 사람과 함께 다양한 회사, 벤처 기업, 프로젝트에서 일하는 사람들이 한 지붕 아래에서 모이는 물리적 공간을 설계했다. 이 사람들은 같은 회사에서 일하는 것도 아니었고 심지어는 같은 산업에 종사하지도 않았기 때문에 그들의 문화에서는 '팀워크'를 찾을 수 없었지만, 다양한 배경, 기술의 조합, 같은 비전을 가진 사람들이 모여 서로의 부족한 점을 도왔다. 이 전략은 당연히 '동지애'를 불러일으켰으며, 새로운 접근 방법이나 벤처 기업에 대해 브레인스토밍의 기회가 생기자 그들은 스스로 자신들의 서비스에 대한 수요를 만들어냈다.

쿨브로스가 미네소타의 주도 세인트폴(St. Paul) 번화가에 첫 번째 공유 오피스를 연 지 거의 10년이 지났다. 그가 처음 이 일을 시작했을 때 이곳에는 비슷한 시설은 전혀 찾아볼 수 없었고, 사람들을 끌어들일 수 있는 인구가 뒷받침되지 않는다면 분명히 제대로 작동되지 못하리라는 생각이 지배적이었다. 하지만 이후 공식적인 공유 시설들은 미국과 세계 전역에 보급됐다.[92] 현재 쿨브로스는 5개의 공유 오피스를 공동으로 소유하고 있다. 그중 하나는 최첨단 기술로 도배한 최대 규모의 동화 나라 같은 곳인데, 과거에는 '미니애나폴리스 곡물 거래소'로 불렸던 장엄한 건물의 지하 교역장 전체에 걸쳐 넓게 자리 잡고 있다. 내가 그곳을 잠시 방문했을 때 소프트웨어 디자이너이자 법률가, 분석가이자 마케팅 전문가인 조지 맥고완 3세(George McGowan III)를 만났다. 그는 MBA를 취득하고 컨설턴트로서 엄청난 실적을 쌓은 화려한 경력을 가진 사람이었다. 그가 말했다.

"코워킹(co-working)은 프리랜서 계급의 성장을 상징하는데, 사람들이 자신들이 갖고 있는 재주를 따라가면서 좀 더 상위의 버전을 이야기하지만 주방에 둘러앉아 수다를 떠는 정도는 아닙니다. 이제는 회사들이 도저히 메꿀 수 없는 결원을 채워주고 있습니다. 이런 모델이 IBM을 대체할 수 있을까요? 아마도 그럴 것입니다."

IBM, 고도로 숙련된 고참 직원들을 여러 번에 걸쳐 대량 해고함으로써 악명을 얻었던 이 회사는 대체할 만한 가치가 충분히 있는 경영 모델이다. 이 회사와는 대조적으로, 공유 공간에서의 협업은 수백 만 노동자들에게 큰 호응을 얻고 있으며 이런 호응은 앞으로 더욱 커질 것으로 생각된다. 수년 전에 노동 관련 학자들인 그레첸 스프라이처(Gretchen Spreitzer), 피터 베이스바이스(Peter Bacevice), 린든 개럿(Lyndon Garrett) 세 사람이 〈하버드비즈니스리뷰(Harvard Business Review)〉에 코워킹에 대한 분석을 실은 바 있다.

"코워킹을 위한 공유 공간에는 특별한 무엇이 있는 것으로 보인다. 수년 동안 회사에 속한 피고용인들이 어떻게 발전되는지 연구해온 사람들로서 우리는 이런 공간에 속하는 사람들의 성공 수준이 7점 만점의 등급 척도에서 평균 6점에 육박한다는 사실에 적지 않게 놀랐다."

이 수준은 전통적인 피고용인들에 비해 1점 이상 높은 것이다. 이 논문의 저자들은 조사결과에 놀라서 자신들의 데이터를 두 번 더 확인했다. 실수를 발견하지 못한 이들은 미국 전역에서 협업하고 있는 사람들 수백 명을 대상으로 훨씬 더 심층적인 조사에 들어갔다. 전통적인 사무실 노동자들과 비교했을 때, 코워킹을 하는 사람들은 서로 경쟁해야 한다는 스트레스를 훨씬 적게 받았으며 오히려 서로에 대해 컨설팅을 해줬는데, 이 과정이 그들이 하는 작업을 더욱 뛰어나게 만들었으며 그들 자신에게도 흥미 있는 것이 됐다. 조지 맥고완은 이와 관련해 이렇게 말했다.

"전통적인 회사는 목적 달성을 위한 수단이지만, 코워킹이라는 것은 전혀 다릅니다. 에너지와 몰입과 흥분이 결집되는 것입니다. 협업은 각기 전혀 다른 일을 하고 있지만 동지애를 가진 사람들에 의해서 돌아가는 사회의 위력을 갖고 있습니다. 아이디어야 어디에나 있는 것이니까요."

쿨브로스의 동업자 돈 볼(Don Ball)은 이를 '풍요의 정신세계'라고 묘사했다. 이는 언제나 돌아갈 수 있는 길이 있으며 '너에게 좋은 것은 내게도 실제로 좋은 것'이라는 믿음이다. 그는 이렇게 말한다.

"여기에서는 '팔고, 팔고, 또 팔아라'라는 태도는 통하지 않습니다. 여기에서 통하는 것은 진정성, 관대함, 개방성과 같은 것입니다. 사람들은 받은 대로 돌려줍니다. 당신이 다른 사람들 속에서 당신을 찾아내는 것과 마찬가지입니다."

■ 주주이익 중심주의와 기업의 사회적 책임 ■

코워킹 체제, 21세기형 노동조합, 그리고 다른 형태의 제휴관계는 독립적인 노동을 하고 있는 사람들을 위해 뼈대를 세운다는 희망을 주고 있다. 하지만 아직까지 단일 회사에 고용돼 있거나 앞으로 계속 고용돼야 하는 대다수의 우리는 어떻게 해야 할까? 절반에 가까운 사람들이 5,000명 이상의 직원을 고용하고 있는 거대 기업들을 위해 일하고 있는데 그 사람들은?[93] 역사적으로 우리의 요구는 언제나 다른 출자자들로 인해 뒷전으로 밀려났으며, 다양한 이유로 많은 경제학자들이 예전에 의견 일치를 봤던 사안은 적법하며 무효로 할 수도 없다. 20세기에 금융경제학을 이끌었던 밀턴 프리드먼(Milton Friedman)은 직원들과 지역사회에 투자하는 기업들을 일컬어 "투자자들에게는 소득을 올려주고 고객들과는 좋은 거래를 해야 하는 자신들의 의무를 저버린 것"이라고 주장했다.[94]

그와 동시대의 시카고학파 경제학자들은 대중의 뇌리에 자유시장과 자유 그 자체에 대한 연관관계를 지울 수 없는 것으로 각인시켰다.[95] 하지만 프리드먼조차 완벽한 법률적인 수단을 통한 '보이지 않는 손'의 역할에 대해서는 절대로 간과하지 않았다. 그는 자신의 저서에서 정부의 책임은 기업이 책임을 지도록 '법률적인 골조를 세우는 것'이라고 명시했으며, 사업을 하면서 외적인 비용을 발생시켜 사람들에게 손해를 입히는 경우 이에 대해 보상을 해야 한다고 주장했다. 그는 시장의 힘은 진보를 위한 강력한 수단이지만 모든 시민이 당당한 삶을 살 수 있도록 보장해주는 소득의 분배는 보장해줄 수 없다고 지적했다. 프리드먼은 이런 소득의 불공평한 분배를 보상하기 위해서 저임금 소득자들에 대해 세금을 거두지 않고 거꾸로 지급해주는 '역소득세(negative income tax)'를 제안한 바 있다.

프리드먼의 제안에 따르면 정부는 자격을 갖춘 노동자들에게 정상적인 보수를 지급해야 하며 또한 기업과 노동관행을 규제하는 데에도 중추적인 역할을 해야 한다. 산업계의 리더들은 이에 동의했다. 기업의 경영자들이 세금이나 강제 조치를 즐기기 때문에 그런 것이 아니라, 그들이 반대의 경우 발생하게 될 경제적 붕괴, 사회적 불안, 그들이 생산하는 재화나 서비스에 대한 수요 감퇴와 같은 사태를 두려워했기 때문이다.[96] 이런 문제들을 사전에 피할 수 있는 방법 중의 하나는 어떤 불안이나 모욕도 정당화할 수 있는 충분한 임금이었는데, 이는 포드 자동차의 헨리 포드(Henry Ford)가 제시했던 그 유명한 '하루 일당 5달러'와 같은 것이었다.

또 다른 한 가지 방법은 정부가 사회복지 정책이나 일자리 창출 계획 등을 통해서 노동자들의 지갑으로 직접 돈을 집어넣도록 해서 수요를 자극하는 것이다.[97] 기업들은 이런 제안과 이와 유사한 정책들을 환영했다. 이들은 이 정책들을 지원하기 위한 세금 인상에 동의했으며, 1950년대 법정 법인세율이 50퍼센트를 넘어가 연방 예산의 30퍼센트 이상을 감당했다.[98] 노동자들은 성장한 생산성 중에서 큰 몫을 받았을 뿐 아니라 일반적인 복지에 대한 기업들의 기여로 이득을 본 셈이었다.

오늘날 기업들은 그런 역할을 하지 않으면서 기업의 이익은 매년 역사상 최대치를 경신하고 있다. 그러나 시장과 경제 안정성은 신뢰를 바탕으로 하며, 앞서 우리가 살펴본 바와 같이 대중의 신뢰는 바닥으로 떨어졌다. 이런 상황에 노동계를 옹호하는 사람들만이 아니라 기업 전문가들 역시 관심을 갖게 됐다. 하버드대학교 경제학자 레베카 헨더슨(Rebecca Henderson)은 작업 공정 자동화를 포함하는 기술의 변화에 대해 큰 조직들이 반응하는 방식을 날카롭게 주시하고 있는 사람이다. 그녀의 이야기를 들어보자.

"잘 돌아가고 있는 기업은 인간의 선을 실현하기 위한 강력한 도구입니다. 번영과 자유를 위한 중요한 원천이고요. 하지만 가치에 대한 감각이나 목적의식을 잃는다면 어떨까요? 아무도 사무실에서 탈진한 채 집으로 돌아와 배우자에게 '오늘 주주들에게 돌아갈 몫을 최대한으로 해주기 위해서 더 많은 시간을 쓰는 바람에 늦었어'라고 말할 생각은 하지 못할 것입니다. 아울러 대다수의 사람들이 납득할 수 있는 그런 삶이 아닐 것입니다."

애덤 스미스가 묘사했던 '자본주의의 황금시대'라고 할 수 있는 20세기 중반은 최소한 어느 정도까지는 '상식'의 제한을 받았다고 할 수 있다. 정부, 기업, 노동조합이 어떻게든 상호 이해관계를 위해서 함께 노력했다. 그리고 아마도 의도하지 않은 부수적인 결과였겠지만 공동의 선을 추구했다. 기업은 상품과 서비스를 생산하고 배분할 노동자들을 필요로 했고, 노동자들은 기업이 발행하는 수표책에 의존했다. 정부는 양측 모두 법치주의와 과세의 대상으로 유지할 필요가 있었다. 그렇지만 21세기에 들어 기술 변화라는 쓰나미는 이런 상식이 지탱하고 있던 제한을 쓸고 가버렸다. 자동화와 세계화는 기업이 보다 적은 노동으로 보다 많은 것들을 생산할 수 있도록 만들어줬으며, 강력한 로비를 통해 정부로부터 호의도 사들였다. 이런 변화에 대응할 국가적인 경제 전략이 부재한 상태에서 우리는 정치 시스템에는 기대할 것이 거의 없고 고용주들에게는 더욱 기대할 수 없는 상황으로 내몰린 것이다.

이와 동시에 산업계에서의 잘못된 개인에 대한 이교도적인 숭배는 기업의 리더를 하늘 꼭대기로 끌어올려 그들 중 일부는 대중의 우상이 되기도 했다. 마치 《오즈의 마법사(Wizard of Oz)》에 나오는 커튼 뒤에 숨어 있는 사람들처럼, 이 기업의 '마법사들'은 그들이 대표하고 있는 기업의 실상을 숨기고 있다. 이런 회사들 중에서 상당수가 그들이 약속했던 대로 진정한 가치의 분배를 통해서가 아니라 합병, 주식 환매, 취득, 제2차 분배와 같은 재정적 음모를 통해 벌어들이는 이익에 의존한다. 그리고 공해나 실업과 같은 기업의 의사결정으로 따른 부수적인 피해는 고스란히 사회가 떠안았다. 노동자들의 목소리는 거의 들리지 않았고 그들의 관심사나 요구사항은 간과되거나 무시되다가 선거 때가 돼야 정치인들이 '더 많고 좋은 일자리'를 약속하곤 한다. 이런 약속들의 공허함에 분노한 수천만의 미국 유권자들은 거의 모든 대안을 제거하기 위한 절망적인 시도로 아예 이 시스템의 '폭발'에 투표하는 결과를 초래했던 것이다. 경제학자 헨더슨은 이렇게 말한다.

"사람들, 보통 사람들은 무엇인가 작동되지 않고 있다는 불안한 느낌을 갖고 있습니다. 미국 정치제도들의 쇠퇴를 목격하고 있으며, 이 제도가 건강한 사회로서 시민들의 요구를 제대로 반영하지 못하고 있는 상황도 목도하고 있습니다. 기업의 사회적 의무 그리고 기업이 수행할 수 있는 한계 사이의 격차, 특히 우리가 창출되기를 바라는 일자리에서 얻고자 하는 의미와 기업이

줄 수 있는 것들 사이의 격차는 실로 큽니다."

헨더슨은 기업과 기업의 경영자는 설령 주주들의 이익을 희생하는 한이 있더라도 보다 높은 차원에 있는 자본주의의 이익을 지켜나가야 할 특별한 의무를 져야 한다는 데 동의했다. 그는 위험성이 위태로울 정도로 높다고 지적하면서 수직으로 추락하고 있는 대중의 신뢰는 자본주의 시스템과 민주주의 체제 모두를 약화시키고 있다고 강조했다. 헨더슨이 이런 믿음을 갖고 있는 유일한 사람은 아니다. 2018년 1월 자산 6조 달러를 갖고 있는 세계 최대의 투자펀드인 블랙록(Black Rock)의 최고경영자 래리 핑크(Larry Fink)는 전세계 초대형 상장 기업의 최고경영자 대부분에게 만약 블랙록이 그들의 회사에 투자하기를 기대하고 있다면 먼저 사회적인 이익을 위해 행동해야 한다는 내용을 전달했다. 이때 그가 쓴 내용의 일부는 다음과 같다.

"사회는 상장 기업이든 개인 회사든 간에 사회의 목적에 걸맞게 봉사하는 기업을 필요로 하고 있습니다.⁹⁹ 모든 기업이 오랫동안 번영하기 위해서는 금융적인 측면에서 성과를 올려야 할 뿐 아니라 사회에 어떻게 긍정적으로 기여하고 있는지도 보여줘야 합니다. 기업들은 모든 관련자들에게 이익을 나눠줘야 하는데 여기에는 주주, 종업원, 고객과 함께 그들이 활동하고 있는 여러 사회도 포함됩니다. 어떤 기업이라도 목적의식이 결여돼 있다면 갖고 있는 잠재력을 완벽하게 발휘하지는 못할 것입니다."

그의 직위나 어마어마한 재산을 감안하더라도, 누구나 핑크의 주장에 대해 회의적인 반응을 보일 수 있는 권리를 갖고 있다. 나 역시 분명히 그랬다. 그가 수장으로 있는 회사와 같은 대기업들은 단순히 고객이나 투자자들을 기쁘게 할 목적으로 사회적인 책임에 대해 떠벌였던 적이 많았기 때문이다. 그래도 핑크의 서신에는 큰 무게가 실려 있는데, 특히 블랙록이 자신의 비즈니스 파트너들과 불화를 일으키자 더욱 무겁게 느껴졌다. 예일대학교 경영대학원 부학장 제프리 소넨펠드(Jeffrey Sonnenfeld)는 〈뉴욕타임스〉와의 인터뷰에서 "핑크의 행동은 기업과 투자 산업 전체에 대한 벼락같은 회초리(lightning rod)"라고 말했다.

핑크는 여기에서 한 발 더 나아가 기업뿐만 아니라 일반 대중에게도 의견을 피력했다.

"많은 정부들이 퇴직이나 사회 간접자본 투자에서부터 자동화나 노동자 재교육에 이르기까지 다양한 문제에 당면해 미래를 준비하는 데 실패하고 있습니다. 이에 대한 당연한 보완으로 우리 사회는 대기업들이 민간 분야에 관심을 돌려 보다 광범위한 사회적 관심사에 반응해주기를 더 많이 요구하고 있습니다."

그는 계속해서 이런 '반응'을 하지 못하는 기업들에게 경고했다.

"궁극적으로는 각 기업에서 주요한 위치에 있는 사람들이 그 활동 자격을 잃게 될 것입니다."

핑크가 언급한 '활동 자격'은 경영학자들이 '3대 최종 결과(triple bottom lines)'라고 부르는 것과 관련이 있다.[100] 이 용어는 1990년대에 만들어진 것으로서 목적지향적인 기업이 추구해야 할 '3개의 P', 즉 '이익(profit)', '사람(people)', '지구(planet)'를 의미한다. 모든 기업이 이 3개의 목표를 받아들이고 있는지는 불분명하지만, 헨더슨은 만약 기업의 경영자들이 자유롭게 선택할 수 있다면 보다 많은 기업들이 그렇게 할 것이라고 말했다. 그리고 이렇게 덧붙였다.

"그러나 그런 방향으로 나아가도록 허용하는 비즈니스 모델이 턱없이 모자랍니다."

제이 코엔 길버트(Jay Coen Gilbert)는 기업의 힘을 사회문제를 해결하는 데 사용하는 새로운 길을 모색했기 때문에 그와 같은 기업 모델을 구현할 수 있다고 믿었다. 코엔 길버트는 2명의 동업자들과 함께 경영대학원을 졸업하자마자 의류 회사 앤드원(AND 1)을 설립하고 최고경영자가 됐다. 이 회사는 중국산 농구화를 들여와 레이퍼 앨스턴(Rafer Alston), 케빈 가넷(Kevin Garnett), 자말 크로포드(Jamal Crawford)와 같은 NBA 스타들을 활용해 전세계로 홍보했다. 이 스포츠 스타들의 보증 덕분에 앤드원은 미국에서 두 번째로 매출 규모가 큰 농구화 브랜드로 성장했으며, 2005년 코엔 길버트와 2명의 동업자들은 회사를 2억 4,000만 달러에 매각했다. 길버트는 이렇게 설명했다.

"현금을 확보한 사업가들이 나아가는 전형적인 궤적은 '다음 사업을 하자'이나, 나는 이 세상의 문제들이 또 다른 회사를 만드는 것으로는 해결되지 않으리라고 생각했습니다."

코엔 길버트는 안식년을 선언하고 자신의 부인과 두 아이들을 데리고 오스트레일리아와 코스타리카로 긴 여행을 다녀왔다. 멀리 떨어져 살펴보면 새로운 시선을 갖게 마련이다. 그는 문득 미국에서 일하다 보면 충돌이 불가피하다는 사실을 깨달았다. 그의 회사 같은 기업들은 비용은 노동자들과 납세자들(그의 경우에는 중국의 직원들과 미국의 납세자들)에게 떠넘기면서 노골적으로 주주들만 떠먹여줘야 했다. 이와 동시에 미국이라는 나라 자체가 보다 많은 부의 창출에만 극도로 집중하기 때문에, 자신이 열심히 일하는 가운데 목적과 의미를 찾고자 하는 사람들의 가장 기본적인 욕구를 약화시켜왔던 것이다. 대학에서는 기업들이 이 나라의 GDP 대부분인 최대 80퍼센트까지 엄청난 몫을 만들어내고 있다고 가르쳤는데, 그렇다면 그 기업들에게 그로 인한 쓰레기들을 청소할 의무가 있지 않은가? 그가 결정했던 첫 번째 단계는 규칙을 바꾸는 것이었다.

거의 한 세기 가까이 기업의 사회적 책임은 주주들에게 가능한 한 최대로 돈을 벌게 해줘야 한다는 피신탁인의 의무에 굴복해왔으며 때때로 법률적인 다툼을 통해 이 원칙이 확립됐다. 훗날 밀턴 프리드먼에 의해 명백하게 정의된 이 의무는 1919년 '닷지 대 포드자동차(Dodge v. Ford Motor)'의 판례를 통해 처음으로 입법화됐다. 이때 헨리 포드는 부를 널리 확산하기 위해서(또한 그의 자동차에 대한 수요를 확산하기 위한 것으로 생각되지만) 최대한 많은 수의 직원들을 고용하려고 했지만 법률적으로 좌절됐다. 이와 함께 자동차의 가격을 낮추면서 임금을 올리려던 그의 노력도 수포로 돌아갔다. 미시건 주 대법원이 포드자동차의 주주들이 직원들이나 고객들의 요구보다 더 우선적으로 고려돼야 한다는 판결을 내린 것이다. 그렇게 시간이 지나면서 법률적으로나 관습적으로나 '주주 우선'이라는 개념이 모든 상장 회사의 기본적인 입장이 돼버렸다.[101]

주주의 요구를 가장 먼저 가장 중요하게 여기는 법규 아래에서라면 '보다 높은 차원의 목적'을 모색해야 한다는 기업의 의도는 얼토당토하다고 할 수는 없지만 비현실적인 것이 분명했다. 어떻게 하면 이익에 대한 투자자들의 탐욕을 잠재우면서 '보다 높은 차원의 목적'을 위해 봉사하도록 할 수 있을까? 아주 난해하기는 하지만 풀 수 없는 문제는 아니었다. 코엔은 자신과 비슷한 생각을 가진 사람들로 작은 팀을 꾸리고 모두 함께 기업의 힘을 한데로 모아 목적지향적인 사회의 요구에 맞추는 새로운 조직 형태에 대한 청사진을 그리기 시작했다. 이들은 자신들이 만든 것을 'B-기업 인증제(Certified B-Corporation)'라고 부르기로 했다.

B-기업은 코엔과 그의 동료들이 회사를 '3대 기본원칙'에 따라 평가하기 위해 세운 비영리기관인 B랩(B Lab)이 제시하는 조건에 따라 증명서를 발급받게 된다. 이런 심사를 통과한 회사들은 자유롭게 기업의 성격을 바꿔 통상적인 기업과는 근본적으로 다른 경영철학의 영예를 누릴 수 있는데, 그것은 자신들은 적법하게 주주들의 요구에 우선해서 종업원들과 자신들이 속한 지역사회의 요구를 더욱 중요시하겠다는 것이다.

2018년 초까지 B-기업은 모두 32개 주에서 입법이 완료됐으며, 추가로 6개 주에서 입법화를 고려 중이다. 코엔 길버트는 내게 델라웨어(Delaware) 주에서의 승리가 유별나게 달콤했었다고 말했다. 델라웨어 주는 관대한 조세

정책 덕분에 미국 공개 회사 중 약 절반이 자리 잡고 있는 곳이며, 여기에는 〈포춘〉이 선정하는 500대 기업의 70퍼센트가 포함돼 있다.[102] 이런 주에서의 입법화는 이 회사들이 오직 주주들과 경영자들이 아닌 모든 관련자들에게 옳은 일을 할 수 있는 선택권을 부여했다.

코엔 길버트는 일터에서의 사회적 책임감을 특히 젊은 사람들이 다른 팀 역시 페어플레이를 한다면 자신도 참가하기를 열망하는 '팀 스포츠'와 동일시한다고 말했다. 코엔은 이렇게 설명했다.

"수많은 연구조사가 밀레니얼 세대는 삶에 대한 일련의 질문을 받았을 때 일로부터 의미를 찾기 원한다는 결과를 보여주고 있습니다. 그들은 일과 삶의 균형에 대해 이야기하지 않습니다. 왜냐하면 그들은 균형이 아니라 통합을 이야기하기 때문입니다. 그들은 자신들의 가치를 그대로 가진 채 일터로 들어옵니다."

물론 이는 밀레니얼 세대에 국한된 것이 아니다. 2012년 아웃도어 의류 소매업에서는 거의 우상적 존재인 파타고니아(Patagonia)가 최초로 B-기업의 지위에 자격을 갖춘 첫 번째 회사가 됐다. 대중들에게 널리 알려진 파타고니아의 환경과 사회적 정의에 대한 책임감을 감안하면, 그들이 이 자격을 획득했다고 해서 그리 놀랄 만한 일은 아니다.[103] 하지만 그때부터 시작해 무려 2,390개의 기업들이 이 자격을 얻었다. 금융과 투자, 가구, 식품, 의료, 생화학, IT분야 등 모두 130개의 산업 분야에서 활동 중인 회사들이다. 이런 회사들은 기업의 법률적인 이득과 함께 그들 자신이 공정함에 대한 기본적인 기준을 책임질 수 있는 권리를 모색하고 있는데, 이런 측면에서 '뒷일은 생각하지 말고 가능한 한 빨리 높은 수익을 올리는 것'을 대부분 '파괴적'이라는 용어를 사용해서 주장하고 있는 기존의 회사들에 대해 자신들을 차별화시키고 있는 것이다.

코엔 길버트 혼자만 우리 시대의 심각한 사회적·환경적·정치적 위기의 상당 부분이 바람직하지 못한 기업의 관행을 만들어냈다는 믿음을 갖고 있는 것은 아니다. 문제는 기업이란 원래 시장에서 만들어진 것이지 정치의 산물이 아니라는 사실에 있다. 이런 상황에서 B-기업들과 같은 새로운 기업형태가 대두되고 있는 현상은 헨더슨이 언급한 문제 해결의 한 부분이 될 수 있다고 우리로 하여금 다시 한번 상기하도록 만들고 있다. 이어서 코엔은 다음과 같이 설명했다.

"우리는 지금 변곡점에 있습니다. 다음 세대에는 이런 것이 그저 사람들이 기업을 경영하는 일반적인 방식이 될 지도 모릅니다. 그런 기업들이 B-기업으로 불릴지 아니면 다른 이름으로 불리게 될지 모르지만, 확실한 사실은 그렇게 된다면 현재의 '주주(shareholder)' 자본주의에서 '관련자(stakeholder)' 자본주의로 이행하리라는 것입니다."

그렇지만 많은 회사의 경영진, 특히 공개된 기업의 경영진들은 이 난폭한 세계 경제에서 경쟁력을 유지해 살아남기 위해서는 비용을 최소화하는 것 말고는 다른 방법이 없다고 믿고 있다. 하지만 그것이 정말로 그들이 선택할 수 있는 유일한 방법일까? MIT의 경제학자 제이넵 톤(Zeynep Ton)은 그렇지 않다고 강력하게 주장한다. 그는 대부분의 회사에서 노동자들은 내버려두고 이익만 추구하는 것은 사업 전망이라는 측면에서 결코 좋은 선택이 아니라고 역설한다.

■ 나쁜 일자리에서 열심히 일하는 사람들 ■

터키에서 태어난 톤은 미국이 무한한 기회의 땅이라고 상상하면서 자랐다. 그녀에게는 맞는 말이었다. 키가 크고 호리호리한 그는 스포츠에서 뛰어난 자질을 보여 열여섯 살의 나이에 농구로 펜실베이니아주립대학교로부터 장학금을 받아 미국에 올 수 있었다. 영어를 거의 구사하지 못했기 때문에 팀의 연습에 나가기에 앞서 먼저 언론매체에 배포된 팀의 안내서를 암기해 뒀다. 그러고는 연습에 나가서 안내서에 적힌 대로 "안녕, XXXX 주에서 온 OOOO이야!"라고 인사했다. 그는 점차 미국 곳곳에 펼쳐져 있는 다양한 시장들에 매료돼갔고 훗날 하버드대학교에서 박사과정을 이수하면서 전공을 소매업 분야로 집중하게 됐다. 그가 수많은 미국 회사들이 직원들을 마치 교체 가능한 물품으로 취급한다는 사실을 알고는 크게 놀랐던 것이 바로 그 시기였다.

"정말 충격을 받았습니다. 내 말을 듣고 철없다고 할지도 모르겠지만, 내가 미국에 관해 들어왔던 것들과 비교해 도저히 이해할 수가 없었습니다."

그가 이해할 수 없었던 것은 자유시장을 지향하는 경제 체제 안에 있는 시민들이 일터에서 매일같이 자신들에게 쏟아지는 모욕을 왜 참고 있는지에 대한 이유였다. 하나의 사례로 그는 대형 소매상점의 전자 부서를 찾았다가 그곳에서 만났던 매니저 한 사람의 기억을 떠올렸다. 그 매니저는 당시 쉰 살쯤 됐던 것으로 보였는데, 톤에게 자신이 감독하고 있는 10명이 훨씬 넘는 직원들과 똑같은 위치에서 여기까지 올라오고 그 자리를 지키기 위해 아등바등 살아왔다고 말했다. 톤은 그 매니저가 이런 노력에도 거의 최저 생계비 수준의 임금을 받고 있으며, 그의 작업 일정은 한 주가 넘어갈 때마다 변덕스럽게 바뀌었다는 사실을 알고 상당히 놀랐다. 매니저는 자신의 하루 일정을 제대로 세울 수도 없었고 자기 손녀의 미래에도 거의 기여하지 못하고 있었다. 더욱 나쁜 상황은 그가 어렵게 얻은 '매니저'라는 지위가 단순히 형식적인 것 이상으로 보이지 않았다는 점인데, 회사에서는 승진 기회를 주지 않았고 그가 초과근무수당을 청구할 수 없도록 미리 법률적인 조치를 취했다. 톤은 이렇게 말했다.

"그 매니저와 같은 사람들이 수백만 명 있습니다. 나쁜 일자리에서 열심히 일하는 사람들 말입니다."

세월이 흐르면서 톤은 이와 같은 '나쁜 일자리 전략'이 어떻게 나오게 됐는지 정리할 수 있었다. 그의 연구에 따르면 미국의 대형 기업들 중 다수는 열등감에 시달리고 있다. 그들 모두 햄버거, 연필, 휘발유, 도서, 내의, 값싼 전자제품 등 소비자들이 어디에서나 찾을 수 있는 흔한 물건들을 만들거나 수입해 팔고 있다. 이런 회사들은 자신들이 전혀 특별하지 않은 것들을 팔고 있다는 사실을 너무나 잘 알고 있기 때문에, 오직 낮은 가격이라는 단 한 가지의 수단만을 통해 차별화한다. 가격을 낮추기 위한 가장 쉽고 빠른 방법은 인건비를 낮추고 공급받는 가격을 낮추는 것이다. 이 때문에 회사 직원들을 쥐어짜면서 공급자들과 다른 사업 파트너들에게도 같은 행위를 하는 것이다.

'나쁜 일자리 전략'이 일으키는 부정적 반향은 사회 전체를 평준화시킨다는 데 있다. 이런 상황은 어떤 회사가 인건비를 낮추기 시작하면 곧바로 다른 회사들이 저임금의 경쟁자를 따라잡기 위해서 서둘러 똑같은 조치를 취하기 때문에 발생한다. 그렇지만 톤은 장기적으로 볼 때 이와 같은 월마트 모델은 그들에게나 그들의 투자자들에게 항상 잘 들어맞아왔던 것은 아니었다고 말했다. 낮은 데를 쏘다 보면 그것이 당신 자신의 다리를 쏘는 것이 되는 경우도 있다는 사실을 잊지 말아야 한다.

건축자재 백화점 홈데포(Home Depot)는 바로 그런 문제에 잘 들어맞는 사례다. 동시에 다른 회사들도 각자 자신들만의 결론을 내릴 수 있는 롤 모델이 됐다. 1990년 홈데포는 미국에서 가장 규모가 큰 주택 리모델링 센터로서 이른바 월마트의 연인이라고 할 수 있는 회사다. 점포는 어디를 가든 그 근처에 있었고 질 좋은 제품을 정당한 가격에 팔았다. 가장 중요한 사실은 그곳 직원들이 페인트, 사포, 변기 청소기 등과 같은 상품에 대해 내가 알지 못하는 정보를 알고 있었으며, 기본적으로 주택관리와 관련한 거의 모든 것을 알고 있는 듯 보였다는 것이다. 나는 그런 접점을 좋아했고, 나 말고도 많은 사람들이 그랬기 때문인지, 홈데포는 한때 세계에서 가장 빠르게 성장하는 소매 회사가 됐으며 역사상 가장 짧은 기간 내에 매출액 5,000만 달러를 돌파한 기업으로 성장했다.

1999년에는 이 회사의 실적이 너무 좋았던 나머지 그 해 주주총회에서 주주들이 정말로 기쁨의 눈물을 터뜨렸다. 공동설립자 아서 블랭크(Arthur Blank)는 이 회사가 놀랄 정도로 성공한 공을 행복하고 능력 있는 직원들에게 돌렸다.[104] 계산대를 맡은 직원들은 '출납원 대학'에 보내졌다. 배관공, 전기공, 페인트공 등 숙련된 기능공들과 상인들은 고객들에게 봉사할 능력과 준비를 갖추고 영업장을 돌아다녔다. '오렌지색 앞치마 집단(Orange Apron Cult)'이라고 불린 이 직원들은 대부분 정규직이었는데, 그들의 조언 아래 고객들이 스스로 구매 결정을 내렸다. 이는 홈데포의 정책이기도 했다. 또한 직원들의 애사심을 키우기 위해 회사는 그들에게 주식을 나눠줬으며 실제로 그 주식을 통해서 백만장자가 된 직원도 있었다. 이 회사를 "현대의 가장 위대한 소매 조직"이라고 추켜세웠던 사람은 다름 아닌 데이비드 글래스(David Glass)였다. 당시 월마트의 최고경영자였다(이때 물론 글래스의 평가 대상에는 월마트까지 포함돼 있었다).

그러나 모든 것이 순조롭지는 않았다. 이 회사에는 규율이라는 것이 없었으며, 회사 차원의 이메일 시스템이나 청구서 발행 절차의 자동화를 무시하는 등 가장 기본적인 효율성에서부터 슬슬 뒤처지기 시작했다. 고객 서비스는 여전히 뛰어났지만 점차 일관성을 잃어갔다. 고객들은 실망했고 주가는 곤두박질쳤다. 2000년 이 회사는 GE 출신의 로버트 나델리(Robert Nardelli)를 새로운 최고경영자로 맞아들였다. GE는 직원들에게 지독한 업무 규율을 주입시키는 것으로 널리 알려진 회사였다.[105]

나델리는 노련하고 경험 많은 정규직 노동자들을 정리하고, 기꺼이 불확실한 환경에 뛰어들 수 있는 값도 싸면서 더 유연한 직원들, 때로는 시간제 근무도 감사히 여기며 받아들이는 직원들로 대체하라고 요구했다. 그러자 초기에는 비용이 크게 감소하면서 이익이 늘었다. 나델리가 이를 공로로 받은 액수는 모두 3,810만 달러가 넘으며, 주주들은 함께 깊은 안도의 숨을 내쉬었다.[106] 하지만 고객들은 어땠을까? 그저 큰 인상을 받지 못했다는 정도로만 표현해두겠다. 시간이 더 흐르자 홈데포는 미시간대학교가 조사한 '미국 소비자 만족 지수'에서 최하위로 내려앉았다. 5년 후 이 회사의 주가가 24퍼센트 하락하자 비로소 투자자들은 감을 잡았다.[107] 이사회는 나델리를 해임하고 후임으로 프랭크 블레이크(Frank Blake)를 모셔왔다. 그는 하버드대학교에서 훈련받은 법률가 출신으로 한때 연방 대법원에서 서기로 근무했던 사람이다. '오렌지색 앞치마 집단'이 되살아났고 서비스가 크게 향상되자 판매 성적과 수익도 개선되기 시작했다. '윈-윈 게임'이었던 것이다.

■ 직원에게 신뢰를 보내는 회사 ■

이로부터 몇 년 뒤 제이넵 톤은 텍사스 주로 출장을 가던 도중 이번에는 '좋은 일자리 전략'의 위력을 직접 맞닥뜨릴 기회를 얻게 됐다. 한여름의 더위 속에서 몇 명의 동료들과 함께 교대로 운전하며 달리던 그는 시원한 음료를 찾던 중 두 곳의 편의점이 서로 얼마 떨어지지 않은 거리에 위치해 있다는 사실을 알아차렸다. 한 곳의 주차장은 거의 비어 있었지만 다른 편의점 주차장은 북새통을 이루고 있었다. 바쁜 상점의 앞쪽 차양에는 거대한 QT 로고가 새겨져 있었다. 톤은 QT에 대해서 들어본 적이 없었지만, 텍사스 주 출신인 그의 동료는 매우 잘 알고 있었다.

"QT는 '퀵트립(QuikTrip)'의 머리글자인데 평판이 아주 좋은 회사입니다."

오클라호마 주 털사(Tulsa)에 본사가 있는 퀵트립은 미국 내에서는 가장 규모가 큰 비공개 기업 중 한 곳이다. 대략 110억 달러 정도 가치가 나가는 이 회사는 거의 2만 명에 달하는 직원들과 750개의 점포를 보유하고 있으며 2018년을 기준으로 수년 내 100개의 점포를 추가할 계획을 갖고 있다. 이 회사의 최고경영자 체스터 카디유 3세(Chester Cadieux III)는 이를 자랑스럽게 여겼지만 언제나 신중하게 행동했다. 카디유는 항상 겸손하게 저자세를 유지하는 유형의 사람이었는데, 점포에서 일하는 그의 직원들과 비슷한 피케 셔츠와 깔끔하게 다림질한 도커즈(Dockers) 면바지를 입고 있었다. 이런 차림새가 그에게 잘 어울렸다. 이 회사는 사실 그의 아버지가 설립했지만, 그 사실이 카디유의 고생을 면하도록 해준 것은 아니었다. 그는 다른 직원들과 마찬가지로 퀵트립에서 야간조로 직장생활을 시작했다.

내가 카디유에게 퀵트립의 채용 전략에 대해 설명해달라고 요청했을 때 그는 '팀워크'나 '열정' 같은 단어는 언급하지 않았고 '파괴적 혁신'이니 '소명'이니 하는 낱말도 입 밖에 꺼내지 않았다. 퀵트립은 채용 시 지원자들을 대상으로 시험을 치르거나 특정 방식의 훈련을 요구하지도 않는다고 했다. 조직문화에 맞는 '적합성'을 찾는 듯한 어떤 조짐도 보이지 않았다. 그는 스스로를 믿고 있는 사람들과 자신이 하는 노력을 믿는 사람들을 원한다고 말했다.

"우리는 고객들에게 봉사하기 위해 정말로 열심히 일할 용의가 있는 사람들 그리고 우리를 떠나지 않을 사람들을 찾는 데 중점을 두고 있습니다. 그러면 우리는 그들 곁에서 옳은 일을 하기 위해 최선을 다할 것입니다."

그런데 어떻게 그가 이런 사람들을 찾을 수 있을까? 수많은 고용주들은 좋은 일꾼을 찾는 게 거의 불가능하다고 말하면서 나쁜 부모, 나쁜 학교, 나쁜 환경 등만 탓하고 있다. 이런 행태는 트럭 운전이나 패스트푸드 식당, 편의점 등에서 비숙련 노동자들을 고용하는 경우 유별나게 자주 나타난다. 하지만 카디유는 그런 어려움이 전혀 없는 것처럼 보였다. 그는 마음에 드는 사람을 추려야 할 정도로 지원자가 많다고 설명했다. 도대체 그런 일이 어떻게 가능할까?

"퀵트립은 상대적으로 보수를 많이 주고 믿어줍니다. 내가 보기에 처음 이 곳에 지원하는 사람들 대부분은 보수 때문에 오는 것 같아요. 그게 이상하다 고 생각하지는 않습니다. 그렇지만 시간이 지나 그들이 정말로 일을 좋아하 게 되면서 자연스럽게 우리와 함께하게 된다고 생각합니다."

직원들의 이직율이 평균 100퍼센트에 육박하고 있는 업계에서 QT 점포의 정규직 직원들의 경우는 채 10퍼센트가 되지 않는다. 카디유는 이런 결과가 우연히 일어나는 건 아니라고 말했다. 그는 직원들을 잃어도 괜찮을 정도로 여유 있지 않고, 사실 그들을 잃고 싶지 않다고 했다. 그의 눈에서 깊은 진심 이 느껴졌다.

"어떤 직원에게 '당신은 곧 해고될 거야'라고 말해야 하는데 어떻게 매일 아 침 침대에서 나올 수가 있을까요? 그런 게 정상이기는 한 건가요? 나는 그렇 게는 하지 못합니다."

이 말이 나를 한 1분 정도 멈춰 세웠다. 이건 내가 핀란드에서 들었던 바로 그 말이 아니었나? 그런 믿음은 핵심적인 것이었고 사람들은 그냥 낭비해버 리기에는 너무나 가치 있는 존재라는 생각이 아니었나? 그러나 이곳은 핀란 드 헬싱키가 아니라 오클라호마 털사이고 카디유는 비현실적인 이상주의자 가 아니라 성공한 사업가였다. 이 모든 것이 그의 손익계산에서 갖는 의미는 무엇일까? 그의 이야기를 계속 들어보자.

"우리는 성장하고 있습니다. 그래서 새로운 위치에 점포가 생기면 경험 있 는 직원들 몇 명을 뽑아 전출을 보내는데, 마치 제2차 대전에서 해병대를 먼 사지로 보내는 느낌입니다. 새로운 곳에서 직원들에게 어떤 일이 일어날지 모릅니다. 사실 그건 회사 입장에서도 마찬가지 상황입니다. 새로운 위치에 서 자리를 잡으려면 보통 7년에서 10년 정도 지나야 수지를 맞출 수 있고, 이 익을 내기 위해서는 몇 년 더 기다려야 합니다. 그래서 우리는 인내심을 가져야 하죠. 우리는 여전히 문화를 만들고 있습니다. 고객들이 우리에 대해 알게 되면서 우리가 남들과 다르다는 사실을 이해할 때까지 절대적인 시간이 필요합니다. 그렇지만 결국에 가서는 반드시 알게 될 겁니다. 우리는 다릅니다. 직원들이 다르기 때문입니다."

그의 말을 들으니 그렇게 고객들에게 관심을 갖고 봉사하는 직원 누구라도 만나보고 싶어졌다. 내가 조심스럽게 부탁하자 카디유는 흔쾌히 인사 담당자를 연결해줬다. 인사 담당자는 자신이 선택하지 않고 나더러 이야기하고 싶은 직원 아무나 이 명단에서 고르라고 말했다.[108] 그렇게 나는 몇 명의 직원과 대화를 나눴다. 그들 중 가장 젊은 사람이 브라이언 라슨(Brian Larson)이었다. 라슨은 스물일곱 살의 젊은이였지만 벌써 세 아이의 아버지였다. 막내는 지난주에 태어났다고 했다. 그는 그때 막 캔자스에서 자신이 새로운 QT 지점을 운영하기로 돼 있는 노스캐롤라이나 주 샬롯으로 이사 온 참이었는데, 카디유가 사지로 보내는 것 같은 해병대 중 한 사람인 셈이었다. 브라이언 라슨은 야간조 평직원으로부터 시작해 점포의 매니저 자리에 오기까지 5년이 걸렸지만 이 과정이 공정한 것 이상이라고 생각하고 있었다. 이 회사는 직원들이 스타킹을 선반에 진열하는 것에서부터 판매에 이르기까지 거의 모든 업무를 숙달할 수 있도록 교차 훈련을 실시하고 있기 때문에 배워야 할 것이 많이 있었다. 그는 사업에 대해서 알게 될 때까지는 시간이 필요하다고 말했는데, 그 시간이란 사람들의 신뢰를 얻는 데 필요한 시간이었다. 매니저로서 그의 일은 고객의 요구를 예측하는 것이었다. 그는 여기에는 통찰력이 필요하다고 하면서 그 통찰력은 경험으로부터 나온다고 이야기했다. 또한 그는 자신의 뒤에는 언제나 회사가 있다는 사실을 든든하게 여겼다.

라슨이 그의 가족들과 샬롯으로 이주할 때 회사가 비용 일체를 부담했다. 그는 자신의 월급은 넉넉한 편이고 갖가지 혜택을 누리고 있는데, 거기에는 대학 학비 지원제도 있었다. 라슨의 부모님은 두 분 모두 대학을 졸업했고 자신도 언젠가 대학 공부를 하리라고 계획하고 있었다. 하지만 현재로서는 그럴 이유가 없다.

"이 회사에서 앞으로 40년 동안 더 보낼 생각이에요. 그런데 솔직히 말씀드리면 이곳에서 일하는 게 내 평생 직업이라고 생각하지는 않아요. 아니라고 생각하지도 않고요. 그래도 하나는 확실히 말씀드릴 수 있어요. 오래 다니고 싶어요. 정말 좋은 곳이에요."

퀵트립이 직원들에게 투자하는 데 유일하게 성공을 거둔 회사는 아니다. 내가 톤에게 다른 사례들을 물었을 때 몇 개의 회사 이름을 들었는데, 내 마음에 가장 크게 다가온 곳은 마킷 배스킷(Market Basket) 슈퍼마켓이었다. 내가 살고 있는 뉴잉글랜드 지역에서 마킷 배스킷은 최우수 기업으로 선정된 회사인데 3개 주에 걸쳐 71개 매장을 운영하면서 2만 5,000명의 직원들을 고용하고 있다. 이 슈퍼마켓 체인은 상품들의 품질과 다양성, 뛰어난 고객 서비스, 계속 유지하는 저렴한 가격으로 유명하다. 그렇지만 이런 장점들이 직원들을 등한시해서 확보된 것은 아니다. 톤은 이곳 직원들이 괜찮은 수준의 보수를 받고 있으며 이익 공유제 혜택도 있다고 설명했다. 직원들이 가슴에 달고 있는 배지에는 근속연수가 표시돼 있었는데 내가 보기에 아마도 그 숫자를 자랑스럽게 생각할 것 같다. 얼굴 표정이 그렇다고 말해준다. 계산대와 상품 진열대에서 일하는 직원들, 매니저들이 모두 함께 일하는 이곳은 단골 고객 중심으로 소비 기반도 탄탄하다.

2014년 마킷 배스킷 이사회에서 회사 정책을 직원들을 다소 희생시켜 주주들에게 더 많은 혜택을 주기로 결정하자 고객들이 뭉쳐 무려 7주 동안 시위를 벌였고 결정 철회를 이끌어냈다. 마킷 배스킷은 그런 곳이었다. 나도 당시 시위에 참가했다. 나는 점원이 수북이 쌓여 있는 파인애플 더미 속에서 하나씩 냄새를 맡아보고 손으로 쥐어본 다음 그중에서 내가 그날 저녁식사에서 올릴 가장 잘 익은 파인애플을 골라주는 매장은 경험해본 적이 없다.

내가 잠깐 감상에 젖은 것 같다. 누군가가 "그래서 말하고 싶은 것이 뭔데요?"라고 물어도 이상할 건 없다. 자애로운 기업의 소유주가 직원들을 존경심으로 대하고 있다는 사실과 한 국가의 시민들이 사회 시스템 개혁을 요구하며 들고 일어나는 것과는 크게 관련이 없지 않은가. 나는 지금까지 개인과 기업 그리고 정부가 어떻게 하면 일자리 대란을 해결할 수 있고 미래에 좋은 일자리를 만들거나 유지할 수 있는지에 관해 정리하는 중이다. 이제 정부 이야기를 할 차례다. 이 문제에서 정부는 무엇을 해야 할까?

노동자들에게 보다 많은 힘을 실어주고 사회적 안전망에 뚫려 있는 보이지 않는 구멍을 메우려는 정부 차원의 다양한 구상이 있긴 하지만, 이것이 절대다수의 사람들이 사면초가에 몰린 것 같은 상황에서 폭넓은 지지를 받을 것 같지는 않다. 19세기 중반 독일의 경제학자 아돌프 바그너(Adolph Wagner)는 훗날 '바그너의 법칙(Wagner's Law)'으로 불리게 될 현상을 관찰했다. "자유시장경제 사회가 성숙해서 부유해지면 자연스럽게 사회복지비용이 늘어난다"는 법칙이다. 미국의 자유시장경제가 풍족해진 것은 분명하지만 모든 미국인들이 사회복지 증대를 체감하고 있지는 못하다. 이와는 반대로 점차 커지고 있는 소득 격차가 대중의 관대함과 상부상조 정신을 후퇴시킴으로써 오히려 미국은 '반바그너 법칙' 아래 작동되고 있다는 의구심을 쉽게 가질 것이다. 우리를 보호해줄 수 있는 양식 있는 정책들을 확인할 수 없는 상황에서 기술의 냉혹한 진군은 수많은 사람들에게 마치 모두가 반대한 전쟁에서 부차적인 피해를 입은 것 같은 생각을 하게 만든다.

다수의 미국인들은 중앙집권적인 해결 방안에 대해서는 의심의 눈길을 거두지 않으며, 개인적 특권보다 집단적 통제를 앞세우는 데 대해서는 거부감을 갖고 있다. 그러나 모든 유효한 증거들로 판단하면 미국의 노동자들은 이미 통제를 용인하고 있다. 미국의 기업들은 연간 30억 달러 정도를 로비에 사용하고 있다. 이 액수는 노동자들의 이익을 대표하는 단체들이 사용하는 금액의 약 35배에 해당한다. 기업들은 정부에 대해 자신들의 사업에 간여하지 않는 정도를 요구하는 데서 그치지 않고 점점 더 큰 목적을 이루기 위해 정부를 동업자로 끌어들이는 행태를 보이고 있다. 노동자들의 입찰 가격을 낮추기 위해 더 많은 사람들에 대한 훈련을 요구하거나, 노동자들에 대한 보호 장치를 줄이도록 압력을 넣는 일도 마다하지 않는다. 이는 장기적으로 볼 때 노동자들을 위해 좋지 않을뿐더러, 내가 계속 강조하듯이 기업과 경제에도 좋지 않고, 나아가 국가와 민주주의를 위해서도 결코 긍정적인 영향을 미치지 못한다.

우리가 앞서 살펴본 바와 같이 어떤 자유국가도 자국이 보유한 인적자본의 가치를 수용하지 않는 한 번영할 수 없다. 이는 단순이 증여의 문제가 아니라 시민사회를 건설하는 문제와 맞닿아 있다. 정부가 취해야 할 첫 단계는 모든 종류의 좋은 일자리를 장려할 수 있는 새로운 방법론을 모색하는 것이다. 이것이 가장 시급하다. 우선 이 출발점에서 우리가 함께 만들어가야 할 기초적인 것들을 마련하고 나서 그 다음을 생각해야 한다.

■ 일자리 창출을 위한 기초적인 조건 ■

근로소득세 개편

상원의원 대니얼 패트릭 모이니헌(Daniel Patrick Moynihan)은 근로소득세(payroll tax)를 일에 대한 세금이라며 격하게 비난한 적이 있었다. 소득 수준과는 무관하게 모든 노동자들에게 아무리 적은 소득일지라도 부과되는 이 세금은 일부가 사회보장제도에 사용되기도 하지만, 소득이 일정 수준을 넘는 경우, 예컨대 2017년의 경우 12만 7,200달러를 넘으면 적용되지 않기 때문에 많은 사람들이 이 세금 체계를 '역진세(逆進稅, regressive tax)'라 여기고 있다. 결과적으로 2017년 대부분의 미국 노동자들, 특히 연소득 10만 달러 미만인 사람들은 일반 소득세를 적용받는 경우보다 더 많은 세금을 근로소득세로 부담했다. 이런 결과는 모이니헌과 같은 사상가들에게는 '나쁜 정책'에 기인한 폐해다.

우리 모두 알고 있듯이 세금은 담배, 주류, 화석연료처럼 소비를 더 줄여야 하는 것들에 많이 부과되고, 근로소득처럼 더 늘어야 하는 것들에 적게 부과되는 경우가 가장 이상적이다. 그것이 올바른 세금 작동의 방식이다.

그러므로 좋은 일자리가 위협받고 있는 현재와 같은 시기에는 근로소득세를 개편할 여건이 무르익었다고 볼 수 있다. 세금이 사용되고 있는 사회보장제도, 의료보장제도, 실업급여와 같은 것들은 핵심적인 것이기에 건드렸다가 자칫 위험에 처할 수 있으니 그대로 둔다고 치자. 하지만 근로소득세는 전적으로 노동자들에게 부과되는 것으로, 직접적으로는 급여에서 자동으로 공제되면서 간접적으로는 임금을 줄이는 역할을 하게 된다. 근로소득세는 물론 국가가 부과해야 할 정당한 세금 부과 범주 내에 있고 한 번도 앞으로 어떤 방향으로 나아가야 할지 논의된 바는 없지만, 많은 경제학자들은 근로소득세로부터 한 걸음 사회복지제도에 대한 비용을 다른 곳에서 충당할 수 있는 방법을 모색하면서 근로소득 세율을 조정하는 식의 실험을 해보자고 제안하고 있다.

기업에 대한 고용촉진 혜택

정부가 좋은 일자리가 공급되도록 촉진하기 위한 또 다른 방법은 안정적이면서 최저생계비 이상을 보장하는 고용주들에게 세제 혜택을 주는 정책이다.[109] 이 전략은 새로운 것이 아니다. 1994년 연방준비은행이 저명한 미국 내 경제학자들을 한데 모아 거의 결론에 이르렀던 사안은 이와 같은 정부 보조금이 실업률을 낮추기 위해 시행되는 경제 정책의 한 부분이 될 수 있다는 것이었다.[110] 일부 사회과학자들은 이 보조금이 지급되지 않더라도 노동자를 고용할 계획을 갖고 있던 고용주들에게 보조금이 고스란히 흡수될 위험성을 염려하고 있다. 분명히 이렇게 될 가능성도 존재한다. 그렇지만 미국 밖에서 이뤄진 여러 실험 결과를 보면 고용 보조금은 고용 창출에 큰 이점이 될 수 있다고 생각한다.

2008년 경제위기 직후 노동자들을 고용하는 데 따른 세제혜택 형식의 보조금이 오스트리아, 한국, 포르투갈, 노르웨이 등의 나라에서 고용 시장을 회복시키는 데 기여했다. 미국의 경우 이런 고용 보조금 정책이 매우 제한되기는 하지만, 적절하게만 운영되면 다른 국가들과 마찬가지로 고용을 자극하는 작용을 할 수 있다는 근거도 있다. 예를 들면 1977~1978년 시행됐던 신규 일자리 세제혜택(New Jobs Tax Credit) 정책이나 2010년 입법된 고용회복을 위한 장려금법(Hiring Incentives to Restore Employment Act)의 경우 양쪽 모두 새로운 일자리 창출과 관련이 있었다. 미시건 주와 조지아 주의 일자리 보조금 프로그램에 대한 연구 역시 유사한 결과를 보여줬다.[111] 하지만 이런 실험적인 정책들은 그 어떤 것도 양질의 일자리를 실질적으로 창출했다는 증거를 제공했다고 볼 수 없다. 일자리의 증가가 세금 혜택의 결과인지 아니면 그저 연관이 있을 뿐인지 밝히는 게 사실상 불가능하기 때문이다. 그렇지만 고용비용을 절감해주는 것이 고용주가 도약을 시도하도록 돕는다는 논리는 충분히 이해가 간다. 세금 혜택을 통한 장려금이 고용할 계획이 없는 고용주들로 하여금 고용을 유도할 것 같지는 않지만, 이미 고용의 필요성을 예측하고 있는 고용주들이라면 세금 혜택을 통한 장려금이 그 계기가 될 수 있으며 그 피고용인들에게는 보다 좋은 고용 조건을 제시할 수 있는 근거가 될 수 있다. 실제로 세제혜택과 다른 공공 지원책을 받기 위해서 각 회사들은 그들이 창출하고자 하는 일자리의 수, 질, 지속 기간에 대한 정확하고 증거에 기초한 계획인 '노동에 관한 영향 보고서'를 작성해 제출해야 한다. 또한 제출한 계획대로 집행하지 않는 경우에는 실질적인 벌금이 부과되며, 이 벌금은 대체에너지 개발이나 기반시설 확충과 같은 공공 분야의 고용 기회를 창출하는 데 사용된다.

주당 근로 시간 단축

최저생계비 수준을 보장하는 노동에 대한 정체돼 있는 수요와 관련해 많은 토론이 이뤄지고 있는 또 다른 해결방안은 평균 주당 근로 시간을 최대 21시간까지 축소하는 것이다. 이 전략을 옹호하는 사람들은 자본주의는 노동력이 부족한 상황에서 가장 잘 작동한다고 주장한다. 일부 사람들은 예전에 카를 마르크스가 경고했던 '산업 예비군'에 대해 언급하기도 한다.

"자본이 마치 자기가 비용을 부담해 사육한 것처럼 대하는, 절대적으로 자본에 귀속돼 있는 폐기 가능한 산업 예비군."

전체 인구의 상당 부분이 현재 일을 하지 않고 있거나 일자리를 찾고 있는 사람들이 우리 사회의 '산업 예비군'이라고 믿고 있는 사람들이 있는데, 산업 예비군은 노동조건이 개선되면 언제라도 노동 시장에 뛰어들려고 하지만 이와 동시에 그들이 존재하기 때문에 노동조건 자체가 개선되기 더욱 어려운 모순의 집단을 의미한다.

앞선 몇 개의 장에서 살폈듯이 일정한 단계에서는 이런 논쟁이 중단된다. 분명한 사실은 노동자들이 희소할 때 그들은 보다 좋은 여건에서 협상을 할 수 있는 강력한 위치를 차지하게 된다. 노동 시간을 단축하는 것은 최소한 이론적으로는 이런 희소성을 높여주는 것이며 노동에 대한 더 많은 수요를 만들어낸다. 하지만 여기에서 트집거리와 질문이 생긴다. 어떤 특정한 직업군이 이런 선택권을 가질 수 있을까? 사회가 더 많은 의사, 법률가, 교사, 사회사업가, 엔지니어, 배관공, 치과의사 등 자신들의 기술을 베풀 듯이 사용하는 노동자들을 대량으로 훈련시킬 수 있을까? 많은 화이트칼라 노동자들이 과로하고 있다고 느끼지만, 여전히 많은 노동계급의 사람들은 더 적은 시간이 아니라 더 많이 일해서 급여를 많이 받기를 원하고 있다. 1950년대만 하더라도 노동계의 대부 조지 미니(George Meany)는 이렇게 선언한 적이 있다.

"하루의 근무 시간을 더욱 짧게, 1주일의 근무일은 더욱 적게 진보해 나가는 것이 노동운동의 역사 그 자체다."[112]

이는 단지 역사 속에만 살아있는 이야기가 아니다. 분석을 보면 주간 근무 시간이 1시간씩 줄어들 때마다 명백한 고용 증대와 고용 조건 개선을 기대할 수 있었다. 여기에 부가된 추가적 이익은 직장에서 더욱 적은 시간을 보내며 자유로이 일하는 사람들은 여가 시간 중에서 많은 부분을 가족과 지역사회에 할애했다.[113] 이런 조치들이 경제적으로도 이익이 됐다는 현실 세계에서의 증거도 있다. 독일의 예를 들면 1990년대부터 실시되고 있는 근무 시간 축소 정책은 모든 이해당사자들의 요구에 부응한 정부와 기업의 공동 노력 덕분에 보수가 많은 일자리의 축소를 저지하는 데 일조했다.[114] 그리고 스웨덴의 경우 예테보리(Gothenburg)가 실시한 공공 분야 노동자들에 대한 6시간 근무제도는 큰 성공을 거둬 병원과 민간 분야 회사까지 확대 적용됐다. 근무 시간 감축이 노동자들의 스트레스를 낮춰 생산성이 향상됐으며, 몇 개의 경우에는 더 많은 직원들을 고용함으로써 이익과 생산성이 더욱 크게 향상되는 결과로 이어졌다. 독일과 스웨덴에서 실시한 실험에서 가장 결정적인 요인은 정부의 보조금이었으며, 이를 통해 정규직과 시간제 노동자들의 임금 격차를 대부분 해소할 수 있었다. 결과적으로 낮은 임금을 받는 시간제 근무자의 문제를 해소했다. 이런 조치가 미국에서도 시행될 수 있을까? 그 대답을 알기 위해서는 정치적인 의지를 모아야 할 것이다.

기본소득제도

근무 시간을 줄이는 문제가 아닌 근무 시간이 아예 없는 사람들에게도 정부 지원을 요구하는 대변자들의 숫자가 점점 늘고 있다. '기본소득제도(Basic Income Guarantee, BIG)'는 미래의 일자리에 대한 대중의 관심이 집중됐는데, 특히 실리콘밸리의 엘리트들은 그들이 창조한 피조물이 그 어느 시대보다도 똑똑해졌기 때문에 그들과 경쟁해야 하는 인간들의 위축된 능력을 우려해 이에 더욱 많은 관심을 가졌다.

기본소득제도는 다양한 형태로 나타나고 있다. 그중에서 가장 일반적인 것은 시민들이 잘 살아갈 수 있도록 적절한 액수를 지급하는 형태다. 비록 큰 돈은 아니지만 기본소득제도 하나만으로도 살아갈 의지가 있는 강인한 일부 사람들에게는 충분한 소득이 될 것이며 일부 사람들에게는 월급에 보조금을 더해주게 될 것이다. 소득이 높은 사람들의 경우는 그 금액을 세금을 통해 환수하게 된다. 이 제도의 목적은 얼마 되지 않는 액수더라도 사람들에게 금전적 여유와 그것을 사용할 시간을 지원함으로써 경제성장을 자극하고 좋은 일자리를 더 많이 창출한다는 것이다. 기본소득제도의 수혜자인 모든 시민은 일을 하거나, 사업을 하거나, 투자를 통해서 돈을 모으도록 강요받지 않는다. 이론적으로 이런 계획은 일자리에 대한 경쟁을 약화시키며, 일하기를 원하는 사람들은 협상에서 보다 많은 보수와 혜택, 보다 나은 작업조건을 얻을 수 있는 힘을 갖게 될 것이다. 또한 많은 사람들이 참고 견디는 모욕적이고 보수도 형편없는 잡일에서 벗어나고자 할 것이며, 자동화에 대한 대중들의 불안을 줄여줄 가능성도 있다.

기본소득제도에 열광하는 사람들은 어디에나 있는데, 좌편향적인 사회학자 에릭 올린 라이트(Erik Olin Wright)는 저서 《진정한 유토피아를 상상하며(Envisioning Real Utopias)》에서 이렇게 서술했다.

"이 계획은 고용주들이 즐겁지 않은 작업을 없애버리기 위한 기술적·제도적 혁신을 모색하게 만드는 장려 정책을 생성할 것이기 때문에 결과적으로 노동절약적인 성향뿐 아니라 노동의 인간화 성향까지 보이게 될 것이다."

자유주의자인 찰스 머레이(Charles Murray)는 이런 주장에 동의하지만 동의의 이유는 다르다. 그는 기본소득제도가 사회보장, 의료보장, 실업급여와 같이 '소득이 없는' 사회복지제도에 대한 필요성을 없애게 될 것으로 믿고 있다. 그리고 앞서 언급했던 실리콘밸리 역시 열성적으로 이 제도를 지지하고 있다. 벤처 기금 블룸버그 베타(Bloomberg Beta)를 이끌고 있는 벤처 투자가 로이 바하트(Roy Bahat)는 "보편적인 기본소득이 우리가 혁신의 초기 단계에 보조금을 지불할 수 있는 가장 의미 있는 방식이 될 것"이라면서 "많은 요인으로 사람들이 창조적인 일에 투입할 시간의 양을 증식시킬 수 있다"고 주장했다. 기본소득제도를 극단적으로 열광하는 사람들은 이를 '21세기의 백신'이라고 부르기도 한다.[115]

반대로 기본소득제도를 비난하는 사람들은 백신이 아니라 '위험한 약'이 될 거라고 말한다. 정당한 보수의 노동을 찾는 사람들의 동기를 약화시키고 대중들에게 영합하려는 중독성 강한 정부 지원금이라는 것이다.[116] 이와 관련해 자연스럽게 빈곤을 피하려는 장려책이 전무한 가운데, "인간은 노동할 의지를 잃고 말 것인가?" 하는 우려들이 나오고 있다. 분명히 일리는 있다. 하지만 근거가 없다. 그런 사태가 발생하리라는 증거가 거의 없기 때문이다. 증거가 있다고 한다면 기본소득제도가 일할 의지를 자극한다는 것뿐이다.

1974년 캐나다 매니토바(Manitoba) 주의 작은 농업마을 도핀(Dauphin)에 사는 약 1,000명의 주민들은 자신들의 행운에 관한 뉴스를 접했다. 연방 정부와 주 정부가 합동으로 지급하는 사회보조금을 다달이 받게 된 것이다. 이는 일종의 실험으로서 그동안 충분한 소득을 올린 적이 없는 사람들에게 확실히 보장되고 조건도 따르지 않는 연간 소득이 발생했을 경우 사회적 충격을 평가하려는 목적을 갖고 있었다. 이에 가장 먼저 떠오르는 질문은 이렇다. "만약 사람들이 살아가기 불편함이 없을 정도로 돈을 받는다면 게을러질까?" 이들에 대한 급여액은 빈곤 수준을 벗어나는 데 필요한 액수의 60퍼센트 정도로 결정됐다. 이는 한 가족이 살아가기에 충분한 금액은 아니었지만, 예전과 삶의 차이를 만들어내기에는 충분한 액수였다. 보조금은 빈곤 수준을 평준화하기 위한 특별한 장치를 갖고 있었는데, 다른 곳에서 소득을 올리고 있는 사람의 경우에는 월 소득액 1달러당 지급 금액을 0.5달러씩 차감하기로 했다.

이 지원금은 1976년에 시작해 1979년 갑자기 끝났다. 연방 정부의 정책이 긴축재정으로 기조가 바뀌면서 지역 정치권에서 자금의 흐름을 조이기 시작했기 때문이다. 감축조치가 너무나 급작스럽게 이뤄졌기 때문에 연구자들은 데이터를 분석할 만한 시간이 없었다. 그래서 그들은 엄청난 양의 서류들을 1,800개의 종이상자에 담아 창고에 집어넣고 멍한 상태에 있는 도핀의 주민들을 뒤로 한 채 그곳을 벗어났다. 몇 십 년이 지난 뒤 마니토바대학교 경제학자 에블린 포겟(Evelyn Forget)이 사회보조금 실험을 알게 됐고 집중적으로 파고들기 시작했다.

"그 프로그램이 사람들의 삶에 미친 영향에 대해 알고 싶었습니다. 그리고 내가 발견한 사실은 사람들은 일하기를 좋아한다는 것이었습니다."

도핀의 모든 주민이 보조금을 받았지만, 단 두 종류의 사람들만이 자신의 노동 시간을 줄였다. 한쪽은 젊은 엄마들로, 보조금 덕분에 대략 6~8주 정도 일을 쉬며 가정에 집중할 수 있었다. 다른 한 그룹은 10대 소년들인데, 이들은 당시 일반적인 삶으로 간주되던 짧은 학업을 연장하기 위해 10학년으로 복귀해 학교에 다녔다. 포겟이 연구한 바에 따르면 매월 지급되는 보조금이 일할 의욕을 꺾는 것과는 거리가 멀었다. 또한 급작스러운 질병이나 장해, 예기치 못한 사고나 재난 등으로 겪게 되는 재정 부담으로부터 어느 정도 주민들을 보호해주는 안정감의 근원이 됐다. 지원금으로 얻을 수 있었던 위안과 기회는 주민들의 부상과 병원 입원 횟수를 현저히 줄이는 역할도 했다. 또한 정신 건강 역시 크게 향상됐다. 포겟은 이렇게 말했다.

"기본소득은 넉넉한 정도가 아니었습니다. 그것만으로 사람들이 빈곤에서 벗어나기에는 턱없이 부족했죠. 그런데도 사람들이 창의력을 발휘할 여유를 제공했습니다. 주민들에게 할 필요가 있는 일을 할 수 있는 기회를 만들어줬으며, 임금을 받지 못해 하지 못했던 일을 하도록 해줬습니다."

나는 포겟에게 도핀 주민들을 만나본 적이 있는지 물었다. 그러자 그는 그렇다고 하면서 한 사람을 소개해줬다. 그는 에릭 리처드슨(Eric Richardson)이었다. 나는 리처드슨과 전화통화로 대화를 나눌 수 있었다. 그는 지원 프로그램이 시작될 당시 열두 살이었다고 했다. 여섯 형제 중 막내였는데, 어머니는 미용사였고 아버지는 잡역부였다. 가족은 가난했지만 가난을 느끼지는 못했다. 주변에 있던 가정들도 비슷한 상황이었기 때문이다. 현재 리처드슨은 목수이며 후배들을 양성하고 있다고 했다.

"당시 연못도 있었고 낚시도 할 수 있었기 때문에 배를 곯은 적은 없었습니다. 그 시대의 사람들 대부분은 자급자족했고 이웃과 서로 도우면서 살았습니다. 자원해서 그런 일들을 하는 강력한 윤리의식도 있었죠. 하지만 그 지원금은 교육, 건강관리, 보다 나은 음식과 같은 여분의 것들을 얻을 수 있도록 도와줬습니다. 사람들이 처한 상황을 개선하는 데 많은 돈이 들어가는 것은 아닙니다. 나는 그 돈으로 난생 처음 치과에 가서 충치 10개를 메웠습니다. 내 친구 가족은 그 돈으로 중고 트럭 한 대를 산 다음 자기들이 키운 가축을 시장으로 나르는 데 사용했습니다. 그것으로 그들은 농장을 일궈낼 수 있었습니다."

근래 몇 년 동안 핀란드, 캐나다, 네덜란드, 케냐와 같은 여러 나라들이 임시적으로 기본소득제도 실험을 진행하고 있다. 아직까지 이에 대한 결과가 뒤섞여 나타나고 있다. 이런 지원 프로그램의 강력한 옹호자인 포겟은 이 모든 것이 우선순위의 문제로 요약된다고 말했다. 도핀에서는 여분의 돈이 어머니와 어린아이들이 함께 집에 머물 수 있도록 해줬고, 젊은이들에겐 고등학교를 졸업할 수 있도록 도와줬다. 예술가들과 공예가들은 그들이 사랑하는 일을 추구하고, 그들이 사랑하는 것을 지역사회와 나눌 수 있도록 해줬다. 물론 일부 사람들은 그저 이익만 취했을지도 모르지만, 이보다 훨씬 많은 사람들이 지원금을 현명하게 사용했으며 큰 혜택을 입었다. 포켓은 이렇게 정리했다.

"부족한 사람들에게 약간의 돈과 약간의 신뢰를 준다면 그들은 자신들이 할 수 있는 일로 사회를 놀라게 할 수 있습니다. 모든 사람들은 일하기를 원하고 일자리를 필요로 합니다."

■ 일자리 문제에 대한 정치권의 책임과 역할 ■

국가적인 일자리 대란을 극복하는 첫 단계는 일하고자 하는 욕구가 인간의 본성이라는 사실을 제대로 인식하는 것이다. 혁신하려는 욕구는 우리의 DNA에 온전히 새겨져 있으며 일반적으로 좋은 것이다. 자율주행 트럭, 로봇 수술, 자가 학습 기계들이 존재하는 이 시대에, 이에 따른 일자리 변화와 세상을 바꾸는 기술의 힘을 부정할 사람이 누가 있겠는가? 그러나 특정 유형의 혁신을 지나치게 강조하다 보면 모든 종류의 해악을 진보로 착각하고, 거대한 부를 축적한 기업의 사회 환원을 제대로 감시하지 못하는 경우가 생긴다. 기업의 혜택과 특권이라는 것도 결국 이 사회와 노동자들이 만들어준 것인데도 말이다.

국가적 차원의 일자리 대란은 희소해지고 있는 '기회'에 관한 문제가 아니다. 일할 수 있는 일자리는 언제나 충분한 정도로 있을 것이기 때문이다. '테크놀로지'에 관한 문제도 아니다. 기술은 인간이 적절히 활용하기만 하면 우리 삶을 개선해줄 뿐이기 때문이다. 여기에서 내가 말하는 국가 차원의 일자리 대란은 '정치적 의지의 결여가 낳을 수 있는 문제'를 지칭하는 것이다. 앞으로 닥칠 변화에 대해 준비하고 문제의 핵심을 정확히 짚어내 그것으로부터 해결 방안을 모색하려는 굳은 의지가 필요한 것이다.

자유시장경제의 민주 시민으로서 공동의 권리와 개인의 우선순위를 조율하는 것은 우리 각자의 몫이다. 정부는 앞에서 설명한 가정 돌봄 서비스 등을 도입해 보다 광범위한 건강관리 시스템을 구축할 수 있다. 기업 위주의 정책 일부를 수정해 노동자들의 일과 삶에 균형을 맞춰줄 수 있는 방안 또한 모색해야 할 것이다. 모든 것을 정부 스스로 하라는 의미가 아니다. 다방면의 학자들과 실천가들 그리고 수많은 단체들이 새로운 어젠다(agenda) 수립과 정책 설정을 위해 저마다의 해법을 제시할 준비가 돼 있다. 그 모든 생각들을 시험해볼 차례다.

우리에게는 일할 권리와 안정적인 삶을 누릴 권리가 있다. 이 책에서 살펴본 내용들이 정답이라고 주장하려는 것은 아니다. 기존의 가치관이든, 전통적인 방식이든, 실험적인 도전이든 간에 움직여야 할 시점이 왔다는 것만큼은 강력하게 주장하고 싶다. 가정 의료와 돌봄 서비스가 필요하다는 데 동의하는가? 교육과 예술에 가치를 부여하는가? 디지털 시대의 산물을 이용한 새로운 시도들이 유의미하다고 판단되는가? 그렇다면 그런 모든 것들이 의미 있는 일이 되고 지속 가능한 일자리로 창출되도록 도울 수 있는 방안을 모색해야 하는 것이다. 그것이 정부가 중심을 잡고 진행해나가야 할 과제다.

좋은 일자리를 지원하고 유지하는 가장 효율적이고 실행력 있는 방법은 공공 정책의 핵심 어젠다가 되도록 정부와 기업과 서로 보완적인 역할을 하는 것이다. 이와 같은 노력에 기여하는 주체들에게 동기를 부여하고 혜택을 제공하는 정치적·경제적 혁신은 보다 나은 미래로 나아가는 출발점이 될 수 있으며, 나는 그렇게 되리라 믿고 있다. 시장이 우리에게 누릴 자격이 있는 일자리를 가져다줄 것이라는 과거의 공급 측면에 편향된 환상부터 제거해야 한다. 경솔한 자유시장의 이념은 상식의 정치학으로 상쇄시킬 필요가 있다. 역사는 인간의 개인적 경험과 마찬가지로 이런 처방이 더 이상 약효를 발휘하지 못한다는 사실을 여실히 보여주고 있다.

세계화된 디지털 경제에서 우리는 민간 분야의 장기적인 고용을 전적으로 의존할 수 없다. 또한 민간 분야에서 기계들이 보다 저렴하고 더 잘할 수 있는 일자리에 사람을 고용해주기를 기대할 수도 없다. 최근 수십 년 동안 테크놀로지가 미친 가장 큰 충격은 일자리의 양이 아니라 질에 있었다. 각종 복지혜택과 미래를 보장해온 안정적인 정규직 일자리들이 불확실한 다른 것들로 대체돼왔고 계속 대체될 것이기 때문에 누구도 이 불확실한 세계의 변덕에서 자유롭지 못하다.[117] 기술은 단지 이런 상황이 실현 가능하도록 만든 것뿐이며 이 같은 결과가 실제로 일어나도록 촉진한 것은 정치다. 한 가지 일을 조금씩 얇게 벗겨내 가장 낮은 가격을 부르도록 경쟁 입찰하게 함으로써 일자리의 갈라진 틈을 통해 불평등을 확산시킨 주체 역시 정치다. 또한 절대적 다수와 지배적 소수 사이의 간극을 엄청나게 벌려놓고 공동의 가치와 활동적인 사회 조직에 불온한 반발의 불을 지핀 것도 정치다.

고용을 통해 시민들이 소득을 올리고 그것을 통해 스스로의 가치를 높여온 전략은 과거의 유물이 됐다. 안타깝지만 이제 통하지 않는다. 경험 많고 능력 있는 엘리트들조차 안정적인 일자리를 보장받지 못하는 이 시대에는 작동을 멈춘 고물 시계일 뿐이다. 우리가 당면한 도전은 의미 있는 일자리로 우리를 맞춰 넣는 것이 아니다. 우리의 도전은 사람들이 사회에 기여할 수 있고, 그들 스스로 할 가치가 있다고 느끼며, 의미를 찾을 수 있는 일자리를 만들고 유지하는 것이다.[118]

효율성을 극대화하는 것은 산업 시대의 고정관념이다. 우리는 이런 고정관념을 더 이상 감당할 수 없다. 우리는 GDP에 대한 숭배를 멈춰야 한다. 이 기준은 소수에게 돌아가는 이익만을 극대화하고 진정으로 중요한 척도, 즉 일하는 사람들의 본질적인 가치를 과소평가하거나 아예 측정하지 못하는 도구이기 때문이다. 더욱이 식별되지 않는 어떤 일들은 한 국가의 부에 절대적으로 기여하므로 가늠하기조차 어려울 때가 있다. 나라의 부를 측정할 때 이런 노력들을 계산하는 새로운 방법 그리고 경우에 따라 세금감면이나 환급의 방식으로 이에 대해 보상해주는 것은 즉각적인 사회적 이익을 가져올 것이며 수요와 공급의 선순환을 작동시킬 수 있는 보다 공평한 소득분배에 도움을 줄 수 있다.

일자리의 미래는 디지털 경제의 창조가 아니라 집단적인 상상력에 달려 있다. 컴퓨터를 사용하는 빅데이터 수집 기술은 우리의 어떤 노력이 행복에 가장 크게 기여하는지 평가할 수 있게 해준다. 오늘날 많은 형태의 일자리를 파괴한 기술을 그저 분노의 눈길로만 바라볼 게 아니라 이를 활용해 할 수 있는 새로운 것들을 찾는 것이 현명하다. 기술은 죄가 없다. AI는 두려움의 대상이 아니다. 그것을 이용하는 주체를 감시하고 견제해야 한다. 기술은 더 적극적으로 배우고 받아들여야 할 삶의 동반자다. 테크놀로지를 활용하면 우리가 실제로 가치를 둬야 하는 것들을 측정할 수 있다. 일의 가치를 측정하는 새로운 방법을 발견한다면 누군가를 보살피는 일, 창조적인 일, 치료하는 일, 예술적인 일과 같이 우리가 정말로 원하고 필요로 하는 일을 파악할 수 있으며 진정한 가치에 따라 보상할 수 있게 될 것이다.

부동산 재벌 도널드 트럼프의 승리로 끝난 2016년의 미국 대통령 선거는 수백만 미국인의 경제적 불안을 반영한 결과였으며, 지지자들의 절대 다수는 대학 학위를 가지지 못한 사람들이었다. 바로 그 다수가 자신과 자신의 아이들을 위한 기회가 사라지고 있는 것을 알았던 것이다. 선거 전 여론조사에서 트럼프 지지자 중 63퍼센트는 미국 노동자 계층이 일자리를 가질 기회가 부족한 상황을 '매우 중대한 문제'로 꼽은 바 있다. 이와 동시에 점점 커지는 소득 격차와 인종적·윤리적 긴장감은 젊은 유권자들이 투표를 포기하게 만들었다. 그들 중 많은 수는 대학을 갓 졸업한 새내기들로서 기존 사회 시스템이 실패했다고 규정할 만한 수만 가지 이유를 갖고 있다. 그들은 일이 얼마나 벅차든, 소모적이든, 중요하든 간에 상관없이 일 자체가 자신들에게 중산층의 삶을 가져다주리라는 희망을 품지 않게 됐다. 하지만 좋은 소식도 있다. 많은 사람이 가져온 당연한 불만이, 그 불만을 먹고 자란 정치적 힘과 더불어 집단 행동에 대한 대중의 새로운 믿음을 불어넣어줬다는 사실이다. 우리가 알게 된 것은 '나쁜 일자리'는 거스를 수 없는 자연 법칙의 소산이 아니라 '치료해야 하는 사회 구조의 결함' 때문임을 깨닫게 됐다.

또한 내가 희망을 갖는 까닭은 일과 일자리가 승자와 패자로 갈리는 제로섬 게임이 아니라는 사실을 알게 됐기 때문이다. 이와는 반대로 자유시장경제 체제의 민주주의에서 일은 불평등을 조장하는 것이 아니라 억제하는 것이다. 교육과 전문성은 여전히 긍정적이고 좋은 것으로 여겨지지만 '스킬 우선'에만 지나치게 초점이 맞춰지지 않도록 조심해야 한다. 인간을 기계보다 한 걸음 앞서도록 교육하는 일은 헛되다. 그보다는 우리의 사고방식 자체를 역설계해서 우수한 기술을 십분 활용해 사람들이 일로부터 진정한 가치를 도출해내는 힘을 키울 수 있는 새로운 방법을 찾는 것이다. 고용주들이 우리에게 '선물'이나 '의미 있는' 일자리를 마련해주기를 기다리지 말고 우리가 하는 그 일이 우리의 노력으로 만들어낸 생산품이라는 사실에 사회적 합의를 이뤄야 하는 것이다.

영국의 경제학자 존 메이너드 케인즈(John Maynard Keynes)는 이미 오래전에 그 어떤 사람도 "두려움 없이 여가와 풍요의 시대에서 앞을 내다보지 못했다"라고 썼다.[119]

우리 역시 그와 비슷한 시대를 살고 있다. 최소한 풍요라는 측면에서는 유사하다. 우리는 이제 두려움을 떨쳐내고 우선순위를 다시 조정해야 한다. 인간을 투쟁의 삶으로부터 목적과 의미의 삶으로 끌어올렸던 계몽주의의 이상이 우리의 현관에 다시 와 있다. 이제 우리는 정치적 의지와 신뢰를 모아 초인종을 향해 대답만 하면 된다. 들어오라고 할 것인지 나가라고 할 것인지. 나는 여러분이 나와 함께 현관문을 활짝 열기를 간절히 바란다. 마지막으로, 모든 사회 구성원들에게 좋은 일자리를 보장하는 것은 무엇보다 기쁜 일이지만 그것이 종착역은 아님을 거듭 강조하고 싶다. 새로운 시작이며, 그 어떤 기준에서든 우리 모두에게 가장 '파괴적인 혁신'인 것이다.

주

제명

에드몬드 보르도 시켈리(Edmond Bordeux Székely), 《Creative Work: Karma Yoga: A Western Interpretation》(Academy Books, 캘리포니아 주 샌디에이고, 1973년).

머리말

1. 엘리어트 자크(Elliott Jaques), 《Equitable Payment: A General Theory of Work, Differential Payment, and Individual Progress》(Wiley Books, 뉴욕, 1961년), 25.
2. 오바마의 의회 연설 중에서 첫 번째 것만을 제외한 나머지 연설문에서 가장 많이 사용된 단어 3개 중 2개가 일자리(jobs)와 일(work)이었다. 또한 힐러리 클린턴의 선거유세 연설 중에서 가장 자주 사용된 단어 역시 일자리(jobs)였다.
3. 닉 가스(Nick Gass), "트럼프, 경제계획을 발표하며 이와 함께 2,500만 개의 일자리 창출을 약속하다." 〈폴리티코(Politico)〉 2016년 9월 15일, http://www.politico.com/story/2016/09/donald-trump-jobs-economic-plan-228218.
4. 미국 연방 노동부 산하 노동통계국(Bureau of Labor Statistics), "American Time Use Survey-Charts," 2017년 6월 27일 최종 수정, https://www.bls.gov/tus/charts.htm.
5. 마리안느 페이지(Marianne Page), "Are jobs the Solution to Poverty?," 〈패스웨이스(Pathways)〉 (Stanford University) 2014년 여름, https://web.stanford.edu/group/scspi/_media/pdf/pathways/summer_2014/Pathways_Summer_2014_Page.pdf.
6. 디트로이트에 기반을 둔 부동산 관리회사인 캐슬(Castle)의 최고경영자이자 공동설립자 막스 누센바움(Max Nussenbaum)에게 감사한다. 애석하게도 캐슬은 2018년 초에 폐업했다.
7. 토머스 프리드먼(Thomas Friedman), "Average Is Over," 〈뉴욕타임스(New York Times)〉 2012년 1월 24일 논평.
8. 2014-2015년에 미국의 학사과정에 등록한 학생 189만 5,000명 가운데 가장 다수의 학생들이 등록한 전공과목은 경영학 분야(36만 4,000명)이며 그 다음이 건강과 관련된 학과(21만 6,000명)였다. 2003-2004년부터 2013-2014년 사이에 증가율이 가장 두드러졌던 전공은 국가안보, 법 집행 및 소방(122퍼센트, 2만 8,200명에서 6만 2,400명으로) 분야이며 그 다음이 공원관리, 레크리에이션, 레저 및 피트니스(108퍼센트, 2만 2,200명에서 4만 6,000명으로) 분야였다.
9. 'The Productivity-Pay Gap,' 폴란드경제연구소(Economic Polish Institute), 2017년 10월 업데이트, http://www.epi.org/productivity-pay-gap/.
10. 'The American Middle Class Is Losing Ground,' 퓨리서치센터(Pew Research Center)의 Social and Demographic Trends Project, 2015년 12월 9일, http://www.pewsocialtrends.org/2015/12/09/the-american-middle-class-is-losing-ground/.
11. 캐나다 정부는 유일한 무급노동인 '돌보기'의 가치를 측정한 적이 있는데 연간 국내총생산액(GDP)의 3분의 1에서 2분의 1 정도로 평가했다. Canadian Centre for Policy Alternatives, B.C. Solutions Budget, 2006년, 12. 미국의 경우 이 액수는 6조 달러 정도에 이를 것으로 평가한다. 물론 이 엄청난 액수는 추정치에 불과

한 것이지만, 무급 노동에 대한 엄청난 중요성을 상기시킨다.

12. 미국 연방 사회안정청(US Social Security Administration), '2015년 소득통계(Wage Statistics for 2015)' 2018년 2월 평가, https://www.ssa.gov/cgi-bin/netcomp.cgi?year=2015.

13. eHealth 'Ten Years of Health Insurance Costs,' https://resources.ehealthinsurance.com/affordablecare-act/much-obamacare-cost-2017.

14. UNICRI Centre for Artificial Intelligence and Robotics(The Hague, The Netherlands), http://www.unicri.it/in_focus/on/UNICRI_Centre_Artificial_Robotics.

15. 이 구절과 함께했던 내 생각에는 많은 경제학자, 역사학자, 심리학자들의 도움을 받았으며 특히 하버드대학교 철학과의 마이클 샌델(Michael J. Sandel) 교수와 많은 생각을 하게 만드는 그의 저서 《돈으로 살 수 없는 것들(What money Can't Buy)》(Farar, Straus and Giroux, 뉴욕, 2012년)의 설득력 있는 추론의 덕을 많이 보았다.

프롤로그

1. 프리드리히 니체(Friedrich Nietzsche), 《선악을 넘어서: 미래의 철학을 위한 서문(Beyond Good and Evil: Prelude to a Philosophy of the Future)》(케임브리지대학교 출판부, 잉글랜드 케임브리지, 2001년), 5.189, 영문판 편집인 롤프-피터 호르스트만(Rolf-Peter Horstmann)과 주디스 노먼(Judith Norman).

2. 질 로이(Jill Lloyd), 《Undiscovered Expressionist: A Life of Marie-Louise von Motesiczky》(예일대학교 출판부, 코네티컷 주 뉴 헤이븐, 2007), 4.

3. 자전거 무용 동호회의 사진자료는 오스트리아의 'Archiv fur die Geschichte'에서 〈Die Arbeitslosen der Marienthal-Bilder〉(2010년 6월)로 확인할 수 있다. http://agso.uni-graz.at/marienthal/bilder/097.jpg.

4. 오스트리아가 대공황 시기에 타격을 받았던 사실은 의문의 여지가 없다. 당시의 다른 선진 국가들에 비해서도 유독 상황이 심각했다. 1929년부터 1933년 사이에 이 나라의 GDP는 22퍼센트 감소했다. 이는 네덜란드, 스위스, 벨기에, 노르웨이, 스웨덴, 영국 등의 국가들이 평균적으로 5.8퍼센트에서 9.46퍼센트 정도의 GDP 감소율을 기록한 데 비해서 지나치게 높은 수치였다. 독일 역시 GDP 16퍼센트 하락이라는 고통을 겪었다.

5. 이 상황이 잘 정리된 기사는 폴 뉴라스(Paul Neurath)가 〈Canadian Journal of Sociology: Cahiers canadiens de sociologie〉 20, No. 1(1995년), 91에 쓴 "마리엔탈로부터 60년(Sixty Years Since Marienthal)"이다. http://dx.doi.org/doi:10.2307/3340988.

6. 마리 자호다(Marie Jahoda), 폴 라자스펠트(Paul Lazarsfeld), 한스 지젤(Hans Zeisel) 공저 《Die Arbeitslosen von Marienthal: Ein soziographischer Versuch uber die Wirkungen langdauernder Arbeitslosigkeit》(Leipzig: Hirzel, 1933), 영어판 《Marienthal: The Sociography of an Unemployed Community》(Aldine, Atherton, 시카고, 1971년).

7. 로버트 맥머리(Robert N. McMurry), "When Men Eat Dogs," 〈내이션(Nation)〉, 1933년 1월 4일, 15~17. https://www.unz.com/print/Nation-1933jan04-00015/.

8. 자호다, 라자스펠트, 지젤 공저, 《Marienthal》 22.

9. 독일인들은 프리드리히 대왕 시대 이후 큰 위기 때마다 개고기를 먹곤 했으며 이를 일반적으로 '경제봉쇄 양고기(blockade mutton)'라고 부르곤 했다. 20세기 초에도 독일 내에서 육류 가격이 치솟자 말고기와 개고기의 소비가 일반화됐는데 이에 대한 기사는 〈타임(Time)〉 1940년 11월 25일자 "독일: 닥스훈트가 더욱 부드럽다(Germany: Dachshunds Are Tenderer)"라는 제목으로 실렸다. http://content.time.com/time/magazine/article/0,9171,884181,00.html.

10. 한 가지 소름끼치는 사례는 대중들 앞에서 하모니카를 불고 그 대가로 푼돈을 받다 신고된 어느 남자였다. 실업 상태는 소득을 올릴 목적으로는 어떠한 형태의 일도 금지되기 때문에 그 신고를 받은 남자는 가계소득의 거의 대부분을 차지하던 실업수당의 수령 자격을 박탈당했다.

11. 자호다, 라자스펠트, 지젤 공저, 《Marienthal》 66.

12. 마리엔탈 보고서는 1933년 처음 발행됐는데, 이 시기는 히틀러가 독일에서 정권을 잡기 불과 수주일 전이었다. 저자들이 유대인이었기 때문에 보고서를 발행했던 독일 출판사 히르첼(Hirzel)은 저자들의 이름을 삭제하는 것이 안전하다는 판단을 내렸다. 즉각적인 항의가 있었지만, 이 논문은 그로부터 거의 30년 동안 학문적인 주목을 받지 못하다 전후 복구시절 경제적 여유가 생기고 제2차 세계대전 무렵의 인쇄물에 대한 관심이 높아지면서 빛을 보기 시작했다.

13. 폴 뉴라스의 기사 "마리엔탈로부터 60년" 75.

14. 미국 출신 사회학자 데이비드 실스(David Sills)는 마리엔탈 보고서의 '핵심적인 발견'은 "지속적인 실업상태는 혁명이 아니라 냉담으로 이어진다"는 사실이라고 하면서, 이 상황은 "히틀러에 대한 저항의지가 거의 없는 상황이 널리 퍼지게 되는 시대조류에 대한 전조"라고 서술했다. 《Biographical Memoirs》(National Academies Press, 워싱턴 DC, 1987) 56권, David L. Sills, "Paul F. Lazarsfeld, 1976년 8월 30일~1901년 2월 13일", https://www.nap.edu/read/897/chapter/11. 1933년 독일의 실업은 최고조에 달해 실업자의 숫자가 거의 600만 명에 달했지만 불과 2년 만에 급감해서 100만 명 이하로 떨어졌다. 이는 지방자치단체가 연방의 재정지원을 받아 도로의 신규건설과 같은 토목공사 등을 시행하는 정책이 효과를 보았기 때문이다. 이 자금 지원에는 한 가지 조건이 붙었는데, 여성이 이 일자리를 갖는 것은 금지한다는 것이었다. 당시 그들은 여성이 '어머니 역할'에 보다 헌신해야 한다고 주장했다.

15. 자호다, 라자스펠트, 지젤 공저, 《Marienthal》 75.

16. 폴 뉴라스의 기사 "마리엔탈로부터 60년" 74.

제1부

1. 트럼프 대통령은 2017년 2월 17일 사우스캐롤라이나 주 노스찰스턴(North Charleston)에서 거행된 보잉787 드림라이너 발표회에 참가해 연설하면서 미국의 제조업을 지키기 위해 노력할 것이며 법인세를 낮출 것이라고 약속했다.

제1장

2. 과거 이스라엘은 전체 노동자들의 80~85퍼센트 정도가 노동조합에 가입했을 정도로 노조가입률이 높았지만, 1980년대와 1990년대에 급격히 감소해 2017년에는 24퍼센트에 불과했다.

3. 크리스틴 크라니아스(Kristin F. Kranias), "The #1 Thing Hiring Managers Are Looking For," the Muse, 2012년 8월 27일 최종 수정, https://www.themuse.com/advice/the-1-thing-hiring-managers-are-looking-for.

4. 존 스워츠(Jon Swartz), "Ageism Is Forcing Many to Look Outside Silicon Valley, but Tech Hubs Offer Little Respite," 〈USA투데이〉 2017년 8월 4일, www.usatoday.com/story/tech/columnist/2017/08/04/ageism-forcing-many-look-outside-silicon-valley-but-tech-hubs-offer-little-respite/479468001/.

5. 인디애나대학교 사회학자 케이트 테일러(Cate Taylor)는 〈워싱턴포스트〉의 인터뷰에서 이렇게 말했다. "이러한 직업군은 여성들에게 어울리지 않으며, 선천적으로 이런 일을 잘해낼 수 없다는 주장이 오랫동안 통용

돼왔지만, 이는 사실이 아닙니다. 그러나 바로 이러한 주장이 철강노조원의 2퍼센트만이 여성이고, 트럭과 자동차 기술자 중의 단 10퍼센트만이 여성인 이유입니다." 대니얼 파케트(Danielle Paquette), "America's Manliest Industries Are All Competing for Women," 〈워싱턴포스트〉 2017년 4월 21일, https://www.washingtonpost.com/news/wonk/wp/2017/04/21/americas-manliest-industries-are-all-competing-for-women/?utm_term=.195dd21eb161.

6. 로렌 리베라(Lauren A. Rivera), "Hiring as Cultural Matching: The Case of Elite Professional Service Firms," 〈American Sociological Review〉 77 no.6(2012년), 999~1022, http://dx.doi.org/doi:10.1177/0003122412463213.

7. 로렌 리베라와 안드라스 틸식(András Tilcsik), "Class Advantage, Commitment Penalty: The Gendered Effect of Social Class Signals in an Elite Labor Market," 〈미국사회학리뷰〉 85. no.6(2017년), 1097~1131, http://dx.doi.org/doi:10.1177/0003122416668154.

8. 샤론 코프만(Sharon Koppman), "Different Like Me: Why Cultural Omnivores Get Creative Jobs," 계간 〈Administrative Science〉 61 no.2(2015년), 291~331, http://dx.doi.org/doi:10.1177/0001839215616840.

9. 줄리 펠런(Julie E. Phelan), 콜린 모스 라쿠신(Corinne A. Moss-Racusin), 로리 러드먼(Laurie A. Rudman), "Competent Yet Out in the Cold: Shifting Criteria for Hiring Reflect Backlash Toward Agentic Women," 계간 〈Psychology of Women〉 32, no. 4(2008년), 406~413. http://dx.doi.org/doi:10.1111/j.1471-6402.2008.00454.x.

10. 마이클 노턴(Michael I. Norton), 조지프 반델로(Joseph A. Vandello), 존 달리(John M. Darley), "Casuistry and Social Category Bias," 〈Journal of Personality and Social Psychology〉 87, no. 6 (2004년), 817~831, http://dx.doi.org/doi:10.1037/0022-3514.87.6.817.

11. 서브하드라 미트라 챠나(Subhadra Mitra Channa), 《Conclusion: Redefining the Feminine in Gender in South Asia: Social Imagination and Constructed Realities》(케임브리지대학교 출판부, 잉글랜드 케임브리지, 2013년), 184~209, http://dx.doi.org/doi:10.1017/cbo9781107338807.008.

12. 하프텍 박사만 이런 사실을 밝혀낸 것은 아니다. 〈Advances in the Human Side of Service Engineering〉에 실린 올리버 콘(Oliver Korn) 외 다수가 쓴 "Defining Recrutainment: A Model and a Survey on the Gamification of Recruiting and Human Resources"를 보라. 루이스 프로인트(Louis E. Freund)와 보즈치에크 켈러리(Wojciech Cellary) 공저, 《Advances in Intelligent Systems and Computing 601》(스프링어, 스위스 참, 2018년) 37~49, http://dx.doi.org/doi:10.1007/978-3-319-60486-2.

13. 레이첼 마틴(Rachel Martin), "Could Video Games Be the Next Job Interview?," WBUR, 2013년 12월 1일, http://wbur.org/npr/246999632/playing-the-game-to-get-the-job.

14. "50 HR and Recruiting Stats That Make You Think," 〈글래스도어닷컴(Glassdoor.com)〉, 2017년 최종 수정, http://b2b-assets.glassdoor.com/50-hr-and-recruiting-stats.pdf.

15. 파비안 페퍼(Fabian T. Pfeffer), 쉘든 댄지거(Sheldon Danziger), 로버트 스코우니(Robert F. Schoeni), "Wealth Disparities Before and After the Great Recession," 〈Annals of the American Academy of Political and Social Science〉 650, no. 1(2013년), 98~123, http://dx.doi.org/doi:10.1177/0002716213497452; 라케시 코카(Rakesh Kochhar), 리처드 프라이(Richard Fry), "Wealth Inequality Has Widened Along Racial, Ethnic Lines Since End of Great Recession," 퓨리서치센터, 2014년 12월 12일, http://www.pewresearch.org/fact-tank/2014/12/12/racial-wealth-gaps-great-recession/.

16. 제이슨 에이블(Jaison R. Abel), 리처드 다이츠(Richard Deitz), 야신 수(Yaqin Su), "Are Recent College Graduates Finding Good Jobs?," 〈Current Issues in Economics and Finance〉(뉴욕 연방준비은행) 20, no. 1(2014), https://www.newyorkfed.org/medialibrary/media/research/current_issues/ci20-1.

pdf.

17. 막시밀리아노 드보르킨(Maximiliano Dvorkin)와 한나 쉘(Hannah Shell), "A Cross-Country Comparison of Labor Force Participation," 〈Economic Synopses〉(St. Louis Fed), no. 17(2015년), https://research. stlouisfed.org/publications/economic-synopses/2015/07/31/a-cross-country-comparison-of-labor-force-participation.

18. OECD 자료 "연령별 고용률(Employment Rate by Age Group)," 2016년 최종 수정, https://data.oecd. org/emp/employment-rate-by-age-group.htm#indicator-chart. 이 자료에 따르면, 2016년 미국의 (25세에서 54세 사이의) 주요노동연령층 노동참가율이 78.2퍼센트로 집계됐다. 그렇지만 여기에는 현재 고용돼 있는 노동자뿐만 아니라 구직자, 지난주에 최소한 1시간 이상 노동을 했던 노동자, 병이나 일시 해고 등의 사유로 노동에 참여하지 못하고 있는 사람들의 숫자도 포함된다.

19. 앤 케이스(Anne Case), 앵거스 디턴(Angus Deaton), "21세기의 질병률과 사망률(Mortality and Morbidity in the 21st Century)," 〈Brookings Papers on Economic Activity〉 no. 1(2017년 봄), 397~476, http://dx.doi.org/doi:10.1353/eca.2017.0005.

20. "Health Statistics and Information Systems-Disease Burden and Mortality Estimates-Disease Burden 2000~2015," 세계보건기구, 2015년 최종 수정, http://www.who.int/healthinfo/global_burden_disease/estimates/en/index2.html.

21. 작 스탬버(Zak Stambor), "Employees: A Company's Best Asset," 〈Monitor on Psychology〉(American Psychological Association), 2016년 3월, http://www.apa.org/monitor/mar06/employees.aspx. 흥미로운 점 하나는, 2016년 이전까지 미국인들의 스트레스 요인은 거의 변함이 없어서 돈과 일 그리고 경제와 같이 그들의 생활과 밀접하거나 연관이 깊은 요인들에 대해 심한 스트레스를 받았지만, 2016년 봄 이후 미국심리학회 소속의 심리학자들은 자신들의 환자들 중에서 2016년 미국 대통령 선거와 관련해 염려하거나 불안해하는 비율이 점차 커지고 있다고 보고하기 시작했다. 이러한 경향은 2017년에도 지속됐으며, 절반 이상의 미국인들이 미국의 정치현황으로 스트레스를 받고 있으며 3분의 2 정도가 미래의 전망과 관련된 스트레스를 받고 있는 것으로 보고됐다. 미국심리학회, 〈미국에서의 스트레스(Stress in America: Coping with Change)〉 제10판, 2017년, https://www.apa.org/news/press/releases/stress/2016/coping-with-change.pdf.

22. 에릭 곤잘레스 뮬레(Erik Gonzalez-Mule)와 베타니 콕번(Bethany Cockburn), "Worked to Death: The Relationships of Job Demands and Job Control with Mortality," 〈Personnel Psychology〉 70, no. 1(2017년), 73~112, http://dx.doi.org/doi:10.1111/peps.12206.

23. 윌리엄 홀링스워드 화이트(William Hollingsworth Whyte), "How Hard Do Executives Work?," 〈포춘〉 1954년 1월호.

24. 소스타인 베블런(Thorstein Veblen), 〈유한계급론(Theory of the Leisure Class)〉(트랜스액션, 뉴저지 뉴번 스윅, 1992년), 43.

25. 윌리엄 홀링스워드 화이트, 〈조직 인간(Organization Man)〉(펜실베이니아대학교 출판부, 필라델피아, 2002년).

26. 데이비드 프랜시스(David R. Francis), "Why High Earners Work Longer Hours," 미국 국립경제연구소 (National Bureau of Economic Research, NBER), 〈NBER Digest〉 2006년 6월, http://www.nber.org/digest/jul06/w11895.html.

27. 2017년 2월 〈폭스〉 뉴스를 통해 방영된 인터뷰를 통해서 트럼프 대통령은 자신이 "밤 12시나 새벽 1시까지, 오래, 아주 오래" 일한다고 자랑했다. 그는 자신이 하루에 네다섯 시간 정도밖에 자지 않으며 식사 중에도 일을 계속한다고 주장했다. 데이비드 캐플린(David Caplin), "President Trump: I Get 4 to 5 Hours of Sleep", 2017년 2월 8일 〈ABC〉 뉴스, http://abcnews.go.com/Politics/president-trump-hourssleep/story?id=45339855.

28. 실비아 벨레사(Silvia Bellezza), 네루 파하리아(Neeru Paharia), 아낫 카이난(Anat Keinan), "Conspicuous Consumption of Time: When Busyness and Lack of Leisure Time Become a Status Symbol," Journal of Consumer Research 44, no. 1(2017년 6월): 118~138, http://dx.doi.org/doi:10.1093/jcr/ucw076.

29. 기업 부동산 관리 전문기관인 코어넷 글로벌(CoreNet Global)의 조사 결과다. 조슈아 리베라(Joshua Rivera), "Death to the Open Office Floor Plan!," 〈패스트컴퍼니(Fast Company)〉 2014년 1월 10일, www.fastcompany.com/3024697/death-to-the-open-offices-floorplan.

30. 나를 도와준 인적자산관리(human factors engineering) 전문가인 찰스 모로(Charles Mauro) 덕분에 사무실 설계와 생산성(또는 생산성의 결여)의 관계를 이해하게 되었다. 모로가 나에게 말하기를, "열린 사무실 공간은 동료들과의 밀접한 관계와 생산성을 향상시키기 위한 지혜로 받아들여지고 있지만, 그것을 증명할 수 있는 그 어떤 증거도 제시하지 못하고 있다." 실제로, 심리학자들은 열린 사무실 공간이 고도의 불안감, 분노, 공격성 등의 유발과 관련이 있으며, 고혈압이나 공기를 통한 감염과 같은 건강의 위험요소도 가지고 있다고 경고한다.

31. 클레어 서다스(Claire Suddath), "Why There Are No Bosses at Valve," Bloomberg.com, 2017년 4월 27일, https://www.bloomberg.com/news/articles/2012-04-27/why-there-are-no-bosses-at-valve.

32. 안드레아 피터슨(Andrea Peterson), "Gabe Newell on What Makes Valve Tick", the Switch, 〈워싱턴포스트〉 2014년 1월 3일, www.washingtonpost.com/blogs/the-switch/wp/2014/01/03/gabe-newell-on-what-makes-valve-tick.

33. 라구람 라잔(Raghuram G. Rajan), 줄리 월프(Julie Wulf), "The Flattening Firm: Evidence from Panel Data on the Changing Nature of Corporate Hierarchies"(NBER Working Paper No. 9633, 미국 국립경제연구소, 2003년), http://dx.doi.org/doi:10.3386/w9633.

34. 데이비드 잭슨David Jackson, 〈Dynamic Organisations: The Challenge of Change〉(맥밀란 비즈니스, 하운드밀스, 1997년) 106~107, 대니얼 더글라스(Danielle Douglas), "Companies Embrace Structure with Fewer Managers," 〈워싱턴포스트〉 2012년 2월 24일, https://www.washingtonpost.com/business/capitalbusiness/companies-embrace-structure-with-fewer-managers/2012/02/23/gIQAZn6YYR_story.html?utm_term=.3886c92bb11a.

35. 애덤 골드스타인(Adam Goldstein), "Revenge of the Managers: Labor Cost-Cutting and the Paradoxical Resurgence of Managerialism in the Shareholder Value Era, 1984 to 2001," 〈American Sociological Review〉 77, no. 2 (2012년), 268~294, http://dx.doi.org/doi:10.1177/0003122412440093.

36. 예를 들면 연재되던 카툰 딜버트(Dilbert)에서 경영 컨설턴트로 일하는 도그버트(Dogbert)는 자신의 고객에게 이렇게 조언한다. "살아남으려면 시장에 대한 정의를 새롭게 내려서 '파괴적인 혁신'을 해야만 합니다." 스콧 아담스(Scott Adams), 〈딜버트〉 2004년 2월 16일, http://dilbert.com/strip/2004-02-16.

37. 로잘린드 윌리엄스(Rosalind Williams), 〈The Triumph of Human Empire: Verne, Morris, and Stevenson at the End of the World〉(시카고대학교 출판부, 시카고, 2013년) 193~194.

38. 제임스 바커(James R. Barker), "Tightening the Iron Cage: Concertive Control in Self-Managing Teams," 계간 〈Administrative Science〉 38, no. 3 (1993년), 408, http://dx.doi.org/doi:10.2307/2393374.

39. 이러한 방식을 스택 랭킹(stack ranking)이라고 하는데, 오래된 방식이지만 1980년대 GE의 CEO였던 잭 웰치(Jack Welch)가 다시 한번 활용해 유행시켰다. 그는 회사의 모든 관리자들에게 직원들을 정상분포곡선에 따라 순위를 매기라고 요구했다. 이러한 방식은 여러 가지 이유로 많은 논란을 일으켰는데, 가장 심각했던 것이 아래 순위의 직원들에게 불이익을 줌으로써 회사가 얻는 이익이 상위 순위의 직원들에게 주어야 할 혜택으로 상

쇄된다는 것이었다.

40. 타카하시(H. Takahashi) 외 다수, "When Your Gain Is My Pain and Your Pain Is My Gain: Neural Correlates of Envy and Schadenfreude," 〈사이언스〉 323, no. 5916 (2009년), 937~939, http://dx.doi.org/doi:10.1126/science.1165604.

41. 오퍼 샤론(Ofer Sharone), "Engineering Consent: Overwork and Anxiety at a High-Tech Firm," Working Paper No. 36, Berkeley Center for Working Families, Berkeley, CA, 2002년 5월, http://hdl.handle.net/2345/4123.

제2장

42. 일본의 경우 단지 열흘의 유급휴가만 보장될 뿐 유급휴일은 아예 없는데, 부유한 국가들 중에서 피고용인에게 미국보다 적은 휴가를 주고 있는 유일한 국가다. 미국 노동자들 4명 중 1명은 유급휴가를 사용하지 않고 있다고 알려져 있는데, 가장 급여수준이 낮은 계층이 이 범주에 포함될 확률이 높다. 탄지나 베가(Tanzina Vega), "In Ads, the Workers Rise Up… and Go to Lunch", 〈뉴욕타임스〉 2012년 7월 7일, https://mobile.nytimes.com/images/100000001650931/2012/07/08/business/media/ads-for-mcdonalds-and-las-vegas-aimed-at-harried-workers.html. 이 기사는 패스트푸드 회사들이나 여러 고급 브랜드 회사들이 참여한 광고를 암시하면서 미국인들에게 제대로 된 점심시간을 갖으라는 것뿐만 아니라 휴가의 사용까지 권장하기 위한 것이다. 최근에 이뤄진 휴가 사용 여부에 대한 의사를 묻는 조사결과는 다음을 참고하라. 휴고 마틴(Hugo Martin), "Vacation Time Goes Unused for Many Americans, Survey Says," 〈LA타임스〉 2012년 3월 30일, http://articles.latimes.com/2012/mar/30/business/la-fi-mo-vacation-times-20120330.

43. 사라 가빈(Sarah W. Gavin), "2013 Vacation Deprivation Study", Expedia Viewfinder, 2013년 11월 18일, http://viewfinder.expedia.com/features/2013-vacation-deprivation-study.

44. 마샬 데이비드 살린스(Marshall David Sahlins), 《석기시대 경제학(Stone Age Economics)》(Aldine-Atherton, 시카고, 1972년), 30.

45. 프랭크 파킨(Frank Parkin), 《막스 베버(Max Weber)》(Routledge, 런던, 2014년).

46. 토머스 칼라일(Thomas Carlyle), 《과거와 현재(Past and Present)》(Chapman and Hale, 런던, 1843년, 1870년 재발행), 244.

47. 위의 책, 170~171.

48. 칼라일은 우리가 오늘날 '직업'이라고 부르는 것을 가진 적이 없다. 그는 주로 자신이 발표한 글로 생활을 영위했으며, 산발적으로 가정교사나 강사로 일하곤 했지만 이를 탐탁하게 생각하지 않았다. 이 편지는 칼라일이 친구 매튜 앨런(Matthew Allen)에게 1820년 5월 19일 보낸 것이다. Carlyle Letters Online, http://carlyleletters.dukeupress.edu/content/vol1/#lt-18200519-TC-MAL-01.

49. 브라이드웰은 매춘, 카드 사기와 같은 범죄를 저지른 사람들을 수용했던 감옥이었다. 나무망치로 삼나무를 두드려 줄기에서 껍질을 벗겨내는 일은 형벌이었는데, 주로 여성들에게 강제되는 일이었다. 이러한 관행은 18세기 영국의 화가 윌리엄 호가스(William Hogarth)의 연작화 〈매춘부 일대기(Harlot's Progress)〉 중 하나인 〈브라이드웰에서 삼나무를 두드리는 매춘부(Harlot Beating Hemp at Bridewell)〉에 담겨 영원히 남았다.

50. 모리스는 칼라일을 19세기를 이끄는 지적인 인물들 중 하나라고 생각했지만, 애정 어린 비판을 가하곤 했다. 칼라일에 대한 그의 평가는 '모든 그의 단점에도 불구하고 옳은 편에 있다'는 것이다. 존 모로우(John Morrow), 《토머스 칼라일(Thomas Carlyle)》(Hambledon Continuum, 런던, 2006년), 219~220.

51. 윌리엄 모리스, "쓸모있는 일 대 쓸모없는 수고(Useful Work Versus Useless Toil)," 《Signs of Change:

Lectures on Socialism)(Russell and Russell, 뉴욕, 1996년), 모음집 제23권.

52. 위대한 언어학자, 정치이론가, 인본주의자인 노암 촘스키(Noam Chomsky)에 따르면, 학자들은 일반적으로 "미국 헌법이 본질적으로 당시의 민주주의적인 시대 조류를 억제하기 위한 귀족주의적인 기록이다"라는 사실에 동의하고 있으며, 이는 권력을 '보다 좋은 부류'의 사람들에게 넘기고 "부유하지 않은 자들, 집안이 나쁜 자들, 권력을 휘두르는 데 방해되는 자들을 배제하기 위해 고안된 것"이었다. 노암 촘스키, 《우리는 어떤 종류의 피조물인가?(What Kind of Creatures Are We?)》(컬럼비아대학교 출판부, 뉴욕, 2016년), 78.

53. 알저는 스스로 소아성애자임을 고백한 사람이었다. 1866년 두 명의 소년을 추행한 혐의로 유죄판결을 받은 후 매사추세츠 주 제일 유니테리언 교회(First Unitarian Church)의 목사직과 양조인협회 임원직을 떠난 후 전업 작가로 활동했다. 적지 않은 숫자의 평론가들이 앨저의 소설 속 어린 영웅들은 열심히 일을 하는 반면, 소설에 등장하는 많은 수의 소년들이 부유한 남성 후원자들과의 가까운 관계 덕분에 도움을 받는다는 것을 지적했다.

54. 알렉시 드 토크빌(Alexis de Tocqueville), 《미국의 민주주의(Democracy in America)》, 존 스튜어트 밀(John Stuart Mill) 주석, 헨리 리브(Henry Reeve) 번역(Schocken, 뉴욕, 1967년) 120.

55. 경제 잡지 〈Institutional Investor's Alpha〉가 실시한 조사에 따르면, 가장 높은 보수를 받고 있는 헤지펀드 최고책임자 25명이 2015년 벌어들인 수익은 130억 달러에 달했는데, 이는 같은 해 아이슬란드의 연간국내 총생산액에 거의 육박하는 액수다. "Alpha's Rich List," 〈Institutional Investor's Alpha〉, 2016년 최종 수정, www.institutionalinvestorsalpha.com/HedgeFundRichList.html.

56. 경제학자 센딜 물레이나단(Sendhil Mullainathan)과 심리학자 엘다 샤피르(Eldar Shafir)는 갖가지 종류의 결핍이 어떻게 두뇌에 영향을 미쳐 신체적인 욕구를 완화시키기 위해 집중하는 것을 방해하고 각 개인이 앞으로의 계획을 세우고 스스로 통제하고 문제를 해결하는 정신력의 용량을 감소시키는가 하는 문제를 연구했다. 그들은 결핍은 정신적인 수행능력을 밤에 잠을 자지 않고 나가는 것처럼 낮춰서 사람들이 복잡한 문제를 다루지 못하는 상황에 몰아넣는다고 주장했다. 먹을 것, 입을 것, 자기 머리 위에 있어야 할 지붕에 대해 끊임없이 걱정해야만 하는 집에서 자란 아이들은 자신들을 미래에 분석적인 사고방식을 가진 사람으로 만들기 위해 요구되는 지적으로 도전적인 활동에 참가하기가 대단히 어려운 확률이라는 것이다. 센딜 물레이나단, 엘다 샤피르, 《Why Having Too Little Means So Much》(Time Books, Henry Holt, 뉴욕, 2014년).

57. 존 슈미트(John Schmitt), 재널 존스(Janelle Jones), 《Making Jobs Good》(Center for Economic and Policy Research, 워싱턴 DC, 2013년), http://www.cepr.net/documents/publications/good-jobs-policy-2013-04.pdf.

58. 'Chicago Initiative on Global Markets'이 2014년 유명 대학의 경제학자들을 대상으로 실시한 '기술이 고용과 소득에 가한 충격'에 대한 설문조사에서 응답자의 무려 43퍼센트가 "미국 중산층의 소득이 지난 10년 동안 생산성 향상에도 불구하고 정체돼 있는 원인이 정보화기술과 자동화다"라는 문항에 동의한다고 답한 반면, 28퍼센트 정도만 이에 대해 "동의하지 않는다"거나 "강력하게 동의하지 않는다"고 대답했다. 〈Robots〉, IGM Forum, 2014년 2월 25일, http://www.igmchicago.org/surveys/robots.

59. 로버트 고든(Robert Gordon), "Is U.S. Economic Growth Over? Faltering Innovation Confronts the Six Headwinds,"(NBER Working Paper No.18315, 미국 국립경제연구소, 매사추세츠 케임브리지, 2012년 8월), http://www.nber.org/papers/w18315.

60. 폴 보드리(Paul Beaudry), 데이비드 그린(David Green), 벤저민 샌드(Benjamin Sand), "The Great Reversal in the Demand for Skill and Cognitive Tasks,"(NBER Working Paper No.18901, 미국 국립경제연구소, 케임브리지, 2013년 3월), http://dx.doi.org/doi:10.3386/w18901.

61. 미국 노동통계국은 "고등학교 과정 이후의 교육과정에서 필요한 교사들의 숫자는 2014년부터 2024년까지 13퍼센트 증가할 것으로 예측되는데, 이는 모든 직업군의 평균보다 훨씬 높은 수준"이라고 발표했다. Occupational Outlook Handbook 중에서 "Postsecondary Teachers," 미국 노동통계국, 2018년 1월 30

일 최종 수정. http://www.bls.gov/ooh/education-training-and-library/postsecondary-teachers. htm.

62. Occupational Outlook Handbook 중에서 "Agricultural Workers," 미국 노동통계국, 2018년 1월 30일 최종 수정. https://www.bls.gov/ooh/farming-fishing-and-forestry/agricultural-workers.htm.

63. 위의 자료.

64. 로렌 웨버(Lauren Weber), "The Second-Class Office Workers," 〈월스트리트저널〉 2017년 9월 14 일. https://www.wsj.com/articles/the-contractors-life-overlooked-ground-down-and-stuck-1505400087.

65. "Under Pressure to Remain Relevant, Employers Look to Modernize the Employee Value Proposition: Global Findings Report: 2016 Global Talent Management and Rewards, and Global Workforce Studies", Willis Towers Watson, 2016년 9월 9일, https://www.willistowerswatson.com/en/insights/2016/09/employers-look-to-modernize-the-employee-value-proposition.

제3장

66. 오스카 와일드(Oscar Wilde)와 린다 다울링(Linda C. Dowling), 《The Soul of Man Under Socialism and Selected Critical Prose》(펭귄북스, 런던, 2001년).

67. 1994년 제조업 분야에서 일하는 미국인 노동자의 숫자는 소매업보다 350만 명 정도 더 많았다. 2016년에는 이 숫자가 역전됐다. 이제는 모든 민간부문의 일자리 중에서 80퍼센트 이상이 서비스업에 종사한다. "FRED Graph: All Employees: Manufacturing", FRED Graph, 세인트루이스 연방준비은행, 경제자료, 2018년 2월 3일, https://fred.stlouisfed.org/graph/?g=3OV6.

68. 데릭 톰슨(Derek Thompson), "Death of the Salesmen: Technology's Threat to Retail Jobs," 〈Atlantic〉, 2013년 6월호, https://www.theatlantic.com/magazine/archive/2013/06/death-of-the-salesmen/309309/.

69. "Retail Trade: NAICS 44~45," Industries at a Glance, 미국 노동통계국, 2015년 10월 29일 최종 수정. https://www.bls.gov/iag/tgs/iag44-45.htm#workforce.

70. 데이비드 뉴마크(David Neumark), 준푸 장(Junfu Zhang), 스티븐 시사렐라(Stephen Ciccarella), "The Effects of Wal-Mart on Local Labor Markets," 〈Journal of Urban Economics〉 63, 제2권(2008년), 405~430, http://dx.doi.org/doi:10.1016/j.jue.2007.07.004.

71. 전체 노동인구의 6퍼센트 이상에 달하는 800만 명이 소매점에서 판매, 물품 출납, 캐셔의 일을 하며 생활하고 있다. 미국 노동통계국, "Quarterly Retail E- Commerce Sales 2017년 4분기," 2018년 2월 16일 발표. https://www.census.gov/retail/mrts/www/data/pdf/ec_current.pdf.

72. 2014년 알리바바는 역사상 가장 큰 공개주식상장(IPO)의 기록을 깨고 250억 달러 이상을 기록했다. 닐 고흐(Neil Gough), "Alibaba I.P.O. Underwriters Increase Deal Size to Record-Setting $25 Billion," 〈뉴욕 타임스〉 2014년 9월 22일, 이 회사는 복제품에 대한 중국정부의 적발 기록이 저조한 것 등의 이유로 이 책을 쓰는 시점까지는 여전히 미국과 EU에서 최고의 시장점유율을 기록하지는 못했다.

73. 유진 킴(Eugene Kim), "This Chart Shows How Amazon Could Become the First $1 Trillion Company," 〈Business Insider〉, 2016년 12월 7일, http://www.businessinsider.com/how-amazon-could-become-the-first-1-trillion-business-2016-12.

74. 2018년 초, 월마트 직원들은 1인당 22만 5,000달러를, 맥도닐드의 직원들은 5만 6,000달러의 매출을 올렸다. "Wal Mart Stores Inc.-Sales per Employee", CSIMarket, 2018년 1월 최종 수정. https://csimarket.

com/stocks/WMT-Revenue-per-Employee.html.

75. 베스트바이(Best Buy)는 현재 가전제품을 판매하는 마지막 대형 할인점이다. 이 체인점은 수년간 고전을 면치 못했으며 '아마존의 쇼룸'이라는 별명까지 얻었는데, 이는 소비자들이 이 매장에서 제품을 고른 다음 실질적인 구매는 온라인을 통해서 했기 때문이다. 하지만 2015년부터 이 회사의 지표가 급격히 좋아졌는데, 부분적으로는 경쟁하던 전통적인 소매점들이 무너졌기 때문이라는 이유도 있지만, 온라인 판매에서도 극적인 실적 향상이 있었기 때문이다.

76. 채터누가와 인근 지역의 극빈층 가계비율은 1990년대에 잠시 하락했다가 2000년부터 2009년 사이에 2배 이상 확대돼 현재 40퍼센트를 넘어서고 있다. "The Re-emergence of Concentrated Poverty," 엘리자베스 니본(Elizabeth Kneebone), 캐리 나도우(Carey Nadeau), 앨런 베러브(Alan Berube), 《The Re-emergence of Concentrated Poverty: Metropolitan Trends in the 2000s》(Metropolitan Policy Program at Brookings, 워싱턴 DC, 2011년), https://www.brookings.edu/wp-content/uploads/2016/06/1103_poverty_kneebone_nadeau_berube.pdf.

77. 아마 가장 분노에 찬 반대 목소리를 낸 곳은 미국도서판매협회(American Booksellers Association)였을 것이다. 그들은 대통령 앞으로 보낸 서한을 통해서 대통령의 연설 장소 선택이 '대단히 잘못된 것'이라고 지적하면서 아마존이 영업행위를 통해서 만들어낸 일자리 숫자보다 훨씬 더 많은 일자리가 없어졌다고 설명했다. "모두 이야기하듯, 미국 지역자영업자 연맹(Institute for Local Self-Reliance)에 따르면, 거리의 소매업자로부터 아마존으로 이전된 매출 1,000만 달러당 33개의 소매업 일자리들이 사라졌다." 데이비드 그로건(David Grogan), "ABA Criticizes President's Choice of Venue for Jobs Speech," 미국도서판매협회, 2013년 6월 29일 발표, http://www.bookweb.org/news/aba-criticizes-president%E2%80%99s-choice-venue-jobs-speech.

78. 루이스 스토리(Louise Story), "Texas Business Incentives Highest in Nation", 〈뉴욕타임스〉 2012년 12월 2일, http://www.nytimes.com/2012/12/03/us/winners-and-losers-in-texas.html?pagewanted=all.

79. 로렌스 카츠(Lawrence Katz), 앨런 크루거(Alan Krueger), "The Rise and Nature of Alternative Work Arrangements in the United States, 1995~2015,"(NBER Working Paper No. 22667, 미국 국립경제연구소, 케임브리지, 2016년 9월), http://dx.doi.org/doi:10.3386/w22667.

80. 아나 캠포이(Ana Campoy), "Amazon's Exit Spurs Tax Fight in Texas," 〈월스트리트저널〉 2011년 2월 17일 최종 수정. https://www.wsj.com/articles/SB10001424052748703961104576148634038574352.

81. 도시나 주와 같은 지자체가 일자리를 놓고 서로 경쟁하는 경우에는 그 부담이 고스란히 납세자들에게 지워진다. 캔자스를 예로 들어보면, 캔자스 주와 미주리 주를 나누는 경계선은 캔자스 시 옆을 지나는 연방고속도로선과 거의 일치한다. 최근 수십 년 동안 수천 개의 기업들이 캔자스 시를 볼모로 잡고 위협을 가했는데, 그것은 여차하면 그 도로를 넘어 다른 주 쪽으로 이주하겠다는 위협이었다. 양쪽은 모두 세제혜택과 다른 특혜조항들을 앞세워 그 회사들을 고속도로의 자기네 편에 자리 잡게 하려고 치열하게 경쟁했다. 이 바람에 대략 1만 개 정도의 회사가 옮겨 다녔는데, 여기에 소요된 납세자들의 부담금은 모두 5억 달러에 육박하는 것으로 평가됐다. 이러한 회사들 중 하나가 저렴한 식당 체인점 애플비(Applebee's Bar and Grill)였다. 1993년 캔자스는 애플비의 국제영업본부를 경계선의 자기 쪽에 유치하는 데 성공했다. 2007년에는 미주리가 애플비를 자기 쪽으로 탈환했다. 하지만 2011년 캔자스는 1,290만 달러로 판돈을 올렸는데, 이 중에서 상당 부분은 미주리 주의 일자리 창출 기금인 'Quality Jobs Program'에서 나온 것이었다. 2015년, 이 회사는 다시 한번 본사를 옮긴다는 발표를 했는데, 이번에는 캘리포니아 주였다.

82. 2015년 아마존이 채터누가에서 더 많은 직원들을 고용하겠다며 제시했던 시급은 11.25달러였는데, 이 액수는 4인 가족을 기준으로 한 최저생계비 이하의 수준이었다. 이 사실이 의미하는 것은 새로 고용되는 직원들 중 일부를 대상으로 주거비나 다른 명목으로 생활보조금을 지급해야만 한다는 것이어서 테네시 주에 실질

적으로 추가적인 부담을 주게 되었다. 제시카 브루더(Jessica Bruder), "With 6,000 New Warehouse Jobs, What Is Amazon Really Delivering?", 〈로이터〉 2015년 6월 17일, http://blogs.reuters.com/great-debate/2015/06/17/with-6000-new-warehouse-jobs-what-is-amazon-really-delivering/.

83. 2014년 12월, 미국 대법원은 만장일치로 용역업체가 아마존 물류창고에서 일하는 직원들에게 그들이 하루에 두 번씩 받는 도난방지 검사시간에 대한 임금을 지급할 필요가 없다는 판결을 내렸다. 직원들은 이 과정에 최대 25분이 소요된다고 주장했다. 미국 대법원, 전원합의판결에 대한 요지, 회사 대 제스 버스크 외 사건번호 13-433, 2014년 10월, https://www.supremecourt.gov/opinions/14pdf/13-433_5h26.pdf, "Supreme Court of the United States-9/12/2014-Integrity Staffing Solutions, Inc. v. Jesse Busk et al., No. 13~433", "International Labor Rights Case Law 1", no. 2 (2015년), 239~243. 아마존은 물건을 훔치는 직원들에게는 전혀 자비심을 보이지 않는다. 블룸버그 통신에 따르면, 2016년 대형 스크린을 설치해서 절도죄로 해고된 직원들의 이미지를 방영하기 시작했다. 화면에 이 직원들의 옆모습이 보이면서 여기에 '해고(Terminated)' 또는 '체포(Arrested)'와 같은 단어들이 큼직한 도장처럼 찍혔다.

84. 헬레인 올렌(Helaine Olen), "President Obama's Amazon Jobs Pitch Is Hard to Buy with One Click," 〈가디언〉 2013년 8월 6일, https://www.theguardian.com/money/us-money-blog/2013/aug/06/obama-amazon-jobs-hard-to-buy.

85. 아마존의 CEO 제프 베조스는 자신이 시행하는 '희망퇴직(pay to quit)'은 열성적이지 않은 직원들을 내보내기 위한 것이라고 주장하지만, 이 말의 신뢰성은 아주 낮다. 이 퇴직 제안은 오직 물류창고 직원들만 대상으로 하는데 이들은 용역회사를 통하면 더 낮은 임금의 임시직 노동자들로 대체할 수 있기 때문이다. 시애틀에서 일하는 엔지니어들과 기술 인력들과 같은 고임금 직원들은 이러한 희망퇴직의 대상이 되지 않는데, 이론적으로 이들은 마찬가지로 덜 희생적일 수 있지만 대체하기가 훨씬 어렵고 비용이 많이 들기 때문일 것이다.

86. 베조스는 아마존이 일자리를 파괴하는 것이 아니라 늘리고 있다고 주장한 전력이 있으며, 그보다 훨씬 전에는 자신의 회사가 소규모 자영업 책방 주인들에게 전혀 위협이 되지 않으며, 단순히 그들과는 전혀 다른 서비스를 제공할 뿐이라고 주장한 바 있다. 스티브 와서먼(Steve Wasserman), "아마존 효과(Amazon Effect)," 〈내이션〉 2012년 5월 29일, https://www.thenation.com/article/amazon-effect/.

87. 올리비아 라베치아(Olivia LaVecchia), 스테이시 미첼(Stacy Mitchell), "Report: How Amazon's Tightening Grip on the Economy Is Stifling Competition, Eroding Jobs, and Threatening Communities," Institute for Local Self-Reliance, 2016년 11월 29일, https://ilsr.org/amazon-stranglehold/.

88. 팀 린드너(Tim Lindner), "New Patent Report", 〈Connected World Magazine〉 2014년 1월 28일, https://connectedworld.com/new-patent-report-january-28-2014/.

89. 브룩스 박사는 투손(Tucson)에서 개최된 테크노미(Technonomy) 행사에 참가했다가 벡스터 로봇을 고용하는 문제에 대한 질문을 받고 시간당 비용이 4달러 정도라고 대답한 적이 있다. 존 마코프(John Markoff), 앤드류 맥아피(Andrew McAfee), 로드니 브룩스(Rodney Brooks), "Where's My Robot?", Techonomy, 2012년 11월, http://techonomy.com/conf/12-tucson/future-of-work/wheres-my-robot/.

90. 존 코잇시어(John Koetsier), "Data Deluge: What People Do on the Internet, Every Minute of Every Day", Inc.com, 2017년 7월 25일, https://www.inc.com/john-koetsier/every-minute-on-the-internet-2017-new-numbers-to-b.html.

91. 내게 이것을 명쾌하게 이해시킨 대단히 친절하고 인내심 많은 정보과학자 분께 감사드린다. 크리스토프 코흐(Christof Koch), "How the Computer Beat the Go Master", 〈Scientific American〉 2016년 3월 19일, https://www.scientificamerican.com/article/how-the-computer-beat-the-go-master/.

92. "IBM, 5년 안에 우리의 삶을 변화시킬 5개의 혁신을 공개하다," IBM news release, 2013년 12월 17일, https://www-03.ibm.com/press/us/en/pressrelease/42674.wss.

93. 마틴 매커리(Martin A. Makary)와 마이클 대니얼(Michael Daniel), "Medical Error: The Third Leading

Cause of Death in the US", 〈영국의학저널(British Medical Journal)〉 2016년 5월 3일, i2139, http://dx.doi.org/doi:10.1136/bmj.i2139.

제4장

94. 도널드 트럼프, "President Donald J. Trump Proclaims November 2017 as National Entrepreneurship Month," 2017년 10월 31일, https://www.whitehouse.gov/presidential-actions/president-donald-j-trump-proclaims-november-2017-national-entrepreneurship-month/.

95. "Google Is Ranked as an Attractive Employer," Universum Global, 2017년 최종 수정, http://universumglobal.com/rankings/company/google/.

96. "Forbes Releases Seventh Annual World's Most Valuable Brands List," 〈포브스〉 2017년 5월 23일, https://www.forbes.com/sites/forbespr/2017/05/23/forbes-releases-seventh-annual-worlds-most-valuable-brands-list/#611e6a475b55.

97. 맥스 니센(Max Nisen), "Here's Why You Only Have a 0.2% Chance of Getting Hired at Google", 〈쿼츠(Quartz)〉 2014년 10월 22일, https://qz.com/285001/heres-why-you-only-have-a-0-2-chance-of-getting-hired-at-google.

98. MIT 정문으로부터 단지 529smoot(귀 한두 개 정도 플러스 마이너스), 만약 여러분이 'smoot'라는 단어를 알지 못하는 다수에 속한다면, Google에서 검색해보도록 하라.

99. 노암 샤이버(Noam Scheiber)와 닉 윙필드(Nick Wingfield), "Amazon's Jobs Fair Sends Clear Message: Now Hiring Thousands," 〈뉴욕타임스〉 2017년 8월 2일, https://www.nytimes.com/2017/08/02/technology/amazons-jobs-fair-sends-clear-message-now-hiring-thousands.html.

100. 제리 데이비스(Jerry Davis), "Re-imagining the Corporation," 콜로라도 주 덴버에서 개최된 미국 사회학회의 연례회의에서 배포된 자료, 2012년 8월.

101. 이 통찰력은 사회학자 폴 스타(Paul Starr)의 것이다. 그가 앤드류 맥아피(Andrew McAfee)와 에릭 브린욜프슨(Erik Brynjolfsson)이 쓴 《제2의 기계시대(Second Machine Age)》를 검토하면서 했던 말이다. 폴 스타, "New Technology Doesn't Make Us All Richer," 〈New Republic〉 2014년 7월 6일, https://newrepublic.com/article/118327/second-machine-age-reviewed-paul-starr.

102. "Remarks by the President at Global Entrepreneurship Summit," 백악관 보도자료, 2016년 6월 25일, https://obamawhitehouse.archives.gov/the-press-office/2016/06/25/remarks-president-global-entrepreneurship-summit-and-conversation-mark.

103. 데이비드 버치(David G. W. Birch), 《일자리 창출과정(Job Generation Process)》(MIT Program on Neighborhood and Regional Change, 케임브리지, 1979년), https://ssrn.com/abstract=1510007.

104. 데이비드 버치, 《미국의 일자리 창출(Job Creation in America)》(Free Press, 뉴욕, 1987년), https://ssrn.com/abstract=1496185.

105. 중소기업 신화의 등장을 함께 눈여겨보자. 조너선 빈(Jonathan J. Bean), 《Big Government and Affirmative Action: The Scandalous History of the Small Business Administration》(켄터키대학교 출판부, 렉싱턴, 2001년).

106. 팀 케인(Tim J. Kane), "The Importance of Startups in Job Creation and Job Destruction," 카우프만재단 연구보고서 시리즈: Firm Formation and Economic Growth, 2010년, http://dx.doi.org/doi:10.2139/ssrn.1646934.

107. "우간다 1인당 국민소득," Trading Economics, 2018년 2월 3일 최종 수정, http://www.

108. 1994년 버치는 〈뉴욕타임스〉 인터뷰에서 그가 밝혀낸 사실이 '재미'있지도 '의미' 있지도 않으며 10개 중에서 8개라는 숫자가 "사라지지도 않을 것"이라며 한탄했다. 실비아 나사르(Sylvia Nasar), "Myth: Small Business as Job Engine," 〈뉴욕타임스〉 1994년 3월 25일, http://www.nytimes.com/1994/03/25/business/myth-small-business-as-job-engine.html?pagewanted=all.

109. 킴벌리 웨이설(Kimberly Weisul), "Steve Case's Reddit AMA Reveals Striking Apology from Former Teen Hacker," Inc.com, 2014년 4월 23일, http://www.inc.com/kimberly-weisul/steve-cases-best-advice-for-entrepreneurs-and-recent-graduates.html. "스타트업 기업들은 기업들이 일하는 방식을 재발명하고 있는데, 이를테면 고용계약서의 잉크가 채 마르기도 전에 해고를 통보하는 것이다." 스티븐 글리슨(Stephanie Gleason)과 레이첼 파인츠아히(Rachel Feintzeig), "Startups Are Quick to Fire: New Hires Who Don't Measure Up Can Be Gone in Days or Weeks", 〈월스트리트저널〉, 2013년 12월 12일, https://www.wsj.com/articles/no-headline-available-1386894031.

110. 스콧 쉐인(Scott Shane), "Why Encouraging More People to Become Entrepreneurs Is Bad Public Policy," 〈Small Business Economics〉 33, no. 2(2009년), 141~149, http://dx.doi.org/doi:10.1007/s11187-009-9215-5.

111. 모쉐 바르디(Moshe Y. Vardi), "The Rise and Fall of Industrial Research Labs," 〈Communications of the ACM〉 58, no. 1(2014년), 5, http://dx.doi.org/doi:10.1145/2687353. 또한, 경제학자 아쉬시 아로라(Ashish Arora), 샤론 벨렌존(Sharon Belenzon), 안드레아 파타코니(Andrea Patacconi)는 학술지에 기고하는 학자들 중에서 공개법인에 소속돼 있는 사람들의 비율은 2007년 6퍼센트에 불과했는데, 이는 1980년보다 거의 3분의 2가량 줄어든 수준이라고 보고했다. 아쉬시 아로라, 샤론 벨렌존, 안드레아 파타코니, "Killing the Golden Goose? The Decline of Science in Corporate R&D"(NBER Working Paper No. 20902, 미국 국립경제연구소, 케임브리지, 2015년 1월), http://dx.doi.org/doi:10.3386/w20902.

112. "R&D as a Percent of the Federal Budget", 미국 첨단산업협회, 2017년 12월 5일 최종 수정, http://www.aaas.org/sites/default/files/Budget_1.jpg.

113. 제프리 머비스(Jeffery Mervis), "Little Holiday Cheer for U.S. Science Agencies as Congress Extends Spending Freeze", 〈사이언스〉, 2017년 12월 22일, http://www.sciencemag.org/news/2017/12/little-holiday-cheer-us-science-agencies-congress-extends-spending-freeze.

제2부

1. 랭던 길키(Langdon Gilkey), 〈hantung Compound: The Story of Men and Women Under Pressure〉(Harper and Row, 뉴욕, 1966년)

제5장

2. 에드워드 하워드 그릭스(Edward Howard Griggs), 《Self-Culture Through the Vocation》(B. W. Huebsch, 뉴욕, 1914년), 30.

3. 카를 마르크스(Karl Marx), 《1844년 경제학 철학 초고》에 실린 "제임스 밀에 대한 주석" 중에서.

4. 조지 하웰(George Howell), "American Competition #11," 〈American Gas and Light Journal〉 71호(1899년), 612.

5. 미하이 칙센트미하이(Mihaly Csikszentmihalyi), 《The Psychology of Optimal Experience》(Harper

Perennial Modern Classics, 뉴욕, 2008년), 149.

6. 프리드리히 니체(Friedrich Nietzsche), 《A Nietzsche Reader》(Penguin UK, 런던, 2003년), 213.

7. 구글앤그램뷰어, 구글북스, 2018년 2월 3일 자료, https://books.google.com/ngrams/graph?content=follow+your+passion&year_start=1980&year_end=2018&corpus=0&smoothing=3&share=&direct_url=t1%3B%2Cfollow%20 your%20passion%3B%2Cc0 Jobs's-speech-available-at-news.stanford.edu/2005/06/14/jobs-061505.

8. "'You've Got to Find What You Love,' Jobs Says," 〈스탠퍼드뉴스(Stanford News)〉, 2005년 6월 14일, https://news.stanford.edu/2005/06/14/jobs-061505.

9. 어업과 어업 관련 산업의 직업군에 속하는 노동자들이 다른 어떤 직업에서보다도 높은 사망률을 기록하고 있으며, 운전 및 판매 노동자와 트럭 운전사(그 다음이 금속노동자)가 부상당할 위험이 가장 높아서, 통계적 위험도에서는 소방관들을 큰 폭으로 앞서고 있다. 하지만 다른 다수의 직업군보다는 훨씬 더 위험한 직업이다. 소방관들은 업무 중에 사망할 확률이 화가나 자동차 기술자들의 2배나 되며 잡역부나 캐셔의 6배, 요리나 서비스 직업에 비해서는 14배의 사망률을 기록하고 있다. 다행히 소방관들의 사망률은 차츰 낮아지는 경향을 보이고 있다. 최근 들어 매년 평균사망률은 1970년대보다 많이 낮아졌다. 또한 사망사고의 대부분은 정규직 소장관이 아니라 시간제 소방관과 의용소방관들이었으며 가장 높은 사망 원인은 심장질환이었다. "Firefighter Fatalities in the United States," National Fire Protection Association, 2017년 6월, http://www.nfpa.org/News-and-Research/Fire-statistics-and-reports/Fire-statistics/The-fire-service/Fatalities-and-injuries/Firefighter-fatalities-in-the-United-States.

10. 말콤 글래드웰(Malcolm Gladwell)은 이렇게 말했다.
"자율성, 복잡성, 일과 보수의 연관성, 이 3가지가 가장 많은 사람들이 일자리가 주는 만족을 얻기 위해서 가져야 할 요소로 동의한 것들이다. 우리의 일이 만족을 주느냐 주지 못하느냐 하는 것과 별개로 일은 우리를 행복하게 만든다. 교사가 되는 것도 의미 있고, 의사가 되는 것도 의미 있다. 고된 노동은 그것이 아무런 의미를 가지지 못할 때에만 형벌이다. 일단 의미를 찾기만 하면, 그것은 부인의 허리를 붙잡고 춤을 추도록 만든다."
말콤 글래드웰, 《아웃라이어(Outliers: The Story of Success)》(Back Bay Books, 뉴욕, 2008년, 2011년 재판).

11. 찰스 맥그라스(Charles McGrath), "The Prime-Time Novel: The Triumph of the Prime-Time Novel", 〈뉴욕타임스〉, 1995년 10월 22일자, http://www.nytimes.com/1995/10/22/magazine/the-prime-time-novel-the-triumph-of-the-prime-time-novel.html?pagewanted=all.

12. 매슬로의 아버지 새뮤얼(Samuel)은 주정뱅이로 자신의 부인 루스(Ruth)를 피하기 위해서 가정과는 거리를 유지했다. 루스는 종교적인 광신자로 매슬로는 그들을 '분열증을 만들어내는 부모'라고 진단했다. 루스는 아들이 두 마리의 길고양이에게 자신이 아끼는 그릇에 우유를 먹이는 장면을 목격하자, 고양이 머리를 지하실 바닥에 찧어 박살냈다. 그녀가 죽었을 때 매슬로는 장례식에 참석하지 않았다. 앨지스 발리우나스(Algis Valiunas), "Abraham Maslow and the All-American Self," 〈뉴아틀란티스(New Atlantis)〉, 2011년 가을.

13. D. 카츠(D.Katz)와 B. S. 조지오풀로스(B. S. Georgopoulos), "Organizations in a Changing World," 〈Journal of Applied Behavioral Sciences〉 7권(1971년), 342~370.

14. 존 슬로컴(John Slocum Jr.), "Dimensions of Participation in Managerial Decision Making," 프레드 루단스(Fred Luthans)와 케네스 톰슨(Kenneth R. Thompson) 편집, 《Contemporary Readings in Organizational Behaviour》(McGraw Hill, 뉴욕, 1977년), 129.

15. T.T. 허버트(T.T. Herbert), 《Dimensions of Organizational Behavior》(맥밀란, 뉴욕, 1977년), 464.

16. 안나마리 만(Annamarie Mann)과 짐 하터(Jim Harter), "The Worldwide Employee Engagement Crisis", 〈Gallup Business Journal〉 2016년 1월 7일, http://www.gallup.com/businessjournal/188033/worldwide-employee-engagement-crisis.aspx.

17. 로버트 퀸(Robert P. Quinn), 그레이엄 스테인스(Graham L. Staines), 마가렛 맥컬러프(Margaret R. McCullough), "Job Satisfaction: Is There a Trend?," Manpower Research Monograph No. 30, 미국 연방노동부, 1974년, https://www.psc.isr.umich.edu/dis/infoserv/isrpub/pdf/Jobsatisfaction_3674_. PDF.

18. "2016 Employee Job Satisfaction and Engagement: Executive Summary," Society for Human Resource Management, 2016년, https://www.shrm.org/hr-today/trends-and-forecasting/research-and-surveys/Documents/2016-Employee-Job-Satisfaction-and-Engagement-Report-Executive-Summary.pdf.

19. 에이미 애드킨스(Amy Adkins), "Employee Engagement in U.S. Stagnant in 2015," Gallup.com, 2016년 1월 13일, http://www.gallup.com/poll/188144/employee-engagement-stagnant-2015.aspx.

20. 이 주석과 이어지는 다른 글들은 저자 엘렌 리펠 셸이 쓴 〈애틀랜틱〉 2011년 12월 14일자 "아직도 일이 의미 있습니까?(Is Work Still Meaningful?)"를 참조할 것. https://www.theatlantic.com/business/archive/2011/12/is-work-still-meaningful/250131/.

제6장

21. C. R. 스나이더(C.R. Snyder) 외 다수, "긍정 심리학의 미래(The Future of Positive Psychology: A Declaration of Independence)," C. R. 스나이더와 S. J. 로페스(S. J. Lopez) 편집, 《Handbook of Positive Psychology》(옥스퍼드대학교 편집부, 뉴욕), 751~767.

22. 로버트 벨라(Robert Bellah), 《마음의 습관(Habits of the Heart: Individualism and Commitment in American Life)》(캘리포니아대학교 출판부, 버클리, 1985년).

23. 존 듀이(John Dewey), 《민주주의와 교육(Democracy and Education: An Introduction to the Philosophy of Education)》(맥밀란, 뉴욕, 1922년) 359~359.

24. 감사하게도 해밀턴대학교의 정치학자 노엘 윙클먼(Joel Winkelman)이 듀이의 생각과 저작을 소개해줬다. 특히 최근에 출판된 그의 원고가 큰 도움이 되었다. "천직에 대한 존 듀이의 이론(John Dewey's Theory of Vocation)", 〈American Political Thought〉 5, no. 2(2016년 4월), http://www.journals.uchicago.edu/doi/abs/10.1086/685761?journalCode=apt.

25. 에이미 브르제스니에브스키(Amy Wrzesniewski) 외 다수, "Jobs, Careers, and Callings: People's Relations to Their Work," 〈Journal of Research in Personality〉 31, no. 1 (1997년), 21~33.

26. 위의 논문. 그의 연구에는 광범위한 직업군에서 총 196명을 대상으로 한 전체 연구와 함께 행정보조원만을 대상으로 한 별도의 연구가 있다.

27. J. S. 번더슨(J. S. Bunderson)과 제프리 톰슨(Jeffery A. Thompson), "he Call of the Wild: Zookeepers, Callings, and the Double- Edged Sword of Deeply Meaningful Work," 계간 〈Administrative Science〉 54, no. 1 (2009년) 32~57, http://dx.doi.org/doi:10.2189/asqu.2009.54.1.32.

28. "Zookeeper Salary," PayScale, 2018년 2월 4일 접속, https://www.payscale.com/research/US/Job=Zookeeper/Hourly_Rate.

29. 감시카메라 시스템이 법을 집행하는 확실하고 강력한 도구는 아니다. 2012년 교통안전국(TSA) 요원들이 LA 국제공항에서 마약류인 코카인과 메탐페타민이 가득 들어 있는 여행가방을 무사통과시킨 혐의로 기소된 적이 있다. 같은 해, 〈하트포드쿠란트(Hartford Courant)〉는 이렇게 보도했다.
"3명의 교통안전국 소속 보안요원, 2명의 경찰이 10명이 넘는 플로리다, 뉴욕, 코네티컷 주 출신의 마약 공급책들과 함께 기소됐다. 이들의 혐의는 불법 제조된 옥시코돈(oxycodone) 알약을 플로리다로부터 들여와 코네티컷 주 워터베리(Waterbury)까지 운반하는 밀수음모 및 밀수죄였다. 당국의 발표에 따르면 플로리다와 뉴욕에서 일하는 교통안전국 요원들은 마약이나 현금 뭉치를 나르는 마약운반책들로부터 대가를 받고 이들이 공항의 검색대를 무사통과하도록 편의를 제공했다."

에드먼드 마호니(Edmund H. Mahony), "TSA Officer Admits Working for Drug Smugglers," 〈하트포드쿠란트〉, 2012년 4월 17일, http://articles.courant.com/2012-04-17/news/hc-tsa-drugs-0418-20120417_1_drug-couriers-move-pills-tsa-officers-oxycodone-pills.

30. 직원 감시용 소프트웨어의 시장 규모는 크고 품목도 다양하다. 어떤 회사의 광고문구다.

"넷 스파이 프로(Net Spy Pro)와 함께 스마트한 네트워크 감시의 시대에 오신 것을 환영합니다. 여러분 스스로 네트워크 사용자들이 무엇에 매달려 있는지 어떤 행동을 하고 있는지 알아보십시오. 그들의 시스템을 통제해 네트워크 안에서 모든 것이 부드럽게 흘러가도록 해보십시오. 뷰잉 시스템을 작동하면 실시간으로 그들의 활동을 볼 수 있습니다."

여기에서 '네트워크 사용자'는 직원들을 의미한다.

31. "The Latest on Workplace Monitoring and Surveillance," 미국경영자협회, 2008년 3월 13일 최종 수정. http://www.amanet.org/training/articles/The-Latest-on-Workplace-Monitoring-and-Surveillance.aspx.

32. 데이비드 크라베츠(David Kravets), "Worker Fired for Disabling GPS App That Tracked Her 24 Hours a Day," 2015년 5월 11일 최종 수정, http://arstechnica.com/tech-policy/2015/05/worker-fired-for-disabling-gps-app-that-tracked-her-24-hours-a-day.

33. 벤저민 웨이버(Benjamin N. Waber) 외 다수, "Sensing Informal Networks in Organizations," 휴머니즈, 2017년 11월 21일, https://www.humanyze.com/sensing-informal-networks-in-organizations/.

34. 매트 빈(Matt Beane)이 나와 대화하면서 이러한 미묘한 문제에 대해 자유로이 말해준 데 대해 감사한다.

35. 앤드류 맥아피(Andrew McAfee), "직원 전자감시를 찬양하며(In Praise of Electronically Monitoring Employees)," 〈하버드비즈니스리뷰〉 2013년 10월 24일, https://hbr.org/2013/10/in-praise-of-electronically-monitoring-employees.

36. 라마 피어스(Lamar Pierce), 대니얼 스노우(Daniel Snow), 앤드류 맥아피, "Cleaning House: The Impact of Information Technology Monitoring on Employee Theft and Productivity," 〈Management Science〉 2015년 5월 13일, https://pubsonline.informs.org/doi/abs/10.1287/mnsc.2014.2103.

37. 1980년대 이후, 수많은 현장연구를 통해 직장 내 전자 감시체계와 스트레스 지수 상승이 관련돼 있다는 강력한 증거들이 줄곧 발표됐다. 그중 감시당하는 직원들에 대한 한 연구에서는, 응답자의 81퍼센트가 넘는 사람들이 전자감시가 그들의 일에서 받는 스트레스를 증가시킨다고 불평했다. 보험회사 직원들을 대상으로 한 다른 연구에서는 유사한 업무를 수행하는 대상자들을 감시받는 그룹과 그렇지 않은 그룹으로 나눠 비교 연구를 했는데, 감시를 받는 그룹이 훨씬 더 높은 스트레스 수준을 보였다. 스트레스가 직업 만족도를 떨어뜨리고, 사회적 소외감을 증대시키며 질적인 면보다 양적인 면을 더욱 중요하게 생각하게 만든다는 사실에 대해서는 다음을 참조하라. 존 아일로(John R. Aiello)와 캐서린 콜브(Kathryn J. Kolb), "Electronic Performance Monitoring and Social Context: Impact on Productivity and Stress," 〈Journal of Applied Psychology〉 80, no. 3(1995년), 339~353, https://www.ncbi.nlm.nih.gov/pubmed/7797458.

38. 샐리 애플린(Sally Applin)과 마이클 피셔(Michael Fischer), "Watching Me Watching You(Process Surveillance and Agency in the Workplace)," International Symposium on Technology and Society, in 2013 IEEE 〈International Symposium on Technology and Society (ISTAS): Social Implications of Wearable Computing and Augmediated Reality in Everyday Life〉, 27~29, 2013년 6월, 캐나다 토론토대학교(Piscataway. NJ: IEEE, 2013), http://ieeexplore.ieee.org/document/6613129/?reload=true&tp=&arnumber=6613129&url=http:%2F%2Fieeexplore.ieee.org%2Fxpls%2Fabs_all.

jsp%3Farnumber%3D661312.

39. 배리 프리드먼(Barry A. Friedman)과 리사 리드(Lisa J. Reed), "Workplace Privacy: Employee Relations and Legal Implications of Monitoring Employee E-Mail Use," 〈Employee Responsibilities and Rights Journal〉 19, no. 2 (2007년), 75~83, http://dx.doi.org/doi:10.1007/s10672-007-9035-1.

40. 알리사 데이비스(Alyssa Davis)와 로렌스 미쉘(Lawrence Mishel), "CEO Pay Continues to Rise as Typical Workers Are Paid Less," Economic Policy Institute, Issue No. 380, 2014년 6월, http://www.epi.org/publication/ceo-pay-continues-to-rise/.

41. 엘리자베스 앤더슨(Elizabeth Anderson), 《Private Government: How Employers Rule Our Lives (and Why We Don't Talk About It)》(프린스턴대학교 출판부, 뉴저지 주 프린스턴, 2017년).

제3부

제7장

1. 마가렛 헤일리(Margaret A. Haley), "Why Teachers Should Organize," 〈Journal of Education〉 60, no. 13 (1904년), 215~216, 222.

2. 미국 교육부, 우수교육위원회(Commission on Excellence in Education), "위기의 국가(A Nation at Risk)," 1983년 4월, http://www.ed.gov/pubs/NatAtRisk/risk.html.

3. 에즈라 보겔(Ezra F. Vogel), 《최고의 일본: 미국을 향한 교훈(Japan as Number One: Lessons for America)》(하버드대학교 출판부, 케임브리지, 1979년), 하버드대학교의 사회학자 보겔이 쓴 이 책은 미국 저자의 책 중에서는 지금까지 일본에서 가장 많이 팔린 책이며 미국에서의 영향력도 대단했다. 보겔은 일본이 세계 경제를 지배하기 전에 "일본의 성공에 맞서는 것이 미국인들의 이해가 걸린 시급한 국가적 과제"라고 경고한 바 있다.

4. 미국 경제개발위원회(Committee for Economic Development), 《Investing in Our Children: Business and the Public Schools: A Statement》(경제개발위원회, 워싱턴 DC, 1985년), 2.

5. 거스트너에 대한 일반적인 배경은 여러 자료를 참조했지만, 그중에서도 중요했던 것은 더그 가르(Doug Garr)의 책 《Lou Gerstner and the Business Turnaround of the Decade》(하퍼콜린스, 뉴욕, 1999년)이다. 거스트너는 IBM에 합류하기 전에 다국적 재벌기업 RJR 나비스코사를 이끌면서 리더십을 발휘해 이 회사의 매출을 대략 57퍼센트 향상시켰는데, 그 매출은 모두 담배였으며, 주요 상표가 카멜이었다. 여섯 살 먹은 아이들을 대상으로 한 시장조사에서 10명 중에 9명 비율로 아이들과 친근한 캐릭터 조 카멜을 담배 상표와 연관지었다. 조 카멜 마스코트를 도입한 이후 18세 이하 소비자들의 시장점유율이 0.5퍼센트에서 32.9퍼센트로 급증했는데, 이를 통해 연간 4억 7,000만 달러의 매출 증가를 이뤘다. 이 사실 하나만 가지고도 그가 아이들의 옹호자로 부적절하다는 여론이 일었다. 이에 대한 사례는 거스트너를 '교육의 교황'으로 임명한 것을 다룬 다음 기사를 참조하라. 데릭 잭슨(Derrick Z. Jackson), "Ex-Tobacco Chief Now Singing a Different Tune," 〈보스턴글로브〉 1996년 4월 15일.

6. 거스트너는 회의를 통해 의사결정을 하는 방식을 싫어하고 일방적인 하향식 리더십의 신봉자였다. 그는 그 회의와 관련해서 한 국가의 교육 시스템을 변경하는 작업은 누구에게 위임해서 될 문제가 아니라는 말을 듣고 "여러분이 필수적이라 생각하는 변화에 방해를 하고 있는 사람들과 조직들을 축출할 각오를 하고 있는 최고경영자가 개입할 수 있다"고 선언했다. 회의 기록 1660/141(1995년 8월 5일), https://www.gpo.gov/fdsys/pkg/CREC-1995-08-05/html/CREC-1995-08-05-pt1-PgE1660-3.htm.

7. J. J. 라고브스키(J. J. Lagowski), "he Education Summit: A Different Signal," 〈Journal of Chemical

Education〉73, no. 5 (1996년) http://dx.doi.org/doi:10.1021/ed073p383.

8. 앨리슨 클라인(Alyson Klein), "Historic Summit Fueled Push for K−12 Standards", 〈Education Week〉 2014년 9월 23일, https://www.edweek.org/ew/articles/2014/09/24/05summit.h34.html.

9. 토머스 굿(Thomas J. Good), "Educational Researchers Comment on the Education Summit and Other Policy Proclamations from 1983~1996," 〈Educational Researcher〉 25, no. 8 (1996년), 4, http://dx.doi.org/doi:10.2307/1176481.

10. "The Eagle, No. 4," 〈Columbia Phoenix and Boston Review〉 1800년 2월, 109.

11. 과거의 문맹률을 추적하기는 대단히 어렵다. 사람들이 흔적을 많이 남기지 않기 때문이다. 어떤 사람들은 유언장을 직접 쓰기도 하고 편지나 다른 기록들을 남기지만, 많은 사람들이 그렇게 하지 않는다. 물질적인 증거가 없다면 개인이 읽고 쓰기가 가능했는지 여부를 알기 어렵다. 몬태나대학교의 학자 케네스 로크리지(Kenneth Lockridge)는 획기적인 저서 《식민지시대의 뉴잉글랜드(Colonial New England)》(Norton, 뉴욕, 1974년)를 통해 법률기록에서 증거들을 모아 1650년부터 1670년 사이 뉴잉글랜드에 살던 백인 남성들 중에서 대략 60퍼센트가 읽고 쓰기를 깨우쳤다는 잠정적인 결론을 냈다. 이 비율은 1758년부터 1762년 사이에는 85퍼센트까지 올라갔으며 1787년부터 1795년 사이에 거의 90퍼센트에 도달했다. 보스턴과 같은 대도시에서는 19세기 말에 100퍼센트에 가깝게 올라갔지만, 다른 시골 지역이나 여성들의 문맹률은 결론을 내지 못했다. 하지만 1800년대 초가 되면 거의 모든 백인 남성들과 절반 정도의 여성들이 읽고 쓸 수 있게 되었다.

12. 프랜시스 블레어(Francis G. Blair), 《the One Hundredth Anniversary of the Birth of Abraham Lincoln》 (Illinois State Journal Co., 스프링필드, 1908년), 22~23.

13. 다나 골드스타인(Dana Goldstein), 《the Teacher Wars》(더블데이, 뉴욕, 2014년).

14. 미국 인구조사국, 〈Statistical Abstract of the United States, 2003〉(미국 인구조사국, 워싱턴 DC, 2003년), No. HS−20, Education Summary−Enrollment, 1900 to 2000, and Projections, n.d., https://www.census.gov/library/publications/2003/compendia/statab/123ed.html.

15. 1924년 아이다호 주의 고등학교 졸업률은 35퍼센트를 넘어선 데 반해, 뉴저지의 졸업률은 20퍼센트에 머물러 있었다. 1928년에는 45퍼센트의 아이다호 학생들이 고등학교를 졸업했으며 뉴저지 주에서는 25퍼센트만이 졸업장을 취득하는 데 성공했다. "How America Graduated from High School: 1910 to 1960"(NBER Working Paper No. 4762, 미국 국립경제연구소, 케임브리지, 1994년 6월 1일), http://www.nber.org/papers/w4762.

16. 이민자들의 임금은 대부분의 경우 동료들보다 낮았는데, 이로 인해 이들은 자신들의 아이들이 학교를 그만두고 가계를 돌보도록 했다.

17. 앨피 콘(Alfie Kohn), 《What Does It Mean to Be Well Educated?》(Beacon Press, 보스턴, 2004년), 20.

18. 시어도어 서치(Theodore Search), "Resolutions Regarding Technical Education [President's Annual Report]," 〈Proceedings of the Second Annual Convention of the National Association of Manufacturers〉(National Association of Manufacturers, 필라델피아, 1897년).

19. 프리드릭 게이츠(Frederick T. Gates), 《지방학교의 내일(The Country School of Tomorrow)》(General Education Board, 뉴욕, 1913년)

20. 1800년대 말, 교육개혁가 요한 하인리히 페스탈로치(Johann Heinrich Pestalozzi)는 보편적인 교육의 옹호자로 교사들이 "어린이들의 환경과 경험을 교육의 가장 중요한 수단과 방법으로 활용해야 한다"고 주장했다. 그가 만든 교과과정은 암기보다는 관찰과 조사 위주로 편성돼 있었다. 페스탈로치의 제자인 요한 프리드리히 헤르바트(Johann Friedrich Herbart)는 "개인의 흥미에 다가서는 것이 학습의 가장 중요한 요소"라고 주장했으며, 학생의 지난 경험을 바탕으로 하는 학습방법을 강조한 5단계 접근방법을 창안했다. 1892년 일리노이 주에 소재한 노멀 스쿨(Normal School)의 교수 찰스 맥머레이(Charles McMurray)가 헤르바트의 원리를 대중화시켜 《the General Method》라는 제목의 입문서를 출판했는데, 이 책이 미국 전역의 학교에서 받아들여

졌다. 이 시기가 산업 시대의 전성기였지만, 이 책의 초점은 양순한 노동자들을 '훈련'시키는 것이 아니라 독립적인 사고를 고취시키는 데 맞춰졌다.

21. "The New Normal: Doing More with Less: Secretary Arne Duncan's Remarks at the American Enterprise Institute," 미국 교육부, 2010년 11월 17일.

22. 베시 디보스(Betsy DeVos), "Competition, Creativity and Choice in the Classroom," SXSW EDU Conference 연설 중, 2015년 3월, http://www.federationforchildren.org/wp-content/uploads/2015/03/Betsy-SXSWedu-speech-final-remarks.pdf.

23. 클라우디아 골딘(Claudia Dale Goldin)과 로렌스 카츠(Lawrence F. Katz), 《교육과 기술의 경주(Race Between Education and Technology)》(Belknap Press, 케임브리지, 2009년). 클라우디아 골딘 박사와의 직접 인터뷰 인용.

24. 폴 더글러스(Paul Douglas), "What Ever Happened to the White-Collar Job Market," 〈System: The Magazine of Business〉 49 (1926년 12월), 719.

25. 토머스 피케티(Thomas Piketty)와 아서 골드해머(Arthur Goldhammer), 《21세기 자본(Capital in the Twenty-First Century)》(Belknap Press, 케임브리지, 2014년).

26. 클라우디아 골딘과 로렌스 카츠, 《교육과 기술의 경주》(Belknap Press, 케임브리지, 2009년), 7.

27. 이러한 주장의 예를 들자면, 데이비드 벌리너(David C. Berliner)와 브루스 비들(Bruce J. Biddle), 《The Manufactured Crisis: Myths, Fraud, and the Attack on America's Public Schools》(Perseus, 뉴욕, 1995년), 133.

28. "공립고등학교 졸업률(Public High School Graduation Rates)," 국가교육통계센터(National Center for Education Statistics), 2017년 4월 최종 수정, http://nces.ed.gov/programs/coe/indicator_coi.asp.

29. 캐밀 라이언(Camille L. Ryan)과 커트 바우만(Kurt Bauman), "Educational Attainment in the United States: 2015", 미국 인구조사국, 〈Current Education Reports〉 2016년 3월, https://www.census.gov/content/dam/Census/library/publications/2016/demo/p20-578.pdf.

30. 메리 브루스(Mary Bruce), "Snob? Obama Renews Higher Education Push," 〈ABC〉 뉴스, 2012년 2월 27일, http://abcnews.go.com/m/blogEntry?id=15802130&cid=77.

31. "Highest Educational Levels Reached by Adults in the U.S. Since 1940," 미국 인구조사국, 보도자료, 2017년 3월 30일, https://www.census.gov/newsroom/press-releases/2017/cb17-51.html.

32. 피터 카펠리(Peter Cappelli), 《Will College Pay Off? A Guide to the Most Important Financial Decision You'll Ever Make》(Public Affairs, 뉴욕, 2015년).

33. 스테이시 데일(Stacy Dale)과 앨런 크루거(Alan Krueger), "Estimating the Return to College Selectivity over the Career Using Administrative Earnings Data," (NBER Working Paper No. 17159, 미국 국립경제연구소, 케임브리지, 2011년 6월), http://dx.doi.org/doi:10.3386/w17159.

34. 션 리어든(Sean F. Reardon), 레이첼 바커(Rachel Baker), 대니얼 클라식(Daniel Klasik), "Race, Income, and Enrollment Patterns in Highly Selective Colleges, 1982~2004," Stanford Center for Education Policy Analysis, 2012년 8월 3일, https://cepa.stanford.edu/content/race-income-and-enrollment-patterns-highly-selective-colleges-1982-2004.

35. 마이클 리치먼(Michael Leachman), 캐슬리 매스터슨(Kathlee Masterson), 마이클 미첼(Michael Mitchell), "Funding Down, Tuition Up: State Cuts to Higher Education Threaten Quality and Affordability at Public Colleges," Center on Budget and Policy Priorities 보고서, 2016년 8월 15일 최종 수정, http://www.cbpp.org/sites/default/files/atoms/files/5-19-16sfp.pdf.

36. 닉 앤더슨(Nick Anderson)과 대니얼 더글러스 가브리엘(Danielle Douglas-Gabriel), "Nation's Prominent Public Universities Are Shifting to Out-of-State Students," 〈워싱턴포스트〉 2016년 1월 30일, https://

www.washingtonpost.com/local/education/nations-prominent-public-universities-are-shifting-to-out-of-state-students/2016/01/30/07575790-beaf-11e5-bcda-62a36b394160_story.html?utm_term=.71089c3d19a5. 가장 최근의 앨러배마대학교의 입학현황 참고: "Quick Facts," University of Alabama. n.d., https://www.ua.edu/about/quickfacts.

37. 레이첼 바커, "The Effects of Structured Transfer Pathways in Community Colleges," 〈Educational Evaluation and Policy Analysis〉 38, no. 4(2016년 6월), 626~646, http://dx.doi.org/doi:10.3102/0162373716651491.

38. "FigureA: Annual Median Family Income of Students by Type of College in 2008," Government Accountability Office, 2011년, http://www.epi.org/files/2012/med_fam_income_college_students.png.

39. 2015-2016년 중등과정 이후 학생지원에 관한 연구(https://nces.ed.gov/pubs2016466.pdf) 결과, 4년제 영리추구 학교에 재학 중인 학생들 중에서 96퍼센트가 학비를 조달하기 위해 융자를 받았는데, 이 수치는 사립학교의 평균 62퍼센트, 공립 4년제 대학의 50퍼센트 이하와 비교해서 월등히 높다. 2년제 비영리 대학과 영리 대학의 격차는 더욱 커서 순서대로 17퍼센트 대 64퍼센트였다. 영리추구 대학교에 다니는 학생들이 더 많은 융자를 받지만, 이들이 졸업하는 확률은 더 적기 때문에 그들의 융자금에 대해 지급불능이 될 확률이 더욱 크다.

40. 제니퍼 마(Jennifer Ma)와 샌디 바움(Sandy Baum), "Trends in Community Colleges: Enrollment, Prices, Student Debt, and Completion (2016년 4월)," College Board, 2016년, https://trends.collegeboard.org/content/trends-community-colleges-enrollment-prices-student-debt-and-completion-april-2016.

41. 다음의 도표를 참조하라. J. 맥파랜드(J. McFarland) 외 다수, "Undergraduate Retention and Graduation Rates," 《The Condition of Education 2017, NCES 2017-144》(미국 교육부, 국가교육통계센터, 워싱턴DC, 2017년), https://nces.ed.gov/pubs2017/2017144.pdf.

42. 마이클 스트래트포드(Michael Stratford), "Study Finds For-Profit Colleges Drove Spike in Student Loan Defaults," 〈Inside Higher Ed〉 2015년 9월 11일, https://www.insidehighered.com/news/2015/09/11/study-finds-profit-colleges-drove-spike-student-loan-defaults.

43. 다음의 도표를 참조하라. "Unemployment Rates and Earnings by Educational Attainment," in "Employment Projections," 미국 노동통계국, 2017년 10월 24일 최종 수정, http://www.bls.gov/emp/ep_chart_001.htm.

44. 필립 브라운(Philip Brown), 휴 로더(Hugh Lauder), 데이비드 애쉬튼(David Ashton), 《The Global Auction: The Broken Promises of Education, Jobs, and Incomes》(옥스퍼드대학교 출판부, 뉴욕, 2012년), 116.

45. 연방준비은행 뉴욕센터의 미시경제 데이터(Microeconomic Data), "가계의 부채 및 신용에 대한 계간 보고서 (Quarterly Report on Household Debt and Credit), 2016년 8월," (Federal Reserve Bank of New York, 뉴욕, 2017년), http://admin.issuelab.org/permalink/resource/25718.pdf. 이 데이터에 따르면 단지 11.2퍼센트의 학자금 융자액만이 체납된 것으로 나타나지만, 작은 활자 부분을 유의해 읽으면 전체 체납금액 중에서 절반 정도가 현재 유예기간이나 집행 보류기간 등에 들어 있기 때문에 한시적으로 상환조건에 해당하지 않는 기간이며, 따라서 정확한 체납 비율을 제대로 반영하지 못하고 있음을 알 수 있다. 이 의미는 이러한 요인들을 모두 감안하는 경우 연체율은 2배로 높아진다는 것이다.

46. 브래드 허시빈(Brad Hershbein), "A College Degree Is Worth Less If You Are Raised Poor," 브루킹스 연구소, 2016년 2월 19일, https://www.brookings.edu/blog/social-mobility-memos/2016/02/19/a-college-degree-is-worth-less-if-you-are-raised-poor/.

47. 티모시 바틱(Timothy J. Bartik)과 브래드 허쉬빈, "Degrees of Poverty: Family Income Background and the College Earnings Premium," 〈Employment Research〉 23, no. 3(2016년). 1~3, https://doi.org/10.17848/1075-8445.23(3)-1.

48. 카린 피셔(Karin Fischer), "When Everyone Goes to College: A Lesson from South Korea," 〈Chronicle of Higher Education〉 2016년 5월 1일, https://www.chronicle.com/article/When-Everyone-Goes-to-College-/236313.

49. 캐밀 라이언(Camille L. Ryan)과 커트 바우먼(Kurt Bauman), "Educational Attainment," 전통적인 은퇴시기인 65세 이상의 미국인들 중에는 26.7퍼센트만이 학위를 소지하고 있다.

50. 다음의 도표를 참조하라, "Employment, Wages, and Projected Change in Employment by Typical Entry-Level Education," 미국 노동통계국 발표 "Employment Projections" 중에서, 2018년 1월 30일 최종 수정, https://www.bls.gov/emp/ep_table_education_summary.htm.

51. 제이슨 에이블(Jaison R. Abel)과 리처드 디츠(Richard Dietz), "Are the Job Prospects of Recent College Graduates Improving?"(미국 연방준비은행 블로그), 2014년 9월 4일, http://libertystreeteconomics.newyorkfed.org/2014/09/are-the-job-prospects-of-recent-college-graduates-improving.html.

52. 마이크 스위프트(Mike Swift), "Blacks, Latinos and Women Lose Ground at Silicon Valley Tech Companies," 〈San Jose Mercury News〉 2016년 8월 13일 최종 수정, https://www.mercurynews.com/2010/02/11/blacks-latinos-and-women-lose-ground-at-silicon-valley-tech-companies/.

53. "Moving the Goalposts: How Demand for a Bachelor's Degree Is Reshaping the Workforce," Burning Glass Technologies, 2014년 9월, http://burning-glass.com/research/credentials-gap/.

54. "Employment Projections" 중 〈Occupations with the Most Job Growth〉, 미국 노동통계국, 2018년 1월 30일 최종 수정, https://www.bls.gov/emp/ep_table_104.htm.

55. 개리 사울 모슨(Gary Saul Morson)과 모턴 샤프로(Morton Schapiro), 《Cents and Sensibility: What Economics Can Learn from the Humanities》(프린스턴대학교 출판부, 뉴저지 프린스턴, 2017년). 66. 저자들은 수천 개의 학교들 중에서 오직 350개의 대학과 대학교만이 미약하게나마 선발과정을 거치고 있으며, 나머지 대다수는 '실질적으로 지원자는 모두' 입학시키고 있다고 서술한다.

56. "Fast Facts: Graduation Rates," 미국 교육부, 국가교육통계센터, 2017년, https://nces.ed.gov/fastfacts/display.asp?id=40.

57. 〈Indicators of Higher Education Equity in the United States: 2017 Historical Trend Report〉(Pellington Institute, 워싱턴 DC, 2017년), http://pellinstitute.org/downloads/publications-Indicators_of_Higher_Education_Equity_in_the_US_2017_Historical_Trend_Report.pdf.

58. 폴 윌리스(Paul E. Willis), 《노동의 학습: 노동계급의 어린이는 어떻게 노동계급의 일자리를 얻게 되나 (Learning to Labor: How Working Class Kids Get Working Class Jobs)》(컬럼비아대학교 출판부, 뉴욕, 1977년), 38~39.

59. 존 어미시(John Ermisch), 마커스 잰티(Markus Jantti), 티모시 스미딩(Timothy M. Smeeding), 《From Parents to Children: The Intergenerational Transmission of Advantage》(Russell Sage Foundation, 뉴욕, 2012년) 중에서 "What Have We Learned," 저자들은 이렇게 말했다. "증거가 의미하는 바는 교육 시스템의 순수한 효과는 부모로서의 사회경제적 지위와 아이의 관계를 감소시키는 것이 아니라 어린 나이에 이미 확실하게 드러나는 결과들의 차이점에 대한 패턴을 유지하거나 강화하는 것이다."

60. 토머스 피케티와 아서 골드해머, 《21세기 자본》, 315.

61. 로렌스 서머스(Lawrence Summers), "The Jobs Crisis," 〈로이터〉 2011년 6월 3일, www.reuters. com/article/column-usjobs-summers/rpt-column-the-jobs-crisis-lawrence-summers- idUSN1227995720110613.

62. 캐스린 에딘(Kathryn Edin)은 나와 함께 이들의 실제 이야기를 들었지만 그들의 본명을 사용하지 않도록 제 안했다. 나는 기꺼이 그 약속을 지킨다.

63. 나는 이 책을 쓰기 위한 선행연구로 타깃과 월마트에 신입사원 수준의 직책에 지원했던 적이 있다. 그 경험은 불안하고 좌절감을 주는 정도가 아니라 불쾌하기까지 했다. 나는 아주 개인적인 질문까지 받았는데, 예를 들면, "자신을 건방지다고 생각하는가"라는 것과 내가 "내 인생에 만족하는가" 하는 질문이었다. 내가 왜 이런 질문들이 일자리와 연관되는가 물었더니 설명해주지 않았다.

64. 엘렌 드제너러스는 자신이 엄격한 크리스천 과학자 집안에서 자랐다는 사실을 숨기지 않았다.

65. 사라 그린(Sarah S. Greene), "The Broken Safety Net: A Study of Earned Income Tax Credit Recipients and a Proposal for Repair," 〈뉴욕대학교 법률지(New York University Law Review)〉 88, no. 2 (2013년), 515~588, https://scholarship.law.duke.edu/faculty_scholarship/3107.

66. 경제학자 마이클 스펜스(Michael Spence)는 일자리 시장에서의 신호 모델(signaling model)을 만든 사람으로 유명하다. 그 모델에 따르면 피고용인은 교육을 통해 특정한 학위를 취득함으로써 각자의 기술에 대해 고용주에게 신호를 보내는데, 그 교육에는 비용이 따른다. 고용주들은 높은 능력을 가지고 있는 피고용인들의 비율이 교육을 더 많이 받은 그룹 쪽이 높기 때문에 보다 높은 임금을 지급한다. 능력이 낮은 피고용인에 비해 교육을 받은 쪽을 고용하는 것이 결국 비용을 적게 들이는 길이기 때문이다. 이 모델이 작동하면, 교육은 그 자체로서의 가치는 굳이 가질 필요가 없으며, 단지 신호의 발신자(피고용인)가 수신자(고용자)에게 신호(교육)의 비용만을 통고하면 되기 때문이다. 마이클 스펜스, "Job Market Signalling," 〈Quarterly Journal of Economics〉 87, no. 3 (1973년), 355~374.

67. 프리드릭 테일러(Frederick Winslow Taylor), 《과학적 경영의 원리(The Principles of Scientific Management)》(Harper, 뉴욕, 1911년), 59.

68. 션 랭글로이스(Shawn Langlois), "Tim Cook Says This Is the Real Reason Apple Products Are Made in China," MarketWatch, 2015년 12월 21일, http://www.marketwatch.com/story/tim-cook-apple- doesnt-make-its-products-in-china-because-its-cheaper-2015-12-20.

69. "The Boiling Point? The Skills Gap in the United States," Deloitte and Manufacturing Institute, 2011년, http://www.themanufacturinginstitute.org/~/media/A07730B2A798437D98501E798C2 E13AA.ashx. 많은 언론인들과 정책결정자들이 이러한 불평을 되풀이했다. 람 엠마뉴엘(Rahm Emanuel), "Chicago's Plan to Match Education with Jobs," 〈월스트리트저널〉 2011년 12월 18일, https://www. wsj.com/articles/SB10001424052970203893404577100772663276902; 토머스 헴필(Thomas A. Hemphill)과 마크 페리(Mark J. Perry), "U.S. Manufacturing and the Skills Crisis," 〈월스트리트저널〉 2012년 11월 17일, http://www.nytimes.com/2012/11/18/opinion/sunday/Friedman-You-Got- the-Skills.html.

70. 그 당시 미국경영자협회에서 실시된 조사 자료, 리디아 드필리스(Lydia De Pillis), "Companies Dry Test a Lot Less Than They Used to Because It Doesn't Work," 〈워싱턴포스트〉 2015년 3월 10일.

71. https://drug-abuse-statistics/#drug-abuse-statistics-and-addiction-research.

72. 윌리엄 베커(William C. Becker) 외 다수, "Racial/Ethnic Differences in Report of Drug Testing Practices at the Workplace Level in the U.S.," 〈American Journal on Addictions〉 23, no. 4(2013년), 357~362, http://dx.doi.org/doi:10.1111/j.1521-0391.2013.12109.x.

73. 로렌 웨버(Lauren Weber), "Greater Share of U.S. Workers Testing Positive for Illicit Drugs," 〈월스트리트저널〉 2016년 9월 15일, https://www.wsj.com/articles/greatershareofusworkerstestingpositivefor-illicitdrugs1473901202. 보다 최근에는 2017년 6월 상원 은행위원회 의원들 앞에서 행한 오피오드 남용의 충격에 대한 증언에서 연방준비은행 의장 재닛 옐런(Janet Yellen)의 말을 들어보자.

"나는 이 사태가 한창 때의 노동자들이 노동에 참여하는 비율이 떨어지는 것과 연관이 있다고 생각합니다. 나는 이것이 원인인지 아니면 장기적인 경제적 질환의 증세인지 알지는 못하지만, 이 질환은 이 사람들의 사회에 영향을 미치고 있으며, 특히 그들의 취업기회가 줄어들고 있다고 생각하는 사람들에게 심각한 영향을 미치고 있다고 생각합니다."

제나 스미아렉(Jeanna Smialek), "Yellen Says Opioid Use Is Tied to Declining Labor Participation," Bloomberg.com, 2017년 7월 13일, https://www.bloomberg.com/news/articles/20170713/yellen-saysopioiduseistiedtodeclininglaborparticipation.

74. 이러한 생각이 전적으로 새로운 것은 아니다. 데이비드 카드(David Card), 존 디나도(John DiNardo), "Skill Biased Technological Change and Rising Wage Inequality: Some Problems and Puzzles," 〈Journal of Labor Economics〉 20, no. 4 (2002년 10월), http://dx.doi.org/doi:10.3386/w8769.

75. J. W. 카펜터(J. W. Carpenter), "Bank Teller: Career Path and Qualifications", Investopedia, 2015년 12월 16일 최종 수정, http://www.investopedia.com/articles/professionals/121615/banktellercareer-pathqualifications.asp.

76. 토머스 프리드먼(Thomas L. Friedman), 《늦어서 고마워(Thank You for Being Late: An Optimist's Guide to Thriving in the Age of Accelerations)》(Farrar, Straus and Giroux, 뉴욕, 2016년). 〈뉴욕타임스〉의 칼럼니스트인 프리드먼은 자동화가 새로운 일자리를 만들어낸다는 주장을 뒷받침하기 위해 현금지급기의 사례를 반복적으로 활용해왔다. 1990년대 ATM이 은행들의 지점이 늘어나는 데 크게 기여했기 때문에, 사람들이 그러한 지점에서 일할 기회가 많아졌다는 것은 분명한 사실이다. 하지만 새로운 과학기술이 추가적으로 적용되면서 지점의 숫자와 이에 관련된 일자리 숫자가 함께 극적으로 감소했다.

77. "Digital Disruption: How FinTech Is Forcing Banking to a Tipping Point", Citi GPS: Global Perspectives and Solutions, 2016년 3월 1일, https://ir.citi.com/D%2F5GCKN6uoSvhbvCmUDS05SYsRaDvAykPjb5subGr7f1JMe8w2oX1bqpFm6RdjSRSpGzSaXhyXY%3D. 내가 케임브리지의 현장에 갔을 때, 단 한 사람의 고객 서비스 담당자만이 자리를 지키고 있었는데, 그는 커뮤니케이션 학사학위 소지자였으며, 그의 핵심적인 업무에는 '브랜드를 홍보하는 것'과 고객들을 '그들의 모든 요구에 맞춰, 담당 직원'에게 인도하는 일을 포함하고 있었다.

78. 너대니얼 포퍼(Nathaniel Popper), "'Fintech? Start-Up Boom Said to Threaten Bank Jobs," 〈뉴욕타임스〉 2016년 3월 30일, https://www.nytimes.com/2016/03/31/business/dealbook/fintech-start-up-boom-said-to-threaten-bank-jobs.html. 포퍼는 새로운 과학기술로 인해서 그 당시의 직원들에 비해 최대 30퍼센트 감축될 것이라고 보도했다.

79. 2011년 조사에서 응답한 50세 이상의 엔지니어 800명 중에서 16퍼센트가 실직 상태였으며 48퍼센트는 최소한 지난 2년 동안 전적으로 공학 분야 바깥으로 밀려나 있었다. 브라이언 풀러(Brian Fuller), "Help for Unemployed Engineers," 〈EE Times〉 2011년 5월 20일, http://www.eetimes.com/author.asp?section_id=28&doc_id=1285160 그로부터 4년 후인 2015년, 미국의 첨단과학 분야의 기업에서는 8만 명에 육박하는 감원조치가 단행됐는데, 이중에는 HP, 인텔, 유니시스, 마이크로소프트에서 예고됐던 정리해고 4만 7,000명이 포함돼 있다. "Tech Sector Shed Over 79K in 2015, 13 Percent of All Cuts," Challenger, Gray & Christmas, Inc., 보도자료, 2016년 1월 20일, https://www.challengergray.com/press/press-releases/tech-sector-shed-over-79k-2015-13-percent-all-cuts. 최근 공학부를 졸업하는 사람들이 대단히 뛰어난 직업 전망을 가지고 있다는 사실에는 의문의 여지가 없지만, 경험 있는 엔지

니어들이 실업상태에 있을 확률은 대단히 높다.

80. 패트릭 시보도(Patrick Thibodeau), "What STEM Shortage? Electrical Engineering Lost 35,000 Jobs Last Year," 〈Computerworld〉, 2014년 1월 16일, http://www.computerworld.com/article/2487847/ it-careers/what-stem-shortage-electrical-engineering-lost-35-000-jobs-last-year.html.

81. 위의 자료, STEM 분야 학위를 취득하고 졸업하는 학생 두 사람 중 한 명꼴로 STEM 분야에 취업한다.

82. 산업 웹사이트인 Indeed.com에 따르면, 소프트웨어 서비스 부문에서 일하는 모든 노동자들의 1년치 임금의 평균은 2017년 1월에 대략 10만 달러로, 5년 전 Tech America Foundation이 자신들이 매년 발행하는 〈Cyberstates〉에 보도했던 액수에 비해 약 1,000달러 감소했다. 이러한 보수의 수준은 다른 산업과 비교했을 때에는 꽤 높은 편이지만, 5년 동안 아무런 증가가 없었다는 사실은 이러한 서비스에 대한 수요가 아무리 좋게 봐도 불확실하다는 의미다. 또한 이 평균 급여액에는 애플, 링크드인(Linked In), 페이팔, 구글과 같은 소수의 기업에서 일하는 많은 수의 엔지니어들이 포함돼 있다. 이러한 대기업 소속 엔지니어들의 평균 급여는 연 평균 14만 4,000달러에 달하지만, 이보다 낮은 등급에 속한 회사의 엔지니어들 평균 급여는 연 8만 달러 정도다.

83. B. 앨버츠(B. Alberts) 외 다수, "Rescuing US Biomedical Research from Its Systemic Flaws," 〈미국과학아카데미회의자료〉 111, no. 16 (2014년), 5773~5777, http://dx.doi.org/doi:10.1073/pnas.1404402111.

84. 폴 크루그먼(Paul Krugman), "Life, Death and Deficits," 〈뉴욕타임스〉 2012년 11월 15일, http://www.nytimes.com/2012/11/16/opinion/life-death-and-deficits.html.

85. 대니얼 코스타(Daniel Costa), "STEM Labor Shortages? Microsoft Report Distorts Reality About Computing Occupations", Memorandum No. 195, Economic Policy Institute, 2012년 11월 19일, http://www.epi.org/publication/pm195-stem-labor-shortages-microsoft-report-distorts/.

86. 이 주제에 대한 뛰어나고 포괄적인 분석을 보려면, 다음을 참조할 것. 데이비드 로스닉(David Rosnick)과 딘 베이커(Dean Baker), "Missing the Story: The OECD's Analysis of Inequality", Center for Economic Policy Research 보고서, 2012년 7월, http://cepr.net/publications/reports/missing-the-story-the-oecds-analysis-of-inequality. 또한 직원들에 대한 대량 정리해고와 치솟는 주식가격은 꾸준하게 밀접한 상관관계를 보여 왔는데, 특히 첨단기술 분야는 더욱 정도가 심했다. 2014년 6월, 마이크로소프트가 직원들 중에서 14퍼센트를 정리해고한다고 발표하자 이 회사의 주가는 전날에 이미 크게 올랐음에도 불구하고 3.68 퍼센트 더 올랐다. HP의 분기 보고 직전에 이 회사가 직원 1만 6,000명에 대한 추가적인 해고 조치를 발표하자 주가는 오전 시간보다 무려 7퍼센트 뛰었다. HP의 인력감축은 이전에 발표됐던 3만 4,000명 감축과는 별도로 나온 것이었다.

87. 바트 호비즌(Bart Hobijn)과 패트릭 퍼코브스키(Patryk Perkowski), "The Industry- Occupation Mix of U.S. Job Openings and Hires"(Working Paper No. 2012-09, 샌프란시스코 연방준비은행, 2012년 7월), https://www.frbsf.org/economic-research/files/wp12-09bk.pdf.

88. "MathWorks-Good for 1~2 Years, Move Out if You Don't Want to Work with Incompetent People," 익명의 제보, 글래스도어, 2012년 5월 6일, http://www.glassdoor.com/Reviews/Employee-Review-MathWorks-RVW1492717.htm.

89. 그렉 던컨(Greg J. Duncan)과 리처드 머네인(Richard J. Murnane), 《Whither Opportunity? Rising Inequality, Schools, and Children's Life Chances》(Russell Sage Foundation, 뉴욕, 2011년).

90. A. B. 앳킨슨(A. B. Atkinson), 《불평등을 넘어(Inequality: What Can Be Done?)》(하버드대학교 출판부, 케임브리지, 2015년)

제9장

91. 애덤 스미스(Adam Smith), 《도덕감정론(Theory of Moral Sentiments)》, 7,8, 10, 누드 하콘센(Knud Haakonssen) 편집(케임브리지대학교 편집부, 잉글랜드 케임브리지, 2002년).

92. 〈The Last Truck: The Closing of a GM Plant〉, 스티브 보그너(Steve Bognar)와 줄리 레이처트(Julie Reichert) 감독(Home Box Office Films, 2009년).

93. 메리 앤 헌팅(Mary Anne Hunting), 《Edward Durell Stone: Modernism's Populist Architect》(노턴, 뉴욕, 2013년).

94. 린 헐시(Lynn Hulsey), "RTA Drivers' Pay Among Highest," 〈Dayton Daily News〉 2009년 8월 2일, http://www.daytondailynews.com/news/news/local/rta-drivers-pay-among-highest/nM3Mt.

95. "Occupational Employment and Wages, 2016년 5월, 51-4111, Tool and Die Makers," 미국 노동통계국, Division of Occupational Employment Statistics, 2016년 9월 8일, https://www.bls.gov/oes/current/oes514111.htm#nat.

96. "Position for Tool and Die Maker," HNI Careers, 2013년 2월 28일 최종 수정, http://hnicareers.com/JobDetails.aspx?ID=14293. 국가의 부를 평균치로 측정하는 것은 오해의 소지가 있는데, 가장 상위에 있는 엄청난 수익이 평균치를 왜곡하기 때문이다. 중간값은 가장 가운데 위치하는 점으로, 절반의 노동자들이 이보다 많이 벌고 절반의 노동자들이 이보다 적게 번다는 의미다.

97. 조지아 주 세다타운(Cedartown)에 소재하고 있으며, 기구금형 제작자에 대해 널리 구인공고를 내고 있는 곳이다. TRC Professional Solutions, "Tool & Die Maker", ZipRecruiter, 2012년 3월 1일 최종 수정, http://www.ziprecruiter.com/job/Tool-Die-Maker/37918f8d/?source=cpc-simplyhired.

98. 이러한 직무분장으로부터 기구금형 제작자는 직업과 관련된 부상을 당할 확률이 평균 이상이라고 할 수 있다. 2016년 사회보장 혜택을 받고 있는 미국인들의 숫자는 6,100만 명이나 되어 전체 인구의 17.5퍼센트가 장애를 가진 노동자이거나 그 부양가족인 셈인데, 이 수치는 1970년의 수혜자 숫자에 비해 거의 6배 늘어난 것이다.

99. insidesources.com.skillgap-hurting-small-businesses/.

100. 다음을 참조. still4hill.com/2016/07/29/Clintonkaine-2016-at-knex-toy-factory-in-hatfield-pa/.

101. 이 인용문은 미국 〈CBS〉 방송국의 찰리 로드(Charlie Rose)가 자신이 진행하는 '60 Minutes'에서 쿡과 인터뷰를 진행하던 도중 나온 말이다. "Inside Apple, Part Two," 60 Minutes, 〈CBS〉 News, 2015년 12월 15일, https://www.cbsnews.com/video/inside-apple-part-two. 쿡은 이외에도 똑같은 발언을 미국과 중국 양국의 수많은 언론 인터뷰에서 이야기했으며 점점 더 횟수가 증가했다.

102. United States Occupational Outlook Handbook, "Machinists and Tool and Die Makers," 미국 노동통계국, 2018년 1월 30일, https://www.bls.gov/ooh/production/machinists-and-tool-and-die-makers.htm.

103. 빌 캐니스(Bill Canis), "The Tool and Die Industry: Contribution to U.S. Manufacturing and Federal Policy," 미국 의회용 의회연구조사 보고서, 2012년 3월 16일, http://www.ntma.org/uploads/general/Tool-and-Die-Industry.pdf.

104. "Tool Making," Inventix Manufacturing, 2013년 최종 수정, http://www.inventix.com/toolmaking/index.php.

105. 메러디스 콜론더(Meredith Kolonder), "Why Are Graduation Rates at Community Colleges So Low?," 〈Hechinger Report〉 2015년 5월 5일, http://hechingerreport.org/new-book-addresses-low-community-college-graduation-rates.

106. 브라이언 리브스(Brian A. Reaves), 《Local Police Departments, 2013: Personnel, Policies, and Practices》(미국 법무부 통계국, 워싱턴 DC, 2015년), https://www.bjs.gov/index.cfm?ty=pbdetail&iid=5279.

107. 대럴 젠킨스(Darryl Jenkins)와 비잔 배스크(Bijan Vasgh), "The Economic Impact of Unmanned Aircraft Systems Integration in the United States," Association for Unmanned Aerial Vehicle Systems International 보고서, 2017년 6월 16일, http://www.auvsi.org/our-impact/economic-report.

108. "Will There Be Too Many Drones?," KALB News, 2016년 9월 16일, http://www.kalb.com/content/news/Will-there-be-too-many-drones-393790761.html.

109. 이 업계의 전문가들과 대화 도중에 그들로부터 들은 견해다.

110. "Why Most Drone Pilot Salaries Are So Low(and How to Increase Yours)," 〈Drone U(블로그)〉, 2017년 5월 21일, https://www.thedroneu.com/blog/why-most-drone-pilot-salaries-are-so-low/.

111. 제임스 보바드(James Bovard), "What Job 'Training' Teaches? Bad Work Habits," 〈월스트리트저널〉 2011년 9월 12일, https://www.wsj.com/articles/SB10001424053111904332804576538361788872004.

112. 로널드 다미코(Ronald D'Amico)와 피터 쇼체트(Peter Z. Schochet), "The Evaluation of the Trade Adjustment Assistance Program: A Synthesis of Major Findings", Mathematica Policy Research, 2012년 12월 30일, https://www.mathematica-mpr.com/our-publications-and-findings/publications/the-evaluation-of-the-trade-adjustment-assistance-program-a-synthesis-of-major-findings.

113. 토머스 나우(Thomas Gnau), "Fuyao Spent Nearly $800K with Consultant in Union Battle," 〈My Dayton Daily News〉 2017년 12월 26일, http://www.mydaytondailynews.com/business/fuyao-spent-nearly-800k-with-consultant-union-battle/zBIqg0Wtb KGhVmJbtNOjjI/.

114. 노암 샤이버(Noam Scheiber)와 케이스 브래드셔(Keith Bradsher), "Culture Clash at a Chinese-Owned Plant in Ohio," 〈뉴욕타임스〉 2017년 6월 10일, https://www.nytimes.com/2017/06/10/business/economy/ohio-factory-jobs-china.html.

제10장

115. "2017 College Guide and Rankings," 〈월간 워싱턴(Washington Monthly)〉 2017년 최종 수정, https://washingtonmonthly.com/2017college-guide.

116. "Estimated Cost of Attendance," 콜게이트대학교, 2018년 2월 13일 평가, http://www.colgate.edu/admission-financial-aid/financial-aid/prospective-first-year-students/estimated-cost-of-attendance.

117. 사라 존스(Sarah Jones), "J. D. Vance, the False Prophet of Blue America," 〈뉴리퍼블릭(New Republic)〉 2016년 11월 17일, https://newrepublic.com/article/138717/jd-vance-false-prophet-blue-america.

118. 폴 컨(Paul Kern), "Arts and Culture Grows at Faster Pace in 2013," 경제분석국 보도자료, 2016년 2월 16일, https://www.bea.gov/newsreleases/general/acpsa/acpsa0216.pdf.

119. 존 크로머티(John Cromartie), 크리스틴 폰 라이히르트(Christine Von Reichiert), 라이언 아선(Ryan Arthun), "Factors Affecting Former Residents' Returning to Rural Communities", 미국 농무부, 경제연구 서비스, 경제연구 보고서 No. ERR-185, 2015년 5월 21일, https://www.ers.usda.gov/publications/

pub-details/?pubid=45364.

120. 주디 존스(Judy Jones), "Rural Kentucky Addresses Doctor Shortage," 〈Rural Health Update〉 2002년 봄, 1~3.

121. 에이미 글래스마이어(Amy K. Glasmeier), "Living Wage Calculation for Kentucky," Living Wage Calculator, Massachusetts Institute of Technology, 2018년 최종 수정, http://livingwage.mit.edu/states/21.

제4부

제11장

1. 2005년 핀란드어에 대한 책을 출판했던 아르토 파실리나(Arto Paasilinna)가 말했다.
"스웨덴어를 사용하고 있는 핀란드인들은 자연적으로 소멸될 것이다. 스웨덴어를 사용하는 사람들은 죽으면서 자신들의 언어까지 가져가고 있다."
www.trelocal.se/20071204/9292.

2. 카타리나 매키넨(Katariina Makinen), "Struggles of Citizenship and Class: Anti-immigration Activism in Finland," 〈Sociological Review〉 65, no. 2 (2017년), 218~234

3. 크리스 클라크(Kris Clarke), "The Paradoxical Approach to Intimate Partner Violence in Finland," 〈International Perspectives in Victimology〉 6, no. 1(2011년), 9~19 에드워드 듀턴(Edward Dutton), "Finland's the Best Place to Be," 〈Telegraph〉 2010년 1월 26일자, http://www.telegraph.co.uk/

4. 카리 루티오(Kari Rutio), "The Growing Years of Finland's Industrial Production," Statistics Finland, 2007년 5월 15일 최종 수정, http://www.stat.fi/tup/suomi90/toukokuu_en.html.

5. 유리 고로드니첸코(Yuriy Gorodnichenko), 엔리크 멘도사(Enrique Mendoza), 린다 테사(Linda Tesar), "The Finnish Great Depression: From Russia with Love"(NBER Working Paper No. 14874, 미국 국립경제연구소, 케임브리지, 2009년), http://dx.doi.org/doi:10.3386/w14874.

6. 위의 자료.

7. 아닐라 라티(Anniina Lahti) 외 다수, "Youth Suicide Trends in Finland, 1969~2008," 〈Journal of Child Psychology and Psychiatry〉 52, no. 9(2011년), 984~991, http://dx.doi.org/doi:10.1111/j.1469-7610.2011.02369.x.

8. "Interactive Infographic of the World's Best Countries," 〈뉴스위크〉 2010년 8월 15일, https://web.archive.org/web/20101030031732/www.newsweek.com//2010//08//15//interactive-infographic-of-the-worlds-best-countries.html. 참조: 〈뉴스위크〉와는 더 이상 연결되지 않지만, 이 사이트는 Wayback Machine을 통해 이미지로 볼 수는 있다.

9. 프렌체스카 레비(Francesca Levy), 〈포브스〉 2010년 6월 14일자, https://www.forbes.com/2010/07/14/world-happiest-countries-lifestyle-realestate-gallup_slide_3.html#541c96406dbe.

10. http://worldhappiness.report/.

11. 이포 아이리오(Iipo Airio), "In-Work Poverty and Unemployment in Finland: Dual Labour Market or Reserve Workers?," 제6차 사회 안전에 대한 국제 정책연구 회의에서 발표한 연구결과, 룩셈부르크, 2010년 1월 10일.

12. "Youth", 핀란드 교육문화부, 2013년 3월 18일, http://www.minedu.fi/OPM/Nuoriso/?lang=en.

13. 카리 우스트키라(Kari Uustkyla)와 제인 피르토(Jane Piirto), "The Development of Orchestra Conductors in Finland," 마르굿 라이티넨(Marjut Laitinen), 마리아 리사 카이눌라이넨(Marja-Liisa Kainulainen) 편집 《음악성의 심장: 카이 카르마를 기리기 위한 에세이(Musikaalisuuden ytimessa: Juhlakirja Kai Karmalle)》 (Sibelius-Akatemia, Musiikkikasvatuksen Osasto, 헬싱키, 2007년).

14. 925디자인은 이후 컨설팅 회사인 힌트사(HINTSA Performance)에 합병됐다.

15. 이와 같은 견해를 얻게 된 것은 마우로뉴미디어(MauroNewMedia)의 창립이사인 찰스 마우로(Charles Mauro) 덕분이다. 전화통화를 통해서 그가 "페이스북 문화"라고 부르는 것에 대해서 그의 식견을 공유하게 되었다.

16. 마이클 딜(Michael Diehl), 울프강 스트로우브(Wolfgang Stroebe), "Productivity Loss in Brainstorming Groups: Toward the Solution of a Riddle," 〈Journal of Personality and Social Psychology〉 53, no. 3 (1987년 9월), 497~509, http://dx.doi.org/doi:10.1037//0022-3514.53.3.497.

17. 하버드대학교 경영대학원의 경제학자 레베카 헨더슨(Rebecca Henderson)은 신뢰감과 목적의식의 공유가 최고 성과를 올리는 기업들의 공통적인 증명서와 같은 것임을 밝혔다. 이에 대한 참고자료는, 로버트 깁슨스(Robert Gibbons)와 레베카 헨더슨이 쓴 "Relational Contracts and Organizational Capabilities" 참조, 〈Organization Science〉 23, no. 5(2012년 9~10월), 1350~1364. http://dx.doi.org/doi:10.1287/orsc.1110.0715.

18. 애디티아 차크라보티(Aditya Chakrabortty), "A Basic Income for Everyone? Yes, Finland Shows It Really Can Work", 〈가디언〉, 2017년 10월 31일, https://www.theguardian.com/commentisfree/2017/oct/31/finland-universal-basic-income.

19. 로버트 풋먼(Robert D. Putman), "Bowling Alone: America's Declining Social Capital," 〈Journal of Democracy〉 6, no. 1 (1995년), 65~78, http://dx.doi.org/doi:10.1353/jod.1995.0002.

20. "Public Trust in Government: 1958~2017," 퓨리서치센터, 2017년 5월 3일, http://www.people-press.org/2017/05/03/public-trust-in-government-1958-2017/.

21. "소득불균형(Income Inequality)," OECD 데이터, OECD, 2015년 최종 수정, https://data.oecd.org/inequality/income-inequality.htm.

22. 페테르 베스테르바카(Peter Vesterbacka)는 Massachusetts Technology Leadership Council이 후원한 연간 Mobile Summit에 참석해 이같이 이야기했다. 린다 터치(Linda Tucci), "Mobile Business Advice from Peter Vesterbacka of Angry Birds," https://searchcio.techtarget.c.myopinion/Mobile-business-advice-from-PeterVesterbacka-of-Angry-Birds.

23. 브랜든 풀러(Brandon Fuller), "폴 로머의 국립 과학원 강의," 뉴욕대학교, 매런 연구소(Marron Institute), 2013년 2월 1일, http://urbanizationproject.org/blog/paul-romers-national-academy-of-sciences-lecture/#.U9qq2qhPLmU.

제12장

24. 폴 새뮤얼슨(Paul Anthony Samuelson)과 윌리엄 노드하우스(William D. Nordhaus), 《Economics》(맥그로힐, 뉴욕, 1976년), 제10판.

25. 리랜드 스탠퍼드(Leland Stanford), "Stanford on Cooperation," 〈캘리포니아 노동통계국 격년 보고서 1887~1888〉 제3권(정부청사, 캘리포니아 사크라멘토, 1888년), 320.

26. J. F. C. 해리슨(J. F. C. Harrison), 《Quest for the New Moral World: Robert Owen and the Owenites in Britain and America》(Scribner, 뉴욕, 1969년), 5~6.

27. B. L. 허친스(B. L. Hutchins), 《Robert Owen, Social Reformer》(Fabian Society, 런던, 1912년), 8.

28. 에릭 리스(Erik Reece)와 제임스 크로닌(James Patrick Cronin)은 영감이 가득한 자신들의 저서 《Utopia Drive》에서, 오웬이 뉴래너크 공장을 인수하기 전까지는 이 공장의 노동자 1,800명 가운데 500명이 어린이들이었다. 이에 대한 이유는 면사를 부드러운 상태로 유지하기 위해 공장을 더운 상태로 유지했는데, 어른들은 이러한 환경에서 일하기를 거부했기 때문에 다섯 살 정도의 어린이들까지 고용해서 일을 시켰다. 또한 어린이들의 가는 손가락은 작업에 더욱 적합한 것으로 생각하기도 했는데, 기계에 손가락이 끼어서 다치는 사고가 자주 발생했다. 에릭 리스, 제임스 크로닌, 《Utopia Drive: A Road Trip Through America's Most Radical Idea》(Tantor Media, 코네티컷 Old Saybrook, 2016년).

29. 오늘날의 '실업' 개념은 19세기 중반의 노동시장에는 정확하게 들어맞지 않는다. 개인과 지역에 따라 상황이 크게 달랐기 때문이다. 또한 이에 관한 통계도 없다. 하지만 1950년대에 영국은 경기침체와 실업률 상승의 이중고를 경험한 것으로 알려졌는데, 이에 대한 부분적인 원인은 미국 경기의 하락이었다.

30. 리처드 밴타(Richard E. Banta), 《오하이오(Ohio)》(켄터키대학교 출판부, 렉싱턴, 1949년), 373.

31. 존 심킨(John Simkin), "Child Factory Accidents," Spartacus Educational, 2015년 2월 최종 수정, http://spartacus-educational.com/IRaccidents.htm.

32. 로버트 오언(Robert Owen), 《자서전(Life of Robert Owen)》(E. Wilson, 런던, 1857년), 124.

33. 위의 책.

34. "Robert Owen and New Harmony," 버지니아대학교 American Studies, 2018년 2월 13일 최종 수정, http://xroads.virginia.edu/~hyper/hns/cities/newharmony.html.

35. 로버트 오언, "Address to the Agriculturalists, Mechanics, and Manufacturers of Great Britain and Ireland, Both Masters and Operatives," 《Cooperative Magazine》 1827년, 438.

36. 맥스 비어(Max Beer), 《A History of British Socialism》(Harcourt, Brace and Howe, 뉴욕, 1921년) 제2권, 174.

37. "Glenville Demographics and Statistics," Point2 Homes, 2018년 2월 13일 검색, https://www.point2homes.com/US/Neighborhood/OH/Cleveland/Glenville-Demographics.html.

38. Economic Research, 세인트루이스 연방준비은행, 2018년 6월 20일 검색, research.stlouisfed.org/dashboard/770.

39. 크리스토퍼 머렛(Christopher D. Merrett)과 노먼 왈저(Norman Walzer), 《Cooperatives and Local Development》(Routledge, 뉴욕, 2004년).

40. 케이시 카(Kathy A. Carr), "Urban Farmers, Advocates Cite Challenges in Cultivating Business," Craine's Cleveland Business, 2010년 8월 30일, www.crainsclevelandbusiness.com/article/20100830/FREE/308309951/1016/smallbusiness&template=printart.

41. Office of Inspector General, 《Medicaid Fraud Control Units Fiscal Year 2015 Annual Report》 OEI-07-16-00050(미국 보건인력부, 워싱턴 DC, 2016년), https://oig.hhs.gov/oei/reports/oei-07-16-00050.asp.

42. 이 정책에는 세제혜택도 포함돼 있다. 세법 1042 조항은 사업의 소유주가 적법한 직원 협동조합에 회사를 매각할 경우 자본취득세의 부과를 유예해주고 있다.

43. 임금 불균형에 대한 노동조합의 효과에 대한 세부적인 논의에 대해서는 다음을 참조할 것. 브루스 웨스턴(Bruce Western), 제이크 로젠펠드(Jake Rosenfeld), "nions, Norms, and the Rise in U.S. Wage Inequality," 《American Sociological Review》 76, 제4호(2011년 8월 1일), 513~537, https://doi.org/10.1177/0003122411414817.

44. 2007년 소득이 3만 달러에서 7만 9,000달러 사이인 미국인들 중 75퍼센트의 사람들이 주식을 소유하고 있었으며, 전체 미국인들 중에서는 3분의 2 정도였다. 저스틴 맥카시(Justin McCarthy), "Little Change in Percentage of Americans Who Own Stocks," Gallup.com, 2015년 4월 22일, http://www.gallup.

com/poll/182816/little-change-percentage-americans-invested-market.aspx. 그 이후, 주식소유 인구의 비율은 2016년 52퍼센트가 되었다.

45. 재산효과는 실질적인 소득 없이 재산가치의 상승만으로 사람들이 더 많은 소비를 하도록 유도하는 심리적인 현상을 의미한다. 이 이론에 따르면, 사람들은 집값이나 투자금의 가치가 올랐을 경우, 재정적으로 더욱 안정됐다고 느끼기 때문에 소비를 더욱 늘리게 된다. 칼 케이스(Karl E. Case), 존 퀴글리(John M. Quigley), 로버트 쉴러(Robert J. Shiller), "Comparing Wealth Effects: The Stock Market Versus the Housing Market," 〈Advances in Macroeconomics〉5, 제1권(2005년), http://dx.doi.org/doi:10.2202/1534-6013.1235.

46. 직원들은 그들을 해고하는 사유가 국가 노동관계법이나 인종차별에 대한 금지를 규정한 연방, 주, 지역의 특정한 법규와 명령을 위반하지 않는 한 그 어떤 사유 또는 특별한 사유가 없더라도 법규를 위반한 것으로 간주되지 않으므로 자유롭게 해고될 수 있다.

47. 클라이드 서머스(Clyde W. Summers), "Employment at Will in the United States: The Divine Right of Employers," 펜실베이니아대학교 〈Journal of Business Law〉3, 제1권(2000년), http://scholarship.law.upenn.edu/jbl/vol3/iss1/2/.

48. 웬디 보스웰(Wendy R. Boswell), 줄리 올슨-부처넌(Julie B. Olson-Buchanan), T. 브래드 해리스(T. Brad Harris), "I Cannot Afford to Have a Life: Employee Adaptation to Feelings of Job Insecurity," 〈Personnel Psychology〉67, 제4권(2014년 12월 1일), 887~915, https://doi.org/10.1111/peps.12061.

49. 리처드 프리먼(Richard Freeman) 외 다수, "How Does Declining Unionism Affect the American Middle Class and Intergenerational Mobility?"(NBER Working Paper No. 21638, 미국 국립경제연구소, 케임브리지, 2015년), http://www.nber.org/papers/w21638.

50. 찰스 스포크(Charles E. Sporck), 《A Personal History of the Industry That Changed the World》(사라낙 레이크, 미시건 사라낙, 2001년), 271, "노동조합이 결성돼 방해를 받고 있는 조직에서는 급격하게 발전하는 첨단 반도체 과학기술을 따라 앞으로 나아가는 것이 불가능하다. 실리콘밸리에 위치한 반도체 공장들에는 노동조합이 없다."

51. 케빈 로즈(Kevin Rose), "Silicon Valley's Anti-Unionism, Now with a Side of Class Warfare," 〈뉴욕매거진〉 2013년 6월, 한 가지 짚고 넘어가야 할 문제는, 이러한 새로운 경제체제에서 고용주들 중에서 적지 않은 사람들이 여전히 자신들의 목표를 달성하기 위해서 노동자들의 단체행동이 가치가 있다는 사실을 믿고 있다는 사실이다. 예를 들어, 이민 문제를 개혁하는 데 산업계의 지도자들이 급작스럽게 개입했던 사례를 생각해볼 수 있다. 2013년 4월 페이스북의 창업자 마크 저커버그는 이민 찬성을 위해 결성된 Fwd.us.와 협력했는데, 이 단체에는 빌 게이츠, 구글의 에릭 슈미트, 야후의 최고경영자 마리사 메이어(Marissa Mayer), 실리콘밸리의 자본가인 억만장자 존 도어(John Doerr)도 참가했다.

52. 데릭 존스(Derek C. Jones), "The Ombudsman: Employee Ownership as a Mechanism to Enhance Corporate Governance and Moderate Executive Pay Levels," 〈Interfaces〉43, 제6권(2013년 12월 1일), 599~601, https://doi.org/10.1287/inte.2013.0709. 또한 최소한 유럽에서는 노동자 소유의 기업들이 거의 모든 산업부문에서 투자자 소유의 기업들만큼 또는 그 이상 효율적이었다. 파티 파파(Fathi Fakhfakh), 버지니 페로틴(Virginie Perotin), 모니카 가고(Monica Gago), "Productivity, Capital, and Labor in Labor-Managed and Conventional Firms: An Investigation on French Data", 〈ILR Review〉65, 제4권(2012년 10월 1일), 847~879, https://doi.org/10.1177/001979391206500404.

53. "Renewable Generation Capacity Expected to Account for Most 2016 Capacity Additions," "Today in Energy," US Energy Information Administration, 2017년 1월 10일, https://www.eia.gov/todayinenergy/detail.php?id=29492.

54. 트레버 숄츠(Trebor Scholz), "Platform Cooperativism vs. the Sharing Economy," 〈Medium〉 2014년

12월 5일, https://medium.com/@trebors/platform-cooperativism-vs-the-sharing-economy-2ea737f1b5ad.

55. 로렌스 서머스(Lawrence H. Summers), 에드 볼스(Ed Balls), "Report of the Commission on Inclusive Prosperity," Center for American Progress, 2015년 1월 15일, https://www.americanprogress.org/issues/economy/reports/2015/01/15/104266/report-of-the-commission-on-inclusive-prosperity/.

56. 루이스 켈소(Louis O. Kelso)와 패트리샤 켈소(Patricia Hetter Kelso), "Why Owner-Workers Are Winners," 〈뉴욕타임스〉 1989년 1월 27일.

57. 션 앤더슨(Sean M. Anderson), "Risky Retirement Business: How ESOPs Harm the Workers They Are Supposed to Help," 〈Loyola University Chicago Law Journal〉 41, 제1권(2009년), https://ssrn.com/abstract=1363879.

58. 벤저민 던포드(Benjamin B. Dunford), 데이드라 슐라이처(Deidra J. Schleicher), 리앙 주(Liang Zhu), "The Relative Importance of Psychological Versus Pecuniary Approaches to Establishing an Ownership Culture," 〈Advances in Industrial and Labor Relations〉 16(2009년), 1~21, https://doi.org/10.1108/S0742-6186(2009)0000016004.

59. 알렉산더 해밀턴(Alexander Hamilton)이 이 점을 분명하게 지적했던 것은 그의 보고서 "Report on the Subject of Manufacturers"였다. 그는 이 보고서에서 다음과 같이 언급했다.
"그의 주장은 농업이 가장 생산적인 산업이라는 것뿐만 아니라 모든 산업 중에서 농업만이 유일하게 생산적인 것이라는 말이다. 하지만 이러한 주장은 어떠한 구체적인 사실이나 계산을 통해서 입증된 바가 없다. 또한 이를 증명하기 위해 제시한 일반적인 논점들도 확고하고 설득력이 있는 것이 아니라 기묘하고 역설적이다."
알렉산더 해밀턴, "Report on the Subject of Manufacturers", 존 해밀턴(John C. Hamilton) 편집, 《The Works of Alexander Hamilton》(John F. Trow, 뉴욕, 1850년), 제3권, 195.

60. 핀단 애나 쿠네털러스(Findan Ana Kunetulus), 더글러스 크루스(Douglas A. Kruse), "How Did Employees Ownership Firms Weather the Last Two Recessions?," W. E. Upjohn Institute for Employee Research, 2017년, research.upjohn.org/up_press/241/.

61. 예를 들자면 종업원 지주제에 참가하는 노동자들은 그렇지 않은 유사직종 노동자들보다 임금을 5퍼센트에서 12퍼센트 더 많이 받고 있으며 거의 3배 정도의 은퇴자금을 보유하고 있다.

제13장

62. 조 노세라(Joe Nocera), "How to Build a Spoon," 〈뉴욕타임스〉 2013년 4월 26일, http://www.nytimes.com/2013/04/27/opinion/nocera-the-navy-yards-revival.html.

63. Writers' Program of the Work Projects Administration in the State of New York and Barbera La Rocco, 《A Maritime History of New York》(Going Coastal, 뉴욕 브루클린, 2004년), 264~265.

64. 톰 비글리오타(Tom Vigliotta), "Inside the Brooklyn Navy Yard", Thirteen, 2009년 1월 26일, http://archive.is/5m8uP.

65. 위의 책, 2009년 로스는 조선소에서의 경험에 대해 인터뷰할 당시 아흔 살이었다. 이때 그녀는 이런 결론을 내렸다. "그것은 좋은 경험이었어요. 그 경험이 내 인생을 이렇게 만들었죠. 그게 전부예요."

66. 2010년 미국은 대양 항해용 선박 보유 수량에서 세계 20위를 기록했는데, 이는 10대 보유국에서 탈락한 지 불과 수년만에 일어난 일이었다. Transportation Institute, "Know Our Industry-Present Industry Status," 2018년 2월 13일, http://www.trans-inst.org/present-status.html.

67. 윌 리스너(Will Lissner), "Plan to Convert Navy Yard Urged," 〈뉴욕타임스〉 1964년 12월 11일자, http://www.nytimes.com/1964/12/11/plan-to-convert-navy-yard-urged.html.

68. 지난번의 경제위기로 중산층 수준의 임금을 받던 일자리는 약 37퍼센트 줄었지만 회복과정에서 늘어난 일자리는 26퍼센트에 불과했다. "Tracking the Low-Wage Recovery: Industry Employment and Wages", Data Brief, National Employment Law Project, 2014년 4월 27일, http://www.nelp.org/publication/tracking-the-low-wage-recovery-industry-employment-wages/.

69. "Top 20 Facts About Manufacturing", National Association of Manufacturers, 2014년. http://www.nam.org/Newsroom/Top-20-Facts-About-Manufacturing/.

70. 윌리엄 본빌리언(William B. Bonvillian), "Reinventing American Manufacturing: The Role of Innovation." 〈Innovations: Technology, Governance, Globalization〉 7, 제3권 (2012년), 97~125.

71. 케네스 크래머(Kenneth Kraemer), 그레그 린덴(Greg Linden), 제이슨 데릭(Jason Dedrick), "Capturing Value in Global Networks: Apple's iPad and iPhone," 캘리포니아대학교 어빈 소재 퍼스널컴퓨터산업센터와 시러큐스대학교 정보과학대학원, 2011년 6월, http://pcic.merage.uci.edu/papers/2011/Value_iPad_iPhone.pdf.

72. 애플의 최고경영자 팀 쿡은 이 회사가 미국 내에서 약 '200만 개'의 일자리를 창출했다고 주장했다. https://apple.com/newsroom/2018/01/apple-accelerates-us-investment-job-creation 하지만 이중에서 8만 명 정도만이 애플사의 직원이다. 대략 150만 명은 앱을 만드는 사람들로 쿡이 '개발자 사회(developer community)'라고 불렀던 사람들이며 쿡은 이들을 '세계를 바꾸는' 사람들이라고 치켜세웠다. 애석하게도 세계를 바꾸는 일은 그들에게 많은 수익을 가져다주지 못했다. 운이 좋아서 그들이 만든 앱을 애플의 기기에 올린 사람들은 앱 하나당 평균 4,000달러를 받았는데, 이를 연간 매출구조로 환산하면 대략 2만 1,000달러 정도에 불과하다. 이것도 앞서 말했듯이 '운이 좋은' 사람들에 국한되는 이야기다.

73. 폴 새뮤얼슨(Paul A. Samuelson), "Where Ricardo and Mill Rebut and Confirm Arguments of Mainstream Economists Supporting Globalization," 〈Journal of Economic Perspectives〉 18호, 제3권 (2004년), 137, https://doi.org/10.1257/0895330042162403.

74. 이에 대해 J. R. 해크먼(J. R. Hackman)의 글 참조, "Six Common Misperceptions About Teamwork," 〈Harvard Business Review〉 2011년 6월 7일, https://hbr.org/2011/06/six-common-misperceptions-abou. 하버드대학교의 심리학자 해크먼은 항공기 조종사와 비밀정보요원을 포함해 다양한 종류의 사람들을 대상으로 팀을 이뤄 일하는 데 대한 연구를 진행한 후, 디지털 기술은 우리들을 독립적으로 일할 수 있도록 환경을 조성해줬지만 각 부서들 중에서 전적으로 '가상의(virtual)' 교류에만 의존하는 조직은 낮은 생산성을 보였다는 점을 지적했다.

75. "Average Hourly and Weekly Earnings of Production and Nonsupervisory Employees on Private Nonfarm Payrolls by Industry Sector, Seasonally Adjusted" 표 B-8. Economic News Release, 미국 노동통계국, Division of Labor Force Statistics, 2018년 2월 13일 확인, https://www.bls.gov/news.release/empsit.t24.htm.

76. 피터 왈드멘(Peter Waldmen), "Inside Alabama's Auto Jobs Boom: Cheap Wages, Little Training, Crushed Limbs," Bloomberg.com, 2017년 3월 23일, https://www.bloomberg.com/news/features/2017-03-23/inside-alabama-s-auto-jobs-boom-cheap-wages-little-training-crushed-limbs.

77. 해롤드 메이어슨(Harold Meyerson), "Germany Shows the Way on Labor," 〈워싱턴포스트〉 2015년 4월 29일, https://www.washingtonpost.com/opinions/germany-shows-the-way-on-labor/2015/04/29/b9bc811c-ee9e-11e4-8666-a1d756d0218e_story.html?utm_term=.52f1077d3efc.

78. 케이티 베너(Katie Benner)와 넬슨 슈와르츠(Nelson D. Schwartz), "Apple Announces $1 Billion Fund to Create U.S. Jobs in Manufacturing," 〈뉴욕타임스〉 2017년 5월 3일, https://www.nytimes.com/2017/05/03/technology/apple-jobs.html.

79. "The Federal Role in Supporting Urban Manufacturing," 프랫 지역사회 개발센터(Pratt Center for Community Development) 보고서, 2011년 4월 6일, http://prattcenter.net/report/federal-role-supporting-urban-manufacturing.

80. 중국에서 임금이 가파르게 오르자, 중국과 다른 나라들은 의류의 아웃소싱 하청공장을 임금이 극도로 낮은 북한에서 찾았다. 제인 페를레스(Jane Perlez), 유파브 황(Yufab Huang), 폴 모저(Paul Mozur), "How North Korea Managed to Defy Years of Sanctions," 〈뉴욕타임스〉 2017년 5월 12일, https://www.nytimes.com/2017/05/12/world/asia/north-korea-sanctions-loopholes-china-united-states-garment-industry.html.

81. 케이트 리틀(Katie Little)과 데니스 가르시아(Denise Garcia), "The 40 Most Attractive Employers in America, According to LinkedIn," 〈CNBC〉 2016년 6월 20일, http://www.cnbc.com/2016/06/19/the-40-most-attractive-employers-in-america-according-to-linkedin.html.

82. 랄프 왈도 에머슨(Ralph Waldo Emerson), 《The Complete Works of Ralph Waldo Emerson》(Sully and Kleinteich, 뉴욕), 9:9.

83. 1837년 하버드대학교의 강의실에서 가졌던 랠프 왈도 에머슨의 강의 "The American Scholar," 랠프 에머슨, 《Essays and English Traits》(P. F. Collier, 뉴욕, 1909년).

84. 스테파니 쉽(Stephanie Shipp) 외 다수, "Emerging Global Trends in Advanced Manufacturing," IDA Paper P-4603 (국방분석연구소, 버지니아 주 알렉산드리아, 2012년).

85. 마이클 스펜스, "Labor's Digital Displacement," Project Syndicate, 2014년 5월 22일, https://www.project-syndicate.org/commentary/michael-spence-describes-an-era-in-which-developing-countries-can-no-longer-rely-on-vast-numbers-of-cheap-workers?barrier=accessreg.

제14장

86. 샘 스타인(Sam Stein), "글래스스티걸 법안(GlassSteagall Act: The Senators And Economists Who Got It Right)," 〈허핑턴포스트(Huffington Post)〉 2009년 6월 11일, https://www.huffingtonpost.com/2009/05/11/glass-steagall-act-the-se_n_201557.html.

87. 쉬바 매니엄(Shiva Maniam), "Most Americans See Labor Unions, Corporations Favorably," 퓨리서치센터, 2017년 1월 30일, http://www.pewresearch.org/fact-tank/2017/01/30/most-americans-see-labor-unions-corporations-favorably.

88. 제이 샴바우(Jay Shambaugh) 외 다수, "Thirteen Facts About Wage Growth," The Hamilton Project, hamiltonproject.org/thirteen-facts-about-wage-growth.

89. 켄 제이콥스(Ken Jacobs) 외 다수, "Producing Poverty: The Public Cost of Low-Wage Production Jobs in Manufacturing", report, Center for Labor Research and Education, 2016년 5월 10일, http://laborcenter.berkeley.edu/producing-poverty-the-public-cost-of-low-wage-production-jobs-in-manufacturing.

90. 온라인 직업 사이트인 커리어블리스(CareerBliss)는 매년 6만 5,000명이 넘는 피고용인들을 대상으로 조사 분석한 결과를 토대로 '10개의 가장 행복한 직업군'을 발표한다. 이 조사는 미국 내에서 근무하는 피고용인들만 한정해서 일터에서의 행복도를 측정하기 위한 10개의 요인에 대한 질문을 하는데, 이 질문에는 상급자

나 동료와의 관계, 작업환경, 일자리의 재원, 보수, 성장 기회, 기업 문화, 기업에 대한 평판, 일상 업무, 그리고 매일의 업무에서 행사하는 일에 대한 영향력이 들어 있다. 2013년의 조사에서 부동산 중개업이 최고의 점수를 받았으며 보좌관 급의 변호사들이 가장 최하위를 차지했다. https://careerbliss.com/facts-and-figures/careerbliss/happiest-and-unhappiest-jobs-in-america-2013.

91. 비글로우는 전국 공인중개사 협회(NAR) 소속의 회원이다. 이 협회는 120만 명이 넘는 회원을 보유하고 있으며, 미국 최대의 상업조직이며 매우 강력한 로비 단체이다.

92. 이 글을 쓰고 있는 시점에, 단위 프랜차이즈로는 가장 규모가 큰 공유오피스 위워크(WeWork)는 212개소에 있으며 20만 명의 회원이 가입돼 있다.

93. 저스틴 폭스(Justin Fox), "Big Companies Still Employ Lots of People," Bloomberg.com, 2016년 4월 20일, https://www.bloomberg.com/view/articles/2016-04-20/big-companies-still-employ-lots-of-people.

94. 밀턴 프리드먼(Milton Friedman), "The Social Responsibility of Business Is to Increase Profits," 〈뉴욕타임스 매거진〉, 1970년 9월 13일.

95. 밀턴 프리드먼은 이렇게 쓴 적이 있다.
"자유 시장에 반대하는 대부분 주장에 깔려 있는 것은 자유 그 자체에 대한 믿음의 결여다."
밀턴 프리드먼, 《자본주의와 자유(Capitalism and Freedom)》(시카고대학교 출판부, 시카고, 1962년), 15.

96. 미국에서 수요를 초과하는 공급에 대한 우려는 미국이라는 나라 자체만큼이나 긴 역사를 가지고 있다. 제임스 매디슨(James Madison)이 1829년 쓴 글에 따르면, 그는 향후 1세기 이내에 사람들이 "고용에 대한 경쟁으로 인해 그들이 삶에 최소한의 필요를 충족하기 위한 임금이 필연적으로 줄어들 것"에 대해서 우려했다. 제임스 매디슨, 마빈 메이어스(Marvin Meyers) 편집, 《The Mind of the Founder: Sources of the Political Thought of James Madison》(뉴잉글랜드대학교 편집부, 뉴햄프셔, 하노버, 1981년).

97. 이 정책은 부분적으로는 공포에서 비롯된 것으로, 대공황으로 인해 미국은 신중하고 겸손해진 것이다. 1933년 뉴욕 증권시장의 주식 가치는 1929년 정점에 달했던 시기와 비교했을 때 5분의 1 이하였다. 역사가 아서 슐레진저(Arthur M. Schlesinger)는 경영자들이 노동자들을 무시했던 것이 이러한 사태가 일어난 저변에 대한 이유 중 하나였다고 말했다.
"경영자들이 가격은 유지하면서 이익은 부풀리려고 하는 성향이 임금과 원자재의 가격은 낮은 수준에서 유지하는 관행들로 이어져 노동자들과 농부들은 그들이 향상시킨 생산성에 대한 이익을 전혀 보지 못했다. 그 결과는 필연적으로 대량 구매력의 상대적인 감소로 나타났다. 비대해진 자본이 경영하는 공장들로부터 더욱 많은 상품이 쏟아져 나왔지만, 그 상품을 시장에서 구매해야 하는 소비자들은 이에 비례해서 점점 더 현금이 말라갔다. 이러한 방식의 단기적인 소득 분배는 장기적으로 부를 유지할 수 없는 것이다."
아서 슐레진저, 《The Age of Roosevelt》 제1권, 《The Crisis of the Old Order》(후턴 미플린Houghton Mifflin, 뉴욕, 1957년, 재인쇄 2002년), 159~160.

98. 가네쉬 시타라만(Ganesh Sitaraman), 《중산층 구조의 위기: 왜 소득 불평등이 우리 사회를 위협하는가(The Crisis of the Middle-Class Constitution: Why Income Inequality Threatens Our Republic)》(Knopf, 뉴욕, 2017년), 202.

99. "A Sense of Purpose", 래리 핑크(Larry Fink)가 CEO들에게 보내는 연례 서신(Larry Fink's Annual Letter to CEOs), 블랙록(2017년), https://www.blackrock.com/corporate/investor-relations/larry-fink-ceo-letter.

100. 존 엘킹턴(John Elkington), 《Cannibals with Forks: The Triple Bottom Line of 21st Century Business》(Capstone, 옥스퍼드, 1997년).

101. 모든 관련 당사자의 이익보다 주주의 이익이 우선돼야 한다는 원칙은 최근 〈이베이(EBay Domestic Holdings Inc.) 대 뉴마크(Newmark)〉, 사건의 판례로 다시 한번 재확인됐다. H2O Classroom Tools , 2014년 2월 24

일 최종 수정, https://h2o.law.harvard.edu/cases/3472. 이 사건에서 델라웨어 주 형법 재판소는 "주주의 이익을 위한 최대의 경제적 가치를 실현하지 않고 있는 델라웨어 주의 영리기업"의 비영리적인 임무는 임원들에게 부과되는 피신탁인으로서의 의무와 일치하지 않는다는 판결을 내렸다.

102. 델라웨어에서 회사를 법인으로 등록시키는 데는 1시간도 걸리지 않으며, 이 주는 다른 주, 예를 들면 기업이 실제로 활동하고 있거나 본사를 두고 있는 주들과 비교했을 때 델라웨어 주에 회사를 유지하고 있는 기업에게는 로열티나 다른 비용에 대해 감면조치를 해줌으로써 회사에 대한 세금을 낮게 책정하기 때문에 꾸준하게 국내외의 세금 천국(tax haven) 중에서 꾸준하게 상위 리스트에 오르고 있다. 2002년부터 2012년 사이에 이른바 '델라웨어 구멍(Delaware loophole)'으로 인해 실제로는 다른 주에 존재하는 기업이 절감한 세금은 약 95억 달러 정도로 추정된다. 레슬리 웨인(Leslie Wayne), "How Delaware Thrives as a Corporate Tax Haven," 〈뉴욕타임스〉 2012년 6월 30일, http://www.nytimes.com/2012/07/01/business/how-delaware-thrives-as-a-corporate-tax-haven.html. 델라웨어 주에 등록된 기업들의 최근의 자료를 확인하려면 이 주의 공식 웹사이트 〈State of Delaware, Division of Corporations〉로 들어가 "About Agency"를 확인하면 된다. 2018년 최종 수정, https://corp.delaware.gov/aboutagency.shtml.

103. 예를 들면 이 회사는 노동착취를 통해 얻은 원자재는 사용하지 않기로 한 페어트레이드 인증(Fair Trade-certified) 운동과 연대하고 있다는 사실을 자랑스러워하고 있으며, 2017년 12월 트럼프 미국 대통령이 개발이 금지된 유타 주의 베어스 이어 국립공원(Bears Ears National Monument)의 국립공원 지정을 취소한 데 항의해 같은 목적을 가진 기관들과 연대해 트럼프 행정부를 '극단적인 권력남용' 혐의로 고발했다.

104. 버니 마커스(Bernie Marcus), 아서 블랭크(Arthur Blank), 밥 앤델먼(Bob Andelman), 《Built from Scratch: How a Couple of Regular Guys Grew the Home Depot from Nothing to $30 Billion》(Crown Business, 뉴욕, 2000년), 104.

105. 톤 박사는 여러 번의 회합과 대화를 통해 친절하게 홈데포와 다른 사례들을 내게 설명해줬으며, 또한 나는 그의 훌륭한 저서로부터 많은 것을 참고했다. 《The Good Jobs Strategy: How the Smartest Companies Invest in Employees to Lower Costs and Boost Profits》(Houghton Mifflin Harcourt, 보스턴, 2014년).

106. 브라이언 그로우(Brian Grow), "Home Depot's CEO Cleans Up," Bloomberg.com, 2006년 5월 22일, https://www.bloomberg.com/news/articles/2006-05-22/home-depots-ceo-cleans-upbusinessweek-business-news-stock-market-and-financial-advice.

107. 파울라 로젠블럼(Paula Rosenblum), "Home Depot's Resurrection: How One Retailer Made Its Own Home Improvements," 〈포브스〉 2013년 8월 21일, https://www.forbes.com/sites/paularosenblum/2013/08/21/home-depots-resurrection/#1a8583bf58c3.

108. 퀵트립(QuikTrip)의 '아무나 골라보라'는 호의는 몇년 전에 내가 겪은 사건과 크게 대조된다. 그때 타깃에서는 매니저 한 사람이 내가 직원 한 사람과 인터뷰를 시도하자 매장에서 나를 쫓아낸 적이 있다.

109. 이 책에서 말하는 것과는 목적이 다르기는 하지만, 이러한 정책 중에서 혜택을 특정대상을 한정하는 정책은 미국에서 상당히 효과적으로 작동했다. 1996년 입법된 '노동기회 세금혜택(WOTC)' 프로그램은 전역한 장병들 또는 전과자와 식량배급표 수혜자와 같이 고용과 관련해 명백한 장벽을 가지고 있는 특정한 목표그룹에 대해서 이들을 고용하는 사용자들에게는 연방세를 감면해주고 있다. 사용자들은 이 프로그램에 따라 매년 약 10억 달러 정도의 세제혜택을 받고 있으며 이 정책이 보다 많은 목표 그룹을 고용할 수 있도록 유도하고 있다고 주장한다. 하지만, 이러한 프로그램은 특정한 종류의 사람들만 고용할 때 적용되는 것이지, 모든 고용계약에 적용되지는 않는다.

110. L. F. 카츠(L. F. Katz), "고용과 기회의 확대를 위한 적극적인 노동시장 정책(Active Labor Market Policies to Expand Employment and Opportunity)," 《Reducing Unemployment: Current Issues and Policy Options》(캔자스시티 연방준비은행, 미주리 주 캔자스시티, 1994년). 다음을 참조할 것. 사기리 키타오(Sagiri Kitao), 아이세갈 사힌(Aysegul Sahin), 조지프 송(Joseph Song), "Subsidizing Job Creation in the

Great Recession," 뉴욕 연방준비은행 직원 보고서 451호, 뉴욕 연방준비은행, 2010년 5월 1일, http://dx.doi.org/10.2139/ssrn.1619507.

111. 내가 고용보조금에 대해 이해할 수 있도록 도움을 주신 펜실베이니아대학교 와튼스쿨의 피터 카펠리(Peter Cappelli)에게 다시 한번 감사를 드린다.

112. 유럽에서 시행됐던 일자리 공유정책은 복수의 인원이 하나의 일자리에 근무하는 것을 유도하기 위한 정책이었으나 더 많은 일자리의 창출에는 실패했으며 사람들이 보다 긴 휴가일정을 잡음으로써 더 많은 여가시간을 만들었을 뿐이다. 긴 휴가는 매력적인 것이기는 했지만, 결과적으로 줄어든 근무시간으로 기대됐던 일자리의 양적 증가는 이뤄지지 않았다. "Work and Leisure in the United States and Europe: Why So Different? Discussion", 〈NBER Macroeconomics Annual〉 20(2005년), 97~99. http://www.jstor.org/stable/3585414.

113. 보스턴대학교 소속의 경제학자 줄리엣 쇼어(Juliet Schor) 덕분에 주 21시간 근무에 대한 세부적인 토의내용을 알 수 있었다. 쇼어 교수의 이상적인 시나리오는 생산성의 증가분이 상위 1퍼센트의 소득 증가로 이어지는 것이 아니라 보다 짧은 근무시간으로 귀결되는 것이다.

114. 하르트무트 사이페르트(Hartmut Seifert)와 라이너 트린체크(Rainer Trinczek), 〈New Approaches to Working Time Policy in Germany: The 28.8 Hour Working Week at Volkswagen Company〉(WSI, 뒤셀도르프, 2000년).

115. 이에 대한 비판은 이해관계의 충돌을 지적한다. 실리콘밸리가 일반대중들을 풍요롭게 할 수 있는 과학기술의 발전보다 기본소득제도의 일종인 UBI(Universal Basic Income)를 대중적인 지지를 받는 해결책으로 선호하는 이유는 기존의 이익 극대화를 위한 행위에 방해를 받고 싶지 않기 때문이라고 주장한다. 조던 사도브스키(Jathan Sadowski), "Why Silicon Valley Is Embracing Universal Basic Income," 〈가디언〉 2017년 6월 14일. https://www.theguardian.com/technology/2016/jun/22/silicon-valley-universal-basic-income-y-combinator.

116. 기본소득제도(BIG)가 많은 사람들을 게으르게 만들 것이라는 예측은 증거를 통해서 입증된 것은 아니다. 특히 브라질이 실시한 생존 수준의 기본소득제도는 노동참여율에 거의 영향을 미치지 않았다. 대부분의 사람들은 선택이 가능하다면, 일을 하는 쪽을 선택하며 세계은행(World Bank)은 이러한 지원정책이 사람들에게 위험을 부담하도록 허용하기 때문에 오히려 일을 찾고자 하는 개인의 노력을 증대시킨다고 결론지었다. 더욱이 이러한 지원금을 받는 대상들은 대부분 아이들을 키우고 있는 부모들이기 때문에 그들에게는 아이들을 돌보는 것뿐만 아니라 실질적으로 일을 하는 것 역시 가장 중요한 역할인 것이다. 하지만 지급되는 금액이 음식, 주거, 교육, 의료 등 기본적으로 필요한 비용 이상의 소득을 보장하는 경우에는 사람들이 더 이상의 일자리를 찾게 될지 아닐지 확실하지 않다고 언급했다.

117. 경제학자 로렌스 카츠(Lawrence Katz)와 앨런 크루거(Alan Krueger)는 2005년 이후 미국 내 고용 증가분의 94퍼센트는 저임금, 단기, 파트타임, 비상근, 임시직 등과 같은 형태로 이뤄졌다는 사실을 보여줬다. 로렌스 카츠, 앨런 크루거, "The Rise and Nature of Alternative Work Arrangements in the United States, 1995~2015"(NBER Working Paper No. 22667, 미국 국립경제연구소, 케임브리지, 2016년 9월), http://www.nber.org/papers/w22667.

118. 국제 혁신 저널리즘 소통 기구(IIIJ)의 설립자이자 혁신과 일자리의 미래에 초점을 맞춘 최고 수준의 국제회의를 주관했던 데이비드 노드포어스(David Nordfors) 박사께 감사를 전한다. 노드포어스 박사는 친절하게도 나를 스웨덴 룬드(Lund)에서 개최된 회의에 초청해줬으며 개인적인 대화를 통해서 일자리의 미래에 대한 그의 생각을 공유해줬다.

119. 존 메이너드 케인스(John Maynard Keynes), "Economic Possibilities for Our Grandchildren" [1930], 로렌조 페치(Lorenzo Pecchi)와 구스타보 피가(Gustavo Piga) 편집, 〈Revisiting Keynes: Economic Possibilities for Our Grandchildren〉(MIT 출판부, 케임브리지, 2008년), 23.

찾아보기

ㅎ

기타

일자리의 미래

초판 1쇄 발행 2019년 7월 10일
초판 4쇄 발행 2019년 8월 5일

지은이 엘렌 러펠 셸
옮긴이 김후
펴낸이 정용수

사업총괄 장충상 본부장 홍서진
편집주간 조민호 편집장 유승현
책임편집 유승현 편집 조문채
디자인 김지혜
영업·마케팅 윤석오 우지영
제작 김동명
관리 윤지연

펴낸곳 ㈜예문아카이브
출판등록 2016년 8월 8일 제2016-000240호
주소 서울시 마포구 동교로18길 10 2층(서교동 465-4)
문의전화 02-2038-3372 주문전화 031-955-0550 팩스 031-955-0660
이메일 archive.rights@gmail.com 홈페이지 ymarchive.com
블로그 blog.naver.com/yeamoonsa3 페이스북 facebook.com/yeamoonsa

한국어판 출판권 ⓒ ㈜예문아카이브, 2019
ISBN 979-11-6386-031-0 03320

THE JOB